일등급을 만드는

국어

공 부 전 략

구성과 특징 Structure

INTRO

수능 국어,
무엇을 어떻게 준비해야 할까?

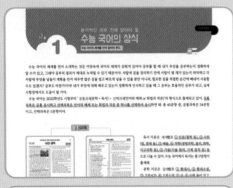

공통과목과 선택과목으로 구성된 수능 국어 전체의 체계를 안내합니다. 또한 문제 유형을 중심으로 수능 국어 문학에서 무엇을 물어보는지를 분석하고, 선지판단 전략 에서 각 유형의 문제에 대한 접근법을 제시합니다.

PART 1

필수 문학 개념어

반드시 알아 두어야 하는 문학 개념어 30개를 선별하여 수록하였습니다. 다양한 예시 작품을 통해 개념어의 정의와 선지의 판단 기준을 익히고, 문제 풀이를 통해 적용 학습을 진행합니다.

1 **쉽고 친절하게, 꼼꼼하고 자세하게!**

수능 국어 공부를 처음 시작하는 학생들도, 수능 국어의 기본 개념을 다시 한번 정리하고 싶은 고3, N수생도 편하게 볼 수 있도록 학습 내용을 쉽고 친절한 말투로, 꼼꼼하고 자세하게 설명하였습니다.

2 **단계별로 차근차근!**

STEP **1** 에서는 구체적인 작품을 들어 학습 내용을 자세하게 설명하고 STEP **2** 에서는 확인 문제로 학습 내용에 대한 이해를 점검합니다. **실전 훈련하기** 에서는 기출 문제를 통해 실전 감각을 키웁니다. STEP **2** 와 **실전 훈련하기** 에서는 **고1** → **고2** → **고3** 순서로 문제를 제시하여 다양한 난이도의 문제를 단계별로 풀어볼 수 있도록 구성하였습니다.

3 **혼자서도 어려움 없이, 강의와 Q&A로 막힘없이!**

독학용 교재로 활용이 가능하도록 구성하였으나, 보다 깊고 넓게 학습할 수 있도록 교재에 대한 강의(유료)를 제공하고 Q&A 게시판을 운영합니다.

*강의는 대성마이맥 홈페이지(www.mimacstudy.com), 교재 질문은 도서출판 홀수 홈페이지(www.holsoo.com) Q&A 게시판을 이용해 주세요.

PART 2 갈래별 지문 읽기 및 문제 풀이 전략

정답과 해설

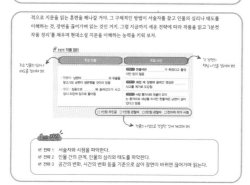

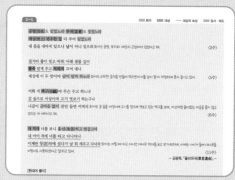

현대시부터 극·수필까지 수능 국어 문학 갈래별 지문 읽기 및 문제 풀이 전략을 소개하고 **1등급 전략** 에서 그 핵심을 정리하였습니다. **1분컷 작품 정리**를 통해 자신의 힘으로 문학 작품을 분석하는 역량을 기를 수 있습니다.

해설에도 지문을 수록하고, 지문을 읽으며 파악했어야 할 요소 등을 시각화하여 보여 줍니다. 모든 선지를 상세하게 풀이한 것은 물론 ✕ 표시로 선지에서 적절하지 않은 부분을 직관적으로 확인할 수 있도록 제시하였습니다. **짚고 가기** 에는 **1등급 전략** 의 내용과 관련하여 다시 한번 살펴볼 내용을, **개념 더하기⁺** 에는 더 알아 두면 좋을 개념을 정리해 두었습니다.

목차 Contents

4주 완성 학습 PLAN

DAY	문제 책 페이지	학습 내용	학습 체크 1회	2회	3회
		INTRO. 수능 국어, 무엇을 어떻게 준비해야 할까?			
01	P.011~ P.021	**1. 본격적인 공부 전에 알아야 할 수능 국어의 상식**	☐	☐	☐
		2. 수능 국어 문학에 대한 이해			
		PART 1. 필수 문학 개념어			
02	P.024~ P.036	**1. 화자와 서술자**	☐	☐	☐
		(1) 화자와 시적 대상			
		(2) 서술자와 시점			
		(3) 서술자의 개입, 편집자적 논평			
03	P.037~ P.052	**2. 주제 의식과 태도**	☐	☐	☐
		(1) 자연 친화			
		(2) 인간과 자연의 대비			
		(3) 성찰, 반성			
		(4) 극복 의지			
04	P.053~ P.069	**3. 표현 기법**	☐	☐	☐
		(1) 비유, 상징			
		(2) 환기			
		(3) 역설			
		(4) 반어			
05	P.070~ P.086	(5) 도치	☐	☐	☐
		(6) 설의, 의문형 어투			
		(7) 운율, 반복, 연쇄			
		(8) 대구, 통사 구조의 반복			
06	P.087~ P.105	(9) 감각적 이미지, 공감각적 이미지	☐	☐	☐
		(10) 상승 이미지, 하강 이미지			
		(11) 정적 이미지, (역)동적 이미지			
		(12) 계절감			
07	P.106~ P.124	(13) 풍자, 해학	☐	☐	☐
		(14) 언어유희			
		4. 시상 전개와 구성 방법			
		(1) 시상, 시상의 전환			
		(2) 수미상관, 선경후정			

DAY	문제 책 페이지	학습 내용	학습 체크 1회	2회	3회
08	P.125~ P.145	(3) 원경, 근경 (4) 갈등의 심화와 해소 (5) 전기성, 초월적 인물 (6) 회상, 역행적 구성	☐	☐	☐
09	P.146~ P.160	(7) 액자식 구성 (8) 직접 제시, 간접 제시 (9) 요약적 제시	☐	☐	☐
10	P.161~ P.172	(실전 훈련하기) 필수 문학 개념어	☐	☐	☐
11	복습	PART 2에 들어가기 전에 PART 1을 다시 한번 읽고 정리해 보세요.	☐	☐	☐
		PART 2. 갈래별 지문 읽기 및 문제 풀이 전략			
12	P.176~ P.182	**1. 현대시** (1) '최소한의 이해'를 목표로 삼고 읽어야 한다.	☐	☐	☐
13	P.183~ P.190	(2) '적절한 것'과 '적절하지 않은 것'을 묻는 문제는 다르게 접근해야 한다.	☐	☐	☐
14	P.191~ P.199	(실전 훈련하기) 현대시	☐	☐	☐
15	P.200~ P.213	**2. 현대소설** (1) 출제자가 의도한 대로 읽어야 한다.	☐	☐	☐
16	P.214~ P.226	(2) 〈보기〉를 적극적으로 활용해야 한다.	☐	☐	☐
17	P.227~ P.238	(실전 훈련하기) 현대소설	☐	☐	☐
18	P.240~ P.255	**3. 고전시가** (1) 사대부의 인식과 태도를 이해해야 한다.	☐	☐	☐
19	P.256~ P.266	(2) 〈보기〉가 오히려 함정이 될 수도 있음을 유의해야 한다.	☐	☐	☐
20	P.267~ P.275	(실전 훈련하기) 고전시가	☐	☐	☐
21	P.276~ P.293	**4. 고전소설** (1) 고전소설만이 가진 특성을 고려해야 한다.	☐	☐	☐
22	P.294~ P.302	(2) 인물의 '긴 말'은 주장과 근거를 파악하며 읽어야 한다.	☐	☐	☐
23	P.303~ P.315	(실전 훈련하기) 고전소설	☐	☐	☐
24	P.316~ P.326	**5. 극 · 수필** (1) 희곡은 희곡답게, 시나리오는 시나리오답게 읽어야 한다.	☐	☐	☐
25	P.327~ P.334	(2) 유사한 것들은 묶고, 대립 관계는 선명하게 파악해야 한다.	☐	☐	☐
26	P.335~ P.346	(실전 훈련하기) 극	☐	☐	☐
27	P.347~ P.355	(실전 훈련하기) 수필	☐	☐	☐
28	총복습	어려웠던 개념어나 갈래를 다시 한번 학습하여 자신의 약점 분야를 극복해 보세요.	☐	☐	☐

4주 완성 1회독 공부가 끝났다면, 2, 3회독을 해 보세요.
이때에는 2~3일 분량을 묶어 하루치로 학습하는 것이 효율적입니다.

INTRO

수능 국어,
무엇을 어떻게 준비해야 할까?

1 본격적인 공부 전에 알아야 할
수능 국어의 상식
수능 국어의 체계를 먼저 알아야 한다.

2 # 수능 국어 문학에 대한 이해
문학 영역에서는 무엇을 물어볼까?

수능 국어, 무엇을 어떻게 준비해야 할까?

이 책은 수능 국어 공부를 본격적으로 시작하는 단계에서 무엇을 어떻게 준비해야 하는지 알려주는 수능 국어 개념서입니다! 지금까지 학교 내신 위주로 국어 공부를 했다면, 이제는 수능 국어 시험을 위해 준비할 시간이에요. 그런데 생각보다 많은 학생들이 수능 국어 시험에 대해 불안감을 느끼고 있어요. 왜 이렇게 수능 국어에 대해 불안해하는 것일까요? 아마도 수능 국어가 정확히 어떤 시험인지, 무엇을 어떻게 준비해야 하는지 제대로 알지 못하기 때문일 거예요.

국어 모의고사(모의평가, 학력평가 등)는 따로 공부하지 않아도 종종 고득점을 받는 경우가 있기 때문에 수능 시험 때까지도 공부를 체계적으로 하지 않는 학생들이 의외로 많아요. 그러나 수능 국어와 관련된 모든 시험에서 일관되게 고득점을 받는 학생은 사실 극히 드물죠. 모의 고사에서 점수가 잘 나온다고 해서 실제 수능 시험에서도 높은 점수가 나올 거라고는 확신 할 수 없어요. 수능 국어는 다른 과목에 비해 각 국어 시험마다 개인이 느끼는 체감 난이도의 차이가 큰 편이기 때문에 불안정성이 높은 시험이라고 할 수 있어요.

한편 수능 국어 시험에 자신이 없는 학생들 중에는 중학생 때부터 수능 국어 준비를 하며 국어 공부에 시간을 많이 투자하는 경우도 있어요. 그러나 제대로 된 수능 국어 공부 방법을 모른 채 시간과 공부의 양만 늘리게 되면 오히려 결과에 대한 기대와 두려움만 커져서 부정적인 영향이 미칠 수 있어요. 예컨대 '이렇게 열심히 준비했는데, 시험을 망치면 어떻게 하지?', '수능 날, 이해하기 어려운 지문이 나오면 어쩌지?', '선지 두 개가 남아 결정을 못 하다가 시간 관리에 실패하면 어떻게 하지?' 등과 같은 걱정과 불안감은 수능 국어 공부를 제대로 철저하게 준비하지 못했기 때문에 발생해요.

사실, 수능 국어 시험은 그 실체를 규정하기도 어렵고 단 하나의 분명한 공부 방법을 제시 하기도 어려워요. 그래서 선생님마다 중요하다고 강조하는 것도 다르고, 학생들도 어떻게 공부 해야 할지 모른 채 우왕좌왕하다가 시험을 보러 가는 경우가 많죠. 그렇다면 수능 국어는 그 자체가 불안정한 시험일까요? 만약 평가원이 일관된 기조 없이 주먹구구식으로 문제를 출제 했다면 불안정성의 원인을 수능 국어 그 자체에서 찾을 수 있겠지만, 기출 문제를 자세히 분석 해 보면 유형과 내용 면에서 일관성과 체계를 갖춘 시험이기에 충분히 대비 가능하다는 것을 알 수 있어요.

따라서 수능 국어 시험에 대한 불안감을 극복하고 제대로 준비하기 위해서는 먼저 수능 국 어가 무엇인지 정확히 알고 기초부터 체계적으로 쌓아가야 합니다. 이 책은 우리가 수능 국어를 준비하기 위해 무엇을, 어떻게 공부해야 할지 알려주는 이정표 같은 역할을 하게 될 거예요. 이제부터는 바로 옆에서 선생님이 1:1 강의를 해주는 것처럼 친근하고 자세하게 설명하기 위해 구어체 반말을 사용할 거예요. 이 점은 미리 양해 바라요! 그럼 지금부터 본격적으로 수능 국어 공부를 시작해 볼까요?

본격적인 공부 전에 알아야 할
수능 국어의 상식

수능 국어의 체계를 먼저 알아야 한다.

수능 국어의 체계를 먼저 소개하는 것은 머릿속에 국어의 체계가 갖춰져 있어야 공부를 할 때 내가 무엇을 공부하는지 정확하게 알 수가 있고, 그래야 공부의 결과가 제대로 누적될 수 있기 때문이야. 서랍에 짐을 정리하기 전에 서랍이 몇 개가 있는지 파악하고 각 서랍에 무엇을 넣을지 계획을 먼저 세우면 많은 짐을 쉽고 빠르게 넣을 수 있을 뿐만 아니라, 필요한 짐을 적절한 순간에 빼내어 사용할 수도 있겠지? 공부도 마찬가지야! 내가 무엇에 대해 배우고 있는지 정확하게 인식하고 있을 때 그 공부는 효율적인 공부가 되고, 실제 시험장에서도 도움이 될 거야.

수능 국어는 2022학년도 시험부터 '공통과목(문학 + 독서) + 선택과목(언어와 매체 or 화법과 작문)'의 형식으로 출제되고 있어. 공통과목은 공통 응시하고 선택과목은 언어와 매체 또는 화법과 작문 중 하나를 선택하여 응시하면 돼. 총 45문항 중, 공통과목은 34문항이고, 선택과목은 11문항이야.

공통과목

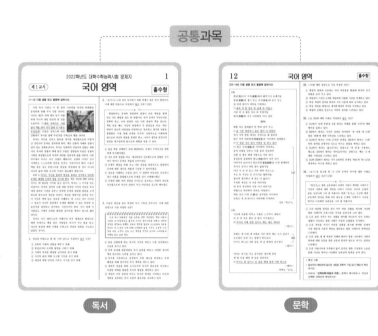

독서   문학

독서 지문은 제재별로 ① 인문(철학 등), ② 사회(법, 경제 등), ③ 예술, ④ 과학(생명과학, 물리, 화학, 지구과학 등), ⑤ 기술(기술 원리, 기계 장치 등) 등으로 나눌 수 있어. 수능 국어에서 독서는 총 17문항이 출제돼.

문학 지문은 갈래별로 ① 현대시, ② 현대소설, ③ 고전시가, ④ 고전소설, ⑤ 극, ⑥ 수필 등이 있고, 수능 국어의 문학은 독서와 마찬가지로 총 17문항이 출제돼.

○ 공통과목은 어떻게 준비해야 할까?

공통과목에서는 '고등학교 3학년이라면 갖춰야 한다고 여겨지는 배경지식과 어휘력, 독해력 등'을 바탕으로 지문을 이해하고 문제를 풀어갈 것을 요구해. 다만 이때 '지문의 무엇을 이해해야 하는지', '출제자가 무엇을 묻고자 하는지'를 정확하게 알지 못하면 고등학교 3학년 수준의 사고력과 배경지식을 갖췄다고 하더라도 실전에서 어려움을 느낄 수 있지. 그러니 수능 국어를 준비하는 학생이라면 내신 공부를 통해 기본적인 지식을 쌓아가는 것뿐만 아니라, 이 책이 제시하는 것과 같이 수능 국어 영역의 체계에 대한 이해를 바탕으로 지문에서 무엇을 눈여겨보아야 하는지, 출제자의 의도는 무엇인지를 파악하여 이를 실전에 적용해 보는 공부 과정도 필요해.

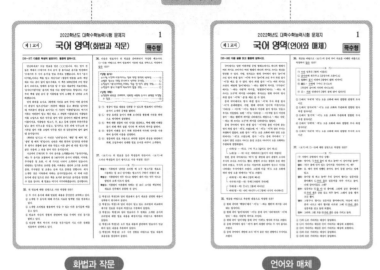

선택**과목**

화법과 작문

언어와 매체

선택과목은 화법과 작문, 언어와 매체 중 하나를 선택하면 돼. 화법과 작문에서는 '대화, 면담, 토의, 토론, 발표' 등 다양한 담화 유형과, '설명문, 보고서, 주장문, 감상문' 등 다양한 쓰기 양식에 따라 문제가 구성돼. 또한 언어와 매체는 문법적 지식과, 매체의 생산과 수용과 관련된 문제들로 구성되지. 이때 선택과목은 영역별로 각 11문항이 출제돼.

○ 선택**과목은 어떻게 준비해야 할까?**

선택과목의 경우 문법, 즉 언어를 제외하면 본격적인 공부는 고3 때 해도 늦지 않아서 급하게 공부할 필요는 없어. 다만 언어는 고3 때부터 공부하기 시작하면 시간 투자를 많이 해야 하기 때문에, 언어와 매체를 선택하려는 수험생이라면 언어만큼은 늦어도 고2 때부터 공부를 시작해야 해. 특히 언어는 전체적인 체계를 익히는 과정에서 암기해야 하는 개념과 이론들이 꽤 있어서 반복적인 학습이 중요해. 고3 전에 이러한 체계와 기초적인 개념들을 미리 학습해 두고 고3 때에는 문제 풀이 위주로 공부하는 것을 추천해!

공통과목과 선택과목의 전체적인 구성을 간단히 정리해 보면 다음과 같아.

	공통**과목** (문학 + 독서)	선택**과목** (언어와 매체 or 화법과 작문)	
문항 수	34문항 (문학 17문항, 독서 17문항)	11문항	→ 총 80분
배점	76점	24점	→ 총 45문항 → 총 100점

2 수능 국어 문학에 대한 이해

문학 영역에서는 무엇을 물어볼까?

수능 국어에서는 인간의 감성을 바탕으로 쓰이고 읽히는 문학 영역 또한 객관식 시험이라는 형식으로 제시되지. 그래서 때로 어떤 문학 문제의 정답에 납득할 수 없거나, 문제에 오류가 있는 것은 아닐까 생각해 본 학생들도 있을 거야. 하지만 초점을 문학 작품을 감성적으로 읽는 것이 아니라 지문에서 근거를 찾아 하나의 답을 고르는 객관식 시험이라는 점에 두면 수능 국어 문학을 더 잘 이해할 수 있어. 그러니 문학은 주관적이지만 수능 국어 문학은 매우 객관적이라는 사실부터 기억하고 공부를 시작하자!

그렇다면 수능 국어 문학 영역은 구체적으로 어떻게 대비를 해야 할까? 무턱대고 아무 작품이나 많이 읽는 것도, 자신의 실력에 대한 분석 없이 문제만 푸는 것도 답은 아니야. 우리는 이 책을 통해 수능 국어 문학 영역을 보다 전략적으로 이해하고 접근해 나갈 거야. 이를 위해 수능 국어 문학 영역이 어떻게 구성되고 출제되는지부터 살펴보려고 해.

(1) 지문

1994학년도부터 시행된 수능 시험은 몇 번의 개정을 거쳐 지금까지 이어져 오게 되었는데, 우리가 치를 수능 시험의 형태는 2022학년도 시험부터 도입된 거야. 그래서 2021학년도와 2022학년도 수능 국어 시험지를 비교해 보면 영역별 문항 수, 선택과목의 유무 등 형식적으로 다른 점이 꽤 많아. (하지만 수능 국어 시험이 수험생에게 요구하는 학습 내용 자체에는 큰 변화가 없어. 즉 수능 국어에서 요구하는 지식과 시험의 성격 자체는 이전과 다르지 않기 때문에 변화된 형식에 익숙해지되, 2022학년도 이전의 기출 문제들 또한 우리가 학습해야 할 대상이라고 생각하면 돼.) 그럼 개정 이후 새롭게 치러진 2022학년도 수능 국어 시험지를 살펴보며 수능 국어 문학 영역의 지문에 대해 구체적으로 설명해 줄게.

앞에서 언급했듯이 시험에 자주 출제되는 문학 영역의 갈래는 크게 '현대시, 현대소설, 고전시가, 고전소설, 극, 수필'로 나누어볼 수 있어. 2022학년도 수능 국어 문학 영역에서는 '현대시 + 현대시 + 고전수필', '현대소설', '고전소설', '고전시가 + 고전시가'로 구성된 총 4개의 지문이 출제되었지. 한 회의 시험에서는 이처럼 4개의 지문이 출제되는 것이 일반적이고 현대시, 현대소설, 고전시가, 고전소설이 하나씩은 출제되지만, 지문의 구성은 매 시험마다 조금씩 달라.

고3 2022학년도 수능

예상했던 그대로의 살벌한 풍경이었다. 깨진 보도블록 조각이나 돌멩이들이 인도와 차도 가릴 것 없이 사방에 흩어져 나뒹굴고 있었다. 시커먼 그을음 연기를 피워 올리며 불타는 자동차와 창유리가 박살 난 진공도 드문드문 눈에 띄었다. 김달채 씨는 주체 못할 지경으로 쏟아지는 눈물 콧물도 돌볼 겨를 없이 여전히 선글라스를 착용한 채 최루 가스에 심하게 오염된 지역을 향해 가까이 접근했다. 중무장한 전경대에 의해 도로가 완전 차단되어 더 이상 접근이 불가능해지자 달채 씨는 구경꾼들 뒷전에서 작은 키를 한껏 발돋움하는 시위 현장의 분위기를 살폈다. 어디선가 보이지 않는 저쪽 건물 모퉁이에서 어기찬 함성이 아직도 기세를 올리는 중이었다. 사복 경찰관들한테 붙잡혀 끌려오는 학생들의 오음이 구경꾼들 어깨 너머로 내다보였다. 달채 씨는 저도 모르는 사이에 앞사람들 틈바귀를 비집고 전면으로 썩 나섰다.
"이봐요, 거기!"
김달채 씨는 창문터나 철망이 쳐진 버스 안으로 학생들을 마구 밀어 넣는 사복들을 향해 느닷없이 목청을 높였다.
"아직도 어린애야! 다치지 않게 살살 좀 다뤄!"
어디다 그런 용기가 솟아나는지 김달채 씨 자신도 깜짝 놀랄 지경이었다.
"당신 뭐야?"
웃깃에 비표를 단 사복 차림의 청년 하나가 달려와서 김달채 씨의 가슴을 떠밀었다.
"나 이런 사람이오."
김달채 씨는 엉겁결에 잠바 자락 한끝을 슬쩍 들어 뒷주머니에 꽂힌 우산 케이스를 내보였다. 하지만 상대방 청년은 그런 물건 따위는 애당초 거들떠도 생각조차 하지 않았다.
"당신도 저 학생들과 한통속이지? 여러 소리 말고 빨리 집에나 들어가 봐요!"
이른바 닭장차에 어린 학생들과 함께 실리고 싶은 생각은 물론 털끝만큼도 없었다. 웃깃에 비표를 단 청년이 우산을 ③우산 이상의 것으로 보아 주지 않는다면 그건 어쩔 도리 없는 노릇이었다. 김달채 씨는 남의 채마밭에서 무 뽑아 들킨 아이처럼 무르춤한 꼬락서니가 되어 백없이 돌아설 수밖에 없었다.

– 윤흥길, 「매우 잘생긴 우산 하나」 –

부인이 망극하여 서로 붙들고 통곡하다가 기절하거늘 비복 등이 급히 구완하여 겨우 인사를 분별하였으니.
이때에 원근 제족과 인조백관이 다 조문 후에 장반 백성이 뉘 아니 낙루하리요. 이럭구러 곽곡이 진동하니 어찌 천신이 감동치 아니하리요. 그 편지를 떼어 보니 하였으되,
'불초자 태보는 두어 자 문안을 부모 전에 올리나이다. 천리 원정에 가다가 과천의 관내서 신병과 심회가 불안하기늘 구처에 들어가오니, 사방의 죄 삼천을 정하였으되 불효의 죄가 제일이라 하였으니 삼천 수죄(數罪) 지었으나 국은을 또한 갚지 못하옵고 죽게 되어 구천에 들어가는 자식을 생각지 마옵고 말년 귀체를 안보하시기가 만세 후에 부자지정을 만분지일이나 바라나이다.'
하였더라.
이날 대강이 판서 노복 등을 거느리고 즉시 과천으로 행할새, 장반 백성이 다 애연하여 구름 뫼듯 하더라. 대감과 판서 애통함이 측량없더라. 초종례로 국친히 한 후에 해당으로 엄습하고 도로 길으로, 울거혀 장사를 지내니 일문이 애통함을 차마 못 불러라. 각설, 이때에 상이 인 중전을 내치시고 태보를 정배 후, 자연 심신이 산란하여 밤이면 성내 성밖의 미복으로 순행하시더니 일일은 한 곳에 다다르니 명월은 명랑하며 미미이 오묘 비단 월색 최풍하며 노래하는 즐거워하는 상이 몸을 은신하고 자세히 들으니 그 노래에 하였으되,
"저 달은 밝다마는 우리 주상은 불명하샤 충신을 무슨 일로 천 리 원정에 내치시고, 무슨 일로 민 충전을 회판에 내치시고 군의신충 없었으니 이 부자자요, 불애함을 인심은 불명하온 마는 국운이 말세 되어 백치도 못할 일을 국가에서 행하고 참답하고 가련하다. 사백 년 사직을 뉘라서 붙들꼬. 이 애야, 저 애야. 홍망성쇠는 불관하다마는 당상 부모 모셨어라. 심산 궁곡에 들어가 초목으로 붓을 꺾으시고, 금수로 벗을 삼아 세월을 보내다가 성군을 기다리자."
서로 비기며 애연키 가는 상이 그 노래를 들으시매 심신이 산란하여 그 부자자요, 불애함을 묻고자 하시니 아이들이 달아나는지라 문내 애연하시며 곧 환궁하시다.

– 작자 미상, 「박태보전」 –

첫째, 하나의 지문은 하나의 단독 작품으로 구성될 수 있어. 예를 들어 2022학년도 수능에서는 현대소설 「매우 잘생긴 우산 하나」와 고전소설 「박태보전」이 단독으로 출제되었어. 이 경우 개별 작품을 갈래의 특성을 고려하여 읽으면 돼. 갈래의 특성을 고려하여 개별 작품을 읽는 법은 PART 2에서 자세히 설명해 줄게!

★ 약점 갈래를 파악하자!

학생 개개인의 관심사나 학습 정도에 따라 특히 더 어렵게 느끼는 갈래가 있을 수 있어. 낯선 고어 때문에 고전시가가 어렵다고 느끼는 학생이 있을 수도 있고, 이와 달리 주제가 대체로 비슷해서 이해하기 편한 고전시가에 비해 다양한 정서와 주제를 표현하는 현대시가 더 어렵다고 느끼는 학생이 있을 수도 있지. 이 책을 통해 다양한 갈래의 작품을 읽고 문제를 풀어 보며 자신이 어떤 갈래의 학습에 좀 더 시간을 투자해야 하는지를 판단해 보자. 자신의 강점과 약점 분야를 정확히 알아야 더 효율적으로 공부해 나갈 수 있거든!

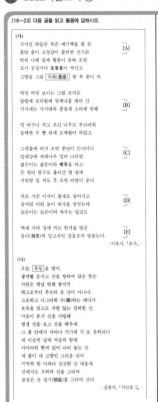

[18~23] 다음 글을 읽고 물음에 답하시오.

(가)

구겨진 하늘을 목은 얘기책을 편 듯
둥달 올이 고삘같이 돌려온 산기슭
바작 나래 밑에 황혼이 묻혀 오면
초가 집집마다 호롱불이 켜지고
고향을 그린 墨畵(묵화) 한 폭 좋이 척.

[A]

희엄 희엄 보이는 그림 조각은
앨받에 보리밭에 말매나를 캐러 간
가시내는 가시내와 종달새 소리에 반해

[B]

빈 바구니 차고 오긴 너무도 부끄러워
술레한 두 뺨 위에 모래알이 뾰였고.

그믐줄에 비가 오면 풍년이 든다더니
앞내강에 서레티가 푸르러 온 산에 나리면
붉은이는 붉은이와 뱃목을 타고
돈 멀리 향구로 흘러간 몇 달에
서익발길 갖고도 자양 않는 江(강)이 분다.

[C]

피로 가문 이야기 참세로 날아가고
곰지럼 어린 놀이 목을 꿈꾸는데
늘은이는 늘은이와 싸우는 입김도.

[D]

벽에 서러 싶에 뛰는 한가를 밟은
동리(洞里)의 민고지인인 강물조차 얼룩는다.
— 이육사, '초가' —

[E]

(나)

오늘, 폭질을 열어,
장기틸 등너고 산을 향하여 닫은 듯한
사람은 땟날 변해 쌓이던
태고로부터 푸르러 온 산이 아니다.
고요하고 너그러워 수無(수무)는 데다가
보복을 갖고도 자양 않는 겸허한 산.
마음이 본시 산을 사랑해
평생 산을 보고 산을 배우며.
그 품 안에서 자라고 거기에 가 또 문히리니
내 이승의 낱낱 처승의 밤에
아이라타 뻗쳐 있을 다리 놓을 산.
내 몸이 내 고향의 그리운 산아
미역취 한 이름의 삼굿한 산 내음을
신에서도 오히려 산을 그리며
꿈같은 산 정기(精氣)를 그리며 산다.
— 김관식, 「거산호 2」 —

(다)

온갖 꽃들이 요란스럽게 일제히 터트려져 광채가 찬란하다. 이에에 바람이 살짝 불어대니 향기가 코를 스친다. 때마침 꿀벌들은 자가 나웃 가지로 와서 손 가는 대로 뽑어 내는데, 이어워 둘어보거나 거리끼는 마음도 없다. 나는 이에 한숨을 쉬며 탄식하여 말하였다.

"땅이 낳고 하늘이 기르는바, 만물이 무성히 자라며 모두가 광대한 은혜를 입는구나. 이에 따스한 바람이 불어 갖가지 형상을 아로새기고 단비를 내려 흔 물품들을 물들이니, 천기(天機)를 함께 타고나 형체를 부여받음에 각기 그 자질에 따라 고운 자태를 드러낸다. 모란의 진귀하고 귀중함을 해당화의 곱고 아름다움에 견주어 보면, 비록 크고 작은 차이는 있겠으나, 어찌 공교합과 졸렬함에 다른 헤아림이 있었겠는가?

(중략)

그런데도 귀합이 저와 같고 천합이 이와 같아, 어떤 것은 부호가의 깊은 장막 안에서 눈앞의 봄바람을 지키고, 어떤 것은 짧은 낮을 든 어리석은 종의 손아귀에서 가슴 서리처럼 변한다. 이 어찌 된 일인가? 프락은 사람 가까이에 있고 교외의 많은 멀리 박혀 있어 가까운 곳은 친하기 쉽고 멀리 있는 것은 저어하기 때문이 아니겠는가? 아니면 요함과 위자는 성격가 존립한에 병상한 화초는 이름이 없고, 성치가 존립한 것은 곱게 빛나는데 이름 없는 것들은 먼 버리 이르래 온 백성 같은 존재이기 때문인가? 그도 아니면 뿌리가 깊은 것은 종종이 번성한데 빽빽이 눌어선 것들은 가늘고 짜르며, 높고 큰 것은 높은 자리에 있고 가늘고 작은 것들은 둘에에 있기 때문인가?

아! 낳는 것은 하늘에 달려 있으나 영화롭게 하는 것은 인간에 달려 있다. 하늘은 사식로움이 없으므로 그 조화(造化)가 균일하지만, 인간은 널리 베풀지 못하므로 소원함이 있고 친합도 있는 것이다. 하늘이 이미 낳아 주었느데 또 어찌 사람이 영화롭게 하고 영화롭지 못하게 한다고 원망하겠는가? 나에게는 비록 감정이 있지만 풀에는 감정이 없으니, 그것이 소의 무구멍을 채우는 것과 나비로 하여금 다투어 찾도록 하는 것을 어찌 달리 보겠는가?"
— 이옥, 「담초(談艸)」 —

* 요함과 위자: 모란의 진귀한 품종을 일컫는 말.

18. (가)~(다)에 대한 설명으로 가장 적절한 것은?

① (가)에서는 현실적인 문제 해결의 실마리로 조화을 공통체의 모습을 제시하고 있다.

② (나)에서는 현실에 대한 부정적 인식을 바탕으로 앞날에 대한 회의를 드러내고 있다.

③ (다)에서는 자연과 인간의 관계를 살펴 자연을 바라보는 인간의 태도에 대한 성찰을 드러내고 있다.

④ (가), (다)에서는 모두 자연물이 쇠락하는 과정을 제시하여 인생에 대한 무상감을 드러내고 있다.

⑤ (가), (나), (다)에서는 모두 자연과의 교감을 통해 장소에 대한 낙관적 전망을 이끌어 내고 있다.

둘째, 하나의 지문은 2022학년도 수능의 '현대시 + 현대시 + 고전수필', '고전시가 + 고전시가'처럼 둘 이상의 작품으로 구성되기도 해. 이때 전자처럼 서로 다른 갈래의 작품이 복합된 형태로 제시될 수도 있고, 후자처럼 갈래가 같은 둘 이상의 작품이 제시될 수도 있어. 갈래 복합 지문으로는 '현대시 + 고전수필'의 구성 외에도 현대소설과 이를 각색한 시나리오가 결합된 지문이 출제된 적도 있고, 현대시와 고전시가가 결합되어 출제되는 등 다양한 양상이 나타나고 있어.

둘 이상의 작품이 묶여서 출제되었다는 것은 작품들의 제재나 주제, 표현 방법 등에 무언가 유사하거나 공통적인 속성이 있다는 의미야. 따라서 이 경우 작품들의 공통점과 차이점을 묻는 문제가 반드시 제시되기 마련이야. 이때에는 각각의 작품을 이해하는 것과 더불어 작품들을 서로 비교·대조하며 이해할 수도 있어야 해.

하나만 더 알려주자면, 둘 이상의 작품이 제시되었을 때 무조건 (가)부터 순차적으로 다 읽고 문제를 풀 필요는 없어. 만약 (가)와 (다)는 낯선 작품이지만, (나)는 본인이 잘 알고 있는 작품이라면 (나)부터 읽고 (나)에 관한 문제부터 먼저 해결하는 것도 하나의 방법이라는 거지!

셋째, 2022학년도 수능에는 출제되지 않았지만 문학 작품과 그와 관련된 문학 이론이나 평론(작품이나 특정 대상에 대한 분석을 바탕으로 작품이나 대상의 가치를 판단하고 평가하는 글)을 함께 다룬 형태의 지문이 나오기도 해. 이 경우 문학 이론 혹은 평론의 내용을 작품에 적용하여 문제를 해결하도록 요구할 거야. 따라서 평론에 대한 정확한 이해가 필요한데, 이와 같은 글은 사실상 독서 지문의 성격을 가지므로 독서 지문을 읽을 때와 마찬가지로 핵심 내용을 정리하며 읽도록 하자.

둘 이상의 작품, 평론이 제시된다고 무조건 어려운 건 아냐!

많은 학생들이 둘 이상의 작품이 제시되거나 평론이 제시되면 무조건 어려울 것이라고 생각하는 경향이 있어. 하지만 하나의 작품이 단독 출제되는 경우 오히려 해당 작품에 대해 깊이 있게 물어보는 문제가 등장해서 더 어렵게 느껴질 수도 있어. 또한 평론은 작품 이해를 돕는 힌트 역할을 하기도 해. 그러니 지문으로 제시된 작품의 수나 평론을 보고 괜히 긴장해서 움츠러들 필요는 없어!

---

37. <보기>는 윗글을 읽은 학생이 '가상의 실험 결과'를 보고 추론한 내용이다. [가]에 들어갈 말로 적절하지 않은 것은? [3점]

— 보 기 —

○ 가상의 실험 결과

항미생물 화학제로 사용되는 알코올 화합물 A를 변환시켜 다음과 같은 결과를 얻었다.

[결과 1] A에서 지질을 손상시키는 기능만을 약화시켜 B를 얻었다.

[결과 2] A에서 캡시드를 손상시키는 기능만을 강화시켜 C를 얻었다.

[결과 3] A에서 캡시드를 손상시키는 기능만을 강화시켜 D를 얻었다.

○ 학생의 추론: 화합물들의 방역 효과와 안전성을 비교해 보면, [가] 고 추론할 수 있어.

(단, 지질 손상 기능과 캡시드 손상 기능은 서로 독립적이며, 화합물 A, B, C, D의 비교 조건은 모두 동일하다고 가정함.)

① B는 A에 비해 지질 피막이 있는 바이러스에 대한 방역 효과는 작고, 인체에 대한 안전성은 높다

② C는 A에 비해 지질 피막이 없는 바이러스에 대한 방역 효과는 크고, 인체에 대한 안전성은 같다

③ C는 B에 비해 지질 피막이 없는 바이러스에 대한 방역 효과는 크고, 인체에 대한 안전성은 높다

④ D는 A에 비해 지질 피막이 있는 바이러스에 대한 방역 효과는 크고, 인체에 대한 안전성은 높다

⑤ D는 B에 비해 지질 피막이 없는 바이러스에 대한 방역 효과는 크고, 인체에 대한 안전성은 같다

[38~42] 다음 글을 읽고 물음에 답하시오.

(가)

문학 작품의 의미가 생성되는 양상은 세 가지로 나누어 볼 수 있다. 첫째는 자기의 경험을 물론 자기 내면의 정서나 의식 등을 대상에 투영하면서, 외부 세계에 새로운 의미를 부여하는 경우이다. 둘째는 외부 세계의 일반적 삶의 방식이나 가치관, 이념 등을 자기 내면으로 수용하여, 자신을 새롭게 해석함으로써 의미를 만들어 내는 경우이다. 셋째는 자기와 외부 세계를 상호적으로 대비하여 양자에 대한 새로운 해석을 통해 의미를 생성하는 경우이다.

문학적 의미 생성의 이러한 세 가지 양상은 문학 작품에서 자기와 외부 세계의 관계를 파악할 때 적용할 수 있다. 첫째와 둘째의 경우, 자기와 외부 세계의 거리는 가까워지고 친화적 관계가 형성된다. 셋째의 경우는 자기가 외부 세계를 바라보는 관점에 따라 둘 사이의 거리가 가까워져 친화적 관계가 형성되기도 하고, 그 거리가 드러나 소원한 관계가 유지되기도 한다.

(나)

산슈 간(山水間) 바회 아래 뛰집을 짓노라 하니
그 모론 놈들은 웃는다 흐다마는
어리고 햐향의 뜻의는 내 分(분)인가 하노라 <제1수>

보리밥 픗나물을 알마초 머근 후(後)에
바횟 긋 믈ᄀᆞ의 슬카지 노니노라
그 나믄 녀나믄 일이야 부롤 줄이 이시랴 <제2수>

잔 들고 혼자 안자 먼 뫼흘 바라보니
그리던 님이 오다 반가옴이 이러하랴
말슴도 우옴도 아녀도 몯내 됴하하노라 <제3수>

누고서 삼공(三公)도곤 낫다 하더니 만승(萬乘)이 이만하랴
이제로 헤어든 소부(巢父) 허유(許由) | 냑돗더라
아마도 님쳔 한흥(林泉閑興)를 비길 곳이 업세라 <제4수>

내 셩이 게으르더니 하늘히 아르실샤
인간(人間) 만사(萬事)를 한 일도 아니 맛뎌
다만당 도토리 업슨 강산(江山)을 딕희라 하시도다 <제5수>

강산이 됴타 호들 내 分(분)으로 누얻느냐
님군 은혜(恩惠)를 이제 더욱 아노이다
아모리 갑고쟈 호야도 히올 일이 업세라 <제6수>
— 윤선도, 「만흥(漫興)」 —

(다)

산림(山林)에 살면서 명리(名利)에 마음을 두는 것은 큰 부끄러움[大恥]이다. 시정(市井)에 살면서 명리에 마음을 두는 것은 작은 부끄러움[小恥]이다. 산림에 살면서 은거(隱居)에 마음을 두는 것은 큰 즐거움[大樂]이다. 시정에 살면서 은거에 마음을 두는 것은 작은 즐거움[小樂]이다.

작은 즐거움은 큰 즐거움이든 나에게는 그것이 다 즐거움이며, 작은 부끄러움이든 큰 부끄러움이든 나에게는 그것이 다 부끄러움이다. 그런데 큰 부끄러움을 안고 사는 자는 백(百)에 반이요, 작은 부끄러움을 안고 사는 자는 백에 백이며, 큰 즐거움을 누리는 자는 백에 서넛뿐이요, 작은 즐거움을 누리는 자는 백에 하나 있거나 아주 없거나 하니, 참으로 가장 높은 것은 작은 즐거움을 누리는 자이다.

나는 시정에 살면서 은거에 마음을 두는 자이니, 그렇다면 이 작은 즐거움을 가장 높은 것으로 말한 나야말로 이 말은 대부론의 사람들의 생각과는 거리가 먼, 물정 모르는 소리일지도 모른다.
— 이덕무, 「우언(迂言)」 —

38. (나)의 시상 전개에 대한 설명으로 가장 적절한 것은?

① <제1수>에서는 경험적 성격과 연결된 공간으로부터, <제6수>에서는 관념적 성격과 연결된 공간으로부터 시상이 전개된다.

② <제2수>에서는 구체성이 드러나는 소재로, <제3수>에서는 추상성이 강화된 소재로 시상이 시작된다.

③ <제2수>에서 설의적 표현으로 제기된 의문이 <제5수>에서 해소되었음이 영탄적 표현으로 드러난다.

(2) 문제

수능 국어 문학의 각 지문에는 보통 4-6개의 문제가 출제되는데, 이때 문제는 크게 발문과 선지로 나누어 볼 수 있어. 발문은 문제의 질문에 해당하는 것으로, 출제자가 우리에게 지문의 어떤 부분에 대해 묻는지 알려 주는 역할을 해. 다음과 같은 식으로 말이야.

발문		작품에서 어디를 확인해야 하는가?
윗글에 대한 이해로 가장 적절한 것은?		지문 전반
[A]의 서술상 특징에 대한 설명으로 가장 적절한 것은?		[A]로 표시하여 묶은 범위
화초밭에 대한 이해로 가장 적절한 것은?	→	화초밭이라는 대상에 대해 언급한 부분
ⓐ~ⓔ를 이해한 내용으로 적절하지 않은 것은?		기호 ⓐ~ⓔ로 표시된 내용에 관한 부분

💡 '적절한' vs. '적절하지 않은'을 반드시 확인해야 해!

발문이 우리에게 '적절한' 정보를 찾으라고 하는 건지, '적절하지 않은' 정보를 찾으라고 하는 건지 명확하게 확인해야 해! 보통 발문에서는 '적절하지 않은' 것을 물어볼 때 밑줄로 표시해 두지만, 시간에 쫓겨 문제를 풀다 보면 이 부분을 놓칠 가능성이 있으니 주의하자. 실수를 하지 않는 것도 실력이야!

한편 발문과 선지를 통해 우리는 문제 유형을 알 수 있는데, 문제 유형을 알면 우리가 문제를 풀기 위해 지문을 어떻게 이해해야 하는지도 알 수 있어.

문제 유형		작품을 어떻게 이해해야 하는가?
① 작품의 내용에 대한 사실적·추론적 이해를 묻는 문제		작품의 주제 및 세부 내용을 사실적으로 이해하고, 이를 기반으로 추론적으로 이해
② 작품의 표현상 또는 서술상의 특징을 묻는 문제	→	작품의 내용을 효과적으로 전달하기 위해 사용된 기법을 파악
③ 외적 준거를 참고한 작품의 감상을 요구하는 문제		〈보기〉나 평론의 내용과 연결하여 작품의 내용 및 형식을 이해

그럼 문제 유형에 따라 어떻게 문제를 풀어나가야 하는지를 조금 더 자세히 살펴보자.

① 작품의 내용에 대한 사실적·추론적 이해를 묻는 문제

독서 영역뿐만 아니라 문학 영역에서도 제일 기본이 되는 문제는 사실적 이해를 묻는 문제야. 수능 국어에 출제되는 문학 작품은 해석의 대상이 아니야. '해석'은 시험 출제자가 하는 것이고 우리는 출제자의 해석이 적절한지 '판단'만 하면 충분해. 즉 문학 작품을 여러 방향으로 해석할 수 있는 것은 맞지만, 출제자의 해석 방향에 대해 다른 방향으로도 해석이 가능한 것이 아닌지 의문을 품기 시작하면 문학 문제의 답을 빠르고 정확하게 고르기 어려워. 고득점을 위해서 우리는 문학 작품에도 정확한 사실 관계는 존재한다는 전제 하에 선지의 내용이 적절한지 그렇지 않은지를 지문에서 근거를 찾아 판단하면 돼.

선지 판단 전략

문학에서도 내용 일치 여부 확인이 제일 먼저야!

첫째, 선지 판단의 제1원칙은 선지에 제시된 정보가 실제로 지문의 내용과 일치하는지를 확인하는 것이다.

둘째, 지문에 제시된 내용을 활용해 구성된 선지이더라도 적절하지 않을 수도 있다.

선지에 제시된 용어들이 지문에서 봤던 것이라고 해도 성급하게 적절하다고 판단해서는 안 된다. 매력적인 오답 선지는 아예 낯선 용어를 사용한 것이 아니라 지문에 사용된 용어들 간의 관계, 순서 등을 비틀어서 만들어진다. 귀찮아하지 말고 지문에서 선지와 관련된 부분을 직접 찾아 근거를 확인하는 습관을 들여야 한다.

출제자들이 선지를 구성하는 방식을 정리하자!

'적절한' 선지를 구성하는 방식	'적절하지 않은' 선지를 구성하는 방식
방식 1 지문에서 사용한 표현을 거의 그대로 활용하여 제시하는 방식	**방식 3** 정보의 주체를 틀린 대상으로 제시하는 방식
예) 지문의 설명 → 선지 구성 A는 B이다. → A는 B라고 본다.	예) 지문의 설명 → 선지 구성 A는 B이고, C는 D이다. → A는 D이다. C는 B이다.
방식 2 지문의 정보를 재진술하여 제시하는 방식	**방식 4** 내용의 관계, 순서 등을 바꾸어 제시하는 방식
예) 지문의 설명 → 선지 구성 A는 B이다. → A는 B′이다.	예) 지문의 설명 → 선지 구성 A(원인)이므로 B(결과)다. → B(원인)이므로 A(결과)다. 순서는 A–B–C–D이다. → 순서는 A–C–B–D이다.
	방식 5 지문에 나오지 않은 내용을 제시하는 방식
	예) 지문의 설명 → 선지 구성 A는 B, C이다. → A는 D이다.

참고로 위의 선지 구성 방식은 다른 문제 유형에서도 동일하게 활용될 수 있으니까 그 원리를 알아 두면 도움이 될 거야!

그런데 때로는 그 근거가 지문에 명시되어 있지 않지만 적절한 선지도 있어. 이처럼 지문에 직접적으로 제시되지 않은 정보를 이끌어낼 수 있는지 평가하는 문제가 추론적 이해를 묻는 문제라고 할 수 있지. 이때 중요한 점은 '지문에 직접적으로 제시되지 않은 정보'를 '지문 속에 있는 정보'를 바탕으로 이끌어내야 한다는 점이야. 즉 추론한 정보의 '근거'는 지문 속에 있어야 한다는 거지.

선지 판단 전략

실전적 추론의 핵심!

첫째, 배경지식이나 개인적 의견이 아닌, 지문의 사실적 내용을 바탕으로 합리적 추론을 해야 한다.
먼저 지문과의 내용 일치 여부를 확인한 후, 그 정보를 활용해 추론을 해야 한다. 어느 선까지가 추론 가능한 범위이고 어느 기점부터가 과도한 추론인지를 판단하는 능력은 기출 분석을 통해 기를 수 있다.

둘째, 실전에서는 모든 선지의 근거를 정확하게 판단하기는 어렵다.
제한된 시간 안에 주어진 문제를 풀어야 하는 만큼 실전에서는 모든 선지에 대한 근거를 명확하게 찾아내기가 어려울 수 있다. 특히 추론적 이해를 요구하는 선지의 경우 더욱 그러하다. 시험이 끝난 후에는 모든 선지의 근거를 꼼꼼하게 분석해 봐야 하지만 실전에서는 잠깐 생각해 보고 모르겠다면 그 선지를 붙잡고 늘어지지 말고 물음표, 세모 등의 표시만 해두고 넘어가라. 그리고 나머지 선지 중에 확실하게 적절하거나 적절하지 않은 선지, 즉 정답인 선지가 있는지부터 판단하라.

작품의 내용에 대한 사실적·추론적 이해를 묻는 문제의 종류는 몹시 다양해. 예를 들어 운문의 경우 화자의 정서나 태도를 묻는 문제, 시어의 의미를 묻는 문제 등이, 산문에서는 인물의 특징 및 심리, 소재의 기능이나 공간의 의미를 묻는 문제 등이 모두 이에 해당한다고 볼 수 있어. 따라서 문제의 종류를 일일이 기억할 필요는 없지만, 문학 영역에서도 사실 관계를 확인하는 것이 중요하다는 점, 그리고 사실 관계 확인부터 하고 추론을 해야 한다는 점은 잊지 말자!

② 작품의 표현상 또는 서술상의 특징을 묻는 문제

앞서 작품의 내용에 관한 문제를 살펴보았다면, 이번엔 이를 전달하는 형식에 초점을 두고 묻는 문제에 대해 살펴볼 거야. 글쓴이는 문학 작품을 통해 전달하고자 하는 메시지를 독자에게 보다 효과적으로 전달하기 위해 여러 가지 기법을 사용해. 예를 들어 시인은 화자의 정서를 효과적으로 전달하기 위해 시적 대상을 무언가에 빗대 비유적으로 나타내기도 하고, 소설가는 소설 속에서 이야기를 하는 사람을 어린아이로 설정하거나 이야기를 시간 순서대로 전달하지 않고 회상하는 형식으로 전달하기도 하지.

일반적으로 운문에서의 표현 기법은 '표현상의 특징', 산문에서의 서술 기법은 '서술상의 특징'이라고 해. 이를 묻는 문제에서는 보통 다음과 같은 발문이 나타나.

> ☑ 윗글의 표현상의 특징으로 가장 적절한/적절하지 <u>않은</u> 것은?
> ☑ 윗글의 서술상의 특징으로 가장 적절한/적절하지 <u>않은</u> 것은?

하지만 아래와 같이 발문에서 표현상의 특징이나 서술상의 특징이라는 용어를 쓰지 않은 경우에도 제시된 선지를 통해 작품의 표현 기법 혹은 서술 기법에 대해 묻는 문제임을 파악할 수 있어야 해.

고3 2023학년도 6월

18. 윗글에 대한 설명으로 가장 적절한 것은?

① 배경 묘사를 통해 인물의 성격 변화를 암시하고 있다.
② 독백을 반복하여 내적 갈등의 해결 과정을 드러내고 있다.
③ 과거와 현재를 교차하여 사건을 입체적으로 전개하고 있다.
④ 한 인물과 다른 인물들 간의 다면적 갈등 관계를 제시하고 있다.
⑤ 두 공간에서 동시에 일어나는 사건을 병렬적으로 배치하고 있다.

고3 2023학년도 6월

22. (가)~(다)의 공통점으로 가장 적절한 것은?

① 어조의 변화를 통해 긴장감을 조성하고 있다.
② 자연과 인간의 대비를 통해 세태를 비판하고 있다.
③ 대상과의 문답을 통해 주제 의식을 부각하고 있다.
④ 초월적 공간을 설정하여 고조된 감정을 드러내고 있다.
⑤ 시간을 나타내는 표현을 활용하여 내용을 전개하고 있다.

표현상의 특징이나 서술상의 특징을 묻는 문제를 풀 때에 선지에서 언급한 문학 개념어의 의미를 모른다면 시험지를 붙잡고 아무리 고민해도 소용이 없어. 즉 위의 문제를 풀려면 시험을 보기 전에 '배경 묘사', '독백', '어조의 변화', '자연과 인간의 대비' 등이 무엇인지에 대한 학습이 이루어졌어야 한다는 거지.

그래서 본격적인 문학 학습을 하기에 앞서 기본적인 문학 개념어를 학습하는 것을 추천해. 이때 개념어의 사전적 의미만 기억해두는 것은 실전에서 큰 도움이 되지 않아. 개념어를 학습할 때에는 사전적 정의뿐만 아니라 실제로 기출된 작품 사례를 보면서 그 실전적 의미와 정오 판단의 기준을 익히는 것이 필요해. 그래서 우리는 PART 1에서 먼저 30개의 필수 문학 개념어를 학습할 거야. 실제 시험에서는 이외에도 다양한 표현상 또는 서술상의 특징에 관한 용어들이 출제돼. 그러니 시험에서 헷갈렸거나 낯선 개념어가 있다면 그때그때 의미를 정리하고 넘어가는 식으로 개념어에 대한 이해의 폭을 넓혀가야 해.

표현상·서술상의 특징 문제는 그 특징만 묻기보다는 그것을 통해 거둔 효과까지를 묻는 경우가 많아. 예를 들어 위에 제시된 18번의 ①번 선지에서는 '배경 묘사'라는 서술상의 특징을 통해 '인물의 성격 변화를 암시'하는 효과를 거두었는지를, 22번의 ①번 선지에서는 '어조의 변화'라는 표현상의 특징을 통해 '긴장감을 조성'하는 효과를 거두었는지를 판단하도록 요구하지. 따라서 표현상·서술상의 특징을 묻는 선지는, 일단 선지를 표현상·서술상의 특징을 언급한 부분과 그 효과를 언급한 부분으로 나누어 보고 그 각각의 적절성을 판단하는 것이 좋아. 당연히 특징과 효과 중 하나라도 적절하지 않다면 그 선지는 적절하지 않아.

표현상·서술상 특징 문제는 미리 대비할 수 있어!

첫째, 자주 출제되는 표현상·서술상 특징은 그 개념과 예시까지 학습해 두어야 한다.
둘째, 표현상·서술상의 특징과 그 효과가 모두 적절한지 확인해야 한다.

표현상의 특징	효과
예) 배경 묘사를 통해	인물의 성격 변화를 암시하고 있다.
적절성 판단	
적절함	적절함 → 적절함
적절하지 않음	적절함 → 적절하지 않음
적절함	적절하지 않음 → 적절하지 않음

③ 외적 준거를 참고한 작품의 감상을 요구하는 문제

수능 국어는 기본적으로 내재적 감상을 요구해. 여기서 내재적 감상이란 오직 작품 자체에만 주목해서 작품을 감상하는 것을 의미하지. 예를 들어 시에서는 운율과 이미지 등을, 소설에서는 서술자와 인물 등을 중심으로 감상하는 거야.

그런데 때로는 수능 국어에서도 작품 외적인 요소, 그러니까 작가나 시대적 배경, 특정 관점이나 이론 등과 관련하여 작품을 보다 넓고 깊게 이해할 것을 요구하기도 해. 그럼 어떤 작가가 어떠한 사상을 가졌고, 작품에 어떠한 시대상이 반영되었는지 등을 미리 공부해야 하냐고? 그렇지 않아. 수능 국어에서 작품 내적인 요소 이외의 내용까지 고려한 감상, 즉 특정 관점에 기반한 외재적 감상을 하도록 요구할 때에는 이와 관련된 내용을 <보기>나 평론에서 설명해 줘.

고3 2023학년도 6월

27. <보기>를 참고하여 (가)~(다)를 감상한 내용으로 적절하지 **않은** 것은? [3점]

> **보기**
>
> 시조, 가사, 수필에서 작가는 대개 1인칭으로 나타나므로 작가 정보를 활용하면 작품을 더 풍부하게 해석할 수 있다. 그런데 작가는 자신을 다른 인물로 상정하여 표현하기도 한다. 이 경우에도 작가를 그 인물에 투영해서 읽을 수 있다. (가)는 작가가 나이 들어 벼슬에서 물러나 전원에서 생활하며 지은 시조라는 점, (나)는 작가가 임금에게 충언하는 시를 쓴 죄로 옥에 갇혔을 때 지은 가사라는 점, (다)는 작가가 시골에서 성장한 경험을 반영하여 쓴 수필이라는 점을 고려하여 작품을 해석할 수 있다.

① (가)의 '저 늙은이'가 작가라면, 전체적으로 이 작품은 연로한 작가가 느끼는 전원생활의 흥취를 드러낸 것이겠군.

② (가)의 '저 늙은이'가 작가가 아니라면, <제4수>는 '낚대'의 깊은 맛에 몰입하며 '나'와는 달리 한가롭게 지내는 인물에 대한 심리적 거리감을 드러낸 것이겠군.

③ (나)의 '아녀자'가 작가라면, 이 작품은 '은침'과 '오색실'로 '임의 터진 옷'을 깁는 상황을 설정하여 임금에 대한 곧은 충심을 표현한 것이겠군.

④ (다)의 '그'가 작가라면, 이 작품은 '그 집'에서 성장하고 떠났던 자신의 경험을 타인의 것처럼 전달함으로써 개인적인 경험에 거리를 두고 객관화하여 표현한 것이겠군.

⑤ (다)의 '우리들'에 작가 자신이 포함되므로, 이 작품은 작가 자신의 개인적 경험을 확장하여 유사한 경험을 가진 독자들의 공감을 이끌어 내려 한 것이겠군.

고3 2023학년도 6월

34. <보기>를 참고하여 (가), (나)를 감상한 내용으로 적절하지 **않은** 것은? [3점]

> **보기**
>
> (가)와 (나)는 모두 부정적 현실을 비판한 작품이다. (가)는 물질문명의 허위와 병폐에 물들어 가는 공동체가 농경 문화의 전통에 바탕을 두고 건강한 생명력과 순수성을 회복하기를 소망하는 작가 의식을 담고 있다. (나)는 환영(幻影)을 통해 대중의 이성을 마비시키고 대중을 획일적으로 길들이는 권력의 기만적 통치술에 대한 비판 의식을 담고 있다.

① (가)에서 '차라리 그 미개지에로 가자'라는 화자의 권유는 공동체의 터전을 확장하여 순수성을 지켜 나가려는 의식을 보여 주는군.

② (나)에서 골목이 '가장 햇빛이 안 드는 곳'으로 판명되었다는 것은 '유리 담장'이 대중을 기만하는 환영의 장치였음을 보여 주는군.

③ (가)에서 '기생충의 생리'는 자족적인 농경 문화 전통에 반하는 문명의 병폐를, (나)에서 '주장하는 아이'의 추방은 획일적으로 통제된 사회의 모습을 보여 주는군.

④ (가)에서 '발돋움의 흉내'를 낸다는 것은 물질문명에 물들어 가는 상황을, (나)에서 '곧 즐거워했다'는 것은 권력의 술수에 대중이 길들여지고 있는 상황을 보여 주는군.

⑤ (가)에서 '떼지어 춤추던' 모습은 농경 문화 공동체의 건강한 생명력을, (나)에서 '일렬로', '묵묵히' 벽돌을 나르는 모습은 권력에 종속된 대중의 형상을 보여 주는군.

예를 들어 앞의 27번 문제의 <보기>는 작가에 관한 정보를 설명해 주고 있고, 34번 문제의 <보기>는 작품이 비판하는 현실에 대한 정보를 제공해 주고 있어. 그럼 우리는 우선 <보기>나 평론을 읽고 이를 통해 출제자가 우리에게 추가적으로 제공하려는 정보의 핵심을 파악한 후, 이를 지문의 내용과 연결하여 선지의 적절성을 판단하면 돼. 물론 문학 작품을 바라보는 관점에는 여러 가지가 있어서, 특정 작가에 대해서도 A라는 관점과 이와 다른 B라는 관점으로 바라보는 시각이 있을 수 있어. 이때 본인에게 B라는 관점에 대한 배경 지식이 있더라도 <보기>나 평론에서 A라는 관점을 제시했다면 문제에서 의도한 바에 따라 A라는 관점에 입각하여 문제를 풀면 돼.

<보기>나 평론 같은 외적 준거를 참고하는 문제 유형은 '지문-<보기> 또는 평론-선지'를 연결하여 판단해야 하는 만큼 지문과 선지의 내용만 대응시켜도 정오 판단이 가능한 다른 유형에 비해 선지 판단에 시간이 조금 더 걸리고 문제가 어렵게 느껴질 수도 있어. 문학에서 <보기> 문제가 대체로 3점인 것만 봐도 그렇지. 하지만 공부를 하다 보면 <보기>나 평론은 작품을 이해하는 데 길라잡이 역할을 한다는 점을 깨닫게 될 거야. 그래서 상위권 수험생 중에서는 오히려 지문보다 <보기>를 먼저 읽는 학생들도 많아. <보기>나 평론을 보고 긴장하지 말고 <보기>나 평론이 우리 편이라는 마음가짐을 가지고 꼼꼼하게 읽어 보자!

선지 판단 전략

<보기>나 평론 문제의 답을 찾는 방법!

첫째, 우선 <보기>나 평론의 핵심 내용을 파악해야 한다.
둘째, '지문-<보기>나 평론-선지'의 연결이 모두 적절해야 적절한 선지이다.

선지의 진술이 지문의 내용, <보기>나 평론의 내용에 각각 부합하더라도 지문과 <보기>나 평론의 내용 연결이 적절하지 않다면 결과적으로 적절하지 않은 선지이다. 즉 '지문-<보기>나 평론-선지'가 모두 적절하게 연결되어 있는지를 정확하게 확인해야 한다.

처음 보는 작품이 출제되었다고 해서 무조건 어려운 건 아냐!

시험 범위가 정해져 있어서 어떤 작품이 출제될지 짐작할 수 있는 내신 시험만 대비해 왔다면 어떤 작품이 나올지 알 수 없는 수능 국어 시험을 어떻게 대비해야 할지 막막할 거야. 모든 문학 작품에 대한 정보를 다 외울 수도 없고 말야. 처음 보는 작품을 만나더라도 당황하지 않고 내재적으로 감상할 수 있는 방법은 PART 2에서 갈래별로 친절하게 설명해 줄 테니 걱정 마!

1

필수 문학 개념어

1. 화자와 서술자

(1) 화자와 시적 대상

(2) 서술자와 시점

(3) 서술자의 개입, 편집자적 논평

2. 주제 의식과 태도

(1) 자연 친화

(2) 인간과 자연의 대비

(3) 성찰, 반성

(4) 극복 의지

3. 표현 기법

(1) 비유, 상징

(2) 환기

(3) 역설

(4) 반어

(5) 도치

(6) 설의, 의문형 어투

(7) 운율, 반복, 연쇄

(8) 대구, 통사 구조의 반복

(9) 감각적 이미지, 공감각적 이미지

(10) 상승 이미지, 하강 이미지

(11) 정적 이미지, (역)동적 이미지

(12) 계절감

(13) 풍자, 해학

(14) 언어유희

4. 시상 전개와 구성 방법

(1) 시상, 시상의 전환

(2) 수미상관, 선경후정

(3) 원경, 근경

(4) 갈등의 심화와 해소

(5) 전기성, 초월적 인물

(6) 회상, 역행적 구성

(7) 액자식 구성

(8) 직접 제시, 간접 제시

(9) 요약적 제시

화자와 서술자

(1) 화자와 시적 대상

STEP **1** 개념 이해하기

- **화자:** 시에서 말하고 있는 사람.
- **시적 대상:** 시에서 화자가 주목하고 있는 대상.

나 보기가 역겨워
가실 때에는
말없이 고이 보내 드리오리다.

영변(寧邊)에 약산(藥山)
진달래꽃,
아름 따다 가실 길에 뿌리오리다.

가시는 걸음 걸음
놓인 그 꽃을
사뿐히 즈려 밟고 가시옵소서.

나 보기가 역겨워
가실 때에는
죽어도 아니 눈물 흘리오리다.

– 김소월, 「진달래꽃」 –

시에서 말하고 있는 사람인 화자는 겉으로 뚜렷하게 드러나는 경우도 있고, 그렇지 않은 경우도 있어. 「진달래꽃」에서는 '나 보기가 역겨워'에 화자가 '나'라고 드러나 있지? 이렇듯 작품에 '나' 또는 '우리'라는 표현이 있으면 화자가 표면에 드러난 것이라고 보면 돼.

국철 타고 앉아 가다가
문득 알아들을 수 없는 말이 들려 살피니
아시안 젊은 남녀가 건너편에 앉아 있었다
늦은 봄날 더운 공휴일 오후
나는 잔무° 하러 사무실에 나가는 길이었다
저이들이 무엇 하려고
국철을 탔는지 궁금해서 쳐다보면

•**잔무:** 다 끝내지 못하고 남은 일.

서로 마주 보며 떠들다가 웃다가 귓속말할 뿐

나를 쳐다보지 않았다

모자 장사가 모자를 팔러 오자

천 원 주고 사서 번갈아 머리에 써 보고

만년필 장사가 만년필을 팔러 오자

천 원 주고 사서 번갈아 손바닥에 써 보는 저이들

문득 나는 천박한 호기심이 발동했다는 생각이 들어서

황급하게 차창 밖으로 고개 돌렸다

국철은 강가를 달리고 너울거리는 수면 위에는

깃털 색깔이 다른 새 여러 마리가 물결을 타고 있었다

나는 아시안 젊은 남녀와 천연하게*

동승하지 못하고 있어 낯짝 부끄러웠다

국철은 회사와 공장이 많은 노선을 남겨 두고 있었다

저이들도 일자리로 돌아가는 중이지 않을까

– 하종오, 「동승」 –

*천연하다: 시치미를 뚝 떼어 겉으로는 아무렇지 아니한 듯하다.

시를 읽을 때에는 화자뿐만 아니라 화자가 관심을 갖고 있는 대상인 시적 대상이 무엇인지도 확인해야 해. 「동승」에는 '나'라는 화자가 나타나는데, 이 화자는 국철에서 보게 된 '아시안 젊은 남녀', '깃털 색깔이 다른 새 여러 마리'라는 시적 대상에 주목하여 이야기를 하고 있어. 이처럼 시적 대상은 구체적인 실체를 가진 대상일 수도 있지만 뚜렷한 실체가 없는 추상적인 대상일 수도 있어. 또한 한 작품에서 시적 대상은 하나만 나타날 수도 있고, 둘 이상이 나타날 수도 있지.

그렇다면 「동승」에서 화자와 시적 대상을 둘러싼 작품 속의 구체적인 상황은 어떠한지 살펴볼까? 화자는 국철을 타고 가다가 건너편에 앉아 있는 아시안 남녀를 보고 그들이 무엇을 하려고 이 국철에 탔을까를 궁금해해. 그래서 그들을 자세히 관찰하다가 문득 그것이 '천박한 호기심'이었다는 점을 깨닫고 고개를 돌리는데, 이때 '깃털 색깔이 다른 새 여러 마리'가 서로 조화롭게 날아다니는 창밖의 풍경을 보게 돼. 그러면서 새들과는 달리 편견이 섞인 시선으로 아시안 남녀를 바라보았던 자신의 행동을 반성하게 되지.

지금까지 얘기한 것, 즉 화자와 시적 대상, 그리고 이들이 처한 시적 상황을 정리하면 그것이 바로 시의 '주제'야. 따라서 윗글의 주제는 '외국인 노동자에 대한 차별적인 시선과 그에 대한 반성'이라고 할 수 있지. 다시 말해 화자, 시적 대상, 시적 상황만 찾을 수 있으면 시의 주제는 파악한 것이니 낯선 시를 만나더라도 자신감을 가지고 '딱 세 가지만 찾자.'라고 생각하면서 시를 읽어보자.

1~5 다음을 읽고 선지의 적절성을 판단해 보세요.

고1 2022학년도 6월

> 모란이 피기까지는
> 나는 아직 나의 봄을 기둘리고 있을 테요
> 모란이 뚝뚝 떨어져 버린 날
> 나는 비로소 봄을 여읜 설움에 잠길 테요
> 오월 어느 날 그 하루 무덥던 날
> 떨어져 누운 꽃잎마저 시들어 버리고는
> 천지에 모란은 자취도 없어지고
> 뻗쳐오르던 내 보람 서운케 무너졌느니
> 모란이 지고 말면 그뿐 내 한 해는 다 가고 말아
> 삼백예순 날 하냥 섭섭해 우옵네다
> 모란이 피기까지는
> 나는 아직 기둘리고 있을 테요 찬란한 슬픔의 봄을
>
> – 김영랑, 「모란이 피기까지는」 –

1. 작품의 표면에 나타난 화자가 자신의 정서를 직접적으로 드러내고 있다.

고2 2018학년도 9월

> 거미 새끼 하나 방바닥에 나린 것을 나는 아모 생각 없이 문 밖으로 쓸어버린다
> 차디찬 밤이다
>
> 어니젠가 새끼 거미 쓸려나간 곳에 큰 거미가 왔다
> 나는 가슴이 짜릿한다
> 나는 또 큰 거미를 쓸어 문 밖으로 버리며
> 찬 밖이라도 새끼 있는 데로 가라고 하며 서러워한다
>
> 이렇게 해서 아린* 가슴이 싹기도 전이다
> 어데서 좁쌀만 한 알에서 가제 깨인 듯한 발이 채 서지도 못한 무척 작은 새끼 거미가
> 이번엔 큰 거미 없어진 곳으로 와서 아물거린다
> 나는 가슴이 메이는 듯하다
> 내 손에 오르기라도 하라고 나는 손을 내어 미나 분명히 울고불고 할 이 작은 것은 나를
> 무서우이 달아나 버리며 나를 서럽게 한다
> 나는 이 작은 것을 고이 보드러운 종이에 받어 또 문 밖으로 버리며
> 이것의 엄마와 누나나 형이 가까이 이것의 걱정을 하며 있다가 쉬이 만나기나 했으면 좋으
> 련만 하고 슬퍼한다
>
> – 백석, 「수라(修羅)」 –

•**아리다**: 마음이 몹시 고통스럽다.

2. 대상과의 이별에 대한 화자의 안타까움이 나타나 있다.

3. 화자의 태도가 달라짐에 따라 대상이 처한 상황이 악화되고 있다.

(가)

1

하늘에 깔아 논 / 바람의 여울터에서나
속삭이듯 서걱이는 / 나무의 그늘에서나, 새는
노래한다. 그것이 노래인 줄도 모르면서
새는 그것이 사랑인 줄도 모르면서
두 놈이 부리를 / 서로의 쭉지에 파묻고
다스한 체온을 나누어 가진다.

2

새는 울어 / 뜻을 만들지 않고,
지어서 교태로 / 사랑을 가식˙하지 않는다.

3

─포수는 한 덩이 납으로
그 순수를 겨냥하지만,
매양 쏘는 것은 / 피에 젖은 한 마리 상한 새에 지나지 않는다.

— 박남수, 「새 1」 —

•가식: 말이나 행동 따위를 거짓으로
  꾸밈.

(나)

어머니는 그륵이라 쓰고 읽으신다
그륵이 아니라 그릇이 바른 말이지만 / 어머니에게 그릇은 그륵이다
물을 담아 오신 어머니의 그륵을 앞에 두고
그륵, 그륵 중얼거려 보면
그륵에 담긴 물이 편안한 수평을 찾고
어머니의 그륵에 담겨졌던 모든 것들이
사람의 체온처럼 따뜻했다는 것을 깨닫는다
나는 학교에서 그릇이라 배웠지만 / 어머니는 인생을 통해 그륵이라 배웠다
그래서 내가 담는 한 그릇의 물과
어머니가 담는 한 그륵의 물은 다르다
말 하나가 살아남아 빛나기 위해서는
말과 하나가 되는 사랑이 있어야 하는데
어머니는 어머니의 삶을 통해 말을 만드셨고
나는 사전을 통해 쉽게 말을 찾았다
무릇˙ 시인이라면 하찮은 것들의 이름이라도
뜨겁게 살아 있도록 불러 주어야 하는데
두툼한 개정판 국어사전을 자랑처럼 옆에 두고
서정시를 쓰는 내가 부끄러워진다

— 정일근, 「어머니의 그륵」 —

•무릇: 대체로 헤아려 생각하건대.

4. (나)는 (가)와 달리 시적 화자가 표면에 드러나 있다.

5. (가)와 (나) 모두 시적 대상의 의미를 대비하여 주제를 드러내고 있다.

(2) 서술자와 시점

- **서술자:** 소설에서 이야기를 전달해 주는 존재.
- **시점:** 이야기를 서술해 나가는 서술자의 위치.
  - 1인칭 시점: 작품 속의 '나'(우리)가 작중 상황을 서술하는 것.
  - 3인칭 시점: 작품 밖의 서술자가 작중 상황을 서술하는 것.

서술자는 시에서의 화자와 유사한 개념이라고 생각하면 돼. 실제 시인은 남자이지만 시의 정서를 효과적으로 전달하기 위해 여성 화자를 내세우기도 하는 것처럼, 서술자 또한 작가가 들려주고자 하는 이야기를 더욱 정확하고 실감나게 전달하기 위해 설정한 사람이라고 생각하면 돼.

이때 서술자가 어떠한 위치에서 이야기를 해 나가는지를 기준으로 작품의 시점이 결정되는데, 서술자가 작품 '안'에 있을 때, 다시 말해 작품에 '나'가 등장하면 1인칭 시점이라고 해. 이러한 '나' 가 자신의 이야기를 하는 주인공이라면 이를 1인칭 주인공 시점이라고 하고, 그렇지 않다면 1인칭 관찰자 시점이라고 하지. 이 둘의 구분이 애매한 지문이 제시될 수도 있는데, 이 경우 둘 중 어떤 시점인지를 명확히 판단하라는 문제는 출제되지 않으니 걱정하지 않아도 돼.

1인칭 시점과 달리 서술자가 작품 '밖'에 있어 작품에 '나'가 등장하지 않으면 이를 3인칭 시점이라고 해. 이때 서술자가 인물의 상황과 행동을 비교적 객관적으로 관찰하여 서술하면 3인칭 관찰자 시점이고, 인물의 내면 심리, 성격, 사건의 진행 방향 등까지도 분석하여 제시하면 전지적 작가 시점이라고 이해하면 돼.

아래의 표를 통해 서술자와 시점에 대한 개념을 다시 한번 정리해 보고, 이어서 제시되는 작품들의 시점을 생각해 보자.

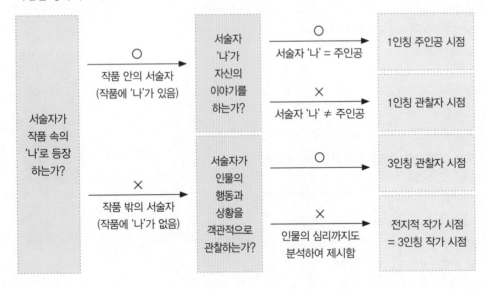

나는 커다랗게 기지개를 한 번 펴 보고 아내 베개를 내려 베이고 벌떡 자빠져서는 이렇게도 편안하고 즐거운 세월을 하느님께 흠씬 자랑하여 주고 싶었다. 나는 참 세상의 아무것과도 교섭*을 가지지 않는다. 하느님도 아마 나를 칭찬할 수도 처벌할 수도 없는 것 같다.

그러나 다음 순간 실로 세상에도 이상스러운 것이 눈에 띄었다. 그것은 최면약 아달린* 갑이었다. 나는 그것을 아내의 화장대 밑에서 발견하고 그것이 흡사 아스피린*처럼 생겼다고 느꼈다. 나는 그것을 열어 보았다. 꼭 네 개가 비었다.

나는 오늘 아침에 네 개의 아스피린을 먹은 것을 기억하고 있었다. 나는 잤다. 어제도 그 제도 그끄제도— 나는 졸려서 견딜 수가 없었다. 나는 감기가 다 나았는데도 아내는 내게 아스피린을 주었다. 내가 잠이 든 동안에 이웃에 불이 난 일이 있다. 그때에도 나는 자느라고 몰랐다. 이렇게 나는 잤다. 나는 아스피린으로 알고 그럼 한 달 동안을 두고 아달린을 먹어 온 것이다. 이것은 좀 너무 심하다.

– 이상, 「날개」 –

•**아달린**: 최면제나 진정제로 쓰이는 약품.
•**아스피린**: 해열제의 일종.

•**교섭**: 어떤 일을 이루기 위하여 서로 의논하고 절충함.

대구에서 서울로 올라오는 차중에서 생긴 일이다. 나는 나와 마주 앉은 그를 매우 흥미 있게 바라보고 또 바라보았다. 두루마기 격으로 기모노를 둘렀고, 그 안에서 옥양목 저고리가 내어 보이며, 아랫도리엔 중국식 바지를 입었다. 그것은 그네들이 흔히 입는 유지* 모양으로 번질번질한 암갈색 피륙으로 지은 것이었다. 그리고 발은 감발*을 하였는데 짚신을 신었고, 고부가리*로 깎은 머리엔 모자도 쓰지 않았다. 우연히 이따금 기묘한 모임을 꾸미는 것이다. 우리가 자리를 잡은 찻간에는 공교롭게* 세 나라 사람이 다 모였으니, 내 옆에는 중국 사람이 기대었다. 그의 옆에는 일본 사람이 앉아 있었다. 그는 동양 삼국 옷을 한 몸에 감은 보람이 있어 일본 말로 곧잘 철철대이거니와 중국 말에도 그리 서툴지 않은 모양이었다.

– 현진건, 「고향」 –

•**유지**: 기름종이.
•**감발**: 발감개. 또는 발감개를 한 차림새.
•**고부가리**: 일본어로 머리를 5푼(1.5cm) 길이로 깎음.

•**공교롭다**: 생각지 않았거나 뜻하지 않았던 사실이나 사건과 우연히 마주치게 된 것이 기이하다고 할 만하다.

볕은 다사로운 가을 향취를 풍긴다. 주인을 잃고 콩은 무거운 열매를 둥글둥글 흙에 굴린다. 맞은 쪽 산 밑에서 벼들을 베는 농군의 노래.

"터졌네, 터져."

수재는 눈이 휘둥그렇게 굿문*을 뛰어나오며 소리를 친다. 손에는 흙 한 줌이 잔뜩 쥐였다.

"뭐?"

하다가,

"금줄* 잡았어, 금줄."

"응!"

하고 외마디를 뒤 남기자 영식이는 수재 앞으로 살같이 달려들었다. 허겁지겁 그 흙을 받아 들고 샅샅이 헤쳐 보니 딴은 재래에* 보지 못하던 불그죽죽한 황토이었다. 그는 눈에 눈물이 핑 돌며,

"이게 원줄인가?"

"그럼 이것이 곱색줄*이라네. 한 포에 댓 돈씩은 넉넉잡히지."

– 김유정, 「금 따는 콩밭」 –

- **굿문**: 갱도의 입구.
- **금줄**: 금이 나는 광맥.
- **재래에**: 이전까지.
- **곱색줄**: 광맥의 하나.

그에겐 아직도 할 일이 남아 있었다.

"녀석들에게 모두 새를 사야……. 그래도 녀석들에게 빠짐없이 모두 한 마리씩은 새를 살 수가 있어야……." 사내는 혼자 속으로 중얼거리곤 하였다. 그는 아직도 가막소* 안에 남아 있는 친구들을 절대로 잊어서는 안 된다고 생각했다. 그 가엾은 친구들을 위해 새를 사지 않고 혼자서 이곳을 떠날 수는 없다고 몇 번씩 결심을 다짐했다. 그는 그저 지금 당장은 새를 사는 일이 달갑게* 여겨지지가 않고 있을 뿐이었다. 새를 사더라도 전날처럼 즐겁거나 기분이 가벼워지질 못하고 있는 것뿐이었다.

하지만 사내는 그것도 그저 그 빌어먹을 잠자리의 악몽 때문일 거라 자신을 변명했다. 밤마다 그를 괴롭혀 대고 있는 빛줄기의 꿈만 꾸지 않게 되면 그는 다시 기분이 회복되어 새를 즐겁게 살 수 있으리라 자신을 기다렸다. 도대체가 새들이 낙엽처럼 빛을 맞고 떨어져 내리는 악몽이 계속되는 동안은, 그리고 그 빌어먹을 새들이 어째서 이 공원 숲을 떠나지 못하고 자꾸만 다시 조롱 속으로 붙잡혀 돌아오는지, 그런 사연을 석연히* 이해하지 못하고는 새를 다시 사고 싶은 생각이 일어오질 않았다. 그건 마치 어린애들 숨바꼭질과도 같은 어리석은 장난일 뿐이었다.

– 이청준, 「잔인한 도시」 –

- **가막소**: 교도소.

- **달갑다**: 거리낌이나 불만이 없어 마음이 흡족하다.
- **석연히**: 의혹이나 꺼림칙한 마음이 없이 환하게.

「날개」는 '나'가 자신의 생활이나 자신이 먹은 약이 무엇인지에 대해 생각하는 이야기를 하고 있으므로 1인칭 주인공 시점이야. 한편 「고향」에서는 서술자인 '나'가 '마주 앉은 그'의 차림새나 하는 말 등을 관찰하여 서술하고 있으니 1인칭 관찰자 시점이 사용된 거지.

「금 따는 콩밭」이나 「잔인한 도시」에는 '나'라는 인물이 등장하지 않으니 이 둘은 3인칭 시점임을 알 수 있어. 이때 「금 따는 콩밭」에서는 서술자가 등장인물인 '수재'나 '영식'에 대해 '눈이 휘둥그렇게 굿문을 뛰어나오며 소리를 친다.', '그는 눈에 눈물이 핑 돌며,'와 같은 식으로 관찰한 사실을 객관적으로 전달하고 있으니 3인칭 관찰자 시점이라고 할 수 있지. 반면 「잔인한 도시」는 '그는 아직도 가막소 안에 남아 있는 친구들을 절대로 잊어서는 안 된다고 생각했다.', '기분이 가벼워지질 못하고 있는 것뿐이었다.' 등에서 서술자가 '그'의 심리까지도 서술하고 있으니 전지적 작가 시점임을 알 수 있어.

1~3 다음을 읽고 선지의 적절성을 판단해 보세요.

고1 2021학년도 3월

곧 건물 2층에 사는 집주인이 체육복 차림으로 내려왔다. 동글동글한 체구에, 아침 체조를 빼먹지 않을 것같이 생긴 50대 중반의 사내였다. 그는 집 앞에서 벌어진 풍경이 믿기지 않는다는 듯 아연한* 표정으로 서 있었다. 나는 피아노를 든 채 어색하게 웃으며 목례했다. 언니 역시 눈치껏 사내에게 인사했다. 좁고 가파른 계단 아래로 피아노가 천천히 머리를 디밀고 있었다. 세탁기도, 냉장고도 아닌 피아노라니. 우리 삶이 세 뼘쯤 민망해지는 기분이었다. 갑자기 쿵— 하는 소리가 났다. 외삼촌이 피아노를 놓친 모양이었다. 우당탕탕— 피아노가 계단을 미끄러져 나갔다. 언니와 나는 다급하게 피아노 다리를 붙잡았다. 윙— 하는 공명감 사이로, 악기 속 여러 개의 시간이 뭉개지는 소리가 났다. 피아노 넝쿨무늬가 고장 난 스프링처럼 흔들리고 있는 모습이 보였다. 충격 때문에 몸에서 떨어져 나간 모양이었다. 그제야 나는 내가 오랫동안 양각된 거라 믿어온 문양이 사실은 본드로 붙여져 있던 것이라는 걸 깨달았다. 우리는 외삼촌의 안색을 살폈다. 외삼촌은 괜찮다는 신호를 보낸 뒤 다시 계단을 내려갔다. 나는 외삼촌의 부상이나 피아노의 상태가 걱정되지 않았다. 그보다는 쿵— 소리, 내가 처음 도착한 도시에 울려 퍼지는 그 사실적이고, 커다랗고, 노골적인 소리에 얼굴이 붉어졌다.

— 김애란, 「도도한 생활」 —

•**아연하다:** 너무 놀라거나 어이가 없어서 또는 기가 막혀서 입을 딱 벌리고 말을 못 하는 상태이다.

1. 이야기 내부의 서술자가 인물의 행위를 묘사하며 자신의 내면을 드러내고 있다.

고2 2017학년도 11월

[앞부분의 줄거리] 시골 소농의 아들로 자란 방태흥은 상경하여 중학교 교사로 일하면서 고생 끝에 6년 만에 자신의 집을 짓게 된다. 그런데 어느 날 옆집에 사는 이 전무가 찾아와 방 씨의 집이 자신의 집을 침범했다며 방 씨의 집 벽을 허물라고 요구한다. 이 전무와 방 씨는 다시 만났지만 각자의 입장만 주장하다가 서로 타협점을 찾지 못한다.

방 선생이 말했다.
"손해 배상이라면 얼마쯤이나……?"
"십만원이오. 집을 버려놓은 꼴루 봐서라두 꼭 알맞은 금액이라 생각하는데."
"너무 많습니다."
방 선생은 침울한 얼굴로 말했다.
"능력이 없다는 건 둘째로 치고 부당하군요."
"그럴 줄 알았시다. 못 내겠다면 구청장을 상대로 고소하겠다 이거요. 아마 고소장을 냈을걸. 댁은 물론이고 건축 허가를 내준 과장부터 구청장까지 모조리 걸린단 말요."
"고소장을 냈어요?"
"냈지만…… 댁에서 손해 배상금을 지불하겠다면 당장이라도 취하* 시킬 수 있소. 오늘 이게 마지막 타협이란 걸 잘 알아두쇼."
"십만원이란 부당합니다. 말씀드렸지만, 말썽난 쪽의 담만을 쌓아 드린다는 조건이…… 저로서는 최대의 성의입니다."
이 전무가 심각해진 인상을 하고서 오랫동안 고개를 끄덕였다. 입을 비죽이 내밀고 뭔가 곰곰이 생각해보던 이 전무가 말했다.

•**취하:** 신청하였던 일이나 서류 따위를 취소함.

"오만원 내시오."

방태흥씨도 속으로 계산을 해보았는데 담을 쌓아주려면 아무래도 최소한 삼만원쯤은 먹힐 것 같았다. 물론 남아 있는 벽돌은 묵혀버릴 작정을 했고 생돈을 들일 각오를 하고서였다. 눈 딱 감고 옛다 먹어라 하고 이만원을 더 얹어주고 나면 이 지겹고 고통스러운 이웃간의 다툼은 끝날 거였다.

– 황석영, 「줄자」 –

2. 작품 밖의 서술자가 특정 인물의 입장에서 사건을 서술하고 있다.

고3 2014학년도 9월B

국순(麴醇)의 자(字)˙는 자후(子厚)이다. 그 조상은 농서(隴西) 출신이다. 90대(代) 선조였던 모(牟)가 후직(后稷)을 도와 백성들을 먹여 공이 있었다. 『시경』에 '내게 밀과 보리를 주다'라고 한 것이 그것이다. 모(牟)가 처음에는 숨어 벼슬하지 않고 말하기를, "나는 반드시 밭을 갈아 먹으리라." 하며 밭이랑에서 살았다. 임금이 그의 자손이 있다는 말을 듣고 수레를 보내 부르며 각 고을에 명하여 후한 예물을 보내라 하고, 신하를 시켜 친히 그 집에 찾아가도록 해 결국 절구와 절굿공이 사이에서 귀천 없는 교분을 맺고, 자신을 덮어 감추고 세상과 더불어 화합하게 되었다.

(중략)

한번은 조정에 들어가 임금 앞에 마주 대하고 아뢰었는데, 순이 본디 입에서 나는 냄새가 있었고, 이에 임금이 싫어하며 말했다.

"경이 나이 들고 기운도 없어 나의 부림을 못 견디는구려!"

그러자 순은 마침내 관을 벗고 물러나면서 아뢰었다.

"신(臣)이 높은 벼슬을 받고 남에게 물려주지 아니하면 망신이 될까 두렵습니다. 부디 집으로 돌아갈 수 있도록 해 주신다면 그것으로 만족하겠습니다."

왕의 명으로 좌우의 부축을 받아 집에 돌아온 순은 갑자기 병이 나 하룻밤 사이에 죽고 말았다.

자식은 없고 먼 친척 가운데 아우뻘 되는 청(淸)이, 훗날 당 나라에 출사(出仕)˙하여 벼슬이 내공봉에 이르렀으며, 그 자손이 다시 중국에서 번성하였다.

사신(史臣)은 이렇게 말했다.

"국 씨의 조상이 백성에게 공로가 있고, 청백˙한 기상을 자손에게 물려주었다. 울창주(鬱鬯酒)는 주나라에서 칭송이 하늘에 닿을 듯했으니, 가히 그 조상의 기풍이 있다 하겠다. 순이 가난한 집안에서 자라나 높은 벼슬에 오르는 영광을 얻게 되어 술 단지와 술상 사이에 서서 담론하게 되었다. 그러나 옳고 그름을 변론하지 못하고, 왕실이 어지러워져도 붙들지 못하여 마침내 천하의 웃음거리가 되었으니, 산도(山濤)의 말을 족히 믿을 만하다."

– 임춘, 「국순전」 –

•**출사:** 벼슬에 나아감.

•**자:** 본이름 외에 부르는 이름. 예전에, 이름을 소중히 여겨 함부로 부르지 않았던 관습이 있어서 흔히 관례(冠禮) 뒤에 본이름 대신으로 불렀다.

•**청백:** 재물에 대한 욕심이 없이 곧고 깨끗함.

3. 서술자가 자신의 체험을 직접 서술하고 있다.

(3) 서술자의 개입, 편집자적 논평

- **서술자의 개입:** 서술자가 이야기 전개에 개입하여 자신의 목소리를 직접 내는 것을 의미하는데, 대체로 서술자가 인물이나 사건에 대해 평가 혹은 감정적 대응을 드러내는 경우가 많으며 서술자가 사건 전개에 대해 독자에게 안내하는 말을 하는 경우 등도 여기에 해당함.
- **편집자적 논평:** 서술자의 개입보다 좁은 의미의 개념으로 사건 전개나 인물에 관해 서술자가 직접 논평하는 것.

서술자가 작품에 개입하는 양상은 다양하기 때문에 서술자의 개입은 작품에서 여러 가지 방법으로 존재할 수 있어. 하지만 수능에서는 누구나 인정하는 명백한 경우에만 서술자의 개입이라는 용어를 사용하여 물어볼 거야.

> "제가 불효 여식°으로 아버지를 속였소. 공양미 삼백 석을 누가 저를 주오리까. 남경 장사 선인들께 삼백 석에 몸을 팔려 인당수 제수(祭需)로 가기로 하여 오늘이 행선 날이 오니 저를 오늘 망종° 보오."
> 사람이 슬픔이 극진하면 가슴이 막히는 법이라. 심 봉사가 하도 기가 막혀 울음도 아니 나오고 실성을 하는데,
> "애고, 이게 웬 말이냐, 응! 참말이냐, 농담이냐? 말 같지 아니하다. 나더러 묻지도 않고 네 마음대로 한단 말이냐? 네가 살고 내 눈 뜨면 그는 응당 좋으려니와 네가 죽고 내 눈 뜨면 그게 무슨 말이 되랴. 너의 모친 너를 낳은 지 7일 만에 죽은 후에, 눈조차 어두운 놈이 품 안에 너를 안고 이집 저집 다니면서 동냥젖 얻어 먹여 그만치 자랐기로 한시름 잊었더니, 이게 웬 말이냐? 눈을 팔아 너를 살지언정 너를 팔아 눈을 산들 그 눈 해서 무엇하랴. 어떤 놈의 팔자로 아내 죽고 자식 잃고 사궁지수(四窮之首)°가 된단 말인가. 네 이 선인 놈들아! 장사도 좋거니와 사람 사다 제수하는 걸 어디서 보았느냐? (중략) 너희 놈들 나 죽여라. 평생에 맺힌 마음 죽기가 원이로다. 나 죽는다. 지금 내가 죽어 놓으면 네놈들이 무사할까. 무지한 강도놈들아, 생사람 죽이면 대전통편(大典通編) 율(律)이니라."
>
> – 작자 미상, 「심청전(深靑傳)」 –

- **망종:** 일의 마지막.
- **사궁지수:** 사궁 중에 첫째라는 말. 사궁은 네 가지의 궁한 처지라는 뜻으로 늙은 홀아비, 늙은 홀어미, 부모 없는 어린이, 자식 없는 늙은이를 통틀어 이르는 말.

- **여식:** 여자로 태어난 자식.

공양미 삼백 석을 위해 '심청'이 인당수 제수로 가게 되었음을 알게 된 '심 봉사'의 상황에 대해 「심청전」의 서술자가 '사람이 슬픔이 극진하면 가슴이 막히는 법'이라는 자신의 생각을 드러낸 것처럼 서술자가 사건에 대해 감정적 대응이나 평가를 드러낸 경우, 서술자의 개입이 명백하다고 볼 수 있어.

각설. 뇌천풍이 분기탱천하여 도끼를 휘두르며 강남홍에게 덤벼들었지만 그녀는 태연히 웃으며 부용검을 들고 서서 꼼짝도 않았다. 뇌천풍은 더욱 화가 나서 크게 소리 지르며 힘을 다해 강남홍을 공격했다. 순간 강남홍이 쌍검을 휘두르며 허공에 몸을 솟구쳤다.

– 남영로, 「옥루몽(玉樓夢)」 –

　　「옥루몽」에서는 '뇌천풍'과 '강남홍'의 전투 장면 앞에 '각설'이라는 단어가 나오는데 이는 앞서 이야기하던 내용을 그만두고 다른 내용으로 화제를 돌리겠다고 안내해 주는 서술자의 말이라고 생각하면 돼. '각설', '차설', '다음 회를 보시라.' 등과 같이 서술자가 사건 전개에 대해 독자들에게 안내하는 말을 하는 경우도 서술자의 개입으로 볼 수 있지.

　　실전에서 편집자적 논평과 서술자의 개입을 엄밀히 구분할 것을 요구하지는 않기 때문에 이 둘을 구분하는 데 힘을 쏟을 필요는 없지만, 굳이 따져 보자면 '서술자의 개입⊃편집자적 논평'이라고 생각하면 돼. 다시 말해 편집자적 논평은 서술자가 개입하는 양상 중 하나로 서술자가 사건 전개나 인물에 관해 직접적으로 논평을 하는 것을 가리켜.

　　그렇다면 「심청전」과 「옥루몽」에 나타난 서술자의 개입 중 어떤 것을 편집자적 논평으로 볼 수 있을까? 사건에 대한 서술자의 반응, 의견이 직접적으로 드러나 있다는 점에서 「심청전」에 나타난 서술자의 개입을 편집자적 논평이라고 볼 수 있겠지.

STEP 2 문제로 확인하기　　　　　　　　　　　　　해설 P.005

1~3 다음을 읽고 선지의 적절성을 판단해 보세요.

고1 2019학년도 9월

> **[앞부분의 줄거리]** 유연과 최월혜의 혼례 날 도적 장군이 최 씨를 납치하여 서해무릉으로 끌고 간다. 유연은 부모의 명을 거역하고 최 씨를 찾기 위해 집을 나온다.

　　최 씨가 서해무릉에 온 지 수삼 년이 지났으나 몸을 일으켜 연보(蓮步)를 옮김이 없었는데, 이 날은 꿈속 일에 의심이 생겨 한번 나갈 결심을 하였다. 이에 계선이 크게 기뻐하며 하인들에게 채비를 차리라고 일렀다.

　　계선이 이끄는 대로 따라와 나와 보니, 서쪽으로 강물이 굽돌아 흐르는 곳에 산 우물이 있었고, 그 앞에 흰 옷을 입은 여승이 바랑을 메고 대나무 막대기를 쥐고 표연히 서 있었다. 최 씨가 은근히 눈을 들어 살펴보니, 삿갓 밑에 옥 같은 얼굴을 한 여승은 다름이 아니라 바로 자신의 지아비 유연이었다.

　　최 씨가 보니 낯빛과 용모가 바뀌고 풍채와 신수가 초췌하여 가슴이 찢어지는 듯하였다. 더구나 이렇게 머리를 깎고 중이 되는 부끄러움도 무릅쓰고 허다한 풍상(風霜)과 천신만고*의 고생을 겪은 것이 모두 자신 때문이었으니, 최 씨의 심정이 오죽하였겠는가?

　　아주 놀라고 무척 기뻐하며 침통해하다 가만히 생각해보니 지금이 오히려 아주 위태로운 상황이었다. 남들이 유생의 정체를 안다면 어찌 될 것인가? 생각이 여기에 미치자 몸과 마음이 어지러워 능히 진정할 수 없었으나, 옆에 계선이 있고 또 좌우의 눈과 귀가 두려워 반갑고 놀라운 기색을 억지로 참으며 어찌할 바를 몰라 하였다.

– 작자 미상, 「서해무릉기(西海武陵記)」 –

* 천신만고: 천 가지 매운 것과 만 가지 쓴 것이라는 뜻으로, 온갖 어려운 고비를 다 겪으며 심하게 고생함을 이르는 말.

1. 서술자의 개입을 통해 주관적 견해를 드러내고 있다.

호왕이 또한 계책*을 생각하고 대장 겸한을 불러 말하기를,

"철기 일만을 거느리고 중국 도성에 들어가 성중을 엄살하면 응당 구완병을 청할 것이니 대성을 치운 후에 명제를 사로잡아 대군을 합세하여 대성을 없애리라."

하니 겸한이 군을 거느려 장안으로 가니라.

이때 원수가 적진을 대하여 진욕을 무수히 하되 호왕이 끝내 나오지 아니하거늘 원수 천자*께 아뢰되,

"호왕이 소장의 살아남을 꺼려 접전치 아니하니 대군을 합세하여 짓밟고자 하나이다."

상이 말하기를,

"호왕이 무슨 비계 있는가 싶으니 잠깐 기다리라."

할 차에 원문 밖에서 기별이 왔으되 무수한 오랑캐 장안을 범하여 사직이 조모*에 있다 하거늘 상이 놀라 원수를 불러 말하기를,

"이놈이 여러 날 나지 아니하매 고이하게 여겼더니 장안을 범하였도다. 이제 호왕을 당적할 장수 없으니 이제 경이 가서 사직*을 받들고 동군을 구완하여 잔명을 보존케 하라."

하시니 원수 총망* 중에 하직하고 일진 명마를 거느려 장안을 향하니라.

이때에 호장 체탐이 호왕께 고하되, 대성이 장안에 갔다 하거늘 호왕이 크게 기뻐하여 철기 삼천을 거느려 그날 밤 삼경에 명진에 다다르니 일진이 고요하여 인마* 다 잠을 들었는지라 고함하며 지쳐 엄살하니 명진이 불의에 난을 만나매 제장 군졸의 머리 추풍낙엽일네라 뉘 능히 당하리요?

이때 명진 천자가 중군에서 취침하여 계시다가 함성소리 천지진동하거늘 놀라 장 밖에 나와 보니 화광이 충천한* 가운데 일원 대장이 크게 외쳐 말하기를,

"명제 어디 있느냐?"

하며 달려 들어오니 본즉 이는 곧 호왕이라.

상이 대경하여 제장을 부르니 제장 군졸이 다 흩어지고 없는지라 다만 삼장*을 겨우 찾아 일지병을 거느려 북문으로 달아나더니 날이 이미 밝으며 황강 강가에 다다르니 강촌 백성이 난을 피할 길이 없는지라.

상이 삼장을 돌아보아 가라사대,

"좌우에 태산 막혀 있고 앞에 황강이 있어 건널 길이 없고 호왕의 추병은 급하였으니 그 가운데 있어 어디로 가리요? 삼장은 힘을 다하여 뒤를 막으라."

하시니 삼장과 군사가 말 머리를 돌려 호적을 대하여 마음을 둘 곳이 없더니 호왕이 달려와 삼장과 군사를 다 죽이고 명제는 함정에 든 범이라 어찌 망극지 아니하리요? 명제 하늘을 우러러 통곡하여 말하기를,

"죽기는 서럽지 아니하되 사직이 오늘날 내게 와 망할 줄 알리요. 황천에 들어간들 태종 황제께 하면목으로 뵈오리요?"

– 작자 미상, 「소대성전」 –

*조모: 어떤 일이 곧 결판나거나 끝장날 상황.
*총망: 매우 급하고 바쁘다.
*삼장: 세 명의 장수.

*계책: 어떤 일을 이루기 위하여 꾀나 방법을 생각해 냄. 또는 그 꾀나 방법.
*천자: 군주 국가의 최고 통치자를 이르는 말. 우리나라에서는 임금 또는 왕이라고 하였다.
*사직: 나라 또는 조정을 이르는 말.
*인마: 사람과 말을 아울러 이르는 말.
*화광이 충천하다: 불이 하늘을 찌를 듯이 몹시 맹렬하게 일어나다.

2. 서술자가 개입하여 인물이 처한 상황에 대해 논평한다.

삼아(三兒) 점점 자라 십 세에 미치매 절세한 용색˚과 선연(嬋妍)한 품성이 비상특이하고 문견(聞見)이 통하고 민첩하여 시서백가(詩書百家)에 모를 것이 없고 매양 후원에서 조약돌로 진(陣)을 벌이며 칼 쓰기와 말 달리기를 익히거늘 왕씨 알고 가장 민망히 여겨 삼녀를 타이르며 왈,

"여자의 도(道)는 내행(內行)˚을 닦으며 방적(紡績)을 힘써 규중˚ 외 나지 아니함이 마땅하거늘 너희는 어찌 외도(外道)를 행하여 고인에게 득죄함을 감심(勘審)코자 하는가? 우리 팔자 무상하여 너희 셋을 얻으매 비록 여자나 어진 배필을 얻어 우리 사후를 의탁˚할까 하였더니 이제 너희 조금도 규녀의 행실을 생각지 아니하니 이는 사리에 맞지 않아 남들이 알게 해서는 안 됨이라. 만일 네 부친이 아시면 특별히 대죄할 것이매 내 차라리 죽어 모르고자 하나니 너희 소견˚은 어떠하뇨?"

삼소저 이 말을 듣고 대경˚ 사죄 왈,

"소녀 등이 어찌 부모의 은덕을 모르고 뜻을 거역하리오마는 소녀 등이 규방의 소소한 예절을 지키다가는 부모께 영화를 뵈올 길이 없사온지라. 옛날에 당 태종의 누이 장원공주도 평생 무예를 배워 천하에 횡행하여 빛난 이름이 지금 유전하오니˚ 소녀 등도 이 일을 본받아 공명을 세워 부모께 현양(顯揚)코자 하옵고 하물며 방금 천하 크게 어지러우매 소녀의 득시지추(得時之秋)˚이어늘 어찌 한갓 여도를 지키어 세월을 허비하리이꼬."

하니 왕씨 듣기를 마치고 삼녀 의지 굳건하고 정해진 마음이 비속함을 보고 어이없어 다만 탄식뿐이러니 그 후에 삼소저 또 후원에서 무예를 익힐새 유생이 다다라 보고 대경하여 궁시와 병서˚를 다 불지르고 왕씨를 몹시 꾸짖으며 왈,

"여자는 그 어미 행사를 본받나니 여아의 행사를 엄하게 단속하는 일이 없음은 이 어쩐 일이뇨? 일후 다시 이런 일이 있으면 부부지간이라도 결단코 용서치 아니 하리라."

– 작자 미상, 「옥주호연」 –

•득시지추: 기다리던 때를 얻게 된 때.

•용색: 용모와 안색을 아울러 이르는 말.
•내행: 부녀자가 가정에서 가지는 몸가짐이나 행실.
•규중: 부녀자가 거처하는 곳.
•의탁: 어떤 것에 몸이나 마음을 의지하여 맡김.
•소견: 어떤 일이나 사물을 살펴보고 가지게 되는 생각이나 의견.
•대경: 크게 놀람.
•유전하다: 세상에 널리 퍼지다.
•병서: 병법(군사를 지휘하여 전쟁하는 방법)에 대하여 쓴 책.

3. 편집자적 논평을 통해 인물의 부정적 면모를 비판하고 있다.

2 주제 의식과 태도

(1) 자연 친화

STEP 1 개념 이해하기

- **자연물:** 자연계에 있는, 저절로 생긴 개별적 물체.
- **자연:** 자연물들이 모여서 만들어진 세계, 공간.
- **친화:** 사이좋게 잘 어울림.
- **탈속:** 속세를 벗어남. 주로 고전 문학에서는 정치하는 곳에서 벗어남을 의미하고, 현대 문학에서는 도시에서 벗어남을 의미함.

자연 친화는 자연과 함께하고 싶어하는 것을 가리켜. 즉 자연 속에 있으면서 자연과 사이좋게 잘 어울리며 즐기는 모습이 나타나거나, 자연을 예찬하고 사랑하면서 자연으로 가기를 희망하는 모습 등이 보인다면 작품에 자연 친화적 태도가 드러난다고 볼 수 있지. 이러한 태도를 넘어서 자연과 하나가 되고자 하는 마음까지 드러낸다면 이는 자연과 합일을 지향하는 태도를 드러낸 것으로 볼 수 있어.

일반적인 사회 공간을 속세 또는 세속이라고 하고, 이로부터 벗어나는 것을 탈속이라고 해. 자연 친화적 태도가 드러나는 작품에서의 자연은 대개 속세와 대비되는 긍정적인 공간으로 표현돼. 그럼 작품을 통해 자연 친화적 태도가 무엇인지 구체적으로 살펴보자.

산촌(山村)에 눈이 오니 돌길이 묻혔어라
시비(柴扉)를 여지 마라 날 찾을 이 뉘 있으랴
밤중만 일편명월(一片明月)이 긔 벗인가 하노라

― 신흠, 「방옹시여(放翁詩餘)」 ―

•**시비:** 사립짝(나뭇가지를 엮어서 만든 문짝)을 달아서 만든 문.

「방옹시여」에서 화자는 '산촌'에서 '일편명월(한 조각 밝은 달)'을 보며 자신의 '벗'인가 한다고 했어. 자연을 벗으로 여긴다는 점에서 화자의 자연 친화적 태도를 확인할 수 있었지?

강호(江湖)에 봄이 드니 미친 흥(興)이 절로 난다
탁료계변(濁醪溪邊)에 금린어(金鱗魚)가 안주로다
이 몸이 한가(閑暇)하옴도 역군은(亦君恩)이샷다 〈춘사(春詞)〉

강호(江湖)에 겨울이 드니 눈 깊이 한 자가 넘네
삿갓 빗기 쓰고 누역으로 옷을 삼아
이 몸이 춥지 아니하옴도 역군은(亦君恩)이샷다 〈동사(冬詞)〉

― 맹사성, 「강호사시가(江湖四時歌)」 ―

•**역군은이샷다:** 역시 임금님의 은혜 이시도다.

「강호사시가」는 봄·여름·가을·겨울을 각각 한 수씩 노래한 연시조로, <춘사>에서 화자는 '봄'을 맞은 '강호(자연)'에서 '흥'을 느끼고 있어. 자연 친화와 풍류를 드러내는 고전시가 중에서는 이처럼 계절적 배경 혹은 사계절의 변화에 따른 자연의 모습을 그려내는 경우가 많아. 그런데 그중 조선 전기 사대부들의 작품 중에는 '역군은'과 같은 표현을 사용해 자연에서의 만족감과 더불어 임금의 은혜에 대한 감사를 드러내기도 한다는 점을 알아 두자.

하나만 더! <동사>에서 화자는 '삿갓'을 쓰고 '누역(도롱이)'을 입는다고 하였는데, 이는 '보리밥'이나 '풋나물'을 먹고 '초가집'에 산다는 표현 등과 마찬가지로 소박한 삶의 태도를 드러내는 것으로 볼 수 있어. 이처럼 자연 속에서 욕심부리지 않고 자신의 분수에 만족하며 살아가는 태도를 안분지족(安分知足), 안빈낙도(安貧樂道)라고 한다는 것도 알아 두자.

> 논밭 갈아 기음 매고 뵈잠방이 다임 쳐 신들메고
> 낫 갈아 허리에 차고 도끼 벼려 두러메고 무림 산중(茂林山中) 들어가서 삭다리 마른 섶을 뷔거니 버히거니 지게에 질머 집팡이 바쳐 놓고 새암을 찾아가서 점심(點心) 도슭 부시고 곰방대를 톡톡 떨어 닙담배 퓌여 물고 코노래 조오다가
> 석양(夕陽)이 재 넘어갈 제 어깨를 추이르며 긴 소래 저른 소래 하며 어이 갈고 하더라
>
> – 작자 미상, 「논밭 갈아 기음 매고~」 –

「논밭 갈아 기음 매고~」에서는 자연이라는 삶의 터전 속에서 '낫 갈'고 '섶을 뷔'고 '도슭(도시락) 부시'기도 하는 농부의 하루 일과가 드러나고 있어. 조선 전기 작품에서 자연이 주로 속세를 떠나 풍류를 즐기는 공간이었다면, 조선 후기 작품에서는 이처럼 백성들의 삶의 공간이자 노동의 현장으로서의 자연의 모습도 종종 나타나.

자연의 성격은 이렇듯 다양하니까 작품에 자연이 나타난다고 해서 무조건 탈속적이라고 생각해서는 안 돼. 탈속적인지 여부는 화자가 속세를 부정하는 경향이 작품에 나타나는지를 살펴서 판단하도록 하자.

STEP 2 문제로 확인하기
해설 P.006

1~4 다음을 읽고 선지의 적절성을 판단해 보세요.

고1 2020학년도 9월

> 궂은 비 멎어 가고 시냇물이 맑아 온다
> 빈 떠라 빈 떠라
> 낚싯대 둘러메니 깊은 흥(興)을 못 금(禁)하겠다
> 지국총 지국총 어사와
> ㉠연강(煙江)˚ 첩장(疊嶂)˚은 뉘라서 그려낸고 〈하(夏) 1〉
>
> – 윤선도, 「어부사시사(漁父四時詞)」 –

• **연강:** 안개 긴 강.
• **첩장:** 겹겹이 둘러싼 산봉우리.

1. ㉠은 화자가 자연의 아름다움에 감탄하며 이를 즐기고 있다고 볼 수 있군.

이끼 낀 바위에 기대어 앉아 보며

그늘진 송근(松根)을 베고도 누워 보며

한담(閑談)*을 못다 그쳐 산일(山日)이 빗겨시니

심승(尋僧)을 언제 할고 채약(採藥)이 저물거다

그도 번거로워 떨치고 걸어 올라

두 눈을 치켜뜨고 만 리를 돌아보니

외로운 따오기는 오며 가며 다니거든

망망속물(茫茫俗物)*은 안중(眼中)에 티끌이로다

부귀공명 잊었거니 어조(魚鳥)*나 날 대하랴

㉠낚시터에 내려 앉아 백구(白鷗)*를 벗을 삼고

㉡술동이를 기울여 취토록 혼자 먹고

흥진(興盡)을 기약하여 석양(夕陽)을 보낸 후에

강문(江門)에 달이 올라 수천(水天)이 일색인 제

만강풍류(滿江風流)를 한 배 위에 실어 오니

표연천지(飄然天地)*에 걸린 것이 무엇이랴

두어라 이렁셩그러 종로(終老)*한들 어이하리

– 조우인, 「매호별곡」 –

* **망망속물:** 아득한 속세.
* **표연천지:** 아득한 천지.
* **종로:** 늙어 죽다.

* **한담:** 심심하거나 한가할 때 나누는 이야기. 또는 별로 중요하지 아니한 이야기.
* **어조:** 물고기와 새를 아울러 이르는 말.
* **백구:** 갈매깃과의 새. 고전시가에서 주로 욕심 없는 대상으로 나타남.

2. ㉠에는 자연과 조화를 이루려는 태도가 나타난다.　　◉ ⊗

3. ㉡에는 자연에서 즐기는 흥취*가 나타난다.　　◉ ⊗

* **흥취:** 흥과 취미를 아울러 이르는 말.

1

ⓐ보리. 너는 차가운 땅속에서 온 겨울을 자라 왔다. 이미 한 해도 저물어, 벼도 아무런 곡식도 남김없이 다 거두어들인 뒤에, 해도 짧은 늦은 가을날, 농부는 밭을 갈고 논을 잘 손질하여서, 너를 차디찬 땅속에다 깊이 묻어 놓았었다. 차가움에 응결된 흙덩이들을 호미와 고무래로 낱낱이 부숴 가며, 농부는 너를 추위에 얼지 않도록 주의해서 굳고 차가운 땅속에 깊이 심어 놓았었다. "씨도 제 키의 열 길이 넘도록 심어지면, 움이 나오기 힘이 든다."는 옛 가르침을 잊지 않으며, 농부는 너를 정성껏 땅속에 묻어 놓고, 이에 늦은 가을의 짧은 해도 서산을 넘은 지 오래고, 날개를 자주 저어 까마귀들이 깃을 찾아간 지도 오랜, 어두운 들길을 걸어서 농부는 희망의 봄을 머릿속에 간직하며, 굳어진 허리도 잊으면서 집으로 돌아오곤 했다.

2

물도 흐르지 않고, 다 말라 버린 갯강변 밭둑 위에는 앙상한 가시덤불 밑에 늦게 핀 들국화들이 찬 서리를 맞고 고개를 숙이고 있었다. 논둑 위에 깔렸던 잔디들도 푸른빛을 잃어버리고, 그 맑고 높던 하늘도 검푸른 구름을 지니어 찌푸리고 있는데, 너, 보리만은 차가운 대기 속에서 솔잎과 같은 새파란 머리를 들고, 하늘을 향하여 솟아오르고만 있었다. 이제, 모든 화초는 지심(地心) 속에 따스함을 찾아서 다 잠자고 있을 때, 너, 보리만은 억센 팔들을 내뻗치고, 샛말간 얼굴로 생명의 보금자리를 깊이 뿌리박고 자라 왔다. 날이 갈수록 해는 빛을 잃고 따스함을 잃었어도 너는 꿈쩍도 아니하고 그 푸른 얼굴을 잃지 않고 자라 왔다. 칼날같이 매서운 바람이 너의 등을 밀고, 얼음같이 차디찬 눈이 너의 온몸을 덮어 억눌러도, 너는 너의 푸른 생명을 잃지 않았었다. 지금, 어둡고 차디찬 눈 밑에서도, 너, 보리는 장미꽃 향내를 풍겨 오는 그윽한 유월의 훈풍과 노고지리 우짖는 새파란 하늘과, 산 밑을 훤히 비추어 주는 태양을 꿈꾸면서, 오로지 기다림과 희망 속에서 아무 말이 없이 참고 견디어 왔으며, 삼월의 맑은 하늘 아래서 아직도 쌀쌀한 바람에 자라고 있었다.

– 한흑구, 「보리」 –

4. ⓐ는 글의 첫머리에 제시되어, 이어질 내용이 자연 친화적 이념의 역사를 포함하고 있음을 드러낸다.

(2) 인간과 자연의 대비

• **인간과 자연의 대비:** 인간과 자연의 차이에 주목하는 것.

대조 혹은 대비는 둘 이상의 대상 간 차이를 드러내는 것이라고 이해하고 넘어가면 돼. 이때 차이가 나는 대상이 인간과 자연이라면 인간과 자연의 대비가 나타난다고 할 수 있어. 이때에는 '인간 = 세속적 삶(가치)'이라는 의미를 갖기도 해.

송간(松間) 세로(細路)에 두견화(杜鵑花)를 부치들고,
봉두(峯頭)에 급히 올라 구름 속에 앉아 보니,
천촌만락(千村萬落)이 곳곳에 펼쳐져 있네.
연하일휘(煙霞日輝)*는 금수(錦繡)*를 펴 놓은 듯,
엊그제 검은 들이 봄빛도 유여(有餘)할사.
공명(功名)도 날 꺼리고 부귀(富貴)도 날 꺼리니,
청풍명월(淸風明月) 외에 어떤 벗이 있사올꼬.
단표누항(簞瓢陋巷)*에 헛된 생각 아니 하네.
아모타 백년행락(百年行樂)이 이만한들 어찌하리.

– 정극인, 「상춘곡(賞春曲)」 –

• **연하일휘:** 안개와 노을과 빛나는 햇살.
• **금수:** 수를 놓은 비단.
• **단표누항:** 누추한 곳에서 먹는 한 그릇의 밥과 한 바가지의 물이라는 뜻으로, 선비의 청빈한 생활을 이르는 말.

헛된 이름 따라 허덕허덕 바삐 다니지 않고,	不爲浮名役役忙
평생 물과 구름 가득한 마을을 찾아다녔네.	生涯追逐水雲鄕
따스한 봄 잔잔한 호수엔 안개가 천 리에 끼었고,	平湖春暖烟千里
맑은 가을날 옛 기슭엔 달이 배 한 척 비추네.	古岸秋高月一航
서울 길의 붉은 먼지 꿈에서도 바라지 않고,	紫陌紅塵無夢寐
초록 도롱이 푸른 삿갓과 함께 살아간다네.	綠簑靑笠共行藏
어기여차 노랫소리는 뱃사람의 흥취이니,	一聲欸乃舟中趣
세상에 옥당(玉堂)* 있다고 어찌 부러워하리오.	那羨人間有玉堂

– 설장수, 「어옹(漁翁)」 –

• **옥당:** 문장 관련 업무를 담당한 관청의 별칭.

「상춘곡」의 화자는 '부귀'와 '공명'이 아닌 '청풍명월'을 벗으로 삼았다고 하며 인간(세속적 삶)과 자연을 대비하고 있어. 그렇다면 여기에는 앞서 배운 자연 친화적 태도도 드러나 있다고 볼 수 있겠네.

「어옹」의 '헛된 이름'과 '서울 길의 붉은 먼지'는 인간, 즉 세속적인 삶을 의미한다면 '물과 구름', '초록 도롱이 푸른 삿갓'은 자연에서의 소박한 삶을 의미해. 화자는 세속적 가치를 멀리하고 자연 속에서 흥취를 즐기며 사는 삶에 만족하고 있는 거니까, 「어옹」에서도 인간과 자연의 대비가 나타난다고 할 수 있지.

1~3 다음을 읽고 선지의 적절성을 판단해 보세요.

고1 2019학년도 3월

산촌(山村)에 눈이 오니 돌길이 묻혔어라
시비(柴扉)를 열지 마라 날 찾을 이 뉘 있으랴
밤중만 일편명월(一片明月)이 긔 벗인가 하노라

– 신흠, 「방옹시여(放翁詩餘)」 –

보기

「방옹시여」는 선조의 총애를 받던 신흠이 선조 사후 '계축옥사'에 연루*되어 관직을 박탈
당하고 김포로 내쫓겼던 시기에 쓴 시조 30수 중 일부이다. 이들 30수는 자연 지향, 세태
비판, 연군, 취흥 등의 다양한 주제 의식을 형성하고 있으며, 우리말 시가에 대한 작가의
인식도 엿볼 수 있다. 그 서문 격인 「방옹시여서」에는 창작 당시 그의 심경이 다음과 같이
적혀 있다. "내 이미 전원으로 돌아오매 세상이 진실로 나를 버렸고 나 또한 세상사에 지쳤기
때문이다."

•연루: 남이 저지른 범죄에 연관됨.

1. '산촌'은 세상과 대비되는 공간으로서의 자연의 의미를 지니는 것이겠군.   ◎ ⊗

고2 2020학년도 9월

세상의 버린 몸이 시골에서 늙어 가니
바깥 일 내 모르고 하는 일 무엇인고
이 중의 우국성심(憂國誠心)*은 풍년을 원하노라   〈제1곡〉

농인이 와 이르되 봄 왔네 밭에 가세
앞집의 쟁기 잡고 뒷집의 따비 내네
두어라 내 집부터 하랴 남하니 더욱 좋다   〈제2곡〉

여름날 더운 적의 단 땅이 불이로다
밭고랑 매자 하니 땀 흘러 땅에 떨어지네
어사와 입립신고(粒粒辛苦)* 어느 분이 아실까   〈제3곡〉

가을에 곡식 보니 좋기도 좋을시고
내 힘으로 이룬 것이 먹어도 맛이로다
이 밖에 천사만종(千駟萬鍾)*을 부러 무엇하리오   〈제4곡〉

밤에는 새끼를 꼬고 저녁엔 띠풀을 베어
초가집 잡아매고 농기(農器) 좀 손 보아라
내년에 봄 온다 하거든 결의 종사* 하리라   〈제5곡〉

– 이휘일, 「저곡전가팔곡」 –

•우국성심: 나랏일을 근심하고 염려
하는 정성스러운 마음.

- **입립신고:** 낟알 하나하나에 어린 수고로움.
- **천사만종:** 많은 말이 끄는 수레, 높은 봉록.
- **결의 종사:** 그 참에 바삐 일함.

2. 인간과 자연을 대비하여 주제 의식을 부각하고 있다.

차디찬 아침인데

묘향산행 승합자동차는 텅 하니 비어서

나이 어린 계집아이 하나가 오른다

옛말속같이 진진초록 새 저고리를 입고

손잔등이 밭고랑처럼 몹시도 터졌다

계집아이는 자성(慈城)으로 간다고 하는데

자성은 예서 삼백오십 리 묘향산 백오십 리

묘향산 어디메서 삼촌이 산다고 한다

새하얗게 얼은 자동차 유리창 밖에

내지인 주재소˙장 같은 어른과 어린아이 둘이 내임˙을 낸다

계집아이는 운다 느끼며 운다

텅 비인 차 안 한구석에서 어느 한 사람도 눈을 씻는다

계집아이는 몇 해고 내지인 주재소장 집에서

밥을 짓고 걸레를 치고 아이보개를 하면서

이렇게 추운 아침에도 손이 꽁꽁 얼어서

찬물에 걸레를 쳤을 것이다

― 백석, 「팔원(八院)─서행시초(西行詩抄) 3」 ―

- **내임:** 냄. '배웅'의 평안 방언.

- **주재소:** 일제 강점기에 순사가 머무르면서 사무를 맡아보던 경찰의 말단 기관.

3. 인간과 자연을 대비하여 주제 의식을 부각하고 있다.

(3) 성찰, 반성

> • **성찰:** 자기의 마음을 반성하고 살핌. 무엇과 관련하여 문제의식을 가지고 진지하게 살펴보는 것.
> • **반성:** 자신의 언행에 대하여 잘못이나 부족함이 없는지 돌이켜 봄.

성찰의 사전적 의미는 자신의 마음을 반성하고 살핀다는 것인데, 넓게 이해하면 어떤 일에 대해 진지하게 살펴보고 고민하는 것 역시 성찰에 해당해.

텔레비전을 끄자
풀벌레 소리
어둠과 함께 방 안 가득 들어온다
어둠 속에서 들으니 벌레 소리들 환하다
별빛이 묻어 더 낭랑하다
귀뚜라미나 여치 같은 큰 울음 사이에는
너무 작아 들리지 않는 소리도 있다
그 풀벌레들의 작은 귀를 생각한다
내 귀에는 들리지 않는 소리들이 드나드는
까맣고 좁은 통로들을 생각한다
그 통로의 끝에 두근거리며 매달린
여린 마음들을 생각한다
발뒤꿈치처럼 두꺼운 내 귀에 부딪쳤다가
되돌아간 소리들을 생각한다
브라운관이 뿜어낸 현란한 빛이
내 눈과 귀를 두껍게 채우는 동안
그 울음소리들은 수없이 나에게 왔다가
너무 단단한 벽에 놀라 되돌아갔을 것이다
하루살이들처럼 전등에 부딪쳤다가
바닥에 새카맣게 떨어졌을 것이다
크게 밤공기 들이쉬니
허파 속으로 그 소리들이 들어온다
허파도 별빛이 묻어 조금은 환해진다

– 김기택, 「풀벌레들의 작은 귀를 생각함」 –

화자는 평소에 자신이 듣지 못했던 '풀벌레 소리'를 '어둠 속'에서 비로소 듣게 된 후, 계속해서 자신의 귓가 어딘가에 부딪치고 되돌아갔을 '소리들'에 대해 생각하고 있어. 그 과정에서 화자는 '허파 속으로 그 소리들(풀벌레 소리들)이 들어온다'고 하면서 풀벌레 소리에 대한 변화된 인식과 태도를 드러내. 즉 화자는 이전에 자신이 의식하지 못했던 '소리들'에 대해 거듭 생각하고 고민함으로써 그 소리를 간과했던 삶을 성찰하고 있다고 볼 수 있지.

1~3 다음을 읽고 선지의 적절성을 판단해 보세요.

고1 2018학년도 6월

다음은 어느 중로(中老)의 여인에게서 들은 이야기다. 여인이 젊었을 때였다. 남편이 거듭 사업에 실패하자, 이들 내외는 갑자기 가난 속에 빠지고 말았다.

남편은 다시 일어나 사과 장사를 시작했다. 서울에서 사과를 싣고 춘천에 갔다 넘기면 다 소의 이윤이 생겼다.

그런데 한 번은, 춘천으로 떠난 남편이 이틀이 되고 사흘이 되어도 돌아오지를 않았다. 제 날로 돌아오기는 어렵지만, 이틀째에는 틀림없이 돌아오는 남편이었다. 아내는 기다리다 못해 닷새째 되는 날 남편을 찾아 춘천으로 떠났다.

"춘천에만 닿으면 만나려니 했지요. 춘천을 손바닥만하게 알았나 봐요. 정말 막막하더군요. 하는 수 없이 여관을 뒤졌지요. 여관이란 여관은 모조리 다 뒤졌지만, 그이는 없었어요. 하룻밤을 여관에서 뜬눈으로 새웠지요. 이튿날 아침, 문득 그이의 친한 친구 한 분이 도청 에 계시다는 것이 생각나서, 그분을 찾아 나섰지요. 가는 길에 혹시나 하고 정거장에 들러 봤더니……."

매표구 앞에 늘어선 줄 속에 남편이 서 있었다. 아내는 너무 반갑고 원망스러워 말이 나오지 않았다.

트럭에다 사과를 싣고 춘천으로 떠난 남편은, 가는 길에 사람을 몇 태웠다고 했다. 그들이 사과 가마니를 깔고 앉는 바람에 사과가 상해서 제 값을 받을 수 없었다. 남편은 도저히 손 해를 보아서는 안 될 처지였기에 친구의 집에 기숙을 하면서, 시장 옆에 자리를 구해 사과 소매를 시작했다. 그래서, 어젯밤 늦게서야 겨우 다 팔 수 있었다는 것이다. 전보도 옳게 제 구실을 하지 못하던 8·15 직후였으니…….

함께 춘천을 떠나 서울로 향하는 차 속에서 남편은 아내의 손을 꼭 쥐었다. 그때만 해도 세 시간 남아 걸리던 경춘선, 남편은 한 번도 그 손을 놓지 않았다. 아내는 한 손을 맡긴 채 너무도 행복해서 그저 황홀에 잠길 뿐이었다.

그 남편은 그러나 6·25 때 죽었다고 한다. 여인은 어린 자녀들을 이끌고 모진 세파(世波)˙ 와 싸우지 않으면 안 되었다.

"이제 아이들도 다 커서 대학엘 다니고 있으니, 그이에게 조금은 면목˙이 선 것도 같아요. 제가 지금까지 살아 올 수 있었던 것은, 춘천서 서울까지 제 손을 놓지 않았던 그이의 손길, 그것 때문일지도 모르지요."

여인은 조용히 웃으면서 이렇게 말을 맺었다.

지난날의 가난은 잊지 않는 게 좋겠다. 더구나 그 속에 빛나던 사랑만은 잊지 말아야겠다. "행복은 반드시 부와 일치하진 않는다."라는 말은 결코 진부한˙ 일 편의 경구(警句)˙만은 아 니다.

– 김소운, 「가난한 날의 행복」 –

•**세파**: 모질고 거센 세상의 어려움.

•**면목**: 남을 대할 만한 체면.

•**진부하다**: 사상, 표현, 행동 따위가 낡아서 새롭지 못하다.

•**경구**: 진리나 삶에 대한 느낌이나 사상을 간결하고 날카롭게 표현한 말.

1. 특정한 인물을 통해 자신의 삶을 반성하고 있다.

[앞부분의 줄거리] 나는 방송국 기자였던 남편의 갑작스러운 해직 통고를 듣고 생활에 불안감을 느낀다. 매사 능동적이고 자존심이 강했던 남편은 철저히 관계없는 사람처럼 두 번의 역사적인 밤에 현장에 있지 못했다.

　그 두 번의 돌연한 '역사적인 밤'을 겪고 난 다음 그는 자신의 직업에 대한 어떤 모멸감을 느꼈다. 아니다. 말이 틀렸다. 자신의 생업에 대한 주저, 회의, 나아가서 모멸은 취재 현장에 서마다 맞닥뜨리곤 했던 터이라 이번에는 자신의 능력 자체 곧 기자로서 마땅히 갖추고 있어야 할 본분을 불신하게 되었다. 자신에게는 그것이 없는 것처럼 여겨졌다. 그러나 동료들은 더 유들유들해진 것 같았고, 더 고분고분해진 듯했다. 다들 사태를 훤히 알고 있으면서도 눈만 껌벅거리고 있었고, 공연히* 전화질이나 해댔고, 어디선가 날아올 전화를 기다리고 있었고, '다 그런 거지 뭐'라는 유행가 가사만을 읊조리는 냉소주의자들로 자족*하기에 분주했다. 그것은 엄연한 직무 방기*였다. 그래도 줄기차게 화면이 만들어지고 있었는데, 그런 기계적인 일련의 직무 수행을 문득문득 되돌아보면 한편으로 우습기도 하고, 다른 한편으로 "이 시덥잖은 것들아, 사기를 치려면 석 달 열흘쯤은 감쪽같이 속아 넘어갈 만한 사기를 치라"고 고함을 지르고 싶었다.

　그의 주위에는 점점 두터운 벽이, 묵언의 벽이 둘러싸이고 있었다. 심지어 그를 따르는 한 후배 기자까지도 "이선배, 오늘 저녁 부서 회식에 참석할 거요? 나까지 안 찍히려면 적당한 핑계를 하나 만들어 놔야지"라고 했다. 그는 자신의 생업에는 패배감을, 직장 안에서의 위상*에는 무력감을 느꼈다. 괴물의 화면을 만드는 **괴물의 집단**이었다.

　그의 결론은 이랬다.

　먹물들은 위기가 닥치면 다 비겁해진다. 그리고 처자식 걱정부터 먼저 한다. 도대체 '이놈의 동네에서는' **기자로서의 사명감***이 없어진 지 오래다. 사명감을 언제부터인가 원천적으로 봉쇄내지는 마비시켰기 때문에 그런 직업관이 있어야 하는 건지, 있기나 했는지조차 모르고 있다. 따라서 다들 **기계**고, **로봇**일 뿐이다. 과격하게 말하면 모든 먹물들은 태업*할 권리조차 있는지 어떤지도 모르는 까막눈이다. 그것도 총 앞에서만 와들와들 떠는 과민성 체질의 까막눈이다. 그러니 이미 먹물도 뭣도 아니다.

－ 김원우, 「아득한 나날」 －

- **공연히:** 아무 까닭이나 실속이 없게.
- **자족:** 스스로 넉넉함을 느낌.
- **방기:** 내버리고 아예 돌아보지 아니함.
- **위상:** 어떤 사물이 다른 사물과의 관계 속에서 가지는 위치나 상태.
- **사명감:** 주어진 임무를 잘 수행하려는 마음가짐.
- **태업:** 일이나 공부 따위를 게을리함.

〈보기〉

　이 작품은 현실적 삶을 살아가는 중산층 인물들의 모습을 사실적으로 드러내고 있다. 특히 삶에 매몰된 채, 속물적 사고로 인해 신의를 저버리거나 현실 세계의 문제를 외면하며 살아가는 인물들의 부도덕함을 반성적으로 폭로하고 있다. 또한 원칙과 상식이 통하는 사회에 대한 갈망과 함께 평범한 삶의 의미를 찾아 일상을 회복하는 과정을 보여주고 있다.

2. '기계'와 '로봇'처럼 살아가는 '괴물의 집단'이 '기자로서의 사명감'을 잊었다고 여기는 그의 모습에서 현실적 삶을 반성적으로 인식하고 있는 모습을 확인할 수 있겠군.　◎　⊗

잦은 바람 속의 겨울 감나무를 보면, 그 가지들이 가는 것이나 굵은 것이나 아예 실가지거나 우듬지°거나, 모두 다 서로를 훼방 놓는 법이 없이 제 숨결 닿는 만큼의 찰랑한 허공을 끌어 안고, 바르르 떨거나 사운거리거나 건들대거나 휙휙 후리거나, 제 깜냥°껏 한세상을 흔들거린다.

그 모든 것이 웬만해선 흔들림이 없는 한 집의
주춧기둥 같은 둥치°에서 뻗어 나간 게 새삼 신기한 일.

더더욱 그 실가지 하나에 앉은 조막만한 새의 무게가 둥치를 타고 내려가, 칠흑 땅속의 그중 깊이 뻗은 실뿌리의 흙살에까지 미쳐, 그 무게를 견딜힘을 다시 우듬지에까지 올려 보내는 땅심의 배려로, 산 가지는 어느 것 하나라도 어떤 댓바람에도 꺾이지 않는 당참을 보여 주는가.

아, 우린 너무 감동을 모르고 살아왔느니.

– 고재종, 「나무 속엔 물관이 있다」 –

•**우듬지:** 나무의 꼭대기 줄기.

•**깜냥:** 스스로 일을 헤아림. 또는 헤아릴 수 있는 능력.

•**둥치:** 큰 나무의 밑동.

보기

시인에게 영감을 주는 자연은 작품의 주요한 제재로 사용되어 다양한 양상으로 형상화된다. 윗글은 나무에 대한 섬세한 관찰을 통해 생명력을 드러내고, 생명의 원리를 깨닫는 감동을 놓치며 살아온 인간 삶에 대한 성찰이 이루어지도록 하고 있다.

---

3. 윗글에서 '아, 우린 너무 감동을 모르고 살아왔느니.'는 생명의 원리에 대한 깨달음이 인간 삶에 대한 성찰로 이어졌음을 드러내고 있군.　◎　✕

(4) 극복 의지

• **극복 의지**: 부정적 상황을 이겨내고자 하는 마음가짐.

극복 의지란 부정적인 상황을 이겨내려는 마음가짐이야. 따라서 작품에서 부정적인 상황과 이를 이겨내고자 하는 화자의 마음가짐이 모두 나타나야 극복 의지가 드러난다고 할 수 있어.

태양을 의논하는 거룩한 이야기는
항상 태양을 등진 곳에서만 비롯하였다.

달빛이 흡사 비 오듯 쏟아지는 밤에도
우리는 헐어진 성터를 헤매이면서
언제 참으로 그 언제 우리 하늘에
오롯한 태양을 모시겠느냐고
가슴을 쥐어뜯으며 이야기하며 이야기하며
가슴을 쥐어뜯지 않았느냐?

그러는 동안에 영영 잃어버린 벗도 있다.
그러는 동안에 멀리 떠나버린 벗도 있다.
그러는 동안에 몸을 팔아버린 벗도 있다.
그러는 동안에 맘을 팔아버린 벗도 있다.

그러는 동안에 드디어 서른여섯 해가 지나갔다.

다시 우러러보는 이 하늘에
겨울밤 달이 아직도 차거니
오는 봄엔 분수처럼 쏟아지는 태양을 안고
그 어느 언덕 꽃덤불에 아늑히 안겨 보리라.

- 신석정, 「꽃덤불」 -

먼저 「꽃덤불」은 식민지 시대의 고통을 담은 작품이라는 점을 알려줄게. 화자는 '헐어진 성터를 헤매이면서' '가슴을 쥐어뜯'었다고 했어. 또 '서른여섯 해가 지나'가는 동안 잃어버리거나 떠나버린 벗도 있고, 몸이나 마음을 팔아버린 벗도 있다고 한 것을 통해 일제 강점기의 현실이 고통스러웠음을, 즉 부정적인 상황이었음을 드러내고 있어.

그런데 마지막 연을 보면 '겨울밤 달이 아직도 차'다고 했어. 이는 '드디어 서른여섯 해'의 식민지 시기가 다 지나갔음에도 여전히 부정적 상황이 이어지고 있음을 의미하는 거지. 하지만 화자는 좌절하지 않고 '분수처럼 쏟아지는 태양을 안고 / 그 어느 언덕 꽃덤불에 아늑히 안겨 보리라.'라고 부정적인 상황을 이겨내고 밝은 미래를 맞이하고자 하는 극복 의지를 드러내고 있어.

요사이 고공들은 생각이 어찌 아주 없어

밥사발 크나 작으나 동옷이 좋고 궂으나

마음을 다투는 듯 호수(戶首)°를 시샘하는 듯

무슨 일 감겨들어 흘깃할깃 하느냐

너희네 일 아니하고 시절조차 사나워

가뜩이 나의 세간° 풀어지게 되었는데

엊그제 화강도(火强盜)에 가산(家産)이 탕진하니

집 하나 불타 버리고 먹을 것이 전혀 없다

(중략)

가을걷이 한 후에는 집짓기를 아니하랴

집은 내 지으마 움은 네 묻어라

너희 재주를 내 짐작하였노라

너희도 먹을 일을 분별을 하려무나

멍석에 벼를 넌들

좋은 해 구름 끼어 햇볕을 언제 보랴

방아를 못 찧거든 거치나 거친 올벼

옥 같은 백미 될 줄 누가 알 수 있겠느냐

너희네 데리고 새 살림 살자 하니

엊그제 왔던 도적 아니 멀리 갔다 하되

너희네 귀 눈 없어 저런 줄 모르건대

화살을 제쳐 두고 옷 밥만 다투느냐

너희네 데리고 추운가 굶주리는가

죽조반(粥早飯) 아침 저녁 더 많이 먹였거든

은혜란 생각 않고 제 일만 하려 하니

생각 있는 새 일꾼 어느 때 얻어서

집 일을 마치고 시름을 잊겠는가

너희 일 애달파 하면서 새끼 한 사리 다 꼬겠도다.

― 허전, 「고공가(雇工歌)」 ―

• **호수:** 고공(머슴)의 우두머리.

• **세간:** 집안 살림에 쓰는 온갖 물건.

「고공가」에서는 '엊그제 화강도에 가산이 탕진하'고 '집 하나 불타 버리고 먹을 것이 전혀 없'는 부정적인 상황이 나타나. 화자는 이러한 상황 속에서도 '가을걷이 한 후'에 '집짓기'를 하며 상황을 극복하고자 하는 의지를 드러내고 있어. '너희네 데리고 새 살림 살자 하니'에서도 부정적 상황에서 벗어나려는 화자의 의지를 확인할 수 있지.

해설 P.008

1~3 다음을 읽고 선지의 적절성을 판단해 보세요.

고1 2022학년도 3월

사개 틀린* 고풍(古風)의 툇마루에 없는 듯이 앉아

아직 떠오를 기척도 없는 달을 기다린다

아무런 생각 없이

아무런 뜻 없이

이제 저 감나무 그림자가

사뿐 한 치씩 옮아오고

이 마루 위에 빛깔의 방석이

보시시 깔리우면

나는 내 하나인 외론 벗

가냘픈 내 그림자와

말없이 몸짓 없이 서로 맞대고 있으려니

이 밤 옮기는 발짓이나 들려오리라

– 김영랑, 「사개 틀린 고풍의 툇마루에」 –

•**사개 틀린**: 사개가 틀어진. 한옥에서 못을 사용하지 않고 목재의 모서리를 깎아 요철을 끼워 맞추는 부분을 '사개'라고 한다.

1. 가정의 진술을 활용하여 현실 극복의 의지를 드러내고 있다.

고2 2021학년도 11월

옥수숫대는

땅바닥에서 서너 마디까지

뿌리를 내딛는다

땅에 닿지 못할 헛발일지라도

길게 발가락을 들이민다

허방으로 내딛는 저 곁뿌리처럼

마디마다 맨발의 근성을 키우는 것이다

목 울대까지 울컥울컥

부젓가락* 같은 뿌리를 내미는 것이다

옥수수밭 두둑의

저 버드나무는, 또한

제 홈집에서 뿌리를 내려 제 홈집에 박는다

상처의 지붕에서 상처의 주춧돌*로

스스로 기둥을 세운다

•**부젓가락**: 화로에 꽂아 두고 불덩이를 집거나 불을 헤치는 데 쓰는 쇠로 만든 젓가락.

•**주춧돌**: 기둥 밑에 기초로 받쳐 놓은 돌.

생이란,
자신의 상처에서 자신의 버팀목을
꺼내는 것이라고
버드나무와 옥수수
푸른 이파리들 눈을 맞춘다

– 이정록, 「희망의 거처」 –

2. '세운다'는 '스스로'와 연결되어 버드나무가 자신의 힘으로 상처를 극복하는 모습을 드러내고 있다.

(가)

바위에 섰는 솔이 늠연(凜然)한˚ 줄 반가온더
풍상(風霜)˚을 겪어도 여위는 줄 전혀 업다
어쩌다 봄빛을 가져 고칠 줄 모르나니 　　　　　　　　　　〈제1수〉

동리(東籬)에 심은 국화(菊花) 귀(貴)한 줄을 뉘 아나니
춘광(春光)을 번폐하고˚ 엄상(嚴霜)˚에 혼자 피니
어즈버 청고한 내 벗이 다만 녠가 하노라 　　　　　　　　〈제2수〉

꽃이 무한(無限)호되 매화(梅花)를 심은 뜻은
눈 속에 꽃이 피어 한 빛인 줄 귀하도다
하물며 그윽한 향기(香氣)를 아니 귀(貴)코 어이리 　　　　〈제3수〉

백설(白雪)이 잦은 날에 대를 보려 창(窓)을 여니
온갖 꽃 간 데 업고 대숲이 푸르러셰라
어째서 청풍(淸風)을 반겨 흔덕흔덕˚ 하나니 　　　　　　　〈제4수〉

– 이신의, 「사우가(四友歌)」 –

- **늠연한:** 위엄이 있고 당당한.
- **번폐하고:** 마다하고.
- **흔덕흔덕:** 흔들흔들.

(나)

　숨이 턱에 닿고 온몸이 땀에 멱을 감는 한 시간 남짓의 길을 허비하여 나는 겨우 석굴암 앞에 섰다. 멀리 오는 순례자를 위하여 미리 준비해 놓은 듯한 석간수는 얼마나 달고 시원한지! 연거푸 두 구기를 들이키매, 피로도 잊고 더위도 잊고 상쾌한 맑은 기운이 심신을 엄습˚하여 표연히 티끌 세상을 떠난 듯도 싶다. 돌층대를 올라서니 들어가는 좌우 돌벽에 새긴 인왕과 사천왕이 흡뜬 눈과 부르걷은 팔뚝으로 나를 위협한다. 어깨는 엄청나게 벌어지고, 배는 홀쭉 하고, 사지는 울퉁불퉁한 세찬 근육! 나는 힘의 예술의 표본˚을 본 듯하였다.

- **풍상:** 1) 바람과 서리를 아울러 이르는 말. 2) 많이 겪은 세상의 어려움과 고생을 비유적으로 이르는 말.
- **엄상:** 늦가을에 아주 되게 내리는 서리.

- **엄습:** 감정. 생각. 감각 따위가 갑작스럽게 들이닥치거나 덮침.
- **표본:** 본보기로 삼을 만한 것.

한번 문 안으로 들어서매, 석련대(石蓮臺) 위에 올라앉으신 석가의 석상은 그 의젓하고도 봄바람이 도는 듯한 화한 얼굴로 저절로 보는 이의 불심을 불러일으킨다. 한군데 빈 곳 없고, 빠진 데 없고, 어디까지나 원만하고 수려한 얼굴, 알맞게 벌어진 어깨, 슬며시 내민 가슴, 퉁퉁하고도 점잖은 두 팔의 곡선미, 장중한˚ 그 모양은 천추˚에 빼어난 걸작이라 하겠다.

좌우 석벽의 허리는 열다섯 간으로 구분되었고, 각 간마다 보살과 나한의 입상을 병풍처럼 새겼는데, 그 모양은 다 각기 달라, 혹은 어여쁘고, 혹은 영성궂고, 늠름한 기상과 온화한 자태는 참으로 성격까지 빈틈없이 표현하였으니, 신품(神品)이란 말은 이런 예술을 두고 이름이리라.

(중략)

그러나 앞문은 지금 손질이 많았지만 정작 굴 속은 별로 수선한 것이 없고, 아직도 옛 윤곽이 뚜렷이 남았음은 불행 중 다행이라 할까. 그 안에 모신 부처님, 관세음보살, 나한님네들의 좌상과 입상이 어느 것 하나 세상에 뛰어나는 신품이 아님이 없다는 것은 좀된 붓 끝이 적이 끄적거린 바로되, 석가님이 올라앉으신 돌 연대도 훌륭하거니와, 더구나 천장의 장치에 이르러서는 정말 찬란하다 할밖에 없다. 하늘 모양으로 궁륭상(穹窿狀)˚을 지었고, 그 복판에 탐스러운 연꽃 모양을 떠 놓은 것은 또 얼마나 그 의장이 빼어나고 솜씨가 능란한가? 온전히 돌이란 한 가지의 원료로 이렇도록 공교하고˚ 굉걸하고 아름다운 건축물을 낳아 낸 것은, 모르면 몰라도 동양, 서양의 건축사에 가장 영광스러운 한 장을 점령할 것이다.

굴문을 나서니, 밖에는 선경˚이 또한 나를 기다린다. 훤하게 터진 눈 아래 어여쁜 파란 산들이 띄엄띄엄 둘레둘레 머리를 조아리고 그 사이사이로 흰 물줄기가 굽이굽이 골안개에 싸이었는데, 하늘 끝 한 자락이 꿈결 같은 푸른빛을 드러낸 어름이 동해 바다라 한다. 오늘같이 흐리지 않은 날이면 동해 바다의 푸른 물결이 공중에 달린 듯이 떠 보이고, 그 위를 지나가는 큰 돛까지 나비의 날개처럼 곰실곰실 움직인다 한다. 더구나 이 모든 것을 배경으로 아침 햇발이 둥실둥실 동해를 떠나오는 광경은 정말 선경 중에서도 선경이라 하나, 화식(火食)˚ 먹는 나 같은 속인˚엔 그런 선연(仙緣)이 있을 턱이 없다.

― 현진건, 「불국사 기행」 ―

• **궁륭상**: 활이나 무지개같이 한가운데가 높고 길게 굽은 형상. 또는 그렇게 만든 천장이나 지붕 모양.

• **장중하다**: 장엄하고 무게가 있다.

• **천추**: 오래고 긴 세월. 또는 먼 미래.

• **공교하다**: 솜씨나 꾀 따위가 재치가 있고 교묘하다.

• **선경**: 1) 신선이 산다는 곳. 2) 경치가 신비스럽고 그윽한 곳을 비유적으로 이르는 말.

• **화식**: 불에 익힌 음식을 먹음. 또는 그 음식.

• **속인**: 1) 일반의 평범한 사람. 2) 불가에서 승려가 아닌 일반 사람을 이르는 말.

3. (가)와 (나)는 시련을 이겨 내려는 의지를 나타내고 있다.　　◎　⊗

3 표현 기법

(1) 비유, 상징

STEP 1 개념 이해하기

- **비유**: 표현하고자 하는 대상(원관념)을 다른 대상(보조 관념)에 빗대어 표현하는 방법.
- **상징**: 추상적인 개념을 구체적인 대상으로 나타내는 방법.

비유는 표현하려는 대상을 그와 비슷한 다른 대상에 빗대어 표현하는 것으로 그 종류에는 직유, 은유, 의인, 활유, 대유, 풍유 등이 있어. 그중 평가원 시험에 자주 나오는 몇 가지를 살펴보자.

종류	개념	예시
직유	원관념과 보조 관념을 '같이', '처럼', '듯이' 등과 같은 연결어로 결합하여 빗대는 것	산이 날 에워싸고 그믐달처럼 사위어지는 목숨 그믐달처럼 살아라 한다 그믐달처럼 살아라 한다 <div align="right">– 박목월, 「산이 날 에워싸고」 –</div>
은유	연결어 없이 '원관념 = 보조 관념'의 방식으로 빗대는 것	내 마음은 호수요, 그대 노 저어 오오. 나는 그대의 흰 그림자를 안고 옥같이 그대의 뱃전에 부서지리라. <div align="right">– 김동명, 「내 마음은」 –</div>
의인	사람이 아닌 것에 인격을 부여하여 사람인 것처럼 표현하는 것	창밖에 밤비가 속살거려 육첩방(六疊房)은 남의 나라, 시인이란 슬픈 천명(天命)인 줄 알면서도 한 줄 시를 적어 볼까, <div align="right">– 윤동주, 「쉽게 씌어진 시」 –</div>
활유	무생물에 생명력을 부여하여 생물인 것처럼 표현하는 것	어둠은 새를 낳고, 돌을 낳고, 꽃을 낳는다. 아침이면, 어둠은 온갖 물상(物象)을 돌려 주지만 스스로는 땅 위에 굴복(屈服)한다. <div align="right">– 박남수, 「아침 이미지」 –</div>

껍데기는 가라
사월(四月)도 알맹이만 남고
껍데기는 가라

껍데기는 가라
동학년(東學年) 곰나루의, 그 아우성만 살고
껍데기는 가라

그리하여, 다시
껍데기는 가라
이 곳에선, 두 가슴과 그곳까지 내논
아사달 아사녀가
중립(中立)의 초례청 앞에 서서
부끄럼 빛내며
맞절할지니

껍데기는 가라
한라에서 백두까지
향그러운 흙가슴만 남고
그, 모오든 쇠붙이는 가라

— 신동엽, 「껍데기는 가라」—

비유와 달리 상징은 원관념 없이 보조 관념만을 통해 의미를 전달해. 예를 들어 '내 마음은 호수요' 라는 비유에서는 원관념 '내 마음'을 보조 관념인 '호수'에 빗대어 표현한 것임을 쉽게 알 수 있는 것과 달리, 「껍데기는 가라」의 '껍데기'나 '알맹이'에서는 그것이 표현하고자 하는 원관념이 드러나 있지 않아. 이러한 상징적인 시어의 의미는 전체적인 시적 상황을 고려해 파악할 수 있는데, 「껍데기는 가라」의 경우 안에 든 것을 감추어 가리는 속성을 지닌 '껍데기'는 허위, 가식, 불의 등을 상징 하고, '알맹이'는 본질적인 것으로 진실, 순수, 순결 등을 상징한다고 할 수 있겠지. 그래서 비유에 서는 '내 마음'(원관념) = '호수'(보조 관념)처럼 원관념과 보조 관념이 1:1로 대응되지만, 상징에서는 '허위, 가식, 불의' 등(원관념) = '껍데기'(보조 관념)처럼 보조 관념에 대응되는 원관념이 여러 개일 수 있어.

그런데 수능 시험에서는 어떠한 표현이 비유인지 혹은 상징인지를 구분하라는 식으로 묻지는 않아. 또 시의 속성을 고려할 때 상징이 없는 시는 거의 없지. 그러니 비유와 상징의 비교는 참고로 알아 두고, 선지에 '상징'이라는 단어가 나온다면 그 자체를 찾는 것보다 상징을 통해 전달하고자 하는 의미가 무엇인지, 또 어떤 효과를 거두고 있는지에 주목하여 선지를 판단해 보자.

1~4 다음을 읽고 선지의 적절성을 판단해 보세요.

고1 2021학년도 3월

용왕이 붓을 잡고 진술을 하는데 그 대강은 이러했다.

"엎드려 생각건대 소신은 모든 관리들의 장으로서 직책이 사해의 우두머리가 되어 구름과 안개를 일으키는 변화를 부리고 하늘에 오르내려 비를 내립니다. 삼가 나라의 신을 받들어 아래로 수많은 백성을 훈육하고 감히 어리석은 정성을 다하여 위로 임금님의 은혜에 보답하여 왔습니다. 하온데 한 병이 깊이 들어 몸의 위태로움이 바늘 방석에 앉은 듯하고 백 가지 약이 효험이 없으니 목숨이 조석에 달려 있습니다. 그러나 삼신산이 아득히 머니 선약*을 어디서 구하며 편작*이 이미 죽고 양의가 다시 나오지 않았습니다만 도사의 한마디 말을 듣고 만수산에서 토끼를 얻었으나 마침내 그 간교 한 꾀에 빠져 후회한들 무슨 소용이 있겠습니까마는 세상에 놓쳐버렸으니 다만 속수 무책일 뿐입니다. 오늘 이렇게 다시 와 뵈오니 굶은 자가 밥을 얻은 듯하고 온갖 병이 다 나아 고목에 꽃이 핀 듯합니다. 엎드려 원하옵건대 전하께서는 제왕께서 작은 것 을 가지고 큰 것을 바꾼 인자함을 본받아 소신의 병으로 죽게 된 목숨을 구해주소서. 엎드려 임금님께 비오니 가엾고 불쌍히 여겨 주소서." ⟩[A]

토끼가 또한 진술하기를,

"엎드려 생각건대 소신은 만수산에서 낳고 만수산에서 자라 오로지 성명*을 산중에서 다하였을 뿐 세상에 출세함을 구하지 않았습니다. 수양산에서 고사리 캐 먹다 죽은 백이의 높은 절개를 본받고 동고에서 시를 읊은 도잠의 기풍을 따랐습니다. 아침에 구름 낀 산에 올라 고라니 사슴들과 짝하여 놀고 밤에는 월궁에서 상아*와 함께 약방 아를 찧었습니다. 그러는 동안에 세상 사람들에게 해를 끼치지 않았는데 어찌하다 용왕에게 원망을 사서 결박하여 섬돌 아래 놓으니 절인 생선이 줄에 꿰인 듯하고 전 상에서 호령하니 뜨거운 불바람이 부는 듯합니다. 사는 것을 좋아하고 죽는 것을 싫 어하는 마음에 어찌 대소가 있겠습니까? 목숨을 살려 몸을 보전함에 귀천이 있을 수 없고 더불어 죄 없이 죽게 됨은 속여서라도 살아남과 같지 않으니 오늘 뜻밖에 용왕의 비위를 거슬렸으니 어찌 감히 삶을 구하겠으며 다시 위태로운 땅을 밟아 스스로 화를 받을 것을 알겠습니다. 말을 이에 마치고자 하오니 엎드려 비옵건대 살펴주소서." ⟩[B]

– 작자 미상, 「토공전」 –

• **성명:** '목숨'이나 '생명'을 달리 이르는 말.
• **상아:** 달 속에 있다는 전설의 선녀. 항아.

• **선약:** 신선이 만든다고 하는 장생불 사의 신령스러운 약.
• **편작:** 중국 전국 시대에 병을 잘 고쳐 이름난 의사(명의).

1. [A]와 [B]는 모두 비유적 표현을 사용하여 자신이 고난에 처했음을 부각하고 있다.   ◎ ✕

    ┌─ 신령님……

    │   처음 내 마음은
    │   수천만 마리
[A] │   노고지리 우는 날의 아지랑이 같았습니다
    │
    │   번쩍이는 비눌을 단 고기들이 헤엄치는
    │   초록의 강 물결
    └─ 어우러져 날으는 애기 구름 같았습니다

신령님……

그러나 그의 모습으로 어느 날 당신이 내게 오셨을 때
나는 미친 회오리바람이 되었습니다
쏟아져 내리는 벼랑의 폭포
쏟아져 내리는 쏘내기비가 되었습니다

그러나 신령님……

바닷물이 적은 여울을 마시듯이
당신은 다시 그를 데려가고
그 훵—ㄴ한 내 마음에
마지막 타는 저녁 노을을 두셨습니다
그러고는 또 기인 밤을 두셨습니다

    ┌─ 신령님……

    │   그리하여 또 한번 내 위에 밝는 날
[B] │   이제
    │   산골에 피어나는 도라지꽃 같은
    └─ 내 마음의 빛갈은 당신의 사랑입니다

                    – 서정주, 「다시 밝은 날에–춘향의 말 2」 –

2. [B]의 '도라지꽃 같은' '내 마음의 빛갈'은 [A]의 '애기 구름'같이 연약했던, 화자의 사랑이 화려한
   결실을 맺었음을 비유적으로 표현한 것이겠군.　　　◎　⊗

나무는 자기 몸으로
나무이다
자기 온몸으로 나무는 나무가 된다
┌ 자기 온몸으로 헐벗고 영하 13도
│ 영하 20도 지상에
[A] 온몸을 뿌리 박고 대가리 쳐들고
│ 무방비의 나목(裸木)으로 서서
└ 두 손 올리고 벌받는 자세로 서서
아 벌받은 몸으로, 벌받는 목숨으로 기립하여, 그러나
이게 아닌데 이게 아닌데
온 혼(魂)으로 애타면서 속으로 몸속으로 불타면서
버티면서 거부하면서 영하에서
영상으로 영상 5도 영상 13도 지상으로
밀고 간다, 막 밀고 올라간다
┌ 온몸이 으스러지도록
│ 으스러지도록 부르터지면서
[B] 터지면서 자기의 뜨거운 혀로 싹을 내밀고
│ 천천히, 서서히, 문득, 푸른 잎이 되고
└ 푸르른 사월 하늘 들이받으면서
나무는 자기의 온몸으로 나무가 된다
아아, 마침내, 끝끝내
꽃 피는 나무는 자기 몸으로
꽃 피는 나무이다

– 황지우, 「겨울–나무로부터 봄–나무에로」 –

3. [A]의 '두 손'은 겨울–나무의 외양을, [B]의 '뜨거운 혀'는 봄–나무의 열정을 비유한 표현이다.

4. [A]의 '벌'은 겨울–나무의, [B]의 '싹'은 봄–나무의 고통을 상징한다.

(2) 환기

STEP 1 개념 이해하기

> • **환기**: 생각이나 느낌 따위를 불러일으킨다는 뜻으로 화자나 인물, 또는 독자의 마음속에 무엇
> 인가가 떠오르는 것을 의미함.

문학 작품을 읽으면 머릿속에 어떤 장면이 떠오르기도 하고 마음속에 어떤 느낌이 생겨나기도
하지? 이처럼 무엇인가를 떠오르게 하고 느껴지도록 하는 것을 환기한다고 해. 작품을 통해 환기
에 대해 좀 더 구체적으로 공부해 보자.

차단―한 등불이 하나 비인 하늘에 걸려 있다.
내 호올로 어딜 가라는 슬픈 신호냐.

긴― 여름해 황망히 나래를 접고
늘어선 고층(高層) 창백한 묘석(墓石) 같이 황혼에 젖어
찬란한 야경 무성한 잡초인 양 헝클어진 채
사념(思念) 벙어리 되어 입을 다물다.

피부의 바깥에 스미는 어둠
낯설은 거리의 아우성 소리
까닭도 없이 눈물겹고나

공허한 군중의 행렬에 섞이어
내 어디서 그리 무거운 비애를 지니고 왔기에
길―게 늘인 그림자 이다지 어두워

내 어디로 어떻게 가라는 슬픈 신호기
차단―한 등불이 하나 비인 하늘에 걸리어 있다.

― 김광균, 「와사등」 ―

작품의 제목이기도 한 '와사등'은 석탄 가스를 사용해 불을 켜는 등이야. 그럼 이 '차단―한 등불'은
어떤 정서를 환기한다고 볼 수 있을까? 작품의 초반에 '비인 하늘'에 '차단―한(차디찬) 등불'이 '하나'
걸려 있는 모습을 언급하고, 이어서 이 등불을 '내 호올로 어딜 가라는 슬픈 신호냐.'라고 생각하는
화자의 모습 등이 제시되는 것으로 보아 적막한 배경에 놓인 '차단―한 등불'은 화자의 고독과
비애를 환기한다고 볼 수 있지.

이화(梨花)에 월백(月白)하고 은한(銀漢)이 삼경(三更)*인 제

일지춘심(一枝春心)을 자규(子規)야 알랴마는

다정(多情)도 병(病)인 양하여 잠 못 들어 하노라

– 이조년, 「이화에 월백하고~」 –

*삼경: 하룻밤을 오경으로 나눈 셋째 부분. 밤 열한 시에서 새벽 한 시 사이 이다.

'밝은 달빛을 받는 '이화'에서 환기된 화자의 정서가 '자규'를 통해 심화되고 있다.'

「이화에 월백하고~」와 함께 제시되었던 선지야. '환기'와 관련해 해당 선지의 적절성 여부를 판단해 보자. 화자는 하얗게 핀 '이화(배꽃)'에 달빛이 비치는 봄밤에 우는 '자규(두견새)'가 봄날의 정서를 알고 울겠냐마는, 정이 많은 자신은 그것이 병인 듯해서 잠을 이루지 못하고 있음을 노래하고 있어. 따라서 달빛이 비치는 '이화'는 화자에게 애상감을 불러일으키고, 이러한 슬픔의 정서는 '자규'를 통해 더욱 심화된다는 선지는 적절하다고 볼 수 있지.

STEP **2** 문제로 확인하기   해설 P.010

1~3 다음을 읽고 선지의 적절성을 판단해 보세요.

고1 2017학년도 11월

겨우 소한(小寒)을 넘어 선 뜰에 내려

매화나무 가지 아래 서서 보니

치운 공중에 가만히 뻗고 있는

그 가녀린 가지마다에

어느새 어린 꽃봉들이 수없이 생겨 있다.

밤이며는 내가 새벽마다 일어 앉아

싸늘한 책장을 손끝으로 넘기며 느끼는

엊저녁 그 모색(暮色) 속 한천(寒天) 아래 까무러치듯

외로이도 얼어붙던 먼 산산(山山)들!

그러면서도 무엔지

아련하고도 따뜻이 마음 뜸 돌던 느낌을

이 가지들도 느껴 왔는지 모른다.

오늘도 표연히* 집을 나서

어디고 먼 바닷가에나 가서

그 바다의 양양(洋洋)함을 바라보고

홀로이 생각에 젖었다 오곰음*!

이런 수럿한 심정도 어쩌면

저 가지들을 바라보고 있을 적에

내가 느껴 배운 것인지도 모른다.

매운 바람결이 몰려 닿을 적마다

어린 꽃봉들을 머금은 가녀린 가지는

*표연히: 훌쩍 나타나거나 떠나는 모양이 거침없이.

외로움에 스스로 다쳐서는 안 된다!고
살래살래 타이르듯 흔들거린다.

– 유치환, 「매화나무」 –

•오곺음: 오고 싶음.

1. '저 가지들'을 보고 '내가 느껴 배운 것인지도 모른다'에서 화자의 정서가 매화나무로부터 환기된
것임을 짐작할 수 있겠군. ◎ ⊗

고2 2018학년도 3월

(가)
지도에서는 푸른 것을 바다라 하였고
얼룩덜룩한 것을 육지라 부르는
습관을 길러 왔단다.

이제까지 국경이 있어 본 일이 없다는
저 하늘을 닮아서 바다는 한결로 푸르고

육지가 석류껍질처럼 울긋불긋한 것은
오로지 색채를 즐긴다는 단조한 이유가 아니란다.

오늘 펴보는 이 지도에는
조선과 인도가 왜 이리 많으냐?

시방 나는
똥그란 지구가 유성처럼 화려히 떨어져 갈 날을
생각하는 '외로움'이 있다.

도시° 지구는 한 덩이 푸른 석류였거니…….

– 신석정, 「지도」 –

•도시: 이러니저러니 할 것 없이 아주.

(나)
목련이 도착했다
한전 부산지사 전차기지터 앞
꽃들이 조금 일찍 봄나들이를 나왔다
나도 꽃 따라 나들이나 나갈까
심하게 앓고 난 뒤의 머릿속처럼
맑게 갠 하늘 아래,

전차 구경 와서 아주 뿌리를 내렸다는

어머니 아버지도 그랬겠지

꽃양산 활짝 펴 든

며느리 따라 구경 오신 할아버지도 그랬겠지

나뭇가지에 코일처럼 감기는 햇살,

저 햇살을 따라가면

나무 어딘가에 숨은 전동기가 보일지 모른다

전차바퀴 기념물 하나만 달랑 남은 전차기지터

레일은 사라졌어도, 사라지지 않는

생명의 레일을 따라

바퀴를 굴리는 힘을 만날 수 있을는지 모른다

지난밤 내리치던 천둥번개도 쩌릿쩌릿

저 코일을 따라가서 동력(動力)을 얻진 않았는지,

한 량˙ 두 량 목련이 떠나간다

꽃들이 전차 창문을 열고 손을 흔든다

저 꽃전차를 따라가면, 어머니 아버지

신혼 첫밤을 보내신 동래온천이 나온다

- 손택수, 「목련 전차」 -

•**량:** 전철이나 열차의 차량을 세는 단위.

2. (가)와 (나)는 말을 건네는 방식을 통해 독자의 주의를 환기하고 있다.

 2012학년도 수능

(가)

〈1〉

산 너머 남촌에는 누가 살길래

해마다 봄바람이 남으로 오네

꽃 피는 사월이면 진달래 향기

밀 익는 오월이면 보리 내음새

어느 것 한 가진들 실어 안 오리

남촌서 남풍 불 제 나는 좋데나

〈2〉

산 너머 남촌에는 누가 살길래

저 하늘 저 빛깔이 저리 고울까

금잔디 너른 벌엔 호랑나비 떼

버들밭 실개천엔 종달새 노래

어느 것 한 가진들 들려 안 오리
남촌서 남풍 불 제 나는 좋데나

〈3〉

산 너머 남촌에는 배나무 있고
배나무꽃 아래엔 누가 섰다기,

그리운 생각에 영(嶺)˙에 오르니
구름에 가리어 아니 보이나

끊었다 이어 오는 가는 노래
바람을 타고서 고이 들리데

– 김동환, 「산 너머 남촌에는」 –

•영: 고개.

(나)

앉은 곳에 해가 지고 누운 자리 밤을 새워
잠든 밧긔 한숨이오 한숨 끝에 눈물일세
밤밤마다 꿈에 뵈니 꿈을 둘너 상시(常時)과저˙
학발자안(鶴髮慈顔)˙ 못 뵈거든 안족서신(雁足書信)˙ 잦아짐에
기다린들 기별 올까 오노라면 달이 넘네
못 본 제는 기다리나 보게 되면 시원할까
노친(老親) 소식 나 모를 제 내 소식 노친 알까
산과 강물 막힌 길에 일반고사(一般苦思)˙ 뉘 헤올고
묻노라 밝은 달아 두 곳에 비추는가
따르고저 뜨는 구름 남천(南天)으로 닫는구나
흐르는 내가 되어 집 앞에 두르고저
나는 듯 새나 되어 창가에 가 노닐고저
내 마음 헤아리려 하니 노친 정사(情思) 일러 무삼
여의(如意) 잃은 용이오 키 없는 배 아닌가
추풍의 낙엽같이 어드메 가 머무를꼬

– 이광명, 「북찬가(北竄歌)」 –

•꿈을 둘너 상시과저: 꿈을 가져다 현실로 삼고 싶구나.
•학발자안: 머리가 하얗게 센 자애로운 얼굴. 어머니를 가리킴.
•안족서신: 기러기 발목에 매달아 보낸 편지.
•일반고사: 괴롭거나 고통스러운 모든 생각.

---

3. (가)와 (나)는 친숙한 사물을 통해 화자의 마음이 향하는 공간을 환기하고 있다.

(3) 역설

> • **역설:** 표면적으로는 모순되거나 부조리한 것 같지만 그 표면적인 진술 너머에서 진실을 드러내는 것.

표면적으로는 이치에 맞지 않는 것 같지만, 다시 말해 말이 되지 않는 것 같지만 그러한 표현을 통해 그 너머에 있는 진실이나 중요한 사실을 드러내는 것을 역설이라고 해.

가야 할 때가 언제인가를
분명히 알고 가는 이의
뒷모습은 얼마나 아름다운가.

봄 한철
격정을 인내한
나의 사랑은 지고 있다.

분분한 낙화……
결별이 이룩하는 축복에 싸여
지금은 가야 할 때,

무성한 녹음과 그리고
머지않아 열매 맺는
가을을 향하여

나의 청춘은 꽃답게 죽는다.

헤어지자
섬세한 손길을 흔들며
하롱하롱 꽃잎이 지는 어느 날

나의 사랑, 나의 결별,
샘터에 물 고이듯 성숙하는
내 영혼의 슬픈 눈.

– 이형기, 「낙화(洛花)」 –

'결별'이 '축복'을 이룬다는 표현은 겉보기에 앞뒤가 안 맞지? 이별과 행복은 어울리지 않는 조합이잖아. 하지만 '꽃'이 진 다음 비로소 '열매'가 맺힌다는 것을 생각해 보면, 현재의 '결별(꽃이 지는 것)'은 보다 성숙한 미래(열매 맺는 것)를 위한 것이기에 '축복'이라고 이해할 수 있지. 이처럼 모순된 표현 안에 전하고자 하는 바를 담은 역설적 표현을 사용하면 시적 의미를 강조하는 데 기여할 수 있어.

그날 밤 승용차 안의 사나이가 우리 동네의 나머지 입주권을 모두 사 버렸다. 그는 다른 투기업자들이 이십이만 원에 사는 것을 이십오만 원씩 주고 모두 사 버렸다. 그날 밤에도 영희는 팬지 꽃 앞에 앉아 기타를 쳤다. 영희는 팬지 꽃 두 송이를 따 하나는 기타에 꽂고 하나는 머리에 꽂았다. 그리고, 꼼짝도 하지 않고 기타만 쳤다. 사나이가 아버지에게 담배를 권했다.

"이십오만 원이 분명하죠?" / 어머니가 물었다. 사나이를 따라온 나이 든 사람이 검은 가방을 열어 돈을 보여 주었다. 그는 마루에 앉아 매매계약서를 썼다. 어머니가 방으로 들어가 서류가 든 봉투와 도장을 가지고 나왔다. 아버지는 계약서 매도자란에 '金不伊'라고 쓰고 도장을 눌렀다. 나이 든 사람은 아버지의 이름을 제대로 읽지 못했다. 아버지 이름이 갖는 아픈 바람의 뜻을 그가 알 리 없었다. 어머니는 소중하게 싸 두었던 것들을 하나하나 넘겨주었다. 식칼 자국이 난 표찰, 아침 수저를 놓고 가슴을 세 번 치게 한 철거 계고장, 집을 헐값에 버리기 위해 생전 처음 내본 인감 증명 두 통, 미리 서명해 두었던 명의 변경 신청서, 힘 하나 없는 식구들의 이름과 나이가 차례로 적혀 있는 주민 등록 등본 두 통.

– 조세희, 「난장이가 쏘아올린 작은 공」 –

역설적 상황은 소설에서도 나타날 수 있어. 가난하고 힘이 없는 가족이 어쩔 수 없이 집을 팔겠다는 매매계약서를 쓴 날 밤, '영희는 팬지 꽃 앞에 앉아 기타'를 쳐. 가족의 비극적 상황과 어울리지 않는 영희의 행동은 오히려 상황의 비극성을 역설적으로 드러낸다고 할 수 있지.

STEP 2 문제로 확인하기

해설 P.011

1~3 다음을 읽고 선지의 적절성을 판단해 보세요.

고1 2021학년도 9월

흔들리는 나뭇가지에 꽃 한번 피우려고
눈은 얼마나 많은 도전을 멈추지 않았으랴

싸그락 싸그락 두드려 보았겠지
난분분* 난분분 춤추었겠지 / 미끄러지고 미끄러지길 수백 번,

바람 한 자락 불면 휙 날아갈 사랑을 위하여
햇솜 같은 마음을 다 퍼부어 준 다음에야
마침내 피워 낸 저 황홀 보아라

봄이면 가지는 그 한번 덴 자리에
세상에서 가장 **아름다운 상처**를 터뜨린다

– 고재종, 「첫사랑」 –

• **난분분:** 눈이나 꽃잎 따위가 어지럽게 흩날리는 모양.

---

1. 윗글의 '아름다운 상처'에서는 표면적으로 모순이 되는 두 시어를 연결하는 역설의 방법을 사용함으로써 시련을 겪고 피어나는 것의 아름다움을 강조하고 있군. ◎ ⊗

어려서 나는 램프불 밑에서 자랐다, / 밤중에 눈을 뜨고 내가 보는 것은
재봉틀을 돌리는 젊은 어머니와 / 실을 감는 주름진 할머니뿐이었다.
나는 그것이 세상의 전부라고 믿었다. / 조금 자라서는 칸델라불 밑에서 놀았다,
밝은 칠흑 같은 어둠 / 지익지익 소리로 새파란 불꽃을 뽑는 불은
주정하는 험상궂은 금점꾼들과 / 셈이 늦는다고 몰려와 생떼를 쓰는 그
아내들의 모습만 돋움새겼다. / 소년 시절은 전등불 밑에서 보냈다,
가설극장의 화려한 간판과 / 가겟방의 휘황한 불빛을 보면서
나는 세상이 넓다고 알았다. 그리고

나는 대처로 나왔다. / 이곳 저곳 떠도는 즐거움도 알았다,
바다를 건너 먼 세상으로 날아도 갔다, / 많은 것을 보고 많은 것을 들었다.
하지만 멀리 다닐수록, 많이 보고 들을수록 / 이상하게도 내 시야는 차츰 좁아져
내 망막에는 마침내 / 재봉틀을 돌리는 젊은 어머니와
실을 감는 주름진 할머니의 / 실루엣만 남았다.

내게는 다시 이것이 / 세상의 전부가 되었다.

— 신경림, 「어머니와 할머니의 실루엣」 —

2. 역설적 표현으로 주제 의식을 효과적으로 드러내고 있다.

꽃 사이 타오르는 햇살을 향하여 / 고요히 돌아가는 해바라기처럼
높고 아름다운 하늘을 받들어
그 속에 맑은 넋을 살게 하자.

가시밭길 넘어 그윽히 웃는 한 송이 꽃은
눈물의 이슬을 받아 핀다 하노니,
깊고 거룩한 세상을 우러르기에
삼가 육신의 괴로움도 달게 받으라.

㉠괴로움에 짐짓 웃을 양이면
슬픔도 오히려 아름다운 것이,
고난을 사랑하는 이에게만이
마음 나라의 원광(圓光)은 떠오른다.

푸른 하늘로 푸른 하늘로 / 항시 날아오르는 노고지리˙같이
맑고 아름다운 하늘을 받들어
그 속에 높은 넋을 살게 하자.

— 조지훈, 「마음의 태양」 —

•노고지리: '종다리'의 옛말.

3. ㉠: 역설적 발상을 통해 화자의 삶의 자세가 지닌 가치를 강조하고 있다.

(4) 반어

> • **반어:** 말하고자 하는 바와 반대로 표현하여 그 의미를 강조하는 표현 방법.

　잘못된 행동을 한 아이에게 엄마가 오히려 '참 잘했네, 잘했어.'라고 말하는 경우를 떠올려 볼 수 있을 거야. 엄마는 '참 잘했네, 잘했어.'라는 표현을 통해 그 행동이 잘못된 행동임을 아이에게 강조해서 전달하는 거지. 이처럼 의미를 강조하기 위해 말하고자 하는 바와 일부러 반대로 표현하는 것이 반어야.

> 한 줄의 시는 커녕
> 단 한 권의 소설도 읽은 바 없이
> 그는 한평생을 행복하게 살며
> 많은 돈을 벌었고
> 높은 자리에 올라
> 이처럼 훌륭한 비석을 남겼다
> 그리고 어느 유명한 문인이
> 그를 기리는 묘비명을 여기에 썼다
> 비록 이 세상이 잿더미가 된다 해도
> 불의 뜨거움 꿋꿋이 견디며
> 이 묘비는 살아 남아
> 귀중한 사료(史料)가 될 것이니
> 역사는 도대체 무엇을 기록하며
> 시인은 어디에 무덤을 남길 것이냐
>
> － 김광규, 「묘비명(墓碑銘)」 －

　반어의 개념을 고려하면, 화자는 '그'의 삶을 반어적으로 평가하고 있다고 볼 수 있어. '시'도 '소설'도 읽지 않았지만 '돈'과 '높은 자리'를 가진, 즉 정신적 가치를 외면하고 물질적 가치만을 추구했던 인물이 남긴 비석을 '훌륭한 비석'이라고 표현함으로써 그의 삶을 결코 훌륭하다고 말할 수 없음을 오히려 강조하는 거지. 그렇다면 그 묘비가 후에 '귀중한 사료'가 될 것이라는 것도 반어적 표현임이 이해되지? 이는 사실과는 다른 왜곡된 평가 자료가 오랜 시간이 지나 역사로 수용되어서는 안 된다는 생각을 반어적으로 드러낸 거지.

> 　"너는 할아버지와 나와의 관계에 대해, 특히 내가 취하고 있는 입장에 대단히 불만이지?"
> 　"그럴 것도 없습니다. 아버지의 할아버지에 대한 처지를 이해하면서도, 그 논리를 그대로 저와 연결시키고 싶지도 않고, 그럴 필요도 없다고 생각하는 편이에요."
> 　"기특하구나. 그러니까 너만이라도 할아버지에게 화해의 제스처를 보이겠다는 거냐 뭐냐. 지금까지의 네 행동을 보면 그런 추측을 가능케 하더라만."
> 　"그것도 맞지 않는 말이에요. 도대체 할아버지와 저와는 갈등이 있었어야 말이죠. 처음부터 갈등이 없었는데 화해의 제스처를 보이고 말고가 어디 있습니까. 할아버지와의 갈등이 있었다면, 그건 아버지의 몫이지 저와는 상관이 없는 겁니다. 오히려 전 세대끼리의 갈등이

다음 세대에서 쾌적한 만남으로 이어진다면, 그건 환영할 만한 일이고, 그게 또 역사의 의미 아니겠습니까?"

"뭐야, 이놈의 자식, 네가 나를 훈계하는 거얏!"

말이 떨어지기 무섭게, 아버지의 손바닥이 성규의 볼때기를 후려쳤다.

– 최일남, 「흐르는 북」 –

이번에는 소설 속에서 나타난 반어적 표현을 살펴보자. 문맥을 고려할 때 '기특하구나.'는 '아버지의 할아버지에 대한 처지를 이해'한다는 성규의 말을 비꼬기 위해 아버지가 한 반어적 발화야. 즉 표면적으로는 성규의 의견이 기특하다고 표현하였지만, 이는 반어적인 표현으로 성규의 의견에 대한 아버지의 부정적인 태도를 드러낸 것으로 볼 수 있어.

STEP ② 문제로 확인하기

해설 P.012

1~5 다음을 읽고 선지의 적절성을 판단해 보세요.

고1 2018학년도 6월

어느 집 담장을 넘어 달려드는
이것은,
치명적인 냄새

식은 감자알 갉작거리며 평상에 엎드려 산수 숙제를 하던, 엄마 내 친구들은 내가 감자가 좋아서 감자밥 도시락만 먹는 줄 알아. 열한 식구 때꺼리를 감자 없이 무슨 수로 밥을 해 대냐고, 귀밝은 할아버지는 땅밑에서 감자알 크는 소리 들린다고 흐뭇해하셨지만 엄마 난 땅 속에서 자라는 것들이 무서운데, 뿌리 끝에 댕글댕글한 어지럼증을 매달고 식구들이 밥상머리를 지킨다 하나둘 숟가락 내려놓을 때까지 엄마 밥주발엔 숟가락 꽂히지 않는다.

어릴 적 질리도록 먹은 건 싫어하게 된다더니, 감자 삶는 냄새
이것은,
치명적인 그리움

꽃은 꽃대로 놓아두고 저는 땅 밑으로만 궁그는,
꽃 진 자리엔 얼씬도 하지 않는,
열한 개의 구덩이를 가진 늙은 애기집

– 김선우, 「감자 먹는 사람들」 –

1. 윗글은 반어적 표현을 활용하여 대상에 대한 냉소적 태도를 드러내고 있다.

태양이 돌아온 기념으로
집집마다
카렌다아를 한 장씩 뜯는 시간이면
검누른 소리 항구의 하늘을 빈틈없이 흘렀다

머언 해로를 이겨낸 기선(汽船)이
항구와의 인연을 사수하려는 검은 기선이
뒤를 이어 입항했었고
상륙하는 얼골들은
바늘 끝으로 쏙 찔렀자
솟아나올 한 방울 붉은 피도 없을 것 같은
얼골 얼골 희머얼건 얼골뿐

부두의 인부꾼들은
흙을 씹고 자라난 듯 꺼머틱틱했고
시금트레한 눈초리는
푸른 하늘을 쳐다본 적이 없는 것 같앴다
그 가운데서 나는 너무나 어린
어린 노동자였고—

물 위를 도롬도롬 헤어 다니던 마음
흩어졌다도 다시 작대기처럼 꼿꼿해지던 마음
나는 날마다 바다의 꿈을 꾸었다
나를 믿고저 했었다
여러 해 지난 오늘 마음은 항구로 돌아간다
부두로 돌아간다 그날의 나진*이여

– 이용악, 「항구」 –

•**나진:** 함경북도 북부 동쪽 해안에 있는 항구 도시.

2. 반어적 표현을 통해 현실을 우회적으로 제시하고 있다. ◎ ⊗

가을 연기 자욱한 저녁 들판으로
상행 열차를 타고 평택(平澤)을 지나갈 때
흔들리는 차창에서 너는
문득 낯선 얼굴을 발견할지도 모른다.
그것이 너의 모습이라고 생각지 말아 다오.
오징어를 씹으며 화투판을 벌이는
낯익은 얼굴들이 네 곁에 있지 않느냐.

황혼 속에 고함치는 원색의 지붕들과
잠자리처럼 파들거리는 TV 안테나들
흥미 있는 주간지를 보며
㉠고개를 끄덕여 다오.
농약으로 질식한 풀벌레의 울음 같은
심야 방송이 잠든 뒤의 전파 소리 같은
듣기 힘든 소리에 귀 기울이지 말아 다오.
확성기마다 울려 나오는 힘찬 노래와
고속도로를 달려가는 자동차 소리는 얼마나 경쾌하냐.
예부터 인생은 여행에 비유되었으니
맥주나 콜라를 마시며
즐거운 여행을 해 다오.
되도록 생각을 하지 말아 다오.
놀라울 때는 다만
'아!'라고 말해 다오.
보다 긴 말을 하고 싶으면 ㉡침묵해 다오.
침묵이 어색할 때는
오랫동안 가문 날씨에 관하여
아르헨티나의 축구 경기에 관하여
성장하는 GNP와 증권 시세에 관하여
㉢이야기해 다오.
너를 위하여
그리고 나를 위하여.

– 김광규, 「상행(上行)」 –

> **보기**
>
> 　시에서는 화자의 메시지를 직설적으로 전달하기보다 간접적으로 표현함으로써 표현 효과를 높이기도 한다. 특히 반어는 실제 언어로 표현된 표면적 진술 내용과 화자의 내적 표현 의도가 서로 반대되도록 표현하는 기법이다. 이와 같이 반어는 겉으로 드러난 표현 속에 감춰진 화자의 의도를 강조하는 효과가 있다.

3. ㉠은 주어진 현실을 맹목적˚으로 받아들이기보다는 문제의식을 가져야 한다는 점을 강조하여 표현한 것이군. ◎ ✕

4. ㉡은 불합리한 현실 세계에 수동적으로 대응하기보다는 적극적인 자세를 지녀야 한다는 점을 강조하여 표현한 것이군. ◎ ✕

5. ㉢은 사소해 보이기는 하지만 평범한 일상에도 관심을 기울여야 한다는 점을 강조하여 표현한 것이군. ◎ ✕

˚**맹목적:** 주관이나 원칙이 없이 덮어 놓고 행동하는.

(5) 도치

- **도치**: 문장 성분의 정상적인 배열 순서를 바꾸어 그 의미를 강조하는 것.

도치는 일반적인 말의 순서를 바꾸어 배치함으로써 그 의미를 강조하는 기법이야. '나는 밥을 먹는다.'에서처럼 우리말에서 문장 성분은 주어-목적어-서술어의 순서로 배치되는 것이 보통이야. 그런데 이를 '나는 먹는다 밥을.(주어-서술어-목적어)', '먹는다 나는 밥을.(서술어-주어-목적어)' 등처럼 순서를 뒤바꾸어 배치하는 것이 바로 도치지.

들가에 떨어져 나가앉은 멧기슭의
넓은 바다의 물가 뒤에,
나는 지으리, 나의 집을,
다시금 큰길을 앞에다 두고.
길로 지나가는 그 사람들은
제각기 떨어져서 혼자 가는 길.
하얀 여울턱에 날은 저물 때.
나는 문간에 서서 기다리리
새벽새가 울며 지새는 그늘로
세상은 희게, 또는 고요하게
번쩍이며 오는 아침부터
지나가는 길손을 눈여겨보며,
그대인가고, 그대인가고.

– 김소월, 「나의 집」 –

담양이나 창평 어디쯤 방을 얻어
다람쥐처럼 드나들고 싶어서
고즈넉한* 마을만 보면 들어가 기웃거렸다.
지실마을 어느 집을 지나다
오래된 한옥 한 채와 새로 지은 별채 사이로
수더분한 꽃들이 피어 있는 마당을 보았다.
나도 모르게 열린 대문 안으로 들어섰는데
아저씨는 숫돌에 낫을 갈고 있었고
아주머니는 밭에서 막 돌아온 듯 머릿수건이 촉촉했다.
— 저어, 방을 한 칸 얻었으면 하는데요.
일주일에 두어 번 와 있을 곳이 필요해서요.
내가 조심스럽게 한옥 쪽을 가리키자
아주머니는 빙그레 웃으며 이렇게 대답했다.
— 글씨, 아그들도 다 서울로 나가불고
우리는 별채서 지낸께로 안채가 비기는 해라우.
그라제마는 우리 집안의 내력이 짓든 데라서

* **고즈넉하다:** 고요하고 아늑하다.

맘으로는 지금도 쓰고 있단 말이요.

이 말을 듣는 순간 정갈한 마루와

마루 위에 앉아 계신 저녁 햇살이 눈에 들어왔다.

세 놓으라는 말도 못하고 돌아섰지만

그 부부는 알고 있을까,

빈방을 마음으로는 늘 쓰고 있다는 말 속에

내가 이미 세들어 살기 시작했다는 걸.

– 나희덕, 「방을 얻다」 –

　　「나의 집」은 '나는 지으리, 나의 집을,'에서 서술어 뒤에 목적어를 배치하는 도치의 방식을 활용하여 '그대'를 기다리기 위한 집을 짓겠다는 화자의 의지를 강조하고 있어. 또한 '나는 문간에 서서 기다리리~지나가는 길손을 눈여겨보며, / 그대인가고, 그대인가고.'도 '나는 문간에 서서~지나가는 길손을 눈여겨보며, 그대인가고, 그대인가고. 기다리리'라는 문장이 도치된 것으로 볼 수 있지.

　　한편 「방을 얻다」는 '그 부부는 알고 있을까,~내가 이미 세들어 살기 시작했다는 걸.'에서 도치를 통해 빈방을 대하는 부부의 태도에서 화자가 받은 감동을 강조하고 있지. 이때에도 문장에서 목적어 역할을 하는 성분들이 서술어의 뒤에 배치되었어.

STEP 2 문제로 확인하기

해설 P.013

1~3 다음을 읽고 선지의 적절성을 판단해 보세요.

고1 2020학년도 6월

乍晴還雨雨還晴	언뜻 개었다가 다시 비가 오고 비 오다가 다시 개이니,
天道猶然況世情	하늘의 도도 그러하거늘, 하물며 세상 인정이라.
譽我便是還毀我	나를 기리다가 문득 돌이켜 나를 헐뜯고,
逃名却自爲求名	공명을 피하더니 도리어 스스로 공명을 구함이라.
花門花謝春何管	꽃이 피고 지는 것을, 봄이 어찌 다스릴고.
雲去雲來山不爭	구름 가고 구름 오되, 산은 다투지 않음이라.
[A] 寄語世人須記認	세상 사람들에게 말하노니, 반드시 기억해 알아 두라.
取歡無處得平生	기쁨을 취하려 한들, 어디에서 평생 즐거움을 얻을 것인가를.

– 김시습, 「사청사우(乍晴乍雨)」 –

•사청사우: 날이 맑았다 비가 오다 함. 변덕스런 날씨를 가리킴.

---

1. [A]에서는 도치법을 활용하여 화자가 전달하고자 하는 바를 강조하고 있다.

옆구리에서 아까부터 / 무언가 꼼지락거리고 있었다.
내려다보니 작은 할머니였다.
만원 전동차에서 내리려고
혼자 헛되이 허우적거리고 있었다.
승객들은 빈틈없이 할머니를 에워싸고
높고 튼튼한 벽이 되어 있었다.
할머니가 아무리 중얼거리며 떠밀어도
벽은 꿈쩍도 하지 않았다.
할머니는 있는 힘을 다하였으나 / 태아의 발가락처럼 꿈틀거릴 뿐이었다.
전동차가 멈추고 문이 열리고 닫혔지만
벽은 조금도 흔들림이 없었다.
할머니가 필사적으로 꿈틀거리는 동안
꿈틀거릴수록 점점 작아지는 동안
승객들은 빈틈을 더 세게 조이며 / 더욱 견고한 벽이 되고 있었다.

– 김기택, 「벽」 –

2. 도치의 방식을 활용하여 시적 의미를 부각하고 있다.　　　　　　

나는 꿈꾸었노라, 동무들과 내가 가지런히
벌 가의 하루 일을 다 마치고
석양에 마을로 돌아오는 꿈을, / 즐거이, 꿈 가운데.

그러나 집 잃은 내 몸이여,
바라건대는 우리에게 우리의 보습* 대일 땅이 있었더면!
이처럼 떠돌으랴, 아침에 저물손에
새라 새로운 탄식을 얻으면서.

동이랴, 남북이랴, / 내 몸은 떠 가나니, 볼지어다,
희망의 반짝임은, 별빛의 아득임은,
물결뿐 떠올라라, 가슴에 팔다리에.

그러나 어쩌면 황송한 이 심정을! 날로 나날이 내 앞에는
자칫 가느란 길이 이어 가라. 나는 나아가리라.
한 걸음, 또 한걸음. 보이는 산비탈엔
온 새벽 동무들, 저 저 혼자…… 산경(山耕)*을 김매이는.

– 김소월, 「바라건대는 우리에게 우리의 보습 대일 땅이 있었더면」 –

• **보습:** 땅을 가는데 쓰는 농기구의 일종. / • **산경:** 산에 있는 경작지.

3. 어순을 도치하여 시적 의미를 강조한다.

(6) 설의, 의문형 어투

STEP 1 개념 이해하기

- **설의:** 이미 답이 분명한 내용을 일부러 의문의 형식으로 표현하여 상대편이 스스로 판단하게 함으로써 의미를 강조하는 방법.
- **의문문:** 화자가 청자에게 질문을 하여 그 해답을 요구하는 문장. '-니', '-까', '-ㄴ(는)가' 등의 의문형 종결 어미가 사용됨.

의문문이란 무언가를 묻는 내용의 문장을 가리켜. 문장의 끝에 '-니', '-까', '-ㄴ(는)가' 등의 의문형 종결 어미가 나타났는지를 살펴보면 해당 문장이 의문문인지를 쉽게 판단할 수 있지. 그런데 이러한 의문문이 나타났지만, 해당 문장이 실제적인 답을 요구하는 것은 아닐 때가 있어. 이처럼 쉽게 판단이 가능하거나 답이 이미 정해진 내용을 의문의 형식으로 표현하는 기법을 설의법이라고 해. 왜 이와 같은 형식을 사용하는 거냐고? 답이 정해져 있기는 해도 일단 질문의 형식으로 쓰인 문장을 읽게 되면 독자는 스스로 그 답을 생각하며 읽게 되니 관심과 공감을 유도할 수 있고 그 의미를 강조할 수 있기 때문이야.

> 산과 산이 마주 향하고 믿음이 없는 얼굴과 얼굴이 마주 향한 항시 어두움 속에서 꼭 한 번은 천동 같은 화산이 일어날 것을 알면서 요런 자세로 꽃이 되어야 쓰는가.
>
> 저어 서로 응시하는 쌀쌀한 풍경. 아름다운 풍토는 이미 고구려 같은 정신도 신라 같은 이야기도 없는가. 별들이 차지한 하늘은 끝끝내 하나인데 …… 우리 무엇에 불안한 얼굴의 의미는 여기에 있었던가.
>
> — 박봉우, 「휴전선」 —

박봉우 시인의 「휴전선」의 일부야. '휴전선'이라는 제목에서 알 수 있듯 이 시는 민족 분단을 소재로 한 시야. 화자는 서로 '믿음이 없는 얼굴'로 '어두움 속'에 있는 상황, 즉 남북이 대치하고 있는 상황에서 '요런 자세로 꽃이 되어야 쓰는가.'라고 말했어. '-는가'라는 질문의 형식으로 끝을 맺고 있지만 이는 몰라서 물어보는 것이 아니라 사실 '요런 자세로 꽃이 되어서는 안 된다.'라는 의미를 강조하고자 한 거겠지? 이처럼 설의는 표면적으로는 질문의 형식을 취하고 있지만 실제로 답을 요구하는 표현은 아니야. 답은 이미 정해져 있는 거지.

> 삼공(三公)이 귀하다 한들 강산과 바꿀쏘냐
> 조각배에 달을 싣고 낚싯대를 흩던질 제
> 이 몸이 이 청흥(淸興) 가지고 만호후(萬戶侯)* 인들 부러우랴.
>
> 헛글고 싯근* 문서 다 주어 내던지고
> 필마(匹馬) 추풍에 채찍을 쳐 돌아오니
> 아무리 매인 새 놓인다 한들 이토록 시원하랴.
>
> — 김광욱, 「율리유곡(栗里遺曲)」 —

- **만호후:** 재력과 권력을 겸비한 제후 또는 세도가.
- **헛글고 싯근:** 흐트러지고 시끄러운.

설의적 표현은 고전시가에서 특히 자주 찾아볼 수 있어. '강산과 바꿀쏘냐', '만호후인들 부러우랴.', '이토록 시원하랴.'에서는 의문형 어미 '-냐', '-랴'를 사용한 의문문이 나타나는데, 이는 각각 '강산과 바꾸지 않겠다, 만호후인들 부럽지 않다, 이토록 시원하지 않을 것이다'라는 의미를 강조하기 위한 설의적 표현으로 볼 수 있지. 화자는 설의적 표현을 활용하여 자연에서 느끼는 만족감을 드러내고 있는 거야.

STEP 2 문제로 확인하기　　　　　　　　　　　해설 P.013

1~3 다음을 읽고 선지의 적절성을 판단해 보세요.

고1 2021학년도 11월

(가)

도연히 취한 후에 선판(船板)˚치며 즐기더니
서북간 일진광풍˚홀연히 일어나니
태산 같은 높은 물결 하늘에 닿았구나
주중인(舟中人)이 황망하여 조수(措手)할˚길 있을쏘냐
나는 새 아니니 어찌 살기 바라리오
밤은 점점 깊어가고 풍랑은 더욱 심하다
만경창파(萬頃蒼波)˚일엽선(一葉船)이 끝없이 떠나가니
슬프다 무슨 죄로 하직 없는 이별인가
일생일사(一生一死)는 자고로 예사로대
어복(魚腹) 속에 영장(永葬)함˚은 이 아니 원통한가
부모처자 우는 거동 생각하면 목이 멘다
죽기는 자분(自分)˚하나 기갈(飢渴)˚은 무슨 일인가

― 이방익, 「표해가(漂海歌)」 ―

˚**선판**: 배의 갑판.
˚**조수할**: 손쓸.
˚**어복 속에 영장함**: 고기 뱃속에 장사지냄.
˚**자분**: 자기 분수.
˚**기갈**: 배고픔과 목마름.

˚**일진광풍**: 한바탕 몰아치는 사나운 바람.
˚**만경창파**: 만 이랑의 푸른 물결이라는 뜻으로, 한없이 넓고 넓은 바다를 이르는 말.

(나)

　나는 책상 위에 지도를 펴놓는다. 수없는 산맥, 말할 수 없이 많은 바다, 호수, 낯선 항구, 숲, 어찌 산만을 좋다고 하겠느냐. 어찌 바다만을 좋다고 하겠느냐. 산은 산의 기틀을 감추고 있어서 좋고 바다는 또한 바다대로 호탕해서, 경솔히 그 우열을 가려서 말할 수 없다. 그렇지만 날더러 둘 가운데서 오직 하나만을 가리라고 하면 부득불 바다를 가질 밖에 없다. 산의 웅장과 침묵과 수려함과 초연함도 좋기는 하다. 하지만 저 바다의 방탕한 동요만 하랴. 산이 「아폴로」라고 하면 우리들의 「디오니소스」는 바로 바다겠다.
　나는 눈을 감고 잠시 그 행복스러울 어족들의 여행을 머리 속에 그려 본다. 해류를 따라서 오늘은 진주(眞珠)의 촌락, 내일은 해초의 삼림(森林)으로 흘러다니는 그 사치한 어족들, 그들에게는 천기예보도 「트렁크」도 차표도 여행권도 필요치 않다. 때때로 사람의 그물에 걸려서 「호텔」의 식탁에 진열되는 것은 물론 어족의 여행실패담(旅行失敗譚)이지만 그것도 결코 그들의 실수는 아니고, 차라리 「카인」의 자손의 악덕 때문이다. 나는 그들이 해저(海底)에 국경을 만들었다는 정열도 「프랑코」 정권을 승인했다는 방송도 들은 일이 없다. 그렇다. 나는 동그란 선창(船窓)에 기대서 흘수선(吃水線)*으로 모여드는 어린 고기들의 청초와 활발을 끝없이 사랑하리라. 남쪽 바닷가 생각지도 못하던 「서니룸」에서 씹는 수박 맛은 얼마나 더 청신하랴. 만약에 제비같이 재잴거리기 좋아하는 이국(異國)의 소녀를 만날지라도 나는 조금도 두려워하지 않고 서투른 외국말로 대담하게 대화를 하리라. 그래서 그가 구경한 땅이 나보다 적으면 그때 나는 얼마나 자랑스러우랴. 그렇지 않고 도리어 나보다 훨씬 많은 땅과 풍속을 보고 왔다고 하면 나는 진심으로 그를 경탄할 것이다.

- 김기림, 「여행(旅行)」 -

•흘수선: (잔잔한 물에 떠 있는 배의) 선체가 물에 잠기는 한계선.

1. (가)와 (나)는 설의적인 표현을 사용하여 의미를 강조하고 있다.

(가)

황혼이 짙어지는 길모금에서
하루 종일 시들은 귀를 가만히 기울이면
땅검*의 옮겨지는 발자취 소리,

발자취 소리를 들을 수 있도록
나는 총명했던가요.

이제 어리석게도 모든 것을 깨달은 다음
오래 마음 깊은 속에
괴로워하던 수많은 나를
하나, 둘, 제고장으로 돌려보내면
거리 모퉁이 어둠 속으로
소리 없이 사라지는 흰 그림자,

흰 그림자들
연연히 사랑하던 흰 그림자들,

내 모든 것을 돌려보낸 뒤
허전히 뒷골목을 돌아
황혼처럼 물드는 내 방으로 돌아오면

신념이 깊은 의젓한 양(羊)처럼
하루 종일 시름없이 풀포기나 뜯자.

- 윤동주, 「흰 그림자」 -

•땅검: 땅거미.

(나)

잘라놓은 연어의 살 속엔
나이테 무늬가 있다
연하디 연한 연어의 살결에
나무처럼 단단한 한 시절이 있었다는 뜻이리라
중력을 거부하고 하늘로 솟구치던 나무를
눈바람이 주저앉히려 할 때마다
제 근육에 새겨넣은 굴렁쇠같이 단단한 것이
나무의 나이테이듯이
한사코 아래로만 흐르려는 물길을 거슬러
폭포수를 뛰어넘는 연어를
사나운 물살이 저 바닥으로 내동댕이칠 때마다
열 번이고 스무 번이고 솟구쳐
여린 살 속에 쓰라린 햇살이 나이테로 쌓였으리라
켜놓은 원목의 나이테가
제가 맞은 눈바람을 순한 향기로 뿜어내놓듯이
그래서
연어의 살결에선 강물 냄새가 나는 것이다
죽은 어미연어의 나이테를 먹은 새끼연어가
폭포수를 뛰어넘어 몇 만 년을 두고
다시 그 강에 회귀*하는 것은 다 그 때문이 아니겠는가

— 복효근, 「연어의 나이테」 —

•회귀: 한 바퀴 돌아 제자리로 돌아
오거나 돌아감.

2. (가)와 (나)는 의문형 어미를 활용하여 시적 의미를 드러내고 있다.

 2016학년도 수능B

어와 동량재(棟梁材)*롤 뎌리 ᄒ야 어이 홀고
헐쯔더 기운 집의 의논(議論)도 하도 할샤
뭇 목수 고자(庫子) 자* 들고 허둥대다 말려ᄂ다

— 정철, 「어와 동량재롤~」 —

•동량재: 건축물의 마룻대와 들보로 쓸 만한 재목.
•고자 자: 창고지기가 쓰는 작은 자.

3. 설의적인 표현을 통해 안타까움의 정서가 강조되고 있다.

(7) 운율, 반복, 연쇄

- **운율:** 시에서 같거나 비슷한 소리가 반복되면서 느껴지는 리듬감.
- **반복:** 음운이나 음절, 시어나 시구, 유사한 문장 구조 등을 되풀이하는 표현법.
- **연쇄:** 앞말의 끝부분을 뒷말의 첫 부분에서 이어받아서 운율감을 형성하는 것.

운율은 크게 외형률과 내재율로 나누어 생각해 볼 수 있어. 외형률이 겉으로 드러나는 운율이라면, 내재율은 겉으로 명확히 드러나지는 않지만 시 속에서 은근히 느낄 수 있는 운율이라고 할 수 있어.

겉으로 드러나는 운율인 외형률은 시에서 눈으로 직접 확인이 가능한데, 가장 대표적인 것으로는 음보율과 음수율을 들 수 있어.

① 음보율: 음보(띄어쓰기 또는 호흡하는 단위)가 일정하게 반복됨으로써 생기는 운율
② 음수율: 글자 수가 일정하게 반복됨으로써 생기는 운율

향규(香閨)의 / 일이 업셔 / 빅화보(百花譜)룰 / 혀쳐 보니 /
봉선화 / 이 일홈을 / 뉘라셔 / 지어 낸고 /
진유의 / 옥쵸 소리 / 주연(紫煙)으로 / 힝(行)훈 후의 /

– 작자 미상, 「봉선화가(鳳仙花歌)」 –

나 보기가 / 역겨워 /
가실 때에는 /
말없이 / 고이 보내 / 드리우리다 /

– 김소월, 「진달래꽃」 –

두 작품을 통해 음보율과 음수율에 대해 알아보자. 음보율은 시를 읽을 때 끊어 읽는 단위, 즉 음보가 일정하게 반복됨으로써 생기는 운율이야. 「봉선화가」는 '향규의 / 일이 업셔 / 빅화보룰 / 혀쳐 보니', '봉선화 / 이 일홈을 / 뉘라셔 / 지어 낸고'와 같이 각 행을 4개의 덩어리로 끊어가며 읽게 돼. 「진달래꽃」은 '나 보기가 / 역겨워 / 가실 때에는', '말없이 / 고이 보내 / 드리우리다'와 같이 호흡을 끊어가며 읽게 되고. 이럴 때 「봉선화가」는 4음보, 「진달래꽃」은 3음보의 율격을 가진다고 표현해. 우리나라의 시에 음보율이 나타난다면 이처럼 3음보나 4음보인 경우가 대부분이라, 3음보와 4음보를 전통적 율격이라고 해.

이번엔 음수율을 따져 보자. 음수율은 글자 수가 반복되어 생기는 운율이야. 앞서 끊어 읽은 덩어리 안의 글자 수를 살펴보면 「봉선화가」는 글자 수가 '3-4-4-4' 혹은 '3-4-3-4'로 반복되고, 「진달래꽃」은 글자 수가 '7(4+3)-5', '7(3+4)-5'로 반복되지? 그래서 「봉선화가」의 음수율은 3(4)·4조, 「진달래꽃」의 음수율은 7·5조라고 해.

잦은 바람 속의 겨울 감나무를 보면, 그 가지들이 가는 것이나 굵은 것이나 아예 실가지거나 우듬지*거나, 모두 다 서로를 훼방 놓는 법이 없이 제 숨결 닿는 만큼의 찰랑한 허공을 끌어안고, 바르르 떨거나 사운거리거나 건들대거나 휙휙 후리거나, 제 깜냥껏 한세상을 흔들거린다.

그 모든 것이 웬만해선 흔들림이 없는 한 집의
주춧기둥 같은 둥치에서 뻗어 나간 게 새삼 신기한 일.

더더욱 그 실가지 하나에 앉은 조막만한 새의 무게가 둥치를 타고 내려가, 칠흑 땅속의 그중 깊이 뻗은 실뿌리의 흙살에까지 미쳐, 그 무게를 견딜힘을 다시 우듬지에까지 올려 보내는 땅심의 배려로, 산 가지는 어느 것 하나라도 어떤 댓바람에도 꺾이지 않는 당참을 보여 주는가.

아, 우린 너무 감동을 모르고 살아왔느니.

– 고재종, 「나무 속엔 물관이 있다」 –

• **우듬지**: 나무의 꼭대기 줄기.

「나무 속엔 물관이 있다」에는 운율이 있을까, 없을까? 정답은 '운율은 있다'야. 외형률과 같이 겉으로 드러나는 형태의 운율을 포착할 수 없는 시에서도, 내용이나 언어의 배치 등을 통해 느낄 수 있는 운율은 있어. 즉 모든 시에는 운율이 있다고 볼 수 있지. 그중에서도 겉으로 명확히 드러나지는 않지만 시 속에서 은근히 느낄 수 있는 운율을 내재율이라고 하는데 현대시의 경우는 대부분 내재율을 가지지.

운율이 무엇인지에 대해서 살펴보았으니, 이제 어떻게 하면 운율을 형성할 수 있는지를 알아보자. 가장 대표적인 운율 형성 방법은 바로 반복이야. 다시 말해 반복될 수 있는 것들이 무엇인지를 살펴보면 어떻게 운율이 형성되는지를 알 수 있어. 그럼 운율 형성의 주요 요소를 살펴볼까?

운율 형성 요소	개념	예시
음운의 반복	음운: 자음(ㄱ, ㄴ, ㄷ…)과 모음 (ㅏ, ㅑ, ㅓ…)	갈래갈래 갈린 길 길이라도 내게 바이 갈 길은 하나 없소. – 김소월, 「길」 –
		'갈래갈래 갈린 길'에서 음운 'ㄱ'과 'ㄹ'이 반복되어 운율이 형성됨
음절의 반복	음절: 발음의 최소 단위. 한 글자가 1음절이라고 생각하면 쉬움	산은 구강산(九江山) 보랏빛 석산(石山). – 박목월, 「산도화(山桃花)」 –
		음절 '산'이 반복되어 운율이 형성됨

시어의 반복	시어: 시에 쓰인 하나의 단어	가자 가자 쫓기우는 사람처럼 가자 백골 몰래 아름다운 또 다른 고향에 가자 　　　　　　　– 윤동주, 「또 다른 고향」 –
		시어 '가자'가 반복되어 운율이 형성됨
시구의 반복	시구: 둘 이상의 시어가 모인 것	나직하고 그윽하게 부르는 소리 있어 나아가 보니, 아, 나아가 보니— 　　　　　　　　　– 변영로, 「봄비」 –
		시구 '나아가 보니'가 반복되어 운율이 형성됨
시행의 반복	시행: 하나의 행. 한 줄이 한 행이라고 보면 됨	심중에 남아 있는 말 한마디는 끝끝내 마저 하지 못하였구나. 사랑하던 그 사람이여! 사랑하던 그 사람이여! 　　　　　　　– 김소월, 「초혼(招魂)」 –
		시행 '사랑하던 그 사람이여!'가 반복되어 운율이 형성됨
통사 구조의 반복	같거나 유사한 문장 구조가 반복되는 것	복사꽃이 피었다고 일러라. 살구꽃도 피었다고 일러라. 너이 오오래 정들이고 살다 간 집, 함부로 함부로 짓밟힌 울타리에, 앵도꽃도 오얏꽃도 피었다고 일러라. 낮이면 벌떼와 나비가 날고 밤이면 소쩍새가 울더라고 일러라. 　　　　　　　– 박두진, 「어서 너는 오너라」 –
		'–(라)고 일러라.'라는 문장 구조가 반복되어 운율이 형성됨

　노파심에서 말하자면 위에서 설명한 운율 형성의 요소를 일일이 외운다기보다는 반복이 나타나면 운율이 형성된다는 점만 기억해 두고, 작품에서 이를 실제로 확인해 보면서 이해를 넓혀가는 방식으로 공부를 해야 해. 이는 다른 개념어를 공부함에 있어서도 마찬가지야. 단순히 해당 개념어의 의미를 외우는 것 자체가 중요한 것이 아니라, 개념어에 대한 이해를 바탕으로 작품에서 해당 개념어가 사용되었는지의 여부, 사용되었다면 작품의 어느 부분에서 이를 확인할 수 있는지를 스스로 판단할 수 있도록 학습해 나가자.

반복을 통해 운율이 형성된다는 점을 이해했다면 연쇄 또한 운율을 형성한다는 것을 어렵지 않게 파악할 수 있을 거야. 연쇄가 뭐냐고? '원숭이 엉덩이는 빨개, 빨가면 사과, 사과는 맛있어, 맛있으면 바나나'에서처럼 앞말을 받아 뒷말에서 이어지도록 하는 것이 연쇄야.

샤갈의 마을에는 삼월에 눈이 온다.
봄을 바라고 섰는 사나이의 관자놀이에
새로 돋은 정맥이 / 바르르 떤다.
바르르 떠는 사나이의 관자놀이에
새로 돋은 정맥을 어루만지며
눈은 수천수만의 날개를 달고
하늘에서 내려와 샤갈의 마을의
지붕과 굴뚝을 덮는다.
삼월에 눈이 오면 / 샤갈의 마을의 쥐똥만 한 겨울 열매들은
다시 올리브빛으로 물이 들고
밤에 아낙들은 / 그해의 제일 아름다운 불을
아궁이에 지핀다.

– 김춘수, 「샤갈의 마을에 내리는 눈」 –

「샤갈의 마을에 내리는 눈」에서는 '바르르 떤다.'를 이어받아 '바르르 떠는 사나이'라고 하는 데에서 연쇄가 나타나고 있고, 이를 통해 운율이 형성되고 있네.

STEP 2 문제로 확인하기

해설 P.014

1~4 다음을 읽고 선지의 적절성을 판단해 보세요.

고1 2021학년도 6월

(가)

십 년(十年)을 경영(經營)ㅎ여 초려삼간(草廬三間) 지여 내니
나 ᄒ 간 ᄃᆞᆯ ᄒ 간에 청풍(淸風) ᄒ 간 맛져 두고
강산(江山)은 들일 ᄃᆡ 업스니 둘러 두고 보리라

– 송순, 「십 년을 경영ᄒ여~」 –

(나)

서산의 아침볕 비치고 구름은 낮게 떠 있구나
비 온 뒤 묵은 풀이 뉘 밭에 더 짙었든고
두어라 차례 정한 일이니 매는 대로 매리라 〈제1수〉

둘러내자* 둘러내자 긴 고랑 둘러내자
바라기 역고*를 고랑마다 둘러내자
잡초 짙은 긴 사래 마주 잡아 둘러내자 〈제3수〉

돌아가자 돌아가자 해 지거든 돌아가자
냇가에 손발 씻고 호미 메고 돌아올 제
어디서 우배초적(牛背草笛)[•]이 함께 가자 재촉하는고

〈제6수〉

– 위백규, 「농가구장(農歌九章)」 –

- **둘러내자:** 휘감아서 뽑자.
- **바라기 역고:** 잡초의 일종.
- **우배초적:** 소의 등에 타고 가면서 부는 풀피리 소리.

1. (가)와 (나)는 시어의 반복을 통해 리듬감을 형성하고 있다.

[A] ┌ 비가 새어 썩은 집을 그 누가 고쳐 이며
     └ 옷 벗어 무너진 담 누가 고쳐 쌓을까
불한당 도적들 멀리 안 다니거늘
화살 찬 경비병들 그 누가 힘써 할까
크게 기운 집에 마노라[•] 혼자 앉아
분부를 뉘 들으며 논의를 뉘와 할까
낮 시름 밤 근심 혼자 맡아 계시니
옥 같은 얼굴이 편하실 적 몇 날이리
이 집 이리 되기 뉘 탓이라 할 것인가
철없는 종의 일은 묻지도 아니하려니와
돌이켜 헤아리니 마노라 탓이로다
내 상전 그르다 하기에는 종의 죄가 많건마는
그렇지만 세상 보기에 민망하여 여쭙니다
새끼 꼬기 멈추시고 내 말씀 들으소서
[B] ┌ 집일을 고치려면 종들을 휘어잡고
     │ 종들을 휘어잡으려면 상벌을 밝히시고
     └ 상벌을 밝히려면 어른 종을 믿으소서
진실로 이렇게 하시면 집안 절로 일어나리라

– 이원익, 「고공답주인가」 –

- **마노라:** 상전. 마님. 임금 등 남녀를 두루 높이어 이르는 말.

2. [A]: 유사한 통사 구조를 반복하여 문제 상황을 드러내고 있다.

3. [B]: 앞 구절의 끝 어구를 다음 구절의 앞 구절에 이어 받는 방식으로 해야 할 일의 우선 순위를 제시하고 있다.

문(門)을 열고
들어가서 보면
그것은 문이 아니었다.

마을이 온통
해바라기 꽃밭이었다.
그 훤출한 줄기마다
맷방석만한 꽃숭어리가 돌고

해바라기 숲 속에선 갑자기
수천 마리의 낮닭이
깃을 치며 울었다.

파아란 바다가 보이는
산모롱잇길로
꽃상여가 하나
조용히 흔들리며 가고 있었다.

바다 위엔 작은 배가 한 척 떠 있었다.
오색(五色) 비단으로 돛폭을 달고
뱃머리에는 큰 북이 달려 있었다.

수염 흰 노인이 한 분
그 뱃전에 기대어
피리를 불었다.

꽃상여는 작은 배에 실렸다.
그 배가 떠나자
바다 위에는 갑자기 어둠이 오고
별빛만이 우수수 쏟아져 내렸다.

문을 닫고 나와서 보면
그것은 문이 아니었다.

– 조지훈, 「꿈 이야기」 –

4. 윗글은 시행의 반복을 통해 시적 의미를 강조하고 있다.

(8) 대구, 통사 구조의 반복

STEP **1** 개념 이해하기

- **대구**: 어조나 형식 등이 비슷한 구절이나 문장을 짝지어 배치하는 것.
- **통사 구조의 반복**: 비슷한 문장 구조가 반복되는 것. 조사나 어미가 같은 위치에 있거나, 특정 어휘가 같은 위치에 있으면 통사 구조가 유사한 것으로 볼 수 있음.

통사 구조란 곧 문장 구조를 뜻해. 따라서 비슷한 문장 구조를 가진 문장이 작품에서 여러 번 나타났다면 통사 구조의 반복으로 볼 수 있어. 대구에서도 통사 구조의 반복과 마찬가지로 비슷한 문장 구조의 반복이 나타나. 그럼 대구와 통사 구조의 반복의 다른 점이 무엇이냐고? 대구는 두 구절이 서로 짝을 이룬다는 뜻으로 비슷한 문장 구조가 반드시 나란히 있어야 하지만, 통사 구조의 반복은 해당되는 두 구절이 멀리 떨어져 있어도 상관이 없어. 즉 '통사 구조의 반복⊃대구'라고 할 수 있는 거지.

징이 울린다 막이 내렸다
오동나무에 전등이 매어달린 가설 무대
구경꾼이 돌아가고 난 텅빈 운동장
우리는 분이 얼룩진 얼굴로
학교 앞 소줏집에 몰려 술을 마신다
답답하고 고달프게 사는 것이 원통하다
꽹과리를 앞장세워 장거리로 나서면
따라붙어 악을 쓰는 건 쪼무래기들뿐
처녀애들은 기름집 담벽에 붙어 서서
철없이 킬킬대는구나
보름달은 밝아 어떤 녀석은
꺽정이처럼 울부짖고 또 어떤 녀석은
서림이처럼 해해대지만 이까짓
산구석에 처박혀 발버둥 친들 무엇하랴
비료 값도 안 나오는 농사 따위야
아예 여편네에게나 맡겨 두고
쇠전을 거쳐 도수장 앞에 와 돌 때
우리는 점점 신명이 난다
한 다리를 들고 날나리를 불꺼나
고갯짓을 하고 어깨를 흔들꺼나

– 신경림, 「농무」 –

「농무」는 '-을/를 -고 -를 -꺼나'라는 구조의 문장을 반복하여 시상을 마무리함으로써 여운을 주고 있네. 이건 대구일까, 통사 구조의 반복일까? 비슷한 구절이 반복적으로 나타났으니 통사 구조의 반복이면서, 두 구절이 연달아 나타났으니 대구이기도 해.

강호(江湖)에 봄이 드니 미친 흥(興)이 절로 난다
탁료계변(濁醪溪邊)에 금린어(金鱗魚)가 안주로다
이 몸이 한가(閑暇)하옴도 역군은(亦君恩)이샷다

강호(江湖)에 여름이 드니 초당(草堂)에 일이 없다
유신(有信)한 강파(江波)는 보내느니 바람이로다
이 몸이 서늘하옴도 역군은(亦君恩)이샷다

– 맹사성, 「강호사시가(江湖四時歌)」 –

각 수의 초장에서는 '강호에 –이 드니 –이(에) –다'라는 문장 구조가, 종장에서는 '이 몸이 –도 역군이샷다'라는 문장 구조가 반복되고 있어. 그런데 '강호에 봄이 드니 미친 흥이 절로 난다'와 '강호에 여름이 드니 초당에 일이 없다'는 연달아 나타나는 것이 아니라 서로 떨어져 있지? 이와 마찬가지로 '이 몸이 한가하옴도 역군은이샷다'와 '이 몸이 서늘하옴도 역군은이샷다'도 나란히 나타나지 않았어. 따라서 여기에는 통사 구조의 반복은 나타났다고 볼 수 있지만, 대구가 나타났다고 볼 수는 없는 거야.

STEP 2 문제로 확인하기

해설 P.016

1~3 다음을 읽고 선지의 적절성을 판단해 보세요.

고1 2020학년도 11월

문전옥답 큰 농장이 물난리에 내가 되고
안팎 기와 수백간이 불이 붓터 빗치 되고
태산갓치 쌓인 전곡 뉘 물건이 되단말가
춤혹ᄒ다 괴똥어미 단독일신 뿐이로다
일간 움집 ᄋ더 드니 기한(飢寒)*을 견딜손가
다 떠러진 베치마를 이웃집의 ᄋ더 입고
뒤축 읍넌 흔 집신을 짝을 모와 ᄋ더 신고
압집에 가 밥을 빌고 뒤집에 가 장을 빌고
초요기를 겨우 ᄒ고 불 못때넌 찬 움집에
헌 거적을 뒤여스고 밤을 겨우 새여ᄂ셔
새벽 바람 찬바람에 이 집 가며 저 집 가며
다리 절고 곰배팔에 희희소리 요란ᄒ다
불효악행 ᄒ던 죄로 앙화*를 바더시니
복선화음* ᄒ넌 줄을 이를 보면 분명ᄒ다
딸아딸아 요내딸아 시집ᄉ리 조심ᄒ라
어미 행실 본을 바다 괴똥어미 경계ᄒ라

– 작자 미상, 「복선화음록」 –

•복선화음: 착한 이에게 복을 주고 악한 이에게 재앙을 줌.

•기한: 굶주리고 헐벗어 배고프고 추움.

•앙화: 1) 어떤 일로 인하여 생기는 재난. 2) 지은 죄의 앙갚음으로 받는 재앙.

1. 유사한 통사 구조를 활용하여 운율을 형성하고 있다.

평상이 있는 국숫집에 갔다
붐비는 국숫집은 삼거리 슈퍼 같다
평상에 마주 앉은 사람들
세월 넘어온 친정 오빠를 서로 만난 것 같다
국수가 찬물에 헹궈져 건져 올려지는 동안
쯧쯧쯧쯧 쯧쯧쯧쯧,
㉠손이 손을 잡는 말
눈이 눈을 쓸어주는 말
병실에서 온 사람도 있다
식당 일을 손 놓고 온 사람도 있다
사람들은 평상에만 마주 앉아도
마주 앉은 사람보다 먼저 더 서럽다
세상에 이런 짧은 말이 있어서
세상에 이런 깊은 말이 있어서
국수가 찬물에 헹궈져 건져 올려지는 동안
쯧쯧쯧쯧 쯧쯧쯧쯧,
큰 푸조나무 아래 우리는
모처럼 평상에 마주 앉아서

– 문태준, 「평상이 있는 국숫집」 –

2. ㉠: 유사한 통사 구조를 반복하여 주제를 부각하고 있다.

검정 포대기 같은 까마귀 울음소리 고을에 떠나지 않고
밤이면 부엉이 괴괴히 울어

남쪽 먼 포구의 백성의 순탄한 마음에도
상서롭지 못한 세대의 어둔 바람이 불어오던
– 융희(隆熙) 2년!

그래도 계절만은 천 년을 다채(多彩)하여
지붕에 박넌출 남풍에 자라고
푸른 하늘엔 석류꽃 피 뱉은 듯 피어
[A]
┌ 나를 잉태한 어머니는
│ 짐짓 어진 생각만을 다듬어 지니셨고
│ 젊은 의원인 아버지는
└ 밤마다 사랑에서 저릉저릉 글 읽으셨다

왕고못댁 제삿날 밤 열나흘 새벽 달빛을 밟고
유월이가 이고 온 제삿밥을 먹고 나서
희미한 등잔불 장지 안에 / 번문욕례 사대주의의 욕된 후예로 세상에 떨어졌나니

신월(新月)같이 슬픈 제 족속의 태반을 보고
내 스스로 고고(呱呱)의 곡성(哭聲)을 지른 것이 아니련만
명(命)이나 길라 하여 할머니는 돌메라 이름 지었다오

— 유치환, 「출생기(出生記)」 —

• **고고:** 아이가 세상에 나오면서 처음 우는 울음소리.
• **곡성:** 사람이 죽어 슬퍼서 크게 우는 소리.

3. [A]: 대구 형식을 활용하여 화자의 출생을 앞둔 집안의 분위기를 드러내고 있다.　◎　⊗

(9) 감각적 이미지, 공감각적 이미지

STEP 1 개념 이해하기

- **감각적 이미지**: 언어에 의해 마음속에 떠오르는 구체적인 모습, 움직임, 상태 등의 감각적 영상을 이미지(심상)라고 함. 시각적 · 청각적 · 후각적 · 미각적 · 촉각적 이미지가 있음.
- **공감각적 이미지**: 어떤 하나의 감각이 다른 영역의 감각으로 옮겨져 표현되는 현상으로, 감각의 전이*가 나타났다고도 함.

•**전이**: 사물이 한 상태에서 다른 상태로 변화함.

'바다'하면 ① 새파란 물, ② 갈매기 울음 소리, ③ 바다 냄새, ④ 짭짤한 바닷물의 맛, ⑤ 차가운 바닷바람 등이 떠오를 거야. 이때 ①은 눈으로 보는 것, ②는 귀로 듣는 것, ③은 코로 맡는 것, ④는 혀로 맛보는 것, ⑤는 피부로 느끼는 것과 관련되니 각각 시각적, 청각적, 후각적, 미각적, 촉각적 이미지에 해당돼.

너를 꿈꾼 밤
문득 인기척에
잠이 깨었다.
문틱에 귀대고 엿들을 땐
거기 아무도 없었는데
베개 고쳐 누우면
지척에서 들리는 발자국 소리.
나뭇가지 스치는 소매깃 소리.
아아, 네가 왔구나.
산 넘고 물 건너
누런 해 지지 않는 서역(西域) 땅에서
나직이 신발을 끌고 와
다정하게 부르는
너의 목소리.
오냐, 오냐,
안쓰런 마음은 만리 길인데
황망히* 문을 열고 뛰쳐나가면
밖엔 하염없이 내리는 가랑비 소리.
후두둑,
댓잎 끝에 방울지는
봄비 소리.

– 오세영, 「너의 목소리」 –

•**황망히**: 마음이 몹시 급하여 당황하고 허둥지둥하는 면이 있게.

이 작품에 두드러지게 나타난 감각적 이미지는 '발자국 소리', '소매깃 소리', '봄비 소리' 등에서 알 수 있듯 청각적 이미지야. 인기척에 잠을 깬 화자는 '네가 왔'다고 생각하며 기대감을 품고 '너의 목소리'까지 듣지만, 문을 열고 나가 그 소리의 정체가 사실 '가랑비 소리'임을 알게 되었으니 허탈감을 느꼈겠지? 이러한 화자의 심정은 '후두둑' 방울지는 '봄비 소리'라는 청각적 이미지를 통해 효과적으로 전달되고 있어.

내 마음의 고향은 이제
참새 떼 왁자히 내려앉는 대숲 마을의
노오란 초가을의 초가지붕에 있지 아니하고
내 마음의 고향은 이제
토란 잎에 후두둑 빗방울 스치고 가는
여름날의 고요 적막한 뒤란에 있지 아니하고
내 마음의 고향은 이제
추수 끝난 빈 들판을 쿵쿵 울리며 가는
서늘한 뜨거운 기적 소리에 있지 아니하고
내 마음의 고향은 이제
빈 들길을 걸어 걸어 흰 옷자락 날리며
서울로 가는 순이 누나의 파르라한 옷고름에 있지 아니하고
내 마음의 고향은 이제
아늑한 상큼한 짚벼늘에 파묻혀
나를 부르는 소리도 잊어버린 채
까닭 모를 굵은 눈물 흘리던 그 어린 저녁 무렵에도 있지 아니하고
내 마음의 마음의 고향은
싸락눈 홀로 이마에 받으며
내가 그 어둑한 신작로 길로 나섰을 때 끝났다
눈 위로 막 얼어붙기 시작한
작디작은 수레바퀴 자국을 뒤에 남기며

– 이시영, 「마음의 고향 6–초설」 –

「마음의 고향 6–초설」은 다양한 이미지를 활용하여 고향에 대한 그리움을 드러내고 있어. '참새 떼 왁자히', '빈 들판을 쿵쿵 울리며 가는' 등에 나타난 청각적 이미지, '노오란 초가을의 초가지붕', '순이 누나의 파르라한 옷고름' 등에 나타난 시각적 이미지뿐만 아니라 '서늘한 뜨거운 기적 소리'라는 공감각적 이미지도 나타나 있지.

공감각적 이미지란 하나의 감각이 다른 감각으로 옮겨져 표현되는 거야. 그렇다면 '서늘한 뜨거운 기적 소리'에서는 어떤 감각이 어떤 감각으로 전이되었을까? 이를 판단하기 위해서는 대상과 관련하여 실제로 존재할 수 있는 감각이 무엇인지를 생각해 보아야 해. 대상이 '기적'인 것을 고려하면, 이에 대해 우리가 인식할 수 있는 것은 '소리'라는 청각적 이미지야. 그런데 화자는 '기적 소리'라는 청각적 이미지를 '서늘한 뜨거운'이라는 촉각적 이미지로 옮겨서 표현했네. 즉 청각적 이미지를 촉각화하여 표현한 건데, 이럴 때 우리는 청각의 촉각화가 나타났다고 해.

하나만 더 연습해 보자. 앞에서 이야기했던 바다와 관련해 '새파란 갈매기 울음 소리'라는 표현을 사용했다면, 이는 어떤 감각이 어떤 감각으로 전이된 공감각적 심상일까? '울음 소리'라는 청각적 이미지가 '새파란'이라는 시각으로 전이된, 청각의 시각화가 나타났다고 할 수 있겠지.

1~3 다음을 읽고 선지의 적절성을 판단해 보세요.

고1 2021학년도 9월

문 열자 선뜻!
먼 산이 이마에 차라.

우수절(雨水節)⁺ 들어
바로 초하루 아침,

새삼스레 눈이 덮인 멧부리와
서늘옵고 빛난 이마받이하다.

얼음 금 가고 바람 새로 따르거니
흰 옷고름 절로 향기로워라.

옹숭거리고⁺ 살아난 양이
아아 꿈 같기에 설어라.

미나리 파릇한 새순 돋고
옴짓 아니 기던 고기 입이 오물거리는,

꽃 피기 전 철 아닌 눈에
핫옷⁺ 벗고 도로 춥고 싶어라.

 – 정지용, 「춘설(春雪)」 –

•**우수절:** 24절기의 하나로, 봄비가 내리기 시작하는 시기임.
•**옹숭거리고:** 춥거나 두려워 몸을 궁상맞게 몹시 움츠려 작게 하고.
•**핫옷:** 안에 솜을 두어 지은 겨울옷.

1. '흰 옷고름 절로 향기로워라'에서는 흰 옷고름의 시각적 이미지를 향기로움이라는 후각적 이미지로 표현함으로써 봄에 대한 화자의 느낌을 나타내고 있군. ◎ ✗

고2 2020학년도 11월

매운 계절의 채찍에 갈겨
마침내 북방으로 휩쓸려 오다.

하늘도 그만 지쳐 끝난 고원(高原)
서릿발 칼날진 그 위에 서다.

어데다 무릎을 꿇어야 하나
한 발 재겨 디딜 곳조차 없다.

이러매 눈 감아 생각해 볼밖에
겨울은 강철로 된 무지갠가 보다.

– 이육사, 「절정」 –

2. 작품 속 계절적 상황이 '매운'이라는 감각적 이미지로 제시되어 있으니 혹독한 추위가 실감나게
느껴진다.　　　　　　　　　　　　　　　　　　　　　　　　　　　　◎　⊗

（교3）2021학년도 7월

(가)

내 골방의 커—튼을 걷고
정성된 맘으로 황혼을 맞아들이노니
바다의 흰갈매기들같이도
인간은 얼마나 외로운 것이냐

황혼아 네 부드러운 손을 힘껏 내밀라
내 뜨거운 입술을 맘대로 맞추어 보련다
그리고 네 품안에 안긴 모—든 것에
나의 입술을 보내게 해다오

저—십이성좌의 반짝이는 별들에게도
종소리 저문 삼림 속 그윽한 수녀들에게도
시멘트 장판 위 그 많은 수인(囚人)*들에게도
의지할 가지 없는 그들의 심장이 얼마나 떨고 있을까

고비사막을 끊어가는 낙타 탄 행상대에게나
아프리카 녹음 속 활 쏘는 인디언에게라도
황혼아 네 부드러운 품안에 안기는 동안이라도
지구의 반쪽만을 나의 타는 입술에 맡겨다오

내 오월의 골방이 아늑도 하오니
황혼아 내일도 또 저—푸른 커—튼을 걷게 하겠지
암암(暗暗)히 사라지긴 시냇물 소리 같아서
한번 식어지면 다시는 돌아올 줄 모르나 보다

– 이육사, 「황혼」 –

*수인: 옥에 갇힌 사람.

(나)

차운 물보라가
이마를 적실 때마다
나는 소년처럼 울음을 참았다.

길길이 부서지는 파도 사이로
걷잡을 수 없이 나의 해로(海路)가 일렁일지라도

나는 홀로이니라,
나는 바다와 더불어 홀로이니라.

일었다간 스러지는 감상(感傷)˙의 물거품으로
자폭(自暴)의 잔(盞)을 채우던 옛날은
이제 아득히 띄워보내고,

왼몸을 내어맡긴 천인(千仞)의 깊이 위에
나는 꽃처럼 황홀한 순간을 마련했으니

슬픔이 설사 또한 바다만 하기로
나는 뉘우치지 않을
나의 하늘을 꿈꾸노라.

— 김종길, 「바다에서」 —

•**감상**: 하찮은 일에도 쓸쓸하고 슬퍼
져서 마음이 상함. 또는 그런 마음.

3. (가)와 (나)는 촉각적 심상을 활용하여 대상의 속성을 구체화하고 있다.

(10) 상승 이미지, 하강 이미지

- **상승 이미지**: 위로 향하는 모습이 나타났거나 그러한 느낌을 불러일으키는 것.
- **하강 이미지**: 아래로 향하는 모습이 나타났거나 그러한 느낌을 불러일으키는 것.

꽃 사이 타오르는 햇살을 향하여
고요히 돌아가는 해바라기처럼
높고 아름다운 하늘을 받들어
그 속에 맑은 넋을 살게 하자.

가시밭길 넘어 그윽히 웃는 한 송이 꽃은
눈물의 이슬을 받아 핀다 하노니,
깊고 거룩한 세상을 우러르기에
삼가 육신의 괴로움도 달게 받으라.

괴로움에 짐짓 웃을 양이면
슬픔도 오히려 아름다운 것이,
고난을 사랑하는 이에게만이
마음 나라의 원광(圓光)은 떠오른다.

푸른 하늘로 푸른 하늘로
항시 날아오르는 노고지리같이
맑고 아름다운 하늘을 받들어
그 속에 높은 넋을 살게 하자.

– 조지훈, 「마음의 태양」 –

  '햇살을 향하여', '높고 아름다운 하늘을 받들어', '깊고 거룩한 세상을 우러르기에', '항시 날아오르는 노고지리같이' 등에서 상승 이미지를 사용하여 이상향에 대한 동경이라는 주제를 강조하여 드러내고 있어.

나도 봄산에서는

나를 버릴 수 있으리

솔이파리들이 가만히 이 세상에 내리고

상수리나무 묵은 잎은 저만큼 지네

봄이 오는 이 숲에서는

지난날들을 가만히 내려놓아도 좋으리

그러면 지나온 날들처럼

남은 생도 벅차리

봄이 오는 이 솔숲에서

무엇을 내 손에 쥐고

무엇을 내 마음 가장자리에 잡아두리

솔숲 끝으로 해맑은 햇살이 찾아오고

박새들은 솔가지에서 솔가지로 가벼이 내리네

삶의 근심과 고단함에서 돌아와 거니는 숲이여 거기 이는 바람이여

찬 서리 내린 실가지 끝에서

눈뜨리

눈을 뜨리

그대는 저 수많은 새 잎사귀들처럼 푸르른 눈을 뜨리

그대 생의 이 고요한 솔숲에서

— 김용택, 「그대 생의 솔숲에서」 —

솔이파리들이 가만히 '내리고', 상수리나무 잎들이 '지'고, 박새들은 가지에서 가지로 가벼이 '내리'는 모습 등에서 하강 이미지가 나타나고 있어. 화자는 이와 같은 하강 이미지를 활용해 '삶의 근심과 고단함'에서 벗어나려는 태도를 효과적으로 드러내고 있네.

참고로 현실을 초월하거나 점층적*인 고조가 나타나는 경우에도 상승 이미지를 활용했다고 볼 수 있고, 반대로 침체되거나 추락, 쇠퇴하는 것도 하강 이미지라고 할 수 있다는 점 기억해 둬.

•점층적: 그 정도를 점점 강하게 하거나, 크게 하거나, 높게 하는 것.

STEP ② 문제로 확인하기

해설 P.017

1~3 다음을 읽고 선지의 적절성을 판단해 보세요.

고1 2019학년도 6월

(가)
여승(女僧)은 합장(合掌)*하고 절을 했다
가지취의 내음새가 났다
쓸쓸한 낯이 옛날같이 늙었다
나는 불경(佛經)처럼 서러워졌다

평안도(平安道)의 어늬 산(山) 깊은 금점판*
나는 파리한 여인(女人)에게서 옥수수를 샀다
여인은 나 어린 딸아이를 따리며 가을밤같이 차게 울었다

•합장: 두 손바닥을 합하여 마음이 한결같음을 나타냄.(불교)

섶벌*같이 나아간 지아비 기다려 십 년(十年)이 갔다
지아비는 돌아오지 않고
어린 딸은 도라지꽃이 좋아 돌무덤으로 갔다

산(山)꿩도 설게 울은 슬픈 날이 있었다
산(山)절의 마당귀에 여인의 머리오리가 눈물방울과 같이 떨어진 날이 있었다

– 백석, 「여승」 –

•**금점판:** 금광의 일터.
•**섶벌:** 재래종의 일벌.

(나)
김천의료원 6인실 302호에 산소마스크를 쓰고 암 투병 중인 그녀가 누워 있다
바닥에 바짝 엎드린 가재미처럼 그녀가 누워 있다
나는 그녀의 옆에 나란히 한 마리 가재미로 눕는다
가재미가 가재미에게 눈길을 건네자 그녀가 울컥 눈물을 쏟아낸다
한쪽 눈이 다른 한쪽 눈으로 옮아 붙은 야윈 그녀가 운다
그녀는 죽음만을 보고 있고 나는 그녀가 살아온 파랑 같은 날들을 보고 있다
좌우를 흔들며 살던 그녀의 물속 삶을 나는 떠올린다
그녀의 오솔길이며 그 길에 돋아나던 대낮의 뻐꾸기 소리며
가늘은 국수를 삶던 저녁이며 흙담조차 없었던 그녀 누대*의 가계를 떠올린다
두 다리는 서서히 멀어져 가랑이지고
폭설을 견디지 못하는 나뭇가지처럼 등뼈가 구부정해지던 그 겨울 어느 날을 생각한다
그녀의 숨소리가 느릅나무 껍질처럼 점점 거칠어진다
나는 그녀가 죽음 바깥의 세상을 이제 볼 수 없다는 것을 안다
한쪽 눈이 다른 쪽 눈으로 캄캄하게 쏠려버렸다는 것을 안다
나는 다만 좌우를 흔들며 헤엄쳐 가 그녀의 물속에 나란히 눕는다
산소호흡기로 들이마신 물을 마른 내 몸 위에 그녀가 가만히 적셔준다

– 문태준, 「가재미」 –

•**누대:** 여러 대.

1. (가)와 (나)는 상승과 하강의 이미지를 대비하여 시적 의미를 강화하고 있다.

천변 잔디밭을 밟고
사람들이 걷기 운동을 하자
잔디밭에 외줄기 길이 생겼다
어쩌나 잔디가 밟혀죽을 텐데
내 걱정 아랑곳없이
가르마길이 나고 그 자리만 잔디가 모두 죽었다
오늘 새벽에도 사람들이 그 길을 걷는데
멀리서도 보였다
죽은 잔디싹들이 사람의 몸 속에 푸른 길을 내고 살아 있는 것이
푸른 잔디의 것이 아니라면
저 사람들의 말소리가 저렇게 청량하랴
걷는 사람들의 웃음소리 얘기소리에서
싱싱한 풀꽃 냄새가 난다
그제서야 나는 잔디가 죽은 것이 아니라
사람들에게 길을 내어주고 비켜서 있거나
아예 사람 속에서 꽃피고 있음을 안다
그렇듯 언젠가는 사람들도
잔디에게 자리를 내어준다는 것도 알겠다

– 복효근, 「잔디에게 덜 미안한 날」 –

2. 상승과 하강의 이미지를 반복하여 주제를 강조하고 있다.

(가)
무너지는 꽃 이파리처럼
휘날려 발 아래 깔리는
서른 나문 해야

구름같이 피려던 뜻은 날로 굳어
한 금 두 금 곱다랗게 감기는 연륜(年輪)

갈매기처럼 꼬리 떨며
산호 핀 바다 바다에 나려앉은 섬으로 가자

비취빛 하늘 아래 피는 꽃은 맑기도 하리라
무너질 적에는 눈빛 파도에 적시우리

초라한 경력을 육지에 막은 다음
주름 잡히는 연륜마저 끊어버리고
나도 또한 불꽃처럼 열렬히 살리라

– 김기림, 「연륜」 –

(나)

제 손으로 만들지 않고

한꺼번에 싸게 사서

마구 쓰다가

망가지면 내다 버리는

플라스틱 물건처럼 느껴질 때

나는 당장 버스에서 뛰어내리고 싶다

현대 아파트가 들어서며

홍은동 사거리에서 사라진

털보네 대장간을 찾아가고 싶다

풀무질로 이글거리는 불 속에

시우쇠처럼 나를 달구고

모루 위에서 벼리고

숫돌에 갈아

시퍼런 무쇠 낫으로 바꾸고 싶다

땀 흘리며 두들겨 하나씩 만들어 낸

꼬부랑 호미가 되어

소나무 자루에서 송진을 흘리면서

대장간 벽에 걸리고 싶다

지금까지 살아온 인생이

온통 부끄러워지고

직지사 해우소

아득한 나락으로 떨어져 내리는

똥덩이처럼 느껴질 때

나는 가던 길을 멈추고 문득

어딘가 걸려 있고 싶다

- 김광규, 「대장간의 유혹」 -

3. (가)와 (나)는 모두 하강의 이미지가 담긴 시어를 활용하여 화자의 인식을 드러내고 있다. ✕

(11) 정적 이미지, (역)동적 이미지

STEP **1** 개념 이해하기

- **정적 이미지**: 움직임이 없고 고요한 느낌을 불러일으키는 것.
- **(역)동적 이미지**: 무언가 (활기차게) 움직이는 느낌을 불러일으키는 것.

폭포는 곧은 절벽을 무서운 기색도 없이 떨어진다

규정할 수 없는 물결이
무엇을 향하여 떨어진다는 의미도 없이
계절과 주야를 가리지 않고
고매한˙ 정신처럼 쉴 사이 없이 떨어진다

금잔화도 인가도 보이지 않는 밤이 되면
폭포는 곧은 소리를 내며 떨어진다

곧은 소리는 소리이다
곧은 소리는 곧은
소리를 부른다

번개와 같이 떨어지는 물방울은
취할 순간조차 마음에 주지 않고
나타(懶惰)와 안정을 뒤집어 놓은 듯이
높이도 폭도 없이
떨어진다

– 김수영, 「폭포」 –

•**고매하다**: 인격이나 품성, 학식, 재질
따위가 높고 빼어나다.

「폭포」에서는 정적·동적·상승·하강 이미지 중 무엇이 주로 사용되었을까? 거침없이 떨어지는 폭포의 모습에서 동적 이미지와 하강 이미지가 나타난다고 할 수 있지.

"우리 수궁이 퇴락하여 새로 다시 지은 후에 천여 개 기와를 내 손으로 이어갈 제, 추녀 끝에 돌아가다 한 발길 미끄러져 공중에서 뚝 떨어져 빙빙 돌아 나려오다 목으로 쩔꺽 나려 박혀 목이 이리 되었기로 명의더러 물어본즉 호랑이 쓸개가 약이 된다 하기에 벽력 장군 앞세 우고 도로랑 귀신 잡아타고 호랑이 사냥 나왔으니 게가 호랑이면 쓸개 한 보 못 주겠나. 도로랑 귀신 게 있느냐? 어서 급히 빨리 나와 용천검 드는 칼로 이 호랑이 배 갈라라, 도로랑!" 하고 달려드니 호랑이 깜짝 놀라 물똥을 와락 싸고, 초나라 노랫소리에 놀란 패왕 포위 뚫고 남쪽으로 달아나듯, 적벽강 불 싸움에 패군장 위왕 조조 정욱 따라 도망하듯, 북풍에 구름 닫듯, 편전살 달아나듯, 왜물 조총 철환 닫듯, 녹수를 얼른 건너 동쪽 숲을 헤치면서 쑤루쑤루 달아나 만첩청산 바위틈에 혼자 앉아 장담하고 하는 말이,
"내 재주 아니런들 도로랑 귀신 피할손가? 하마터면 죽을 뻔하였구나."

– 작자 미상, 「토끼전」 –

「토끼전」에서는 긴박한 상황에서 도망가는 호랑이의 행위를 '패왕'이 달아나는 모습, '조조'가 도망하는 모습, '북풍'이 부는 모습, '편전살(화살)'이 날아가는 모습, '철환(총알)'이 날아가는 모습 등으로 다양하게 묘사하여 역동적으로 보여 주고 있어.

해설 P.017

STEP 2 문제로 확인하기

1~3 다음을 읽고 선지의 적절성을 판단해 보세요.

고1 2022학년도 3월

가마를 급히 타고 솔 아래 굽은 길로 오며 가며 하는 때
녹양*에 우는 꾀꼬리 교태 겨워하는구나
나무 풀 우거지어 녹음*이 짙어진 때
기다란 난간에서 긴 졸음을 내어 펴니
물 위의 서늘한 바람은 그칠 줄을 모르도다
된서리 걷힌 후에 산빛이 금수(錦繡)*로다
누렇게 익은 벼는 또 어찌 넓은 들에 펼쳐졌는가
어부 피리도 흥에 겨워 달을 따라 부는구나
초목이 다 진 후에 강산이 묻혔거늘
조물주 야단스러워 빙설로 꾸며 내니
경궁요대*와 옥해은산*이 눈 아래 벌였구나
천지가 풍성하여 간 데마다 승경(勝景)이로다
인간 세상 떠나와도 내 몸이 쉴 틈 없다
이것도 보려 하고 저것도 들으려 하고
바람도 쐬려 하고 달도 맞으려 하고
밤일랑 언제 줍고 고기는 언제 낚고
사립문 뉘 닫으며 진 꽃일랑 뉘 쓸려뇨
아침 시간 모자라니 저녁이라 싫을쏘냐
오늘이 부족하니 내일이라 넉넉하랴
이 산에 앉아보고 저 산에 걸어 보니
번거로운 마음에도 버릴 일이 전혀 없다
쉴 사이 없는데 오는 길을 알리랴
다만 지팡이가 다 무디어 가는구나
술이 익었으니 벗이야 없을쏘냐
노래 부르게 하고 악기를 타고 또 켜게 하고 방울 흔들며
온갖 소리로 취흥을 재촉하니
근심이라 있으며 시름이라 붙었으랴
누웠다가 앉았다가 굽혔다가 젖혔다가
읊다가 휘파람 불다가 마음 놓고 노니
천지도 넓디넓고 세월도 한가하다
태평성대 몰랐는데 이때가 그때로다
신선이 어떠한가 이 몸이 그로구나
강산풍월 거느리고 내 백 년을 다 누리면

*녹양: 잎이 푸르게 우거진 버드나무.

*녹음: 푸른 잎이 우거진 나무나 수풀. 또는 그 나무의 그늘.

*금수: 수를 놓은 비단. 또는 아름답고 화려한 옷이나 직물.

악양루* 위의 이백이 살아온들

호탕한 회포는 이보다 더할쏘냐

– 송순, 「면앙정가」 –

- **경궁요대:** 아름다운 구슬로 장식한 집과 누각.
- **옥해은산:** 옥같이 맑은 바다와 은빛의 산.
- **악양루:** 당나라 시인 이백이 시를 지으면서 풍류를 즐긴 곳.

1. 색채어를 활용하여 사물의 역동성을 표현하고 있다.

고2 2017학년도 3월

(가)

유리(琉璃)에 차고 슬픈 것이 어린거린다.

열없이 붙어서서 입김을 흐리우니

길들은 양 언 날개를 파다거린다.

지우고 보고 지우고 보아도

새까만 밤이 밀려 나가고 밀려와 부딪히고,

물 먹은 별이, 반짝, 보석(寶石)처럼 백힌다.

밤에 홀로 유리를 닦는 것은

외로운 황홀한 심사이어니

고흔 폐혈관(肺血管)이 찢어진 채로

아아, 너는 산(山)ㅅ새처럼 날러갔구나!

– 정지용, 「유리창(琉璃窓)1」 –

(나)

속이 검게 타버린 고목이지만

창녕 덕산리 느티나무는 올봄도 잎을 내었다

잔가지 끝으로 하늘을 밀어올리며 그는

한 그루 용수(榕樹)처럼

제 아궁이에서 자꾸만 잎사귀를 꺼낸다

번개가 가슴을 쪼개고 지나간 흔적을 안고도

저렇게 눈부신 잎을 피워내다니,

시커먼 아궁이 하나 들여놓고

그는 오래오래 제 살을 달여 내놓는다

낮의 새와 밤의 새가 다녀가고

다람쥐 일가가 세들어 사는,

구름 몇 점 별 몇 개 뛰어들기도 하는,

바람도 가만히 숨을 모으는 그 검은 아궁이에는

모든 빛이 모여 불타고 모든 빛이 나온다

까마귀 깃들었다 날아간 자리에
검은 울음 몇 가지가 뻗어 있기도 한다

발이 묶인 채 날아오르는 새처럼
덕산리 느티나무는 푸른 날개를 마악 펴들고 있다

- 나희덕, 「성(聖) 느티나무」 -

2. (가)는 동적 심상을, (나)는 정적 심상을 주로 활용하여 시상을 확대하고 있다.

고3 2014학년도 7월A

[A]
┌ 섣달에도 보름께 달 밝은 밤
│ 앞내강(江) 쨍쨍 얼어 조이던* 밤에
│ 내가 부른 노래는 강(江) 건너갔소
│
│ 강(江) 건너 하늘 끝에 사막(沙漠)도 닿은 곳
└ 내 노래는 제비같이 날아서 갔소

못 잊을 계집애 집조차 없다기에
가기는 갔지만 어린 날개 지치면
그만 어느 모래불*에 떨어져 타서 죽겠죠.

사막(沙漠)은 끝없이 푸른 하늘이 덮여
눈물 먹은 별들이 조상* 오는 밤

밤은 옛일을 무지개보다 곱게 짜내나니
한 가락 여기 두고 또 한 가락 어디멘가
내가 부른 노래는 그 밤에 강(江) 건너갔소.

- 이육사, 「강 건너간 노래」 -

- **쨍쨍 얼어 조이던:** 강이 얼어 얼음의 부피가 커지면서 서로 밀치는.
- **모래불:** 좁고 긴 모래 언덕.
- **조상:** 남의 죽음에 대하여 슬퍼하는 뜻을 드러내어 상주를 위문하는 것.

3. [A]는 비유적 표현을 사용하여 대상에 동적 이미지를 부여하고 있다.

(12) 계절감

STEP 1 개념 이해하기

• **계절감**: 계절의 변화에 따라 일어나는 느낌. 구체적인 계절이 직접 나타나기도 하고 계절의 특징적인 사물이나 현상을 통해 나타나기도 함.

동풍이 건듯 불어 적설(積雪)*을 다 녹이니
사면(四面) 청산이 옛 모습 나노매라
귀밑의 해묵은 서리는 녹을 줄을 모른다.

― 김광욱, 「율리유곡(栗里遺曲)」 ―

•**적설**: 쌓여 있는 눈.

'동풍(봄철에 불어오는 바람)'이 불어 '적설'이 녹으면서 '청산'이 나타나는 모습을 통해 봄이라는 계절감을 드러내고 있어. 시각적 이미지를 활용하여 봄이 온 자연의 풍경을 표현하고 있다고 할 수도 있겠네.

아래는 계절감이 드러나는 시구를 계절별로 정리한 거야. 계절감이 드러나는 표현들을 익혀 두자.

[봄]
- 이화우(梨花雨)(비가 오는 것처럼 떨어지는 배꽃) 흩뿌릴 제
- 춘만(春滿)커다 (봄기운이 가득하다)
- 이화(梨花)(배나무 꽃)에 월백(月白)하고
- 일지춘심(一枝春心) (나뭇가지에 어려 있는 봄 마음)
- 두견화(杜鵑花)(진달래꽃)를 부치들고
- 봄빛도 유여(有餘)할사*
- 푸른 이는 산람(山嵐)*이라
- 도화행화(桃花杏花)(복숭아꽃 살구꽃) / 도화(桃花)(복숭아꽃)ㅣ로다
- 녹양방초(綠楊芳草)(푸른 버드나무와 향기로운 풀)는 세우중(細雨中)에 프르도다
- 춘광(春光)(봄빛)을 자랑하듯 / 춘풍(봄바람) 소리 들리거늘
- 잔디 잔디 속잎 나니 만물이 화락한데 / 우리 님은 어디가고 춘기(봄기운)든 줄 모르는고
- 삼춘 화류(三春花柳)(꽃이 피고 버들이 돋는 봄) 호시절(好時節)에
- 꽃 피는 사월이면 진달래 향기

[여름]
- 녹음(綠陰)(푸른 잎이 우거진 나무)이 엉킨 적에
- 한낮의 여치 노래 소리

[가을]
- 추풍낙엽(秋風落葉)(가을바람에 떨어지는 나뭇잎)에 저도 날 생각는가
- 국화(菊花)야 / 낙목한천(落木寒天)*에 네 홀로 피었느냐
- 황운(黃雲)(누렇게 익은 벼, 누런 빛깔의 구름)은 또 어찌 만경(萬頃)에 펼쳐지고
- 만산초목(萬山草木)이 잎잎이 추성(秋聲)(가을철의 바람 소리)이라

•**유여하다**: 여유가 있다.

•**산람**: 산 속에 생기는 아지랑이 같은 기운.

•**낙목한천**: 나뭇잎이 다 떨어진 겨울의 춥고 쓸쓸한 풍경. 또는 그런 계절.

- 오동추야(梧桐秋夜)(오동잎이 떨어지는 가을 밤) 달이 되어 비추어나 보고지고
- 가을 달 방에 들고 실솔(蟋蟀)*이 상(床)에 울 제
- ᄒ르밤 서리김의 기러기 우러 녤 제
- 저녁의 귀뚜라미 울음소리 더욱 커질 때

[겨울]
- 설중(雪中)(눈 내릴 때)에 혼자 피어
- 빙설(氷雪)(얼음과 눈)로 꾸며 내니
- 옥해 은산(玉海銀山)*이 안저(眼底)에 벌엿어라
- 빅셜(白雪)(흰 눈)이 ᄒ 빗친 제
- 동절(冬節)이 오면
- 엄동 혹한(추운 겨울, 심한 추위)일수록

• **실솔:** 귀뚜라미.
• **옥해 은산:** 옥같이 맑은 바다와 은빛의 산. 눈 온 뒤의 바다와 산의 풍경.

STEP **2** 문제로 확인하기

해설 P.019

1~3 다음을 읽고 선지의 적절성을 판단해 보세요.

고1 2019학년도 6월

(가)

잠아 잠아 짙은 잠아 이내 눈에 쌓인 잠아
염치 불구 이내 잠아 검치 두덕* 이내 잠아
어제 간밤 오던 잠이 오늘 아침 다시 오네
잠아 잠아 무삼 잠고 가라 가라 멀리 가라
세상 사람 무수한데 구태 너는 간 데 없어
원치 않는 이내 눈에 이렇듯이 자심(滋甚)* 하뇨
주야에 한가하여 월명 동창 혼자 앉아
삼사경 깊은 밤을 허도(虛度)이 보내면서
잠 못 들어 한하는데 그런 사람 있건마는
무상불청(無常不請)* 원망 소래 온 때마다 듣난고니
석반(夕飯)*을 거두치고 황혼이 대듯마듯
낮에 못 한 남은 일을 밤에 할랴 마음먹고
언하당(言下當)* 황혼이라 섬섬옥수(纖纖玉手)* 바삐 들어
등잔 앞에 고개 숙여 실 한 바람 불어 내어
드문드문 질긋 바늘 두엇 뜸 뜨듯마듯
난데없는 이내 잠이 소리 없이 달려드네
눈썹 속에 숨었는가 눈알로 솟아 온가
이 눈 저 눈 왕래하며 무삼 요수 피우든고
맑고 맑은 이내 눈이 절로 절로 희미하다

– 작자 미상, 「잠노래」 –

- **검치 두덕:** 욕심 언덕.
- **자심:** 더욱 심함.
- **무상불청:** 청하지 않은.
- **석반:** 저녁밥.
- **언하당:** 말이 끝나자마자 바로. 여기서는 '그런 생각을 하자마자 바로'의 뜻임.
- **섬섬옥수:** 가냘프고 고운 여자의 손.

(나)

귓도리 저 귓도리 어여쁘다 저 귓도리

어인 귓도리 지는 달 새는 밤의 긴 소리 쟈른 소리 절절(節節)이 슬픈 소리 제 혼자 우러 녜어 사창(紗窓) 여윈 잠을 살뜰히도˚ 깨우는구나

두어라 제 비록 미물(微物)이나 무인동방(無人洞房)˚에 내 뜻 알 이는 너뿐인가 하노라

– 작자 미상, 「귓도리 저 귓도리~」 –

- **살뜰히도:** 알뜰하게도, 여기서는 '얄밉게도'의 뜻임.

- **무인동방:** 사람이 없는 침실.

1. (나)와 달리 (가)는 청각적 심상을 통해 계절감을 드러내고 있다.

(고2) 2020학년도 9월

불어오는 봄바람이 봄볕을 부쳐내니
지저귀는 새소리는 노래하는 소리이니
곱디고운 수풀 꽃은 웃음을 머금었다
이곳에 앉아보고 저곳에 앉아보니
골 안의 맑은 향기 지팡이에 묻었구나
봄빛 반짝 흩어 날고 초목이 무성하니
푸른빛은 그늘 되어 나무 아래 어리었고
하늘의 빛난 구름 골짜기에 잠겼으니
송정에서 긴 잠은 더위도 모르더라
먼 하늘은 맑디맑고 기러기는 울어 예니
양쪽 언덕 단풍 숲은 비단처럼 비치거늘
일대의 강 그림자 푸른 유리 되었구나
국화를 잔에 띄워 무지개를 맞아 오니
이 작은 즐거움은 세상모를 일이로다
하늘 높이 부는 바람 고요하고 쓸쓸하여
나뭇잎 다 진 후에 산계곡이 삭막하고
섣달그믐 조화 부려 백설을 나리오니
수많은 산봉우리가 경요굴이 되었거늘
눈썹이 솟구치고 눈동자를 높이 뜨니
끝없는 설경˚은 시의 제재가 되었으니
세상 물정을 모르니 추위를 어이 알까

(중략)

- **설경:** 눈이 내리거나 눈이 쌓인 경치.

깨끗하고 맑은 바람 실컷 쏘인 후에
대여섯 아이들과 노래하며 돌아오니
옛사람 기상에 미칠까 못 미칠까
옛일을 떠올리니 어제인 듯하다마는
깨끗한 풍채를 꿈에서나 얻어 볼까
옛사람 못 보거든 지금 사람 어이 알고
이 몸이 늦게 나니 애통함도 쓸 데 없다
산새와 산꽃을 내 벗으로 삼아두고
경치를 만끽하며 생긴 대로 노는 몸이
공명을 생각하며 빈천을 설워할까
단사표음*이 내 분이니 세월도 한가하네
이 계곡 경치를 싫도록 거느리고
백 년 세월을 노닐다가 마치리라
아이야 사립문 닫아라 세상 알까 하노라

- 정훈, 「용추유영가」 -

•**단사표음:** 대나무로 만든 밥그릇에 담은 밥과 표주박에 든 물이라는 뜻으로, 청빈하고 소박한 생활을 이르는 말.

2. 계절적 배경을 소재로 하여 시적 분위기를 조성하고 있다.

고3 2016학년도 10월

나는 죄인처럼 수그리고
나는 코끼리처럼 말이 없다
두만강 너 우리의 강아
너의 언덕을 달리는 찻간에
조고마한 자랑도 자유도 없이 앉았다

아무것두 바라볼 수 없다만
너의 가슴은 얼었으리라
그러나
나는 안다
다른 한줄 너의 흐름이 쉬지 않고
바다로 가야 할 곳으로 흘러내리고 있음을

지금
차는 차대로 달리고
바람이 이리처럼 날뛰는 강 건너 벌판엔
나의 젊은 넋이
무엇인가 기다리는 듯 얼어붙은 듯 섰으니
욕된 운명은 밤 우에 밤을 마련할 뿐

잠들지 말라 우리의 강아
오늘 밤도

너의 가슴을 밟는 뭇 슬픔이 목마르고
얼음길은 거칠다 길은 멀다

길이 마음의 눈을 덮어줄
검은 날개는 없느냐
두만강 너 우리의 강아
북간도로 간다는 강원도치와 마주앉은
나는 울 줄 몰라 외롭다

– 이용악, 「두만강 너 우리의 강아」 –

3. 계절을 드러내는 표현을 사용해 분위기를 자아내고 있다.

(13) 풍자, 해학

> • **풍자:** 현실의 부정적 현상이나 모순 따위를 다른 사물이나 상황에 빗대어 간접적으로 비판함
>   으로써 그 병폐를 깨닫도록 하는 것.
> • **해학:** 사회적 현상이나 대상 등을 우스꽝스럽게 나타냄으로써 웃음을 유발하는 것.

鷰子初來時	제비 한 마리 처음 날아와
喃喃語不休	지지배배 그 소리 그치지 않네
語意雖未明	말하는 뜻 분명히 알 수 없지만
似訴無家愁	집 없는 서러움을 호소하는 듯
榆槐老多穴	느릅나무 홰나무 묵어 구멍 많은데
何不此淹留	어찌하여 그곳에 깃들지 않니
燕子復喃喃	제비 다시 지저귀며
似與人語酬	사람에게 말하는 듯
榆穴鸛來啄	느릅나무 구멍은 황새가 쪼고
槐穴蛇來搜	홰나무 구멍은 뱀이 와서 뒤진다오

– 정약용, 「고시(古詩)」 –

　풍자란 부정적인 현실이나 대상 따위를 비웃으면서 간접적으로 비판하는 거야. 즉 부정적인 대상을 비꼬면서 지적하는 태도가 나타난다면 풍자적이라고 할 수 있지. 「고시」는 '집 없는 서러움'을 호소하는 '제비'와 제비를 못살게 구는 '황새'와 '뱀'을 통해 지배층의 횡포를 풍자하고 백성들의 서러움을 드러내고 있어.

> 　두터비 파리를 물고 두엄* 우희 치다라 안자
> 　것넌 산 바라보니 백송골(白松鶻)이 떠 잇거늘 가슴이 금즉하여 풀덕 뛰여 내닷다가 두엄
> 아래 잣바지거고
> 　모쳐라 날낸 낼식만정 에혈*질 번 하괘라.

– 작자 미상, 「두터비 파리를 물고~」 –

• **에혈:** 어혈. 타박상 등으로 피부에 피가 맺힌 것.

• **두엄:** 풀, 짚 또는 가축의 배설물 따위를 썩힌 거름.

　'두터비(두꺼비)'가 '파리'를 물고 있다가 '백송골'을 보고 놀라 넘어지는 장면이 우스꽝스럽게 묘사되고 있어. 이를 통해 자신보다 높은 지위의 계층에게는 꼼짝 못하는 반면 자신보다 힘없는 백성들은 괴롭히는 양반의 위선적인 모습을 해학적으로 보여 주는 작품이야.

1~3 다음을 읽고 선지의 적절성을 판단해 보세요.

고1 2018학년도 3월

[앞부분의 줄거리] 군관˙ 직책의 배비장은 제주 목사가 벌인 잔치에 자신은 여색을 멀리한다며 참석하지 않는다. 이에 제주 목사는 기생 애랑을 시켜 배비장을 유혹하게 하고, 애랑은 자신에게 반한 배비장에게 삼경˙에 집으로 오라는 편지를 보낸다.

"앞서 기약 맺은 낭자, 이 밤중에 어서 찾아가자."

거들거려 가려 할 제 방자놈 이른 말이,

"나으리, 생각이 전혀 없소. 밤중에 유부녀 희롱 가오면서 비단 옷 입고 저리 하고 가다가는 될 일도 안 될 것이니, 그 의관 다 벗으시오."

"벗으면 초라하지 않겠느냐?"

"초라하거든 가지 마옵시다."

"이 얘야, 요란히 굴지 마라. 내 벗으마."

활짝 벗고 알몸으로 서서,

"어떠하냐?"

"그것이 참 좋소마는, 누가 보면 한라산 매 사냥꾼으로 알겠소. 제주 인물 복색으로 차리시오."

"제주 인물 복색은 어떤 것이냐?"

"개가죽 두루마기에 노펑거지˙를 쓰시오."

"그것은 너무 초라하구나."

"초라하거든 그만두시오."

"말인즉 그러하단 말이다. 개가죽이 아니라, 도야지가죽이라도 내 입으마."

하더니, 구록피(狗鹿皮) 두루마기에 노펑거지를 쓰고 나서서 앞뒤를 살펴보며,

"이 얘야, 범이 보면 개로 알겠다. 군기총(軍器銃) 하나만 내어 들고 가자."

"무섭거든 가지 마옵시다."

"이 얘야, 그러하단 말이냐? 네 성정 그러한 줄 몰랐구나. 정 못 갈 터이면, 내 업고라도 가마."

배비장이 뒤따라가며 하는 말이,

"기약 둔 사랑하는 여자, 어서 가 반겨 보자."

서쪽으로 낸 대나무로 얽은 창 돌아들어, 동쪽에 있는 소나무로 만든 댓돌에 다다르니, 북쪽 창에 밝게 켠 등불 하나만이 외로이 섰는데, 밤은 깊은 삼경이라. 높은 담 구멍 찾아가서 방자 먼저 기어들며,

"쉬, 나리 잘못하다가는 일 날 것이니, 두 발을 한데 모아 요령 있게 들이미시오."

배비장이 방자 말을 옳게 듣고 두 발을 모아 들이민다. 방자놈이 안에서 배비장의 두 발목을 모아 쥐고 힘껏 잡아당기니, 부른 배가 딱 걸려서 들도 나도 아니하는구나. 배비장 두 눈을 희게 뜨고 이를 갈며,

"좀 놓아다고!"

하면서, **죽어도 문자(文字)는** 쓰던 것이었다.

"포복불입(飽腹不入)하니 출분이기사(出糞而幾死)로다.˙"

방자가 안에서 웃으며 탁 놓으니, 배비장이 곤두박질하였다가 일어나 앉으며 하는 말이,

"매사가 순리로 아니 되니 큰 낭패로다. 산모의 해산법으로 말하여도 아이를 머리부터 낳아야 순산이라 하니, 내 상투를 들이밀 것이니 잘 잡아당겨라."

•**군관:** 조선 시대에, 각 군영과 지방 관아의 군무에 종사하던 낮은 벼슬아치.

•**삼경:** 하룻밤을 오경으로 나눈 셋째 부분. 밤 열한 시에서 새벽 한 시 사이이다.

– 작자 미상, 「배비장전(裵裨將傳)」 –

- **노평거지:** 노끈으로 만든 벙거지.
- **포복불입하니 출분이기사로다.:** 배가 불러 들어갈 수 없으니 똥이 나와 죽겠구나.

1. 담 구멍에 걸려 있는 상황에서도 '죽어도 문자는 쓰'는 배비장의 모습을 통해 지배 계층의 허세에 대한 풍자를 엿볼 수 있겠군.　◎　⊗

고2 2021학년도 6월

[앞부분의 줄거리] 평양 감사가 된 김진희는 집안 형편이 어려워 도움을 청하러 온 오랜 친구인 이혈룡을 박대하며 죽이려 한다. 기생 옥단춘의 도움으로 생명을 구한 이혈룡은 암행어사가 되어 신분을 숨긴 채 거지 차림으로 옥단춘을 만나고 김진희의 잔치 자리에도 나타난다.

　그중에서 각 읍의 수령들은 불의의 변을 당하고 겁낸 거동 가관이다. 칼집 쥐고 오줌 싸고 안장 없는 말을 타고, 개울로 빠져들고, 말을 거꾸로 타기도 하고, 동서를 분별하지 못하여 이리저리 갈팡질팡 도망친다. 오다가 혼을 잃고 가다가 넋을 잃고 수라장으로 요란할 제, 평양 감사 김진희의 거동이 가장 볼만하니라.

　김 감사는 수령들과 기생들을 거느리고 의기양양 노닐다가, 암행어사 출도 통에 혼비백산 달아날 제, 연광정 누다락의 높은 마루 밑에서 떨어져서 삼혼칠백* 간 데 없고, 두 눈에 동자 부처가 벌써 떠나 멀리 가고, 청보에 똥을 싸고, 신발들메 하느라고 야단이라. 이때에 비장들이 달려들어 잡아 나꾸자, 어사또 그놈을 잡아내라고 추상같이 달려들어서 사지를 결박해서 어사또 앞으로 끌어다 엎어놓느니라.

　"너희들 들어라! 남의 막하에 있어 관장*이 악한 정사*를 하면 바른길로 권할 것이지, 그러지 않고 악한 짓을 권하니, 무죄한 백성이 어찌 편히 살며, 양반이 어찌 도의를 지킬 수 있겠느냐!"

하는 호통을 하며, 형벌 제구를 내어놓고, 팔십 명 나졸 중에서 날랜 놈 십여 명을 골라서 형장을 잡히니라.

　"너희들, 매질에 사정 두면 명령 거역으로 죽을 줄 알아라."

　엄명을 받은 용맹한 나졸들이 사정없이 볼기 육십 대씩 때려서 큰칼을 씌워서 옥에 가두고, 김 감사를 마지막으로 다스리니라. 서리 나졸들이 감사의 상투를 거머잡고 끌어내면서,

　"평양 감사 김진희 잡아 왔습니다."

하고, 복명하는 소리가 진동하니라.

　"너, 김진희 오늘부터 파직*한다."

– 작자 미상, 「옥단춘전」 –

- **삼혼칠백:** 사람의 혼백을 통틀어 이르는 말.

- **관장:** 관가의 우두머리란 뜻으로, 시골 백성이 고을 원을 높여 이르던 말.
- **정사:** 정치 또는 행정상의 일.
- **파직:** 관직에서 물러나게 함.

2. 인물의 행동을 과장하여 상황을 해학적으로 표현하고 있다.

천상(天上) 백옥경(白玉京)˙ 십이루(十二樓)˙ 어디매오
오색운(五色雲) 깊은 곳에 자청전(紫淸殿)이 가렸으니
천문(天門) 구만 리(九萬里)를 꿈이라도 갈동 말동
차라리 싀어지어 억만(億萬) 번 변화(變化)하여
남산(南山) 늦은 봄에 두견(杜鵑)의 넋이 되어
이화(梨花)˙ 가지 위에 밤낮을 못 울거든
삼청동리(三淸洞裡)˙에 저문 하늘 구름 되어
바람에 흘리 날아 자미궁(紫微宮)에 날아올라
옥황(玉皇) 향안 전(香案前)의 지척(咫尺)에 나아 앉아
흉중(胸中)˙에 쌓인 말씀 쓸커시 사뢰리라
어와 이 내 몸이 천지간(天地間)에 늦게 나니
황하수(黃河水) 맑다마는
초객(楚客)˙의 후신(後身)˙인가 상심(傷心)도 끝도 없고
가 태부(賈太傅)˙의 넋이런가 한숨은 무슨 일고
형강(荊江)은 고향(故鄕)이라 십 년(十年)을 유락(流落)하니˙
백구와 벗이 되어 함께 놀자 하였더니
어루는 듯 괴는˙ 듯 남의 없는 임을 만나
금화성(金華省) 백옥당(白玉堂)의 꿈이조차 향기롭다
오색(五色)실 이음 짧아 임의 옷을 못 하여도
바다 같은 임의 은(恩)을 추호(秋毫)나 갚으리라
백옥(白玉) 같은 이 내 마음 임 위하여 지키더니
장안(長安) 어젯밤에 무서리 섞여 치니
일모 수죽(日暮脩竹)˙에 취수(翠袖)도 냉박(冷薄)할사˙
유란(幽蘭)을 꺾어 쥐고 임 계신 데 바라보니
약수(弱水) 가려진 데 구름 길이 험하구나

― 조위, 「만분가」 ―

●**삼청동리**: 신선이 사는 동네 안.
●**초객**: 초나라의 시인 굴원.
●**가 태부**: 한나라의 태부 가의.
●**일모 수죽**: 해 질 녘 긴 대나무.
●**취수도 냉박할사**: 푸른 옷소매도 차디차구나.

●**백옥경**: 하늘 위에 옥황상제가 산다고 하는 가상적인 서울.
●**십이루**: 중국 곤륜산에서 선인이 산다는 열두 채의 높은 누각.
●**이화**: 배나무의 꽃.
●**흉중**: 마음속에 품고 있는 생각.
●**후신**: 죽어서 다시 태어난 몸.
●**유락하다**: 자기 고향이 아닌 고장에서 살다.
●**괴다**: 특별히 귀여워하고 사랑하다.

3. 풍자적 기법을 활용하여 교훈의 효과를 높이고 있다.

(14) 언어유희

> • **언어유희**: 동음이의어나 비슷한 발음의 단어 등을 이용하여 재미를 끌어내는 표현.

생원 쉬이. (가락과 춤 멈춘다) 이놈, 말뚝아.

말뚝이 예예. 아! 이 양반이 허리 꺾어 절반인지, 개다리소반인지, 꾸레미전에 백반인지, 말뚝이 꼴뚝아, 밭 가운데 최뚝아, 오뉴월에 밀뚝아, 잣대뚝에 메뚝아, 부러진 다리 절뚝아, 호도 엿장수 오는데 할애비 찾듯 왜 이리 찾소?

생원 네 이놈, 양반을 모시고 나왔으면 새처를 정하는 것이 아니고 어디로 이리 돌아다니느냐?

말뚝이 (채찍을 가지고 원을 그으며 한 바퀴 돌면서) 예에, 이마만큼 터를 잡고 참나무 울장을 드문드문 꽂고 깃을 푸근푸근히 두고 문을 하늘로 낸 새처를 잡아 놨습니다.

생원 이놈 뭐야!

– 작자 미상, 「봉산탈춤」 –

춘향이 저의 모친 음성 듣고 깜짝 놀라,

"어머니, 어찌 와 계시오? 몹쓸 딸자식을 생각하와 천방지방(天方地方) 다니다가 낙상(落傷)하기 쉽소. 이훌랑은 오실라 마옵소서."

"날랑은 염려 말고 정신을 차리어라. 왔다."

"오다니 누가 와요?"

"그저 왔다."

"갑갑하여 나 죽겠소! 일러 주오. 꿈 가운데 임을 만나 만단정회* 하였더니, 혹시 서방님께서 기별 왔소? 언제 오신단 소식 왔소? 벼슬 띠고 내려온단 노문(路文) 왔소? 애고, 답답하여라!"

"너의 서방인지 남방인지, 걸인 하나 내려왔다!"

"허허, 이게 웬 말인가? 서방님이 오시다니 몽중에 보던 임을 생시에 본단 말가?"

– 작자 미상, 「열녀춘향수절가」 –

• **만단정회**: 온갖 정과 마음속에 품은 생각.

「봉산탈춤」에서는 '절반', '소반', '백반', '말뚝', '꼴뚝', '최뚝', '밀뚝' 등 같은 음으로 끝나는 단어들을 열거하는 방식의 언어유희를 통해 양반을 희화화* 하고 있어. 그리고 「열녀춘향수절가」에서도 '서방인지 남방인지'와 같이 말을 엮어 나가는 방식을 통한 언어유희를 활용하고 있네.

• **희화화**: 어떤 인물의 외모나 성격, 또는 사건이 의도적으로 우스꽝스럽게 묘사되거나 풍자됨. 또는 그렇게 만듦.

1~4 다음을 읽고 선지의 적절성을 판단해 보세요.

고1 2021학년도 11월

[앞부분의 줄거리] 정소저는 양경의 계략으로 전쟁에 나가게 된 정원수를 그리워하며 힘든 나날을 보낸다. 이때 민가를 잠행하던 태자가 우연히 정소저를 보게 되고, 그녀의 아름다움과 기상에 반하여 그녀를 아내로 삼겠다고 결심한다.

　정소저 시비를 데리고 관음사로 행하거늘 태자 또한 여복(女服)으로 갈아 입고 시비를 데리고 이날 관음사로 찾아가니 모든 스님들이 합장하며
　"소저는 누구 집 행차이온지 알지 못하겠거니와 이런 누지(陋地)에 왕림하셨습니까?"
하니, 시비 답하기를
　"주상공 댁 소저인데 부친께서 임지˙로 가서서 안위를 위하여 발원코자˙ 왔나이다."
하니, 노승이 말하기를
　"정강로댁 소저도 부친의 안위를 위하여 왔거니와 소저와 같은 딱한 사연이 있나이다."
하니, 주소저 짐짓 탄식하며 말하기를
　"그 소저의 정도가 나와 같도다."
하며, 슬퍼하니 노승이 위로하기를
　"주소저와 정소저 다 같이 발원코자 왔다 하니 함께 발원함이 좋겠습니다."
하고, 정소저를 보고 주소저의 사연을 설명하고 서로 생면함˙을 간청하니 정소저 듣고 말하기를
　"세상에 또한 나와 같은 사람이 어디 있는가?"
하며,
　"나도 딱한 사정을 듣고 서로 보고 슬픈 마음을 위로하고자 합니다."
하였다. 노승이 반기며
　"주소저의 사연도 같으니 지성으로 발원하여 소원을 이루소서."
하고, 즉시 불전에 나아가 분향하고 주소저를 청하여 각각 시비를 데리고 좌정하였다. 잠시 후 주소저 눈을 들어 정소저를 살펴보니 탁월한 풍채와 늠름한 기상이 사람의 정신을 놀라게 하였다.
　주소저 이르기를
　"노승의 말씀을 들으니 낭자의 심정이 나와 같습니다. 부친이 전장에 가서 소식이 적조하옵기로 슬픈 마음을 이기지 못하여 불전에 발원하여 부친을 위로하고자 왔나이다."
하니, 정소저 탄식하며 말하기를
　"제 팔자가 기구하여 열 살 전에 모친을 이별하고 다만 부친만 바라고 지냈더니 항명(降命)˙이 지중하여 부친은 전장에 가시고 실로 몸이 의지할 곳이 없사와 불전에 지성으로 발원하와 부친께서 입성하여 쉬 돌아오시기를 바라고 있습니다."
하고, 서로 슬픈 정회를 위로하였다. 주소저 같이 앉으면 소저 옥수를 잡고 만난 정회를 설하는 듯하되 정소저 조금도 싫어하는 거동이 없었다.
　이러구러 황혼이 되어 욕탕에 목욕하고 불전에 나가 빌기를
　"분명 정낭자와 배필이 되게 하시려거든 이 금전이 방중에 내려오소서."
하며, 돈을 던지니 빈 공중에 솟았다가 방 가운데로 떨어졌다. 주소저가 신통히 여겨 또 금전을 잡고 축원하며 말하기를
　"황상께서 양경의 딸로 간택하였으니, 만일 양 씨를 퇴할˙ 수 거든 금전이 스스로 방 밖에 내려지게 하소서."

- **임지**: 임무를 받아 근무하는 곳.
- **발원하다**: 신이나 부처에게 소원을 빌다.
- **생면하다**: 처음으로 대하다.
- **퇴하다**: (사람이 무엇을) 거절하여 물리치다.

하고, 금전을 던지나 금전이 여러 번 돌다가 문 밖에 내려지는지라.

　주소저 신기하게 여기던 차 정소저 또한 다가와 금전을 던지며 축원하기를

　"부친께서 전장에 나가 성공하고 쉬이 돌아오시게 하거든 금전이 방중에 내려지소서."

하고, 금전을 던지니 이 금전이 방문 밖으로 내려가는지라. 또다시 축원하고 재배하여 독축하기를

　"이 몸이 비록 여자이오나 어릴 적부터 병서를 공부하였사오니 부친을 위로하려 전장에 나아가 선전(善戰)*하려 하시거든 금전이 방중에 내려지소서."

하고, 금전을 던지니 금전이 높이 올랐다가 방중에 내려오는지라.

　소저 한편 기뻐하며 독축하기를

　"이후로는 다시 험한 일이 없고 심중에 먹은 마음대로 되게 하시려거든 금전이 방중에 떨어지소서."

하고, 던지니 금전이 다시 방중에 떨어지는지라. 소저 일희일비하여 물러나오니 주소저 이르기를

　"동전 축사(祝辭)는 어떻게 되었습니까?"

　"길흉*이 상반되는 것 같소이다."

　주소저가 다시 위로하며

　"이는 다 팔자이오니 너무 실망하지 마옵소서."

하니, 정소저 말하길

　"우리 피차 함께 하였으니 대강 말씀을 통하게 되었거니와 저는 그렇다하더라도 조금 전에 말씀을 들어보니 부친께서는 만리 전장에 가시고 단 한 몸 의지할 곳이 막연하오니 가련하고 애연하지 아니하오리까?"

하며, 서로 위로하더니 한 노승이 마침 들어오시며 말하기를

　"정원수 전장에서 패했다는 소식이 왔으니 이 난국이 큰 근심이로다."

(중략)

　이때, 정원수 여러 달 적진 중에 있어 명이 경각에 있었더니 안남국 황제 항복했다는 소식을 듣고 마음이 즐거워 이르기를

　"이제 이 사람 고향에 돌아가 우리 황상을 뵈옵고 조상 향화를 받들고 정녕 그리던 자식을 보겠도다."

하는데, 밖에 한 장수 찾아와 원수를 기다리더라. 나와 보니 소년이 대하며 앞에 와 재배하고 뵙거늘 정원수 백수(白首) 풍진에 눈물을 흘리며 슬퍼하며 소년에게 이르기를

　"소장은 재주 용렬하여* 대공을 이루지 못하고 또한 황상을 생각하니 어찌 한심치 아니하며 생전에 고향 돌아가지 못하고 이 땅에 죽음을 면치 못하게 되었더니 천만으로 장군의 구조함을 입어 종명(終命)*을 보존하여 본국에 돌아가 부모와 자식을 상봉하게 하니 그 은혜를 어찌 만분의 일이나마 갚으리오."

하며, 양 볼에 흐르는 눈물을 그치지 못하거늘 소저 그 말씀을 듣고 일희일비하여 좌우를 물리치고 붙들고 대성통곡하며 말하기를

　"여식 정모는 부친의 위급함을 듣고 잠깐 남자 되어 적진을 진정시키고 그 간에 그리던 부친 일시도 그냥 있을 수 없어 불초하나마* 부친을 위하고자 하였사오니 부친은 안심하옵소서."

하고, 소저도 눈물을 금치 못함이 그지없으니 정원수 그 말을 듣고 대경 질색하여 한참 말을 못하다가 정신을 진정하여 다시 보니 비록 남자 의복으로 환역(換易)하였으나 얼굴이 분명한지라.

●**길흉**: 운이 좋고 나쁨.

●**용렬하다**: 사람이 변변하지 못하고 졸렬하다.

●**불초하다**: 못나고 어리석다.

•**항명**: 임금 혹은 윗사람에게 받은 명.
•**선전**: 있는 힘을 다하여 잘 싸움.
•**종명**: 남은 수명.

1. 언어유희를 사용하여 시대의 현실을 비판하고 있다.
2. 인물의 행동을 과장하여 해학적 분위기를 조성하고 있다.

고2 2018학년도 3월

노옹이 졸다가 말하기를,
"네 두 손으로 내 발바닥을 문지르라."
하여 생이 종일토록 노옹의 발바닥을 부비더니 노옹이 깨어나 말하기를,
"그대를 위하여 사방으로 찾아 다녔으나 보지 못하고 후토부인께 물으니 마고할미 데려다가
낙양 동촌에 가 산다하기로 거기 가보니 과연 숙향이 누상에서 수를 놓고 있거늘 보고 온
일을 표하기 위해 불떵이를 내리쳐 수놓은 봉의 날개 끝을 태우고 왔노라. 너는 그 할미를
찾아보고 숙향의 종적을 묻되 그 수의 불탄 데를 이르라."/ 하였다. 이랑이 말하기를,
"제가 처음에 가 찾으니 여차여차 이르기로 표진강가에까지 갔다가 이리 왔는데 낙양
동촌에 데리고 있으면서 이렇게 속일 수가 있습니까?"
하니 노옹이 웃으며 말하기를,
"마고선녀는 범인(凡人)*이 아니라 그대 정성을 시험함이니 다시 가 애걸하면 숙향을 보려
니와 만일 그대 부모가 숙향을 만난 것을 알면 숙향이 큰 화를 당하리라."
하고 이미 간 데 없었다. 그리하여 이랑은 집으로 돌아왔다.
선시(先時)*에 할미 이랑을 속여 보내고 안으로 들어와 낭자더러 말하기를,
"아까 그 소년을 보셨습니까? 이는 천상 태을이요, 인간 이선입니다."/ 하니 낭자가 물었다.
"태을인 줄 어찌 아셨습니까?"
할미가 말하기를,
"그 소년의 말을 들으니 '대성사 부처를 따라 요지(瑤池)에 가 반도(蟠桃)*를 받고 조적의
수(繡) 족자를 샀노라.' 하니 태을임이 분명합니다."
하니 낭자가 말하였다.
"세상 일이란 예측하기 어려운 것이니 옥지환(玉指環)*의 진주를 가진 사람을 살펴주십시오."
할미가 말하기를
"그 말이 옳습니다."/ 하였다.
하루는 낭자가 누상에서 수를 놓더니 문득 난데없는 불똥이 떨어져 수 놓은 봉의 날개 끝이
탔는지라 낭자가 놀라 할미에게 보이니 할미가 말하기를,
"이는 화덕진군의 조화니 자연 알 일이 있을 것입니다."
하였다.
이때 이랑이 목욕재계하고 황금(黃金) 일정(一正)을 가지고 할미 집을 찾아가니 할미가 맞이
하여 말하기를,
"저번에 취한 술이 엊그제야 깨어 해정(解醒)하려고 하던 차에 오늘 공자를 만나니 다행한
일입니다."

•**범인**: 평범한 사람.

하니 이랑이 말했다.

"할미 집의 술을 많이 먹고 술값을 갚지 못하였기로 금전 일정을 가져와 정을 표하노라."

할미가 말하기를,

"주시는 것은 받거니와 제 집이 비록 가난하나 술독 위에 주성(酒星)이 비치고 밑에는 주천(酒泉)이 있습니다. 가득찬 술동이의 임자는 따로 있는 법이라, 어찌 값을 의논하겠습니까? 다른 말씀은 마시고 무슨 일로 수천 리를 왕래하셨습니까?"

하니 이랑이 탄식하며 말했다.

"할미의 말을 곧이듣고 숙향을 찾으러 갔노라."

할미가 말하기를,

"낭군은 참으로 신의 있는 선비입니다. 그런 병인(病人)을 위하여 그렇게 수고하니 숙향이 알면 자못 감사할 것입니다."

하니 이랑이 말하였다.

"헛수고를 누가 알겠는가?"

할미가 거짓으로 놀라는 척하며 말했다.

"숙향이 이미 죽었습니까?"

이랑이 말하기를,

"노전에 가 노옹의 말을 들으니 낙양 동촌 술 파는 할미 집에 있다고 하니 할미집이 아니면 어디에 있겠는가? 사람을 속임이 너무 짓궂도다."

하니 할미 정색하여 말하기를,

"낭군의 말씀이 매우 허탄합니다. 화덕진군은 남천문 밖에 있고 마고선녀는 천태산에 있어 인간에 내려올 일이 없거늘 숙향을 데려 갔다는 말이 더욱 황당합니다."

하였다. 이랑이 말하기를,

"화덕진군이 말하기를, '숙향이 수놓는데 불똥을 나리쳐 봉의 날개를 태웠으니 후일 징간(徵看)하라.' 하였으니 그 노옹이 어찌 나를 속이겠는가?"

라고, 물으니 할미가 말했다.

"진실로 그러하다면 낭군의 정성이 지극합니다."

이랑이 말하기를,

"방장(方丈), 봉래(蓬萊)를 다 돌아서도 못 찾으면 이선이 또한 죽으리로다."

하고 술도 아니 먹고 일어나거늘 할미 웃으며 말하기를,

"숙녀(淑女)를 취하여 동락(同樂)할 것이지 구태여 그런 병든 걸인을 괴로이 찾습니까?"

하니 이랑이 말하기를,

"어진 배필이 없음이 아니라 이미 전생 일을 알고서야 어찌 숙향을 생각지 않겠느냐? 내 찾지 못하면 맹세코 세상에 머물지 아니하리라."

하였다. 할미가 또 말하기를,

"제가 아무쪼록 찾아 기별할* 것이니 과히 염려하지 마십시오."

하니 이랑이 말하기를,

"나의 목숨이 할미에게 달렸으니 가련하게 여김을 바라노라."

하고 할미를 이별하고 집에 돌아와 밤낮으로 고대하더니 삼일 후에 할미가 나귀를 타고 오거늘 기쁘게 맞이하여 서당(書堂)에 앉히고 물었다.

"할미는 어찌 오늘에야 찾아 왔는가?"/ 할미가 말했다.

"낭군을 위하여 숙낭자를 찾으러 다니니 숙향이란 이름이 세 곳에 있으되 하나는 태후 여감의 딸이요, 하나는 시랑 황전의 딸이요, 하나는 부모 없이 빌어먹는 아이였습니다. 세

•**기별하다:** 다른 곳에 있는 사람에게 소식을 전하다.

곳에 기별한 즉 둘은 응답하나 걸인은 허락하지 아니하고 말하기를, '내 배필은 진주 가져간 사람이니 진주를 보아야 허락하리라' 하더이다."

이랑이 대희하여 말하기를,

"필시 요지에 갔을 적에 반도를 주던 선녀로다. 수고스럽지만 이 진주를 갔다가 보이라."

하고 술과 안주를 내어 관대하니 할미 응락하고 돌아가 낭자더러 이생의 말을 이르고 진주를 내어 주거늘 낭자가 보고 '맞습니다.' 하니 할미는 웃고, 즉시 이랑에게 가 말했다.

– 작자 미상, 「숙향전」 –

- **선시:** 이전의 어느 날.
- **반도:** 삼천 년마다 한 번씩 열매가 열린다는 선경에 있는 복숭아.
- **옥지환:** 옥으로 만든 가락지.

3. 언어유희를 사용하여 인물의 상황을 해학적으로 드러내고 있다.　　　

천지간에 어느 일이 남들에겐 서러운가
아마도 서러운 건 임 그리워 서럽도다
양대(陽臺)에 구름비는 내린 지 몇 해인가
반쪽 거울 녹이 슬어 티끌 속에 묻혀 있다
청조(靑鳥)도 아니 오고 백안(白鴈)도 그쳤으니
소식도 못 듣거늘 임의 모습 보겠는가
화조월석(花朝月夕)에 울며 그리워할 뿐이로다
그리워해도 못 보기에 그리워하지도 말리라 여겨
나도 장부(丈夫)로서 모진 마음 지어 내어
이제나 잊자 한들 눈에 절로 밟히거늘 설워 아니 그리워할쏘냐
그리워해도 못 보니 하루가 삼 년 같도다
원수(怨讐)가 원수 아니라 못 잊는 게 원수로다
사택망처(徙宅忘妻)는 그 어떤 사람인고
그 있는 곳 알고자 진초(秦楚)엔들 아니 가랴
무심하고 쉽게 잊기 배워나 보고 싶구나
어리석은 분수에 무슨 재주가 있을까마는
임 향한 총명이야 사광(師曠)인들 미칠쏘냐
총명도 병이 되어 날이 갈수록 짙어 가니
먹던 밥 덜 먹히고 자던 잠 덜 자인다
수적한 얼굴이 시름 겨워 검어 가니
취한 듯 흐릿한 듯 청심원 소합환 먹어도 효험 없다
고황(膏肓)에 든 병을 편작(扁鵲)인들 고칠쏘냐
목숨이 중한지라 못 죽고 살고 있노라
처음 인연 맺을 적에 이리되자 맺었던가
비익조(比翼鳥) 부부 되어 연리지(連理枝) 수풀 아래
나무 얽어 집을 짓고 나무 열매 먹을망정

- **백안:** 흰 기러기.
- **화조월석:** 꽃 피는 아침과 달 밝은 밤이라는 뜻으로, 경치가 좋은 시절을 이르는 말.
- **사택망처:** '집을 옮기며 아내를 잊어버린다.'라는 뜻으로 정신이 나간 사람처럼 소중한 것을 잊어버린다는 말.
- **편작:** 중국 전국 시대에 병을 잘 고쳐 이름난 의사(명의).
- **연리지:** 한 나무와 다른 나무의 가지가 서로 붙어서 나뭇결이 하나로 이어진 것으로, 남녀 간의 사랑을 비유적으로 이르는 말.

이승 동안은 하루도 이별 세상 안 보기를 원했건만
동과 서에 따로 살며 그리워하다 다 늙었다
예로부터 이른 말이 견우직녀를
천상(天上)의 인간 중에 불쌍하다 하건마는
그래도 저희는 한 해에 한 번을 해마다 보건마는
애달프구나 우리는 몇 은하가 가려서 이토록 못 보는고

– 박인로, 「상사곡(相思曲)」 –

• **진초**: 진나라, 초나라 지역. 매우 먼 곳을 말함.
• **총명**: 듣거나 본 것을 오래 기억하는 힘이 있음.

4. 언어유희를 통해, 이별의 현실을 수용하는 담담한 태도를 드러내고 있다.

4 시상 전개와 구성 방법

(1) 시상, 시상의 전환

STEP 1 개념 이해하기

> • **시상:** 시에 나타난 생각이나 정서. 시인이 전달하고자 하는 생각.
> • **시상의 전환:** 시에 나타난 정서나 시적 대상이 이전과는 달리 바뀌는 것. 시적 대상이 여럿이고 시상이 전개되면서 계속해서 그 대상이 바뀌는 경우에는 시상의 전환으로 보기 어려우며, 이전 까지 일정한 흐름이 유지되다가 결정적인 순간에 정서나 시적 대상이 바뀐 경우를 시상의 전환 으로 볼 수 있음.

시상이란 시에 나타난 생각이나 정서를 말해. 쉽게 말하면 시인이 전달하고자 하는 생각, 즉 시의 내용은 모두 시상이라고 할 수 있어. 따라서 시상의 전환은 시에 나타난 정서나 생각이 이전과는 다른 것으로 바뀌는 것을 의미해.

영화가 시작하기 전에 우리는
일제히 일어나 애국가를 경청한다
삼천리 화려 강산의
을숙도에서 일정한 군(群)을 이루며
갈대 숲을 이룩하는 흰 새 떼들이
자기들끼리 끼룩거리면서
자기들끼리 낄낄대면서
일렬 이열 삼렬 횡대로 자기들의 세상을
이 세상에서 떼어 메고
이 세상 밖 어디론가 날아간다
우리도 우리들끼리
낄낄대면서
깔쭉대면서
우리의 대열을 이루며
한세상 떼어 메고
이 세상 밖 어디론가 날아갔으면
하는데 대한 사람 대한으로
길이 보전하세로
각각 자기 자리에 앉는다
주저앉는다

— 황지우, 「새들도 세상을 뜨는구나」 —

화자는 '세상 밖 어디론가 날아'가는 '흰 새 떼들'을 보며 자신도 '날아갔으면' 하고 생각하지만 '대한 사람 대한으로 / 길이 보전하세로' 애국가가 끝나는 것과 함께 그대로 '자리에 앉'고 말아. 자유로운 세상에 대한 소망에서 좌절로 시적 정서, 즉 시상이 변한 거지. '하는데'를 기점으로 이와 같은 변화가 나타나니까 여기에서 시상의 전환이 일어난다고 할 수 있어.

> 님은 갔습니다. 아아, 사랑하는 나의 님은 갔습니다.
> 푸른 산빛을 깨치고 단풍나무 숲을 향하여 난 작은 길을 걸어서, 차마 떨치고 갔습니다.
> 황금의 꽃같이 굳고 빛나던 옛 맹서는 차디찬 티끌이 되어서 한숨의 미풍에 날아갔습니다.
> 날카로운 첫 키스의 추억은 나의 운명의 지침을 돌려놓고, 뒷걸음쳐서 사라졌습니다.
> 나는 향기로운 님의 말소리에 귀먹고, 꽃다운 님의 얼굴에 눈멀었습니다.
> 사랑도 사람의 일이라, 만날 때에 미리 떠날 것을 염려하고 경계하지 아니한 것은 아니지만, 이별은 뜻밖의 일이 되고, 놀란 가슴은 새로운 슬픔에 터집니다.
> <u>그러나 이별을 쓸데없는 눈물의 원천을 만들고 마는 것은 스스로 사랑을 깨치는 것인 줄 아는 까닭에, 걷잡을 수 없는 슬픔의 힘을 옮겨서 새 희망의 정수박이에 들어부었습니다.</u>
> 우리는 만날 때에 떠날 것을 염려하는 것과 같이, 떠날 때에 다시 만날 것을 믿습니다.
> 아아, 님은 갔지마는 나는 님을 보내지 아니하였습니다.
> 제 곡조를 못 이기는 사랑의 노래는 님의 침묵을 휩싸고 돕니다.
>
> – 한용운, 「님의 침묵」 –

「님의 침묵」에서 시상의 전환이 나타난 부분을 찾아보자. 1~4행에서는 사랑하는 '나의 님'이 갔다고 하면서 임과의 이별과 임의 부재를 말하고 있어. 그리고 5행은 임의 절대적인 아름다움을, 6행은 임이 떠남으로써 화자가 느끼게 된 슬픔을 보여 주고 있지. 그러니 1~6행까지는 사랑하는 임과의 이별로 인한 화자의 슬픔과 괴로움을 표현했다고 할 수 있어. 그런데 7행에서 '그러나'라는 접속어와 함께 화자는 슬픔을 희망으로 바꾸고 새로운 삶의 의지를 불태우게 되는데, 이때 시상의 전환이 나타났다고 볼 수 있지.

STEP ② 문제로 확인하기

해설 P.024

1~3 다음을 읽고 선지의 적절성을 판단해 보세요.

고1 2013학년도 3월

> 구름 빛이 좋다* 하나 검기를 자로* 한다.
> 바람 소리 맑다 하나 그칠 적이 하노매라.*
> 좋고도 그칠 뉘 없기는 물뿐인가 하노라. 〈제2수〉
>
> 꽃은 무슨 일로 피면서 쉬이 지고
> 풀은 어이 하여 푸르는 듯 누르나니
> 아마도 변치 아닐손 바위뿐인가 하노라. 〈제3수〉
>
> 더우면 꽃 피고 추우면 잎 지거늘
> 솔아 너는 어찌 눈서리를 모르느냐.
> 구천(九泉)의 뿌리 곧은 줄을 글로* 하여 아노라. 〈제4수〉

나무도 아닌 것이 풀도 아닌 것이
곧기는 뉘 시기며* 속은 어이 비었느냐.
저렇게 사시에 푸르니 그를 좋아하노라.　　　　　　　〈제5수〉

작은 것이 높이 떠서 만물을 다 비추니
밤중에 광명(光明)이 너만한 이 또 있느냐.
보고도 말 아니 하니 내 벗인가 하노라.　　　　　　　〈제6수〉

　　　　　　　　　　　　　　　　　　　－ 윤선도, 「오우가(五友歌)」 －

- 좋다: '깨끗하다'의 옛말.
- 자로: 자주.
- 하노매라: 많구나.
- 글로: 그것으로.
- 시기며: 시켰으며.

1. 어조의 변화를 통해 시상을 전환하고 있다.　　　　　　

교2 2018학년도 6월

흐르는 것이 물뿐이랴
우리가 저와 같아서
강변에 나가 삽을 씻으며
거기 슬픔도 퍼다 버린다
일이 끝나 저물어
스스로 깊어 가는 강을 보며
쭈그려 앉아 담배나 피우고
나는 돌아갈 뿐이다
삽자루에 맡긴 한 생애가
이렇게 저물고, 저물어서
샛강 바닥 썩은 물에
달이 뜨는구나
우리가 저와 같아서
흐르는 물에 삽을 씻고
먹을 것 없는 사람들의 마을로
다시 어두워 돌아가야 한다

　　　　　　　　　　　　　　　　　　　－ 정희성, 「저문 강에 삽을 씻고」 －

2. 접속어로 시상을 전환하여 시적 의미를 확대한다.

노래는 심장에, 이야기는 뇌수에 박힌다

처용이 밤늦게 돌아와, 노래로써

아내를 범한 귀신을 꿇어 엎드리게 했다지만

막상 목청을 떼어 내고 남은 가사는

베개에 떨어뜨린 머리카락 하나 건드리지 못한다

하지만 처용의 이야기는 살아남아

새로운 노래와 풍속을 짓고 유전해 가리라

정간보가 오선지로 바뀌고

이제 아무도 시집에 악보를 그리지 않는다

노래하고 싶은 시인은 말 속에

은밀히 심장의 박동을 골라 넣는다

그러나 내 격정의 상처는 노래에 쉬이 덧나

다스리는 처방은 이야기일 뿐

이야기로 하필 **시**를 쓰며

뇌수와 심장이 가장 긴밀히 결합되길 바란다.

                – 최두석, 「노래와 이야기」 –

3. '그러나'라는 시상 전환 표지를 활용하여 '노래'만으로는 화자가 바라는 '시' 창작이 어렵다는 점을 부각하고 있다. ◎ ⊗

⑵ 수미상관, 선경후정

> • **수미상관:** 시의 처음과 끝에 같거나 비슷한 시구를 배치하는 방법.
> • **선경후정:** 시의 앞부분에 경치나 사물을 묘사하고 뒷부분에 화자의 정서를 표현하는 방법.

차단 — 한 등불이 하나 비인 하늘에 걸려 있다.
내 호올로 어딜 가라는 슬픈 신호냐.

긴 — 여름해 황망히 나래를 접고
늘어선 고층(高層) 창백한 묘석(墓石)같이 황혼에 젖어
찬란한 야경 무성한 잡초인 양 헝클어진 채
사념(思念) 벙어리 되어 입을 다물다.

피부의 바깥에 스미는 어둠
낯설은 거리의 아우성 소리
까닭도 없이 눈물겹고나

공허한 군중의 행렬에 섞이어
내 어디서 그리 무거운 비애를 지니고 왔기에
길 — 게 늘인 그림자 이다지 어두워

내 어디로 어떻게 가라는 슬픈 신호기
차단 — 한 등불이 하나 비인 하늘에 걸리어 있다.

- 김광균, 「와사등」-

「와사등」의 첫 연과 마지막 연에는 유사한 시구가 배치되었어. 이처럼 시의 처음과 끝에 비슷하거나 같은 시구가 오면 수미상관 혹은 수미상응의 시상 전개가 나타난다고 해. 수미상관이 나타나면 반복을 통해 시적 의미가 강조되고 운율 형성에 기여하는 것은 물론, 구조적으로 안정감을 갖게 되지.

새로 거른 막걸리 젖빛처럼 뿌옇고
큰 사발에 보리밥, 높기가 한 자로세
밥 먹자 도리깨 잡고 마당에 나서니
검게 탄 두 어깨 햇볕 받아 번쩍이네
옹헤야 소리 내며 발맞추어 두드리니 　[선경]
삽시간에 보리 낟알 온 마당에 가득하네
주고받는 노랫가락 점점 높아지는데
보이느니 지붕 위에 보리 티끌뿐이로다

그 기색 살펴보니 즐겁기 짝이 없어
마음이 몸의 노예 되지 않았네
낙원이 먼 곳에 있는 게 아닌데
무엇하러 벼슬길에 헤매고 있으리요

[후정]

– 정약용, 「보리타작[打麥行]」 –

　선경후정은 원래 한시의 구성 방식이니 한시인 「보리타작」을 살펴보자. 화자는 먼저 농민들이
'막걸리'와 '보리밥'을 먹은 뒤 '옹혜야' 노래를 부르며 '보리'를 타작하는 모습을 묘사하고 있어.
그리고 이러한 '기색'이 '즐겁기 짝이 없'다고 생각하며 '벼슬길에 헤매고 있'던 자신의 삶을 반성하고
있지. 이처럼 앞에서는 경치나 사물에 대해 언급한 다음 뒤에서 이에 대한 화자의 정서를 표출하는
방법이 선경후정인데, 이는 한시분만 아니라 고전시가, 현대시 등에서도 활용되고 있어.

해설 P.025

STEP ❷ 문제로 확인하기

1~3 다음을 읽고 선지의 적절성을 판단해 보세요.

고1 2020학년도 11월

ᄆ올 사룸들하 올혼 일 ᄒᆞ쟈ᄉᆞ라
사룸이 되여 나셔 올티곳 못ᄒᆞ면
ᄆᆞ쇼를 갓 곳갈 싀워 밥 머기나 다루랴

〈제8수〉

풀목 쥐시거든 두 손으로 바티리라
나갈 데 겨시거든 막대 들고 조츠리라
향음쥬 다 파훈 후에 뫼셔 가려 ᄒᆞ노라

〈제9수〉

오놀도 다 새거다 호믜 메고 가쟈ᄉᆞ라
내 논 다 매여든 네 논 졈 매여 주마
올 길에 뽕 따다가 누에 먹겨 보쟈ᄉᆞ라

〈제13수〉

– 정철, 「훈민가」 –

1. 선경후정 방식을 활용하여 시상을 전개하고 있다.

(가)

거울속에는소리가없소
저렇게까지조용한세상은참없을것이오

거울속에도내게귀가있소
내말을못알아듣는딱한귀가두개나있소

거울속의나는왼손잡이오
내악수(握手)를받을줄모르는-악수(握手)를모르는왼손잡이오

거울때문에나는거울속의나를만져보지를못하는구료마는
거울이아니었던들내가어찌거울속의나를만나보기만이라도했겠소

나는지금(至今)거울을안가졌소마는거울속에는늘거울속의내가있소
잘은모르지만외로된사업(事業)에골몰할게요

거울속의나는참나와는반대(反對)요마는
또꽤닮았소
나는거울속의나를근심하고진찰(診察)할수없으니퍽섭섭하오

– 이상, 「거울」 –

(나)

누가 내 속에 가시나무를 심어놓았다
그 위를 말벌이 날아다닌다
몸 어딘가, 쏘인 듯 아프다
생(生)이 벌겋게 부어오른다 잉잉거린다
이건 지독한 노역(勞役)˚이다
나는 놀라서 멈칫거린다
지상에서 생긴 일을 나는 많이 몰랐다
모르다니! 이젠 가시밭길이 끔찍해졌다
이 길, 지나가면 다시는 안 돌아오리라
돌아가지 않으리라
가시나무에 기대 다짐하는 나여
이게 오늘 나의 희망이니
가시나무는 얼마나 많은 가시를
감추고 있어서 가시나무인가
나는 또 얼마나 많은 나를
감추고 있어서 나인가
가시나무는 가시가 있고
나에게는 가시나무가 있다

– 천양희, 「가시나무」 –

• **노역**: 괴롭고 힘든 노동.

2. (나)는 (가)와 달리 수미상관 방식을 통해 구조적 안정감을 드러내고 있다.

고3 2021학년도 6월

금강대 맨 우층의 선학(仙鶴)이 삿기 치니
춘풍 옥적성(玉笛聲)의 첫잠을 깨돗던디
호의현상˙이 반공(半空)의 소소 뜨니
서호 녯 주인˙을 반겨셔 넘노는 듯
소향로 대향로 눈 아래 구버보고
정양사 진헐대 고텨 올나 안즌마리
여산 진면목이 여긔야 다 뵈는구나
어와 조화옹이 헌사토 헌사할샤
날거든 뛰디 마나 섯거든 솟디 마나
부용(芙蓉)을 고잣는 듯 백옥(白玉)을 믓것는 듯
동명(東溟)˙을 박차는 듯 북극(北極)을 괴왓는 듯
놉흘시고 망고대 외로올샤 혈망봉이
하늘의 추미러 므스 일을 사로려
천만겁(千萬劫)˙ 디나도록 구필 줄 모르느냐
어와 너여이고 너 가트니 또 잇는가
개심대 고텨 올나 중향성 바라보며
만이천봉을 녁녁(歷歷)히 혀여 하니
봉마다 맷쳐 잇고 긋마다 서린 긔운
맑거든 조티 마나 조커든 맑디 마나
뎌 긔운 흐터 내야 인걸을 만들고쟈
형용도 그지업고 톄세(體勢)도 하도 할샤
천지 삼기실 제 자연이 되연마는
이제 와 보게 되니 유정(有情)도 유정할샤

– 정철, 「관동별곡」 –

• **호의현상**: 흰 저고리에 검은 치마란 뜻으로 학을 가리킴.
• **서호 녯 주인**: 송나라 때 서호에서 학을 자식으로 여기며 살았던 은사(隱士) 임포.
• **동명**: 동해 바다.

• **천만겁**: 아주 길고 오랜 세월.

3. '개심대'에서는 선경후정의 방식으로 화자가 바라본 풍경과 그에 대한 감흥이 서술되고 있다.

(3) 원경, 근경

STEP **1** 개념 이해하기

- **원경:** 멀리 보이는 경치. 또는 먼 데서 보는 경치.
- **근경:** 가까이 보이는 경치. 또는 가까운 데서 보는 경치.

어떤 사물들은 근경, 혹은 원경으로만 볼 수 있는 것도 있어. 예를 들어 하늘, 구름, 별, 해 등은 원경으로, 꽃, 풀, 돌멩이 등은 일반적으로 근경으로 볼 수 있지. 그러나 원경인지 근경인지에 대한 판단은 언제나 작품 내용을 기반으로 해서 이루어져야 정확하겠지?

저 청청한 하늘
저 흰 구름 저 눈부신 산맥
왜 날 울리나
날으는 새여
묶인 이 가슴

밤새워 물어뜯어도
닿지 않는 밑바닥 마지막 살의 그리움이여
피만이 흐르네
더운 여름날의 썩은 피

땅을 기는 육신이 너를 우러러
낮이면 낮 그여 한번은
울 줄 아는 이 서러운 눈도 아예
시뻘건 몸뚱어리 몸부림 함께
함께 답새라
아 끝없이 새하얀 사슬 소리여 새여
죽어 너 되는 날의 길고 아득함이여

낮이 밝을수록 침침해가는
넋 속의 저 짧은
여위어가는 저 짧은 볕발을 스쳐
떠나가는 새

청청한 하늘 끝
푸르른 저 산맥 너머 떠나가는 새
왜 날 울리나
덧없는 가없는 저 눈부신 구름
아아 묶인 이 가슴

— 김지하, 「새」 —

'저 청청한 하늘', '저 흰 구름', '저 눈부신 산맥'이라는 시어를 통해 1연은 '하늘', '구름', '산'이 있는 원경을 포착하고 있음을 알 수 있어. 이는 작품의 내용을 통해서도 알 수 있지만, 말하는 이로부터 멀리 있는 대상을 가리키는 지시 관형사 '저'를 통해서도 판단해 볼 수 있어.

제비는 물을 차고, 기러기 무리져서 거지 중천(居之中天)에 높이 떠서 두 나래 훨씬 펴고, 펄펄펄 백운 간(白雲間)에 높이 떠서 천리 강산 머나먼 길을 어이 갈꼬 슬피 운다.

원산(遠山)은 첩첩(疊疊), 태산(泰山)은 주춤하여, 기암(奇巖)은 층층(層層), 장송(長松)은 낙락(落落), 에이 구부러져 광풍(狂風)에 흥을 겨워 우줄우줄 춤을 춘다.

층암 절벽상(層巖絕壁上)의 폭포수(瀑布水)는 콸콸, 수정렴(水晶簾) 드리운 듯, 이 골 물이 주루루룩, 저 골 물이 쌀쌀, 열에 열 골 물이 한데 합수(合水)하여 천방져 지방져 소쿠라지고 펑퍼져, 넌출지고 방울져, 저 건너 병풍석(屏風石)으로 으르렁 콸콸 흐르는 물결이 은옥(銀玉)같이 흩어지니, 소부 허유(巢父許由) 문답하던 기산 영수(箕山潁水)가 예 아니냐.

– 작자 미상, 「유산가(遊山歌)」 –

'기러기 무리져서 거지 중천에 높이 떠서', '백운 간에 높이 떠서', '원산은 첩첩' 등에서 화자가 원경을 바라보고 있음이 드러나. 그리고 이후 '열에 열 골 물이 한데 합수하여 천방져 지방져 소쿠라지고 펑퍼져, 넌출지고 방울져' 등에서 화자가 근경을 바라보고 있음을 알 수 있어. 즉 「유산가」에서는 화자의 시선이 원경에서 근경으로 옮아갔다고 할 수 있지.

STEP **2** 문제로 확인하기   해설 P.026

1~3 다음을 읽고 선지의 적절성을 판단해 보세요.

고1 2021학년도 3월

(가)

1
양철로 만든 달이 하나 수면 위에 떨어지고
부숴지는 얼음 소리가
날카로운 호적˙같이 옷소매에 스며든다.

해맑은 밤바람이 이마에 서리는
여울가 모래밭에 홀로 거닐면
노을에 빛나는 은모래같이
호수는 한포기 화려한 꽃밭이 되고

여윈 추억의 가지가지엔
조각난 빙설(氷雪)이 눈부신 빛을 하다.

2
낡은 고향의 허리띠같이
강물은 길―게 얼어붙고

•**호적**: 신호로 부는 피리.

차창에 서리는 황혼 저 멀—리
노을은
나 어린 향수(鄕愁)＊처럼 희미한 날개를 펴고 있었다.

3
앙상한 잡목림 사이로
한낮이 겨운 하늘이 투명한 기폭(旗幅)＊을 떨어뜨리고

푸른 옷을 입은 송아지가 한마리
조그만 그림자를 바람에 나부끼며
서글픈 얼굴을 하고 논둑 위에 서 있다.

－ 김광균, 「성호부근」 －

＊**향수:** 고향을 그리워하는 마음이나 시름.

＊**기폭:** 깃대에 달린 천이나 종이로 된 부분.

(나)
갈아놓은 논고랑에 고인 물을 본다.
마음이 행복해진다.
나뭇가지가 꾸부정하게 비치고
햇살이 번지고
날아가는 새 그림자가 잠기고
나의 얼굴이 들어 있다.
늘 홀로이던 내가
그들과 함께 있다.
누가 높지도 낮지도 않다.
모두가 아름답다.
그 안에 나는 거꾸로 서 있다.
거꾸로 서 있는 모습이
본래의 내 모습인 것처럼
아프지 않다.
산도 곁에 거꾸로 누워 있다.
늘 떨며 우왕좌왕하던 내가
저 세상에 건너가 서 있기나 한 듯
무심하고 아주 선명하다.

－ 이성선, 「논두렁에 서서」 －

1. (가)와 달리 (나)는 시선을 원경에서 근경으로 이동하면서 시상을 전개하고 있다.

이보소 저 각시님 설운 말씀 그만 하오

말씀을 들어하니 설운 줄을 다 모르겠네

인연인들 한가지며 이별인들 같을손가

광한전(廣寒殿)° 백옥경(白玉京)°의 님을 뫼셔 즐기더니

이별을 하였거니 재앙인들 없을손가

해 다 저문 날에 가는 줄 설워 마소

어떻다 이내 몸이 견줄 데 전혀 없네

광한전 어디메오 백옥경 내 알던가

원앙침(鴛鴦枕)° 비취금(翡翠衾)°에 뫼셔본 적 전혀 없네

내 얼굴 이 거동이 무얼로 님 사랑할고

길쌈°을 모르거니 가무(歌舞)°야 더 이를가

엇언지 님 향한 한 조각 이 마음을

하늘이 삼기시고 성현이 가르치셔

정확(鼎鑊)°이 앞에 있고 부월(斧鉞)°이 뒤에 있어

일백 번 죽고 죽어 뼈가 갈리 된 후라도

님 향한 이 마음이 변할손가

나도 일을 가져 남의 없는 것만 얻어

부용화 옷을 짓고 목란으로 꽃신 삼아

하늘께 맹세하여 님 섬기랴 원이려니

조물° 시기한가 귀신이 훼방 놓았는가

(중략)

님을 뫼셔 그러한 각시님 같았던들

설움이 이러하며 생각인들 이러할가

차생°이 이렇거든 후생°을 어이 알고

차라리 식어져 구름이나 되어 이셔

상광 오색(祥光五色)이 님 계신 데 덮었으면

그도 마다하면 바람이나 되어 이셔

한여름 청음(淸陰)°의 님 계신 데 불고지고

– 김춘택, 「별사미인곡(別思美人曲)」 –

• 광한전: 달에 있다는 전설의 궁전.
• 백옥경: 옥황상제가 사는 서울.
• 정확: 죄인을 삶아 죽이는 가마.
• 부월: 도끼.
• 청음: 시원한 그늘.

• 원앙침: 부부가 함께 베는 베개.
• 비취금: 비취색의 비단 이불이라는 뜻으로, 젊은 부부가 덮을 화려한 이불을 이르는 말.
• 길쌈: 실을 내어 옷감을 짜는 모든 일을 통틀어 이르는 말.
• 가무: 노래와 춤을 아울러 이르는 말.
• 조물: 우주의 만물을 만들고 다스리는 신.
• 차생: 지금 살고 있는 세상.
• 후생: 삼생의 하나. 죽은 뒤의 생애를 이른다.

2. 근경에서 원경으로 시선을 이동하며 시적 배경을 제시하고 있다.

해ㅅ살 피여
이윽한* 후,

머흘 머흘
골을 옮기는 구름.

길경(桔梗)* 꽃봉오리
흔들려 씻기우고.

차돌부리
촉 촉 죽순(竹筍) 돋듯.

물 소리에
이가 시리다.

앉음새 갈히여
양지 쪽에 쪼그리고,

서러운 새 되어
흰 밥알을 쫏다.

– 정지용, 「조찬(朝餐)」 –

• **이윽한:** 시간이 지난.
• **길경:** 도라지.

3. 제2연에서 제3연으로 전개되면서 화자의 시선이 원경에서 근경으로 이동하고 있다.

(4) 갈등의 심화와 해소

- **갈등:** 인물 사이에 혹은 한 인물의 내면에서 일어나는 대립과 충돌, 모순.
- **갈등의 심화:** 갈등의 정도와 깊이가 점점 심해지는 상태.
- **갈등의 해소:** 갈등을 일으키던 요인이 해결된 상태. 꼭 행복한 결말이어야 하는 것은 아니며 어느 한쪽의 승리 혹은 비극적인 결말 또한 갈등의 해소라 할 수 있음.

[앞부분의 줄거리] 장마가 계속되고 있었다. 전쟁 통에 우리 집에 피난 와 있던 외할머니는 국군인 외삼촌이 전사하였다는 통지를 받는다. 외할머니는 건지산에 있는 빨치산들에게 저주의 말을 퍼붓는다. 친할머니는 노발대발한다. 삼촌이 빨치산이기 때문이었다. 어느 날, 어떤 사람의 꼬임에 빠진 나는 삼촌이 집에 다녀간 사실을 말하게 되고, 아버지는 큰 고초°를 치른다. 이로 인해 나는 친할머니의 분노를 사 큰방 출입이 금지된다. 친할머니는 점쟁이의 말에 따라 삼촌이 돌아올 날을 기다리며 잔치 준비를 한다. 그러나 그날이 되어도 삼촌은 오지 않는다. 그때 난데없이 구렁이가 집 안으로 들어온다. 친할머니는 졸도를 한다. 구렁이를 삼촌의 현신(現身)으로 생각한 것이다. 이때 외할머니는 친할머니의 머리카락을 태우면서 구렁이에게 다가가 말을 하기 시작한다.

"쉬이! 쉬어이!" / 외할머니의 쉰 목청을 뒤로 받으며 그것은 우물 곁을 거쳐 넓은 뒤란을 어느덧 완전히 통과했다. 다음은 숲이 우거진 대밭이었다.

"고맙네, 이 사람! 집안일은 죄다 성님한티 맡기고 자네 혼자 몸뗑이나 지발 성혀서 먼 걸음 펜안히 가소. 뒷일은 아모 염려 말고 그저 펜안히 가소. 증말 고맙네, 이 사람아."

장마철에 무성히 돋아난 죽순과 대나무 사이로 모습을 완전히 감추기까지 외할머니는 우물 곁에 서서 마지막 당부의 말로 구렁이를 배웅하고 있었다.

이웃 마을 용상리까지 가서 진구네 아버지가 의원을 모시고 왔다. 졸도한 지 서너 시간 만에야 겨우 할머니는 의식을 회복할 수 있었다. 그 서너 시간이 무의식의 세계에서는 서너 달에 해당되는 먼 여행이었던 듯 할머니는 방 안을 휘이 둘러보면서 정말 오래간만에 집에 돌아온 사람 같은 표정을 지었다.

"갔냐?" / 이것이 맑은 정신을 되찾고 나서 맨 처음 할머니가 꺼낸 말이었다. 고모가 말뜻을 재빨리 알아듣고 고개를 끄덕였다. 인제는 안심했다는 듯이 할머니는 눈을 지그시 내리깔았다. 할머니가 까무러친 후에 일어났던 일들을 고모가 조용히 설명해 주었다. 외할머니가 사람들을 내쫓고 감나무 밑에 가서 타이른 이야기, 할머니의 머리카락을 태워 감나무에서 내려오게 한 이야기, 대밭 속으로 사라질 때까지 시종일관 행동을 같이하면서 바래다 준 이야기……. 간혹 가다 한 대목씩 빠지거나 약간 모자란다 싶은 이야기는 어머니가 옆에서 상세히 설명을 보충해 놓았다. 할머니는 소리 없이 울고 있었다. 두 눈에서 하염없이 솟는 눈물 방울이 홀쭉한 볼고랑을 타고 베갯잇으로 줄줄 흘러내렸다. 이야기를 다 듣고 나서 할머니는 사돈을 큰방으로 모셔 오도록 아버지한테 분부했다. 사랑채에서 쉬고 있던 외할머니가 아버지 뒤를 따라 큰방으로 건너왔다. 외할머니로서는 벌써 오래 전에 할머니하고 한바탕 단단히 벌인 이후로 처음 있는 큰방 출입이었다.

"고맙소."

정기가 꺼진 우묵한 눈을 치켜 간신히 외할머니를 올려다보면서 할머니는 목이 꽉 메었다.

"사분도 별시런 말씀을 다……." / 외할머니도 말끝을 마무르지 못했다.

"야한티서 이얘기는 다 들었소. 내가 당혀야 헐 일을 사분이 대신 맡았구려. 그 험헌 일을 다 치르노라고 얼매나 수고시렀으꼬."

"인자는 다 지나간 일이닝게 그런 말씀 고만두시고 어서어서 묌이나 잘 추시리기라우."

• **고초**: 괴로움과 어려움을 아울러 이르는 말. =고난.

"고맙소. 참말로 고맙구랴." / 할머니가 손을 내밀었다. 외할머니가 그 손을 잡았다. 손을 맞잡은 채 두 할머니는 한동안 말을 잇지 못했다.

– 윤흥길, 「장마」 –

갈등은 등장인물의 마음 속에서 일어날 수도 있고, 등장인물끼리, 혹은 등장인물과 사회나 운명 사이에서 발생할 수도 있어. 이때 한 인물의 내면에서 일어나는 심리적 갈등을 내적 갈등이라고 한다면, 인물과 인물, 인물과 사회, 운명, 환경 간의 갈등은 외적 갈등이라고 해. 갈등이 심화되고 해소되는 과정에서 주제가 드러나기 때문에 소설에서 갈등 관계를 파악하는 것은 중요해. 그럼 실제 작품에서 갈등의 전개 양상을 확인해볼까?

「장마」에서는 '친할머니'와 '외할머니' 간의 갈등과 그 해소 과정이 나타나고 있어. 전쟁이 벌어지던 당시 '삼촌'은 '빨치산(공산군)'이고, '외삼촌'은 '국군'이었기 때문에 '친할머니'와 '외할머니' 사이에도 불편한 관계가 형성될 수밖에 없었을 거야. 그러다 '외삼촌이 전사하였다는 통지'로 인해 '외할머니'는 '빨치산들에게 저주의 말을 퍼붓'고, 이를 들은 '친할머니는 노발대발'하며 갈등이 고조되지. 그런데 '점쟁이'가 '삼촌'이 돌아온다고 한 날 구렁이가 출현하자 '친할머니'는 '삼촌'이 전사했음을 직감하고 '졸도'하게 돼. '외할머니'는 '삼촌'이 죽어 구렁이가 된 것이라 생각하여 '친할머니' 대신 구렁이를 배웅하여 돌려 보내고 이 일을 계기로 두 사람은 자식을 잃은 아픔과 슬픔을 공유하지. 이 과정에서 '친할머니'와 '외할머니' 사이의 갈등이 해소되며 둘은 화해에 이르지.

STEP **2** 문제로 확인하기   해설 P.028

1~3 다음을 읽고 선지의 적절성을 판단해 보세요.

고1 2021학년도 9월

나는 남편의 유품을 정리하면서 어쩌면 이렇게 단 한 가지도 값나가는 게 없을까 놀라고 민망해 한 적이 있다. 그럼에도 불구하고 자식들을 비롯해서 가깝게 지내던 조카들은 그가 쓰던 걸 뭐든지 한 가지씩이라도 얻어 갖길 원했다. 다들 그렇게 아쉬운 처지가 아닌데도 그런다는 건 그 뜻이 소유나 쓸모에 있지 않고 아끼고 간직하려는 데 있으려니 싶어 나는 목이 메게 감격을 했다. 크게 성공하거나 성취한 건 없어도 생전에 주위 사람들로부터 많이 사랑받았다는 증거 같아서 나는 기쁜 마음으로 그의 유품을 공평하게 나눴다. 그러나 모자는 다 내가 가졌다. 그건 누가 달라지도 않았지만 달라고 해도 안 주었을 것이다.

마지막 일 년은 참으로 아까운 시절이었다. 죽을 날을 정해놓은 사람과의 나날의 아까움을 무엇에 비길까. 애를 끊는 듯한 애달픔이었다.

(중략)

그런 옛일에 얽힌 농담이라면 얼마든지 재미나게도 그윽하게도 할 수 있었으련만 나는 고약한 성깔에 잔뜩 치받쳐 있었다. 여북해야* 그가 딱하다는 듯이 그러나 역시 농담으로 받았다.

"당신이야말로 왜 그래? 꼭 틈바구니에 낀 쥐 같잖아." / 그리고 피식 웃더니 탄식하듯 덧붙였다.

"생전 틈바구니에 끼여 봤어야지."

그의 목소리가 하도 연민에 차 있어서 나는 대꾸하지 못했다. 죽어 가는 사람으로부터의 연민은 감동적이었다. 울어버릴 것 같았다.

CT 촬영은 참으로 놀라운 첨단 과학이었다. 뇌를 가로세로 여러 장으로 슬라이스하듯이

• **여북하다**: 정도가 매우 심하거나 상황이 좋지 않다.

나누어 찍은 단면 사진은 내 눈으로도 고루 퍼진 암을 확인할 수 있을 만큼 선명했다. 뇌는 혈관의 회로가 달라서 항암제가 미치지 못한다고 했다. 그에게 남아 있는 유일한 치료법은 방사선을 뇌에다 쬐는 거였다. 방사선 치료란 죽는 연습이었다. 그 치료엔 아무도 입회하지* 못했다. 방사선과 의사까지도 그를 치료대에 혼자 고정시켜 놓고 나와서 밖에서 컴퓨터 화면을 보며 조종했다. 그 안에서 그는 어떤 기분으로 고립되어 있으며, 방사선이란 어떻게 생긴 빛일까?

– 박완서, 「여덟 개의 모자로 남은 당신」 –

●**입회하다:** 어떠한 사실이 발생하거나 존재하는 현장에 함께 참석하여 지켜 보다.

1. 동일한 공간에서 사건이 반복되며 갈등이 심화되고 있다.

축구 경기를 보급시키고 시합의 승리를 맛보게 함으로써 섬사람들에게 어느 정도 자신감을 갖게 한 조백헌 원장은 마침내 그의 본격적인 사업 계획을 드러내고 나섰다.

그러나 섬사람들의 반응은 아직도 그의 기대에는 훨씬 미치지 못했다. 조백헌 원장이 오랫동안 혼자 가슴속에 숨겨오면서 공을 들여오던 사업 계획을 실현해 내는 데는 아직도 뛰어넘어야 할 수많은 장벽들이 가로놓여 있었다. 무엇보다 그가 먼저 싸워 넘어서야 할 장벽은 5천여 소록도 주민 바로 그 사람들의 불신감이었다. 축구 시합 승리의 소식을 안겨다 줌으로써 어느 정도 활기를 되찾은 듯싶던 섬사람들은 원장의 새 사업 계획이 드러나자 다시 또 냉랭하게 굳어져 버린 것이다.

"여러분, 이제 여러분은 이 섬을 나가야 합니다. 여러분과 여러분의 후손을 위한 고향을 꾸미기엔 이 섬은 너무도 비좁습니다……"

구름처럼 섬을 뒤덮고 있던 연분홍 꽃무리가 소리 없이 자취를 감추고 난 어느 조용한 봄날 오후, 조백헌 원장은 각 마을 장로 일곱 명을 중앙리 공회당으로 불러 모아 놓고 모처럼 그의 사업 계획을 털어놓았다.

"물론 이 일은 지난날 이 섬에 있었던 어떤 다른 역사보다도 더 힘들고 긴 세월이 필요할 겁니다. 그리고 과거의 다른 어떤 역사에서보다 그 혜택이 멀고 아득한 곳에 있다고밖에 할 수 없는 일입니다. 우리가 마음속에 지니고 기도해 온 약속이 내일 당장 우리에게 이루어질 수는 없습니다. 여러분 자신은 아마 이 일을 여러분의 손으로 이룩해 내고 나서도 그 땅에서 얻은 것을 가지고 지금보다 더 배불리 먹게 될 수도 없을는지 모릅니다."

원장은 5만분의 1 지도를 벽에 걸어놓고 그가 계획하고 있는 간척 사업의 개요를 설명한 다음 장로들을 간곡히 설득하기 시작했다.

장로들 쪽에서는 반응이 없었다. 바다를 막아야 한다는 원장의 말이 떨어지면서 차갑게 굳어지기 시작한 장로들의 얼굴 표정은 계속되는 원장의 설득에도 불구하고 좀처럼 변화의 기미가 엿보이지 않았다.

원장은 맥이 풀렸다. 지난 1년 동안 그가 섬에서 이룩해 놓은 것들이 일시에 다시 허사가 되어버리고 있는 것 같았다. 그는 지난해 8월 이 섬으로 부임*해 왔을 때의 그 숨이 막힐 듯 깊고 거대한 침묵의 회중 앞에 땀을 뻘뻘 흘리고 서 있었던 바로 그날의 그 회중 앞에 다시 선 기분이었다. 하지만 그는 이제 물러설 수가 없었다.

– 이청준, 「당신들의 천국」 –

●**부임:** 임명이나 발령을 받아 근무할 곳으로 감.

2. 대화와 행동을 제시하여 인물 간의 갈등 양상을 실감 나게 보여 주고 있다.

[앞부분의 줄거리] 어린 시절의 친구 은자를 주인공으로 한 소설을 발표했던 '나'는 어느 날 오랫동안 소식을 몰랐던 은자로부터 연락을 받는다.

다음날 아침 어김없이 은자의 전화가 걸려 왔다. 토요일이었다. 이제 오늘 밤과 내일 밤뿐이었다. 은자도 그것을 강조하였다.

"설마 안 올 작정은 아니겠지? 고향 친구 한번 만나 보려니까 되게 힘드네. 야, 작가 선생이 밤무대 가수 신세인 옛 친구 만나려니까 체면이 안 서데? 그러지 마라. 네 보기엔 한심할지 몰라도 오늘의 미나 박이 되기까지 참 숱하게도 넘어지고 또 넘어지고 했으니까."

그렇게 말할 만도 하였다. 고상한 말만 골라서 신문에 내고 이렇게 해야 할 것 아니냐, 저렇게 되면 곤란하다, 라고 말하는 게 능사인 작가에게 밤무대 가수 친구가 웬 말이냐고 볼멘소리를 해 볼 만도 하였다. 나는 아무런 대꾸도 할 수 없었다. 박은자에서 미나 박이 되기까지 그 애는 수없이 넘어지고 또 넘어진 모양이었다. 누군들 그러지 않겠는가. 부천으로 옮겨 와 살게 되면서 나는 그런 삶들의 윤기 없는 목소리를 많이 듣고 있었다. 딱히 부천이어서가 아니라 내가 부천 사람이어서 그랬을 것이었다. 창가에 붙어 앉아 귀를 모으고 있으면 지금이라도 넘어져 상처 입은 원미동 사람들의 이야기를 들을 수 있었다. 넘어졌다가 다시 일어나고, 또 넘어지는 실패의 되풀이 속에서도 그들은 정상을 향해 열심히 고개를 넘고 있었다. 정상의 면적은 좁디 좁아서 아무나 디딜 수 있는 곳이 아니라는 엄연한 현실도 그들에게는 단지 속임수로밖에 납득되지 않았다. 설령 있는 힘을 다해 기어올랐다 하더라도 결국은 내리막길을 마주해야 한다는 사실 또한 수긍하지 않았다. 부딪치고, 아등바등 연명하며 기어나가는 삶의 주인들에게는 다른 이름의 진리는 아무런 소용도 없는 것이었다. 그들에게 있어 인생이란 탐구하고 사색하는 그 무엇이 아니라 몸으로 밀어 가며 안간힘으로 두들겨야 하는 굳건한 쇠문이었다. 혹은 멀리 보이는 높은 산봉우리였다.

(중략)

일 년에 한 번씩 타인의 낯선 얼굴을 확인하러 고향 동네에 가는 일은 쓸쓸함뿐이었다. 이제는 그 쓸쓸함조차도 내 것으로 남지 않게 될 것이었다. 누구라 해도 다시는 고향으로 돌아가지 못할 것이었다. 고향은 지나간 시간 속에 있을 뿐이니까. 누구는 동구* 밖의 느티나무로, 갯마을의 짠 냄새로, 동네를 끼고 흐르는 긴 강으로 고향을 확인하며 산다고 했다. 내게 남은 마지막 표지판은 은자인 셈이었다. 보이는 것들은, 큰오빠까지도 다 변하였지만 상상 속의 은자는 언제나 같은 모습이었다. 은자만 떠올리면 옛 기억들이, 내게 남은 고향의 모든 숨소리가 손에 잡힐 듯이 다가오곤 하였다. 허물어지지 않은 큰오빠의 모습도 그 속에 온전히 남아 있었다. 내가 새부천 클럽에 가서 은자를 만나 버리고 나면 그때부터는 어떤 표지판에 기대어 고향을 찾아갈 수 있을 것인지 정말 알 수 없었다.

— 양귀자, 「한계령」 —

*동구: 동네 어귀.

3. '나'는 '은자'의 전화로부터 심리적 위안을 얻으며 갈등을 해소하고 있다.

(5) 전기성, 초월적 인물

> • **전기성(傳奇性):** 비현실적이고 기이한 요소가 나타나는 것.
> • **초월적 인물:** 평범하고 인간적인 특성이나 한계를 뛰어넘는 인물.

한편 이생은 황폐한 들에 숨어서 목숨을 보전하다가 도적의 무리가 떠났다는 소식을 듣고 부모님이 살던 옛집을 찾아갔다. 그러나 집은 이미 병화(兵禍)*에 타 버리고 없었다. 다시 아내의 집에 가 보니 행랑채는 쓸쓸하고 집 안에는 쥐들이 우글거리고 새들만 지저귈 뿐이었다. 그는 슬픔을 이기지 못해, 작은 누각에 올라가서 눈물을 거두고 길게 한숨을 쉬며 날이 저물도록 앉아서 지난날의 즐겁던 일들을 생각해 보니, 완연히 한바탕 꿈만 같았다. 밤중이 거의 되자 희미한 달빛이 들보를 비춰 주는데, 낭하(廊下)에서 발자국 소리가 들려 왔다. 그 소리는 먼 데서 차차 가까이 다가온다. 살펴보니 사랑하는 아내가 거기 있었다. 이생은 그녀가 이미 이승에 없는 사람임을 알고 있었으나, 너무나 사랑하는 마음에 반가움이 앞서 의심도 하지 않고 말했다.

"부인은 어디로 피난하여 목숨을 보전하였소."

여인은 이생의 손을 잡고 한동안 통곡하더니 곧 사정을 애기했다.

― 김시습, 「이생규장전(李生窺墻傳)」 ―

• **병화:** 전쟁으로 말미암은 재앙과 화재.

'이생'이 죽은 아내를 만나 이야기를 나누고 있어. 죽은 사람과 이야기를 한다는 것은 실제로 존재할 수 없는 일이지. 이외에도 인물이 도술을 부려 둔갑을 하거나, 하늘의 인물이 지상에 내려오거나, 주인공이 용궁에 가는 등 비현실적이고 기이한 상황이 제시되는 경우 작품이 전기성을 가진다고 할 수 있어.

하루는 광한전 옥진 부인이 오신다 하니 수궁이 뒤눕는 듯 용왕이 겁을 내어 사방이 분주했다. 원래 이 부인은 심 봉사의 처 곽씨 부인이 죽어 광한전 옥진 부인이 되었더니, 그 딸 심 소저가 수궁에 왔다는 말을 듣고, 상제께 말미*를 얻어 모녀 상봉하려고 온 것이었다.

심 소저는 뉘신 줄을 모르고 멀리 서서 바라볼 따름이었다. 오색구름이 어린 오색 가마를 옥기린에 높이 싣고 벽도화 단계화를 좌우에 벌여 꽂고, 각 궁 시녀들은 옆에서 모시고, 청학 백학들은 앞에서 모시며, 봉황은 춤을 추고, 앵무는 말을 전하는데, 보던 중 처음이더라.

이윽고 교자에서 내려 섬돌에 올라서며,

"내 딸 심청아!"

하고 부르는 소리에 모친인 줄 알고 왈칵 뛰어 나서며,

"어머니 어머니, 나를 낳고 초칠일 안에 죽었으니 지금까지 십오 년을 얼굴도 모르오니 천지간 끝없이 깊은 한이 갤 날이 없었습니다. 오늘날 이곳에 와서야 어머니와 만날 줄을 알았더라면, 오던 날 부친 앞에서 이 말씀을 여쭈었더라면 날 보내고 설운 마음 적이 위로했을 것을…… 우리 모녀는 서로 만나 보니 좋지만은 외로우신 부친은 뉘를 보고 반기시리까. 부친 생각이 새롭습니다."

부인이 울며 말하기를,

"나는 죽어 귀히 되어 인간 생각 아득하다. 너의 부친 너를 키워 서로 의지하였다가 너조차

• **말미:** 일정한 직업이나 일 따위에 매인 사람이 다른 일로 말미암아 얻는 겨를.

이별하니, 너 오던 날 그 모습이 오죽하랴. 내가 너를 보니 반가운 마음이야 너의 부친 너를 잃은 설움에다 비길쏘냐. 문노라. 너의 부친 가난에 절어 그 모습이 어떠하냐. 응당 많이 늙었으리라. 그간 십수 년에 홀아비나 면했으며, 뒷마을 귀덕 어미 네게 극진하지 않더냐?" 얼굴도 대어 보며, 수족도 만져 보며,

"귀와 목이 희니 너의 부친 같기도 하다. 손과 발이 고운 것은 어찌 아니 내 딸이랴. 내 끼던 옥지환도 네가 지금 가졌으며, '수복강녕', '태평안락' 양편에 새긴 돈 붉은 줌치 청홍당사 벌 매듭도 애고 네가 찼구나. 아비 이별하고 어미 다시 보니 다 갖추기 어려운 건 인간 고락이라. 그러나 오늘날 나를 다시 이별하고 너의 부친을 다시 만날 줄을 네가 어찌 알겠느냐? 광한전 맡은 일이 직분이 허다하여 오래 비우기 어렵기로 도리어 이별하니 애통하고 딱하나 내 맘대로 못 하니 한탄한들 어이할쏘냐. 후에 다시 만나 즐길 날이 있으리라."

하고 떨치고 일어서니, 소저 만류◦하지 못하고 따를 길이 없어 울며 하직하고 수정궁에 머물 더라.

– 작자 미상, 「심청전」 –

◦만류: 붙들고 못 하게 말림.

죽었지만 다시 살아 돌아오거나 평범한 사람보다 훨씬 오래 살거나 비범한 능력을 가진 인물 등을 초월적 인물이라고 해. 「심청전」의 제시된 부분에서 등장하는 초월적 인물로는 '용왕'과 광한전 '옥진 부인'을 꼽을 수 있어. 특히 '옥진 부인'이 처음 나타나는 장면은 환상적 분위기로 묘사되면서 그녀가 초월적 인물임을 드러내고 있지. '옥진 부인'은 '심청'이 '부친을 다시 만날' 것과, 자신과도 '후에 다시 만나 즐길 날이 있'을 것임을 예고하고 있는데 이처럼 초월적 인물은 다음에 나올 내용을 미리 알려 주는 역할을 하기도 해.

참고로 초월적 인물이나 전기적 속성은 주로 현대산문보다는 고전산문에서 나타나는 경우가 많아.

STEP 2 문제로 확인하기

해설 P.028

1~3 다음을 읽고 선지의 적절성을 판단해 보세요.

고1 2018학년도 6월

각설◦ 대명(大明) 성화 년간에 형주(荊州) 구계촌(九溪村)에 한 사람이 있으되, 성은 홍(洪) 이요 이름은 무라. 세대 명문거족(名門巨族)◦으로 소년 급제하여 벼슬이 이부시랑에 있어 충효 강직하니, 천자 사랑하사 국사를 의논하시니, 만조백관◦이 다 시기하여 모함하매, 죄 없이 벼슬을 빼앗기고 고향에 돌아와 농업에 힘쓰니, 가세는 부유하나 슬하◦에 일점혈육이 없어 매일 슬퍼하더니, 일일은 부인 양씨(梁氏)와 더불어 탄식하며 말하기를,

"나이 사십에 아들이든 딸이든 자식이 없으니, 우리 죽은 후에 후사를 누구에게 전하며 지하에 돌아가 조상을 어찌 뵈오리오."

부인이 공손하게 말하기를,

"불효삼천(不孝三千)에 무후위대(無後爲大)◦라 하오니, 첩이 귀한 가문에 들어온 지 이십여 년이라. 한낱 자식이 없사오니, 어찌 상공을 뵈오리까. 원컨대 상공은 다른 가문의 어진 숙녀를 취하여 후손을 보신다면, 첩도 칠거지악◦을 면할까 하나이다."

시랑이 위로하여 말하기를,

"이는 다 내 팔자라. 어찌 부인의 죄라 하리오. 차후는 그런 말씀일랑 마시오." 하더라.

이때는 추구월 보름이라. 부인이 시비(侍婢)◦를 데리고 망월루에 올라 월색을 구경하더니

◦각설: 주로 글 따위에서, 화제를 돌려 다른 이야기를 꺼낼 때, 앞서 이야기하던 내용을 그만둔다는 뜻으로 다음 이야기의 첫머리에 쓰는 말.

◦명문거족: 이름나고 크게 번창한 집안.

◦만조백관: 조정의 모든 벼슬아치.

◦슬하: 무릎의 아래라는 뜻으로, 어버이나 조부모의 보살핌 아래.

◦칠거지악: 예전에, 아내를 내쫓을 수 있는 이유가 되었던 일곱 가지 허물. 시부모에게 불손함, 자식이 없음, 행실이 음탕함, 투기함, 몹쓸 병을 지님, 말이 지나치게 많음, 도둑질을 함 따위이다.

◦시비: 곁에서 시중을 드는 계집종.

흘연 몸이 곤하여 난간에 의지하매 비몽간(非夢間)에 선녀 내려와 부인께 재배하고 말하기를,

"소녀는 상제(上帝) 시녀옵더니, 상제께 득죄하고 인간에 내치시매 갈 바를 모르더니 세존(世尊)이 부인댁으로 지시하옵기로 왔나이다."

하고 품에 들거늘 놀라 깨달으니 필시 태몽이라. 부인이 크게 기뻐하여 시랑을 청하여 몽사를 이야기하고 귀한 자식 보기를 바라더니, 과연 그달부터 태기 있어 열 달이 차매 일일은 집안에 향취 진동하며 부인이 몸이 곤하여 침석에 누웠더니 아이를 탄생하매 여자라. 선녀 하늘에서 내려와 옥병을 기울여 아기를 씻겨 누이고 말하기를,

"부인은 이 아기를 잘 길러 후복(厚福)을 받으소서."

하고 문을 열고 나가며 말하기를,

"오래지 아니하여서 뵈올 날이 있사오리다."

하고 문득 가옵거늘 부인이 시랑을 청하여 아이를 보인대 얼굴이 도화(桃花) 같고 향내 진동하니 진실로 월궁항아(月宮姮娥)*더라. 기쁨이 측량 없으나 남자 아님을 한탄하더라. 이름을 계월(桂月)이라 하고 장중보옥(掌中寶玉)*같이 사랑하더라.

– 작자 미상, 「홍계월전」 –

- **불효삼천에 무후위대:** 삼천 가지 불효 중 자식 없는 것이 가장 큰 불효임을 이르는 말.
- **월궁항아:** 전설 속에서 달에 산다는 선녀로, 아름다운 여인을 흔히 비유적으로 이르는 말.
- **장중보옥:** 귀하고 보배롭게 여기는 존재를 비유적으로 이르는 말.

1. 초월적 존재와의 대화를 통해 인물의 고뇌가 드러나고 있다.

 2019학년도 6월

[앞부분의 줄거리] 유백로는 조은하에게 백학선(백학이 그려진 부채)을 주며 결혼을 약속한다. 유백로는 조은하를 보호하기 위해 가달과의 전쟁에 원수로 출전하였으나, 간신 최국냥이 군량 보급을 끊어 적군에 사로잡힌다. 태양선생과 충복*의 도움으로 유백로의 소식을 접한 조은하는 황제 앞에서 능력을 증명하고 정남대원수로 출전한다. 가달과 대결하던 중 조은하는 선녀가 알려 준 백학선의 사용 방법을 떠올린다.

원수가 말에서 내려 하늘에 절하고 주문을 외워 백학선을 사면으로 부치니 천지가 아득하고 뇌성벽력*이 진동하며 무수한 신장(神將)이 내려와 도우니 저 가달이 아무리 용맹한들 어찌 당하리오? 두려워하여 일시에 말에서 내려 항복하니 원수가 가달과 마대영을 마루 아래 꿇리고 크게 꾸짖어,

"네가 유 원수를 모셔 와야 목숨을 용서하려니와, 그렇지 않은즉 군법을 시행하리라."

하니, 가달이 급히 마대영에게 명하여 유 원수를 모셔오라 하거늘 마대영이 급히 달려 유 원수 있는 곳에 나아가,

"원수는 저의 구함이 아니런들 벌써 위태하셨을 터이오니 저의 공을 잊지 마소서."

하고 수레에 싣고 몰아가거늘 원수가 아무런 줄 모르고 마루 아래 다다르니 한 소년 대장이 맞이하여,

"낭군이 대대 명가 자손으로 이렇듯 곤함은 모두 운명이라. 안심하여 개의치 마소서."

하거늘, 유 원수가 눈을 들어본즉 이는 평생에 전혀 알지 못한 사람이라.

– 작자 미상, 「백학선전」 –

- **충복:** 1) 주인을 충심으로 섬기는 사내종. 2) 어떤 사람을 충직하게 받드는 사람.
- **뇌성벽력:** 천둥소리와 벼락을 아울러 이르는 말.

2. 서사의 진행 과정에 비현실적인 요소가 개입되어 있다.

채만홍이 주왈, / "신의 소견은 철마를 만들어 불같이 달구고 사명당을 태우면 비록 부처라도 능히 살지 못하리이다."

왜왕이 그 말을 옳게 여겨 즉시 풀무°를 놓고 철마를 지어 만든 후 백탄을 뫼같이 쌓고 철마를 그 위에 놓아 불같이 달군 후에 사명당을 청하여 가로되,

"저 말을 능히 타면 부처 법력을 가히 알리라."

사명당이 심중에 망극하여 납관을 쓰고 조선 향산을 향하여 사배하더니 문득 서녘에서 오색구름이 일어나며 천지가 희미하거늘 사명당이 마지못하여 정히 철마를 타려 하더니 홀연 벽력소리 진동하며 천지 뒤눕는 듯하고 태풍이 진작하여 모래 날리고 돌이 달음질하고 비 바가지로 담아 붓듯이 와 사람이 지척을 분변치° 못하는지라. 경각 사이에 성중에 물이 불어 넘쳐 바다가 되고 성 외의 백성들이 물에 빠져 죽는 자 수를 아지 못하되 사명당 있는 곳은 비 한 방울이 아니 젖는지라. 왜왕이 경황실색°하여 이르되,

"어찌하여 천위를 안정하리오."

예부상서 한자경이 주왈, / "처음에 신의 말씀을 들었사오면 어찌 오늘날 환이 있으리이까. 방금 사세°를 생각하옵건대 조선에 항복하여 백성을 평안히 함만 같지 못하나이다."

왜왕이 자경의 말을 듣고 마지못하여 항서를 써 보내니 사명당이 높이 좌하고 삼해 용왕을 호령하더니 문득 보하되,

"네 나라 항복받기는 내 손아귀에 있거니와 왜왕의 머리를 베어 상에 받쳐 들이라. 만일 그렇지 아니하면 일본을 멸하여 산 것을 하나도 남기지 아니하리라. 네 돌아가 왜왕에게 자세히 이르라."

사자 돌아가 전말°을 고하니 왜왕이 이 말을 듣고 머리를 숙이고 능히 할 말을 못하거늘 관백이 주왈, / "전하는 모름지기 옥체를 진중하소서."

왕이 정신을 차려 살펴보니 남은 백성이 살기를 도모하여 사면팔방으로 헤어져 우는 소리, 유월 염천에 큰비 오고 방초 중의 왕머구리 소리 같은지라. 왕이 이 광경을 보니 만신이 떨려 능히 진정치 못하거늘 관백이 다시 가지고 들어가 사명당께 드리니 사명당이 항서°를 보고 대책 왈,

"네 왕이 항복할진대 일찍이 항서를 드릴 것이어늘 어찌 감히 나를 속이려 하느냐."

하고 용왕을 불러 이르되,

"그대는 얼굴을 드러내어 일본 사람을 보게 하라."

용왕이 공중에서 이 말을 듣고 사람의 머리를 베어 들고 소리를 벽력같이 지르고 운무° 중에 몸을 드러내니 사명당이 관백에게 왈,

"네 빨리 돌아가 왜왕에게 일러 용의 거동을 보게 하라."

관백이 돌아가 그대로 고하니 왜왕이 창황 중 눈을 들어 하늘을 치밀어 보니 중천에 삼룡이 구름을 피우고 사람의 머리를 베어 들었으니 형세 산악 같고 고기비늘이 어지러이 번쩍여 일광을 바수고 소리 벽력같아 천지진동하는지라. 이진걸이 주왈,

"본국 보화를 다 바치고 항표(降表)를 올려 애걸하소서."

왕이 즉시 이진걸을 명하여 항표를 올린대 사명당이 대로 왈,

"네 나라 임금의 머리를 베어 들이라 한대 마침내 거역하니 일본을 무찔러 혈천을 만들리라."

하고 인하여 육환장을 들어 공중을 향하여 축수하더니 문득 뇌성벽력이 진동하여 산악이 무너지는 듯 천지 컴컴한지라. 왜왕이 이때를 당하여 삼혼(三魂)이 흩어지며 칠백(七魄)이 달아나니라.

― 작자 미상, 「임진록」 ―

- **풀무**: 불을 피울 때에 바람을 일으키는 기구.
- **분변하다**: 세상 물정에 대한 바른 생각이나 판단을 하다.
- **경황실색**: 놀라고 두려워 얼굴색이 달라짐.
- **사세**: 일이 되어 가는 형세.
- **전말**: 처음부터 끝까지 일이 진행되어 온 경과.
- **항서**: 항복을 인정하는 문서.
- **운무**: 구름과 안개를 아울러 이르는 말.

3. 전기적(傳奇的) 요소를 활용하여 비현실적 장면을 부각하고 있다.

(6) 회상, 역행적 구성

- **회상**: 지난 일을 돌이켜 생각함.
- **역행적 구성(역전적 구성)**: 사건을 발생한 순서대로 제시하지 않고, 시간 순서를 뒤바꾸어서 서술하는 구성.

회상은 지난 일을 다시 생각하는 것인데, 단순 과거 회상과 과거 장면의 제시는 구분할 수 있어야 해. 단순히 과거 사건에 대해 언급한 것은 단순 과거 회상이지만, 시간적 배경 자체가 과거로 바뀌어 인물의 대화나 행동이 제시된다면 이는 과거 장면의 제시로 볼 수 있어.

한편 사건을 '아침 → 점심 → 저녁', '과거 → 현재 → 미래' 등과 같이 자연적인 시간의 흐름에 따라 서술하는 순행적 구성과 달리 역행적 구성은 사건을 발생 순서대로 제시하지 않고 시간 순서를 뒤바꾸어서 서술하는 것을 말해.

"나 죽거든 행여 묘지 쓰지 말거라."

어머니의 목소리는 평상시처럼 잔잔하고 만만치 않았다.

"네? 다 들으셨군요?"

"그래 마침 듣기 잘했다. 그러잖아도 언제고 꼭 일러두려 했는데, 유언 삼아 일러두는 게니 잘 들어뒀다 어김없이 시행토록 해라. 나 죽거든 내가 느이 오래비한테 해 준 것처럼 해 다오. 누가 뭐래도 그렇게 해 다오. 누가 뭐라든 상관하지 않고 그럴 수 있는 건 너밖에 없기에 부탁하는 거다."

"오빠처럼요?"

"그래, 꼭 그대로. 그걸 설마 잊고 있진 않겠지?"

"잊다니요. 그걸 어떻게 잊을 수가……."

어머니의 손의 악력은 정정했을 때처럼 아니, 나를 끌고 농바위 고개를 넘을 때처럼 강한 줏대와 고집을 느끼게 했다.

오빠의 시신은 처음엔 무악재 고개 너머 벌판의 밭머리에 가매장했다. 행려병사자 취급하듯이 형식과 절차 없는 매장이었지만 무정부 상태의 텅 빈 도시에서 우리 모녀의 가냘픈 힘만으로 그것 이상은 가능한 일이 아니었다.

서울이 수복되고 화장장이 정상화되자마자 어머니는 오빠를 화장할 것을 의논해 왔다. 그때 우리와 합하게 된 올케는 아비 없는 아들들에게 무덤이라도 남겨 줘야 한다고 공동묘지로라도 이장할 것을 주장했다. 어머니는 오빠를 죽게 한 것이 자기 죄처럼, 젊어 과부 된 며느리한테 기가 죽어 지냈었는데 그때만은 조금도 양보할 기세가 아니었다. 남편의 임종도 못 보고 과부가 된 것도 억울한데 그 무덤까지 말살하려는 시어머니의 모진 마음이 야속하고 정떨어졌으련만 그런 기세 속엔 거역할 수 없는 위엄과 비통한 의지가 담겨 있어 종당엔 올케도 순종을 하고 말았다.

오빠의 살은 연기가 되고 뼈는 한 줌의 가루가 되었다. 어머니는 앞장서서 강화로 가는 시외버스 정류장으로 갔다. 우린 묵묵히 뒤따랐다. 강화도에서 내린 어머니는 사람들에게 묻고 물어서 멀리 개풍군 땅이 보이는 바닷가에 섰다. 그리고 지척으로 보이되 갈 수 없는 땅을 향해 그 한 줌의 먼지를 훨훨 날렸다. 개풍군 땅은 우리 가족의 선영*이 있는 땅이었지만 선영하에 못 묻히는 한(恨)을 그런 방법으로 풀고 있다곤 생각되지 않았다. 어머니의 모습엔 운명에 순종하고 한을 지그시 품고 삭이는 약하고 다소곳한 여자티는 조금도 없었다. 방금

*선영: 조상의 무덤. 또는 그 근처의 땅.

출전하려는 용사처럼 씩씩하고 도전적이었다.

어머니는 한 줌의 먼지와 바람으로써 너무도 엄청난 것과의 싸움을 시도하고 있었다. 어머니에게 그 한 줌의 먼지와 바람은 결코 미약한 게 아니었다. 그야말로 어머니를 짓밟고 모든 것을 빼앗아 간, 어머니가 도저히 이해할 수 없는 분단(分斷)이란 괴물을 홀로 거역할 수 있는 유일한 수단이었다.

- 박완서, 「엄마의 말뚝 2」 -

오늘도 또 우리 수탉이 막 쫓기었다. 내가 점심을 먹고 나무를 하러 갈 양으로 나올 때이었다. 산으로 올라서려니까 등 뒤에서 푸드득 푸드득하고 닭의 횃소리가 야단이다. 깜짝 놀라서 고개를 돌려 보니 아니나다르랴, 두 놈이 또 얼리었다.

점순네 수탉(대강이가 크고 똑 오소리같이 실팍하게 생긴 놈)이 덩저리 작은 우리 수탉을 함부로 해내는 것이다. 그것도 그냥 해내는 것이 아니라 푸드득하고 면두를 쪼고 물러섰다가 좀 사이를 두고 또 푸드득하고 모가지를 쪼았다. 이렇게 멋을 부려 가며 여지없이 닦아 놓는다. 그러면 이 못생긴 것은 쪼일 적마다 주둥이로 땅을 받으며 그 비명이 킥, 킥, 할 뿐이다. 물론, 미처 아물지도 않은 면두를 또 쪼며 붉은 선혈은 뚝뚝 떨어진다. 이걸 가만히 내려다보자니 내 대강이가 터져서 피가 흐르는 것같이 두 눈에서 불이 번쩍 난다. 대뜸 지게막대기를 메고 달려들어 점순네 닭을 후려칠까 하다가 생각을 고쳐먹고 헛매질로 떼어만 놓았다.

이번에도 점순이가 쌈을 붙여 놨을 것이다. 바짝바짝 내 기를 올리느라고 그랬음에 틀림 없을 것이다. 고놈의 계집애가 요새로 들어서서 왜 나를 못 먹겠다고 그렇게 아르렁거리는지 모른다.

나흘 전 감자 쪼간만 하더라도 나는 저에게 조금도 잘못한 것은 없다. 계집애가 나물을 캐러 가면 갔지 남 울타리 엮는 데 쌩이질을 하는 것은 다 뭐냐. 그것도 발소리를 죽여 가지고 등 뒤로 살며시 와서,

"애! 너 혼자만 일하니?"

하고 긴치 않은 수작을 하는 것이다.

어제까지도 저와 나는 이야기도 잘 않고 서로 만나도 본 체 만 체하고 이렇게 점잖게 지내던 터이려만 오늘로 갑작스레 대견해졌음은 웬일인가. 항차 망아지만한 계집애가 남 일하는 놈 보구…….

"그럼 혼자 하지 떼루 하디?"

내가 이렇게 내배앝는 소리를 하니까,

"너 일하기 좋니?" / 또는, / "한여름이나 되거든 하지 벌써 울타리를 하니?"

잔소리를 두루 늘어놓다가 남이 들을까 봐 손으로 입을 틀어막고는 그 속에서 깔깔댄다. 별로 우스울 것도 없는데 날씨가 풀리더니 이놈의 계집애가 미쳤나 하고 의심하였다. 게다가 조금 뒤에는 제 집께를 할금할금 돌아보더니 행주치마의 속으로 꼈던 바른손을 뽑아서 나의 턱 밑으로 불쑥 내미는 것이다. 언제 구웠는지 더운 김이 홱 끼치는 굵은 감자 세 개가 손에 뿌듯이 쥐였다.

"느 집엔 이거 없지?"

하고 생색 있는 큰소리를 하고는 제가 준 것을 남이 알면은 큰일날 테니 여기서 얼른 먹어 버리란다. 그리고 또 하는 소리가,

"너 봄감자가 맛있단다."

"난 감자 안 먹는다, 너나 먹어라."

- 김유정, 「동백꽃」 -

「엄마의 말뚝 2」에서 '나'는 '오래비한테 해 준 것처럼 해' 달라는 '어머니'의 말을 듣고 '오빠'의 장례를 치렀던 때를 떠올리고 있으니, 과거를 회상하고 있다고 볼 수 있지. 또한 과거를 회상하는 장면이 구체적으로 나타나면서 현재에서 과거로 시간 순서가 뒤바뀌어서 제시되었으니, 역행적 구성이 나타난다고 할 수 있어.

「동백꽃」에서도 시간 순서를 뒤바꾸어 제시하는 역행적 구성이 나타나고 있어. 첫 부분에서는 '오늘' 수탉이 쫓긴 이야기를 하고 중간 부분에서 '나흘 전'에 '점순이'와 '나' 사이에 있었던 사건을 제시하고 있으니까.

이처럼 역행적 구성은 시간 순서가 뒤바뀌면서 각각의 시간대가 하나의 '장면'으로 제시된다는 점을 알아 두자. 지난 일을 돌이켜 생각하며 과거 사건을 단순히 요약해서 언급만 한다면 이는 역행적 구성으로 보기 어려워. 역행적 구성이 나타났다고 하려면 장면의 전환이 일어나 시간적 배경 자체가 과거로 바뀌어 인물의 대화나 행동 등이 드러나야 한다는 점 꼭 기억해.

STEP 2 문제로 확인하기

해설 P.029

1~3 다음을 읽고 선지의 적절성을 판단해 보세요.

고1 2020학년도 3월

[앞부분의 줄거리] 나는 삼촌의 연락을 받고 멧돼지 사냥에 동참하게 된다. 물망초 카페 윤 마담과의 사랑을 이루지 못하고 방황하던 삼촌은 사냥에 취미를 붙이고 살아간다. 나와 삼촌, 도라꾸 아저씨는 새끼를 거느린 어미 멧돼지와 리기다소나무 숲에서 마주치나 사냥에 실패한다. 도라꾸 아저씨는 부상당한 삼촌을 업고 숲길을 걷는다.

　숲속은 서늘했다. 묘한 침묵이 숲을 가득 메우고 있었다. 밟고 올라온 눈길을 되밟으며 우리는 조금씩 걸음을 옮겼다. 두 번째 리기다소나무 숲을 지나는 동안, 내 마음속에는 궁금증이 일었다. 감정 정리를 하는지 삼촌의 만담도 더 이상 이어지지 않았으므로 나는 궁금증을 참지 못하고 말했다.

　"그란데 도라꾸 아저씨는 아까 왜 멧돼지를 안 죽였어여? 아저씨도 쏠 수 있었잖아여?"

　내 물음에 도라꾸 아저씨는 영 딴소리였다.

　"호식이가 새끼 관절 물고 늘어진 모양이라. 그라만 어미가 도망 못 가거든. 엽견˚ 중에는 그런 짓 하는 놈들 참 많아여."

　"저게 원체 영물˚이라 캉께."

　코맹맹이 소리로 훌쩍거리며 삼촌이 말했다. 조금 전까지 사랑이 어쩌네 수면제가 어쩌네 징징거리던 삼촌이 주인을 닮아 어디가 부러졌는지 오른쪽 뒷발을 들고 껑충껑충 뛰어가는 놈을 가리켜 영물 운운했다. 호식이 얘기가 나오니까 또 만담을 시작할 모양이었다. 삼촌 가슴 속은 암만해도 푸른색인가 보다.

　"하지만 그건 암수(暗數)˚라. 그런 암수를 쓰만 안 되는 거라. 나도 한때 그 이름도 아름다운 물망초 윤 마담까지는 못 되더라도 헛된 공명심˚에 눈이 먼 적이 있어여. 불질 잘한다고 알려지만 여기저기서 해수구제˚ 해 달라고 부르는 일이 많다 캉께. 가서 잡아 주만 영웅 되고 참 재미나지. 근데 한번은 을매나 대단하던지 새끼를 몰고 다니민서도 손아귀 사이로 모래알 빠지듯 몰이꾼들 사이로 잘도 피해 다니는 놈을 만난 적이 있어여. 삼백 근도 넘을까. 엄청시리 대형 멧돼지였는 거라. 그런 놈 어데 다시 만나겠나. 무려 육박 칠일 동안 그놈을 쫓아댕겼응께 말 다한 거지. 그라고 봉께 안 되겠더라. 어느 순간부터 요놈이 나 갖꼬 노나, 그런 생각이 들데. 지금 생각하만 틀린 생각이지. 살겠다고 도망가는 멧돼지

˚**영물:** 약고 영리한 짐승을 신통히 여겨 이르는 말.

˚**공명심:** 공을 세워 자기의 이름을 널리 드러내려는 마음.

신세에 어데 사냥꾼을 갖꼬 놀겠나? 사람이든 짐승이든 숨탄것 목숨이 그래 우스운 게 아인데 말이라. 그란데 그런 생각이 한번 드니까 눈에 보이는 게 없는 거라. 우쨌든 잡아 죽이겠다는 생각뿐이지. 그래서 다음부터는 어미가 아이라, 새끼를 죽였어. 보이는 족족 쏴 죽였어여. 그래, 암수지 암수. 한 다섯 마리쯤 죽였을 끼라. 그때가 초가을잉께 아직도 새끼들 등에 줄이 쫙쫙 그어져 있을 때였어여. 한 두어 방 쏘만 새끼들은 꿈틀꿈틀하다가 죽어 버려여. 멀리 있어도 호수 작은 산탄으로 쏘만 되니까. 어미는 산탄이 박혀도 괜찮다 캐도 새끼들은 어미 보는 눈앞에서 픽픽 쓰러지지."

새끼만 노리고 다섯 마리쯤 죽인 뒤에 도라꾸 아저씨는 일행에게 다시 돌아가자고 말했다고 한다. 그때는 이미 능선을 따라 북쪽으로 삼십 킬로미터 정도는 올라간 뒤였다. 도라꾸 아저씨는 며칠간의 사냥으로 거지꼴이 된 채 그냥 돌아갈 수 없다고 불평하는 일행을 이끌고 다시 능선을 따라 돌아오기 시작했다.

"사람들이야 몰랐지만 나는 알고 있었다. 필시 쫓아온다는 거를 말이라. 뭐긴 뭐라, 어미 멧돼지지. 우리가 새끼들을 들쳐 메고 가니까 어미가 계속 그래 일정한 간격을 두고 쫓아왔어. 죽을 줄 알민서도 계속 그래 쫓아오더라. 그래, 한 여섯 시간을 걸어가다가 새끼들 내리 놓고 다시 몰이를 시작했어여. 그래갖꼬? 잡았지. 죽을라고 쫓아온 놈이니까. 그란데 봐라, 잡는 그 순간에 나도 너맨치로 그놈하고 눈이 딱 마주쳤다. 그 눈에 뭐가 보였는가 아나? 아무것도 안 보이더라. 텅 비었더라. 결국 너는 못 쐈지? 나도 한참을 못 쐈다. 그래 벌써 죽은 놈이라 카는 거를 아는 이상은 못 쏘는 거라. 쏘만 안 되는 거라. 하지만 일행이 지켜보는데다가 공명심도 있응께 안 쏠 수가 없었다. 살아생전 총 한 번 제대로 안 쏘고 잡은 멧돼지는 그게 처음이자 마지막이라."

녹아내리는지 멀리 가지에 쌓였던 눈무지가 쏟아지는 소리가 들렸다.

"그래 총 쏘기 전에 벌써 죽은 놈이라 카만 나는 도대체 뭘 쏴 죽인 거겠나? 마을에서 영웅 대접 받고 집에 돌아와 며칠을 끙끙 앓다가 깨달았다. 잘못했다, 잘못했다, 아무래도 총을 쏘만 안 되는 거였다, 이런 생각이 머릿속에서 떠나지 않더라. 그라고 보만 그날 내가 잡은 거는 정녕 멧돼지가 아니었던 거지. 이래 산에 오만 쓸모 적은 나무나마 리기다소나무도 살아가고 청솔모도 살아가고 바람도 쉴 없이 움직이지만, 정작 그 멧돼지는 이미 죽은 거였응께 말이라."

– 김연수, 「리기다소나무 숲에 갔다가」 –

• **엽견:** 사냥개.
• **암수:** 속임수.
• **해수구제:** 해로운 짐승을 몰아내어 없앰.

1. 인물의 회상을 통해 과거와 현재를 매개하는 경험을 전달하고 있다.

차설, 이때 유씨 해평읍을 떠나 절강을 향해 가며 말하기를

"성인의 말씀에 참으로 흥진비래는 사람의 일상사라 하였거니와 팔자 기박(奇薄)하여* 낭군을 천 리 밖에 두고 불측한* 일을 당하여 목숨을 겨우 부지하였으되 슬프다, 한림은 그 어디에 가 잦아지고 내 이러한 줄 모르는고."

하며, 애연(哀然)히 울면서 가니 산천초목이 다 슬퍼하더라.

그럭저럭 절도에 다다르니 청산이 먼저 들어가 정양옥께 유씨 오심을 전하니 양옥이 놀라 칭찬하되

"여자의 몸으로 이곳 만 리 길을 헤매고 이르렀으니 남자라도 어려웠으리라."

하고는, 십 리 밖에 나와 기다렸다. 이윽고 문득 백교자 한 행차 들어오며 한림 부르며 슬피 우는 청랑한 소리는 사람 애간장을 끊는 듯하더라. 양옥이 하인에게 전갈하되

"먼 길에 평안히 왔습니까?"

하거늘 유씨 답하기를

"그간 중에도 위문하러 나오시다니 실로 미안하여이다. 한 많은 말씀은 종후에 논하외다."

하고, 통곡하니 길 가던 사람들 보고 들으며 뉘 아니 눈물을 흘리리. 청초히 말하기를

"유씨 정절은 만고*에 없을 것이라."

하더라.

유씨 관 앞에 이르자

"유씨 왔나이다. 어찌 한 말씀도 없으신고. 이제 가시면 백발 노친과 기댈 곳 없는 첩은 어찌하라고 그리 무정하게 누웠는고. 첩이 삼천 리 길을 마다 않고 지척이라 달려 왔건만 반기지도 아니 하시나이까?"

하며, 통곡하다 기절하거늘 양옥이 어쩔 줄 몰라 연연히 분주하더니 이윽고 인사를 차리고는 양옥은 밖에서 울고 유씨는 안에서 통곡하니 그 구차한 정경은 차마 보지 못할 것 같았다.

[중략 부분의 줄거리] 남편 춘매가 혼백으로 나타나 유씨에게 후생을 기약하고 떠나간다.

유씨 도리어 망극하여 통곡하며

"신체라면 붙들거니와 혼백으로 가니 무엇으로 붙들리오. 도리어 아니 만남만 같지 못하도다."

하고 머리를 풀고 관을 붙들고 울며 말하기를

"한림은 할 말 듣게만 하고 저는 한 말도 못하여 적막케 하고 가십니까?"

하며, 시신을 붙들고 그만 쓰러져 죽거늘, 정생과 하인이 망극하여 아무리 구하되 회생할* 기미가 없고 더 이상 막무가내라.

"초상(初喪)의 예를 차려라."

하고, 주선하니 이때 유씨 혼백이 한림을 붙들고 구천을 급히 따라오거늘 한림이 돌아보니 유씨 오거늘 급히 위로하여 말하기를

"그대는 어찌 오는가. 바삐 가옵소서."

하니 유씨 말하기를

"내 어찌 낭군을 버리고 혼자 어디로 가며 남은 명을 보존하오리까. 낭군과 한가지로 구천에 있겠습니다."

하고 따라오거늘 한림이 할 수 없어 함께 들어가는데 염라왕이 말하기를

"춘매는 인간에게 가서 시한을 어기었다."

하고, 사신을 명하여

* **기박하다:** 팔자, 운수 따위가 사납고 복이 없다.
* **불측하다:** 미루어 헤아릴 수 없다.
* **만고:** 1) 아주 오랜 세월 동안. 2) 세상에 비길 데가 없음.
* **회생하다:** 거의 죽어 가다가 다시 살아나다.

"급히 잡아들이라."

한데, 사신이 영을 받고 춘매를 만나 염왕의 분부를 전하여 왈

"그대를 잡아오라 하여 왔나니라."

하니, 춘매가

"내 돌아오는 길에 아내의 혼백을 만나 다시 돌아가라 만류하다가 시한을 어기어 하는 수 없이 데리고 들어가노라."

하고, 들어가니 사자가 염왕에게 사연을 고하였는데 염라대왕이 즉시 춘매와 유씨를 불러 세우고 물어 말하기를

"춘매는 제 원명(原命)˚으로 잡아 왔거니와 유씨는 아직 원명이 멀었으니 어찌 들어왔는고?"

하거늘 유씨 이마를 조아려 여쭈되

"대왕께오서 사람을 생기게 하실 때에 부자유친, 부부유별, 장유유서, 붕우유신이라. 그중 부부애(夫婦愛)도 중한지라 남편 춘매를 결단코 따라왔사오니 대왕께서는 첩도 이 곳에 있게 해주옵소서."

하니, 대왕이 유씨를 달래어 보내려 하자 유씨 또 여쭈되

"대왕의 법으로 세상에 내었다가 어찌 첩에게 이런 작별을 하게 하였으며 또한 남편 춘매에게 어찌 부모 자식 간에 사랑을 이리도 일찍 저버리게 하셨습니까? 나는 새와 달리는 짐승도 다 짝이 있사오니 하물며 젊은 인생 배필 없이 어이 살며 의탁할 곳 없는 몸을 누구에게 붙여 살라고 하십니까? 여필종부는 인간의 제일 정절이니 결단코 춘매를 떠나지 못 하겠습니다."

염라대왕이 말하기를

"그대 모친과 춘매 모친은 누구에게 부탁하고 왔느냐?"

하기에 유씨 대답하여 말하기를

"정이 이토록 절박하온데 첩의 청춘으로 부부 함께 있어야 봉양˚도 하옵고 영화˚도 볼 터인데 공방 독침 혼자 누워 무슨 봉양하며 무슨 참 영화 보오리까. 부부지정은 끊지 못하겠습니다."

하니, 염라대왕이 말하기를

"진실로 그러하면 다른 배필을 정하여 줄 것이니 네 여연(餘緣)˚을 다 살고 돌아오라."

하시니 유씨 아득하여 얼굴색을 변하며 말하기를

"아무리 저승과 이승이 다르오나 대왕이 어찌 무류한 말씀으로 건곤재생의 여자로 더불어 희롱하십니까. 대왕께서 저러하고도 저승을 밝게 다스리는 대왕이라 하십니까?"

하며, 천연히 꾸짖거늘 염라대왕이 유씨의 백설 같은 정절과 절의에 탄복하여 말하기를

"그대의 마음을 탐지해 보고자 함이니 도리어 무색하도다."

유씨 대답하여 말하기를

"염라께서 무색하다 하시니 도로 죄를 사하옵니다."

하고, 사죄하거늘 염라대왕이 말하기를

"내 그대를 위하여 가군(家君)˚과 함께 도로 내려보내니 세상에 나가 부귀영화를 누려 자손에게 전하고 한날한시에 들어오라."

– 작자 미상, 「유씨전」 –

• **원명**: 본디 타고난 목숨.
• **여연**: 남은 인생.
• **가군**: 남편.

• **봉양**: 부모나 조부모와 같은 웃어른을 받들어 모심.
• **영화**: 몸이 귀하게 되어 이름이 세상에 빛남.
• **진상**: 사물이나 현상의 거짓 없는 모습이나 내용.

2. 시간의 역전을 통해 사건의 진상˚을 밝히고 있다.

[앞부분의 줄거리] '나'는 삼촌의 장례식에 참석하기 위해 귀향하면서 과거 삼촌에 얽힌 기억을 떠올리며 애써 잊으려 한다. '나'의 조부는 몰락한 친일 거부였고, '나'의 아버지는 6·25 전쟁 중 공산주의자가 되어 행방이 묘연해졌으며, 서출(庶出)*이나 천성이 밝고 착했던 삼촌은 국방군이 되어 가슴에 부상을 입고 제대한다.

마침내 삼촌이 나타났다. 두 팔로 가슴을 잔뜩 싸안은 그는 묵묵히 병원 문을 나섰다. 나는 잠자코 뒤를 따랐다. 허리를 꾸부정하게 구부린 채 그는 걸음마를 하듯 조심조심 걸었다. 한 발자국을 내딛는 데에도 무진 힘들어 보였다. 하지만 그런 상태로 우리는 털털거리는 시외버스를 타야만 했다. 수술만큼이나 길고 조마조마한 귀로였다. 어쩌면 삼촌은 가슴팍을 짜개고 작은 파편 조각을 뽑아낸 대신 의사들로 하여금 보다 크고 위험한 폭탄 같은 것을 거기다 숨겨 두게 한 건 아닐까 하고 나는 생각했을 정도였다.

하지만 수술은 실패였다. 무려 다섯 시간에 걸친 집도에도 불구하고 끝내 파편 조각을 찾아내지 못했던 것이다. 삼촌은 간신히 골방으로 돌아와 드러눕고 나서야 내 어머니께 씹어 뱉듯 말했었다.

"백죄 몸뚱이만 생으로 난도질해 놨다 아입니꺼. 두 번 다시 할 짓 못됩디더. 고무다리에 외팔 인생도 쌔비린 판국에 그까짓 쇳쪼가리 하나 들었으마 어떻고 안 들었으마 어떻겠임니꺼. 어차피 죽으마 썩어질 몸뚱이…… 내사 마, 이대로 좋심더. 의사들은 다시 해보자 캅니다만 나는 싫다 아입니꺼. 거죽만 멀쩡하지 난들 성한 사람입니꺼? 불구 인생이기는 피장파장인기라요……."

삼촌은 두 번 다시 수술을 받지 않았다. 궂은 날이면 몸의 어딘가가 아프다고 일쑤 끙끙 앓으면서도 병원은 찾지 않았다. 밝고 낙천적이던 원래의 성품은 거의 찾아볼 길이 없었다. 수술 자리가 아문 뒤에도 그는 여전히 골방에서 보내는 시간이 더 많았는데, 내게 자주 들려주던 그 전쟁 이야기도 더는 꺼내지 않았다. 점점 말수가 줄어들고 얼굴을 뒤덮은 그늘도 갈수록 더 짙어지기만 하는 그를 두고 내 어머니는 그것이 모두 삼촌의 가슴팍에 박혀 있는 쇳독(毒) 때문이라며 얼마나 자주 한숨짓곤 했던가…….

(중략)

"자네 아버님 제살랑 5월 중 적당한 날을 택해 모시도록 하소. 가급적이면 중순 이전이 좋겠네."

돌아오는 차 중에서 그는 불쑥 말했다. 나는 멍하니 얼굴을 쳐다보았다. 그때까지도 나는 아버지의 제사를 모시고 있지 않았기 때문이다. 그것은 내 어머니의 줄기찬 희망 때문이었다. 6·25 한 해 전에 영영 행방을 감추어 버린 아버지가 세상 어딘가에 아직도 살아 계시리란 희망을 내 어머니는 마지막 순간까지도 포기하지 않고 있었던 것이다.

해마다 주인 없는 생일상만을 차려왔던 일을 생각하고 나는 다음 말을 기다렸다. 그러나 그는 어둠이 엷게 깔리기 시작한 창 밖 거리만을 내다볼 뿐 더 이상 말이 없었다. 버스에서 내리는 길로 그는 곧장 서울역으로 가 버렸다. 내 집으로 모시마고 나는 물론 말했지만 그는 단지 이렇게 대꾸했을 따름이었다.

"도리가 아닌 줄은 알지마는 어쩌겠노. 나야 워낙 그런 사람 아닝가? 빈 껍데기만 남아서 넝마매로 굴러댕긴다 뿐이지, 진짜 모습은 진작에 끝난 거네. 인제사 생각하마, 기왕 한 구덩이에 묻히지 못한 것만 원통할 따름이재……, 자네 집사람한테는 날 만났단 얘기도 하지 마소."

나는 더 이상 그를 잡지 않았고, 그런다고 돌아설 사람도 아니었다. 그날 밤 내내 잠을 설치면서 나는 그가 남긴 말을 곰곰 되씹었었다. 적어도 한 가지 사실만은 분명했다. 그는, 삼촌은

• 서출: 첩이 낳은 자식.

내 아버지의 죽음을 목격했던 것이다. …어쩌면 그의 가슴에 남아있는 상흔과도 관계가 있는 건지 모른다고까지 나는 생각했다. 비로소 나는 그를 좀 이해할 수 있을 것 같았다. 제대를 하고 돌아온 삼촌의 모습, 눅눅한 골방에 드러누워 누에처럼 보내던 생활, 재수술을 거부하며 그가 내뱉었던 말들, 궂은 날이면 육신의 어딘가가 아프다면서 오밤중에도 곧잘 끙끙 앓던 일, 그리고 또 갈수록 말수가 줄어든 대신 뿌리가 점점 더 깊이 느껴지던 기침 소리 등등…… 그랬다. 옛날과는 생판 모습이 달라져 버린 그 삼촌에게서 나는 문득문득 어딘가로 종적을 감추어 버린 내 아버지의 모습을 발견하곤 했던 것이다.

그러나 그렇다고는 해도 그의 기이한 행적들을 죄다 이해할 수 있었던 것은 물론 아니었다. 귀가 한 해가 가까워 오던 이듬해 초여름에 삼촌은 최초의 범법행위를 저질렀었다. 구닥다리 엠원 소총을 몰래 꺼내 들고 사냥을 나갔던 그는 멧돼지 대신에 사람을 쏘았던 것이다. 공판정에 서 있던 삼촌의 모습을 나는 잘 기억해 낼 수 있었다.

표적물을 착각한 것은 아니냐는 질문에 대해 그는 단호히 대답했었다.

"천만에, 사람인지 짐승인지쯤은 충분히 식별할 수 있는 상황이었임더."

"그렇다면 상대의 얼굴도 알아볼 수 있을 정도였는가?"

"물론임더. 낯선 얼굴이었임더."

"낯선 사람을 쏜 이유가 무엇인가?"

"……."

"그럼 다시 묻겠는데 자기방어가 목적이었는가 아니면, 살해가 목적이었는가?"

"처음엔 산짐승이 움직이고 있거니 생각했임더. 잔뜩 긴장하고 있는데 표적이 불쑥 노출됐습니다. 가늠쇠 위에 떠오른 것은 분명 사람의 얼굴이었임더. 그것도 낯선… 갑자기 살의 (殺意)의 충동이 나를 사로잡았고 그러자 상대가 쓰러졌임더."

"최초의 일발을 발사한 후 상대가 쓰러진 뒤에도 다시 두 발을 더 발사한 이유는?"

"상대가 픽 쓰러지는 것을 보았을 뿐 나 자신은 방아쇠를 당긴 기억도 또 총성을 들은 기억도 없었기 때문입니다."

일테면 그것이 삼촌의 기이한 생애의 시작이었던 셈인데, 그 이후의 거듭된 행적에 대해서는 여전히 나로선 이해할 길이 없었던 것이다. 그는 불법 무기 소지와 살인미수로 6년형을 살았었다. 출감 후 내 어머니는 서둘러 그를 장가들였지만 결혼 두 해 뒤에 그는 다시 재범을 했고, 재출감 1년도 못 되어 삼범을 기록했다.

– 이동하, 「파편」 –

3. 시간을 역전적으로 구성하여 인물의 과거 행적을 드러내고 있다.

(7) 액자식 구성

> • **액자식 구성:** 이야기 속에 또 하나의 이야기가 들어 있는 형태로, 외부 이야기(외화)가 액자의
> 역할을 하고 내부 이야기(내화)가 핵심 이야기가 됨.

좋은 눈이었다. 바다의 넓고 큼이 유감없이 그의 눈에 나타나 있다. 그는 뱃사람이라 나는
짐작하였다.

"고향이 영유요?"

"예, 머, 영유서 나기는 했디만 한 이십 년 영윤 가보디두 않았시요."

"왜, 이십 년씩 고향엘 안 가요?"

"사람의 일이라니 마음대로 됩데까?"

그는, 왜 그러는지, 한숨을 짓는다.

"거저, 운명이 데일 힘셉디다."

운명의 힘이 제일 세다는 그의 소리는 삭이지 못할 원한과 뉘우침이 섞여 있다.

"그래요?"

나는 다만 그를 건너다볼 뿐이다.

한참 잠잠하니 있다가 나는 다시 말하였다.

"자, 노형의 경험담이나 한번 들어 봅시다. 감출 일이 아니면 한번 이야기해 보소."

"머, 감출 일은······."

"그럼, 어디 들어 봅시다그려."

그는 다시 하늘을 쳐다보았다. 그러나 좀 있다가,

"하디요."

하면서 내가 담배를 붙이는 것을 보고 자기도 담배를 붙여 물고 이야기를 꺼낸다.

"닛히디두 않는 십구 년 전 팔월 열하룻날 일인데요."

하면서 그가 이야기한 바는 대략 이와 같은 것이다.

그의 살던 마을은 영유 고을서 한 이십 리 떠나 있는, 바다를 향한 조고만 어촌이다. 그의
살던 조고만 마을(서른 집쯤 되는)에서는 그는 꽤 유명한 사람이었다.

그의 부모는 모두 열댓 세 났을 때 돌아갔고, 남은 사람이라고는 곁집에 딴살림하는 그의
아우 부처와 그 자기 부처뿐이었다. 그들 형제가 그 마을에서 제일 부자이고 또 제일 고기잡
이를 잘하였고 그중 글이 있었고 배따라기도 그 마을에서 빼나게 그 형제가 잘 불렀다. 말하
자면 그 형제가 그 동네의 대표적 사람이었다.

팔월 보름은 추석 명절이다. 팔월 열하룻날 그는 명절에 쓸 장도 볼 겸, 그의 아내가 늘
부러워하는 거울도 하나 사올 겸, 장으로 향하였다.

"당손네 집에 있는 것보다 큰 것이요. 닛디 말구요."

그의 아내는 길까지 따라나오면서 잊지 않도록 부탁하였다.

– 김동인, 「배따라기」 –

「배따라기」에서는 '나'와 '그'가 이야기를 나누는데 '그가 이야기한 바'가 작품 안에서 하나의
새로운 이야기로 펼쳐지고 있어. 즉 외부 이야기(외화)와 내부 이야기(내화)로 구성된 액자식 구성을
취하고 있는 거지. 이 경우 일반적으로 외화가 액자의 역할을 하고 내화가 핵심 이야기를 이루는데,

외화에서 내화로 진행되면서 시점이나 핵심 인물이 바뀌기도 해. 윗글에서도 외화는 '나'가 '그'에 대해 서술하는 1인칭 관찰자 시점으로 서술되고 있지만, 내화는 전지적 작가 시점으로 서술되고 있어.

STEP **2** 문제로 확인하기   해설 P.029

1~5 다음을 읽고 선지의 적절성을 판단해 보세요.

고1 2013학년도 6월

[앞부분의 줄거리] 신문 기자인 '나'는 어떤 줄광대에 관한 기사를 취재하기 위해 C읍으로 간다. 그곳에서 만난, 트럼펫을 불던 사내는 나에게 '허 노인'과 '운'에 대한 이야기를 들려준다.

허 노인이 줄을 타는 모습은 정말 아름다웠다. 천장 포장을 걷어 젖히고 넓은 밤하늘을 배경으로 허 노인은 흰 옷에 조명을 받으며 줄을 건너는 것이었는데, 발을 움직이는 것 같지도 않게 그냥 흘러가듯 조용히 줄을 건너가는 노인의 모습은 유령 같기도 하고, 어떤 때는 그냥 땅 위에서 하품을 하고 있는 것 같기도 했다. 이상한 것은 그렇게 줄을 타는 허 노인이었지만 줄에서 내려오면 그의 온몸은 언제나 땀에 흠뻑 젖어 있곤 했던 것이다. 그리고 단장은 그런 허 노인의 줄타기를 몹시도 싫어했다.

— 구경꾼 놈들의 간덩이를 덜컹덜컹 놀라게 해 주란 말야. 재주를 좀 부려, 재주를.

단장은 허 노인을 매번 나무랐다. 허 노인은 얼굴이 파랗게 질려서 대꾸도 못 하고 땀만 뻘뻘 흘리다간 단장 앞을 물러나오곤 했었다. 그러나 그 다음날도 허 노인은 여전히 전처럼 줄을 타는 것이었다. 운은 누가 뭐래도 허 노인이 그렇게 줄을 타는 것이 좋았고, 자기도 그렇게 줄을 탈 수 있기를 바랐다. 그러던 어느 날 밤, 줄 위에서 그렇게 유연하던 노인의 발길이 한 번 변을 일으켰다. 딱 한 번 노인의 발길이 가볍게 허공을 차는 듯한 동작을 하더니 줄이 잠시 상하 반동을 했다. 허 노인은 가만히 몸을 지탱하고 있다가 곧 다시 줄을 건너갔다. 누구도 그것을 실수로 생각한 사람은 없었다. 객석에 눈을 두고 있던 단장은 거기서 일어나는 무의식적인 함성에 놀라 하늘을 쳐다보았으나 줄이 상하로 조금씩 움직이는 것밖에 무슨 일이 일어났는지조차 알 수 없었던 것이다.

"허 노인이 줄을 잘 탔다고 하는 것은 운의 생각입니까, 혹은 노인의 생각입니까?"

나는 트럼펫의 사내가 숨을 좀 돌리게 하기 위하여 이야기로 뛰어들었다. 사내는 한마디 말을 하기 위해서 거의 한 번씩 숨을 들이쉬었다.

"그건 물론 운의 생각이었습니다."

"그럼 이상하지 않습니까, 노인께서 운의 생각을 말씀하신다는 것은?"

"그렇지요. 하지만 이렇게 누워서 많이 생각을 했지요. 그리고 운은 나와 나이가 가장 가까웠으니까 제가 그의 심중을 비교적 많이 이해하는 편이었고, 그도 제게만은 조금씩 얘기를 할 때가 있었습니다. 그리고 저는 그때 벌써 나팔장이가 다 되었으니까 웬만큼 나팔을 불어 주고 남은 시간을 대개 그 부자가 지내는 뒷마당에서 보냈었지요. 그런데 말입니다. 그러니까 허 노인이 한 번 발을 헛디뎠던 다음날이었지요. 마침 그 날도 나는 운이 줄타기 연습을 하는 것을 보고 있었는데, 이상하게도 그 날은 허 노인이 아들의 줄타기를 보면서 땀을 뻘뻘 흘리고 있었습니다. 나는 줄 위에 있는 운이 아니라 무섭도록 줄을 쏘아보고 있는 노인의 눈과 땀이 송송 솟고 있는 이마를 보고 있었습니다. 그런데 노인은 갑자기 '이놈아!' 하고 벽력같은 소리를 지르면서 줄 밑으로 내닫는 것이 아니겠습니까. 그때야 나는 줄 위를 쳐다보았지요. 그런데 운은 그 소리를 듣지 못한 채 그냥 줄을 건너가고 있었습니다.

— 이놈…… 너는 이 아비의 말도 듣지 않느냐?

운이 줄을 내려왔을 때 노인이 호령을 했으나, 그는 역시 어리둥절해 있기만 했어요. 내가 놀란 것은 그때 허 노인이 빙그레 웃었다는 것입니다. 그리고 부자는 그 길로 곧 함께 주막 술집을 찾아 들어갔습니다.”

사내의 이야기는 다시 계속되었다.

그날 주막에서 허 노인은 운에게 술잔을 따라 주고, 그날 밤으로 운을 줄로 오르라고 했다.

— 줄 끝이 멀리 보여서는 더욱 안 되지만, 가깝고 넓어 보여도 안 되는 법이다. 그 줄이라는 것이 눈에서 아주 사라져 버리고, 줄에만 올라서면 거기만의 자유로운 세상이 있어야 하는 게야. 제일 위험한 것은 눈과 귀가 열리는 것이다. 줄에서는 눈이 없어야 하고 귀가 열리지 않아야 하고 생각이 땅에 머무르지 않아야 한단 말이다.

노인은 조용조용 당부를 했다. 그 한마디 한마디는 마치 노인의 일생을 몇 개로 잘라서 압축해 놓은 듯한 무게와 힘과, 그리고 알 수 없는 깊이를 지니고 있었다. 자기의 전생애를 운에게 떠넘겨주려는 듯한 안간힘이 거기에는 있는 것 같았다. 운은 비로소 허 노인이 끝끝내 줄타기 자세를 바꾸지 못하는 내력을 알 것 같았다.

— 아버지, 이젠 줄을 그만두시고 좀 쉬십시오.

운이 말했으나 노인은 조용히 머리를 가로저었다.

— 줄에서 내 발바닥의 기력이 다했다고 다른 곳을 밟고 살겠느냐? 같이 타자.

그날 밤, 줄에는 두 사람이 함께 올라섰다. 운이 앞을 서고 허 노인이 뒤를 따랐다. 운이 줄을 다 건넜을 때는 객석이 뒤숭숭하니 난장판이 되어 있었다. 뒤를 따르던 허 노인이 줄에서 떨어져 이미 운명*을 하고 만 뒤였다.

— 이청준, 「줄」 —

•**운명:** 사람의 목숨이 끊어짐.

> ### 보기
>
> [A] 외부 이야기
>
> > [B] 내부 이야기

1. 윗글을 〈보기〉와 같이 구조화했을 때, 신문 기자인 '나'는 [A]의 서술자이다.　◎ ⊗
2. 윗글을 〈보기〉와 같이 구조화했을 때, '사내'는 [B]를 신문 기자 '나'에게 전해 준다.　◎ ⊗
3. 윗글을 〈보기〉와 같이 구조화했을 때, [B]의 사건들은 [A]의 사건들보다 시간상 앞서서 발생했다.
　◎ ⊗

　이때에 뜰아래 섰던 군사들이 일시에 달려들려 하니 토끼 무단히 허욕*을 내어 자라를 쫓아왔다가 수국원혼*이 되게 되니 이는 모다 자취(自取)한 화라, 누구를 원망하며 누구를 한하리오. 세상에 턱없이 명리(名利)*를 탐하는 자는 가히 이것을 보아 징계할지로다.

　이때에 토끼 이 말을 들으며 청천벽력이 머리를 깨치는 듯 정신이 아득하여 생각하되 '내 부질없이 영화부귀를 탐내어 고향을 버리고 오매 어찌 이 외의 변이 없을소냐. 이제 날개가 있어도 능히 위로 날지 못할 것이오, 또 축지(縮地)하는 술법이 있을지라도 능히 이때를 벗어나지 못하리니 어찌하리오.' 또 생각하되, '옛말에 이르기를 죽을 때에 빠진 후에 산다 하였으니 어찌 죽기만 생각하고 살아 갈 방책을 헤아리지 아니하리오.' 하더니 문득 한 꾀를 생각하고 이에 얼굴빛을 조금도 변치 아니하고 머리를 들어 전상을 우러러보며 가로되,

　"소토(小兎) 비록 죽을지라도 한 말씀 아뢰리다. 대왕은 천승의 임금이시오 소토는 산중의 조그마한 짐승이라 만일 소토의 간으로 대왕의 환후* 십분 나으실진대 소토 어찌 감히 사양하오며 또 소토 죽은 후에 후장하오며 심지어 사당까지 세워 주리라 하옵시니 이 은혜는 하늘과 같이 크신지라, 소토 죽어도 한이 없사오나 다만 애달픈 바는 소토는 비록 짐승이오나 심상한 짐승과 다르와 본디 방성정기를 타고 세상에 내려와 날마다 아침이면 옥같은 이슬을 받아 마시며 주야로 기화요초(琪花瑤草)*를 뜯어 먹으매 그 간이 진실로 영약*이 되는지라. 이러하므로 세상 사람이 모두 알고 매양 소토를 만난즉 간을 달라하와 보챔이 심하옵기로 그 괴로움을 견디지 못하와 염통과 함께 끄집어 청산녹수 맑은 물에 여러 번 씻사와 고봉준령 깊은 곳에 감추어 두옵고 다니옵다가 우연히 자라를 만나 왔사오니 만일 대왕의 환후 이러하온 줄 알았던들 어찌 가져오지 아니 하였으리오."

하며 또 자라를 꾸짖어 가로되,

　"네 임금을 위하는 정성이 있을진대 어이 이러한 사정을 일언반사도 날 보고 말하지 아니하였느뇨."

하거늘 용왕이 이 말을 듣고 크게 노하여 꾸짖어 가로되,

　"네 진실로 간사한 놈이로다. 천지간에 온갖 짐승이 어이 간을 출입할 이치가 있으리오. 네 얕은 꾀로 과인을 속여 살기를 도모하니 과인이 어이 근리(近理)치 아닌 말에 속으리오. 네 과인을 기만한 죄 더욱 큰지라. 빨리 너의 간을 내어 일변 과인의 병을 고치며 일변 과인을 속이는 죄를 다스리리라."

– 작자 미상, 「별주부전(鼈主簿傳)」 –

*허욕: 헛된 욕심.

*원혼: 분하고 억울하게 죽은 사람의 넋

*명리: 명예와 이익을 아울러 이르는 말.

*환후: 웃어른의 병을 높여 이르는 말.

*기화요초: 옥같이 고운 풀에 핀 구슬같이 아름다운 꽃.

*영약: 영묘한 효험이 있는 신령스러운 약.

4. 액자식 구성을 활용하여 인물의 삶의 내력을 소개하고 있다.

　　우리 장인님은 약이 오르면 이렇게 손버릇이 아주 못됐다. 또 사위에게 이 자식 저 자식하는 이놈의 장인님은 어디 있느냐. 오죽해야 우리 동리에서 누굴 물론하고 그에게 욕을 안 먹는 사람은 명이 짜르다, 한다. 조그만 아이들까지도 그를 돌라세 놓고 욕이 (본 이름이 봉필이니까), 욕필이, 하고 손가락질을 할 만치 두루 인심을 잃었다. 허나 인심을 정말 잃었다면 욕보다 읍의 배 참봉 댁 마름*으로 더 잃었다. 번이 마름이란 욕 잘하고 사람 잘 치고 그리고 생김 생기길 호박개 같아야 쓰는 거지만 장인님은 외양이 똑 됐다. 작인*이 닭 마리나 좀 보내지 않는다든가 애벌논 때 품을 좀 안준다든가 하면 그해 가을에는 영락없이 땅이 뚝뚝 떨어진다. 그러면 미리부터 돈도 먹이고 술도 먹이고 안달재신으로 돌아치던 놈이 그 땅을 슬쩍 돌라안는다. 이 바람에 장인님 집 빈 외양간에는 눈깔 커다란 황소 한 놈이 절로 엉금엉금 기어들고, 동리 사람들은 그 욕을 다 먹어가면서도 그래도 굽신굽신하는 게 아닌가 ―

　　그러나 내겐 장인님이 감히 큰 소리할 계제가 못 된다.

　　뒷 생각은 못 하고 뺨 한 개를 딱 때려 놓고는 장인님은 무색해서 덤덤히 쓴침만 삼킨다. 난 그 속을 퍽 잘 안다. 조금 있으면 갈도 꺾어야 하고 모도 내야 하고, 한창 바쁜 때인데 나 일 안 하고 우리 집으로 그냥 가면 고만이니까. 작년 이맘때도 트집을 좀 하니까 늦잠 잔다고 돌멩이를 집어 던져서 자는 놈의 발목을 삐게 해놨다. 사날씩이나 건승 끙, 끙, 앓았더니 종당에*는 거반 울상이 되지 않았는가 ―

　　"애, 그만 일어나 일 좀 해라. 그래야 올갈에 벼 잘 되면 너 장가 들지 않니."

　　그래 귀가 번쩍 띄어서 그날로 일어나서 남이 이틀 품* 들일 논을 혼자 삶아 놓으니까 장인님도 눈깔이 커다랗게 놀랐다. 그럼 정말로 가을에 와서 혼인을 시켜 줘야 원 경우가 옳지 않겠나. 볏섬을 척척 들여 쌓아도 다른 소리는 없고 물동이를 이고 들어오는 점순이를 담배통으로 가리키며,

　　"이 자식아 미처 커야지. 조걸 데리고 무슨 혼인을 한다고 그러니 원!" 하고 남 낯짝만 붉게 해 주고 고만이다.

(중략)

　　그 전날 왜 내가 새고개 맞은 봉우리 화전밭을 혼자 갈고 있지 않았느냐. 밭 가생이로 돌 적마다 야릇한 꽃내가 물컥물컥 코를 찌르고 머리 위에서 벌들은 가끔 봉, 봉, 소리를 친다. 바위 틈에서 샘물 소리밖에 안 들리는 산골짜기니까 맑은 하늘의 봄볕은 이불 속같이 따스하고 꼭 꿈꾸는 것 같다. 나는 몸이 나른하고 몸살(을 아직 모르지만 병)이 나려고 그러는지 가슴이 울렁울렁하고 이랬다.

　　"어러이! 말이! 맘 마 마…….."

　　이렇게 노래를 하며 소를 부리면 여느 때 같으면 어깨가 으쓱으쓱한다. 웬일인지 밭 반도 갈지 않아서 온몸의 맥이 풀리고 대고 짜증만 난다. 공연히* 소만 들입다 두들기며 ―

　　"안야! 안야! 이 망할 자식의 소 (장인님의 소니까) 대리를 꺾어 줄라."

　　그러나 내 속은 정말 안야 때문이 아니라 점심을 이고 온 점순이의 키를 보고 울화가 났던 것이다.

　　점순이는 뭐 그리 썩 이쁜 계집애는 못 된다. 그렇다구 또 개떡이냐 하면 그런 것도 아니고, 꼭 내 아내가 돼야 할 만치 그저 툽툽하게 생긴 얼굴이다. 나보다 십 년이 아래니까 올해 열여섯인데 몸은 남보다 두 살이나 덜 자랐다. 남은 잘도 휜칠히들 크건만 이건 위아래가 몽툭한 것이 내 눈에는 헐없이 감참외 같다. 참외 중에는 감참외가 젤 맛 좋고 이쁘니까 말이다. 둥글고 커단 눈은 서글서글하니 좋고 좀 지쳐 찢어졌지만 입은 밥술이나 훅훅이 먹음직하니

● **마름:** 지주를 대리하여 소작권을 관리하는 사람.

● **작인:** 다른 사람의 농지를 빌려 농사를 짓고 그 대가로 사용료를 지급하는 사람.

● **종당에:** 뒤에 이르러 마침내.

● **품:** 1) 어떤 일에 드는 힘이나 수고.
2) 삯을 받고 하는 일.

● **공연히:** 아무 까닭이나 실속이 없게.

좋다. 아따 밥만 많이 먹게 되면 팔자는 고만 아니냐. 헌데 한 가지 파가 있다면 가끔 가다 몸이 (장인님은 이걸 채신이 없이 들까분다고 하지만) 너무 빨리빨리 논다. 그래서 밥을 나르다가 때 없이 풀밭에서 깨빡을 쳐서 흙투성이 밥을 곧잘 먹인다. 안 먹으면 무안해할까 봐서 이걸 씹고 앉았노라면 으적으적 소리만 나고 돌을 먹는 겐지 밥을 먹는 겐지 —

그러나 이날은 웬일인지 성한 밥채로 밭머리에 곱게 내려놓았다. 그리고 또 내외를 해야 하니까 저만큼 떨어져 이쪽으로 등을 향하고 웅크리고 앉아서 그릇 나기를 기다린다.

내가 다 먹고 물러섰을 때 그릇을 와서 챙기는 데 그런데 난 깜짝 놀라지 않았느냐. 고개를 폭 숙이고 밥함지에 그릇을 포개면서 날더러 들으라는지 혹은 제 소린지,

"밤낮 일만 하다 말 텐가!" 하고 혼자서 종알거린다. 고대 잘 내외하다가 이게 무슨 소린가, 하고 난 정신이 얼떨떨했다. 그러면서도 한편 무슨 좋은 수나 있는가 싶어서 나도 공중을 대고 혼잣말로,

"그럼 어떻게?" 하니까,

"성례[•]시켜 달라지 뭘 어떻게." 하고 되알지게 쏘아붙이고 얼굴이 발개져서 산으로 그저 도망질을 친다.

나는 잠시 동안 어떻게 되는 셈판인지 맥을 몰라서 그 뒷모양만 덤덤히 바라보았다.

봄이 되면 온갖 초목이 물이 오르고 싹이 트고 한다. 사람도 아마 그런가 보다, 하고 며칠 내에 부쩍 (속으로) 자란 듯 싶은 점순이가 여간 반가운 것이 아니다.

- 김유정, 「봄 · 봄」 -

•**성례:** 혼인의 예식을 지냄.

5. 다른 사람의 체험을 듣고 독자에게 전해주는 액자식 구성을 취하고 있다.

(8) 직접 제시, 간접 제시

- **직접 제시**: 서술자가 인물의 성격, 특성을 직접적으로 요약해서 설명하는 것.
- **간접 제시**: 인물의 성격, 심리를 외양, 대사, 행동을 통해 드러내는 것.

직접 제시는 서술자가 직접 인물에 대해 설명해 주는 것이기 때문에 작가의 의도는 분명하게 전달되지만, 독자의 상상적 참여는 제한되는 경향이 있어. 반면 간접 제시를 활용하면 인물의 외양 묘사나 대사, 행동 등을 통해 인물의 성격이나 심리가 제시되기 때문에 독자 스스로 인물이나 사건에 대해 판단하게 되며 현장감을 획득할 수 있지.

> 재종숙은 아무래도 김만호 씨보다는 강 목사에 더 애착이 가는 것 같았다.
>
> "둘은 소학교와 농업학교를 같이 다녔고. 이 지역에서는 그래도 똑똑하다고 소문이 나 있던 사람들이었지. 강 목사는 농업학교를 나온 후 이곳 소학교에서 교편을 잡으면서* 밤이면 야학*을 하였어. 나도 토요일이나 방학에 집에 와서는 그 일을 도와 드렸지."
>
> 그러는 사이에 강 목사와 김만호 씨는 자주 다투게 되었다. 한쪽에서는 일본 말을 가르치는 일을 못마땅히 생각하였고, 한편에서는 세상 돌아가는 형편을 외면한 채 저 잘난 척한다고 생각하였다. 그러는 동안 결국 한글 강습소는 문을 닫아야 하였고 강 목사는 고향을 떠나야 하였다.
>
> "이봐, 그때 그 한글 강습소를 폐쇄시킨 게 바로 김만호였어. 우리가 주재소*에 가서 혼이 나도록 당한 것도 다 뒤에서 그 작자가 조종을 한 거야. 나도 학교를 마치지도 않고 고향에 있을 수가 없어서 일본으로 떠나 버렸어. 귀찮은 일이 자꾸 따라다녔지."
>
> 재종숙은 그때 일을 바로 어제 일같이 말하였다.
>
> "그 일뿐이 아니라고. 참으로 못할 짓 많이 하였지. 그런데 내가 해방이 되어서 고향에 돌아와 보니까. 아니 어디 숨어 있는 줄 알았던 그가 아주 요란스럽게 행세를 하고 있었어. 난 그 꼴이 보기 싫어서 다시 일본으로 들어가 버렸지만……."
>
> – 현길언, 「신열(身熱)」 –

- **교편을 잡다**: 학교에서 교사 생활을 하다.
- **야학**: '야간 학교'를 줄여 이르는 말.
- **주재소**: 일제 강점기에 순사가 머무르면서 사무를 맡아보던 경찰의 말단 기관.

「신열」에서는 '재종숙'과의 대화를 통해 '김만호 씨'와 '강 목사'의 성격이나 특성이 드러나고 있으니 인물의 성격이 간접 제시되었다고 볼 수 있는데, 이를 '보여 주기'라고도 해. 반면 윗글에서와 같은 대화 대신, '강 목사는 일제 강점기 야학을 열어 한글을 가르치던 자기 희생적인 인물이었다. 반면 김만호 씨는 오직 자신의 성공과 출세에만 관심이 있는 기회주의자였다.'와 같은 서술자의 서술로 두 인물의 성격이 제시되었다면, 이는 직접 제시 또는 '말하기'라고 할 수 있어.

1~3 다음을 읽고 선지의 적절성을 판단해 보세요.

고1 2019학년도 6월

[앞부분의 줄거리] 경기도 장단에 사는 선비 김 주부는 무남독녀 매화를 슬하*에 두고 있었다. 조정의 간신들이 김 주부를 해치려고 하자, 그는 매화를 남장시켜 길거리에 두고 부인과 함께 구월산으로 몸을 피한다. 부모를 잃은 매화는 조 병사 집 시비에게 발견되어 그 집 아들인 양유와 함께 글공부를 하면서 성장한다.

　이때에 양유 매화를 찾아 학당으로 돌아오매 매화 눈물 흔적 있거늘 양유가 가로되,
　"그대 어찌하여 먼저 왔으며 슬픈 기색이 있느뇨. 아마도 곡절이 있도다. 오늘 사람들이 여자가 남복을 입었다 하니 그 일로 그러한가 싶으니 그럼 여자가 분명한가?"
하더라. 매화 흔연히* 웃으며 가로되,
　"어린아이 부모를 생각하니 어찌 아니 슬프리요. 또 내 몸이 여자면 여자로 밝히고 길쌈을 배울 것이지 남복을 입고 남을 속이리요. 본디 골격이 연연하매 지각없는 사람들이 여자라 하거니와, 일후 장성하여 골격이 웅장하면 장부 분명하올지라."
하고 단정히 앉아 풍월을 읊으니 소리 웅장하여 호치(皓齒)를 들어 옥반(玉盤)을 치는 듯 진시 남자의 소리 같은지라. 양유 그 소리 들으며 남자가 분명하되 이향(異香)이 만당(滿堂)하여 다만 매화의 태도를 보고 마음만 상할 따름일러라.
　이때는 놀기 좋은 춘삼월이라. 춘풍을 못 이겨 양유 매화를 데리고 경개(景槪)*를 따라 놀더니 서로 풍월 지어 화답하매 매화 양유 글을 받아 보니 하였으되,

　　양유선득춘(楊柳先得春) 양유는 먼저 봄빛을 얻었는데,
　　매화하불락(梅花何不樂) 매화는 어찌 즐겁지 아니하는고.

하였더라. 양유가 매화의 글을 받아 보니 하였으되,

　　호접미지화(胡蝶未知花) 나비가 꽃을 알지 못하고,
　　원앙부득수(鴛鴦不得水) 원앙새가 물을 얻지 못하였도다.

하였거늘 이에 양유가 그 글을 받아 보고 크게 놀라 기뻐하여 가로되,
　"그대 행색이 다르기로 사랑하였더니 풍모가 정녕 여자로다. 그러하면 백년해로 어떠하뇨."
　매화 고개를 숙이고 수색(愁色)*이 만안하여* 가로되,
　"나는 과연 여자이거니와 그대는 사부(士夫)집 자제요, 나는 유리걸식* 하는 사람이라. 어찌 부부 되기 바라리요. 낸들 양지작을 모르리요마는 피차 부모의 명이 없삽고 또한 예절을 행치 못하면 문호*에 욕이 되올 것이니 어찌 불효짓을 하리요. 부모의 명을 받아 백년해로 한다면 낸들 아니 좋으리까."
　양유 희색*이 만안하여 가로되,
　"그대 말이 당연하도다."
　마침 이때에 시비 옥란이 급히 와 여쭈오되,
　"외당에 상객*이 왔으매 생원님이 급히 찾나이다."
　양유 매화를 데리고 외당으로 들어가매 과연 상객이 있는지라. 병사가 가로되,
　"두 아이 상을 보라."
　한대 상객이 가로되,
　"매화의 상을 보니 여자로소이다."

*슬하: 무릎의 아래라는 뜻으로, 어버이나 조부모의 보살핌 아래.

*흔연히: 기쁘거나 반가워 기분이 좋게.

*경개: 산이나 들, 강, 바다 따위의 자연이나 지역의 모습.

*수색: 근심스러운 기색.

*만안하다: 얼굴에 가득하다.

*유리걸식: 정처 없이 떠돌아다니며 빌어먹음.

*문호: 대대로 내려오는 그 집안의 사회적 신분이나 지위.

*희색: 기뻐하는 얼굴빛.

*상객: '관상가'를 낮잡아 이르는 말.

병사가 가로되,

"그대 상을 잘못 보았도다. 어찌 여자라 하리요."

상객이 가로되,

"여자가 남복을 입고 남을 속이려니와, 내 눈에 어찌 벗어나리요."

매화 무료하여 학당에 돌아가니라. 양유의 상을 보고 가로되,

"내두(來頭)*에 일국의 재상이 되었으되, 불쌍코 가련토다. 나이 16세 되면 호식(虎食)*할 상이오니 어찌 가련치 아니하리요."

병사가 크게 놀라 가로되,

"어디서 미친놈이 상객이라 하고 왔도다."

하인을 불러 쫓아내라 한대 상객 일어나 두 걸음에 인홀불견(仞忽不見)*이거늘 실로 고이하여 살펴보니 상객 앉았던 자리에 한 봉서 놓였거늘 즉시 개탁(開拆)*하니 하였으되,

'양유와 매화로 부부 아니 되면 임진 3월 초삼일에 필연 호식(虎食)하리라.'

하였더라. 병사 대경하여 무수히 슬퍼하다가 매화를 불러 가로되,

"너를 보고 여자라 하니 실로 고이하도다."

하시고 무수히 슬퍼하시거늘 매화 두 번 절하고 가로되,

"소녀 어찌 기망(欺罔)*하오리까. 소녀 과연 여자로소이다. 일찍 부모를 이별하옵고 일신을 감출 길 없사와 남복을 입고 기망하였사오니 죄를 범하였나이다."

하거늘 병사 크게 놀라며 또한 크게 기뻐하여 더욱 사랑하여 가로되,

"오늘부터 내당에 들어가 출입치 말라."

하시고 매화의 손을 이끌어 내당에 들어가 부인을 대하여 가로되,

"매화는 여자라 하니 어찌 사랑치 아니하리요. 행실을 가르치라."

하거늘 최 씨 부인이 크게 기뻐하여 연연하더라.

– 작자 미상, 「매화전」 –

•**내두**: 지금부터 다가오게 될 앞날.
•**호식**: 호랑이에게 잡아 먹힘.
•**인홀불견**: 보이다가 슬쩍 없어져 보이지 않음.
•**개탁**: 봉한 편지나 서류를 뜯음.
•**기망**: 그럴듯하게 속여 넘김.

1. 인물의 심리를 서술자가 직접 제시하여 독자의 이해를 돕고 있다.　　　　　　

고2 2016학년도 3월

그날 저녁때 황 진사가 온 것을 보고, 숙부님이,

"일재, 여기 젊고 돈 있는 색시가 있는데 장가 안 들라우?" / 하고 물어보았다.

"아, 들면야 좋지만 선생도 아시다시피 천량*이 있어야지."

하는 그의 얼굴에는 완연히 희색이 넘쳤다.

그의 얼굴에 희색이 넘침을 보신 숙모님은 돈이 없어도 장가를 들 수 있다는 것과, 장가만 들게 되면 깨끗한 의복에 좋은 음식도 먹을 수 있으리라 하는 것을 일러 주신즉,

"아, 그럼야 여북 좋갔수, 규수 나인 몇 살이구…… 집안도 이름 있구……."

그는 연방 입이 벌어져 침을 흘리며 두 눈에 난데없는 광채를 띠고 숙모님께로 대어드는 판이었다.

"과부래야 이름 아깝지 뭐, 이제 나이 삼십밖에 안 된 걸⋯⋯."

숙모님도 신명이 나는 모양으로 이렇게 자랑삼아 말한즉, 황 진사는 갑자기 낯빛이 홱 변해지며,

"아 규, 규수가, 시방 말씀한 그 규수가, 과, 과부란 말씀유?" / 이렇게 물었다.

"왜 그류."

한순간 침묵이 흘렀다. 황 진사의 닫힌 입 가장자리에 미미한 경련이 일어나며, 힘없이 두 무르팍 위에 놓인 그의 두 손은 불불불 떨리고 있었다. 벽에 걸린 시계 소리가 똑딱똑딱 하고 들리었다. 그는 조용히 고갯짓부터 좌우로 돌렸다.

"당찮은 말씀유⋯⋯ 흥, 과, 과부라니 당하지 않은 말씀을⋯⋯."

그는 곧 호령이라도 내릴 듯이 누렇게 부은 두 볼이 꿈적꿈적하며 노기 띤 눈을 부라리곤 하더니, 엄숙한 목소리로,

"황후암(黃厚庵) 육대 직손이유." / 하고 다시,

"황후암 육대 직손이 그래 남의 가문에 출가했던 여자한테 장가들다니 당하기나 한 소리요⋯⋯ 선생도 너무나 과도한 말씀이유."

– 김동리, 「화랑의 후예」 –

•천량: 개인 살림살이의 재산.

2. 행동 묘사와 대화를 통해 인물의 특성을 제시하고 있다.

 2020학년도 6월

[앞부분의 줄거리] 조준구와 아내 홍 씨는 서희가 물려받아야 할 최 참판가의 재산을 가로채고, 하인 삼수를 내세워 마을 사람들을 착취한다. 한편, 윤보는 의병 자금을 확보하기 위해 최 참판가 습격을 준비하는데 삼수가 찾아온다.

"아무리 그리 시치미를 떼 쌓아도 알 만치는 나도 알고 있으니께요. 머 내가 훼방을 놓자고 찾아온 것도 아니겠고, 나는 나대로 생각이 있어서 온 긴데 너무 그러지 마소. 한마디로 딱 짤라서 말하겠소. 왜눔들하고 한통속인 조가 놈을 먼지 치고 시작하라 그 말이오. 고방에는 곡식이 썩을 만큼 쌓여 있고 안팎으로 쌓인 기이 재물인데 큰일을 하자 카믄 빈손으로 우찌 하겠소. 그러니 왜눔과 한통속인 조가부터 치고 보믄 꿩 묵고 알 묵는 거 아니겠소."

"야아가 참 제정신이 아니구마는."

"하기사 전력이 있으니께 나를 믿지 않는 것도 무리는 아니겠소. 하지마는 두고 보믄 알 거 아니오?"

"야, 야 정신 산란하다. 나는 원체 입이 무겁고 또 초록은 동색이더라도 내 안 들은 거로 해 둘 기니 어서 돌아가거라. 공연히 신세 망칠라."

윤보는 삼수 등을 민다.

"이거 놓으소. 누가 안 가까 바 이러요? 지내 놓고 보믄 알 기니께요. 내가 머 염탐이라도 하러 온 줄 아요? 흥, 그랬을 양이믄 벌써 조가 놈한테 동네 소문 고해바칠일 기고 읍내서 순사가 와도 몇 놈 왔일 거 아니오."

큰소리로 지껄이며 삼수는 언덕을 내려간다.

'빌어묵을, 이거 다 된 죽에 코 빠지는 거 아닌지 모르겠네. 날을 다가야겄다.'

[A]
　　삼수가 왔다 간 다음 날 밤, 자정이 넘었다. 칠흑의 밤을 타고 덩어리 같은 침묵을 지키며 타작마당에 장정들이 모여들었다. 마을에서는 개들이 짖는다. 불은 켜지 않았지만 집집에선 인적기가 난다. 언덕 위의 최 참판댁은 어둠에 묻혀 위엄에 찬 그 형태는 보이지 않는다. 타작마당에서는 윤보의 그 우렁우렁한 목소리가 평소보다 얕게 울리고, 이윽고 횃불이 한 개 두 개 또 세 개, 계속하여 늘어나고 그 횃불은 움직이기 시작한다.

[중략 부분의 줄거리] 윤보 일행이 습격하자 조준구와 홍 씨는 사당 마루 밑에 숨어 있다가 삼수의 도움을 받는다. 윤보 일행이 떠나고 날이 밝았다.

　　"서희 이, 이년! 썩 나오지 못할까!"
　　나오길 기다릴 홍 씨는 아니다. 방문을 박차고 들어가서 서희를 끌어 일으킨다.
　　"네년 소행*인 줄 뉘 모를 줄 알았더냐? 자아! 내 왔다! 이제 죽여 보아라! 화적 놈 불러들일 것 없이!"
　　나오지 않는 목청을 뽑으며, 거품이 입가에 묻어 나온다.

[B]
　　"자아! 자아! 못 죽이겠니?"
　　손이 뺨 위로 날았다. 앞가슴을 잡고 와락와락 흔들어 댄다. 서희 얼굴이 흙빛으로 변한다. 울고 있던 봉순이,
　　"왜 이러시오!"
　　달려들어 서희 몸을 잡아당기니 실 뜯어지는 소리와 함께 홍 씨 손에 옷고름이 남는다.
　　"감히 누굴! 감히!"
　　하다가 별안간 방에서 뛰쳐나간다. 맨발로 연못을 향해 몸을 날린다. 그는 죽을 생각을 했던 것이다.
　　"애기씨!"
　　울부짖으며 봉순이 뒤쫓아 간다.
　　"죽어라! 죽어! 잘 생각했어! 어차피 너는 산목숨은 아니란 말이야! 죽고 남지 못할 거란 말이야!"
　　고래고래 소리를 지른다. 서희는 연못가에서 걸음을 뚝 멈춘다. 돌아본다. 흙빛 얼굴에 웃음이 지나간다.
　　"내가 왜 죽지? 누구 좋아하라고 죽는단 말이냐?"
　　나직한 음성이다. 홍 씨 눈을 똑바로 주시한다.
　　"사람 영악한 것은 범보다 더 무섭다는 말 못 들으셨소?"

－ 박경리, 「토지」 －

•소행: 이미 해 놓은 일이나 짓.

3. [A]는 장면에 대한 관찰을 중심으로 서술하고, [B]에는 인물의 내면에 대한 직접적 서술이 나타난다.

(9) 요약적 제시

STEP 1 개념 이해하기

> • **요약적 제시:** 사건 전개를 서술할 때 대화나 행동을 보여 주거나 묘사하지 않고 이를 간략하게
> 요약하여 서술하는 것.

각설. 이때 남관장이 장계(狀啓)˙를 올리거늘 천자 즉시 뜯어 열어 보시니

'오왕(吳王)과 초왕(楚王)이 반하여 지금 장안을 범하고자 하옵나이다. 오왕은 구덕지를
얻어 대원수를 삼고, 초왕은 장맹길을 얻어 선봉을 삼아 장수 천여 명과 군사 십만을 거느려
호주 북지 십여 성을 항복 받고 형주자사 완태를 베고 짓쳐오매 소장의 힘으로는 방비할
길이 없사와 감히 아뢰오니 엎드려 바라옵건대 황상은 어진 명장을 보내어 막으소서.'

하였거늘, 천자 보시고 크게 곤란하사 온 조정의 신하들을 모아 의논하시되 우승상 명연태
아뢰기를,

"이 도적을 좌승상 평국을 보내어 방비하올 것이니 급히 영을 내려 부르옵소서."

천자 들으시고 한참 뒤에,

"평국이 전일에는 출세하였기로 불러 국사를 의논하였거니와 지금은 규중 여자라 어찌 영
으로 불러 들여 전장에 보내리오."

— 작자 미상, 「홍계월전」 —

• **장계:** 신하가 임금에게 올리는 일이나 문서.

이때 대사가 웅을 데리고 신통한 술법을 의논하더니 이러구러 삼 년이 되었는지라.

일일은 웅이 부인께 여쭙되,

"소자 처음에 이리로 올 적에 선생께 기약을 정하고 왔사오니, 이제 슬하˙를 잠깐 떠나 선생
께서 실망하시는 탄식이 없게 하겠나이다."

하니, 부인이 새로이 슬퍼 왈,

"여러 해 그리던 마음을 다 펴지 못하고 또 가려 하니, 네 말은 당연하나 정리(情理)˙에 절박
하고 또 사람의 일을 알지 못하나니 네 회환(回還)이 더딜진대 네 거처를 어디 가서 찾으
리오?"

월경 대사 왈,

"부인은 추호˙도 염려치 마소서. 공자의 거처는 소승이 알고 있나이다."

부인이 이미 대사의 신기함을 아는지라, 부인 왈,

"만일 대사가 아니면 객지에서 어찌 우리 모자가 서로 의지하리오?"

하고 웅에게 왈,

"부디 네 선생을 보고 속히 돌아오라."

당부하니, 웅이 하직하고 말을 달려 수일 만에 관산에 이르니 이전에 보던 산천이 모두
반기는 듯하더라.

— 작자 미상, 「조웅전」 —

• **슬하:** 무릎의 아래라는 뜻으로, 어버
이나 조부모의 보살핌 아래.

• **정리:** 인정과 도리를 아울러 이르는
말.

• **추호:** 매우 적거나 조금인 것을 비유
적으로 이르는 말.

요약적 제시는 중요한 내용만을 압축하여 설명하는 거야. 「홍계월전」에서는 '오왕'과 '초왕'이
쳐들어왔다는 사건의 정보가 요약적으로 제시되고 있고, 「조웅전」에서는 '이때 대사가 웅을 데리고
신통한 술법을 의논하더니 이러구러 삼 년이 되었는지라.'와 같이 삼 년 동안의 일이 압축되어

사건이 전개되고 있어.

요약적 제시를 활용하는 경우 사건이 진행되는 속도, 즉 사건 전개 속도는 빠르다고 할 수 있지. 반면에 장면이 구체화되면 사건 전개는 느려지기 마련이야. 「조웅전」에서는 압축적으로 장면이 제시된 부분에 뒤이어 '조웅', '부인', '월경 대사'의 대화가 이어지면서 사건이 비교적 느리게 전개되고 있어. 이런 경우 사건 전개의 완급을 조절하고 있다고 표현할 수 있어.

대부분의 작품에서는 직접 제시, 간접 제시, 요약적 제시가 섞여서 나타나. 따라서 이에 대해 선지에서 물어보는 경우, 지문의 어떤 부분에 대한 서술 방법을 물어본 것인지를 정확히 확인하여 판단하도록 하자.

STEP 2 문제로 확인하기

해설 P.030

1~3 다음을 읽고 선지의 적절성을 판단해 보세요.

고1 2021학년도 6월

초시는 이날 저녁에 박희완 영감에게서 들은 이야기를 딸에게 하였다. 실패는 했을지라도 그래도 십수 년을 상업계에서 논 안 초시라 출자(出資)˚를 권유하는 수작만은 딸이 듣기에도 딴 사람인 듯 놀라웠다. 딸은 즉석에서는 가부를 말하지 않았으나 그의 머릿속에서도 이내 잊혀지지는 않았던지 다음 날 아침에는, 딸 편이 먼저 이 이야기를 다시 꺼내었고, 초시가 박희완 영감에게 묻던 이상을 시시콜콜히 캐어물었다. 그러면 초시는 또 박희완 영감 이상으로 손가락으로 가리키듯 소상히 설명하였고 1년 안에 청장˚을 하더라도 최소한도로 50배 이상의 순이익이 날 것이라 장담 장담하였다.

딸은 솔깃했다. 사흘 안에 연구소 집을 어느 신탁 회사에 넣고 3천 원을 돌리기로 하였다. 초시는 금시발복˚이나 된 듯 뛰고 싶게 기뻤다.

"서 참위 이놈, 날 은근히 멸시했것다. 내 굳이 널 시켜 네 집보다 난 집을 살 테다. 네깟 놈이 천생 가쾌˚지 별거냐……."

그러나 신탁 회사에서 돈이 되는 날은 웬 처음 보는 청년 하나가 초시의 앞을 가리며 나타났다. 그는 딸의 청년이었다. 딸은 아버지의 손에 단 1전도 넣지 않았고 꼭 그 청년이 나서 돈을 쓰며 처리하게 하였다. 처음에는 팩 나오는 노염˚을 참을 수가 없었으나 며칠 밤을 지내고 나니, 적어도 3천 원의 순이익이 오륙만 원은 될 것이라, 만 원 하나야 어디로 가랴 하는 타협이 생기어서 안 초시는 으슬으슬 그, 이를테면 사위 녀석 격인 청년의 뒤를 따라나섰다.

[A] ┌─ 1년이 지났다.
│ 모두 꿈이었다. 꿈이라도 너무 악한 꿈이었다. 3천 원 어치 땅을 사놓고 날마다 신문을 훑어보며 수소문을 하여도 거기는 축항˚이 된단 말이 신문에도, 소문에도 나지 않았다. 용당포(龍塘浦)와 다사도(多獅島)에는 땅값이 30배가 올랐느니 50배가 올랐느니 하고 졸부들이 생겼다는 소문이 있어도 여기는 감감소식˚일 뿐 아니라 나중에 역시 이것도 박희완 영감을 통해 알고 보니 그 관변 모씨에게 박희완 영감부터 속아 떨어진 것이었다. 축항 후보지로 측량까지 하기는 하였으나 무슨 결점으로인지 중지되고 마는 바람에 너무 기민
└─ 하게 거기다 땅을 샀던, 그 모씨가 그 땅 처치에 곤란하여 꾸민 연극이었다.

– 이태준, 「복덕방」 –

˚**출자**: 자금을 내는 일. 특히 회사나 조합 따위 공공사업을 수행하기 위하여 구성원이 자본을 내는 일을 이른다.

˚**노염**: '노여움'의 준말.

˚**감감소식**: 소식이나 연락이 전혀 없는 상태.

1. [A]는 요약적 서술을 통해 사건의 전모˙가 드러나고 있다.

•**전모**: 전체의 모습. 또는 전체의 내용.

고2 2020학년도 3월

　안악굴서 멧돼지와 노루의 함정을 파놓은 것이 이 장군이 한 사람만은 아니었다. 그날 하필 사냥을 나왔던 순사부장이 빠진다는 것이 알고 보니 여러 함정 중에 장군이가 파놓은 함정이었다.

　그래서 장군이는 쩔름거리는 순사부장의 뒤를 따라 그의 묵직한 총을 메고 경찰서로 들어왔고 경찰서에 들어와선 처음엔 귀때기깨나 맞았으나 다음날로부터는 저희 집 관솔불이나 상사발에 대어서는 너무나 문화적인 전기등 밑에서 알미늄 벤또에다 쌀밥만 먹고 지내다가 스무 날 만에 집으로 나오는 길이었다.

[중략 부분의 줄거리] 경찰서에서 나와 집으로 돌아오던 장군이는 자신의 처지를 돌아보고 발걸음이 무거워짐을 느낀다.

　철둑을 넘어서 안악굴로 올라가는 길섶에 들면 되다 만 방앗간이 하나 있다. 돌각담으로 담만 둘러쌓고 확˙도 아직 만들지 않았고 풍채도 없다. 그러나 물 받을 자리와 물 빠질 보통˙은 다 째어 놓았고, 제법 주머니방아는 못 되더라도 한참 만에 한 번씩 뒷박질하듯 하는 통방아채 하나만은 확만 파 놓으면 물을 대어 봐도 좋게 손이 떨어진 것이었다.

　장군이는 가을에 들어 이것으로 쌀되나 얻어먹어 볼까 하고 여름내 보통을 낸다 돌각담을 쌓는다, 빚을 마튼 냥 가까이 내어 가지고 방아채 재목을 사고 목수 품을 들이면서 거의 끝을 마쳐 가는데 소문이 나기를, 새 술막˙ 장풍언네가 발동긴가 무슨 조화방안가 하는 걸 사 온다고 떠들어들 대었다. 그리고 발동기는 하루 쌀을 몇 백 말도 찧으니까, 새 술막에 전에부터 있던 물방아도 세월이 없으리라 전하였다.

　알고 보니 아닌 게 아니라 장풍언네는 아들이 서울 가서 발동기를 사오고 풍채를 사오고, 그리고는 미리부터 찧는 삯이 물방아보다 적다는 것, 아무리 멀어도 저희가 일군을 시켜 찧을 것을 가져가고 찧어서는 배달까지 해 준다는 것을 광고하였다. 이렇게 되고 보니 벼 두어 섬만 찧으려도 밤늦도록 관솔불을 켜가지고 북새를 놀게 더디기도 하려니와, 까부름˙ 새를 모두 곡식 임자가 가서 거들어 줘야 되는 물방아로 찾아올 사람이 있을 것 같지 않았다. 이래서 장군이는 여름내 방아터를 잡느라고 세월만 허비하고, 게다가 빚까지 진 것을 중도에 손을 떼고 내어던지지 않을 수 없이 된 것이다.

－ 이태준, 「촌뜨기」－

•**술막**: 주막.

2. 인물과 관련된 사건의 추이˙를 요약적으로 서술하여 인물에 대한 독자의 이해를 돕고 있다.

•**추이**: 일이나 형편이 시간의 경과에 따라 변하여 나감. 또는 그런 경향.

뒤에야 알았지만 아침에 그런 일이 있고 난 그날 밤에 아내는 그 고무신짝을 들고 골목길을 이리저리 기웃거리다가 길가의 아무 집이건 가림이 없이 여느 집 담장으로 휑 던졌던 모양이었다. 물론 아내는 제 자존심도 있었을 터여서 그런 얘기를 나에게는 입 밖에 내기는커녕 전혀 내색조차 하지 않았다. 나도 아침에 그런 일이 있고, 그 고무신짝은 대문 앞의 멋대가리 없게 생긴 시멘트 덩어리 쓰레기통에 버린 뒤, 그런 일은 없었던 셈으로 쳤다. 우리는 미심한*대로 그 일을 그렇게 처결해 버렸던 것이다. 그러나 아내는 그 미심한 점이 역시 미심했던 모양이었다. 나는 하루 종일 거리로 나와 있었지만 아내는 종일토록 집에만 있었으니까, 그 미심한 느낌도 나보다도 훨씬 더했을 것이다. 그렇게 아내는 이미 그 고무신짝의 논리 속에 흠뻑 빠져 들어가고 있었다. 그리하여 어두울 무렵에 혼자 나갔을 것이다. 쓰레기통 속에서 희끄무레한 남자 고무신짝을 끄집어냈을 것이다. 골목길을 오르내리며 마땅해 보이는 장소를 물색했을 것이다. 그러다가 아무 집이건 담장 너머로 휑 던져 버렸을 것이다. 그렇게 그쯤으로 액땜을 했다고 자처해 버렸을 것이다.

그 며칠 뒤, 정확하게 열흘쯤 지나서였다.

아침에 자리에서 눈을 뜨자 먼저 일어나 밖으로 나갔던 아내가,

"아빠아, 눈 왔다아, 눈 왔어."

호들갑을 떨듯이 소리를 질러서, 나도 벌떡 자리에서 일어나 내의 바람으로 달려 나갔다.

아내는 뜰 한가운데 파자마 바람으로 싱글벙글 웃고 서 있었다.

수북하게 눈이 와 있었다. 게다가 하늘은 활짝 개고 해는 금방 떠오를 모양이었다.

(중략)

이렇게 눈이 내려서, 게다가 하늘이 개어 올라서 아내는 저렇게도 단순하게 기분이 좋은 모양이었다. 눈을 밟으며 사뿐사뿐 큰 문 쪽으로 달려 나갔다. 그러더니 뜰 끝에서 멈칫 섰다. 일순 여들여들하게 유연하던 아내의 뒷등이 무언가 현실적인 분위기로 굳어지고 있었다.

"어마, 저게 뭐유?

헛간 쪽의 블록 담 밑을 꾸부정하게 들여다보았다.

"뭔데?"

나도 가슴이 철렁해지며 문득 열흘쯤 전의 그 일이 떠올라 그쪽으로 급하게 다가갔다.

동시에 좀 전의 그 환하던 겨울 아침은 대뜸 우리 둘 사이에서 음산한 분위기로 둔갑을 하고 있었다.

"고무신짝이에요, 또 그, 그 고무신짝."

아내의 목소리는 완연히 떨고 있었다. 거의 헐떡거리듯 하였다. 맞다. 고무신짝이었다. 그 새하얗게 씻은 남자 고무신짝.

"……"

나는 마치 머릿속의 저 아득한 맨 끝머리에 쩌엉스런 깊고 빈 들판이 있다가, 그것이 또 확 열려 오는 듯한 공포 속으로 휘어 감겼다.

– 이호철, 「큰 산」 –

* 미심하다: 일이 확실하지 아니하여 늘 마음을 놓을 수 없는 데가 있다.

3. 추측을 포함한 요약적 진술로 사건의 경과를 드러내어 현재 상황에 대한 이해를 돕고 있다.

1 다음 글을 읽고 물음에 답하시오.

고1 2020학년도 9월

(가)

석양(夕陽)이 비꼈으니 그만하고 돌아가자
돛 내려라 돛 내려라
버들이며 물가의 꽃은 굽이굽이 새롭구나
지국총 지국총 어사와
삼공(三公)˙을 부러워하랴 만사(萬事)˙를 생각하랴   〈춘(春) 6〉

궂은 비 멎어 가고 시냇물이 맑아 온다
비 떠라 비 떠라
낚싯대 둘러메니 깊은 흥(興)을 못 금(禁)하겠다
지국총 지국총 어사와
연강(煙江)˙ 첩장(疊嶂)˙은 뉘라서 그려낸고   〈하(夏) 1〉

물외(物外)˙에 조흔 일이 어부 생애 아니러냐
비 떠라 비 떠라
어옹(漁翁)˙을 욷디 마라 그림마다 그렷더라
지국총 지국총 어사와
사시(四時) 흥(興)이 혼 가지나 추강(秋江)이 으뜸이라   〈추(秋) 1〉

물가의 외로운 솔 혼자 어이 씩씩혼고
비 미여라 비 미여라
험한 구름 혼(恨)치 마라 세상(世上)을 가리운다
지국총 지국총 어사와
파랑성(波浪聲)˙을 싫어 마라 진훤(塵喧)˙을 막눈도다   〈동(冬) 8〉

– 윤선도, 「어부사시사(漁父四時詞)」 –

˙**삼공:** 삼정승으로, 영의정, 좌의정, 우의정을 일컬음.
˙**연강:** 안개 낀 강.
˙**첩장:** 겹겹이 둘러싼 산봉우리.
˙**파랑성:** 물결 소리.
˙**진훤:** 속세의 시끄러움.

˙**만사:** 여러 가지 온갖 일.
˙**물외:** 구체적인 현실 세계의 바깥 세상. 또는 세상의 바깥.
˙**어옹:** 고기를 잡는 노인.

(나)

초당* 늦은 날에 깊이 든 잠 겨우 깨어

대창문을 바삐 열고 작은 뜰에 방황하니

시내 위의 버들잎은 봄바람을 먼저 얻어

위성 땅 아침 비*에 원객(遠客)*의 근심이라

수풀 아래 뻐꾹새는 계절을 먼저 알아

태평세월 들일에는 농부를 재촉한다

아아 내 일이야 잠을 깨어 생각하니

세상의 모든 일이 모두가 허랑(虛浪)하다*

공명(功名)이 때가 늦어 백발은 귀밑이요

산업(産業)에 꾀가 없어 초가집 몇 칸이라

백화주 두세 잔에 산수에 정이 들어

홍도 벽도(紅桃碧桃)* 난발(爛發)한데 지팡이 짚고 들어가니

산은 첩첩 기이하고 물은 청청 깨끗하다

안개 걷어 구름 되니 남산 서산 백운(白雲)이요

구름 걷혀 안개 되니 계산 안개 봉이 높다

앉아 보고 서서 보니 별천지가 여기로다

때 없는 두 귀밑을 돌시내에 다시 씻고

탁영대(濯纓臺) 잠깐 쉬고 세심대(洗心臺)로 올라가니

풍대(風臺)의 맑은 바람 심신이 시원하고

월사(月榭)의 밝은 달은 맑은 의미 일반이라

– 남석하, 「초당춘수곡(草堂春睡曲)」 –

• **위성 땅 아침 비:** 왕유의 시 구절로 벗과 이별하던 장소에 아침 비가 내리는 풍경을 말함.
• **홍도 벽도:** 복숭아 꽃.

• **초당:** 억새나 짚 따위로 지붕을 인 조그마한 집채.
• **원객:** 먼 데서 온 손님.
• **허랑하다:** 언행이나 상황 따위가 허황하고 착실하지 못하다.

/ 작품의 표현상 또는 서술상의 특징을 묻는 문제

1. (가)와 (나)의 공통점으로 가장 적절한 것은?

① 의인화된 대상을 통해 세태를 비판하고 있다.

② 설의적 표현을 통해 시적 의미를 강조하고 있다.

③ 영탄적 어조를 통해 화자의 정서를 부각하고 있다.

④ 촉각적 심상을 통해 시적 분위기를 조성하고 있다.

⑤ 역설적 표현을 통해 이상향에 대한 의지를 드러내고 있다.

(가)

이 길을 만든 이들이 누구인지를 나는 안다
이렇게 길을 따라 나를 걷게 하는 그이들이
지금 조릿대밭 눕히며 소리치는 바람이거나
이름 모를 풀꽃들 문득 나를 쳐다보는 수줍음으로 와서
내 가슴 벅차게 하는 까닭을 나는 안다
그러기에 짐승처럼 그이들 옛 내음이라도 맡고 싶어
나는 자꾸 집을 떠나고
그때마다 서울을 버리는 일에 신명나지 않았더냐
무엇에 쫓기듯 살아가는 이들도
힘을 다하여 비칠거리는 발걸음들도
무엇 하나씩 저마다 다져놓고 사라진다는 것을
뒤늦게나마 나는 배웠다
그것이 부질없는˚ 되풀이라 하더라도
그 부질없음 쌓이고 쌓여져서 마침내 길을 만들고
길 따라 그이들을 따라 오르는 일
이리 힘들고 어려워도
왜 내가 지금 주저앉아서는 안 되는지를 나는 안다

— 이성부, 「산길에서」 —

˚**부질없다:** 대수롭지 아니하거나 쓸모가 없다.

(나)

잃어버렸습니다.
무얼 어디다 잃었는지 몰라
두 손이 주머니를 더듬어
길에 나아갑니다.

돌과 돌과 돌이 끝없이 연달아
길은 돌담을 끼고 갑니다.

담은 쇠문을 굳게 닫아
길 위에 긴 그림자를 드리우고

길은 아침에서 저녁으로
저녁에서 아침으로 통했습니다.

돌담을 더듬어 눈물짓다
쳐다보면 하늘은 부끄럽게 푸릅니다.

풀 한 포기 없는 이 길을 걷는 것은
담 저쪽에 내가 남아 있는 까닭이고,

내가 사는 것은, 다만,
잃은 것을 찾는 까닭입니다.

– 윤동주, 「길」 –

작품의 표현상 또는 서술상의 특징을 묻는 문제

2. **(가)와 (나)에 대한 설명으로 가장 적절한 것은?**

① (가)는 (나)와 달리 자연물에 인격을 부여하여 대상과의 교감을 드러내고 있다.

② (나)는 (가)와 달리 동일한 종결 어미를 반복하여 운율감을 높이고 있다.

③ (가)와 (나)는 모두 색채어를 활용하여 공간에 대한 인식을 드러내고 있다.

④ (가)와 (나)는 모두 공감각적 심상을 제시하여 대상에 입체감을 부여하고 있다.

⑤ (가)는 계절의 변화를 통해, (나)는 공간의 이동을 통해 시상을 구체화하고 있다.

3 **다음 글을 읽고 물음에 답하시오.**

고3 2012학년도 4월

(가)
수만호 빛이라야 할 내 고향이언만
노랑나비도 오잖는 무덤 위에 이끼만 푸르리라.

슬픔도 자랑도 집어삼키는 검은 꿈
파이프엔 조용히 타오르는 꽃불도 향기론데

연기는 돛대처럼 날려 항구에 들고
옛날의 들창마다 눈동자엔 짜운 소금이 저려

바람 불고 눈보라 치잖으면 못살이라
매운 술을 마셔 돌아가는 그림자 발자취 소리

숨 막힐 마음속에 어데 강물이 흐르뇨
달은 강을 따르고 나는 차디찬 강맘에 들리라

수만호 빛이라야 할 내 고향이언만
노랑나비도 오쟎는 무덤 위에 이끼만 푸르리라.

- 이육사, 「자야곡(子夜曲)」 -

(나)
나도 봄산에서는
나를 버릴 수 있으리
솔이파리들이 가만히 이 세상에 내리고
상수리나무 묵은 잎은 저만큼 지네
봄이 오는 이 숲에서는
지난날들을 가만히 내려놓아도 좋으리
그러면 지나온 날들처럼
남은 생도 벅차리
봄이 오는 이 솔숲에서
무엇을 내 손에 쥐고
무엇을 내 마음 가장자리에 잡아두리
솔숲 끝으로 해맑은 햇살이 찾아오고
박새들은 솔가지에서 솔가지로 가벼이 내리네
삶의 근심과 고단함에서 돌아와 거니는 숲이여 거기 이는 바람이여
찬 서리 내린 실가지 끝에서
눈뜨리
눈을 뜨리
그대는 저 수많은 새 잎사귀들처럼 푸르른 눈을 뜨리
그대 생의 이 고요한 솔숲에서

- 김용택, 「그대 생의 솔숲에서」 -

작품의 표현상 또는 서술상의 특징을 묻는 문제

3. (가)와 (나)의 표현상 특징에 대한 설명으로 적절하지 <u>않은</u> 것은?

① (가)는 (나)와 달리, 어순을 도치하여 시적 긴장을 높이고 있다.

② (가)는 (나)와 달리, 처음과 끝을 대응시켜 화자의 정서를 부각하고 있다.

③ (나)는 (가)와 달리, 유사한 시구를 반복 변주하여 시적 정서를 강화하고 있다.

④ (가)와 (나)는 직유를 통해 시각적 인상을 구체화하고 있다.

⑤ (가)와 (나)는 특정 종결 어미를 반복하여 운율을 형성하고 있다.

④ 다음 글을 읽고 물음에 답하시오.

고1 2021학년도 11월

[앞부분의 줄거리] 가족을 찾아 헤매던 '손'은 물이 찬 포구에 산봉우리가 비치는 모습이 학이 날아오르는 듯하여 이름 붙여진 선학동에 도착한다. '손'은 우연히 찾은 주막의 주인 사내에게서 소리꾼 여자에 대한 이야기를 듣는다.

　손은 아직도 여자와 자신의 인연에 대해선 분명한 말이 한마디도 없었다. 하지만 그는 이제 학이 날지 못하는 선학동에 아비의 유골을 묻고 간 여자의 일을 제 일처럼 못내 안타까워하고 있었다. 주인은 그것으로 모든 일이 분명해진 것 같았다. 그리고 그것으로 만족한 것 같았다.

　그가 다시 입을 열기 시작했다.

　"아니, 노형*은 아까 내 얘길 잊었구만요. 여자가 한 일은 부질없는 것이 아니었어. 여자가 간 뒤로 이 선학동엔 다시 학이 날기 시작했다니께요. 여자가 이 선학동에 다시 학을 날게 했어요. 포구 물이 막혀 버린 이 선학동에 아직도 학이 날고 있는 것을 본 사람이 그 눈이 먼 여자였으니 말이오……."

　주인은 이번에야말로 선학동에 다시 학이 날게 된 사연을 이야기하기 시작했다.

(중략)

　그러자 여자는 정작으로 그 비상학을 좇듯이 보이지도 않는 눈길로 벌판 쪽을 한참이나 더듬어대었다. 그러다 비로소 채비가 제법 만족스러워진 노인 쪽을 돌아보며 비탄*조로 말했다.

　"아배의 소리는 그러니께 그 시절에 늘 물 위를 날아오른 학과 함께 노닐었답니다."

　주인 사내로선 갈수록 예사롭지 않은 소리들이었다. 눈 아래 들판엔 이제 물도 없고 산그림자도 없었다. 게다가 여자는 어렸을 적 아비의 소망처럼 그 물이나 산그림자의 형용을 깊이 눈여겨보았을 리 없었다. 하지만 여자는 이제 눈을 못 보기 때문에 오히려 성한 사람이 볼 수 없는 물과 산그림자를 보고 있는지도 몰랐다. 두 눈이 성해 있는 사람이라면 그 말라붙은 들판에서 있지도 않은 물과 산그림자를 볼 리가 없었다. 있지도 않은 물과 산그림자를 본 것은 그녀가 오히려 앞을 못 보는 맹인이기 때문이었다.

　사내의 그런 상상은 차츰 어떤 불가사의한 믿음으로 변해 갔다.

　망망창해에 탕탕(蕩蕩)한 물결이라
　백빈주 갈매기는 홍요안에 날아들고……

　여자가 마침내 소리를 시작하고 있었다. 그런데 사내는 그 여자의 오장이 끓어오르는 듯한 목소리 속에 문득 자신도 그것을 본 것이다. 사립에 기대어 눈을 감고 가만히 여자의 소리를 듣고 있자니 사내의 머릿속에서 오랫동안 잊혀져 온 옛날의 그 비상학이 서서히 날개를 펴고 날아오르기 시작한 것이다. 그리고 여자의 소리가 길게 이어져 나갈수록 선학동은 다시 옛날의 포구로 바닷물이 차오르고 한 마리

●**노형:** 처음 만났거나 그다지 가깝지 않은 남자 어른들 사이에서, 상대편을 높여 이르는 이인칭 대명사.

●**비탄:** 몹시 슬퍼하면서 탄식함. 또는 그 탄식.

166　1등급을 만드는 국어 공부 전략

선학이 그곳을 끝없이 노닐기 시작했다.

그런 일이 있은 후로 사내는 여자의 학을 믿지 않을 수 없었다.

여자는 날마다 밀물 때를 잡아서 소리를 하였다. 소리는 언제나 이 선학동을 옛날의 포구 마을로 변하게 하였고, 그 포구에 다시 선학이 유유히 날아오르게 하였다.

그리고 그러다 여자는 어느 날 밤 문득 선학동을 떠나갔다.

하지만 사내는 여자가 그렇게 선학동을 떠나가고 나서도 그녀의 소리가 여전히 귓전을 맴돌고 있었다. 그 소리가 귓전을 울려 올 때마다 선학동은 다시 포구가 되었고, 그녀의 소리는 한 마리 선학과 함께 물 위를 노닐었다. 아니 이제는 그 소리가 아니라 여자 자신이 한 마리 학이 되어 선학동 포구 물 위를 끝없이 노닐었다.

그래 사내는 이따금 말했다.

"여자는 어디로 떠나간 것이 아니여. 그 여자는 이 선학동의 학이 되어 버린 거여. 학이 되어서 언제까지나 이 고을 하늘을 떠돈단 말이여."

여자가 그토록 갑자기 마을을 떠나가 버린 데 대한 아쉬움 때문이었을까. 주막집 이웃들이나 벌판 건너 선학동 사람들마저 사내의 그런 소리엔 그리 허물을 해 오는 눈치가 없었다. 선학동 사람들은 여자가 모셔온 아비의 유골을 모른 체해 주듯 여자가 그렇게 주막을 떠나가고 나서도 그녀의 사연이나 간 곳을 굳이 묻고 드는 일이 없었다. 뿐더러 주막집 사내가 이따금 그렇게 앞도 뒤도 없는 소리를 지껄여대도 그러는 사내를 탓하려 들기는커녕 오히려 그와 어떤 믿음을 같이하고 싶은 진중한 얼굴들이 되곤 하였다.

손은 이제 완전히 녹초가 되어 버린 표정이었다. 이따금 손을 가져가던 술잔마저 이제는 전혀 마음에 없는 모양이었다.

이야기를 끝내고 난 주인 쪽 역시 마찬가지였다. 가슴 속에 지녀 온 이야기들을 손 앞에 모두 털어놓은 것만으로 주인은 이제 자기 할 일을 다해 버린 사람 같았다. 손이 뭐라고 대꾸를 해 오든 안 해 오든 그로서는 전혀 괘념*을 할 일이 아니라는 태도였다.

주인은 완전히 손의 반응을 무시하고 있었다. 뒷산 고개를 넘어오는 솔바람 소리가 아직도 이따금 두 사람의 귓전을 멀리 스쳐가고 있었다. 그 솔바람 소리에 멀리 둑 너머 바닷물 소리가 섞이는 듯하였다.

침묵을 견디지 못한 건 이번에도 결국 손 쪽이 먼저였다.

"주인장 이야긴 고맙게 들었소."

이윽고 손이 먼저 주인에게 말했다. 그의 어조는 이제 아무것도 숨길 것이 없다는 듯 낮고 차분했다.

"하지만 아까 이야기 가운데서 주인장께선 일부러 사람을 하나 빠뜨려 놓고 있었지요."

주인이 달빛 속으로 손을 이윽히 건너다보았다.

손이 다시 말을 이었다.

"주인장 어렸을 적에 이 마을에 찾아들었다는 그 소리꾼 부녀의 이야기 말이오. 그때 그 어린 계집아이에겐 소리 장단을 잡아 주던 오라비가 하나 있었을 겝니다. 그런데 주인장께선 일부러 그 오라비 이야길 빼놓고 있었지요."

*괘념: 마음에 두고 걱정하거나 잊지 않음.

추궁하듯 손이 주인의 얼굴을 마주 바라보았다. 주인도 이젠 더 사실을 숨길 것이 없다는 듯 고개를 두어 번 깊이 끄덕여 보였다.

"그렇지요. 난 그 오라비가 뒷날 늙은 아비와 어린 누이를 버리고 혼자 도망을 쳤다는 이야기까지도 여자에게 다 듣고 있었으니께요."

"그렇담 주인장은 그 오누이가 서로 아비의 피를 나누지 않은 남남 한가지 사이란 것도 알고 있었겠구만요. 그리고 그 어린 오라비가 부녀를 버리고 떠난 것은 차마 그 원망스런 의붓아비를 죽여 없앨 수가 없어서였다는 것도 말이오."

주인이 다시 고개를 무겁게 끄덕여 보였다.

– 이청준, 「선학동 나그네」 –

작품의 표현상 또는 서술상의 특징을 묻는 문제

4. 윗글의 서술상 특징으로 가장 적절한 것은?

① 인물의 회상을 통해 과거와 현재가 연결되고 있다.

② 풍자적 서술을 통해 인물의 행위를 비판하고 있다.

③ 반어적 표현을 통해 집단 간의 갈등을 부각하고 있다.

④ 동시에 진행되는 여러 사건을 병렬적으로 제시하고 있다.

⑤ 장면마다 서술자를 달리하여 상황을 입체적으로 보여 주고 있다.

5 다음 글을 읽고 물음에 답하시오.

고2 2018학년도 9월

[A]
　　적멸사(寂滅寺)에는 청허(清虛)라 하는 한 이름 높은 선사°가 살고 있었다. 그는 천성이 어질었고 마음 또한 착했다. 추운 사람을 만나면 입었던 옷을 벗어 주었다. 배고픈 사람을 보면 먹던 밥도 몽땅 주어 버렸다. 이래서 사람들이 그를 일러, '추운 겨울의 봄바람'이라거나 '어두운 밤의 태양'이라거나 하고 우러러 받들었다.

　　그런데 국운은 나날이 쇠퇴하였고, 호적(胡狄)°이 침입하여 팔도강산을 짓밟았다. 상감°은 난을 피하여 고성에 갇혔고, 불쌍한 백성들은 태반이 적의 칼에 원혼(冤魂)이 되었다. 이런 와중에서도 저 강도(江都)의 참상은 더욱 처절했다. 시신의 피는 냇물처럼 흘렀고, 백골이 산더미처럼 쌓였다. 까마귀가 사정없이 달려들어 시신을 파먹었으나 장사 지낼 사람이 없었다. 오직 청허 선사만이 이를 슬프게 여겼다.

　　선사는 몸소 시신을 거두어 묻어 주려고 했다. 그는 손으로 버들가지를 잡아 도술을 부렸다. 넓은 강물을 날아 건넜다. 강 건너 인가가 황폐하여 어디 몸을 의탁할

- **선사:** '승려'의 높임말.

- **호적:** 예전에, 두만강 일대의 만주 지방에 살던 여진족을 멸시하여 이르던 말.

- **상감:** '임금'의 높임말.

곳이 없었다. 이에 선사는 연미정(燕尾亭) 남쪽 기슭에다 풀을 베어 움막을 엮었다. 그는 움막에서 침식하며 법사(法事)를 베풀었다.

[B]
어느 날이었다. 달이 휘영청 밝았다. 그는 어렴풋이 한 꿈을 꾸었다. 티 한 점 없는 맑은 하늘은 물빛같이 푸르렀고, 음산한 밤공기가 주위를 휩쌌다. 이따금 찬바람이 엄습했고, 처량한 밤기운이 감돌아 심상치 않았다. 청허 선사는 손에 석장(錫杖)*을 짚고 달밤을 소요(逍遙)하고* 있었다. 밤중이 되어 바람에 소리가 들려오는데, 노랫소리 같기도 하고, 울음소리 같기도 했다. 그 노래와 웃음소리, 울음소리는 다 부녀들의 것으로서 한곳에서 들려왔다. 선사는 매우 이상히 여기고 가만가만 다가가 엿보았다. 그곳에 수많은 부녀자들이 열을 지어 앉아 있었다.

어떤 사람은 얼굴이 쭈글쭈글했고 백발이 성성했다. 또 젊은 여인도 있었는데 삼단 같은 머리를 하고 황홀하게 차려입고 있었다. 그들은 한데 있었는데, 비통하기 이를 데가 없었다. 청허 선사는 더욱 이상하게 생각했다. 좀 더 나아가 자세히 살펴보았다. 어떤 사람은 두어 발이 넘는 노끈으로 머리를 묶기도 했고, 또 다른 이는 한 자가 넘는 시퍼런 칼날이, 시뻘건 선지피가 엉긴 채 뼈에 박혀 있었다. 또 머리통이 박살났는가 하면, 물을 잔뜩 들이켜 배가 불룩한 사람도 숱했다. 이 끔찍스러운 참상은 두 눈 뜨고는 차마 볼 수 없었고, 날카로운 붓으로도 낱낱이 기록할 수 없는 생지옥이었다.

한 여자가 울먹거리며 말했다.

"종묘사직(宗廟社稷)이 전란을 입어 그 참상을 이루 다 말할 수 없습니다. 슬프외다. 하늘이 무심탄 말인가요. 아니면 요괴의 장난인가요. 구태여 그 이유를 다 따지고 든다면 바로 우리 낭군의 죄이겠지요. 태보(台輔)의 높은 지위며 체부(體副)의 중책을 진 사람이 공론(公論)을 무시한 소치입니다. 사사로운 정에 이끌려 편벽되게도* 강도의 중책을 제 자식에게 맡겼지요. 자식 놈은 중책을 잊고 밤낮 술과 계집 속에 파묻혀 마음껏 향락에 빠졌습니다. 장차 닥쳐올 외적의 침입을 까맣게 잊어 버렸으니 어찌 군무(軍務)에 힘쓸 일을 생각이나 하겠습니까? 깊은 강, 높은 성, 험한 요새를 갖고도 이처럼 대사를 그르쳤으니, 죽어 마땅하지요. 슬프외다. 이 내 죽음이여! 나는 떳떳이 자결했다고 자부합니다. 다만 제 자식 놈이 살아 나라를 구하지 못했고 죽어 또한 큰 죄를 지었으니, 하늘에 더러워진 이름을 어떻게 다 씻어 버리겠어요. 쌓이고 쌓인 원한이 가슴 속속들이 박혀 한때라도 잊을 날이 없군요."

(중략)

[C]
모든 부인들이 제각기 슬픔을 이기지 못하여 깊이 탄식하기도 했고, 눈물을 줄줄 흘리기도 했으며, 대성통곡하기도 했다. 글로는 그것을 다 표현할 수 없었다. 조금 시간이 흘렀다. 다음 여자가 일어나 사람 속을 왔다 갔다 했다. 그녀는 두 눈동자가 샛별같이 유난히 빛나고 초승달 같은 눈썹이며 삼단 같은 머리는 가히 선녀라 할만 했다. 선사는 매우 이상히 여기며 속으로 생각했다.

'직녀가 은하에서 내려왔나, 월궁에서 항아가 내려왔나, 만일 직녀라 한다면

*석장: 승려가 짚고 다니는 지팡이.

*소요하다: 자유롭게 이리저리 슬슬 거닐며 돌아다니다.

*편벽되다: 한쪽으로 치우쳐 공평하지 못하다.

견우 낭군을 이별한 뒤에 만나지 못했으니 당연히 슬픔에 싸여 눈물을 흘릴 것
이다. 또한 월궁의 항아라면 긴긴 밤 독수공방에서 애타게 그리워한다고 홍안*은
늙어 가고 백발이 성성할 터인데, 도무지 이 여자는 복사꽃 아롱진 뺨에 근심
어린 빛이 전혀 없으니 알지 못할 일이로다. 이 또한 괴이한 일이구나.'

이때 그 여자가 방긋 웃으며 말했다.

"첩은 기생이라. 노래와 춤이 널리 이름났습니다. 뭇 사내들과 어울려 인생 환락이
극도에 달했습니다. 혼자 곰곰이 생각해 보니 사람에게 귀한 것이 정절입니다.
그래서 하루아침에 마음을 가다듬고, 깊은 규중에 틀어박혀 오래도록 한 남편을
섬겨 다시는 두 마음을 먹지 않으려고 결심했습니다. 그러나 뜻밖에도 난리가
일어나 꽃 같은 청춘이 그만 지고 말았습니다. 사실 오늘 밤 이 높은 회합에 제
가 낀다는 것은 너무나 과분합니다. 외람되게도 숭렬하신 여러분들의 곁에 끼어
다행히도 좋은 말씀을 많이 들었습니다. 그 절의의 높으심과 정렬(貞烈)의 아름
다움은 하늘도 감동하고 사람마다 탄복하지 않을 사람이 없겠습니다. 몸은 비록
죽었지만 죽은 것은 아닙니다. 강도가 함락되고 남한성(南漢城)이 위태로워 상
감마마의 욕되심과 국치(國恥)*가 임박하였지만 충신절사(忠臣節士)는 만에 하
나도 없었습니다. 다만 부녀자들만의 정절이 늠름하였으니, 이는 참으로 영광스
러운 죽음이옵니다. 그런데 왜 그리 서러워하십니까?"

이 말이 끝나자마자, 좌중의 여러 부인들이 일시에 통곡했다. 그 통곡 소리는
참담하기 그지없었고 차마 들을 수 없었다. 선사는 혹시나 부인들이 알아차릴까
두려워 숲속에 숨어서 몸 둘 바를 모르고 있었다. 그러다 날이 밝아지기를 기다려
물러나오다 별안간 놀라 깨어 보니 한바탕의 꿈이었다.

– 작자 미상, 「강도몽유록(江都夢遊錄)」 –

* **홍안**: 붉은 얼굴이라는 뜻으로, 젊
어서 혈색이 좋은 얼굴을 이르는 말.

* **국치**: 나라의 수치.

◁ 작품의 표현상 또는 서술상의 특징을 묻는 문제

5. [A]~[C]에 대한 설명으로 적절하지 <u>않은</u> 것은?

① [A]: 요약적 진술을 통해 역사적 사건과 관련된 내용을 전달하고 있다.

② [A]: 인물의 성격을 직접적으로 서술하고 인물의 구체적인 행동을 통해 부연하고
있다.

③ [B]: 다양한 심상을 사용하여 사건의 시간적 배경을 드러내고 있다.

④ [C]: 전기적 요소를 활용하여 인물의 영웅적 면모를 드러내고 있다.

⑤ [C]: 고사 속에 등장하는 인물과 작중 인물을 비교하여 해당 인물에 대한 궁금증을
유발하고 있다.

6 다음 글을 읽고 물음에 답하시오.

그의 대학 재학 시기 역시 학생 시위가 빈발하던 한일회담 진행기를 전후하고 있었다. 그런데 그 시위 이야기에 관한 그의 회상 가운데는 분명히 어떤 심상치 않은 의식의 도착° 증세가 엿보이고 있었다. 그는 교문을 뛰쳐나가고 싶어 시위를 벌인 것이 아니라, 학교를 다시 들어가려고 시위를 벌였노라는 주장이었다. 그의 이야기는 언제나 교문을 뛰쳐나가려던 쪽이 아니라, 그 교문을 다시 들어가려고 했던 쪽에 기억의 초점이 맞춰지고 있었다. 교문을 나가려 했던 쪽은 아예 기억조차 들추려 하지 않거나, 그 자신도 어쩌면 그걸 까맣게 망각해 버리고 있는 것 같은 표정이었다. 기이한 의식의 전도°였다.

하지만 윤일섭의 그런 도착은 그의 직장 생활에 대한 고충담과 불평 가운데서도 더욱 현저하게 드러났다. 그는 학교 시절 이야기에 한동안 열을 올리다간 종종 자신도 모르게 그 은행 시절까지 훌쩍 말을 비약해 버리는 일이 흔했는데, 그렇게 되면 일섭에게는 이미 자신의 사고로는 도저히 수습할 수 없는 심각한 혼란이 야기되곤 하였다.

"하지만 어떻게 보면 전 참 재수가 좋은 편이었어요. 우리는 끝끝내 그 교문을 맘대로 들어갈 수는 없었지만, 그 대신 전 그보다도 더 비좁고 육중한 은행 문을 용케 들어갈 수 있었으니까요. 무슨 뜻인지 아시겠습니까? 은행 문을 들어가서 생각하니 전 그때 교문을 들어가기 위해 그토록 심한 소동을 벌인 것이 사실은 그 화성인들이 지키고 있는 학교 문이 아니라 은행 문을 돌진해 들어가기 위한 사전 연습이 아니었던가 싶어지는군요. 아마 선생님은 그 기분 모르실 겁니다. 하하…… 뭐랄까…… 선생님은 은행이라는 데가 어떤 덴 줄 아십니까? 철창문을 가운데로 척 가로막아 놓고, 그 철창문 양쪽으로 한쪽에선 안으로 밀려 들어가고 싶어 호시탐탐 기회를 엿보고 있는 사람들과, 다른 한쪽에선 이미 그 철창문 안에다 자리를 잡아 놓고 바깥 사람들에게 기회를 주지 않으려 쉴 새 없이 틈입자들을 감시하고 그자들을 내쫓을 채비를 하고 앉아 있는 그런 사람들과의 살벌한 대치장 같은 곳이죠. 안쪽 사람들은 그 채비가 얼마나 대단한 줄 아십니까? 기회 있으시면 선생님도 언제 그 사람들이 싸움에 대비하고 있는 완벽한 포진°을 한번 살펴보십시오. 맨 앞쪽 쇠창살가, 그러니까 바깥 사람들의 공격에 대비한 제일 방어선은 은행원들 중의 제일 쫄자들이 맡고 있어요. 그다음 제이선에서 그 쫄자들을 지휘 독전할 자리는 대리급 위인들이…… 그런 식으로 완전한 피라미드 포진이지요. 이렇게 되면 자리가 가장 위험한 곳은 쇠창살 밑의 쫄자들 처지임이 뻔하지요. 싸움만 벌어졌다 하면 제일 먼저 제물이 되어야 할 친구들이 바로 그 작자들이거든요. 그래서 이 친구들은 틈만 나면 늘 한 발이라도 뒷줄 쪽으로 자리를 옮겨 앉고 싶어 안달 아닙니까. 승진이라는 게 뭡니까. 승진이라는 게 바로 그 일선 창살 아래서 한 발이라도 더 안전한 이선 삼선으로 자리를 옮겨 앉게 되는 것 아닙니까. 우리는 누구나 그걸 바라지요. 그리고 좀처럼 해선 마음을 못 놓습니다. 싸움이 촉박하면 촉박해질수록 말입니다. 그런 점을 죄 알아차리고 보면 우리가 학교 시절에 그토록 열심히 시위를 벌이면서 소망한 곳이 어떤 곳이었는지 쉽게 짐작할 수 있지 않겠어요. 전 은행 사무실의 그 희한하고도

°**도착:** 본능이나 감정 또는 덕성의 이상으로 사회나 도덕에 어그러진 행동을 나타냄.

°**전도:** 차례, 위치, 이치, 가치관 따위가 뒤바뀌어 원래와 달리 거꾸로 됨. 또는 그렇게 만듦.

°**포진:** 전쟁이나 경기 따위를 치르기 위하여 진을 침.

음흉스런 좌석 배치의 비밀을 알고 나서 비로소 그것을 깨달을 수 있었지요……"

걷잡을 수 없는 비약과 전도가 함부로 감행되고 있는 얘기였다.

손 박사는 그래 어느 날 마침내 윤일섭의 전 근무지 점포를 찾아가 본 일까지 있었다. 은행 점포의 좌석 배치에 관한 이야기가 의외로 잦았던 데다 윤일섭의 그런 점포 얘기 가운데는 그에게도 분명하게 짚여 오는 것이 한 가지 있었기 때문이었다.

[중략 부분의 줄거리] 윤일섭의 증세가 '쇠창살'과 관련이 있다고 본 손 박사의 진단과 처방에 따라 병증이 호전된 윤일섭은 퇴원을 하게 된다. 그러던 어느 날 윤일섭은 쇠울타리 속에 갇힌 동물원의 동물들을 보다가 손 박사의 진단과 처방에 의심을 품게 된다.

[A]
결국 손 박사는 여태까지 윤일섭 자기를 속이고 있었던 게 분명했다. 마음속의 쇠창살을 부숴 없애는 게 치료법의 첩경이라던 손 박사의 처방은 전혀 엉터리없는 거짓이었다. 손 박사가 뭐라고 궤변을 늘어놓고 있었든 세상에는 현실적으로 곳곳에 쇠울타리들이 마련되어 있었다. 그리고 그것은 물론 그 쇠울타리 안의 쾌적한 공간을 혼자 독차지하고 즐기려는 자들을 위한 영리한 고안이었다. 선택을 받은 자들은 그 안전한 쇠울타리 보호 속에서 기분 좋게 바깥세상 구경이나 하면서 살아가고, 선택받지 못한 자들은 바깥으로 쫓겨난 채 선택받은 자들의 모욕적인 눈길 속에 우왕좌왕 방황을 계속하고 있는 게 현실이었다. 그것은 참으로 윤일섭으로선 커다란 각성이었다. 하물며 그 울타리의 안락한 보호가 사자 따위 들짐승에게까지 이르러 있음에랴.

손 박사도 실상은 그 선택받은 자들과 한 무리임이 분명했다. 손 박사에게도 자신의 쇠창살이 몰래 간직되어 오고 있었을 건 두말할 나위가 없었다. 손 박사에게 그것이 없다면 정상이 아닌 것은 윤일섭 자기가 아니라 오히려 그 손 박사 쪽이었다. 손 박사는 이를테면 자신의 쇠창살을 교묘하게 숨기면서 윤일섭 그에게만 그것을 부수라 꾀어댄 셈이었다. 참으로 괘씸하고 가소로운 위인이 아닐 수 없었다. 손 박사가 그에게 자신의 쇠창살을 부수라 충동질한 것은 그를 그의 곁에서 내쫓으려는 음흉스런 꾐수 이외에 아무것도 아니었다.

– 이청준, 「황홀한 실종」 –

╱작품의 표현상 또는 서술상의 특징을 묻는 문제

6. [A]에 대한 설명으로 적절한 것은?

① 이야기 속 서술자의 자기 고백적 진술을 통해 내면을 제시하고 있다.

② 서술자가 관찰자의 입장에서 사건 이해에 필요한 단서를 제공하고 있다.

③ 이야기를 전달하면서 장면에 따라 서술자를 달리하여 사건을 입체적으로 전달하고 있다.

④ 요약적 진술로 사건의 경과를 드러내어 인물 간의 갈등이 해소되는 과정을 제시하고 있다.

⑤ 서술의 초점이 되는 인물의 시선으로 다른 인물의 언행에 담긴 의미를 해석하여 제시하고 있다.

갈래별 지문 읽기 및
문제 풀이 전략

1. 현대시

(1) '최소한의 이해'를 목표로 삼고 읽어야 한다.
(2) '적절한 것'과 '적절하지 않은 것'을 묻는 문제는 다르게 접근해야 한다.

2. 현대소설

(1) 출제자가 의도한 대로 읽어야 한다.
(2) <보기>를 적극적으로 활용해야 한다.

3. 고전시가

(1) 사대부의 인식과 태도를 이해해야 한다.
(2) <보기>가 오히려 함정이 될 수도 있음을 유의해야 한다.

4. 고전소설

(1) 고전소설만이 가진 특성을 고려해야 한다.
(2) 인물의 '긴 말'은 주장과 근거를 파악하며 읽어야 한다.

5. 극 · 수필

(1) 희곡은 희곡답게, 시나리오는 시나리오답게 읽어야 한다.
(2) 유사한 것들은 묶고, 대립 관계는 선명하게 파악해야 한다.

1 현대시

(1) '최소한의 이해'를 목표로 삼고 읽어야 한다.

STEP 1 전략 세우기

많은 학생들이 현대시를 공부하며 혼란에 빠지고, 시간을 낭비하는 과정은 다음과 같아.

"첫째, 몹시 이상적인 시 해석법을 공부한다. 둘째, 배운 해석법으로 시를 해석하려고 노력한다. 셋째, 배운 해석법이 실제 시험장에서 적용되지 않아서 다른 완벽한 시 해석법을 배우려고 한다."

이처럼 '시를 해석하는 것'과 '시 문제를 푸는 것'을 구별하지 못하면 '시 해석이 되지 않아요. 배운 해석법이 적용되지 않아요.' 하면서 시에 대한 공포에서 벗어나기 어려워. 따라서 본격적인 학습에 들어가기 전에 시 지문을 읽을 때 우리가 목표로 할 것은 시에 대한 완벽한 해석이 아니라, 시 문제를 풀기 위한 '최소한의 이해'라는 점을 분명히 해두려고 해. INTRO에서도 언급했듯이 '최소한의 이해'를 넘어선 해석은 우리가 하는 것이 아니라 선지에서 출제자가 하는 거야. 우리는 시 지문과 선지, 제시되어 있다면 <보기>까지를 고려하여 출제자의 해석이 적절한지 판단하면 되는 거고.

시를 완벽하게 해석하는 것은 어렵지만, 선지에서 정답을 고를 수 있을 만큼 이해하는 것은 어렵지 않아. 그럼 그 '최소한의 이해'를 위해 시를 어떻게 읽으면 되는지 구체적으로 공부해 보자!

① 화자와 화자가 주목하는 대상 찾기

모든 시에 화자는 100% 존재해. 표면적으로 드러나 있냐, 이면에 감추어져 있냐의 차이가 있을 뿐이지. 그리고 화자는 시 속에서 어떤 대상에 관심을 가지고 있는데, 화자가 주목하는 대상은 대개 화자가 시를 통해 전하고자 하는 주제와 관련있어. 따라서 우리는 시를 읽으면서 화자와 시적 대상을 파악해야 해. 이때 시적 대상은 사람, 동물, 자연물, 인공물 등 다양하게 나타날 수 있어. 그리고 하나가 아니라 여러 개로 나타날 수도 있지. 시의 제목에는 시적 대상이 나타나는 경우가 많으니, 제목을 잘 살펴보는 것 잊지 마!

② 대상의 속성 파악하기

화자나 시적 대상을 찾았다면 이들이 시 속에서 어떤 상황에 놓여 있는지, 어떠한 속성을 가지고 있는지를 생각하며 읽어야 해. 이는 화자가 대상에 주목하는 이유와도 밀접한 관련이 있을 테니 대상의 속성이 드러나는 부분은 체크를 하며 읽도록 하자. 이때에도 시적 대상의 의미를 완벽하게 파악하는 데 많은 시간을 쓰는 것보다 유사한 속성을 가진 대상들끼리 묶고, 대상의 대립 관계를 파악하는 정도로 시를 이해하는 게 더 도움이 될 수 있어. 쉽게 말해 긍정적 대상과 부정적 대상, 좋은 상황과 나쁜 상황처럼 단순화시켜서 이해하는 거지. 단순한 구분은 작품의 전체적인 맥락이나 흐름을 간편하게 이해할 수 있게 해주거든!

③ 화자의 정서, 태도 파악하기

시를 읽을 때 제일 중요한 건 시 전체에 흐르는 정서를 파악하는 거야. 이때 '정서'는 단순히 감정만을 의미하지는 않아. 화자가 느끼는 감정, 화자의 가치관, 태도 등이 모두 화자의 정서라고 볼 수 있지. 어려워서 대체 무슨 말을 하는지 모를 현대시를 접하거나, 시험 시간이 얼마 남지 않은 상황에 마지막으로 현대시 지문이 남아 있다면? 기본적인 정서만 파악하고 문제 풀이로 넘어가는 전략을 쓰는 게 효과적일 수도 있어.

현대시에 나올 수 있는 대표적인 정서에는 부정적 현실에 대한 비판, 부정적 현실을 극복하려는 의지, 그리움/기다림/애상, 반성/성찰, 연민/공감, 근원적 고독과 슬픔, 지향과 동경 등이 있어. 정서의 종류를 외울 필요는 없지만 작품을 읽을 때 참고하면 도움이 될 거야.

자 그럼 앞에서 세운 전략에 따라 작품을 읽어 볼까? 지문을 읽으며 ① 화자와 대상을 찾고 ② 대상의 속성이나 ③ 화자의 정서가 드러나는 부분에는 표시를 하며 읽어 봐!

오늘, 북창을 열어,
장거릴 등지고 산을 향하여 앉은 뜻은
사람은 맨날 변해 쌓지만
태고로부터 푸르러 온 산이 아니냐.
고요하고 너그러워 수(壽)하는 데다가
보옥을 갖고도 자랑 않는 겸허*한 산.
마음이 본시 산을 사랑해
평생 산을 보고 산을 배우네.
그 품 안에서 자라나 거기에 가 또 묻히리니
내 이승의 낮과 저승의 밤에
아아라히 뻗쳐 있어 다리 놓는 산.
네 품이 내 고향인 그리운 산아
미역취 한 이파리 상긋한 산 내음새
산에서도 오히려 산을 그리며
꿈같은 산 정기(精氣)를 그리며 산다.

— 김관식, 「거산호 2」 —

• **겸허**: 스스로 자신을 낮추고 비우는 태도가 있음.

스스로 ①~③의 과정을 해보았다면, 다음 페이지로 넘겨 자신의 이해를 점검해 봐. 해설된 내용과 많이 다르다고 해도 너무 실망하지 마! 반복해서 훈련해 나갈 수 있도록 구성해 두었으니, 포기만 하지 않는다면 현대시 문제는 전부 다 맞힐 수 있게 될 거야.

오늘, 북창을 열어,
장거릴 등지고 **산**(시적 대상)을 향하여 앉은 뜻은

사람은 맨날 변해 쌓지만
태고로부터 푸르러 온〜(대상의 속성) 산이 아니냐. 화자는 '산'에 관해 이야기하고 있네. 그럼 시적 대상은 '산'이야. 화자가 '장거리'는 등지고 있고, '산'은 향하고 있는 것으로 보아 '장거리'는 맘에 안 들어 하고, '산'은 좋아 하는 것 같군. '산'이 '태고로부터 푸르러' 왔다고 한 것을 보니, 화자가 산을 좋아하는 이유는 쉽게 변하는 사람과 달리 변함이 없기 때문이구나.

고요하고 너그러워 수(壽)하는 데다가
보옥을 갖고도 자랑 않는 겸허한 산.
마음이 본시 산을 **사랑해**(화자의 정서)
평생 산을 보고 산을 **배우네.** 화자는 자신이 좋아하는 산의 속성을 제시한 후, 산을 '사랑'하고 '배우'고자 하는 태도를 나타냈군.

그 품 안에서 자라나 **거기에 가 또 묻히리니**
내(화자) 이승의 낮과 저승의 밤에
아아라히 뻗쳐 있어 다리 놓는 산.
네 품이 내 고향인 **그리운** 산아
미역취 한 이파리 상긋한 산 내음새
산에서도 오히려 산을 **그리며**
꿈같은 산 정기(精氣)를 그리며 산다. 산에서 자란 화자는 산에 '묻히'기를 바라면서, 산을 '그리'워하는 정서를 드러내고 있어.

– 김관식, 「거산호 2」 –

　　화자인 '나'는 '산'을 시적 대상으로 제시하며, '태고로부터 푸르'렀고, '고요하고 너그러워 수하'며 '겸허한' 산을 사랑하고 그런 산의 태도를 배우고자 한다는 정서를 드러내고 있어. 이는 곧 작품의 주제 의식이지. 이처럼 화자와 대상, 정서를 찾고 이를 조합하여 대략적인 주제 의식을 스스로 생각해볼 수 있다면 문제를 풀 수 있을 만큼 충분히 작품을 이해했다고 봐도 돼. 생각보다 어렵지 않지?
　　스스로 작품의 주제 의식을 찾는 훈련을 반복적으로 해나갈 수 있도록 이후 살펴볼 작품 뒤에는 '1분컷 작품 정리'가 제공될 거야. 먼저 '1분컷 작품 정리'로 「거산호 2」를 한눈에 정리해서 보여줄게.

✏ 1분컷 **작품 정리**

화자	대상	정서·태도
산을 사랑하는 '나'	변함이 없는 산	산을 사랑하며 산의 태도를 배움, 산에 대한 그리움

↓

산에 살면서 산의 태도를 배우고자 함

이후의 '1분컷 작품 정리'에는 중간중간 빈칸이 있을 거야. 시를 읽고 '1분컷 작품 정리'를 채우는 훈련을 하면서, 어떤 시를 만나더라도 이해해낼 수 있는 능력을 키워나가 보자!

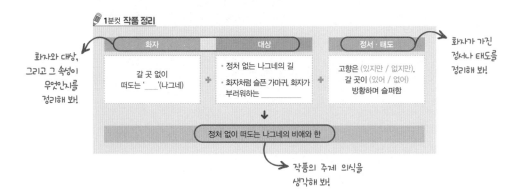

✏️ 1분컷 **작품 정리**

화자와 대상, 그리고 그 속성이 무엇인지를 정리해 봐!

화자		대상		정서·태도

갈 곳 없이 떠도는 '___'(나그네)

+

• 정처 없는 나그네의 길
• 화자처럼 슬픈 가마귀, 화자가 부러워하는 _____

+

고향은 (있지만 / 없지만), 갈 곳이 (있어 / 없어) 방황하며 슬퍼함

화자가 가진 정서나 태도를 정리해 봐!

↓

정처 없이 떠도는 나그네의 비애와 한

작품의 주제 의식을 생각해 봐!

1등급 전략

✅ 전략 1   화자와 화자가 주목하는 시적 대상을 파악하자.
✅ 전략 2   유사 혹은 대립 관계를 고려하여 대상의 속성을 파악하자.
✅ 전략 3   화자의 감정, 가치관, 태도를 바탕으로 정서를 파악하자.

1~2 다음을 읽고 1분컷 작품 정리를 채운 뒤 선지의 적절성을 판단해 보세요.

고1 2018학년도 3월

화자, 대상,
정서·태도가
나타난
부분에
표시하며
읽어 봐!

어제도 하로밤
나그네 집에
가마귀 가왁가왁 울며 새웠소.

오늘은 / 또 몇 십 리
어디로 갈까.

산으로 올라갈까 / 들로 갈까
오라는 곳이 없어 나는 못 가오.

말 마소, 내 집도
정주(定州) 곽산(郭山)＊
차(車) 가고 배 가는 곳이라오.

여보소, 공중에 / ㉠저 기러기
공중엔 길 있어서 잘 가는가?

여보소, 공중에 / 저 기러기
열 십자(十字) 복판＊에 내가 섰소.

갈래갈래 갈린 길
길이라도
내게 바이＊ 갈 길은 하나 없소.

－ 김소월, 「길」 －

•**정주 곽산:** 김소월의 고향. / •**바이:** 아주 전혀.

•**복판:** 일정한 공간이나 사물의 한가운데.

✏ **1분컷 작품 정리**

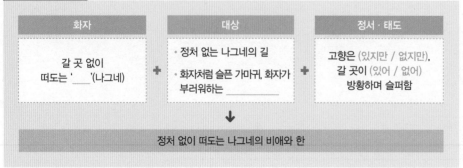

화자	대상	정서·태도
갈 곳 없이 떠도는 '___'(나그네)	• 정처 없는 나그네의 길 • 화자처럼 슬픈 가마귀, 화자가 부러워하는 _____	고향은 (있지만 / 없지만), 갈 곳이 (있어 / 없어) 방황하며 슬퍼함

↓

정처 없이 떠도는 나그네의 비애와 한

1. ㉠은 화자의 처지와 대조를 이루고 있다.　　　　　◎　⊗

2. ㉠은 임에 대한 화자의 그리움을 환기한다.　　　　◎　⊗

3~4 다음을 읽고 1분컷 작품 정리를 채운 뒤 선지의 적절성을 판단해 보세요.

고2 2021학년도 6월

화자, 대상, 정서·태도가 나타난 부분에 표시하여 읽어 봐!

제 손으로 만들지 않고
한꺼번에 싸게 사서
마구 쓰다가 / 망가지면 내다 버리는
플라스틱 물건처럼 느껴질 때
나는 당장 **버스**에서 뛰어내리고 싶다
현대 아파트가 들어서며
홍은동 사거리에서 사라진
털보네 대장간을 찾아가고 싶다
풀무질로 이글거리는 불 속에
시우쇠˚처럼 나를 달구고
모루˚ 위에서 벼리고˚ / 숫돌에 갈아
시퍼런 무쇠낫으로 바꾸고 싶다
땀흘리며 두들겨 하나씩 만들어낸
꼬부랑 호미가 되어
소나무 자루에서 송진을 흘리면서
대장간 벽에 걸리고 싶다
지금까지 살아온 인생이
온통 부끄러워지고
직지사 해우소˚ / 아득한 나락으로 떨어져내리는
똥덩이처럼 느껴질 때
나는 가던 길을 멈추고 문득
어딘가 걸려 있고 싶다

– 김광규, 「대장간의 유혹」 –

•**시우쇠**: 무쇠를 불에 달구어 단단하게 만든 쇠붙이.
•**모루**: 대장간에서 불린 쇠를 올려놓고 두드릴 때 받침으로 쓰는 쇳덩이.

•**벼리다**: 무디어진 연장의 날을 불에 달구어 두드려서 날카롭게 만든다.
•**해우소**: 근심을 푸는 곳이라는 뜻으로, 절에서 '변소'(화장실)를 달리 이르는 말.

✏️ **1분컷 작품 정리**

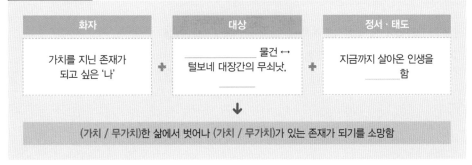

화자		대상		정서·태도
가치를 지닌 존재가 되고 싶은 '나'	+	_____ 물건 ↔ 털보네 대장간의 무쇠낫.	+	지금까지 살아온 인생을 _____ 함

↓

(가치 / 무가치)한 삶에서 벗어나 (가치 / 무가치)가 있는 존재가 되기를 소망함

3. '버스'에서 뛰어내리고 싶다고 한 것을 통해 부정적 상황에서 벗어나고 싶어 하는 태도를 드러내고 있다.

4. '털보네 대장간'을 통해 자신을 단련˚하여 탈바꿈하고 싶은 마음을 드러내고 있다.

•**단련**: 1) 쇠붙이를 불에 달군 후 두드려서 단단하게 함. 2) 몸과 마음을 굳세게 함.

화자, 대상,
정서·태도가
나타난
부분에
표시하며
읽어 봐!

진주 장터 생어물전˙에는
바닷밑이 깔리는 해 다 진 어스름을,

울 엄매의 장사 끝에 남은 고기 몇 마리의
빛 발(發)하는 눈깔들이 속절없이
은전(銀錢)˙만큼 손 안 닿는 한(恨)이던가
울 엄매야 울 엄매,

별 밭은 또 그리 멀리
우리 오누이의 머리 맞댄 골방˙ 안 되어
손 시리게 떨던가 손 시리게 떨던가,

진주 남강 맑다 해도
오명 가명
신새벽이나 밤빛에 보는 것을,
울 엄매의 마음은 어떠했을꼬,
달빛 받은 옹기전의 옹기들같이
말없이 글썽이고 반짝이던 것인가.

— 박재삼, 「추억에서」 —

• **어물전**: 생선, 김, 미역 따위의 어물을 전문적으로 파는 가게.
• **은전**: 은으로 만든 돈.
• **골방**: 큰방의 뒤쪽에 딸린 작은 방.

✏️ **1분컷 작품 정리**

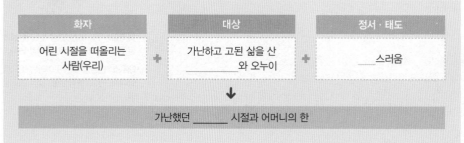

화자	대상	정서·태도
어린 시절을 떠올리는 사람(우리)	가난하고 고된 삶을 산 _____와 오누이	___스러움

↓

가난했던 _____ 시절과 어머니의 한

5. '빛 발하는 눈깔'은 '손 안 닿는' '은전'과 연결되어 '한'의 정서를 유발하는군. ◎ ✕

6. '진주 남강'은 공간적 구체성을 보여 주는 한편 낮에 강을 보지 못할 정도로 바삐 생계를 꾸려 가던 '울 엄매'를 떠올리게 하는군. ◎ ✕

(2) '적절한 것'과 '적절하지 않은 것'을 묻는 문제는 다르게 접근해야 한다.

STEP ① 전략 세우기

수능 국어 영역에 할당된 시간이 80분인데, 이 안에 어렵고 긴 독서 지문과 복잡한 구성의 산문 문학 관련 문제를 푸는 데 시간을 더 써야 한다는 점을 고려하면, 우리는 현대시에서 시간을 최대한 단축해야 해. 어려운 현대시가 나오면 어떡하냐고? 어려운 시에 시간을 오래 투자해 읽는다고 해서 안 되던 이해가 되지는 않을 거야. 이럴 때는 완벽하게 이해하려 하기보다는 기본적인 정서를 파악한 후 문제로 넘어가서 해결하는 게 합리적이지.

시간을 줄이기 위해서는 문제를 풀 때 발문의 유형을 고려해야 해. 발문의 유형을 크게 두 개로 나누면 '적절한 것'을 묻는 문제와 '적절하지 않은 것'을 묻는 문제로 구분할 수 있는데, 발문의 유형에 따라 선지에 대한 접근법이 달라져야 한다는 것을 모른 채 똑같이 접근한다면 출제자가 만든 함정에 빠져 시간을 소모하거나 오답을 고를 가능성이 있거든.

그럼 지금부터 '적절한 것'을 묻는 문제와 '적절하지 않은 것'을 묻는 문제는 어떻게 달리 접근해야 하는지를 살펴보면서 문제 풀이 시간을 줄일 수 있는 방법을 배워 보자!

① '적절한 것'을 묻는 문제라면 시의 전체적인 내용을, '적절하지 않은 것'을 묻는 문제라면 내용 일치를 확인하자.

'적절한 것'을 묻는 문제라면 선지의 진술이 시의 전체적인 내용과 충돌하지 않고, 그 내용을 포함하는 것이 정답일 가능성이 높아. 이와 달리 '적절하지 않은 것'을 묻는 문제라면 다섯 개의 선지 중 틀린 것을 하나만 찾아내면 되므로 시 내용과 선지 내용이 일치하는지 사실 관계를 파악하면 돼. 즉 적절하지 않은 것을 묻는 문제의 정답 선지는 추론이 아니라 내용 일치 수준에서 판단이 가능해.

정리하자면 적절한 것을 묻는 문제라면 선지가 시의 전체적인 내용을 포함하는지를 유심히 살펴 보고, 적절하지 않는 것을 묻는 문제라면 선지의 사실 관계가 적절한지에 집중하여 문제를 풀어 나가면 돼.

눈이 오는가 북쪽엔
함박눈 쏟아져 내리는가

험한 벼랑을 굽이굽이 돌아간
백무선 철길 위에
느릿느릿 밤새어 달리는
화물차의 검은 지붕에

연달린 산과 산 사이
너를 남기고 온
작은 마을에도 복된 눈 내리는가

잉크병 얼어드는 이러한 밤에
어쩌자고 잠을 깨어
그리운 곳 차마 그리운 곳

눈이 오는가 북쪽엔
함박눈 쏟아져 내리는가

— 이용악, 「그리움」 —

윗글에 대한 이해로 가장 적절한 것은?

① '오는가'를 '쏟아져 내리는가'로 변주하여 대상에 대한 화자의 거부감을 드러내고 있다.

② '돌아간'과 '달리는'의 대응을 활용하여 두 대상 간에 조성되는˚ 긴장감을 묘사하고 있다.

③ '철길'에서 '화물차의 검은 지붕'으로 묘사의 초점을 이동하여 정적인 이미지를 강화하고 있다.

④ '잉크병'이라는 사물이 '얼어드는' 현상을 활용하여 화자가 처한 현실의 변화 가능성을 암시하고 있다.

⑤ '잠'을 깬 자신에게 '어쩌자고'라는 의문을 던져 현재의 상황에서 느끼는 화자의 애달픈 심정을 드러내고 있다.

• **조성되다:** 분위기나 정세 따위가 만들어지다.

이 문제는 적절한 것을 묻고 있네. 적절한 것을 묻는 문제에서 정답 선지는 작품의 전반적인 내용을 포함한다고 했지? 윗글의 화자는 추운 겨울 밤 잠에서 깨어 '너'가 있는 '북쪽' '그리운 곳'을 떠올리며 그곳에 '눈'이 내리는지를 궁금해하고 있어. 그럼 작품 전체의 정서는 '북쪽' '작은 마을'의 '너'에 대한 '그리움'이라고 볼 수 있지. 그럼 무엇이 정답일까? 바로 작품 전체적인 내용을 담은 ⑤번이야.

⑤ '잠'을 깬 자신에게 '어쩌자고'라는 의문을 던져 현재의 상황에서 느끼는 화자의 애달픈 심정을 드러내고 있다.

'애달프다'는 '마음이 안타깝거나 쓰라리다.'라는 뜻을 지니고 있어. 사전적 의미는 정확하게 알지 못해도, 슬프고 힘들 때 쓰는 말이라는 뉘앙스는 알고 있지? 그렇다면 윗글의 화자가 애달픈 심정을 드러내고 있다는 선지를 정답으로 고르는 데 문제가 없었을 거야. 선지에서는 작품에 사용된 '그리움'이란 표현을 그대로 사용하지 않고 '애달픈 심정'처럼 다른 표현으로 바꾸어 물어볼 수 있어.

윗글에서 대상에 대한 '거부감'이나 대상 간의 '긴장감'은 확인할 수 없으니 ①, ②번은 작품과 관련 없는 정서이므로 정답이 될 수 없어. 그리고 '잉크병'이 '얼어드는'은 겨울밤의 추위를 표현한 것일 뿐, 화자가 고향을 그리워하고 있는 현실이 변화할 가능성과는 관련이 없으므로 ④번 또한 적절하지 않지. 마지막으로 '철길 위에 / 느릿느릿 밤새어 달리는 / 화물차의 검은 지붕'에는 움직임이 있으니 정적인 이미지를 강화한다고 보기 어려워.

지금까지 배운 내용을 정리해볼까? 적절한 것을 묻는 문제에서 정답 선지는 작품의 전체적인 내용을 포함하는데, 이때 선지에서 작품에 나오는 표현을 그대로 사용하지 않고 바꾸어 표현할 수 있다는 점을 기억하자.

적절한 것을 묻는 문제를 풀었으니 이제 적절하지 않은 것을 묻는 문제도 전략을 고려하여 풀어 보자.

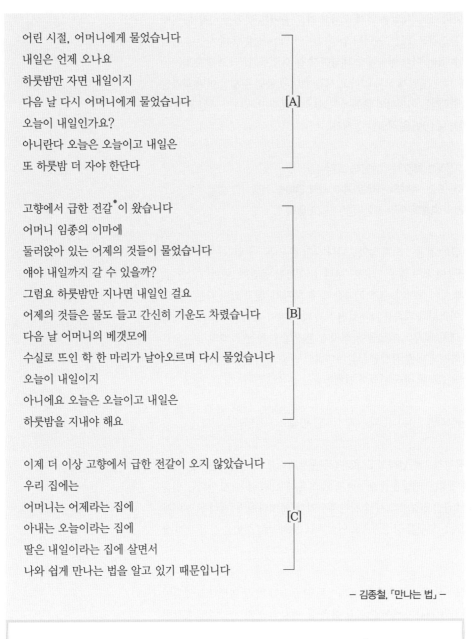

어린 시절, 어머니에게 물었습니다
내일은 언제 오나요
하룻밤만 자면 내일이지
다음 날 다시 어머니에게 물었습니다   [A]
오늘이 내일인가요?
아니란다 오늘은 오늘이고 내일은
또 하룻밤 더 자야 한단다

고향에서 급한 전갈*이 왔습니다
어머니 임종의 이마에
둘러앉아 있는 어제의 것들이 물었습니다
애야 내일까지 갈 수 있을까?
그럼요 하룻밤만 지나면 내일인 걸요
어제의 것들은 물도 들고 간신히 기운도 차렸습니다   [B]
다음 날 어머니의 베갯모에
수실로 뜨인 학 한 마리가 날아오르며 다시 물었습니다
오늘이 내일이지
아니에요 오늘은 오늘이고 내일은
하룻밤을 지내야 해요

이제 더 이상 고향에서 급한 전갈이 오지 않았습니다
우리 집에는
어머니는 어제라는 집에
아내는 오늘이라는 집에   [C]
딸은 내일이라는 집에 살면서
나와 쉽게 만나는 법을 알고 있기 때문입니다

– 김종철, 「만나는 법」 –

•전갈: 사람을 시켜 말을 전하거나 안부를 물음. 또는 전하는 말이나 안부.

🔵고1 2020학년도 9월

[A]~[C]에 대한 설명으로 적절하지 않은 것은?

① [A]에서 시간에 대해 묻던 주체가 [B]에서 답하는 사람으로 바뀌고 있다.
② [B]에서 만남에 대한 화자의 긍정적인 인식이 [C]에서 부정적인 인식으로 전환되고* 있다.
③ [A]와 [B]에는 화자의 경험이, [C]에는 화자의 깨달음이 드러나 있다.
④ [A]와 [B]는 대화의 형식을 통해, [C]는 독백의 형식을 통해 시적 의미를 전달하고 있다.
⑤ [A]에서 [B], [B]에서 [C]로 시간의 흐름에 따라 시상이 전개되고 있다.

•전환되다: 다른 방향이나 상태로 바뀌다.

적절하지 않은 것을 묻는 문제라면, 사실 관계를 확인하며 시 내용과 일치하지 않는 하나의 선지를 찾아내라고 했지?

[A]는 화자가 '어린 시절'에 '어머니'에게 '내일은 언제 오나요'라고 물어본 것에서 시작해. 이때 어머니는 '나'에게 대답을 해주시지. 그리고 [B]는 '어머니 임종의 이마'라는 말을 통해 시간이 흘러 어머니가 돌아가시기 직전임을 알 수 있어. 이때 어머니가 '내일까지 갈 수 있을까?'라고 묻자 화자는 '그럼요'라고 대답하지. 즉 [A]에서 '내일은 언제 오나요'라고 시간에 대해 묻던 주체인 어린 화자는 [B]에서 '얘야 내일까지 갈 수 있을까?'라는 어머니의 물음에 '그럼요 하룻밤만 지나면 내일인 걸요'라고 대답하는 사람으로 바뀌고 있으니 ①번은 적절한 선지야.

[C]에서 '이제 더 이상 고향에서 급한 전갈이 오지 않았습니다'라고 한 것은, 어머니가 돌아가셨기 때문이겠지? 한편 더 이상 급한 전갈이 오지 않는 이유는 '우리 집'이라는 공간에 '어머니', '아내', '딸'로 표현된 '어제', '오늘', '내일'의 삶이 살아서 '쉽게 만나는 법'을 화자가 '알고 있기 때문'이라고 볼 수도 있어. 따라서 [A], [B]에는 어머니와 대화를 나누었던 화자의 경험이 어머니와 화자의 대화 형식으로, [C]에는 '만나는 법'에 대한 화자의 깨달음이 화자가 혼잣말을 하는 독백의 형식으로 드러나 있다고 할 수 있겠네. 또한 화자의 어린 시절인 [A], 어머니의 임종 당시인 [B], 이후 더 이상 급한 전갈이 오지 않는 [C]로 시간의 흐름에 따라 시상이 전개된다고 볼 수 있고.

마지막으로 [B]에서는 만남을 긍정적으로 인식하고, [C]에서는 부정적으로 인식하는지를 판단해 보자. 윗글의 화자는 '만나는 법'에 대한 깨달음을 표현하고 있고 특히 [C]에서 '쉽게 만나는 법을 알고 있기 때문'에 '더 이상 고향에서 급한 전갈이 오지 않'지만 돌아가신 '어머니'를 '어제라는 집'에서 만날 수 있다고 했어. 즉 [C]에서 화자는 만남을 긍정적으로 인식하고 있으므로, ②번은 사실 관계 상 적절하다고 보기 어렵겠지.

적절한 것을 묻는 문제이든, 적절하지 않은 것을 묻는 문제이든 작품에 대해 잘 이해하고 있다면 문제 풀이 자체는 어렵지 않아. 하지만 시간이 촉박한 상황 혹은 둘 이상의 선지 사이에서 헷갈릴 때에는 지금까지 소개한 전략을 활용하면 문제를 빠르고 정확하게 해결하는 데에 도움이 될 거야.

 1등급 전략

> ☑ 전략 1 적절한 것을 묻는 문제의 선지는 시의 전체적인 내용을 포함하는지 확인하자.
> ☑ 전략 2 적절하지 않은 것을 묻는 문제의 선지는 사실 관계에 초점을 두어 내용 일치를 확인하자.

1~2 다음을 읽고 1분컷 작품 정리를 채운 뒤 선지의 적절성을 판단해 보세요.

고1 2019학년도 3월

> 화자, 대상,
> 정서 · 태도가
> 나타난
> 부분에
> 표시하며
> 읽어 봐!

너를 꿈꾼 밤

문득 인기척에

잠이 깨었다.

문틈에 귀대고 엿들을 땐

거기 아무도 없었는데

베개 고쳐 누우면

지척에서 들리는 ⓐ발자국 소리.

나뭇가지 스치는 소매깃 소리.

아아, 네가 왔구나.

산 넘고 물 건너

누런 해 지지 않는 서역(西域) 땅에서

나직이 신발을 끌고 와

다정하게 부르는

ⓑ너의 목소리,

오냐, 오냐,

안쓰런 마음은 만리 길인데

황망히 ㉠문을 열고 뛰쳐나가면

밖엔 하염없이 내리는 ⓒ가랑비 소리,

후두둑,

댓잎 끝에 방울지는

봄비 소리.

– 오세영, 「너의 목소리」 –

✎ 1분컷 **작품 정리**

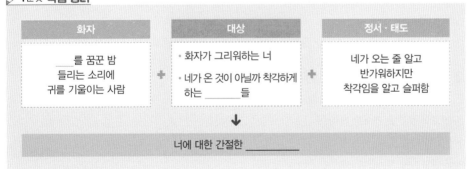

화자		대상		정서 · 태도
____를 꿈꾼 밤 들리는 소리에 귀를 기울이는 사람	**+**	• 화자가 그리워하는 너 • 네가 온 것이 아닐까 착각하게 하는 _____들	**+**	네가 오는 줄 알고 반가워하지만 착각임을 알고 슬퍼함

↓

너에 대한 간절한 _____

1. 윗글에 대한 설명으로 가장 적절한 것은?

① ㉠에는 화자의 억울한 심정이 내재되어 있다.

② ㉠에는 화자의 기대감이 담겨 있다.

③ ㉠에는 결핍 상태가 충족된 내면 심리가 나타나 있다.

2. 윗글에 대한 설명으로 적절하지 <u>않은</u> 것은?

① 화자가 꾼 '꿈'은 빗소리를 ⓐ로 여기는 계기가 된다고 볼 수 있겠군.

② ⓑ는 '산 넘고 물 건너' 들려오는 것이기에 화자에게 반가움과 동시에 과거의 추억을 환기한다고 볼 수 있겠군.

③ ⓑ가 ⓒ임을 알고 난 후의 화자의 허탈감이 '후두둑'을 통해 청각적 이미지로 부각된다고 볼 수 있겠군.

3~4 다음을 읽고 1분컷 작품 정리를 채운 뒤 선지의 적절성을 판단해 보세요.

고2 2021학년도 3월

> 화자, 대상, 정서·태도가 나타난 부분에 표시하며 읽어 봐!

㉠오늘 저녁 이 좁다란 방의 **흰 바람벽**에
어쩐지 쓸쓸한 것만이 오고 간다
이 흰 바람벽에
희미한 십오촉(十五燭) 전등이 지치운 불빛을 내어던지고   [A]
때글은 다 낡은 무명샤쯔가 어두운 그림자를 쉬이고
그리고 또 달디단 따끈한 감주나 한잔 먹고 싶다고 생각하는 내 가지가지 외로운
생각이 헤매인다

그런데 이것은 또 어인 일인가
이 흰 바람벽에
내 가난한 늙은 어머니가 있다   [B]
내 가난한 늙은 어머니가
이렇게 시퍼러둥둥하니 추운 날인데 차디찬 물에 손은 담그고 무이며 배추를 씻고 있다

또 내 사랑하는 사람이 있다
내 사랑하는 어여쁜 사람이
어늬 먼 앞대 조용한 개포가의 나즈막한 집에서   [C]
그의 지아비와 마조 앉어 대구국을 끓여놓고 저녁을 먹는다
벌써 어린것도 생겨서 옆에 끼고 저녁을 먹는다

그런데 또 이즈막하야 어늬 사이엔가
이 흰 바람벽엔
내 쓸쓸한 얼굴을 쳐다보며
이러한 글자들이 지나간다   [D]
— 나는 이 세상에서 가난하고 외롭고 높고 쓸쓸하니 살어가도록 태어났다
그리고 이 세상을 살어가는데
내 가슴은 너무도 많이 뜨거운 것으로 호젓한 것으로 사랑으로 슬픔으로 가득 찬다
그리고 이번에는 나를 위로하는 듯이 나를 울력*하는 듯이
눈질을 하며 주먹질을 하며 이런 글자들이 지나간다
— 하늘이 이 세상을 내일 적에 그가 가장 귀해하고 사랑하는 것들은 모두 가난하고
외롭고 높고 쓸쓸하니 그리고 언제나 넘치는 사랑과 슬픔 속에 살도록 만드신 것이다   [E]
초생달과 바구지꽃과 짝새와 당나귀가 그러하듯이
그리고 또 '프랑시쓰 쨈'과 '도연명(陶淵明)'과 '라이넬 마리아 릴케'가 그러하듯이

– 백석, 「흰 바람벽이 있어」 –

•울력: 힘으로 몰아붙임.

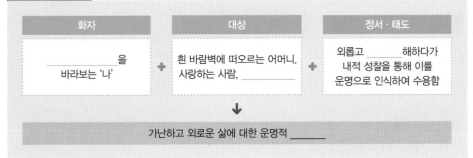

✏️ 1분컷 작품 정리

화자	대상	정서 · 태도
_____을 바라보는 '나'	흰 바람벽에 떠오르는 어머니, 사랑하는 사람, _____.	외롭고 _____ 해하다가 내적 성찰을 통해 이를 운명으로 인식하여 수용함

↓

가난하고 외로운 삶에 대한 운명적 _____

3. 윗글에 대한 설명으로 가장 적절한 것은?

① ㉠은 화자의 내적 성찰이 이루어지는 시간이다.

② ㉠은 화자가 시간의 단절감을 경험하는 시간이다.

4. 윗글에 대한 설명으로 적절하지 않은 것은?

① [A]에서는 외부의 사물을 응시하던 화자의 시선이 내면으로 이어지고 있다.

② [B], [C]에서는 [A]의 '흰 바람벽'을 보는 상황이 이어지면서, 떠오르는 생각들이 제시되고 있다.

③ [D]에서 지나가는 글자들에 내재된 자기 긍정의 정서가 [E]에서 강화되고 있다.

5~6 다음을 읽고 1분컷 작품 정리를 채운 뒤 선지의 적절성을 판단해 보세요.

고3 2020학년도 7월

> 화자, 대상,
> 정서 · 태도가
> 나타난
> 부분에
> 표시하며
> 읽어 봐!

어물전 개조개 한마리가 움막 같은 몸 바깥으로 맨발을 내밀어 보이고 있다

죽은 부처가 슬피 우는 제자를 위해 관 밖으로 잠깐 발을 내밀어 보이듯이 맨발을 내밀어 보이고 있다

펄과 물속에 오래 담겨 있어 부르튼 맨발

내가 조문하듯* 그 맨발을 건드리자 개조개는

최초의 궁리인 듯 가장 오래하는 궁리인 듯 천천히 발을 거두어갔다

저 속도로 시간도 길도 흘러왔을 것이다

누군가를 만나러 가고 또 헤어져서는 저렇게 천천히 돌아왔을 것이다

늘 맨발이었을 것이다

사랑을 잃고서는 새가 부리를 가슴에 묻고 밤을 견디듯이 맨발을 가슴에 묻고 **슬픔을 견디었으리라**

아 — 하고 집이 올 때

부르튼 맨발로 양식을 ⓐ탁발* 하러 거리로 나왔을 것이다

맨발로 하루 종일 길거리에 나섰다가

가난의 냄새가 벌벌벌벌 풍기는 움막 같은 집으로 돌아오면

아 — 하고 **울던 것들**이 배를 채워

저렇게 감감하게 **울음도 멎었으리라**

– 문태준, 「맨발」 –

• **조문하다:** 남의 죽음에 대하여 슬퍼하는 뜻을 드러내어 상주를 위문한다.

• **탁발:** 도를 닦는 승려가 불경의 문구를 외면서 집집마다 다니며 시주를 얻는 일.

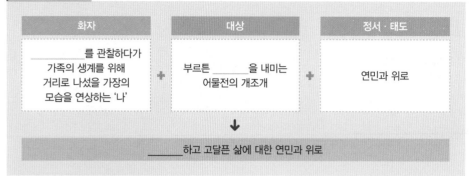

✏ 1분컷 **작품 정리**

화자	대상	정서 · 태도
_____를 관찰하다가 가족의 생계를 위해 거리로 나섰을 가장의 모습을 연상하는 '나'	부르튼 _____을 내미는 어물전의 개조개	연민과 위로

↓

_____하고 고달픈 삶에 대한 연민과 위로

5. 윗글에 대한 설명으로 적절하지 <u>않은</u> 것은?

① '내밀어 보이고 있다'의 반복을 활용하여 대상의 움직임을 관찰하는 화자의 시선을 강조하고 있다.

② '슬픔을 견디었으리라'라는 추측을 통해 대상이 슬픔을 인내하고 있다고 생각하는 화자의 인식을 제시하고 있다.

③ '울던 것들이'와 '울음도 멎었으리라'의 대비를 통해 근본적으로 삶이 나아질 수 있다는 화자의 기대를 드러내고 있다.

6. 윗글에 대한 설명으로 가장 적절한 것은?

① ⓐ에는 현실에 대한 만족감이 담겨 있다.

② ⓐ는 삶의 유지와 관련된 행위이다.

③ ⓐ에는 타인에 대한 비판적 태도가 나타난다.

1~3 다음을 읽고 1분컷 작품 정리를 채운 뒤 선지의 적절성을 판단해 보세요.

고1 2021학년도 6월

> 화자, 대상, 정서·태도가 나타난 부분에 표시하며 읽어 봐!

(가)

어두운 ⊙방 안엔
빠알간 숯불이 피고,

외로이 늙으신 할머니가
애처로이 잦아드는 어린 목숨을 지키고 계시었다.

이윽고 **눈 속을**
아버지가 **약**을 가지고 돌아오시었다.

아 아버지가 눈을 헤치고 따 오신
그 붉은 산수유 열매―

나는 한 마리 어린 짐승,
젊은 아버지의 서느런 옷자락에
열로 상기한 볼을 말없이 부비는 것이었다.

이따금 뒷문을 눈이 치고 있었다.
그날 밤이 어쩌면 성탄제의 밤이었을지도 모른다.

어느새 나도
그때의 아버지만큼 나이를 먹었다.

옛것이라곤 찾아볼 길 없는
성탄제 가까운 도시에는
이제 **반가운 그 옛날의 것**이 내리는데,

서러운 서른 살 나의 이마에
불현듯˙ 아버지의 **서느런 옷자락**을 느끼는 것은,

눈 속에 따 오신 산수유 붉은 알알이
아직도 **내 혈액 속에 녹아 흐르는** 까닭일까.

― 김종길, 「성탄제」 ―

˙**불현듯**: 갑자기 어떠한 생각이 걷잡을
수 없이 일어나는 모양.

(나)

나는 당신의 옷을 다 지어 놓았습니다.

심의도 짓고 도포도 짓고 자리옷도 지었습니다.

짓지 아니한 것은 작은 주머니에 수놓는 것뿐입니다.

그 주머니는 나의 손때가 많이 묻었습니다.

짓다가 놓아두고 짓다가 놓아두고 한 까닭입니다.

다른 사람들은 나의 바느질 솜씨가 없는 줄로 알지마는

그러한 비밀은 나밖에는 아는 사람이 없습니다.

나의 마음이 아프고 쓰린 때에 주머니에 수를 놓으려면

나의 마음은 수놓는 금실을 따라서 바늘구멍으로 들어가고

주머니 속에서 맑은 노래가 나와서 나의 마음이 됩니다.

그리고 아직 ⓛ이 세상에는 그 주머니에 넣을 만한 무슨 보물이 없습니다.

이 작은 주머니는 짓기 싫어서 짓지 못하는 것이 아니라 짓고 싶어서 다 짓지 않는

것입니다.

– 한용운, 「수(繡)의 비밀」 –

1분컷 작품 정리

(가)

화자	대상	정서 · 태도
어린 시절 _____가 약을 가져오신 일을 떠올리는 '나'	을 헤치고 붉은 _____ 열매를 따 온 아버지	서른이 되어 아버지의 사랑을 그리워함

↓

아버지의 사랑에 대한 _____

(나)

화자	대상	정서 · 태도
_____의 옷을 짓는 '나'	다 (지은 / 짓지 않은) 당신의 옷과 다 (지은 / 짓지 않은) 주머니	주머니에 ____ 놓는 것을 일부러 미룸

↓

당신에 대한 영원한 사랑

작품의 표현상 또는 서술상의 특징을 묻는 문제

1. (가)와 (나)에 대한 설명으로 가장 적절한 것은?

① (가)는 수미상관의 방식을 통해, (나)는 설의적 표현을 통해 화자의 의지를 드러내고 있다.

② (가)는 (나)와 달리 동일한 종결 표현을 사용하여 구조적 안정감을 부여하고 있다.

③ (나)는 (가)와 달리 역설적 표현을 통해 대상에 대한 화자의 정서를 부각하고 있다.

④ (가)와 (나)는 모두 후각적 이미지를 통해 시적 상황을 구체화하고 있다.

⑤ (가)와 (나)는 모두 시간의 흐름에 따라 시상을 전개하여 화자의 태도 변화를 드러내고 있다.

작품의 내용에 대한 사실적·추론적 이해를 묻는 문제

2. ㉠과 ㉡에 대한 설명으로 가장 적절한 것은?

① ㉠은 화자가 자아를 성찰하는 공간이다.

② ㉠은 화자와 대상과의 관계가 단절된 공간이다.

③ ㉡은 화자의 소망이 실현되지 못하고 있는 공간이다.

④ ㉡은 화자가 일상의 삶에서 벗어난 초월적인 공간이다.

⑤ ㉠과 ㉡은 모두 화자가 추구하는 이상적 공간이다.

외적 준거를 참고한 작품의 감상을 요구하는 문제

3. 〈보기〉를 참고하여 (가)를 감상한 내용으로 적절하지 <u>않은</u> 것은? [3점]

> 보기
>
> 김종길 시인의 작품에 가족에 대한 시가 많은 것은 어린 시절 어머니의 부재 속에서도 가족의 보호를 받으며 자란 그의 성장 과정과 연관이 깊다. 「성탄제」에도 삼대로 이어지는 따뜻한 가족애가 다양한 소재를 통해 형상화되어 있다. 이러한 가족애는 개인의 경험을 넘어 현대인의 메마른 삶을 극복할 수 있는 인간애로 확장됨으로써 공감을 얻고 있다.

① '외로이 늙으신 할머니'가 어린 화자를 돌보고 있는 모습은 시인의 성장 배경과 관련이 있겠군.

② '눈 속'을 헤치고 '약'을 구해 온 아버지의 사랑은 삭막한 현실을 극복할 수 있는 인간애로 확장될 수 있겠군.

③ '반가운 그 옛날의 것'은 화자에게 어린 시절을 떠올리게 하는 역할을 하겠군.

④ '서느런 옷자락'은 화자가 경험하는 현대인의 메마른 삶을 형상화한 것이겠군.

⑤ '내 혈액 속에 녹아 흐르는' 산수유는 과거에서 현재까지 이어져 온 가족애를 의미한다고 볼 수 있겠군.

화자, 대상,
정서 · 태도가
나타난
부분에
표시하여
읽어 봐!

(가)

네가 살아온 나날을 누가

어둠뿐이었다고 말하는가

몸통 군데군데 썩어

흉한 **상처** 거멓게 드러나고

팔다리 여기저기 잘리고 **문드러져**

온몸이 일그러지고 뒤틀렸지만

터진 네 살갗 들치고

바람과 노을을 동무해서

어깨와 등과 손끝에

자잘한 **꽃**들 노랗게 피어나는데

비록 **꽃향기** 온 들판을 덮거나

산을 넘고 **바다**를 건너지는 못해도

노란 **꽃잎** 풀 속에 떨어지면

옛애기보다 더 애달픈

초저녁 **풀벌레의 노랫소리**가 되겠지

누가 말하는가 이 노래 듣는 이

오직 하늘과 별뿐이라고

– 신경림, 「수유나무에 대하여」 –

(나)

굳어지기 전까지 저 딱딱한 것들은 물결이었다

파도와 해일이 쉬고 있는 바닷속

지느러미 물결 사이에 끼어

㉠유유히 흘러다니던 무수한 갈래의 길이었다

㉡그물이 물결 속에서 멸치들을 떼어냈던 것이다

햇빛의 꼿꼿한 직선들 틈에 끼이자마자

부드러운 물결은 팔딱거리다 길을 잃었을 것이다

바람과 햇볕이 달라붙어 물기를 빨아들이는 동안

바다의 무늬는 뼈다귀처럼 남아

멸치의 등과 지느러미 위에서 딱딱하게 굳어갔던 것이다

㉢모래 더미처럼 길거리에 쌓이고

건어물집의 푸석한 공기에 풀리다가

기름에 튀겨지고 접시에 담겨졌던 것이다

지금 젓가락 끝에 깍두기처럼 딱딱하게 잡히는 이 멸치에는

두껍고 뻣뻣한 공기를 뚫고 흘러가는

바다가 있다 그 바다에는 아직도
ⓔ지느러미가 있고 지느러미를 흔드는 물결이 있다
이 작은 물결이
지금도 멸치의 몸통을 뒤틀고 있는 이 작은 무늬가
ⓜ파도를 만들고 해일을 부르고
고깃배를 부수고 그물을 찢었던 것이다

- 김기택, 「멸치」 -

✏️ 1분컷 **작품 정리**

(가)

화자	대상	정서·태도
_____를 생각하는 사람	고난과 시련을 이겨내고 ____을 피워낸 너(수유나무)	수유나무가 살아온 날이 _____뿐이 아니며, 수유나무에 핀 꽃이 의미가 있다고 생각함

↓

고난을 견뎌낸 수유나무의 가치

(나)

화자	대상	정서·태도
바다에 살던 _____가 접시에 담겨지기까지의 과정을 생각하는 사람	자유와 생명력을 잃고 _____하게 굳어 접시에 담긴 멸치들	멸치가 지녔던 생명력에 대해 생각함

↓

멸치가 _____을 회복하기를 바람

> 작품의 표현상 또는 서술상의 특징을 묻는 문제

4. **(가)와 (나)에 대한 설명으로 가장 적절한 것은?**

① (가)는 (나)와 달리 설의법을 활용하여 화자의 의도를 강조하고 있다.

② (나)는 (가)와 달리 색채어를 활용하여 화자의 정서 변화를 드러내고 있다.

③ (가)와 (나)는 모두 음성 상징어를 활용하여 생동감을 부여하고 있다.

④ (가)와 (나)는 모두 직유법을 활용하여 대상의 특성을 구체적으로 드러내고 있다.

⑤ (가)와 (나)는 모두 말을 건네는 방식을 활용하여 대상에 대한 친밀감을 드러내고
있다.

5. **(가)를 감상한 내용으로 적절하지 <u>않은</u> 것은?**

① '상처' 난 몸통과 '문드러'진 팔다리는 수유나무가 겪었던 고난을 짐작하게 하는군.

② '바람과 노을'은 수유나무가 '꽃'을 피우는 과정에서 함께 있었던 존재로군.

③ '어깨와 등과 손끝'에 꽃이 핀 모습은 '온몸'이 뒤틀렸던 모습과 대조적이군.

④ '산'과 '바다'는 수유나무의 '꽃향기'가 궁극적으로 도달하려는 목적지라고 하겠군.

⑤ 떨어진 수유나무의 '꽃잎'은 '풀벌레의 노랫소리'로 변하여 퍼져 나가게 되겠군.

6. **〈보기〉를 참고하여 ㉠~㉤을 감상한 내용으로 적절하지 <u>않은</u> 것은? [3점]**

> ┤ 보기 ├
>
> (나)의 화자는 식탁에 오른 멸치 볶음을 관찰하면서 멸치가 식탁으로 오기
> 까지의 과정을 상상하고 있다. 이 시는 '생명의 본래 모습 → 생명력의 상실
> 과정 → 생명력 회복의 소망'으로 시상이 전개된다.

① ㉠: 멸치가 과거에 바다에서 생명력을 지닌 자유로운 존재였음을 드러내고 있어.

② ㉡: 외부적인 힘에 의해 멸치의 생명력이 상실되는 모습이 드러나 있어.

③ ㉢: 멸치가 식탁 위에 오르기까지의 과정에서 겪었을 상황을 상상하고 있어.

④ ㉣: 눈앞의 멸치를 보며 멸치가 본래 지녔던 생명력을 떠올리고 있어.

⑤ ㉤: 멸치가 생명력을 회복하기 위해 극복해야 할 것이 무엇인지가 드러나 있어.

화자, 대상,
정서·태도가
나타난
부분에
표시하며
읽어 봐!

(가)

낙엽은 폴-란드 **망명정부의 지폐**
포화(砲火)에 이즈러진
도룬 시(市)의 가을 하늘을 생각케 한다
길은 한 줄기 **구겨진 넥타이**처럼 풀어져
일광(日光)*의 폭포 속으로 사라지고
조그만 담배 연기를 내어 뿜으며
새로 두 시의 급행차가 들을 달린다
포플라 나무의 근골(筋骨)* 사이로
공장의 지붕은 흰 이빨을 드러내인 채
한 가닥 구부러진 철책*이 바람에 나부끼고
그 위에 세로팡지(紙)로 만든 구름이 하나
자욱-한 풀벌레 소리 발길로 차며
호올로 **황량한 생각** 버릴 곳 없어
허공에 띄우는 **돌팔매** 하나
기울어진 풍경의 장막 저쪽에
고독한 반원을 긋고 잠기어 간다

– 김광균, 「추일서정」 –

• **일광**: 해의 빛.
• **근골**: 근육과 뼈대를 아울러 이르는 말.
• **철책**: 쇠로 만든 울타리.

(나)

담쟁이덩굴이 가벼운 공기에 **업혀 허공**에서
허공으로 이동하고 있다

새가 푸른 하늘에 **눌려** 납작하게 날고 있다

들찔레가 길 **밖**에서 하얀 꽃을 **버리며**
빈자리를 만들고

사방이 몸을 비워놓은 마른 길에
하늘이 내려와 누런 돌멩이 위에 **엎힌다**

길 한켠 모래가 바위를 들어올려
자기 몸 위에 놓아두고 있다

– 오규원, 「하늘과 돌멩이」 –

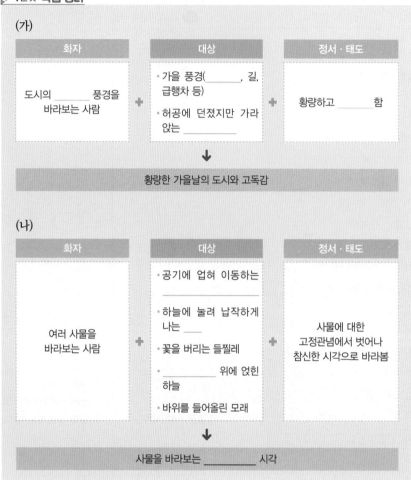

(가)

화자		대상		정서·태도
도시의 _____ 풍경을 바라보는 사람	✚	• 가을 풍경(_____, 길, 급행차 등) • 허공에 던졌지만 가라앉는 _____	✚	황량하고 _____함

↓

황량한 가을날의 도시와 고독감

(나)

화자		대상		정서·태도
여러 사물을 바라보는 사람	✚	• 공기에 업혀 이동하는 _____ • 하늘에 눌려 납작하게 나는 ___ • 꽃을 버리는 들찔레 • _____ 위에 얹힌 하늘 • 바위를 들어올린 모래	✚	사물에 대한 고정관념에서 벗어나 참신한 시각으로 바라봄

↓

사물을 바라보는 _____ 시각

작품의 표현상 또는 서술상의 특징을 묻는 문제

7. (가)에 대한 설명으로 가장 적절한 것은?

① 수미상관의 기법을 활용하여 구조적 안정감을 얻고 있다.

② 유사한 문장 형태를 변주하여 시간의 흐름을 드러내고 있다.

③ 의도적으로 변형한 시어를 통해 현실 극복 의지를 드러내고 있다.

④ 추측을 나타내는 표현을 통해 대상에 대한 회의감을 드러내고 있다.

⑤ 자연물을 인공물에 빗대어 풍경에 대한 화자의 인상을 드러내고 있다.

8. 다음은 (나)에 대한 〈학습 활동〉 과제이다. 이를 수행한 결과로 적절하지 <u>않은</u> 것은?
[3점]

학습 활동

「하늘과 돌멩이」는 사물에 대한 우리의 고정관념을 버리고 새로운 시각으로 사물들을 바라보려고 시도한다. 각 연의 서술어에 주목하여, 이 시에 나타난 새로운 관점을 사물에 대한 고정관념과 비교하여 탐구해 보자.

	사물	사물에 대한 고정관념	서술어	새로운 관점
1연	담쟁이덩굴	담쟁이덩굴은 벽에 붙어 자란다.	업혀	㉠
2연	새	새는 자유롭게 하늘을 난다.	눌려	㉡
3연	들찔레	들찔레의 꽃이 떨어진다.	버리며	㉢
4연	하늘	하늘은 땅에서 멀리 떨어져 있다.	얹힌다	㉣
5연	모래	모래가 바위 밑에 깔려 있다.	들어올려	㉤

① ㉠: '업혀'에 주목하면, 담쟁이덩굴은 벽에 붙어 자라는 것이 아니라 공기를 누르며 수직 상승하는 강인한 존재로 볼 수 있다.

② ㉡: '눌려'에 주목하면, 새가 아무 제약 없이 하늘을 나는 것이 아니라 하늘의 무게를 견디며 나는 것으로 볼 수 있다.

③ ㉢: '버리며'에 주목하면, 꽃이 저절로 떨어지는 것이 아니라 들찔레가 스스로 꽃을 떨어뜨리는 것으로 볼 수 있다.

④ ㉣: '얹힌다'에 주목하면, 하늘은 땅과 멀리 떨어져 있지 않고 길에 가깝게 내려와 돌멩이 위에 닿는 존재로 볼 수 있다.

⑤ ㉤: '들어올려'에 주목하면, 모래는 바위 밑에 깔려 있지 않고 자신의 힘으로 거대한 바위를 지탱할 수 있는 존재로 볼 수 있다.

9. 이미지의 활용을 중심으로 (가)와 (나)를 감상한 내용으로 적절하지 <u>않은</u> 것은?

① (가)는 '낙엽'을 '망명정부의 지폐'에 연결하여 낙엽의 이미지에서 연상되는 무상감을 드러내고 있군.

② (가)는 '돌팔매'가 땅으로 떨어지는 이미지를 '고독한 반원'으로 표현하여 외로움의 정서를 부각하고 있군.

③ (나)는 '빈자리'를 '들찔레'가 의도적으로 만들어 낸 대상인 것처럼 표현하여 비어 있는 공간의 이미지를 떠올릴 수 있도록 의미를 부여하고 있군.

④ (가)는 '길'을 '구겨진 넥타이'의 이미지와 연결하여 도시에서 느껴지는 소외감을 표현하고, (나)는 '길 밖'과 '길 한켠'처럼 중심에서 벗어난 공간의 이미지를 활용하여 대상들 간의 거리감을 드러내고 있군.

⑤ (가)는 '허공'을 '황량한 생각'이 드러나는 공허한 이미지로 활용하고, (나)는 '담쟁이덩굴'의 움직임을 활용하여 '허공'을 감각적으로 경험할 수 있는 대상으로 묘사하고 있군.

2 현대소설

(1) 출제자가 의도한 대로 읽어야 한다.

STEP 1 전략 세우기

수능 시험을 위해서가 아니라 감상을 위해 소설을 읽는다면 특별한 읽기 전략이 필요하진 않을 거야. 시간을 제한해 두고 빠르게 읽을 필요도, 작품의 어느 부분이 문제로 출제될지 고민할 필요도 없지. 하지만 소설 읽기와 소설 지문 읽기는 달라. 소설은 작가가 창작한 작품 그대로이지만, 소설 지문은 작가의 작품을 출제자가 선택적으로 편집해서 보여 준 것이지. 그래서 소설은 긴 호흡으로 천천히 음미하며 읽어도 좋지만, 소설 지문은 순간적인 집중력을 동원해서 출제자의 의도대로 읽어야 해. 그렇다면 출제자의 의도대로 소설 지문을 읽는다는 것은 무엇일까? '서술자와 인물 파악하기' 그리고 '장면 끊어 읽기'가 바로 그 방법이야.

① 서술자 찾기

시에서 시인은 자신이 하고 싶은 말을 독자에게 효과적으로 전달하기 위해 가상의 화자와 시적 대상을 설정하여 화자와 대상이 처한 상황을 통해 주제 의식을 드러내고, 소설에서 작가는 화자 대신 서술자의 입을 통해 인물이 처한 상황을 서술하여 주제 의식을 드러내. 따라서 소설 지문을 읽을 때는 먼저 서술자가 누구인지를 파악해야 해. '서술자와 시점'에 대해서는 28쪽에 자세히 설명해 두었으니 참고해.

② 인물 파악하기

서술자를 찾았다면 서술자가 관심을 갖고 서술하고 있는 인물이 누구이고, 그 인물이 어떤 상황에 처해서 어떠한 행동을 하며 어떠한 심리와 태도를 드러내는지를 파악하면 돼. 이를 위해서 우선 새로운 인물이 등장하면 네모 박스 등으로 표시하는 습관을 들이자! 등장인물이 2~3명 나오는 소설 지문도 있지만 굉장히 많은 인물들이 나오는 지문도 있고, 동일한 인물을 서로 다른 호칭어나 지칭 어로 가리키는 경우도 있는 만큼 등장인물을 찾을 때마다 표시를 하는 게 좋아. 그리고 서술자의 설명, 인물의 행동이나 대화 등을 통해 개별 인물의 심리나 태도가 두드러지게 드러나는 부분에도 밑줄을 치며 인물의 반응을 이해하고 넘어가자.

개별 인물에 대한 이해뿐만 아니라 인물들 간의 관계를 파악하는 것도 중요해. 인물들이 서로 적대 적인지, 우호적인지 파악하면 인물들 사이의 갈등을 이해할 수 있거든. 마지막으로 지문에서 인물 간의 관계가 변화하는 지점이 나타나면 그 부분은 문제로 출제될 가능성이 높으니 특히 주목해야 해!

아래의 지문을 읽고 서술자와 시점을 판단해 보자. 또 등장인물에 네모 박스를 치고 인물 간의 관계를 파악하고, 인물들의 심리나 태도 등이 두드러지게 나타나는 부분은 밑줄을 치며 읽어 봐.

❷
현대
소
설

[앞부분의 줄거리] 떡볶이 가게에서 일하는 '나'는 주인 아줌마가 약속한 날짜에 임금을 주지 않자 홧김에 가게의 봉숭아 화분을 망가뜨린다. 그리고 아르바이트 경력이 많은 용우의 도움을 받아 밀린 임금을 받아 내려고 한다.

어느새 모여든 사람들에게 들으라는 듯이 아줌마가 악을 쓴다.

"대드는 게 아니고, 돈 달라고 하는 건데요."

용우도 지지 않는다. 삶의 현장이 용우를 저렇게 단련시켰다. 그런데 나 이민수는 뭐란 말인가.

"자아, 그래, 돈 줄란다. 나한테 대드는 꼴은 밉지만 그래도 친구랍시고 와서 거드는 것이 가상해서°내가 돈을 주긴 준다마는……. 가만있어봐라, 아이 민수야, 니 지난번에 말도 안하고 무단결근한 날 있었지? 그것도 하필 제일 바쁜 날에."

"말하고 빠졌는데요."

그날은 학교 폭력 문제로 학원이고 알바고 어떤 이유가 있어도 학교 끝나고 모두 남으라고 담임이 오금을 박는 바람에 어쩔 수가 없었다. 우리는 그날 담임에게 기합을 받았고 나는 분명히 아줌마한테 전화를 했는데 단지 아줌마가 전화를 받지 않았을 뿐이다. 그런데 이제 와서 무단결근이라니.

"무단결근 시 이틀 치 일당 제한다는 약속 안 잊었지?"

나는 그런 약속을 한 기억이 없다. 그러나,

"그리고, 망가진 화분 값은 당연히 민수 니가 물어야겠지? 자아, 그러면 얼마야, 삼천 곱하기 이십며칠……."

아줌마와의 담판은 지루했다. 용우는 삼천칠백칠십 원을 들이댔고 아줌마는 끝까지 삼천 원을 고수했다. 두 사람의 대결은 팽팽했고 나는 웬일인지 너무도 피곤해서 알바비고 뭐고 다 그만두고만 싶은 마음이 간절해지기 시작했다. 나는 문득, 내가 망가뜨린 봉숭아 화분에 눈이 갔다. 화분은 깨졌지만 봉숭아는 다행히 아직 살아 있었다. 뿌리에 흙덩이를 감은 채 넘어진 봉숭아는 천연덕스럽게°꽃을 피우고 있었다. 나는 문득 봉숭아꽃이 참 아름답다는 생각을 했다. 봉숭아는 아름다운데 아름다운 봉숭아를 키우는 떡볶이집 아줌마는 왜 아름답지 않을까. 아줌마가 원래부터 저렇게 아름답지 않은 사람이었을까? 원래부터 아름답지 않은 사람도 아름다운 꽃을 기를 수 있을까? 아줌마에게도 이 꽃처럼 아름다운 때가 있기나 했을까. 내가 한참 돈보다 꽃 생각을 하고 있는데 느닷없이 천지를 진동하는 아줌마의 울음소리가 났다.

"내가아, 내가아, 저놈의 쥐알만 한 새끼들한테 무시를 당할 만큼, 나쁜 사람이 아녀어, 근데에, 저놈의 새끼들이 나를 떡볶이집 아줌마로 보고 무시하는 거야아……. 아이고, 내가 떡볶이 팔아서 무신 부자가 되겠다고 저런 놈의 새끼들한테……. 아이고오……."

고개를 들 수가 없었다. 아줌마가 원망하는 대상이 나라는 사실이 죽고 싶도록 괴로워서 나는 꼼짝도 할 수가 없었다. 아줌마가 애끓는 소리로 우는 것이 꼭 엄마 같아서 더 그랬다. 용우가 내 등을 탁 쳤다.

"야아, 이 아줌마 진짜 독하다. 죽어도 삼천칠백칠십으로 안 준다."

— 공선옥, 「힘센 봉숭아」 —

• **가상하다:** 착하고 기특하다.

• **천연덕스럽다:** 생긴 그대로 조금도 거짓이나 꾸밈이 없고 자연스러운 느낌이 있다.

지문을 읽으면서 어느 부분에 네모 박스나 밑줄을 치면 좋았을지, 그리고 무슨 생각을 하며 읽었으면 좋았을지를 시각화해 두었어. 자신의 사고 과정과 비교하며 소설 지문을 읽는 법을 익혀 봐.

[앞부분의 줄거리] 떡볶이 가게에서 일하는 '나'는 주인 아줌마가 약속한 날짜에 임금을 주지 않자 홧김에 가게의 봉숭아 화분을 망가뜨린다. 그리고 아르바이트 경력이 많은 용우의 도움을 받아 밀린 임금을 받아 내려고 한다. *[앞부분의 줄거리]가 제시된 경우, 줄거리에 인물에 대한 설명이 포함된 경우가 많으니까 반드시 꼼꼼하게 읽고 넘어가야 해. 주인공인 '나'와 떡볶이집 주인 아줌마, 용우가 등장하나 봐.*

어느새 모여든 사람들에게 들으라는 듯이 아줌마가 악을 쓴다.

"대드는 게 아니고, 돈 달라고 하는 건데요."

용우도 지지 않는다. 삶의 현장이 용우를 저렇게 단련시켰다. 그런데 나 이민수는 뭐란 말인가. *아줌마가 악을 쓰지만 용우도 지지 않고 돈을 달라고 당당히 요구해. 하지만 정작 돈을 받아야 할 '나'는 그러지 못하지. 용우와 '나'는 성격이 다르군.*

"자아, 그래, 돈 줄란다. 나한테 대드는 꼴은 밉지만 그래도 친구랍시고 와서 거드는 것이 가상해서 내가 돈을 주긴 준다마는……. 가만있어봐라, 아이 민수야, 니 지난번에 말도 안 하고 무단결근한 날 있었지? 그것도 하필 제일 바쁜 날에."

"말하고 빠졌는데요."

그날은 학교 폭력 문제로 학원이고 알바고 어떤 이유가 있어도 학교 끝나고 모두 남으라고 담임이 오금을 박는 바람에 어쩔 수가 없었다. 우리는 그날 담임에게 기합을 받았고 나는 분명히 아줌마한테 전화를 했는데 단지 아줌마가 전화를 받지 않았을 뿐이다. 그런데 이제 와서 무단결근이라니.

"무단결근 시 이틀 치 일당 제한다는 약속 안 잊었지?"

나는 그런 약속을 한 기억이 없다. 그러나,

"그리고, 망가진 화분 값은 당연히 민수 니가 물어야겠지? 자아, 그러면 얼마야, 삼천 곱하기 이십며칠……."

아줌마와의 담판은 지루했다. 용우는 삼천칠백칠십 원을 들이댔고 아줌마는 끝까지 삼천 원을 고수했다. *아줌마는 '나'에게 줄 돈을 어떻게든 깎으려 하고, 용우는 빠짐없이 받아내려고 고집을 부려.* 두 사람의 대결은 팽팽했고 나는 웬일인지 너무도 피곤해서 알바비고 뭐고 다 그만두고만 싶은 마음이 간절해지기 시작했다. *당사자인 '나'는 오히려 소극적으로 대응하고 있어. 모든 일이 피곤하게 느껴지고 다 그만두고 싶었대.* 나는 문득, 내가 망가뜨린 봉숭아 화분에 눈이 갔다. 화분은 깨졌지만 봉숭아는 다행히 아직 살아 있었다. 뿌리에 흙덩이를 감은 채 넘어진 봉숭아는 천연덕스럽게 꽃을 피우고 있었다. 나는 문득 봉숭아꽃이 참 아름답다는 생각을 했다. 봉숭아는 아름다운데 아름다운 봉숭아를 키우는 떡볶이집 아줌마는 왜 아름답지 않을까. 아줌마가 원래부터 저렇게 아름답지 않은 사람이었을까? 원래부터 아름답지 않은 사람도 아름다운 꽃을 기를 수 있을까? 아줌마에게도 이 꽃처럼 아름다운 때가 있기나 했을까. *'나'는 아름다운 봉숭아꽃을 들여다보며 아줌마에 대해 생각해.* 내가 한참 돈보다 꽃 생각을 하고 있는데 느닷없이 천지를 진동하는 아줌마의 울음소리가 났다.

"내가아, 내가아, 저놈의 쥐알만 한 새끼들한테 무시를 당할 만큼, 나쁜 사람이 아녀어, 근데에, 저놈의 새끼들이 나를 떡볶이집 아줌마로 보고 무시하는 거야아……. 아이고, 내가 떡볶이 팔아서 무신 부자가 되겠다고 저런 놈의 새끼들한테……. 아이고오……." 아줌마는 *'나'와 용우가 자신을 무시했다고 생각해서 울음소리를 내.*

고개를 들 수가 없었다. 아줌마가 원망하는 대상이 나라는 사실이 죽고 싶도록 괴로워서 나는 꼼짝도 할 수가 없었다. 아줌마가 애끓는 소리로 우는 것이 꼭 엄마 같아서 더 그랬다.

앞에서 세운 전략에 따라 윗글을 이해해 볼까? 우선 윗글의 서술자는 작품 안에 등장하는 '나'였어. 그리고 [앞부분의 줄거리]를 통해 지문에 등장하는 주요 인물이 '나', '아줌마', '용우'임을 알 수 있었지. '나'는 아르바이트를 한 임금을 받지 못해서 '용우'의 도움을 받아 '아줌마'에게서 돈을 받아내려 해. 돈을 적게 주려는 '아줌마'와 빠짐없이 받아내려는 '용우'의 갈등이 이어지고, '나'는 봉숭아꽃을 들여다보며 혼란과 괴로움을 느끼고 있어.

주요 인물
• '나(이민수)': 임금을 받기 위해 친구를 데리고 '아줌마'를 찾아왔지만 괴로움을 느낌
• 아줌마: '나'에게 줄 임금을 깎을 핑곗거리를 찾아내 돈을 적게 주려 함
• 용우: '나'가 임금을 받게 해 주려고 '아줌마'와 논쟁함

이때 '나'는 '용우'의 도움을 받아 '아줌마'에게서 임금을 받아내려 하니까 '나'와 '용우'는 협력 관계로, '나'와 '아줌마'는 갈등 관계로 볼 수 있어. 이렇게 주인공을 둘러싼 인물 관계를 파악하면 지문에 나타나는 사건이나 갈등도 자연스럽게 파악할 수 있게 돼.

③ 장면 끊어 읽기

이제 출제자의 의도대로 소설 지문을 읽기 위해 우리가 주목해야 할 다음 요소인 '장면 끊어 읽기'에 대해 알아보자. 먼저 장면은 같은 인물이 동일한 공간 안에서 벌이는 사건의 광경을 이르는 말이야. 소설은 여러 개의 장면으로 구성되는데, 장면과 장면이 어떤 관계인지 파악하면 서사 전개 과정을 이해할 수 있지. 따라서 소설 지문 읽기의 핵심은 하나의 지문을 장면과 장면으로 나누고 그 관계를 파악하는 데에 있는데, 이때 장면을 나누는 원칙은 다음과 같아.

• **사건이 진행되는 공간적 배경이 변화하면 장면을 나눈다.**
  인물이 A라는 공간에서 어떤 사건을 경험하고, B라는 공간에서 다른 사건을 경험한다면 그 경계에서 장면을 나누어야 해. 또한 B라는 공간에서 새로운 인물이 등장하는 경우에도 장면을 나누어야 해.

• **회상과 같은 과거 내용의 삽입 등 시간의 변화가 있다면 장면을 나눈다.**
  시간 순서에 따라 사건이 진행되다가 '몇 년 후'의 장면이 제시된다든가 시간의 흐름이 바뀌어 과거의 사건이 삽입되었다면 장면을 나누어야 해. '과거 → 현재 → 과거', '현재 → 과거 → 현재' 등 그 양상은 다양하게 나타날 수 있어.

• **시간과 공간의 변화가 나타나지 않는다면 서술자가 주목하고 있는 대상이 바뀌었는지 확인한다.**
  지문에 시간과 공간의 변화가 나타나지 않으면 사건 전개 양상이 뚜렷하게 느껴지지 않아서 장면 변화를 파악하기가 어려울 수 있어. 이런 경우 서술자가 주목하는 대상을 기준으로 장면을 나누면 돼.

그럼 장면을 끊어 읽는 연습을 해볼까? 물론 끊어 읽어야 하는 지점에 대한 판단은 사람마다 조금씩 다를 수 있어. 따라서 몇 개의 장면으로 나누는 것이 정답인가에 초점을 두기보다는 시간, 공간 등의 변화가 나타나면 장면을 끊는 훈련을 하여, 시간과 공간이 변하는 지점을 판단할 수 있는 능력을 기른다는 마음가짐으로 훈련에 임하면 돼. 공간의 이동에 주목하여 아래의 지문을 세 개의 장면으로 나눠 보자.

피곤한 병일이는 사무실에서 돌아올 때마다 이 지루한 장마는 언제까지나 계속할 셈인가고 중얼거렸다. 지금부터는 마음대로 할 수 있는 '나의 시간'이라고 생각하며 돌아가는 길에 언제나 발을 멈추고 바라보는 성문을 요즈음에는 우산 속에 숨어서 그저 지나치는 때가 많았다. 혹시 생각나서 돌아볼 때에는 수없는 빗발에 씻기며 서 있는 누각을 박쥐조차 나들지 않았다. 전날 큰 구렁이가 기왓장을 떨어쳤다는 말이 병일에게는 육친의 시체를 보는 듯한 침울한 인상을 주는 것이었다. 모기 소리와 빈대 냄새와 반들거리다가 새침히 뛰어오르는 벼룩이 기다릴 뿐인 바람 한 점 없는 하숙방에서 활자로 시꺼멓게 메워진 책과 마주 앉을 용기가 없어진 병일이는 어떤 유혹에 끌리듯이 사진관으로 찾아가게 되었다.

사진사도 병일이를 환영하였다. 그리고 거기는 술과 한담*이 있었다. 아직껏 취흥을 향락* 해 본 경험이 없던 병일이는 자기도 적지 않게 마시고 제법 사진사와 같이 한담을 주고받을 수 있다는 것이 만족하게 생각되기도 하였다. 사진사가 수다스럽게 주워섬기는 이야기를 듣고 있는 동안에 병일이는 문득 자기를 기다릴 듯한 어젯밤 펴놓은 대로 있을 책을 생각하고 시계를 쳐다보기도 하였으나 문밖에 빗소리를 듣고는 누구에 대한 것인지도 모른 송구한* 마음을 가라앉히는 것이었다. 그럴 때마다 그는 이야기에 신이 나서 잊고 있는 사진사의 잔을 집어서 거푸 마셨다.

밤 12시가 겨진 되어서 하숙으로 돌아가는 병일이는 비를 맞는 것이 오히려 마음이 편하였다. '이것이 무슨 짓이냐!' 하는 반성은 갈라진 검은 구름 밖으로 보이는 별 밑에 한층 더하므로 '이 생활은 일시적이다. 장마의 탓이다.' 하는 생각을 오는 비에 핑계하기가 편하였던 것이다. 책상 앞에 돌아온 병일이는 '내 마음대로 할 수 있는 시간'이 모두 없어진 것을 새삼스럽게 느끼고 있는 자기를 발견하는 것이었다. 이른 아침 시간을 위하여 자야 할 병일이는 벌써 깊이 잠들었을 사진사의 코 고는 소리가 들리는 듯하여 잠이 오지 않았다.

– 최명익, 「비 오는 길」 –

•**한담**: 심심하거나 한가할 때 나누는 이야기. 또는 별로 중요하지 아니한 이야기.
•**향락**: 쾌락을 누림.
•**송구하다**: 두려워서 마음이 거북스럽다.

다음 페이지에서 세 개의 장면을 어떻게 나누었으면 좋았을지를 확인해 보자!

피곤한 병일이는 사무실에서 돌아올 때마다 이 지루한 장마는 언제까지나 계속할 셈인가고 중얼거렸다. 지금부터는 마음대로 할 수 있는 '나의 시간'이라고 생각하며 돌아가는 길에 언제나 발을 멈추고 바라보는 성문을 요즈음에는 우산 속에 숨어서 그저 지나치는 때가 많았다. 혹시 생각나서 돌아볼 때에는 수없는 빗발에 씻기며 서 있는 누각을 박쥐조차 나들지 않았다. 전날 큰 구렁이가 기왓장을 떨어쳤다는 말이 병일에게는 육친의 시체를 보는 듯한 침울한 인상을 주는 것이었다. 모기 소리와 빈대 냄새와 반들거리다가 새침히 뛰어오르는 벼룩이 기다릴 뿐인 바람 한 점 없는 하숙방에서 활자로 시꺼멓게 메워진 책과 마주 앉을 용기가 없어진 병일이는 어떤 유혹에 끌리듯이 사진관으로 찾아가게 되었다. 장면 1 주인공 병일이가 집으로 돌아갈 용기가 없어 사진관으로 향했다고 했지? 이후에 사진관에서 벌어진 사건이 이어지니까 여기서 장면을 나누어야 해.

사진사도 병일이를 환영하였다. 그리고 거기는 술과 한담이 있었다. 아직껏 취흥을 향락해 본 경험이 없던 병일이는 자기도 적지 않게 마시고 제법 사진사와 같이 한담을 주고받을 수 있다는 것이 만족하게 생각되기도 하였다. 사진사가 수다스럽게 주워섬기는 이야기를 듣고 있는 동안에 병일이는 문득 자기를 기다릴 듯한 어젯밤 펴놓은 대로 있을 책을 생각하고 시계를 쳐다보기도 하였으나 문밖에 빗소리를 듣고는 누구에 대한 것인지도 모른 송구한 마음을 가라앉히는 것이었다. 그럴 때마다 그는 이야기에 신이 나서 잊고 있는 사진사의 잔을 집어서 거푸 마셨다. 장면 2 사진사와 술을 마시며 이야기를 나눈 뒤 병일이는 다시 집으로 돌아가므로 여기서도 장면을 나누자.

밤 12시가 거진 되어서 하숙으로 돌아가는 병일이는 비를 맞는 것이 오히려 마음이 편하였다. '이것이 무슨 짓이냐!' 하는 반성은 갈라진 검은 구름 밖으로 보이는 별 밑에 한층 더하므로 '이 생활은 일시적이다. 장마의 탓이다.' 하는 생각을 오는 비에 핑계하기가 편하였던 것이다. 책상 앞에 돌아온 병일이는 '내 마음대로 할 수 있는 시간'이 모두 없어진 것을 새삼스럽게 느끼고 있는 자기를 발견하는 것이었다. 이른 아침 시간을 위하여 자야 할 병일이는 벌써 깊이 잠들었을 사진사의 코 고는 소리가 들리는 듯하여 잠이 오지 않았다. 장면 3 마지막 장면의 주된 공간적 배경은 병일이의 집이야.

– 최명익, 「비 오는 길」 –

윗글은 주인공 '병일이'의 이동에 따라 세 개의 장면으로 나눌 수 있었어. 일이 끝나고 집으로 돌아가던 '병일이'가 집에 가고 싶지 않아 사진관으로 향하는 부분까지를 첫 번째 장면으로 볼 수 있지. 새로운 공간인 사진관에서 '병일이'는 '사진사'와 한가로운 이야기를 주고받으며 술을 마시고, 집에 펼쳐놓고 온 책을 생각하기도 해. 그리고 사진관을 나와 다시 집으로 향하므로 또 장면을 나눌 수 있겠지? 집으로 향하며 '병일이'는 죄책감을 느끼기도 하고 비를 핑계로 자신의 행동을 합리화하기도 하지. 그리고 집에 돌아와서도 쉽게 잠에 들지 못해. 장면별로 사건의 내용을 요약하면 아래와 같이 정리할 수 있어.

주요 사건
장면 1 병일은 하숙방에서 책과 마주 앉을 용기가 없어 사무실에서 집이 아닌 사진관으로 감
장면 2 병일은 사진관에서 사진사와 이야기를 나누면서도 집에 펴놓은 책을 떠올림
장면 3 자신의 행동을 반성하기도, 합리화하기도 하며 집에 돌아간 병일은 집에서도 쉽게 잠들지 못함

이번에는 시간에 주목하여 장면을 끊어볼 수 있는 지문을 살펴보자. 속도의 차이는 있을지라도 소설에서 시간은 언제나 흐르고 있기 마련이야. 소설에서 등장인물들이 서로 대화를 나누는 동안에도 시간은 흐르고 있는 거지. 그러므로 우리는 소설 지문을 읽으면서 시간의 흐름에 따른 사건의 발생 순서를 정확히 파악할 수 있어야 해. 그렇게 되면 지문의 전반적인 내용을 이해하기가 한결 쉬워지지. 이때 지문을 다 읽고 나서 사건의 발생 순서를 처음부터 다시 확인하여 정리하려고 하면 오히려 어렵게 느껴질 수도 있으니, 지문을 읽어내려가는 시점에서부터 사건의 순서를 재구성하는 일에 집중할 필요가 있어.

아래의 지문은 시간의 변화가 복잡하게 나타나. 함께 읽어 보며 장면이 나눠진 부분과 그 이유를 확인해 보자.

나는 집에 도착한 그 첫 순간에 베일에 가린 듯이 모든 사물, 모든 사람들로부터 차단된 나 자신을 느꼈다. 집에서 맞는 첫날 아침을 나는 이상한 비현실감 속에서 맞았다. "이런 전선°에서 두부 장수 종소리, TV에서 흘러나오는 노랫소리, 수돗물이 넘치는 소리가 웬일일까?"라고 중얼거리며 주위를 둘러보았던 것이다. '이런 전선에서'란 느낌은 어떤 긴박한 위기에 대처한 생생한 의지였다. 그것은 아직도 내 몸에 밴 전쟁 냄새였다. 그런데 두부 장수 종소리, 유행가 소리 따위를 의식했을 때 나는 뭔가 맥이 탁 풀리는 것 같았다. 나의 안에 있는 긴박감에 비해서 밖은 너무도 무의미하고 태평스럽고 어쩌면 패덕스럽기까지 했다. 나미도, 학교 공부도, 또 나로부터 그토록 수많은 밤을 앗아 갔던 아틀리에도 예외일 수는 없었다. 나는 그것들과의 관계를 다시 시작할 하등°의 흥미도 관심도 없었다. 나날이 권태°스럽고 짜증스럽기만 했다. 이따금 나는 내 안의 긴장에 대해서, 적어도 숨김없는 그 진실에 대해서 누군가에게 말하려 애써 보았다. 그러나 이해하는 사람은 아무도 없었다. 장면 1 전쟁터에서 집으로 돌아온 '나'의 심리 상태에 대해 이야기하고 있어. 그러므로 일인칭 서술자가 평범한 일상으로 돌아온 이후 삶에 권태와 짜증을 느끼고 있는 상황이라는 점만 알고 넘어가면 돼. 그런데 다음 문단에서는 서술자인 '나'가 '며칠 전' 다방에서 있었던 일을 떠올리는 모습이 나타나. 과거를 회상함으로써 시간의 변화가 나타나게 되니 장면을 구분해 볼 수 있겠지?

그렇다. 이제 생각이 난다. 며칠 전 다방에서의 일이. 실내엔 담배 연기가 꽉 차 있었고 선정적인 허스키로 어떤 여자가 느린 곡조로 노래를 들려주고 있었다. 어쩌다가 내가 나미에게 그 얘기를 들려주려고 했는지 알 수가 없다. 나는 다음과 같이 그 얘기를 시작했다. 장면 2 '나'가 나미에게 들려준 '그 얘기'가 무슨 내용인지가 다음 문단부터 제시되고 있어. '그 얘기'는 '나'가 전쟁터에 있을 때 겪었던 사건을 진술하고 있지. 정리하자면, '나'가 '며칠 전' 다방에서의 일을 회상하는 이야기 속에 이보다 더 과거에 일어났던 전쟁터에서의 사건을 회상하는 이야기가 들어 있다고 볼 수 있어. 시간의 변화가 또 한 번 나타나고 있으니, 우리는 여기서 장면을 나누어 볼 수 있어.

나는 D고지에서 전투 중인 ○○연대 근처까지 물을 실어다 주라는 명령을 받았어. 음료수가 떨어져서 전 연대원이 전투는 고사하고 타는 듯한 갈증과 싸우고 있다는 소식이었어. T에서 거기까진 팔십 킬로 거리였지. 나와 한병장은 밤중에 급수차를 몰아 T를 떠났어. 한 치 앞도 가릴 수 없는 어둠과 정적. 목쉰 듯한 엔진 소리는 어둠과 정적의 벽에 부딪혀 바로 우리의 귓가에서 부서지고, 부챗살 모양으로 어둠이 지워진 헤드라이트의 반경 속에선 사물이 극도로 정밀해져 마치 입체 영화에서처럼 눈 속으로 뛰어들었지. 그 정밀함이란 길바닥에 뒹구는 돌에 묻은 티, 풀포기에 매달려 잠자는 벌레 따위의 미세한 것들까지도 죄다 눈에 잡히는 듯했어. 나는 온갖 사물들이 바로 내 심장에 맞닿아 있는 듯한 그런 느낌을 이전엔 한 번도 가져 보지 못했어. 이따금씩 여우나 늑대 따위들이 길을 횡단하여 쏜살같이 사라지곤 했어. 어둠 속에서 한가로이 떠돌던 나방이 떼들은 갑작스런 불빛에 방향 감각을 잃고 윈도에 머리를 부딪혀 빗방울처럼 떨어져 죽었고, 나는 운전하고 있는 한병장의 팔을 건드리며 유리창을

• 전선: 전쟁에서 직접 전투가 벌어지는 지역이나 그런 지역을 가상적으로 연결한 선.

• 하등: '아무런', '아무' 또는 '얼마큼'의 뜻을 나타내는 말.

• 권태: 어떤 일이나 상태에 시들해져서 생기는 게으름이나 싫증.

가리켰지. 그는 겁에 질린 해쓱한 표정으로 나를 힐끔 곁눈질했을 뿐이야. 그렇지, 혈관 속을 움직이는 피의 선회*마저 느낄 듯한 이 비상한 감각, 그리고 심연에서 샘처럼 솟아오르는 넘칠 듯한 생동감이 없이는, 저 유리창에 부딪혀 죽는 나방이 따위야 아무것도 신기할 것이 없지, 라고 생각하며 나는 혼자서 빙긋 웃었어.

한병장이 다시 얼굴을 힐끔 돌리며 잡아 늘이는 듯한 목소리로 말했어. "차일병은 무섭지 않나?" "아뇨, 전연." "대단하군. 여기선 적이 언제 어디서라도 나타날 수 있지." "저는 적보다 진정으로 무서운 건 무감각이라고 깨달았습니다." "나는 제대하면 곧장 결혼할 거야." "언젭니까, 제대가?" "석 달 남았지." "저는 지금까지 마치 꿈을 꾸다가 깨어난 것 같아요. 이곳에 온 뒤론 바로 생명의 한가운데를 관통하는 느낌입니다." 그런데 중간에서 엔진이 고장났지. 몇 시간 지체하고 나니 벌써 동이 트더군. 이제부터 정말 위험이 시작된 것이라 싶더군. 왜냐하면 적의 정찰 비행에 발견되면 공중 사격을 받을 우려가 있는 데다 불볕 같은 폭염이 사정없이 쏟아져 그도 또한 견디기 어려운 문제였지. 〔장면 3〕 여기까지가 '나'가 다방에서 나미에게 들려주었던 '그 얘기'에 해당해. '그 얘기'가 '며칠 전' 나미에게 이야기한 과거의 경험이라는 점을 고려하면, 시간 순서상 〔장면 3〕은 제시된 사건 중 가장 먼저 발생한 일임을 알 수 있어.

(중략)

아까부터 나는 창 옆에서 노인이 나타나기를 기다리고 있었다. 오늘도 그가 그토록 진지한 얼굴로 잃어버린 물건을 계속 찾을 것인지. 대체로 그렇지 못할 것이라고 나는 믿고 있다. 그러나 만에 하나라도 노인이 어제와 같은 모습으로 내 앞에 나타난다면 무료한* 가운데서도 어떤 안정성을 획득하고 있던 나의 생활은 송두리째 무너질지도 모른다. 그가 창밖에서 뭔가 열심히 찾고 있는 한 나는 계속 도전을 받는 셈이기에. 때문에 사실을 좀 더 명확하게 파악할 필요가 있다. 노인이 찾고 있는 물건의 정체가 무엇인지, 그런저런 것을 알아보노라면 노인의 그와 같은 숙연한* 태도와 잃어버린 물건 사이의 상관관계도 알게 될 것이다. 아무튼 이제 나는 그와 한마디 얘기라도 나눠 보지 않으면 못 견딜 것 같은 심정이다.

드디어 자전거에 짐을 싣고 공터 안으로 들어오는 노인의 모습이 눈에 잡힌다. 그 곁엔 개가 종종걸음으로 따르고 있다. 어제와 거의 같은 장소에서 노인은 자전거를 멈추고 짐을 내린다. 비치파라솔·궤짝·연탄불 따위들이 착착 있을 곳에 놓여진다. 그런데 얼마 후에 나를 놀라게 하는 일이 벌어진다. 준비를 끝낸 노인은 이내 포장 안에서 빠져나와 개를 데리고 물웅덩이 쪽으로 가는 게 아닌가. 개는 하루 사이 아주 눈에 띄게 쇠약한 모습이고, 노인도 피곤하고 지친 모습이긴 하나 끈질긴 어떤 힘이 그의 전신에서 면면히 솟아 나오고 있는 듯하다. 나는 완전히 안정을 잃고 방 안을 오락가락했다. 믿어지지 않는다. 거짓말이다. 무엇이 노인에게 저토록 소중하게 여겨진단 말인가. 아니, 노인은 무슨 실없는 망상을 하고 있는 걸까. 나는 방에서 뛰쳐나왔다. 〔장면 4〕 (중략) 이후부터 끝까지는 '나'가 다시 현재 시점으로 돌아와 자신의 내면 상태를 서술해. 〔장면 4〕에서는 노인이라는 새로운 인물이 등장하지만 이와 관련해 지문에 제시되지 않은 내용까지 파악하겠다고 욕심을 부리지만 않았다면, 지문의 전체적인 흐름을 파악하는 데에는 어려움이 없었을 거야.

– 서영은, 「사막을 건너는 법」 –

● **선회:** 둘레를 빙글빙글 돎.

● **무료하다:** 흥미 있는 일이 없어 심심하고 지루하다.

● **숙연하다:** 고요하고 엄숙하다.

윗글은 주인공인 '나'가 과거의 일을 회상하고 있는데, 그 회상 안에 또 다른 회상이 들어가 있다는 점이 특징적이야. 그래서 지문에 나타나는 시간대는 현재와 과거, 그보다 이전의 과거 총 3개가 돼. 이러한 분석을 명확하게 하기 위해서는 지문의 내용을 장면으로 나누는 작업이 선행되어야 해. 지문에 나타난 시간의 변화를 기준으로 하면 다음과 같이 장면을 나눌 수 있어.

주요 사건
장면1 '나'는 전쟁터에서 집으로 돌아온 뒤 권태와 짜증을 느낌
장면2 '나'는 며칠 전 다방에서 나미에게 전쟁터에서의 일을 이야기함
장면3 '나'는 D고지에서 ○○연대까지 물을 실어주러 가는 길에 한병장과 대화함
장면4 '나'는 기다리던 노인이 나타난 것을 발견하고 방에서 뛰쳐나감

각 장면을 사건이 일어난 실제 시간 순서에 따라 재배열하면 아래와 같이 정리할 수 있어.

시간 순서에 따른 장면 재배열
장면3 '나'는 D고지에서 ○○연대까지 물을 실어주러 가는 길에 한병장과 대화함
장면2 '나'는 며칠 전 다방에서 나미에게 전쟁터에서의 일을 이야기함
장면1 '나'는 전쟁터에서 집으로 돌아온 뒤 권태와 짜증을 느낌
장면4 '나'는 기다리던 노인이 나타난 것을 발견하고 방에서 뛰쳐나감

장면을 시간 순서에 따라 파악할 수 있어야 지문에 제시된 사실 관계나 사건 간의 인과관계도 정확하게 이해할 수 있다는 점을 잘 기억해 두자.

우리가 하나의 소설을 완독하더라도 그 안에는 여전히 이해되지 않는 내용들이 존재할 수 있어. 단순히 내용이 쉽고 어려운 것의 문제를 떠나 작가가 작품 속에서 모든 것을 친절하고 자세하게 설명해 주는 것은 아니기 때문에 독자인 우리는 머릿속에 수많은 물음표를 그리고 그 답을 스스로 추측하며 소설을 읽게 되지. 이렇듯 한편의 소설을 온전히 읽어도 명확하지 않은 부분이 생기기 마련인데, 그 소설의 일부를 편집해서 만든 지문만 보고 모든 내용을 완벽히 다 이해하려고 하는 것은 불가능한 일에 도전하는 것일 수도 있어. 문제와 함께 제시되는 <보기>의 도움을 받는다고 하더라도, 이 역시 문제를 푸는 데 필요한 수준일 뿐 모든 내용을 완벽하게 이해하기에 충분하다고 볼 수는 없지. 그러니 우리는 소설 지문을 읽고 필수적으로 이해해야 하는 부분이 무엇인지를 알고, 그에 맞추어 효율적으로 지문을 읽는 훈련을 해나갈 거야. 그 구체적인 방법이 서술자를 찾고 인물의 심리나 태도를 이해하는 것, 장면을 끊어가며 읽는 것인 거지. 그럼 지금까지 세운 전략에 따라 작품을 읽고 '1분컷 작품 정리'를 채우며 현대소설 지문을 이해하는 능력을 키워 보자.

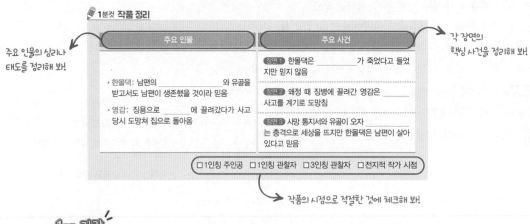

🔔 1등급 전략

☑ 전략 1 서술자와 시점을 파악한다.
☑ 전략 2 인물 간의 관계, 인물의 심리와 태도를 파악한다.
☑ 전략 3 공간의 변화, 시간의 변화 등을 기준으로 삼아 장면이 바뀌면 끊어가며 읽는다.

1~3 다음을 읽고 1분컷 작품 정리를 채운 뒤 선지의 적절성을 판단해 보세요.

고1 2019학년도 3월

> 장면을
> 3개로 끊고
> 등장인물에
> 표시하여
> 읽어 봐!

2

현대소설

"그 아이는 안 죽었소. 누가 내린 자식이라고 그리 쉽게 죽을 것 같소? 틀림없이 미륵보살님이 지켜 주고 계실 것이오."

"뭣이라고? 함께 갔던 친구가 하는 말인데, 그러면 그 녀석이 거짓말을 했단 말이여?"

"어젯밤 꿈에도 그 아이가 저 건너 미륵바위 곁에 서 있습디다. 꼭 옛날 당신이 징용 가셨을 때 미륵바위 곁에 서 계셨던 것맨키로 의젓하게 서서 웃고 있습디다."

한몰댁은 마치 남의 이야기하듯 차근하게 말했다.

"뭣이? 옛날 징용 갔을 적에 임자 꿈에 내가 미륵바위 곁에 서 있었던 것맨키로?"

영감은 눈을 끔벅이며 할멈을 건너다봤다. 그때 일은 너무도 신통했다. 탄광에서 갱도가 무너져 죽었다고 집에 사망 통지서까지 온 영감이 죽지 않고 살아왔던 것이다.

왜정 때 북해도 탄광에 징용으로 끌려갔을 때였다. 교대를 하러 갱으로 들어가려는데 갑자기 배탈이 났다. 평소 그를 곱게 보던 십장이 함바에서 쉬라고 했다. 그 뒤 한 시간도 채 못 되어 탄광은 수라장이 되고 말았다. 낙반 사고였다. 구조를 하느라 탄광은 벌집을 쑤셔 놓은 꼴이었다. 그러나 갱 사정을 손바닥 보듯 알고 있던 영감은 그들을 구출할 수 없다는 걸 잘 알고 있었다. 순간, 도망치자는 생각이 번개처럼 머리를 쳤다. 도둑놈은 시끄러울 때가 좋더라고 도망치기에는 이보다 좋은 기회가 없을 것 같았다. 더구나 자기가 갱 속에 들어가지 않았다는 것은 십장만 알고 있는데, 그도 갱 속에 들어갔으므로 자기가 없으면 갱에서 죽은 걸로 치부할 게 틀림없었다.

주먹을 사려쥐었다. 그러나 탈주는 목숨을 거는 일이었다. 잡히면 그대로 총살이었다. 광부였지만 전시 동원령에 따라 끌려왔기 때문에 그들의 탈주도 군인들 탈영하고 똑같이 취급됐다. 그렇지만 여기 있으면 자기도 언제 죽을지 몰랐다. 전시물자 수급이 달리자 목표량 채우기에만 눈이 뒤집혀 안전 따위는 안중에도 없고, 몽둥이로 소 몰듯 몰아치기만 했다. 작업 조건도 조건이지만 우선 밥이 적어 견딜 수가 없었다. 이판사판이었다. 예사 때도 지나새나* 궁리가 그 궁리였으므로 도망칠 길목은 웬만큼 어림잡고 있었다. 밤이 이슥하기를 기다려 철조망을 뛰어넘었다.

집에는 사망 통지서와 함께 유골이 왔다. 무슨 일인가 하고 나간 시어머니는 그 자리에서 짚단 무너지듯 까무러쳤다. 그러나 한몰댁은 어리벙벙한 표정으로 서 있었다. 아무래도 그게 자기 남편 유골 같지 않았고, 죽었다는 실감도 들지 않았다. 그 순간 전날 밤 꿈에 나타난 미륵보살이 떠올랐다. 미륵보살이 인자하게 웃고 있었고, 그 곁에 남편이 의젓하게 서 있었다.

"그이는 안 죽었소."

한몰댁은 시어머니에게 꿈 이야기를 하며 틀림없이 미륵보살님이 지켜 주고 계실 거라 했다. 그러나 시어머니는 그런 소리는 귀여겨듣지도 않고 시름시름 앓다가 그 길로 세상을 뜨고 말았다. 그렇지만 한몰댁은 눈물 한 방울 흘리지 않고, 그때까지 그래왔듯이 새벽마다 미륵바위 앞에서 더 정성스레 치성을 드렸다.

－ 송기숙, 「당제」 －

*지나새나: 해가 지거나 날이 새거나 밤낮없이.

주요 인물	주요 사건
• 한몰댁: 남편의 _____와 유골을 받고서도 남편이 생존했을 것이라 믿음 • 영감: 징용으로 _____에 끌려갔다가 사고 당시 도망쳐 집으로 돌아옴	**장면 1** 한몰댁은 _____가 죽었다고 들었지만 믿지 않음 **장면 2** 왜정 때 징병에 끌려간 영감은 _____ 사고를 계기로 도망침 **장면 3** 사망 통지서와 유골이 오자 _____는 충격으로 세상을 뜨지만 한몰댁은 남편이 살아 있다고 믿음

□1인칭 주인공 □1인칭 관찰자 □3인칭 관찰자 □전지적 작가 시점

1. '영감'은 낙반 사고 이전에는 탈출을 감행할 생각을 하지 않았다. ◎ ⊗

2. 탄광 사람들은 '영감'이 갱도에서 죽었다고 생각했었을 것이다. ◎ ⊗

3. '영감'은 탈출을 결심하고도 동료에 대한 의리 때문에 괴로워했다. ◎ ⊗

4~6 다음을 읽고 1분컷 작품 정리를 채운 뒤 선지의 적절성을 판단해 보세요.

고2 2012학년도 6월AB

> 장면을 2개로 끊고 등장인물에 표시하며 읽어 봐!

[앞부분의 줄거리] 떠돌이 노동자인 영달은 공사가 중단되자 밥값을 떼어먹고 떠나는 중에 우연히 교도소 출신의 떠돌이 노동자 정씨를 만난다. 두 사람은 정씨의 고향인 삼포로 향하는 길에 술집에서 일하다 도망쳐 나온 백화를 만나 동행하게 된다.

　세 사람은 **감천** 가는 도중에 있는 마지막 마을로 들어섰다. 마을 어귀의 얼어붙은 개천 위에 물오리들이 종종걸음을 치거나 주위를 선회하고 있었다. 마을의 골목길은 조용했고, 굴뚝에서 매캐한 청솔 연기 냄새가 돌담을 휩싸고 있었는데 나직한 창호지의 **들창 안**에서는 사람들의 따뜻한 말소리들이 불투명하게 들려 왔다. 영달이가 정씨에게 제의했다.

　"허기가 져서 속이 떨려요. 감천엔 어차피 밤에 떨어질 텐데, 여기서 뭣 좀 얻어먹구 갑시다."

　"여긴 바닥이 작아 주막이나 가게두 없는 거 같군."

　"어디 아무 집이나 찾아가서 사정을 해보죠."

　백화도 두 손을 코트 주머니에 찌르고 간신히 발을 떼면서 말했다.

　"온몸이 얼었어요. 밥은 고사하고, 뜨뜻한 아랫목에서 발이나 녹이구 갔으면."

　정씨가 두 사람을 재촉했다.

　"얼른 지나가지. 여기서 지체하면 하룻밤 자게 될 테니. 감천엘 가면 하숙도 있구, 우리를 태울 기차두 있단 말요."

　그들은 이 적막한 산골 마을을 지나갔다. 눈 덮인 들판 위로 물오리 떼가 내려앉았다가는 날아오르곤 했다. 길가에 퇴락한* 초가 한 칸이 보였다. 지붕의 한쪽은 허물어져 입을 벌렸고 토담도 반쯤 무너졌다. 누군가가 살다가 먼 곳으로 떠나간 **폐가**임이 분명했다. 영달이가 폐가 안을 기웃해 보며 말했다.

　"저기서 신발이라두 말리구 갑시다."

　백화가 먼저 그 집의 눈 쌓인 마당으로 절뚝이며 들어섰다. 안방과 건넌방의 구들장은 모두 주저앉았으나 봉당은 매끈하고 딴딴한 흙바닥이 그런대로 쉬어 가기에 알맞았다. 정씨도 그

*퇴락하다: 낡아서 무너지고 떨어지다.

들을 따라 처마 밑에 가서 엉거주춤 서 있었다. 영달이는 흙벽 틈에 삐죽이 솟은 나무막대나 문짝, 선반 등속의 땔 만한 것들을 끌어 모아다가 봉당 가운데 쌓았다. 불을 지피자 오랫동안 말라 있던 나무라 노란 불꽃으로 타올랐다. 불길과 연기가 차츰 커졌다. 정씨마저도 불가로 다가앉아 젖은 신과 바짓가랑이를 불길 위에 갖다 대고 지그시 눈을 감았다. 불이 생기니까 세 사람 모두가 먼 곳에서 지금 막 집에 도착한 느낌이 들었고, 잠이 왔다. 영달이가 긴 나무를 무릎으로 꺾어 불 위에 얹고 눈물을 흘려 가며 입김을 불어 대는 모양을 백화는 이윽히* 바라보고 있었다.

"댁에…… 괜찮은 사내야. 나는 아주 치사한 건달인 줄 알았어."

"이거 왜 이래. 괜히 나이롱 비행기 태우지 말어."

"아녜요, 불 때는 꼴이 제법 그럴듯해서 그래요."

정씨가 싱글싱글 웃으면서 영달이에게 말했다.

"저런 무딘 사람 같으니, 이 아가씨가 자네한테 반했다…… 그 말이야."

– 황석영, 「삼포 가는 길」 –

•**이윽히**: 한참 동안. 꽤 오래도록.

🖊 1분컷 **작품 정리**

주요 인물	주요 사건
• 영달: 떠돌이 노동자. 정씨와 삼포로 향하는 길에 백화와 동행함	장면 1 _____과 백화는 마을에서 쉬어 가기를 바라지만 _____가 길을 재촉함
• 정씨: 떠돌이 노동자. 고향인 _____로 향하고 있음	
• 백화: 술집에서 도망쳐 영달, 정씨와 동행하고 있음. _____에게 호감을 가짐	장면 2 세 사람은 _____를 발견하고 그곳에서 불을 지펴 몸을 녹임

□1인칭 주인공 □1인칭 관찰자 □3인칭 관찰자 □전지적 작가 시점

---

4. '감천'은 세 사람의 중간 목적지가 되는 공간이다. ◎ ⊗

5. '들창 안'은 세 사람과 단절된 공간이다. ◎ ⊗

6. '폐가'는 백화가 영달에게 호감을 드러내는 공간이다. ◎ ⊗

> 장면을
> 4개로 끊고
> 등장인물에
> 표시하여
> 읽어 봐!

우리 장인님은 약이 오르면 이렇게 손버릇이 아주 못됐다. 또 사위에게 이 자식 저 자식 하는 이놈의 장인님은 어디 있느냐. 오죽해야 우리 동리에서 누굴 물론하고 그에게 욕을 안 먹는 사람은 명이 짜르다, 한다. 조그만 아이들까지도 그를 돌라세 놓고 욕필이 (본 이름이 봉필이니까), 욕필이, 하고 손가락질을 할 만치 두루 인심을 잃었다. 허나 인심을 정말 잃었다면 욕보다 읍의 배참봉 댁 마름˙으로 더 잃었다. 번이 마름이란 욕 잘 하고 사람 잘 치고 그리고 생김 생기길 호박개 같아야 쓰는 거지만 장인님은 외양이 똑 됐다. 작인˙이 닭 마리나 좀 보내지 않는다든가 애벌논 때 품˙을 좀 안 준다든가 하면 그해 가을에는 영락없이 땅이 뚝뚝 떨어진다. 그러면 미리부터 돈도 먹고 술도 먹고 안달재신으로 돌아치던 놈이 그 땅을 슬쩍 돌라안는다. 이 바람에 장인님 집 빈 외양간에는 눈깔 커다란 황소 한 놈이 절로 엉금엉금 기어들고, 동리 사람들은 그 욕을 다 먹어 가면서도 그래도 굽신굽신하는 게 아닌가 —

그러나 내겐 장인님이 감히 큰소리할 계제가 못 된다.

뒷생각은 못 하고 뺨 한 개를 딱 때려 놓고는 장인님은 무색해서˙ 덤덤히 쓴침만 삼킨다. 난 그 속을 퍽 잘 안다. 조금 있으면 갈도 꺾어야 하고 모도 내야 하고, 한창 바쁜 때인데 나 일 안 하고 우리 집으로 그냥 가면 고만이니까. 작년 이맘때도 트집을 좀 하니까 늦잠 잔다고 돌멩이를 집어 던져서 자는 놈의 발목을 삐게 해 놨다. 사날씩이나 건승 끙, 끙, 앓았더니 종당에는 거반 울상이 되지 않았는가 —

"애, 그만 일어나 일 좀 해라. 그래야 올갈에 벼 잘 되면 너 장가들지 않니."

그래 귀가 번쩍 띄어서 그날로 일어나서 남이 이틀 품 들일 논을 혼자 삶아 놓으니까 장인님도 눈깔이 커다랗게 놀랐다. 그럼 정말로 가을에 와서 혼인을 시켜 줘야 원 경우가 옳지 않겠나. 볏섬을 척척 들여 쌓아도 다른 소리는 없고 물동이를 이고 들어오는 점순이를 담배통으로 가리키며,

"이 자식아 미처 커야지. 조걸 데리고 무슨 혼인을 한다고 그러니 원!" 하고 남 낯짝만 붉게 해 주고 고만이다.

(중략)

그 전날 왜 내가 새고개 맞은 봉우리 화전밭을 혼자 갈고 있지 않았느냐. 밭 가생이로 돌적마다 야릇한 꽃내가 물컥물컥 코를 찌르고 머리 위에서 벌들은 가끔 붕, 붕, 소리를 친다. 바위틈에서 샘물 소리밖에 안 들리는 산골짜기니까 맑은 하늘의 봄볕은 이불 속같이 따스하고 꼭 꿈꾸는 것 같다. 나는 몸이 나른하고 몸살(을 아직 모르지만 병)이 나려고 그러는지 가슴이 울렁울렁하고 이랬다.

"어러이! 말이! 맘 마 마⋯⋯."

이렇게 노래를 하며 소를 부리면 여느 때 같으면 어깨가 으쓱으쓱한다. 웬일인지 밭 반도 갈지 않아서 온몸의 맥이 풀리고 대고 짜증만 난다. 공연히 소만 들입다 두들기며 —

"안야! 안야! 이 망할 자식의 소 (장인님의 소니까) 대리를 꺾어 줄라."

그러나 내 속은 정말 안야 때문이 아니라 점심을 이고 온 점순이의 키를 보고 울화˙가 났던 것이다.

점순이는 뭐 그리 썩 이쁜 계집애는 못 된다. 그렇다구 또 개떡이냐 하면 그런 것도 아니고, 꼭 내 아내가 돼야 할 만치 그저 툽툽하게 생긴 얼굴이다. 나보다 십 년이 아래니까 올해 열여섯인데 몸은 남보다 두 살이나 덜 자랐다. 남은 잘도 휫칠히들 크건만 이건 위아래가 몽툭한 것이 내 눈에는 헐없이 감참외 같다. 참외 중에는 감참외가 젤 맛 좋고 이쁘니까 말이다. 둥글고 커단 눈은 서글서글하니 좋고 좀 지쳐 찢어졌지만 입은 밥술이나 혹혹이 먹음직하니

˙**마름**: 지주를 대리하여 소작권을 관리하는 사람.

˙**작인**: 다른 사람의 농지를 빌려 농사를 짓고 그 대가로 사용료를 지급하는 사람.

˙**품**: 일을 하는 데 드는 힘이나 수고. 주로 남의 일을 해 줄 때의 노동력을 가리킨다.

˙**무색하다**: 겸연쩍고 부끄럽다.

˙**울화**: 마음속이 답답하여 일어나는 화.

좋다. 아따 밥만 많이 먹게 되면 팔자는 고만 아니냐. 헌데 한 가지 파가 있다면 가끔가다 몸이 (장인님은 이걸 채신이 없이 들까분다고 하지만) 너무 빨리빨리 논다. 그래서 밥을 나르다가 때 없이 풀밭에서 깨빡을 쳐서 흙투성이 밥을 곧잘 먹인다. 안 먹으면 무안해할까 봐서 이걸 씹고 앉았노라면 으적으적 소리만 나고 돌을 먹는 겐지 밥을 먹는 겐지 —

그러나 이날은 웬일인지 성한 밥채로 밭머리에 곱게 내려놓았다. 그리고 또 내외*를 해야 하니까 저만큼 떨어져 이쪽으로 등을 향하고 웅크리고 앉아서 그릇 나기를 기다린다.

내가 다 먹고 물러섰을 때 그릇을 와서 챙기는데 그런데 난 깜짝 놀라지 않았느냐. 고개를 푹 숙이고 밥함지에 그릇을 포개면서 날더러 들으라는지 혹은 제 소린지,

"밤낮 일만 하다 말 텐가!" 하고 혼자서 쫑알거린다. 고대 잘 내외하다가 이게 무슨 소린가, 하고 난 정신이 얼떨떨했다. 그러면서도 한편 무슨 좋은 수나 있는가 싶어서 나도 공중을 대고 혼잣말로,

"그럼 어떻게?" 하니까,

"성례*시켜 달라지 뭘 어떻게." 하고 되알지게 쏘아붙이고 얼굴이 발개져서 산으로 그저 도망질을 친다.

나는 잠시 동안 어떻게 되는 셈판인지 맥을 몰라서 그 뒷모양만 덤덤히 바라보았다.

봄이 되면 온갖 초목이 물이 오르고 싹이 트고 한다. 사람도 아마 그런가 보다, 하고 며칠 내에 부쩍 (속으로) 자란 듯 싶은 점순이가 여간 반가운 것이 아니다.

– 김유정, 「봄·봄」 –

* **내외:** 남의 남녀 사이에 서로 얼굴을 마주 대하지 않고 피함.
* **성례:** 혼인의 예식을 지냄.

1분컷 작품 정리

주요 인물	주요 사건
• '나': 장인이 시키는 일을 하며 _____와 혼례 올릴 날을 기다림 • 장인: 마름 일을 하며 마을 사람들에게 _____을 잃음. '나'에게 온갖 일을 시키면서 점순이와의 혼례는 미룸 • 점순이: 장인에게 _____시켜 달란 말을 하라며 '나'를 보챔	장면 1 장인은 _____이란 지위로 마을 사람들에게 무리한 요구를 하여 인심을 잃음 장면 2 장인은 '나'가 도망갈까 봐 '나'에게 큰소리치지 못하면서도 점순이와 성례를 (시켜줌 / 시켜주지 않음) 장면 3 '나'는 봄 풍경을 보며 가슴이 울렁거리고 _____가 크지 않는 점순이 때문에 속이 상함 장면 4 점순이는 성례를 시켜 달라 말하라고 보채고 '나'는 내심 _____함

☐1인칭 주인공 ☐1인칭 관찰자 ☐3인칭 관찰자 ☐전지적 작가 시점

7. '점순이'는 성례를 위해 적극적으로 행동을 취하지 않는 '나'에게 불만을 표시한다. ◎ ⊗

8. '나'와 '장인'이 갈등을 일으키는 이유는 '점순이'에게 함부로 일을 시키는 '장인'의 태도 때문이다. ◎ ⊗

9. '동리 사람들'에게 '장인'이 인심을 잃게 된 주된 이유는 '나'와 '점순이'의 혼례를 치러 주지 않았기 때문이다. ◎ ⊗

(2) <보기>를 적극적으로 활용해야 한다.

<보기>가 함께 제시되는 문제에는 [3점] 표시가 붙어 있는 경우가 많아. 이는 <보기> 문제가 어렵다는 뜻으로 볼 수 있지. 지문을 읽고 선지를 판단할 때보다, 지문을 읽고 <보기>를 참고해서 선지를 판단할 때 고려해야 할 사항이 한 가지 더 추가되니 당연히 어렵게 느낄 수 있어. 그럼 <보기>는 문제를 어렵게 만들기 위해 등장한 장치일까? 늘 그렇진 않아. <보기>에는 문제를 푸는 데에 반드시 필요한 정보가 담겨 있고, 오히려 <보기>가 지문을 이해하는 데에 도움을 주기도 하지. 그래서 문제를 풀 때 <보기>를 잘 활용하는 게 중요한 전략이 될 수 있어.

<보기>에는 다양한 내용이 담길 수 있어. 작품이나 작가에 대한 설명이 담길 수도, 작품이 창작된 시대적 배경에 관한 정보가 담길 수도, 작품의 이본이나 다른 관련 작품이 담길 수도 있지. 이 외에도 많은 유형의 <보기>가 존재하는데, '이 작품은~', '윗글의 주인공은~'과 같이 작품에 대한 설명이나 지문에 등장하는 인물에 대한 설명을 제시하는 <보기>는 지문 이해를 돕는 결정적인 역할을 할 수 있어. 특히 낯선 작품이나 어려운 작품이 지문으로 나왔을 때 이러한 <보기>는 큰 도움이 되지. 참고로 작품에 한정된 내용이 아닌 일반적인 문학 이론이나 서술 방식에 대한 내용, 해석적인 내용 등은 문제를 풀 때 참고하는 수준에서 활용하면 돼.

<보기>가 중요한 이유

- **지문 이해의 바탕이 된다.**
  작품 자체에 대한 설명, 지문에 등장하는 인물에 대한 설명은 지문 이해에 도움이 돼.

- **선지 판단의 기준이 된다.**
  <보기>를 참고하여 지문을 이해·감상할 것을 요구하는 문제의 경우, 선지가 적절한지 아닌지를 판단하기 위해 확인해야 하는 것은 다음과 같아. 지문의 내용과 선지의 내용 간 사실관계가 일치하는지, 선지의 내용이 <보기>의 내용에 어긋나지 않는지, 선지에 언급된 <보기> 내용과 지문에 대한 이해가 연결되는지!

많은 학생들이 <보기>를 지문보다 먼저 읽어야 하는지를 궁금해하지. 하지만 <보기>를 지문보다 먼저 보나, 나중에 보나 자체가 중요한 것은 아니야. 이는 학생마다 다를 수 있으니 실전 훈련을 통해 자신에게 맞는 순서를 찾으면 돼. 중요한 것은 지문을 이해하고 선지를 판단하는 데 실질적으로 도움이 될 수 있게 <보기>를 '제대로' 읽고, 이를 지문이나 선지와 적절히 연결하는 거지.

다음은 2020학년도 6월 고2 학력평가에 출제된 이청준의 「당신들의 천국」이라는 지문에 대한 <보기>야.

> **보기**
>
> 이 작품은 극도의 절망 속에서 살아가는 소록도 나환자들을 새로운 삶의 길로 이끌어 내려는 인물의 이야기를 그려내고 있다. 나환자들을 패배감에서 벗어나게 한 주인공은 그들을 위한 천국을 만들기 위해 대규모의 오마도 간척 사업을 추진한다. 작가는 주인공의 의지는 긍정하지만, 지배와 피지배 사이의 역학 관계 속에서 뜻을 이루려는 주인공이 권력과 명예 욕의 화신으로 돌변할지도 모를 타락 가능성을 의심하는 시선을 끝까지 놓지 않고 있다.

위의 <보기>는 작품의 주인공에 대한 설명, 작가의 시선에 대한 설명을 제시하고 있어. 형광펜이 그어진 부분은 지문의 이해를 돕는 힌트가 될 수 있는 내용이니, 이를 참고해서 지문을 읽어 보자.

[앞부분의 줄거리] 한센병 환자(나환자)의 섬 소록도에 전직 군의관 출신 조백헌 대령이 병원장으로 부임한다. 소록도 출신으로 섬의 역사에 대해 누구보다도 잘 알고 있는 보건과장 이상욱은 조 원장의 부임 인사 이후 열린 술자리에서 조 원장과 대화를 나눈다.

상욱은 그런 원장의 표정이나 말은 아예 상관을 않으려는 태도였다.

"그분은 무엇보다도 먼저 이 섬을 나환자의 복지로 꾸밀 것을 약속했습니다. 학대받고 쫓겨다니며 서러운 유랑 생활을 되풀이할 것이 아니라, 오순도순 서로를 위로하며 의지하고 살아갈 그들의 고향을 만들자고 설득했습니다. 인간으로서의 최소한의 긍지와 보람을 누리자고 격려했습니다. 병사와 의료 시설을 늘리고 생활 환경과 후생 시설을 다시 꾸미자고 했습니다. 그러자면 먼저 환자들 자신부터 절망과 비탄*에서 벗어나 추악한 유랑 습벽*을 버리고 새로운 인간으로 다시 태어나야 한다고 충고했습니다. 그리고 스스로의 복지를 스스로 꾸며간다는 자부심과 자활 의욕이 솟아나야 한다고 촉구했습니다. 환자들은 박수를 아끼지 않았습니다." '그분'은 나환자들을 위한 섬을 만들겠다고 약속했대. '그분'이 <보기>에서 말한 작품의 주인공일까? 아직 확신할 수는 없어. 더 읽어 보자.

"그는 약속을 지켰겠지."

"하지만 그는 약속을 지킨 대신 이곳에 자신의 동상을 세웠습니다."

원장의 얼굴에서 비로소 웃음기가 사라졌다.

"당신 아무래도 좀 이상한 노이로제 증세가 있구만그래. 동상 이야긴 벌써 두 번째 듣고 있는 것 같은데, 도대체 그 동상이라는 건 뭘 말하고 싶은 거요?"

원장은 당황하고 있는 게 분명했으나 상욱의 말을 중단시키려고 하지는 않았다. 눈에 보이지 않는 두 사람의 대결이 주위를 완전히 침묵시키고 있었다.

상욱의 어조에선 아직도 열기가 숙을 줄을 몰랐다.

"동상이 무엇을 뜻하는가는 원장님께서도 벌써 충분히 짐작을 하고 계실 줄 압니다. 그보다도 제가 벌써 두 차례씩이나 동상이라는 말을 원장님 앞에서 입에 담게 된 것은 아까 그 원장님 앞에 서 있던 사람들이 그동안에 그러한 동상을 너무도 많이 보아왔을 터이기 때문입니다. 그 사람들은 주정수 이후에도 새 원장님만 갈려 오면 번번이 또 그 원장이 새 동상을, 아니 실인즉슨 또 하나의 주정수의 동상을 보곤 했던 것입니다. 그 사람들은 오늘 낮 원장님을 뵙기 전에 벌써 열 번 이상이나 그곳에 서서 새 원장이 숨겨 가지고 온 주 원장의 동상을 보곤 했습니다. 누구든지 이곳에만 오면 주 원장의 동상을 새로 세우고 싶어했습니다. 더러는 성공하고 더러는 실패도 했습니다. 어느 쪽이나 원장이 섬을 떠나고 나면

* **비탄:** 몹시 슬퍼하면서 탄식함. 또는 그 탄식.

* **습벽:** 오랫동안 자꾸 반복하여 몸에 익어 버린 행동.

섬에 남는 것은 배반뿐이었습니다.” 〈보기〉와 연결지어 이해해 보면 이전 원장들이 번번이 동상을 세우고
싶어 했다는 것은, 그들이 '권력과 명예'에 대한 욕심을 보였음을 뜻하겠군. 그리고 상욱이 새로 부임한 조 원장
에게 동상에 관한 이야기를 계속하는 것은 '주인공이 권력과 명예욕의 화신으로 돌변할지도 모를 타락 가능성을
의심'하는 것으로 볼 수 있어. 즉 윗글에서 '나환자들을 패배감에서 벗어나게' 하는 주인공은 조 원장이고, 그를
의심하는 작가의 시선을 대변하는 인물이 바로 상욱이구나.

(중략)

축구 경기를 보급시키고 시합의 승리를 맛보게 함으로써 섬사람들에게 어느 정도 자신감을
갖게 한 조백헌 원장은 마침내 그의 본격적인 사업 계획을 드러내고 나섰다. 〈보기〉에서 주인공이
'나환자들을 패배감에서 벗어나게' 한다고 했지? 이는 조 원장이 축구 경기를 통해 섬사람들에게 자신감을 갖게
한 것과 연결되네!

그러나 섬사람들의 반응은 아직도 그의 기대에는 훨씬 미치지 못했다. 조백헌 원장이 오랫
동안 혼자 가슴속에 숨겨오면서 공을 들여오던 사업 계획을 실현해 내는 데는 아직도 뛰어
넘어야 할 수많은 장벽들이 가로놓여 있었다. 무엇보다 그가 먼저 싸워 넘어서야 할 장벽은
5천여 소록도 주민 바로 그 사람들의 불신감이었다. 축구 시합 승리의 소식을 안겨다 줌으
로써 어느 정도 활기를 되찾은 듯싶던 섬사람들은 원장의 새 사업 계획이 드러나자 다시 또
냉랭하게 굳어져 버린 것이다.

“여러분, 이제 여러분은 이 섬을 나가야 합니다. 여러분과 여러분의 후손을 위한 고향을
꾸미기엔 이 섬은 너무도 비좁습니다……”

구름처럼 섬을 뒤덮고 있던 연분홍 꽃무리가 소리 없이 자취를 감추고 난 어느 조용한 봄
날 오후, 조백헌 원장은 각 마을 장로 일곱 명을 중앙리 공회당으로 불러 모아 놓고 모처럼
그의 사업 계획을 털어놓았다.

“물론 이 일은 지난날 이 섬에 있었던 어떤 다른 역사보다도 더 힘들고 긴 세월이 필요할
겁니다. 그리고 과거의 다른 어떤 역사에서보다 그 혜택이 멀고 아득한 곳에 있다고밖에
할 수 없는 일입니다. 우리가 마음속에 지니고 기도해 온 약속이 내일 당장 우리에게 이루
어질 수는 없습니다. 여러분 자신은 아마 이 일을 여러분의 손으로 이룩해 내고 나서도 그
땅에서 얻은 것을 가지고 지금보다 더 배불리 먹게 될 수도 없을는지 모릅니다.”

원장은 5만분의 1 지도를 벽에 걸어놓고 그가 계획하고 있는 간척* 사업의 개요를 설명한
다음 장로들을 간곡히 설득하기 시작했다. 원장의 새 사업 계획이란 곧 〈보기〉에서 언급한 '대규모의
오마도 간척 사업'을 가리키는군.

장로들 쪽에서는 반응이 없었다. 바다를 막아야 한다는 원장의 말이 떨어지면서 차갑게
굳어지기 시작한 장로들의 얼굴 표정은 계속되는 원장의 설득에도 불구하고 좀처럼 변화의
기미가 엿보이지 않았다.

— 이청준, 「당신들의 천국」 —

• 간척: 육지에 면한 바다나 호수의
일부를 둑으로 막고, 그 안의 물을
빼내어 육지로 만드는 일.

이제 <보기>를 활용하여 지문을 읽은 뒤, 선지의 정오를 판단하는 구체적인 방법에 대해 알아볼
거야.

<보기>를 바탕으로 윗글을 감상한 내용으로 적절하지 <u>않은</u> 것은? [3점]

보기

　「토지」는 개화기부터 해방 무렵까지 우리 민족의 수난과 저항의 역사를 다루고
있다. 근대 이전까지 비교적 안정적이었던 신분 질서와 사회적 관계는 이 시기를
거치며 큰 변화를 겪는데, 「토지」에서는 몰락한 양반층, 친일 세력, 저항 세력, 기회
주의자* 등 다양한 인물들이 때로 협력하고 때로 대립하면서 복잡한 관계망을 형성
한다.

① 최 참판가 습격을 준비하던 윤보가 삼수의 제안을 듣지 않은 것으로 하겠다는 내용으로
보아, 윤보는 삼수와의 협력 관계를 거부한 것이군.
② 타작마당에 모인 장정들이 횃불을 들고 윤보와 함께 움직이는 것으로 보아, 이들은 조준구로
대표되는 친일 세력과 대립하고 있군.
③ 윤보에게 조준구를 치라고 했던 삼수가 조준구의 목숨을 구해 줬다는 것으로 보아, 조준구와
삼수의 관계는 상황에 따라 변하는군.

•**기회주의자:** 일관된 입장을 지니지
못하고 그때그때의 정세에 따라
이로운 쪽으로 행동하는 사람.

위 <보기>는 작품이 창작된 시대적 배경과 그 배경과 관련한 작품의 특징에 대해 설명하고 있어.
발문에서는 '적절하지 않은' 것을 고르라고 했고, 선지는 당연히 지문의 구체적인 내용과 <보기>의
설명을 서로 연결하여 구성하였지. 이때 주의할 점은 선지의 내용이 그럴듯해 보이더라도 그것이
지문에 나온 내용과는 사실 관계 측면에서 적절하지 않을 수 있고, <보기> 내용과 관련이 없는 진술일
수도 있다는 점이야.

자, 그럼 실제 선지를 통해 지문의 내용과 <보기> 내용이 어떤 식으로 연결되는지 살펴보자. 참고로
위 문제는 일부 선지만 인용했기 때문에 이 중에 정답이 없을 수도 있어. 위의 <보기>에 형광펜이
그어진 부분을 다시 한 번 읽어본 뒤 지문을 읽어 봐. 그리고 <보기>를 활용하여 선지의 정오를 판단
하는 방법을 확인해 보도록 하자.

[앞부분의 줄거리] 조준구와 아내 홍 씨는 서희가 물려받아야 할 최 참판가의 재산을 가로채고, 하인 삼수를 내세워 마을 사람들을 착취한다. 한편, 윤보는 의병* 자금을 확보하기 위해 최 참판가 습격을 준비하는데 삼수가 찾아온다.

"아무리 그리 시치미를 떼 쌓아도 알 만치는 나도 알고 있으니께요. 머 내가 훼방을 놓자고 찾아온 것도 아니겄고, 나는 나대로 생각이 있어서 온 긴데 너무 그러지 마소. 한마디로 딱 짤라서 말하겄소. 왜놈들하고 한통속인 조가 놈을 먼지 치고 시작하라 그 말이오. 삼수는 조준구가 왜놈들과 한통속이라고 하네. 조준구는 〈보기〉에서 말한 '친일 세력'이로군. 고방에는 곡식이 썩을 만큼 쌓여 있고 안팎으로 쌓인 기이 재물인데 큰일을 하자 카믄 빈손으로 우찌 하겄소. 그러니 왜놈과 한통속인 조가부터 치고 보믄 꿩 묵고 알 묵는 거 아니겄소."

"야아가 참 제정신이 아니구마는."

"하기사 전력*이 있으니께 나를 믿지 않는 것도 무리는 아니겄소. 하지마는 두고 보믄 알 거 아니오?"

"야, 야 정신 산란하다. 나는 원체 입이 무겁고 또 초록은 동색이더라도 내 안 들은 거로 해 둘 기니 어서 돌아가거라. 공연히 신세 망칠라." 윤보는 삼수의 말을 안 들은 것으로 할 테니 돌아가라고 해. '협력' 관계를 맺자는 삼수의 제안을 거절한 거지. [앞부분의 줄거리]에 제시된 대로 조준구가 '삼수를 내세워 마을 사람들을 착취'했다는 점을 고려하면 윤보로서는 '훼방을 놓자고 찾아온' 게 아니라는 말을 믿기 어려웠을 거야.

윤보는 삼수 등을 민다.

"이거 놓으소. 누가 안 가까 바 이러요? 지내 놓고 보믄 알 기니께요. 내가 머 염탐이라도 하러 온 줄 아요? 흥, 그랬을 양이믄 벌써 조가 놈한테 동네 소문 고해바쳤일 기고 읍내서 순사가 와도 몇 놈 왔일 거 아니오."

큰소리로 지껄이며 삼수는 언덕을 내려간다.

'빌어묵을, 이거 다 된 죽에 코 빠지는 거 아닌지 모르겄네. 날을 다가야겄다.'

삼수가 왔다 간 다음 날 밤, 자정이 넘었다. 칠흑의 밤을 타고 덩어리 같은 침묵을 지키며 타작마당에 장정들이 모여들었다. 마을에서는 개들이 짖는다. 불은 켜지 않았지만 집집에선 인적기가 난다. 언덕 위의 최 참판댁은 어둠에 묻혀 위엄에 찬 그 형태는 보이지 않는다. 타작마당에서는 윤보의 그 우렁우렁한 목소리가 평소보다 얕게 울리고, 이윽고 횃불이 한 개 두 개 또 세 개, 계속하여 늘어나고 그 횃불은 움직이기 시작한다.

[중략 부분의 줄거리] 윤보 일행이 습격하자 조준구와 홍 씨는 사당 마루 밑에 숨어 있다가 삼수의 도움을 받는다. '의병 자금 확보'를 위해 조준구의 집을 습격한 윤보 일행은 '저항 세력'에 해당하겠군. 그리고 윤보 일행과 '친일 세력'인 조준구는 '대립' 관계인 거고. 한편 [중략 부분의 줄거리] 이전에 삼수는 윤보를 찾아가 조준구를 먼저 치라고 했었는데, 여기서는 오히려 조준구 부부를 도와줬다고 해. 그렇다면 삼수는 '기회주의자'에 해당하는 인물 유형으로 볼 수 있겠네. 윤보 일행이 떠나고 날이 밝았다.

"서희 이, 이년! 썩 나오지 못할까!"

나오길 기다릴 홍 씨는 아니다. 방문을 박차고 들어가서 서희를 끌어 일으킨다.

"네년 소행인 줄 뉘 모를 줄 알았더냐? 자아! 내 왔다! 이제 죽여 보아라! 화적* 놈 불러들일 것 없이!" 홍 씨는 윤보 일행의 습격이 서희의 소행이라고 생각하는 듯해. 서희와 홍 씨도 '대립' 관계라고 볼 수 있겠네.

나오지 않는 목청을 뽑으며, 거품이 입가에 묻어 나온다.

"자아! 자아! 못 죽이겠니?"

• 의병: 외적의 침입을 물리치기 위하여 백성들이 자발적으로 조직한 군대. 또는 그 군대의 병사.
• 전력: 과거의 경력.
• 화적: 떼를 지어 돌아다니며 재물을 마구 빼앗는 사람들의 무리.

손이 뺨 위로 날았다. 앞가슴을 잡고 와락와락 흔들어댄다. 서희 얼굴이 흙빛으로 변한다. 울고 있던 봉순이,

"왜 이러시오!"

달려들어 서희 몸을 잡아당기니 실 뜯어지는 소리와 함께 홍 씨 손에 옷고름이 남는다.

서희에게 폭력을 쓰는 홍 씨를 봉순이가 말리고 있어. 서희와 봉순이도 '협력' 관계로군.

"감히 누굴! 감히!"

하다가 별안간 방에서 뛰쳐나간다. 맨발로 연못을 향해 몸을 날린다. 그는 죽을 생각을 했던 것이다.

"애기씨!"

울부짖으며 봉순이 뒤쫓아 간다.

"죽어라! 죽어! 잘 생각했어! 어차피 너는 산목숨은 아니란 말이야! 죽고 남지 못할 거란 말이야!"

고래고래 소리를 지른다. 서희는 연못가에서 걸음을 뚝 멈춘다. 돌아본다. 흙빛 얼굴에 웃음이 지나간다.

"내가 왜 죽지? 누구 좋아하라고 죽는단 말이냐?"

나직한 음성이다. 홍 씨 눈을 똑바로 주시한다.

"사람 영악한 것은 범보다 더 무섭다는 말 못 들으셨소?"

여전히 나직한 음성이다.

"무서우면 어떻게 무서워! 우리 내외한테 비상을 먹이겠다 그 말이냐?"

아이고! 아이고! 눈물도 안 나오는 헛울음을 울더니 이번에는 봉순에게 달려들어 머리 끄덩이를 꺼두르고 한 소동을 피운다. 읍내서 헌병, 순사들이 왔다는 말에 홍 씨는 겨우 본채로 돌아갔다. 서희는 찢겨진 저고리를 내려다본다. 조준구와 홍 씨에게 물려받을 재산을 빼앗기고 모욕적인 대우를 받는 서희는 '몰락한 양반층'에 속한 인물이네.

"길상이 놈이 날 죽으라고 내버리고 갔다."

눈이 부어오른 봉순이는,

"마지막까지 남아서 찾았지마는 사당 마릿장 밑에 숨은 줄이야 우, 우찌 …… 으흐흐흐."

되풀이 입술을 떨면서 서희는 말했다.

"길상이 놈이 날 죽으라고 내버리고 갔다."

달려온 헌병들에게 맨 먼저 당한 것은 삼수다.

"나, 나으리! 이, 이기이 우찌 된 영문입니까!"

헌병이 총대를 들이대자 겁에 질린 삼수는 그러나 무엇인가 잘못 되었거니 믿는 구석이 있어서 조준구를 향해 도움을 청하였다.

"이놈! 이 찢어 죽일 놈 같으니라구!"

무섭게 눈을 부릅뜬 조준구를 바라본 삼수 얼굴은 일순 백지장으로 변한다.

"예? 머, 머, 머라 캤십니까?"

"이놈! 네 죄를 몰라 하는 말이냐? 간밤에 감수한 생각을 하면 네놈을 내 손으로 타살할 것이로되 으음, 능지처참*할 놈 같으니라구. 이놈! 어디 한번 죽어 봐라!"

"나, 나으리! 꾸, 꿈을 꾸시는 깁니까? 이, 이 목심을 건지 디린 이, 이 삼수 놈을 말입니다!"

그러나 조준구는 바로 저놈이 폭도*의 앞잡이였다고 이미 한 말을 다시 강조할 뿐이다.

삼수는 조준구에게도 배신을 당하고 순사들에게 잡혀가게 생겼어. 삼수가 조준구를 윤보 일행의 습격에서 구해 줄 때에 둘은 '협력' 관계였지만, 이제는 아니게 된 거지. 삼수와 조준구의 관계는 '협력'과 '대립' 사이에서 계속해서 변하고 있어. 물론 이 경우 폭도란 의병을 일컬은 것이다.

― 박경리, 「토지」 ―

• **능지처참**: 대역죄를 범한 자에게 과하던 극형. 죄인을 죽인 뒤 시신을 토막 쳐서 각지에 돌려 보이는 형벌.

• **폭도**: 폭동을 일으키거나 폭동에 가담한 사람의 무리.

자 이제 선지와 지문, <보기> 내용을 하나씩 대응시키며 선지의 정오를 판단해 보자.

선지	① 최 참판가 습격을 준비하던 윤보가 삼수의 제안을 듣지 않은 것으로 하겠다는 내용으로 보아, 윤보는 삼수와의 협력 관계를 거부한 것이군.
<보기>	다양한 인물들이 때로 협력하고 때로 대립하면서 복잡한 관계망을 형성

지문에서는 '삼수'가 '최 참판가 습격을 준비'하는 '윤보'에게 '조가 놈을 먼지 치고 시작'하라고 제안하는데, '윤보'가 그러한 제안을 '안 들은' 것으로 하겠다고 답한 뒤 '삼수'를 돌려 보내는 내용이 나와. <보기>를 고려했을 때 이는 '윤보'가 '삼수'와의 협력 관계를 거부한 것이라고 볼 수 있어.

선지	② 타작마당에 모인 장정들이 횃불을 들고 윤보와 함께 움직이는 것으로 보아, 이들은 조준구로 대표되는 친일 세력과 대립하고 있군.
<보기>	몰락한 양반층, 친일 세력, 저항 세력, 기회주의자 등 다양한 인물들이 때로 협력하고 때로 대립하면서 복잡한 관계망을 형성

[앞부분의 줄거리]와 [중략 부분의 줄거리]까지의 내용을 통해 '윤보'를 포함하여 타작마당에 모인 '장정들'은 최 참판가를 습격하기 위해 서로 협력하는 관계이며, 이들은 '의병 자금을 확보하기 위해' 습격을 준비한 것이라는 점을 알 수 있어. <보기>를 고려했을 때 이들은 '조준구'로 대표되는 친일 세력과 대립하는 관계임을 알 수 있지.

선지	③ 윤보에게 조준구를 치라고 했던 삼수가 조준구의 목숨을 구해 줬다는 것으로 보아, 조준구와 삼수의 관계는 상황에 따라 변하는군.
<보기>	다양한 인물들이 때로 협력하고 때로 대립하면서 복잡한 관계망을 형성

'삼수'는 '최 참판가 습격을 준비'하는 '윤보'를 찾아가 '조가 놈을 먼지 치고 시작'하라고 제안하는데, 실제로 '윤보' 일행이 습격했을 때는 '사당 마루 밑에 숨어 있'던 '조준구'와 '홍 씨'에게 도움을 줘. <보기>에서 '인물들이 때로 협력하고 때로 대립하면서 복잡한 관계망을 형성'한다는 내용이 선지에서는 '조준구와 삼수의 관계가 상황에 따라 변'한다는 진술로 나타난 거지.

참고로 ①~③번 모두 적절한 내용이었기 때문에 ①~③번 중에 정답은 없었어.

이제부터는 지금까지 배운 내용을 토대로 <보기>를 적극적으로 활용하여 지문을 읽어 보자.

1등급 전략

☑ 전략 1 <보기>에서 지문 이해에 도움이 될 만한 부분에 주목한다. 작품 자체에 대한 설명, 지문에 등장하는 인물에 대한 설명은 지문 이해의 바탕이 된다.

☑ 전략 2 <보기>를 참고하여 선지의 적절성을 판단할 때, 지문의 내용과 사실 관계가 일치하는지, <보기>의 내용에 어긋나지 않는지, 선지에 언급된 <보기>의 내용과 지문의 내용이 적절하게 연결되는지 확인한다.

1~3 다음을 읽고 1분컷 작품 정리를 채운 뒤 선지의 적절성을 판단해 보세요.

고1 2018학년도 6월

> 강연을 2개로 끊고 등장인물에 표시하며 읽어 봐!

[앞부분의 줄거리] ❶ 덕순은 동네 어른으로부터 이상한 병에 걸린 사람이 병원에 가면 월급도 주고 병도 고쳐 준다는 말을 듣는다. 덕순은 열세 달이 되도록 배가 불러만 있는 아내가 이상한 병에 걸렸다고 믿고, 아내를 업고 팔자를 고칠 희망에 차 대학병원으로 향한다.

"이 뱃속에 어린애가 있는데요, 나올려다 소문이 적어서 그대로 죽었어요. 이걸 그냥 둔다면 앞으로 일주일을 못 갈 것이니 불가불* 수술을 해야 하겠으나 또 그 결과가 반드시 좋다고 단언할 수도 없는 것이매 배를 가르고 아이를 꺼내다 만일 사불여의*하여 불행을 본다더라도 전혀 관계없다는 승낙만 있으면 내일이라도 곧 수술을 하겠어요."

하고 나 어린 간호부는 조금도 거리낌 없는 어조로 줄줄 쏟아 놓다가,

"어떻게 하실 테야요?"

"글쎄요……."

덕순이는 이렇게 얼떨떨한 낯으로 다시 한번 뒤통수를 긁지 않을 수 없었다.

간호부의 말이 무슨 소린지 다는 모른다 하더라도 속대중으로 저쯤은 알아챘던 것이니 아내의 생명이 위험하다는 그 말이 두렵기도 하려니와 겨우 아이를 뱄다는 것쯤, 연구 거리는 못 되는 병인 양 싶어 우선 낙심하고 마는 것이다. 하나 이왕 버린 노릇이매,

"그럼 먹을 것이 없는데요……."

"그건 여기서 입원시키고 먹일 것이니까 염려 마셔요……."

"그런데요 저……."

하고 덕순이는 열적은* 낯을 무얼로 가릴지 몰라 주볏주볏,

"월급 같은 건 안 주나요?"

"무슨 월급이오?"

"왜 여기서 병을 고치면 월급을 주는 수도 있다지요."

❷ "제 병 고쳐 주는데 무슨 월급을 준단 말이오?"

하고 맵망스레도 톡 쏘는 바람에 덕순이는 고만 얼굴이 벌게지고 말았다. 팔자를 고치려던 그 계획이 완전히 어그러졌음을 알자, 그의 주린 창자는 척 꺾이며 두꺼운 손으로 이마의 진땀이나 훑어보는 밖에 별 도리가 없는 것이다. 하나 아내의 생명은 어차피 건져야 하겠기로 공손히 허리를 굽신하여,

"그럼 낼 데리고 올게, 어떻게 해주십시오."

하고 되도록 빌붙어 보았던 것이, 그때까지 끔찍끔찍한 소리에 얼이 빠져서 밀뚱히 누웠던 아내가 별안간 기급을 하여 일어나 살뚱맞은 목성으로,

"나는 죽으면 죽었지 배는 안 째요."

하고 얼굴이 노랗게 되는 데는 더 할 말이 없었다. 죽이더라도 제 원대로나 죽게 하는 것이 혹은 남편 된 사람의 도릴지도 모른다. 아내의 꼴에 하도 어이가 없어,

"죽는 거보담야 수술을 하는 게 좀 낫겠지요!"

비소*를 금치 못하고 섰는 간호부와 의사가 눈에 보이지 않도록, 덕순이는 시선을 외면하여 뚱싯뚱싯 아내를 업고 나왔다. 지게 위에 올려놓은 다음 엎디어 다시 지고 일어나려니 이게 웬일일까, 아까 오던 때와는 갑절이나 무거웠다.

덕순이는 얼마 전에 희망이 가득히 차 올라가던 길을 힘 풀린 걸음으로 터덜터덜 내려오고 있었다. 보지는 않아도 지게 위에서 소리를 죽여 홀쩍홀쩍 울고 있는 아내가 눈앞에 환한 것이다. ❸ 학식이 많은 의사는 일자무식인 덕순이 내외보다는 더 많이 알 것이니 생명이 한

<보기>를 활용하여 지문을 읽어 보자.

❶ (   )한 성격의 덕순은 아내의 병을 고치고 돈도 받을 수 있으리라는 희망을 품고 대학병원으로 간 거네.

❷ 대학병원과 그곳의 의사, 간호부는 중심 인물의 성격과 (   )되는 속성을 가졌음이 드러나. 어리숙한 덕순을 보며 냉소하고 있지.

❸ 의사의 말대로 아내가 곧 죽게 될 것임을 알면서도 어쩔 도리가 없어. (   )이 없기 때문이것지.

*불가불: 하지 아니할 수 없어. 또는 마음이 내키지 아니하나 마지못하여.

이레를 못 가리라던 그 말을 어째 볼 도리가 없다. 인제 남은 것은 우중충한 그 냉골에 갖다 다시 눕혀 놓고 죽을 때나 기다리고 있을 따름이었다.

덕순이는 눈 위로 덮는 땀방울을 주먹으로 훔쳐 가며 장차 캄캄하여 올 그 전도를 생각해 본다. 서울을 장대고 왔던 것이 벌이도 제대로 안 되고 게다가 인젠 아내까지 잃는 것이다. 지에미붙을! 이놈의 팔자가, 하고 딱한 탄식이 목을 넘어오다 꽉 깨무는 바람에 한숨으로 터져 버린다.

한나절이 되자 더위는 더한층 무서워진다.

– 김유정, 「땡볕」 –

•**사불여의:** 일이 뜻대로 되지 아니함.
•**열적은:** 부끄러운.
•**비소:** 남을 비방하거나 비난하여 웃음.

✏️ 1분컷 **작품 정리**

주요 인물	주요 사건
• 덕순: 아내의 병을 고치고 돈도 받을 수 있다는 기대로 아내를 업고 _____에 감 • 아내: 수술이 필요한 상태임에도 이를 _____함 • 간호부, 의사: 덕순에게 아내의 증세를 설명하며 수술이 필요하다고 함. 아내가 수술을 거부하자 비웃음	장면 1 대학병원에 갔지만 수술이 필요하다는 말만 듣고 _____은 받지 못함 --- 장면 2 덕순은 무더위 속에 아내를 업고 다시 집으로 돌아감

□1인칭 주인공　□1인칭 관찰자　□3인칭 관찰자　□전지적 작가 시점

보기

　김유정 작품의 특징은 **❶** 중심인물들이 대부분 순박하고 어리숙하다는 점이다. 작가는 그런 인물들을 연민의 시선으로 바라봄으로써 인물이 겪는 문제의 원인이 개인이 아니라 부조리한 사회에 있음을 보여준다.
　작가는 「땡볕」에서 이러한 문제의식을 보여주기 위해 **❷** 인물의 성격과 대비되는 속성을 가진 대학병원을 배경으로 설정했다. **❶, ❸** 덕순 내외는 동네 어른의 말만 믿고 희망에 차 대학병원을 찾았으나 돈이 없어 병을 치료하지 못하고 비극적 죽음을 앞두게 된다. 이를 통해 근대 자본주의 사회의 비인간성과 모순을 비판하고 있다.

1. 돈이 없어 죽음을 맞을 수밖에 없는 부조리한 현실을 통해 당대 사회의 문제를 비판하고 있군.
◎ ⊗

2. 덕순이 월급을 받을 수 없다는 사실에 실망하는 장면을 통해 자본주의 사회의 비인간성을 보여주고 있군.
◎ ⊗

3. 순박한 인간미를 가진 인물과 냉정한 속성을 지닌 대학병원의 대비를 통해 작가의 문제의식이 부각되고 있군.
◎ ⊗

<보기>를 활용하여 지문을 읽어 보자.

2
현대소설

장연을 2개로 끊고 등장인물에 표시하여 읽어 봐!

그의 결심이란 다른 것이 아니라 살림을 떠엎고* 말리라는 것이었다.

살림이라야 가진 논밭이 없고, 몇 대쨌진 몰라도 하늘에서 떨어져서는 첫 동네라는 안악굴 꼭대기에서 그중에서도 제일 외따로 떨어져 있는 오막살이를 근거로 하고 화전*이나 파먹고 숯이나 구워 먹고 덫과 함정을 놓아 산짐승이나 잡아먹던 구차한* 살림이었다.

그래도 자기 아버지 대에까지는 굶지는 않고 남에게 비럭질은 하지 않고 살아왔다. 그렇던 것이 언제 누구라 임자로 나서 팔아먹었는지 둘레가 백 리도 더 될 큰 산을 ■ 삼정회사에서 샀노라고 나서 가지고는 부대*를 파지 못한다, 숯을 허가 없이 굽지 못한다, 또 경찰에서는 멧돼지 함정이나 여우 덫은 물론이요, 꿩 창애나 옥누 같은 것도 허가 없이는 못 놓는다 하고 금하였다.

요즘 와서 안악굴 동네는 산지기와 관청에서 이르는 대로만 지키자면 봄여름에는 산나물이나 뜯어 먹고, 가을에는 머루 다래나 하고 도토리나 주워다 먹고 겨울에는 곤충류와 같이 땅속에 들어가 동면이나 할 수 있으면 상책이게 되었다.

그러나 큰 산 속 안악굴서 사는 사람들이라고 해서 이 장군이네부터도 갑자기 멧돼지나 노루와 같이 초식만을 할 수가 없고 나비나 살무사처럼 삼동 한 철을 자고만 배길 수도 없었다. 배길 수가 없어서가 아니라 하고 싶어도 재주가 없어서였다.

그래서 안악굴 사람들은 관청의 눈이 동뜬 때문인지 엄밀하게 따지려면 늘 범죄의 생활자들이었다.

안악굴서 멧돼지와 노루의 함정을 파놓은 것이 이 장군이 한 사람만은 아니었다. 그날 하필 사냥을 나왔던 순사부장이 빠진다는 것이 알고 보니 여러 함정 중에 장군이가 파놓은 함정이었다.

그래서 장군이는 찔름거리는 **순사부장의 뒤를 따라 그의 묵직한 총을 메고** 경찰서로 들어왔고 경찰서에 들어와선 처음엔 귀때기깨나 맞았으나 다음날로부터는 저희 집 관솔불이나 상사발에 대어서는 너무나 문화적인 전기등 밑에서 알미늄 벤또에다 쌀밥만 먹고 지내다가 스무 날 만에 집으로 나오는 길이었다.

[중략 부분의 줄거리] 경찰서에서 나와 집으로 돌아오던 장군이는 자신의 처지를 돌아보고 발걸음이 무거워짐을 느낀다.

철둑을 넘어서 안악굴로 올라가는 길섶에 들면 되다 만 **방앗간**이 하나 있다. 돌각담으로 담만 둘러쌓고 확*도 아직 만들지 않았고 풍채도 없다. 그러나 물 받을 자리와 물 빠질 보통* 은 다 째어 놓았고, 제법 주머니방아는 못 되더라도 한참 만에 한 번씩 뒷박질하듯 하는 통방아 채 하나만은 확만 파 놓으면 물을 대어 봐도 좋게 손이 떨어진 것이었다.

■ 장군이는 가을에 들어 이것으로 쌀되나 얻어먹어 볼까 하고 여름내 보통을 낸다 돌각담을 쌓는다, 빚을 마흔 냥 가까이 내어 가지고 방아채 재목을 사고 목수 품을 들이면서 거의 끝을 마쳐 가는데 소문이 나기를, 새 술막 장풍언네가 발동긴가 무슨 조화방안가 하는 걸 사온다 고 떠들어들 대었다. 그리고 ■ 발동기는 하루 쌀을 몇 백 말도 찧으니까, 새 술막에 전에부 터 있던 물방아도 세월이 없으리라 전하였다.

알고 보니 아닌 게 아니라 **장풍언네는** 아들이 **서울 가서 발동기를 사오고 풍채를 사오고,** 그리고는 미리부터 찧는 삯이 물방아보다 적다는 것, 아무리 멀어도 저희가 일군을 시켜 찧을 것을 가져가고 찧어서는 배달까지 해 준다는 것을 광고하였다. 이렇게 되고 보니 벼 두어 섬만

■ (　　　　　) 시기의 사회 모습이 나타나네. 농사도, 숯을 굽는 일도, 짐승을 잡는 것도 금지하는 바람에 가진 것 없는 사람들은 생계가 막막하고 절망적이었을 거야.

■ 장군이 나름의 방식으로 (　　　　　) 을 위해 노력하는 모습으로 볼 수 있어.

■ 하루에 쌀을 몇 백 말도 찧는 발동기는 근대화된 기계로, 전부터 있던 (　　　　　) 는 근대화 이전의 방식으로 볼 수 있겠네.

• **떠엎다:** 어떤 일이나 판세를 뒤집어 엎어 끝을 내다.

• **화전:** 주로 산간 지대에서 풀과 나무를 불살라 버리고 그 자리를 파 일구어 농사를 짓는 밭.

• **구차하다:** 살림이 몹시 가난하다.

찧으려도 밤늦도록 관솔 불을 켜가지고 북새를 놀게 더디기도 하려니와, 까부름*새를 모두 곡식 임자가 가서 거들어 줘야 되는 **4** 물방아로 찾아올 사람이 있을 것 같지 않았다. 이래서 장군이는 여름내 방아터를 잡느라고 세월만 허비하고, 게다가 빚까지 진 것을 중도에 손을 떼고 내어던지지 않을 수 없이 된 것이다.

– 이태준, 「촌뜨기」 –

- **부대:** 주로 산간 지대에서 풀과 나무를 불살라 버리고 그 자리를 파 일구어 농사를 짓는 밭.
- **확:** 방앗공이로 찧을 수 있게 돌절구 모양으로 우묵하게 판 돌.
- **보똘:** 봇둑. 보를 둘러쌓은 둑.
- **까부름:** 키를 위 아래로 흔들어 곡식의 티나 검불 따위를 날리는 일.

4 장군이의 노력은 (   )을 충분히 이해하지 못한 것이 었고, 따라서 (   )하게 된 거야.

✏️ **1분컷 작품 정리**

주요 인물	주요 사건
• 장군이: 산짐승을 잡기 위해 _____을 팠다가 경찰서에 잡혀감. _____으로 돈을 벌려고 하지만 신식 방앗간이 들어서자 그마저도 포기함 • 순사부장: 생계를 위해 함정을 판 장군이를 경찰서로 잡아감 • 장풍언네: _____에서 기계를 사들여 신식 방앗간을 차리고 광고함	장면 1 장군이가 파놓은 함정에 _____ 이 빠지게 되면서 장군이는 경찰서에 붙잡혀 있다가 나옴 장면 2 장군이는 빚을 내어 구식 방앗간을 차리다가 _____가 신식 방앗간을 차리면서 중도에 포기함

□1인칭 주인공   □1인칭 관찰자   □3인칭 관찰자   □전지적 작가 시점

보기

이 작품에는 **1**, **3** 근대화 시기의 과도기적 삶의 모습이 드러나 있다. 근대화된 방식의 삶은 당대를 살아간 사람들의 성취 욕구를 자극하기도 하였으나, 이를 따라가지 못하고 좌절하는 사람도 있었다. 작품의 제목인 '촌뜨기'는, 과도기적 사회에서 **2**, **4** 제 나름의 방식으로 더 나은 삶을 위해 노력하지만 시대적 흐름을 충분히 이해하지 못한 까닭에 실패하게 되는 인물의 처지를 드러낸다.

---

4. 장군이가 '순사부장의 뒤를 따라 그의 묵직한 총을 메고' 가는 것은 근대화된 방식에 따르려는 욕구가 자극되었기 때문이라 할 수 있군. ◎ ⊗

5. 장군이가 '빚을 마흔 냥 가까이 내어'서 '방앗간'을 지은 것은 더 나은 삶을 위해 제 나름대로 노력하는 모습으로 볼 수 있군. ◎ ⊗

6. '장풍언네'가 '서울 가서 발동기를 사오고 풍채를 사오'는 것은 근대화 시기에 적응해 가는 모습으로 볼 수 있군. ◎ ⊗

장면을 3개로 끊고 등장인물에 표시하며 읽어 봐!

안승학은 원래 이 고을 읍내에서 살았다. ❶ 지금부터 이십 년 전만 해도 그는 다 찌그러진 오막살이에서 콩나물죽으로 연명˚하던 처지였다. 그러던 사람이 오늘은 수백 석 추수를 하고 서울 사는 민판서 집 사음˚까지 얻어서 이 동리로 옮겨 앉은 것이다.

그것은 안승학의 근본을 아는 사람은 누구나 놀랄 만한 일이었다. 그는 지체도 없고 형세도 없이 타관˚에서 떠들어온 사람이었다. 그러므로 이 고을에는 그의 일가친척이라고는 면 서기를 다니는 아우 하나밖에 아무도 없다. 그의 부친은 경기도 죽산이라던가 어디서 호방 노릇을 하던 아전이었다는데 승학이가 성년 되기 전에 별세하고 그의 모친도 부친이 돌아간 지 삼 년 만에 마저 세상을 떠났다 한다. 그래서 거기서는 살 수가 없어서 아내와 어린 동생 하나를 데리고 이 고장으로 들어왔다. 이 고을 읍내에는 그의 처가가 사는 터이므로. / 처가도 역시 가난하였으나 그래도 처가 끝으로 옹대가리나마 다시 장만해 놓고 살림이라고 떠벌였다.

❷ 그런데 그 무렵이 마침 경부선이 개통한 직후이다. 이 근처 사람들은 생전 처음 보는 기차와 정거장과 전봇대를 보고 경이의 눈을 크게 떴다.

안승학은 지금도 그때 목판차를 맨 처음으로 먼저 타고 서울을 가 보았다는 것을 자랑삼아 말하였다. 그때 그는 어떤 친구의 심부름으로 혼수 흥정을 하러 따라간 것이었다.

그의 자만(自慢)은 그것뿐만 아니었다. 그는 경기도 출생이라고 이 지방에서는 제일 똑똑한 체를 하였다. / 우편소가 새로 생긴 것을 보고 이웃 사람들은 그게 무엇인지 몰라서 겁을 잔뜩 집어먹고 있었다. 장승같이 늘어선 전봇대에는 노상 잉―하는 소리가 들렸다. 그것은 전신줄을 감은 사기 안에다 귀신을 잡아넣어서 그런 소리가 무시로˚ 난다는 것이다. 그리고 우편소 안에는 무슨 이상한 기계를 해 앉히고 거기서는 무시로 괴상한 소리가 들렸다. 그래서 이웃 사람들은 그것도 무슨 귀신을 잡아넣어서 그런 소리가 들리는 것이라고 하였다.

❸ 그럴 때에 안승학은 마술사처럼 이 귀신을 부리는 재주를 그들 앞에서 시험해 보였다.

그는 엽서 한 장을 사서 자기 집 통호수와 자기 이름을 쓰고 편지 사연을 써서 우편통 안으로 집어넣었다. 그리고 그들에게 장담하기를 이것이 오늘 해전 안에 우리 집으로 들어갈 터이니 가 보자는 것이었다. 과연 그날 저녁때였다. 지옥사자 같은 누렁 옷을 입은 사람은 안승학의 집에 엽서 한 장을 던지고 갔다. 그것은 아까 써 넣던 그 엽서였다.

"참, 조홧속˚이다!" / 하고 그들은 일시에 소리를 질렀다.

(중략)

안승학이는 사랑방에서 혼자 앉아서 금테 안경을 콧잔등에 걸고는 문서질을 하다가 인동이를 앞세우고 김선달 조첨지 수동이아버지 희준이 이렇게 다섯 사람이 일시에 달려드는 것을 보고 적이 마음에 불안을 느꼈다.

그래 그는 붓을 놓고서 마당을 내려다보며 / "무슨 일들인가? 식전 댓바람에 내 집을 이렇게 찾아오거든 문간에서 주인을 찾고 들어와야지." / ❹ 매우 위엄스럽게 하는 말이었다.

"아무도 없는데 누구보고 말하랍니까? 대문 기둥에다 대고 말씀하랍시오."

김선달이 받는 말이다.

저런 괘씸한 놈 말하는 것 좀 봐…… 그런데 행랑 놈은 어디를 갔기에 문간에 아무도 없었더람! 안승학은 속으로 분해했다.

그러나 호령할 용기는 생기지 않는다. 희준이와 인동이와 김선달은 신발을 벗고 마루에 올라가 앉았다.

조첨지와 수동 아버지는 뜰아래서 올라갈까 말까 하는 눈치다.

〈보기〉를 활용하여 지문을 읽어 보자.

❶ 안승학은 변화하는 환경 속에서 사회적 지위가 (   )한 인물로, 전근대적 (   ) 제도에 편승하여 사음이 되었네.

❷ 안승학은 (   )을 빠르게 체험한 자신을 과시하네.

❸ 안승학은 근대 문물에 발 빠르게 (   )한 인물이야.

❹ 안승학의 사회적 지위가 상승했는 데도 불구하고 사람들은 그를 (   ) 하지 않는 듯해.

● 연명: 목숨을 겨우 이어 살아감.
● 타관: 자기 고향이 아닌 고장.
● 무시로: 특별히 정한 때가 없이 아무 때나.
● 조홧속: 어떻게 이루어진 것인지 알 수 없는 신통한 일의 속내.

❷ 현대 소설

"하여간 무슨 일들인가?" / 안승학은 얼른 이야기나 들어보고 돌려보내자는 계획이다.

"저희들이 이렇게 댁을 찾아왔을 때는 무슨 별다른 소관사가 있겠습니까…… 지난번에도 왔다가 코만 떼우고 갔습니다만 대관절 어떻게 저희들의 요구 조건을 들어주시겠습니까?" 희준이가 정식으로 말을 꺼냈다.

"그따위 이야기를 할 작정으로 이렇게들 식전 아침에 왔어? 못 들어주겠어! 벌써 여러 번째 요구 조건은 들을 수 없다고 말했는데, 자꾸 조르기만 하면 될 줄 아는가? 어림없지…… 괜히 그러지들 말고 일찍이 나락*을 베는 것이 당신들에게 유익할 것이야……."

안승학이는 긴 장죽에 담배를 한 대 담아 가지고 불을 붙이기 위해서 성냥을 세 개비나 허비했건만 잘 붙지 아니하므로 그래 네 번째 불을 댕겨서는 쉴 새 없이 빠끔빠끔 빨다가 그만 입귀로 붉은 침을 주르르 흘리고서는 제 풀에 화가 나서 담뱃대를 탁 밀어 내던진다.

5 "괜스리 시간만 낭비하고 피차의 물질상 손해만 더 나게 하지 말고 어서 돌아가서 잘들 의논해서 오늘부터라도 일을 시작하란 말이야! 나도 아침부터 바쁜 일이 있으니 어서들 가소."

"그래 정녕코 요구 조건을 못 들어주시겠다는 말씀이지요." / "암!"

– 이기영, 「고향」 –

• **사음:** 마름. 지주를 대리하여 소작권을 관리하는 사람.

5 안승학은 (　　　　　　　　
　　　　　　)을 추구하는 인물이기 때문에 사람들에게 인정받지 못한 것이군.

• **나락:** '벼'를 이르는 말.

🖉 1분컷 작품 정리

주요 인물	주요 사건
• 안승학: 과거 가난한 처지였으나 신문물에 밝은 편이었고, 지금은 _____으로 마을 사람들과 대립함 • 인동이, 김선달, 조첨지, 수동이아버지, 희준이: 안승학을 찾아와 _____을 들어 달라고 함	[장면 1] 안승학은 과거에 타관에서 마을로 떠들어 온 사람으로 가난한 처지였음 [장면 2] 신문물에 무지한 마을 사람들과 달리 _____은 신문물을 잘 다루는 모습을 보이며 자신을 과시함 [장면 3] 안승학은 요구 조건을 수락해 달라는 다섯 사람의 요청을 _____함

☐1인칭 주인공　☐1인칭 관찰자　☐3인칭 관찰자　☐전지적 작가 시점

보기

1930년대 리얼리즘 장편 소설에는 **1** 변화하는 사회적 환경 속에서 사회적 지위가 상승한 인물형이 등장한다. 이 유형의 인물들은 **3** 근대 문물에 발 빠르게 적응하면서도 **1** 소작제와 같은 전근대적 토지 제도에 편승*하는 모습을 보인다. **2, 4, 5** 이들은 근대 문물을 체험해 보지 못한 사람들에게 자신을 과시하지만 자신만의 이익을 추구하기 때문에 그 지위를 인정받지 못한다. 이러한 인물들을 통해 1930년대 농촌 사회에 등장한 속물적 인물형의 면모를 확인할 수 있다.

• **편승:** 세태나 남의 세력을 이용하여 자신의 이익을 거둠을 비유적으로 이르는 말.

7. '경부선이 개통'할 '무렵'의 시대 변화에 적응하여 '근본'에서 벗어날 기회를 얻었던 인물의 모습은, 근대 문물이 유입되는 사회적 환경 속에서 변모해 갈 수 있었던 인물형을 보여 주는군. ◎ ⊗

8. '친구의 심부름으로' '목판차를 맨 처음으로' 타 보고서 '자만'하는 인물의 행동은, 근대 문물을 경험했다는 점을 앞세워 자신을 과시하는 인물의 모습을 보여 주는군. ◎ ⊗

9. '위엄스럽게' 하대하면서도 '호령할 용기'를 내지 못하는 인물의 심리는, 자신의 사회적 지위를 인정하지 않는 이들에게 반감을 드러내는 인물의 모습을 보여 주는군. ◎ ⊗

1~3 다음을 읽고 1분컷 작품 정리를 채운 뒤 선지의 적절성을 판단해 보세요.

고1 2018학년도 11월

> 장면을
> 3개로 끊고
> 등장인물에
> 표시하며
> 읽어 봐!

용쇠는 역시 아무 대꾸가 없다.

"내 자식이니까 내 맘대로 한다구? 자네는 이렇게 생각하는지 모르겠네마는 그러나 부모가 자식을 때릴 권리가 어디 있나? 사람에게 수족을 붙여준 것은 일하라는 것이지 남을 함부로 때리라는 것은 아니야. 부모나 자식이나 사람이기는 일반이라 하면 제 자식이나 남의 자식이나 그리 등분이 없을 게다. 덮어놓고 제 뜻만 맞추랴고 남을 강제하는 것은 포학한 짓이 아닌가? 얼걱박이˚를 밉다고 암만 뚜드려 준대야 그게 별안간 빤질빤질해질 이치는 없지! 자네는 오늘부터 짐승을 배우게!"

"무얼? 짐승을?"

하고 용쇠는 얼굴이 빨개지며 불안한 표정으로 쳐다본다.

"그래! 짐승을 배우란 말이야! 자네 집에 제비가 제비 새끼를 치지 않는가? 그 어미 제비를 배우란 말이야! 공자님의 말이나 누구의 말보다도."

용쇠는 그게 무슨 소리인지 다만 자기를 모욕하는 줄만 알았다. 그래 ㉠속으로는 분하였지마는 그대로 참고 들었다.

용쇠가 이렇게 혼이 난 뒤에 동리 사람들은 더욱 정도룡을 두려워하였다. 그러나 그를 경외하기는 그전부터 하였다. 그것은 그의 건장한 체격과 또한 그의 의리 있는 심지가 누구든지 자연히 그를 신뢰하고 싶은 마음이 생기게 하였다. 그것은 그를 미워하는 사람까지도 속으로는 그의 행동을 감복하였다. 그래 그의 이름이 근사한 것을 기화로 그를 모두 계룡산 정도령(鄭道令)이라 하였다.

그에 대한 이러한 존경은 건넛말 양반촌에서도—유명한 김 주사까지도—그를 만만히 보지 못하였다. 그래 고양이 있는 집에서 기를 펴지 못하고 사는 생쥐같이 지내던 이 동리 사람들이 그로 말미암아 적지 않은 힘을 입었다. ㉡그래 이 동리 사람들은 어른 아이 없이 그를 참으로 정도령같이 믿으며 그의 말이라면 모두 복종하게 되었다. 물론 이 동리의 크거나 적은 일은 그의 계획과 지휘로 해결되었다. 그런데 그를 그중 사랑하기는 어린아이들과 여자들이었다. 그것은 **무지한 남자와 부모의 횡포를 규탄**해 주는 까닭으로 그러하였다. 마치 일전에 **용쇠를 혼내 주듯** 하므로.

그렇다고는 하지마는 이 **동리 사람들**의 생활은 참으로 가련하였다. 용쇠는 그래도 딸이나 팔아먹었지마는 늙은 부모하고 어린 자식들에 식구는 우글우글한데 양식이 떨어져서 굶주리는 집이 겅성드뭇하였다˚. 더구나 지금은 농가에서는 제일 어려운 보릿고개를 당한 판이니까. 모는 심어야겠는데 보리는 아직 덜 익어서 채 익지도 않은 **풋보리**를 베어다가 뽀얀 물을 짜내서 **죽물을 끓여 먹는** 집도 많다.

[중략 부분의 줄거리] 마을의 지주 김 주사는 춘이네가 소작하던 논을 하루아침에 일본인 고리 대금업자에게 넘긴다. 소작하던 논을 떼이고 먹고살기가 어려워진 춘이 조모는 김 주사를 찾아 간다.

김 주사는 감투를 쓰고—그는 지금 도 평의원이다마는 감투 쓸 일은 이 밖에
도 많다. 전 금융조합장, 전 보통학교 학무위원, 전 군참사, 적십자사 정사원,
[A] 지주회 부회장—(이담에 죽을 때에는 명정을 쓰기가 어려울 만큼 이렇게 직함이
많았다)—점잖은 목소리로 논 떼는 이유를 이렇게 말하였다.

　　"여태까지 몇 해를 잘 지어 먹었으니 인제는 고만 지어 먹게. 다른 사람도 좀 지어
먹어야지."

　　그때 노파는 벌벌 떨리는 목소리로

　　"아이구 나으리! 지금 와서 논을 떼면 어찌합니까? 그러면 제 집 식구는 모다 굶어
죽겠습니다!"

하고 개개빌어보았으나 김 주사는 그런 것은 나는 모르고, **내 땅은 내 말대로 언제
든지 뗄 수 있지 않느냐**—됩다 불호령을 하였다.

　　그래도 ⓒ춘이 조모는 한나절을 애걸복걸하며 올 일 년만 더 지어 먹게 해달래
보았으나 그는 도무지 막무가내이었다. 벌써 다시 변통이 없을 줄 안 **춘이 조모**는
그 길로 나오다가 그 집 대뜰 위에서 그 아래로 물구나무를 서서 고만 그 자리에
즉사하였다. 그는 지금 여든다섯 살인데 여기까지도 간신히 지팡이를 짚고 기어
왔었다.

　　그러나 김 주사는 조금도 개의치 않고 하인을 명하여 송장을 문밖으로 끌어
내게 하였다. 그리고 송장 찾아가라고 춘이 집으로 전갈을 시키고 일변 구장을
[B] 불러서 경찰서로 보고하게 하였다. 김 주사는 마침 그 일인과 술을 먹을 때이므로
그는 물론 튼튼한 증인이 되었다.

　　행여 무슨 도리나 있는가 하고 기다리던 춘이 모자는 천만뜻밖에 이 기별을 듣고
천지가 아득하여 전지도지* 쫓아갔다. ⓓ그들은 지금 시체 옆에 엎드려서 오직 섧게
통곡할 뿐이었다.

　　그런데 정도룡은 오늘 자기 집 모를 심다가 이 기별을 듣고는 한달음에 뛰어들어
왔다. 벌써 마을 사람들은 많이 모여 서서 김 주사의 포학한 행위를 욕하고 있다.
그중에 핏기 있는 원득이는 이 당장에 쫓아가서 그놈을 박살내자고 팔을 걷고 나
서는데 겁쟁이들은 우물쭈물 **눈치만 보고** 겉으로 돈다. 더구나 **김 주사 집 땅을 부
치는 사람들**은 아무 말도 못 하고 벌써부터 **꽁무니를 사리려** 든다.

　　"허—참 그거 원…… 나는 논을 갈다 왔는데 좀 가 보아야겠군!"

하고 ⓔ용쇠가 머리를 주죽주죽하며 돌아서는 바람에 나도 나도 하고 몇 사람이
그 뒤를 따라서려 하는데 별안간 정도룡은 벽력같이 소리를 질렀다.

　　"동리에 큰일이 났는데 제 집 일만 보러 드는 늬놈들도 김 주사 같은 놈이다."

　　이 바람에 개 한 마리가 자지러지게 놀라서 깨갱거리며 달아난다. 그래 그들은
머주하니 돌쳐섰다. 이때의 정도룡은 눈에서 불덩이가 왔다 갔다 하였다. 그는 아
이들을 늘어 놓아서 들에 있는 사람들을 모조리 불러들였다. 그들은 그의 전갈을
듣고 모두 뛰어들어 왔다. 더구나 용쇠 같은 이 났단 말을 듣고.

　　정도룡은 그들을 **일일이 지휘하여** 일 치를 순서를 분배한 후 나머지 사람들은
상여를 메고 위선 김 주사 사는 동리로 급히 갔다.

— 이기영, 「농부 정도룡」 —

- **얼걱박이:** 얼굴에 흠이 많은 이를 이르는 말.
- **겅성드뭇하다:** 많은 수효가 듬성듬성 흩어져 있음.
- **전지도지:** 엎드러지고 곱드러지며 몹시 급히 달아나는 모양.

✏️ 1분컷 **작품 정리**

주요 인물	주요 사건
• 용쇠: _____에게 크게 혼나 분하지만 참고 들음	장면 1 정도룡은 자식을 때린 용쇠를 크게 혼내고, 마을 사람들은 정도룡을 경외함
• 정도룡: 불의를 보면 참지 못하는 올곧은 사람. 마을 사람들에게 존경을 받음	장면 2 소작하던 논을 떼인 일로 _____ 가 김 주사를 찾아가 애걸하지만 김 주사는 부탁을 거절하자 춘이 조모는 떨어져 죽음
• 김 주사: (지주 / 소작농)의 상황은 개의치 않는 (지주 / 소작농)이나, 정도룡은 만만히 보지 못함	
• 춘이 조모: 소작하던 ___을 떼이자 김 주사를 찾아가 애걸하지만 거절당하자 죽음	장면 3 정도룡의 지휘로 마을 사람들은 _____ 가 사는 동리로 감

☐1인칭 주인공 ☐1인칭 관찰자 ☐3인칭 관찰자 ☐전지적 작가 시점

> 작품의 표현상 또는 서술상의 특징을 묻는 문제

1. [A]와 [B]에 대한 설명으로 가장 적절한 것은?

① [A]에서는 외양 묘사를, [B]에서는 배경 묘사를 통해 현실감을 부각하고 있다.

② [A]에서는 열거를, [B]에서는 행위 제시를 통해 인물의 성격을 드러내고 있다.

③ [A]에서는 인물의 대립을, [B]에서는 상황 제시를 통해 사건의 분위기를 드러내고 있다.

④ [A]와 [B] 모두 공간의 이동을 통해 갈등을 심화시키고 있다.

⑤ [A]와 [B] 모두 인물의 내적 독백을 통해 사건의 흐름을 지연시키고 있다.

외적 준거를 참고한 작품의 감상을 요구하는 문제

2. 〈보기〉를 바탕으로 윗글을 감상한 내용으로 적절하지 <u>않은</u> 것은? [3점]

> 보기
>
> 이 작품은 일제 강점기 농촌을 배경으로 지주의 부당한 행위와 이로 인해 핍박받던 궁핍한 소작농들의 삶을 사실적으로 드러내고 있다. 특히 불의를 참지 못하는 인물이, 현실적 이해관계 때문에 불합리한 현실을 외면하는 사람들을 일깨우며 올바른 삶의 가치를 실천하기 위해 노력한다는 점이 특징적이다.

① '용쇠를 혼내 주듯' '무지한 남자와 부모의 횡포를 규탄'하는 정도룡의 모습에서 올바른 삶의 가치를 중시하는 인물의 태도를 알 수 있군.

② '동리 사람들'이 '풋보리'로 '죽물을 끓여 먹는' 모습에서 일제 강점기 농촌의 궁핍한 삶을 알 수 있군.

③ '내 땅은 내 말대로 언제든지 뗄 수 있지 않느냐'라고 말하는 김 주사의 모습에서 소작농을 핍박하는 지주의 태도를 알 수 있군.

④ '김 주사 집 땅을 부치는 사람들'이 '눈치만 보'며 '꽁무니를 사리'는 모습에서 현실적 이해관계를 외면하는 사람들의 단면을 알 수 있군.

⑤ '춘이 조모'의 장례를 '일일이 지휘하'는 정도룡의 모습에서 불의를 참지 못하는 인물의 실천적 노력을 알 수 있군.

작품의 내용에 대한 사실적·추론적 이해를 묻는 문제

3. ㉠~㉤에서 알 수 있는 인물의 심리에 대한 설명으로 적절하지 <u>않은</u> 것은?

① ㉠: 자기가 저지른 잘못에 대한 용쇠의 뉘우침이 드러나 있다.

② ㉡: 정도룡에 대한 동리 사람들의 신뢰감이 드러나 있다.

③ ㉢: 지금까지 소작하던 논을 떼인 춘이 조모의 막막함이 드러나 있다.

④ ㉣: 가족의 갑작스런 죽음에 대한 춘이 모자의 애통함이 드러나 있다.

⑤ ㉤: 자신의 일에만 관심을 갖는 사람들에 대한 정도룡의 분노가 드러나 있다.

고2 2020학년도 9월

> 강연을
> 3개로 끊고
> 등장인물에
> 표시하며
> 읽어 봐!

　어머니와 나는 한 번도 훈이가 대통령이나 장군이나 재벌이나 판검사나 그런 게 되기를 바란 적이 없다. 정직하게 벌어먹을 수 있는 기술을 가르쳐 대기업에 붙여, 공일날 카메라 메고 야외에 나갈 만큼의 사람 사는 낙을 누릴 수 있기를 바랐을 뿐이다. 그런데 그나마도 쉽게 되어 주지를 않았다. 취직 시험도 하도 여러 번 치르니, 보러 가기도 보러 가라기도 점점 서로 미안하게 되었다. 이 년 가까이를 이렇게 지겹게 보내던 훈이가 어느 날 나에게 해외 취업의 길을 뚫을 수 있을 것 같으니 교제비로 돈을 좀 달라는 당돌한 요구를 해 왔다.

　"뭐라고, 해외 취업? 그럼 외국에 나가 살겠단 말이지? 그건 안 된다."

　"왜요 고모, 쩨쩨하게 돈이 아까워서? ㉠아니면 고모가 영영 할머니를 떠맡게 될까 봐 겁나서?"

　훈이는 두 개의 간략한 질문을 거침없이 당당하게 했다. 마치 이 두 가지 이유 외에 딴 이유란 있을 수도 없다는 말투였다. 나는 뭣에 얻어맞은 듯이 아연했다.

　글쎄 어떻게 설명할 수 있을 것인가. 그 녀석이 꼭 이 땅에서, 내 눈앞에서 잘살아 주었으면 하는 내 간절한 소망의 참뜻을, **지랄같이 무책임한 전쟁**이 만들어 놓은 고아인 저 녀석을, 온 정성을 다해 남부럽지 않게 키운 게 결코 내 어머니를 떠맡기고자 함이 아니었음을 어떻게 납득시킬 수 있담.

　제가 잘되고 잘사는 것으로, 다만 그것만으로 나는 내가 겪은 더럽고 잔인한 전쟁에 대해 통쾌한 ⓐ복수를 할 수 있고 그때 받은 깊숙한 상처의 치유를 확인 받을 수 있다는 걸 어떻게 저 녀석에게 알릴 수 있을 것인가.

　나는 그 녀석을 똑바로 바라보았다. ㉡그 녀석도 나를 똑바로 바라보았다. 시선이 강하게 부딪쳤으나 나는 단절감을 느꼈다. 문득 이 녀석 치다꺼리에 구역질 같은 걸 느꼈으나 가까스로 평정을 가장했다.

　"해외 취업은 당분간 보류하렴. 할머니 때문이든 돈 때문이든 그건 네 마음대로 생각해도 좋다. 그리고 취직 문젠데, 너무 고지식하게 정문만 뚫으려고 했던 것 같아. 방법을 좀 바꾸어서 **뒷문으로 통하는 길**을 알아봐야겠다. 돈이 좀 들더라도……"

　"흥, 돈 때문은 아니다 그 말을 하고 싶은 거죠?"

　녀석이 나를 노골적으로 미워하며 대들었다. 나는 대꾸도 하지 않았다. 어머니는 곁에서 내가 늘그막에 이렇게 천덕꾸러기가 될 줄은 몰랐다면서 훌쩍였다.

[중략 부분의 줄거리] 고속도로 건설 현장 일꾼으로 채용된 훈이에게 '나'는 카메라 대신 작업복과 워커를 사 준다. 어느 날 '나'는 훈이를 찾아가고, 열악한 환경에서 고생하는 훈이를 보자 서울로 돌아가자고 설득한다.

　"나는 더 비참해지고 싶어. 그래서 고모나 할머니가 철석같이 믿고 있는 기술이니 정직이니 근면이니 하는 것이 결국엔 어떤 보상이 되어 돌아오나를 똑똑히 확인하고 싶어. 그리고 그걸 고모나 할머니에게 보여 주고 싶어."

● **아연하다:** 너무 놀라거나 어이가 없어서 또는 기가 막혀서 입을 딱 벌리고 말을 못 하는 상태이다.

● **평정:** 평안하고 고요함. 또는 그런 상태.

"그걸 우리에게 보여서 어쩌겠다는 거야? 그걸로 우리에게 ⓑ복수라도 하겠다 이 말이냐?"

나는 훈이 말에 무서움증 같은 걸 느꼈기 때문에 흥분해서 악을 쓰며 덤벼들었다.

"고모 그렇게 흥분하지 말아. 나는 다만 고모가 꾸미고, 고모가 **애써 된 이 일의 파국**˙을 통해서 고모와 할머니로부터, 그리고 이 나라로부터 순조롭게 놓여날 수 있기를 바라고 있을 뿐이야. 그렇지만 고모, 오해는 마. 내가 파국을 재촉하고 있다고 생각하지는 마. 나는 내 나름으로 이곳에서의 일에 최선을 다하고 있어. 그러노라면 누가 알아, 일이 고모의 당초 계획대로 잘 풀릴지. 나도 어느 만큼은 그 쪽도 원하고 있어. 파국만을 원하고 있는 게 아냐."

"그래 참, 잘될 수도 있을 거야. 잘될 여지는 아직도 충분히 있고말고."

나는 별안간 잘될 가능성에 강한 집착을 느끼며 태도를 표변했다.

"ⓒ그렇지만 고모, 잘되게 하려고 너무 급하게 굴진 마. 뒷돈 쓰고 빌붙고 하느라 돈 없애고 자존심 상하고 하지 말란 말야. 여기 와 보니 육 개월만 기다리라는 임시직 신세로 삼사 년을 현장으로만 굴러다니는 친구가 수두룩해. 임시직에겐 봉급 조금 주고, 일요일도 없이 부려 먹고, 책임은 없고, 얼마나 좋아, ⓓ회사 측으로선 훌륭한 경영합리화지."

훈이는 버스 정류장까지 나를 배웅했다. 진부까지 나가는 완행버스는 좀처럼 오지 않았다. 그동안 나는 뭔가 훈이에게 이야기해야 될 것 같은 심한 압박감을 느꼈다. 나는 내가 여기까지 오는 동안 길이 나빠 얼마나 고생을 하고 시간을 많이 잡아먹었나를 과장해서 들려주면서 고속도로가 뚫리면 서울서 강릉까지가 얼마나 가까워지고 편안해지겠느냐, 너는 이런 국토건설사업에 이바지하고 있는 걸 자랑으로 삼아야 한다고 이야기했다.

ⓔ녀석이 구역질 같은 소리로 "웃기네" 했다. 때마침 바캉스 시즌이라 자가용이 연이어 강릉으로, 월정사로 달리면서 우리에게 흙먼지를 뒤집어씌웠다. 훈이도 한몫 참여한 영동고속도로가 개통되면 더 많은 자가용과 관광버스가 그 위에서 쾌속을 즐기겠지. 훈이도 그 생각을 하면서 "웃기네" 했을 생각을 하고 나는 내가 한 말에 심한 부끄러움을 느꼈다.

드디어 버스가 오고 나는 그것을 혼자서 탔다. 나는 훈이에게 몇 번이나 돌아가라고 손짓 했으나 훈이는 시골 버스가 떠나기까지의 그 지루한 동안을 워커에 뿌리라도 내린 듯이 꼼짝 않고 서 있었다. 나는 **그게 보기 싫어 먼 딴 데를 바라보았다.** 논의 벼는 비단 폭처럼 선연하게 푸르고, 옥수수 밭은 비로드처럼 부드럽게 푸르고, 먼 오대산의 연봉의 기상은 웅장하고, 오대산에서 흘러내린 맑은 물이 도처에서 내와 개울을 이루고 있다. 아름다운 고장이다. 이 땅 어디메고 아름답지 않은 곳이 있으랴.

그러나 아직도 얼마나 뿌리내리기 힘든 고장인가.

훈이가 젖먹이일 적, 그때 그 지랄 같은 전쟁이 지나가면서 이 나라 온 땅이 불모화해 사람들의 삶이 뿌리를 송두리째 뽑아 던져지는 걸 본 나이기에, 지레 겁을 먹고 훈이를 **이 땅에 뿌리내리기 쉬운 가장 무난한 품종**으로 키우는 데까지 신경을 써 가며 키웠다. 그런데 그게 빗나가고 만 것을 나는 자인했다. 뭐가 잘못된 것일까.

˙**파국**: 일이나 사태가 잘못되어 결딴이 남. 또는 그 판국.

나는 가슴이 답답해서 절로 한숨을 쉬었다. 그러나 후회는 아니었다. 훈이를 키우는 일을 지금부터 다시 시작할 수 있다면 이러이러하게 키우리라는 새로운 방도를 전연 알고 있지 못하니, 후회라기보다는 혼란이었다.

– 박완서, 「카메라와 워커」 –

✏️ 1분컷 작품 정리

주요 인물	주요 사건
• '나': 훈이가 잘사는 모습을 보며 _____으로 인한 상처를 치유받고자 하나 자신의 뜻에 따라주지 않는 훈이와 갈등을 빚음 • 훈이: _____을 시도하려 하나 고모의 반대에 부딪침. 고속도로 건설 현장에서 일하고 있음	**장면 1** 훈이가 해외 취업을 시도하겠다고 하지만 '나'는 반대함. 훈이는 _____를 자신에게 떠넘기기 위해서냐며 대듦 **장면 2** '나'는 서울로 돌아가자고 설득하기 위해 _____ 건설 현장에서 일하는 훈이를 찾아감 **장면 3** '나'는 훈이를 이 땅에 적응하기 쉬운 _____한 사람으로 키우는 일에 실패했음을 깨달음

☐ 1인칭 주인공   ☐ 1인칭 관찰자   ☐ 3인칭 관찰자   ☐ 전지적 작가 시점

작품의 표현상 또는 서술상의 특징을 묻는 문제

4. 윗글에 대한 설명으로 적절하지 <u>않은</u> 것은?

① 소재의 상징적인 대비를 통해 주제 의식을 드러내고 있다.

② 대화를 통해 상황에 대한 인물 간의 시각 차이를 드러내고 있다.

③ 인물의 내면과 대조되는 배경 묘사를 통해 심리를 부각하고 있다.

④ 공간의 이동에 따라 서술자를 달리하여 사건에 입체감을 부여하고 있다.

⑤ 자기 고백적 진술을 통해 인물의 심리 상태를 구체적으로 드러내고 있다.

작품의 내용에 대한 사실적·추론적 이해를 묻는 문제

5. ㉠~㉤에 대한 이해로 적절하지 <u>않은</u> 것은?

① ㉠: 부양 책임을 회피하겠다는 고모에 대한 훈이의 불만을 드러낸다.

② ㉡: 해외 취업을 반대하는 고모에 대한 훈이의 반감을 드러낸다.

③ ㉢: 자신이 처해 있는 현재 상황을 쉽게 해결하기 어렵다는 훈이의 현실 인식을 드러낸다.

④ ㉣: 비정규직을 부당하게 대우하는 회사에 대한 훈이의 비판적 인식을 드러낸다.

⑤ ㉤: 국토건설사업에 이바지한다는 허울 좋은 명분에 대한 훈이의 비웃음을 드러낸다.

작품의 내용에 대한 사실적·추론적 이해를 묻는 문제

6. ⓐ와 ⓑ에 대한 설명으로 가장 적절한 것은?

① ⓐ는 의도적으로 계획된 행위이고, ⓑ는 우발적으로 일어난 행위이다.

② ⓐ에는 특정 인물의 오해가, ⓑ에는 특정 인물의 의지가 반영되었다.

③ ⓐ는 인물과 사회 간의 갈등에서, ⓑ는 인물과 인물 간의 갈등에서 비롯되었다.

④ ⓐ에는 특정 인물을 보호하기 위한, ⓑ에는 특정 인물을 기만하기 위한 의도가 반영되었다.

⑤ ⓐ는 특정 대상에 대한 부정적 인식에서, ⓑ는 특정 인물에 대한 긍정적 인식에서 비롯되었다.

외적 준거를 참고한 작품의 감상을 요구하는 문제

7. 〈보기〉를 참고하여 윗글을 감상한 내용으로 적절하지 <u>않은</u> 것은? [3점]

> **보기**
>
> 이 작품에 등장하는 연극적 자아는 속물적인 논리로 자신과 자기 주변만을 생각하는 삶의 태도를 보인다. 이러한 태도는 세상에 대한 분노를 감춘 채, 세상과의 타협을 지향하는 이중적인 삶의 방식을 취하게 함으로써 연극적 자아의 부정적 특성을 심화시킨다. 이로 인해 연극적 자아는 그 주변의 인물마저도 절망적인 상황으로 몰아간다.

① '지랄같이 무책임한 전쟁'은 연극적 자아의 내부에 존재하는 세상에 대한 분노를 유발한 원인으로 볼 수 있겠군.

② '뒷문으로 통하는 길'을 찾으려는 모습은 연극적 자아의 속물성을 보여 준다고 볼 수 있겠군.

③ '애써 된 이 일의 파국'을 통해 연극적 자아 주변에 있는 인물의 절망적인 상황을 보여 주는군.

④ '그게 보기 싫어 먼 딴 데를 바라보'는 것은 연극적 자아의 이중적인 삶의 방식을 보여 주는군.

⑤ '이 땅에 뿌리내리기 쉬운 가장 무난한 품종'에 대한 소망은 세상과의 타협을 지향하는 연극적 자아의 모습을 보여 주는군.

> 장면을 2개로 끊고 등장인물에 표시하며 읽어 봐!

[앞부분의 줄거리] 나는 기범이 죽기 전에 무슨 일이 있었는지 알기 위해, 그가 살았던 구천동을 찾아간다. 기범의 행적을 잘 알고 있는 '임 씨'를 만나 사연을 듣기 전에, 일규의 장례식 후에 있었던 기범과의 과거 일을 회상한다.

"네가 일규를 어떻게 아냐? 네깐 게 뭘 안다구 감히 일규를 입에 올리냐?"

기범은 순간 잔을 던지고 미친 듯이 웃기 시작했다. 너무나 돌연한* 웃음이어서 나는 그때 꽤나 놀랐다. 기범이 그처럼 미친 듯이 웃는 것을 나는 그날 처음 보았다.

"그래, 네 말이 맞다. 나는 그놈을 **입에 올릴 자격이 없다**. 허지만 누가 그놈을 진심으로 사랑한 줄 아냐? 너희냐? 너희가 그놈을 사랑한 줄 아냐?"

㉠나는 긴장했다. 그의 눈에서 번쩍이는 눈물을 보았기 때문이다.

"너는 그놈이 아깝다구 했지만 나는 그놈이 죽어 세상 살맛이 없어졌다. 나는 살기가 **울적할 때마다** 허공에서 그놈의 쌍판*을 찾았다. 나는 그놈을 통해서만 살아가는 **재미와 기쁨**을 느꼈다. 그러나 그놈 역시 사정은 나하구 똑같았다. 나를 **발길로 걷어찼지만** 그놈은 나를 잊은 적이 없다. 우리는 **서로 사랑했지만** 사랑하는 방법이 달랐을 뿐이다."

(중략)

"원래 그 사람은 도회지에서 살던 사람인데 왜 그때 도시를 버리구 **깊은 산골**을 찾았는지 모르겠군."

"처음엔 **저두** 많이 궁금하게 생각했습니다. 뭔가 세상에 죄를 짓구 숨어 사는 분이 아닌가 했습니다. ㉡더구나 이리루 들어오시자 머리를 깎구 수염까지 기르셨거든요. 그러나 오래 뫼시구 살다 보니 저대루 차츰 납득이 갔습니다. 한마디로 말하기는 어렵지만 세상에 뭔가 실망을 느끼신 게 아닌가 싶습니다."

"본인이 그런 말을 한 적이 있소?"

"과거 얘기는 좀체 안 하시는 편이었는데 언젠가는 내게 그 비슷한 말씀을 하시더군요. 듣기에 따라서는 궤변* 같지만 그분은 남하구 다른 ⓐ묘한 철학을 지니구 계셨습니다."

"그걸 한번 들려줄 수 없소?"

"그분은 세상이 어지럽구 더러울 때는 그것을 구하는 방법이 한 가지밖에 없다구 하셨습니다. 세상을 좀 더 썩게 해서 더 이상 그 세상에 썩을 것이 없도록 만들어야 한다는 것입니다. 그걸 썩지 않게 고치려구 했다가는 공연히 사람만 상하구 힘만 배루 든다는 것입니다. ㉢'모두 썩어라, 철저히 썩어라'가 그분이 세상을 보는 이상한 눈입니다. 제 나름의 어설픈 추측입니다만 그분은 **사람만이 지닌 이상한 초능력**을 믿으시는 것 같았습니다. 사람은 온갖 악행에도 불구하고 자기 스스로를 송두리째 포기하지는 않는다는 것입니다. 세상이 철저히 썩어서 더 썩을 것이 없게 되면 사람은 살아남기 위해 언젠가는 스스로 자구책*을 쓴다는 것입니다. 당신은 바로 그걸 믿으셨고, 이러한 자기 생각을 부정(不正)의 미학이라는 묘한 말루 부르시기두 했습니다."

---

*• **돌연하다:** 생각지도 못한 일이 갑자기 일어난 상태에 있다.

*• **쌍판:** → 상판('얼굴'을 속되게 이르는 말)

*• **궤변:** 상대편을 이론으로 이기기 위하여 상대편의 사고를 혼란시키거나 감정을 격앙시켜 거짓을 참인 것처럼 꾸며 대는 논법.

*• **자구책:** 스스로를 구원하기 위한 방책.

나는 순간 가슴 한구석에 뭔가가 미미하게 부딪쳐 오는 진동을 느꼈다. 진동의 진상은 확실치 않지만, 나는 그것이 기범을 이해하는 어떤 열쇠가 아닌가 생각했다. 그의 온갖 기행*과 궤변들이 어지러운 혼란 속에서 그제야 언뜻 한 가닥의 질서 위에 어렴풋이 늘어서는 것이었다.

"헌데 세상에 대해 그런 생각을 지닌 사람이 갑자기 왜 세상을 등지구 이런 산속에 박혀 사는 거요?"

"당신께서 아끼시던 친구 한 분이 갑자기 세상을 버리셨다구 하시더군요. 그때 아마 **충격을 받으시구** 이리루 들어오신 게 아닌가 싶습니다."

"누구랍니까, 그 친구가?"

"이름은 말씀 안 하시구 그분을 언제나 '미련한 놈'이라구만 부르셨습니다."

오일규다. 나는 그제야 오일규의 장례식 후에 기범이 격렬하게 지껄인 저 시끄럽던 요설*들이 생각났다. 어쩌면 기범은 그때 이미 세상을 등질 결심을 했는지도 알 수 없다. ㉣아니 그는 그 얼마 후에 내 앞에서 정말로 깨끗하게 사라져 버린 것이다.

"그래 그 친구가 죽은 후로 왜 세상을 등졌답디까?"

"**세상 살 재미가 없어졌다구** 하시더군요. 아마 친구분을 꽤나 좋아하셨던 모양입니다. 그 미련한 놈이 죽어 버렸으니 자기도 앞으로는 미련하게 살밖에 없노라구 하셨습니다. ㉤당신이 미련하다고 말씀하는 건 우습게 들리시겠지만 착한 일을 뜻하시는 것이었습니다."

"그래서 이곳에 온 후 사람이 갑자기 달라진 거요?"

"전 그분의 과거를 몰라서 어떻게 달라졌는지는 잘 모릅니다. 허지만 이곳에 오신 후로는 그분은 거의 남을 위해서만 사셨습니다. 제가 생명을 구한 것두 순전히 그분의 덕입니다."

[A] 나는 다시 기범이 지껄였던 과거의 ⓑ요설들이 생각난다. 세상을 항상 역(逆)*으로만 바라보던 그의 난해성이 또 한 번 나를 혼란 속에 빠뜨린다. 그는 어쩌면 이 세상을 역순(逆順)*과 역행(逆行)*에 의해 누구보다 열심으로 가장 솔직하게 살다 간 것 같다. 그에게 악과 선은 등과 배가 서로 맞붙은 동위(同位) 동질(同質)의 것이었는지도 알 수 없다. 그는 악과 선 중 아무것도 믿지 않았고 오직 믿은 것이라고는 세상에는 아무것도 믿을 것이 없다는 사실뿐이었다. 그와 오일규가 맞부딪쳤을 때 오일규가 해체되는 것은 너무나 당연하다. 그것은 가장 비열한 삶이 가장 올바른 삶을 해체시키는 역설적인 예인 것이다.

– 홍성원, 「무사와 악사」 –

* **기행**: 기이한 행동.
* **요설**: 요사스러운 수작.
* **역**: 반대 또는 거꾸로임.
* **역순**: 거꾸로 된 순서.
* **역행**: 보통의 방향과 반대 방향으로 거슬러 나아감.

✏️ **1분컷 작품 정리**

주요 인물	주요 사건
• '나': 임 씨의 말을 통해 _____을 이해하게 됨 • 기범: _____의 죽음 이후 깊은 산골로 들어가 남을 위해 살다가 죽음 • 임 씨: '나'에게 기범의 행적에 대해 말해 줌	**장면 1** '나'는 일규의 장례식 후에 자신의 삶의 의미가 _____에게 있었음을 말하는 기범의 모습을 회상함 **장면 2** '나'는 _____와의 대화를 통해 구천동에서의 기범의 행적에 대해 듣고 기범의 철학을 이해하기 시작함

☐1인칭 주인공 ☐1인칭 관찰자 ☐3인칭 관찰자 ☐전지적 작가 시점

─ 작품의 표현상 또는 서술상의 특징을 묻는 문제

8. [A]의 서술상 특징으로 가장 적절한 것은?

① 이야기 내부의 서술자가 인물의 행동을 객관적으로 서술하고 있다.

② 이야기 내부의 서술자가 인물에 대한 평가를 관념적*으로 서술하고 있다.

③ 이야기 외부의 서술자가 인물의 체험을 바탕으로 사건의 배경을 실감나게 서술하고 있다.

④ 이야기 외부의 서술자가 인물의 회상을 중심으로 사건의 전개를 지연시키며 서술하고 있다.

⑤ 이야기 외부의 서술자가 인물의 내면을 묘사하여 인물 간의 갈등이 지속되고 있음을 서술하고 있다.

•**관념적:** 현실에 의하지 않는 추상적이고 공상적인 것에 사로잡혀 있는 것

─ 작품의 내용에 대한 사실적·추론적 이해를 묻는 문제

9. 서사의 흐름을 고려하여 ㉠~㉤에 대해 이해한 내용으로 적절하지 <u>않은</u> 것은?

① ㉠: 돌연한 웃음을 보이다가 눈물을 보이는 식으로 갑작스러운 감정 변화를 보인 데 대한 반응이다.

② ㉡: 신원이 미심쩍다고 의심하는 상황에서 그 외모가 의심을 가중했다는 생각이 담긴 말이다.

③ ㉢: 세상에 대한 관점이 상식적이지 않아 일반적으로는 수긍하기 어렵다는 생각을 드러낸 판단이다.

④ ㉣: 약속을 곧바로 실행에 옮긴 행위에 대한 놀라움을 드러낸 표현이다.

⑤ ㉤: 말의 표면적인 뜻과 달리 그 속에 숨은 뜻을 파악한 우호적인 해석이다.

10. ⓐ, ⓑ에 대한 설명으로 가장 적절한 것은?

① ⓐ에 대한 '나'의 이해는 기범에 대한 '나'의 인식이 전환되는 데에 기여한다.

② ⓐ에 대한 얘기를 '나'가 꺼낸 것은 기범에 대한 '저'의 오해를 풀 목적에서이다.

③ '저'는 '나'가 기범에 대해 품은 의문이 ⓑ를 바탕으로 하고 있음을 알게 된다.

④ '저'가 ⓐ로 인해 기범을 오해한다면, '나'는 ⓑ에 의해 기범을 이해한다.

⑤ '저'는 기범이 선행을 베풀며 보인 변화가 ⓑ에서 ⓐ로 변화된 과정과 일치함을 알고 있다.

11. 〈보기〉의 관점에서 윗글을 감상한 내용으로 적절하지 <u>않은</u> 것은? [3점]

> ┌─ 보기 ─┐
>
> 사람들은 존경하거나 사랑하는 사람을 닮아 가며 그와 자신을 동일시하려는 경향이 있다. 이를 통해 심리적 위안이나 성취감을 느끼기도 하지만 그 상대로부터 외면받거나 그가 부재한 상황에서는 마음에 상처를 입는다. 이때 동일시의 상대를 부정하거나, 외면당하지 않았다고 자신의 처지를 합리화한다. 또는 관심을 다른 데로 돌려 그 상황에서 아예 벗어나고자 한다. 「무사와 악사」에서 '기범'이 보이는 기행과 궤변은 '일규'를 동일시하려는 상대로 의식한 데서 비롯한 것으로도 볼 수 있다.

① 일규의 죽음에 '충격을 받'고 '세상 살 재미가 없어졌다'는 기범의 말이 사실이라면, 동일시하려던 상대의 부재가 가져 오는 심리적 영향이 컸다는 것이겠군.

② 기범이 자신을 '발길로 걷어찼'던 일규로부터 외면받았다고 본다면, 일규와 '서로 사랑했'다고 믿는 기범의 진술은 외면당한 자신의 처지를 합리화하려는 의도에서 나온 것이겠군.

③ '울적할 때마다' 일규를 떠올리며 삶의 '재미와 기쁨'을 얻었다는 기범의 고백을 동일시의 결과로 이해한다면, 일규를 통해 기범이 심리적 위안을 얻었음을 추측할 수 있겠군.

④ 일규의 죽음이 기범이 도시를 떠나 '깊은 산골'에 정착한 계기였다고 본다면, 이는 동일시하려던 상대가 사라진 상황에서 관심을 다른 데로 돌려 그 상황을 벗어나기 위해서였겠군.

⑤ 기범이 일규를 '입에 올릴 자격이 없다'는 것이 동일시의 대상에 대한 존경심의 표현이라면, '사람만이 지닌 이상한 초능력'에 대한 기범의 믿음은 동일시를 통한 성취감에 해당되겠군.

3 고전시가

(1) 사대부의 인식과 태도를 이해해야 한다.

STEP **1** 전략 세우기

　고전시가 읽기 전략의 큰 틀은 현대시와 같아. ① 화자와 대상을 찾아 ② 그 속성을 확인하며 읽고, ③ 이를 통해 드러나는 화자의 정서를 파악하는 거지. 그런데 고전시가는 낯선 한자어나 옛말로 적힌 경우가 있어 이 과정을 어려워하는 학생들이 많아. 그러나 고전시가는 더 이상 새롭게 창작되지 않으므로 시험에서 다룰 수 있는 작품이 한정되어 있고 주제와 표현이 유사한 작품이 많아서 시험에 자주 출제되는 대표적인 유형들을 공부해두면 오히려 현대보다 쉽게 접근할 수도 있어.

　그래서 먼저 우리는 고전시가 지문을 읽을 때 반복해서 나오는 어휘와 표현에 익숙해지도록 학습하는 것부터 시작할 거야. 다음으로는 고전시가의 유사한 주제와 표현에 대한 이해를 높이기 위해 사대부들의 가치관(세계관)을 살펴볼 거야. 시험에 나온 고전시가의 90% 이상은 사대부들이 썼고 그들이 전하고자 하는 주제 의식은 몇 가지로 유형화되어 있거든. 따라서 대다수의 고전시가에 반영되어 있는 사대부들의 가치관, 즉 인식과 태도를 이해하면 작품의 내용을 이해하는 데 크게 도움이 되겠지? 사대부들은 서로 생각이 비슷할 뿐만 아니라, 자신들의 생각을 표현하는 방식도 서로 비슷했거든!

① 아는 만큼 보인다, 고전시가 어휘와 표현을 학습하자.

　고전시가에는 특정 표현이 여러 작품에서 반복해서 나오는 경우가 많아. 이러한 표현을 공부해 두면 낯선 작품을 만나도 '어? 이거 예전에 다른 곳에서 본 적 있는 표현인데?'라는 생각이 들면서 어렵지 않게 내용을 이해할 수 있을 거야. 아는 만큼 보인다는 말이 있지? 고전시가는 고전시가 빈출 어휘를 아는 만큼, 사대부들의 사고방식을 익숙하게 느끼는 만큼 쉽게 이해할 수 있어. 그러니 뒤에 제시되는 고전시가 빈출 어휘, 사대부의 국문 시가를 관통하는 특징은 익숙하게 느껴질 정도로 학습해 두어야 해.

　잠깐! 그렇다고 '고전시가 = 암기'라고 받아들여서는 안돼. 고전시가를 낯설게 느끼는 학생들에게서 나타나는 가장 심각한 문제가 바로 '이해를 가장한 단순 암기'로 고전시가 문제를 해결하려는 거야. 예를 들어 볼게. 어떤 학생이 A라는 고전시가 작품의 특정 구절을 '자연 친화'라고 암기했어. 그리고 시험에서 같은 작품을 마주쳤고, 암기한 내용대로 선지를 판단했어. 이 학생은 이 문제를 맞혔을까? 만약 출제자가 해당 구절을 '자연 친화'가 아니라 '자연을 긍정하지만 현실에 미련이 있음'이라고 해석할 근거들을 주었다면 이 학생은 문제를 틀렸을 거야. 암기한 내용과 출제자가 분명하게 제시한 근거 중 우리가 더욱 신뢰해야 하는 정보는 당연히 후자이기 때문이지. 그런데 의외로 많은 학생들이 시험에서 주어진 자료보다 암기한 내용에 근거하여 잘못된 판단을 내리곤 해.

　그러니 정리하자면, 고전시가 빈출 어휘와 표현은 암기하자. 다만 이는 특정 작품을 암기식으로 공부하라는 것이 아니라, 여러 작품에 공통적으로 나오는 어휘와 표현을 암기해서 새로운 작품을 이해하는 데 도움을 받는 거야. 그리고 암기한 내용이 출제자가 제시한 해석의 근거와 배치된다면 출제자의 해석대로 접근하는 것 잊지 마.

고전시가 빈출 어휘 >>>

ㄱ			
어휘	**예시**	**어휘**	**예시**
곶(곳) 꽃	대동강 아즐가 대동강 건너편 고즐여 대동강 건너편 꽃을 <div align="right">– 작자 미상, 「서경별곡」 –</div>	긋다 끊어지다	노픈 듯 노즌 듯 긋눈 듯 닛눈 듯 높은 듯 낮은 듯 끊어진 듯 이어진 듯 <div align="right">– 송순, 「면앙정가」 –</div>
ᄀᆞ룸(가룸) 강	ᄀᆞ로미 푸르니 새 더욱 히오 강이 푸르니 새가 더욱 희다 <div align="right">– 두보, 「절구」 –</div>	가시다 변하다, 바뀌다	님 향ᄒᆞᆫ 일편단심이야 가실 줄이 있으랴 임을 향한 일편단심이야 변할 줄이 있겠는가? <div align="right">– 정몽주, 「단심가」 –</div>
ᄀᆞᆺ(ᄀᆞ) 끝	ᄀᆞᆺ 업슨 디 눈 나못니픈 소소(蕭蕭)히 ᄂᆞ리고 끝없이 지는 나뭇잎은 쓸쓸히 떨어지고 <div align="right">– 두보, 「등고」 –</div>	고텨 다시	염냥이 쌔롤 아라 가는 듯 고텨 오니 더위와 추위가 때를 알아 가는 듯 다시 오니 <div align="right">– 정철, 「사미인곡」 –</div>
건곤(乾坤) 하늘과 땅(온 세상)	건곤(乾坤)이 폐색ᄒᆞ야 백셜(白雪)이 ᄒᆞᆫ 비친 제 천지가 추위에 얼어 생기가 막히고 흰 눈으로 온통 덮여 있을 때에 <div align="right">– 정철, 「사미인곡」 –</div>	금수(錦繡) 수놓은 비단	연하일휘눈 금수(錦繡)를 재폇눈 듯 안개와 노을과 빛나는 햇살은 수놓은 비단을 펼쳐 놓은 듯 <div align="right">– 정극인, 「상춘곡」 –</div>
괴다 사랑하다	내 얼굴 이 거동이 님 괴얌즉 ᄒᆞ가마눈 내 모습과 나의 태도가 임이 사랑할만 한가마는 <div align="right">– 정철, 「속미인곡」 –</div>		

ㄴ			
어휘	**예시**	**어휘**	**예시**
녀름 여름	강호(江湖)에 녀름이 드니 초당(草堂)에 일이 업다 강호(자연)에 여름이 찾아오니 초가집에 할 일이 없다 <div align="right">– 맹사성, 「강호사시가」 –</div>	녀다(니다, 녜다) 가다, 지내다, 살아가다	져재 녀러신고요. 저자에 가 계십니까? <div align="right">– 작자 미상, 「정읍사」 –</div>
녹양(綠楊) / 양류 버드나무	녹양 방초(綠楊芳草)눈 세우(細雨) 중에 푸르도다 푸른 버드나무와 향기로운 풀은 가랑비 속에 푸르 도다 <div align="right">– 정극인, 「상춘곡」 –</div>	늣기다(느끼다) 흐느끼다	늣기눈 듯 반기눈 듯 님이신가 아닌가 흐느끼는 듯 반기는 듯 님이신가 아닌가 <div align="right">– 정철, 「사미인곡」 –</div>
남여 가마	남여룰 비야 투고 솔 아리 구븐 길로 (뚜껑 없는) 가마를 재촉해 타고 소나무 아래 굽은 길로 <div align="right">– 송순, 「면앙정가」 –</div>	닛다 이어지다	노픈 듯 노즌 듯 긋눈 듯 닛눈 듯 높은 듯 낮은 듯 끊어진 듯 이어진 듯 <div align="right">– 송순, 「면앙정가」 –</div>
놀애(놀이) 날개	향 므든 놀애로 님의 오시 올므리라 향기 묻은 날개로 임의 옷에 옮기고 싶구나 <div align="right">– 정철, 「사미인곡」 –</div>		

ㄷ			
어휘	예시	어휘	예시
도화(桃花) 복숭아꽃(붉은색)	<u>도화(桃花)</u> 뜬 묽은 물에 산영(山影)조츠 잠겻셰라 복숭아꽃 떠내려가는 맑은 물에 산 그림자까지 잠겨 있구나 – 조식, 「두류산 양단수를~」 –	됴타(됴타) 좋다	강촌(江村) 온갖 고지 먼 빗치 더옥 <u>됴타</u> 강촌의 온갖 꽃이 먼 빛으로 바라보니 더욱 <u>좋다</u> – 윤선도, 「어부사시사」 –

ㅁ			
어휘	예시	어휘	예시
뫼 산	<u>뫼</u>흔 길고 길고 물은 멀고 멀고 <u>산</u>은 길고 길고 물은 멀고 멀고 – 윤선도, 「견회요」 –	ᄆᆞᄋᆞᆯ(ᄆᆞᄋᆞᆯ) 마을	물근 ᄀᆞᄅᆞᆷ 흔 고비 <u>ᄆᆞᄋᆞᆯ</u>홀 아나 흐르ᄂᆞ니 맑은 강 한 굽이가 <u>마을</u>을 안고 흐르니 – 두보, 「강촌」 –
모쳐라 마침	<u>모쳐라</u> 밤일식망졍 힝혀 낮이런들 눔 우일 번ᄒᆞ괘라 <u>마침</u> 밤이기에 망정이지 행여 낮이었으면 남 웃길 뻔했구나 – 작자 미상, 「님이 오마 ᄒᆞ거늘~」 –	믈 / 블 / 플 물 / 불 / 풀	<u>플</u>은 어이ᄒᆞ야 프르ᄂᆞᆫ 듯 누르ᄂᆞ니 <u>풀</u>은 어이하여 푸르는 듯 누르나니 – 윤선도, 「오우가」 – <u>믈</u> ᄀᆞᄐᆞᆫ 얼굴이 편ᄒᆞ실 적 몃 날일고 <u>물</u> 같은 연약한 몸이 편하실 때가 몇 날일까? – 정철, 「속미인곡」 –
무릉(무릉도원) 이상세계	<u>무릉</u>이 갓갑도다 져 믹이 권 거인고 <u>무릉도원</u>이 가깝도다 저 들이 그곳인가? – 정극인, 「상춘곡」 –		

ㅂ			
어휘	예시	어휘	예시
백구(白鷗) 흰 갈매기	<u>백구(白鷗)</u>야 헌사ᄒᆞ랴 못 미들손 도화(桃花) ㅣ 로다 <u>흰 갈매기</u>야 야단스럽게 떠들겠냐만은 못 믿을 것은 복숭아꽃이로다 – 이황, 「청량산 육륙봉을~」 –	빗기(비겨) 비스듬히	난간에 <u>비겨</u> 셔서 님 가신 디 바라보니 난간에 <u>비스듬히</u> 서서 임 가신 데를 바라보니 – 허난설헌, 「규원가」 –
벽계수(碧溪水) 푸른 시냇물	청산리(靑山裏) <u>벽계수(碧溪水)</u> ㅣ 야 수이 감을 자랑 마라 청산에 흐르는 <u>푸른 시냇물</u>아 쉽게 흘러간다고 자랑 마라 – 황진이, 「청산리 벽계수야~」 –		

어휘	예시	어휘	예시
	ㅅ		
시비(柴扉) 사립문	시비(柴扉)롤 여지 마라 날 츠즈 리 뉘 이시리 사립문을 열지 마라 나를 찾을 사람이 누가 있으리 – 신흠, 「산촌에 눈이 오니~」 –	씌우다 꺼리다	공명(功名)도 날 씌우고 부귀(富貴)도 날 씌우니 공명도 날 꺼리고 부귀도 날 꺼리니 – 정극인, 「상춘곡」 –
실솔 귀뚜라미	가을 돌 방에 들고 실솔(蟋蟀)이 상(床)에 울 제 가을 달이 방에 들고 귀뚜라미가 침상에서 울 때 – 허난설헌, 「규원가」 –	슬허하다 슬퍼하다	곳지 진다 ㅎ고 새들아 슬허 마라 꽃이 진다고 새들아 슬퍼 말아라 – 송순, 「곳지 진다 ㅎ고~」 –
사창, 옥창 / 규방, 규중 / 여인의 방의 창 / 여인의 방	옥창(玉窓)에 심군 매화(梅花) 몃 번이나 피여 진고 (여인의 방의) 창 앞에 심은 매화 몇 번이나 피었다 졌는가? – 허난설헌, 「규원가」 –	수이 쉽게	청산리(靑山裏) 벽계수(碧溪水) ㅣ야 수이 감을 자랑 마라 청산에 흐르는 푸른 시냇물아 쉽게 흘러간다고 자랑 마라 – 황진이, 「청산리 벽계수야~」 –
삼춘 / 삼하 / 삼추 / 삼동 봄 / 여름 / 가을 / 겨울	삼춘 화류(三春花柳) 호시절의 경물이 시름 업다 봄날 온갖 꽃 피고 버들잎이 돋아나는 좋은 시절에 아름다운 경치를 봐도 아무 생각이 없다 – 허난설헌, 「규원가」 –	슬ㅋ장 실컷	ㅁ옴의 머근 말솜 슬ㅋ장 솗쟈 ㅎ니 마음 먹은 말씀을 실컷 사뢰려고 하였더니 – 정철, 「속미인곡」 –
싀어디여 사라져서, 죽어 없어져	출하리 싀어디여 범나븨 되오리라 차라리 죽어서 범나비가 되리라 – 정철, 「사미인곡」 –	소(沼), 지당(池塘) 연못	말가혼 기픈 소희 온간 고기 뛰노ᄂ다 맑고도 깊은 연못에 온갖 고기 뛰노는구나 – 윤선도, 「어부사시사」 –
삼기다 생기다, 태어나다, 만들어지다	이 몸 삼기실 제 님을 조차 삼기시니 이 몸이 태어날 때 임을 따라 태어났으니 – 정철, 「사미인곡」 –		

③
고전시가

ㅇ			
어휘	예시	어휘	예시
이화(梨花) 배꽃(흰색, 봄)	이화우(梨花雨) 훗쑤릴 제 울며 잡고 이별 흔 님 배꽃이 비 내리듯 흩날릴 때 울면서 잡고 이별한 님 – 계랑, 「이화우 훗쑤릴 제~」 –	여히다(여희다) 이별하다, 헤어지다	여희여슈믈 슬후니 새 무수물 놀래노라 이별하였음을 슬퍼하니 새 소리에도 놀란다 – 두보, 「춘망」 –
여름 열매	불휘 기픈 남근 부루매 아니 뮐씨 곳 됴코 여름 하느니 뿌리 깊은 나무는 바람에 흔들리지 아니하므로 꽃이 좋고 열매가 많으니 – 정인지 외, 「용비어천가」 –	어리다 어리석다	이 마음 어리기도 님 위한 탓이로세 이 마음 어리석은 것도 임을 위하기 때문일세 – 윤선도, 「견회요」 –
연하 안개와 노을	연하일휘는 금수(錦繡)를 재폇는 듯 안개와 노을과 빛나는 햇살은 수놓은 비단을 펼쳐 놓은 듯 – 정극인, 「상춘곡」 –	외다 그르다, 잘못되다	슬프나 즐거오나 옳다 하나 외다 하나 슬프나 즐거우나 옳다 하나 그르다 하나 – 윤선도, 「견회요」 –
어엿브다 불쌍하다	어엿븐 그림재 날 조촐 뿐이로다 가엾은 그림자만이 나를 따를 뿐이로다 – 정철, 「속미인곡」 –		

ㅈ			
어휘	예시	어휘	예시
즈믄 / 온 천(1000) / 백(100)	즈믄 힐 장존(長存)ᄒ샬 약이라 받줍노이다 천 년을 길이 사실 약이라 바치나이다 – 작자 미상, 「동동」 –	져근덧, 건듯 잠시, 잠깐 사이에, 문득	져근덧 싱각 마라 이 시룸 닛쟈 ᄒ니 잠시라도 임 생각을 말아 이 시름을 잊으려 해도 – 정철, 「사미인곡」 – 동풍이 건듯 부러 젹셜(積雪)을 혜텨 내니 봄바람이 문득 불어 쌓인 눈을 헤쳐 내니 – 정철, 「사미인곡」 –
좋다(조타) 깨끗하다	묽거든 조티 마나 조커든 묽디 마나 맑거든 깨끗하지 말고 깨끗하거든 맑지 말지 – 정철, 「관동별곡」 –		

ㅊ			
어휘	예시	어휘	예시
청약립 / 녹사의 갓 / 우비 (소박한 옷차림)	청약립도 써 잇노라 녹사의 가져오냐 삿갓은 쓰고 있노라 우비는 가져왔느냐? – 윤선도, 「어부사시사」 –		

ㅍ			
어휘	예시	어휘	예시
포룸 휘파람	긴 포룸 큰 ᄒ소리에 거칠 거시 업세라 긴 휘파람 큰 고함 소리에 거칠 것이 없도다 – 김종서, 「삭풍은 나모 긋틔 불고~」 –		

ㅎ			
어휘	예시	어휘	예시
행화 살구꽃(분홍빛)	도화 행화ᄂᆞᆫ 석양리예 퓌여 잇고 복숭아꽃 살구꽃은 석양 속에 피어 있고 – 정극인, 「상춘곡」 –	홍진(紅塵), 풍진, 인간, 인세, 하계 세속적 세계, 인간세계	홍진(紅塵)에 뭇친 분네 이내 생애 엇더ᄒᆞᆫ고 속세에 묻혀 사는 사람들아 이 나의 생활이 어떠한가? – 정극인, 「상춘곡」 –
햐암(향암) 시골에 살아 세상 이치를 모르는 어리석은 사람	어리고 햐암의 뜻의ᄂᆞᆫ 내 분(分)인가 ᄒᆞ노라 어리석은 시골뜨기의 생각에는 이것이 내 분수인가 하노라 – 윤선도, 「만흥」 –	하다 많다(多), 크다(大)	널라와 시름 한 나도 자고 니러 우니노라 너보다 시름이 많은 나도 자고 일어나 울고 있노라 – 작자 미상, 「청산별곡」 –
혜음(혬) 생각	단표누항에 훗튼 혜음 아니ᄒᆞ니 소박한 시골 생활에도 헛된 생각 아니하네 – 정극인, 「상춘곡」 –	ᄒᆞ다 하다(爲)	어와 동량재를 뎌리 ᄒᆞ야 어이 홀고 아! 동량재를 저리 하여 어떻게 할까? – 정철, 「어와 동량재를∼」 –
황운(黃雲) 누런 구름(누렇게 익은 곡식의 비유적 표현으로 사용되기도 함)	황운(黃雲)은 쏘 엇지 만경에 퍼거기요 누렇게 익은 곡식은 또 어찌 들판 가득 펴져 있는고? – 송순, 「면앙정가」 –	ᄒᆞ마(하마) 이미, 벌써	엊그제 저멋더니 ᄒᆞ마 어이 다 늘거니 엊그제 젊었더니 벌써 어찌 다 늙었는가? – 허난설헌, 「규원가」 –

고전시가

기타			
어휘	예시	어휘	예시
–ㄹ셰라 –할까 두렵다	잡ᄉᆞ와 두어리마ᄂᆞᆫ 선ᄒᆞ면 아니 올셰라 붙잡아 두고 싶지만 서운하면 아니 오실까 두렵습니다 – 작자 미상, 「가시리」 –	–고져 –하고자(소망, 의도)	출하리 한강의 목멱에 다히고져 차라리 한강의 목멱에 닿게 하고 싶구나 – 정철, 「관동별곡」 –
∼손ᄃᆡ ∼에게	뉘손ᄃᆡ 타나관ᄃᆡ 양지조차 ᄀᆞ타순다 누구에게 태어났길래 모습조차 같은가? – 정철, 「훈민가」 –	∼제 ∼때	이 몸 삼기실 제 님을 조차 삼기시니 이 몸이 태어날 때 임을 따라 태어났으니 – 정철, 「사미인곡」 –
∼도곤, ∼라와, ∼에 ∼보다 (비교 부사격 조사)	누고셔 삼공도곤 낫다 ᄒᆞ더니 만승이 이만ᄒᆞ랴 누가 삼정승보다 낫다 하더니 만 대의 수레를 부리는 천자가 이만하겠는가 – 윤선도, 「만흥」 – 널라와 시름 한 나도 자고 니러 우니노라 너보다 시름 많은 나도 자고 일어나 울고 있노라 – 작자 미상, 「청산별곡」 –	∼하 ∼이시여	돌하 노피곰 도도샤 / 어긔야 머리곰 비취오시라 달님이시어 높이 높이 돋으시어 / 아아 멀리 멀리 비추어 주십시오 – 작자 미상, 「정읍사」 –
∼ᄃᆡ ∼곳(장소)	즌 ᄃᆡ롤 드ᄃᆡ욜셰라 위험한 곳을 디딜까 두렵습니다 – 작자 미상, 「정읍사」 –	∼다호라 ∼같구나	유월(六月)ㅅ 보로매 아으 별해 ᄇᆞ룐 빗 다호라 6월 보름에 아아 벼랑에 버린 빗과 같구나 – 작자 미상, 「동동」 –

자연 관련 어휘	
어휘	예시
산[산(山)] / 물[강(江), 천(川), 천(泉), 호(湖), 수(水), 계(溪)] / 나무[림(林), 수(樹), 송(松), 죽(竹)] / 바람[풍(風)] / 달[월(月)] 등의 조합	죽림(竹林), 산림(山林), 강천(江天), 풍월(風月), 임천(林泉), 청풍명월(淸風明月), 산수(山水), 산천(山川), 천심녹수(千尋綠水), 풍월강산(風月江山), 강호(江湖), 만첩청산(萬疊靑山)

자연친화적 태도	① 소박한 삶의 만족감 　안빈낙도(安貧樂道), 안분지족(安分知足)	② 소박(가난)한 삶 　단사표음(簞食瓢飮), 단표누항(簞瓢陋巷)
	③ 자연친화 　자연동화(自然同化), 물아일체(物我一體), 　물심일여(物心一如), 풍월주인(風月主人)	④ 자연을 사랑하는 병 　천석고황(泉石膏肓), 연하고질(煙霞痼疾)
	⑤ 자연 속의 한가로움 　유유자적(悠悠自適), 강호한정(江湖閒靜), 물외한인(物外閒人), 음풍농월(吟風弄月), 미음완보(微吟緩步), 임천한흥(林泉閒興), 어부(漁夫)생애, 한중진미(閑中眞味)	
자연과 대비되는 인간세상	인간세상, 인세, 속세, 인간, 홍진, 진세, 풍진	
사군자	매화[아치고절(雅致高節) / 빙자옥질(氷姿玉質)] / 난초[외유내강(外柔內剛)] / 국화[오상고절(傲霜孤節)] / 대나무[세한고절(歲寒孤節)]	

고전시가에 나오는 모든 어휘를 암기할 필요는 없어. 몇몇 모르는 어휘가 있는 영어 지문을 문맥을 고려하여 독해할 수 있듯이, 몇몇 낯선 어휘가 있는 고전시가 작품도 전체적인 맥락을 고려하여 충분히 이해할 수 있거든. 또한 학생 수준에서 어려운 단어는 지문에서 어휘 풀이를 해주기도 해. 단, 이렇게 어휘 풀이를 제공하는 것은 작품 이해 및 문제 풀이에 반드시 필요한 내용이기 때문이니 단어의 의미를 정확하게 파악하고 넘어가도록 해.

익힌 어휘를 활용해 대표적인 고전시가 지문 한 작품을 읽어 보자. 읽는 방법은 기본적으로 현대시와 같다고 했었지?

> 화자, 대상, 정서·태도가 나타난 부분에 표시하여 읽어 봐!

산수간(山水間) 바위 아래 띠집을 짓노라 ᄒ니
그 모른 놈들은 웃는다 ᄒ다마논
어리고 햐암의 뜻에는 내 분(分)인가 ᄒ노라   〈제1수〉

보리밥 풋ᄂ 물을 알맞게 먹은 후(後)에
바위 끝 물가에 슬ᄏ지 노니노라
그 나믄 녀나믄 일이야 부럴 줄이 있으랴   〈제2수〉

잔 들고 혼자 안자 먼 뫼흘 브라보니
그리던 님이 오다 반가옴이 이러ᄒ랴
말ᄉ도 우움도 아녀도 몯내 됴하ᄒ노라   〈제3수〉

– 윤선도, 「만흥」 –

산수간(山水間) 바위 아래 띠집을 짓노라 ᄒᆞ니
그 모른 놈들은 웃눈다 혼다마ᄂᆞᆫ
어리고 햐암의 뜻에는 내 분(分)인가 ᄒᆞ노라   화자는 산, 물, 바위가 있는 자연 속에 초가집을 짓고 소박
하게 사는 것을 자신의 분수에 맞다고 여겨. '어리고', '햐암'은 고전시가 필수 어휘에서 뜻풀이를 제시했으니 해석
할 수 있어야 해.

〈제1수〉

보리밥 픗ᄂᆞ 물을 알맞게 먹은 후(後)에
바위 끝 물가에 슬ᄏᆞ지 노니노라
그 나믄 녀나믄 일이야 부럴 줄이 있으랴   화자는 소박한 음식을 먹고 자연 속에서 놀며 다른 일들을 부러워
하지 않고 있어.

〈제2수〉

잔 들고 혼자 안자 먼 뫼흘 ᄇᆞ라보니
그리던 님이 오다 반가옴이 이러ᄒᆞ랴
말ᄊᆞᆷ도 우움도 아녀도 몬내 됴하ᄒᆞ노라   화자는 먼 산을 바라보며 반갑게 여기고 좋아하고 있어.

〈제3수〉

– 윤선도, 「만흥」 –

[현대어 풀이]
산과 물 사이 바위 아래 초가집을 지으려 하니
그 (뜻을) 모르는 남들은 비웃는다지만
어리석고 세상 물정 모르는 시골뜨기의 생각에는 이것이 내 분수에 맞는 것 같구나

보리밥과 픗나물을 알맞게 먹은 후에
바위 끝 물가에서 마음껏 노니노라
그밖에 다른 일이야 부러워할 까닭이 있겠는가?

술잔을 들고 혼자 앉아서 먼 산을 바라보니
그리워하던 임이 온다고 한들 반가움이 이만하겠는가?
(산은 나에게) 말도 웃음도 아니지만 마냥 좋아하노라

  화자 '나'는 '산수간 바위 아래'에 초가집을 짓고 '보리밥 픗ᄂᆞ 물' 같은 소박한 음식을 먹으며, 먼 산을 바라보고 반가워하고 있어. 자연에서 소박하게 사는 삶이 자신의 '분'(분수)에 맞다고 여기고, 산을 반갑게 맞는 것 등에서 자연 친화적인 정서를 확인할 수 있지. 고전시가 빈출 어휘를 학습하고 나니까 고전시가를 읽는 것도 생각보다 어렵지 않지?

② 사대부의 뇌 구조를 이해하자.

앞서 시험에 나오는 고전시가의 90%는 사대부가 썼다고 했지? 특히 고전시가 작품의 작가가 실명으로 전해지는 경우 대부분 사대부가 쓴 것이라고 보면 돼. (나머지는 대체로 기녀가 쓴 시조야.) 사대부는 '벼슬이나 문벌이 높은 집안의 사람', 쉽게 말해 양반을 떠올리면 돼. 평가원이 <보기> 문제에서 사대부에 대해 정의한 적이 있는데, 이를 보면 이해가 쉬울 거야.

> ### 보기
>
> 사대부들이 궁극적으로 지향했던 삶은 세상에 나아가 태평성대를 구현하는 데 힘을 보태는 것이었으며, 이것을 자신의 직분*이라고 생각했다. 박인로도 이와 같은 삶을 지향했으며 사대부의 직분을 실천하기 위해 노력했지만, 그럴만한 지위를 얻지 못했다. 그렇다고 세속적인 삶의 방식을 추종하며 살 수도 없었기에 세상에서 점점 소외될 수밖에 없었다. 이런 상황에서 갈등하다가 그가 선택하게 된 또 하나의 가치가 '안빈낙도(安貧樂道)*'이다. 즉 안빈낙도는 자신의 뜻을 펼칠 수 없었던 상황에서 사대부로서의 고결한 내면을 지키기 위해 선택한 삶의 양식이었던 것이다.

* **직분:** 1) 직무상의 본분. 2) 마땅히 하여야 할 본분.
* **안빈낙도:** 가난한 생활을 하면서도 편안한 마음으로 도를 즐겨 지킴.

<보기>에서 알 수 있듯 사대부들은 태평성대를 구현하는 것을 자신들의 직분이라고 생각했어. 그러기 위해서는 임금 옆에 있어야 했지만, 과거에 급제하지 못하였거나 혹은 정치에서 밀려나 임금 곁에서 태평성대를 구현하는 데 힘을 보탤 수 없는 상황에 놓였던 것이 우리가 살펴보게 될 고전시가를 쓴 대다수 사대부의 상황이라고 생각하면 돼. 그럴 때 사대부들은 자연 속에서 '안빈낙도'하는 삶을 선택하게 된다고 했으니, 고전시가에서 자연과 속세는 대비적인 공간인 것이고 속세보다는 자연을 배경으로 한 고전시가가 월등히 많은 거지.

정리하자면, 속세(세속)는 정치가 이루어지는 현실 세계로 사대부들은 그곳에서 입신양명을 이루는 꿈을 꿔. 즉 속세는 욕망의 공간이야. 이와 달리 자연은 속세로부터 벗어난 공간, 다시 말해 탈속의 세계로 볼 수 있어. 속세와 자연을 중심으로 사대부의 뇌 구조를 표현해 본다면 아래와 같을 거야.

● 사대부의 뇌 구조

속세		자연
	과거 급제 →	
	← 정치에서 밀려남 / 퇴직 후 돌아감	
① 태평성대를 구현하기 위해 노력하는 곳		① 유유자적 즐기는 공간
② 타락한 부정적 공간		② 안빈낙도하는 공간
③ 욕망의 세계		③ 탈속적 세계

하지만 이를 기계적으로 암기하여 적용하는 것은 위험해. 출제자가 어떤 의도를 가지고 출제하느냐에 따라 공간의 의미가 달라질 수 있기 때문이지. 즉 기본적인 구도는 알아두되 맥락을 읽는 연습을 해야 해.

그럼 앞에서 학습한 고전시가 필수 어휘, 자연과 속세에 대한 사대부의 인식을 고려하여 아래 작품을 살펴보자.

▨ 화자 ▨ 대상 〜 대상의 속성 ▨ 정서·태도

홍진(紅塵)에 뭇친 분네 이 내 생애 엇더ᄒᆞᆫ고
녯사ᄅᆞᆷ 풍류ᄅᆞᆯ 미ᄎᆞᆯ가 못미ᄎᆞᆯ가
천지간 남자 몸이 날만 ᄒᆞᆫ 이 하건마ᄂᆞᆫ
산림에 뭇쳐 이셔 지락(至樂)을 ᄆᆞ 룰것가 앞서 고전시가 필수 어휘에서 '홍진'(세속적 세계), '하다'(많다), '산림'(자연)의 뜻을 설명했으므로, 지문을 읽을 때 이런 어휘는 해석할 수 있었어야 해. 화자는 홍진(속세)에 묻힌 사람들에게 산림(자연)에 묻혀 사는 자신의 생애가 옛사람의 풍류에 견줄 수 있을 만큼 즐겁다고 자랑하고 있어. 자연을 유유자적하게 즐기는 공간으로 그리는 사대부의 인식이 반영되어 있군.

수간모옥(數間茅屋)˙을 벽계수(碧溪水) 앏픠 두고
송죽˙ 울울리˙예 풍월주인 되어셔라
엇그제 겨을 지나 새봄이 도라오니
도화행화(桃花杏花)ᄂᆞᆫ 석양리(夕陽裏)예 픠여 잇고
녹양방초(綠楊芳草)ᄂᆞᆫ 세우(細雨)˙ 중에 프르도다 마찬가지로 앞에서 배운 단어 '벽계수', '도화행화', '녹양' 등은 해석할 수 있어야 해. 초가집 앞에 벽계수가 흐르고, 소나무와 대나무가 울창한 숲에 사는 자신의 삶이 풍월주인과 같다고 생각하는 데에서 자연 속에 사는 화자의 만족감과 자부심이 느껴지는군. 거기에 더해 화자는 봄 풍경에 주목하고 있어.

(중략)

명사(明沙)˙ 조ᄒᆞᆫ 믈에 잔 시어 부어 들고
청류(淸流)˙ᄅᆞᆯ 굽어보니 ᄯᅥ오ᄂᆞ니 도화(桃花) ｜ 로다
무릉˙이 갓갑도다 져 ᄆᆡ이 긘 거인고 취흥을 즐기던 화자는 청류에 떠내려오는 도화를 보고 무릉도원, 즉 이상향이 가까이 있다고 생각하고 있군. 자연을 이상적인 공간으로 생각하는 것에도 사대부의 특징이 반영되어 있지.

– 정극인, 「상춘곡」 –

˙울울리: 빽빽하게 우거진 속.

[현대어 풀이]
속세에 묻혀 사는 분들이여 나의 이 생활이 어떠한가
(나의 이 풍류가) 옛사람들의 풍류에 미칠까 못 미칠까
세상에 남자로 태어난 사람들 중 나만한 사람이 많지만
(왜 그들은) 자연에 묻혀 사는 지극한 즐거움을 모르는 것인가
몇 칸짜리 초가집을 맑은 시냇물 앞에 두고
소나무와 대나무가 울창한 속에 자연의 주인(자연을 즐기는 사람)이 되었구나
엇그제 겨울이 지나고 새봄이 돌아오니
복사꽃과 살구꽃은 석양 속에 피어 있고
푸른 버들과 향기로운 풀은 가랑비 속에 푸르구나

(중략)

고운 모래가 비치는 맑은 물에 잔을 씻어서 (술을) 부어 들고
맑은 시냇물을 굽어보니 떠내려오는 것은 복숭아꽃이로다
무릉도원(신선이 사는 곳, 낙원, 이상향)이 가까이에 있구나 (복숭아꽃이 떠내려온) 저 들이 바로 그곳인가

˙수간모옥: 몇 칸 안 되는 작은 초가.

˙송죽: 소나무와 대나무를 아울러 이르는 말.

˙세우: 가늘게 내리는 비. 이슬비보다는 좀 굵다.

˙명사: 아주 곱고 깨끗한 모래.

˙청류: 맑게 흐르는 물.

˙무릉: 무릉도원. 도연명의 〈도화원기〉에 나오는 말로, '이상향', '별천지'를 비유적으로 이르는 말.

윗글의 화자는 '홍진'에 묻힌 사람들에게 자신의 생애가 어떠하냐고 말을 건네면서 작품을 시작하고 있어. 이를 통해 속세에 사는 사람들에게 산림에 사는 자신의 풍류와 즐거움을 자랑하는 것이지. 속세는 부정적으로, 자연은 긍정적으로 생각하는 사대부의 사고방식을 확인할 수 있지? 또한 화자는 자연 속에서 사는 자신의 삶을 '풍월주인'으로 표현하며, '도화행화', '녹양방초'처럼 봄을 맞이한 자연물들을 묘사하고 '도화'가 떠내려오는 저 산을 무릉도원으로 여기고 있어. '홍진', '도화' 같은 고전시가 빈출 어휘와 속세와 자연에 대한 사대부의 사고방식을 이전에 알고 있었다면 작품을 보다 쉽게 이해할 수 있었을 거야.

'속세'와 '자연'이라는 공간을 이분법적으로 나눈 것처럼 그 공간에 있는 화자(인물)의 심리도 이분법적으로 구분할 수 있을까? 속세에서는 부정적인 심리만 느끼고 자연에서는 긍정적인 심리만 느낀다는 식으로 말이야. 정답부터 말하자면 심리는 이분법적으로 구분할 수 없어. 예를 들어 고전시가 속 화자는 자연 속에서 풍류를 즐기면서도 동시에 갈등하는 태도를 취할 수 있어. 즉 화자의 심리는 반드시 시적 상황을 통해 파악해야 하는 부분인 거야. 이 점을 염두에 두고, 아래 작품을 이해하는 다음의 과정을 살펴보자.

▆ 화자   ▆ 대상   〜 대상의 속성   ▆ 정서 · 태도

이 중에 시름없으니 어부(漁父)의 생애(生涯)로다
일엽편주(一葉片舟)*를 만경파(萬頃波)에 띄워 두고
인세(人世)를 다 잊었거니 날 가는 줄을 알랴 '인세'는 속세를 말하지. 화자는 바다 위에 조그만 배를 띄워 두고 속세를 잊은 채 걱정없이 어부의 생애를 살고 있네.
〈제1수〉

굽어보면 천심(千尋)* 녹수(綠水) 돌아보니 만첩(萬疊) 청산
십장(十丈) 홍진(紅塵)이 얼마나 가렸는고
강호(江湖)에 월백(月白)하거든 더욱 무심(無心)하여라 '홍진'은 속세, '강호'는 자연이지. 화자는 속세와 거리를 두고 자연 속에서 녹수, 청산, 달 같은 자연물을 바라보며 욕심 없는 삶을 살고 있나 봐.
〈제2수〉

장안(長安)*을 돌아보니 북궐(北闕)이 천리(千里)로다
어주(漁舟)에 누어신들 잊은 때가 있으랴
두어라 내 시름 아니라 제세현(濟世賢)*이 없으랴 화자는 배 위에 누워 있어도 속세의 장안과 북궐을 잊지 못했으나, 제세현이 있을 것이니 자신의 시름이 아니라고 말하고 있네.
〈제5수〉

— 이현보, 「어부단가」 —

•제세현: 세상을 구제할 현명한 선비.

[현대어 풀이]
이 세상살이 가운데 근심 걱정할 일이 없는 것이 어부의 생활이로다
한 척의 조그만 배를 끝없이 넓은 바다 위에 띄워 두고
인간 세상의 일을 다 잊었거니 세월 가는 줄을 알겠는가?

(아래로) 굽어보니 천 길이나 되는 푸른 물이고, 돌아보니 겹겹이 싸인 푸른 산이로다
열 길이나 되는 붉은 먼지(속세)가 얼마나 가려 있는가?
강호(자연)에 밝은 달이 환하게 비치니 더욱 욕심이 없어지는구나

한양을 돌아보니 궁궐(임금 계신 곳)이 천 리로다
고깃배에 누워 있은들 (나랏일을) 잊은 적이 있겠느냐?
두어라 내가 걱정할 일이 아니로다 세상을 구제할 훌륭한 인재가 없겠느냐?

•일엽편주: 한 척의 조그마한 배.

•천심: 천 길이라는 뜻으로, 매우 높거나 깊은 것을 이르는 말.

•녹수: 푸른 물.

•장안: 수도라는 뜻으로, '서울'을 이르는 말.

윗글의 화자는 <제1수>에서 시름없는 '어부의 생애'를 즐기며 '인세', 즉 속세를 잊고 살아가고 있다고 했지. <제2수>에서 '홍진'과의 거리감을 환기하며 욕심없는 삶을 살고 있다고 표현한 것에서도 비슷한 태도가 드러나. 이때 '인세', '홍진'은 근심, 걱정이 있는 속세의 공간, '녹수', '청산'이 있는 '강호'는 욕심이 없는 자연의 공간이므로 '속세'와 '자연'에 대한 사대부의 인식이 반영되어 있다고 볼 수 있지. 그럼 화자는 '자연'을 긍정적인 공간, '속세'를 부정적인 공간으로만 생각할까?

<제5수>를 보면 화자는 배 위에 누워서도 '장안'(한양), '북궐'(궁궐)을 잊은 적이 없다고 말하고 있어. <제1수>에서는 속세를 잊고 욕심없이 살고 있다고 말했으면서 <제5수>에서는 속세를 잊은 적이 없다고 말하는 게 상반된 것처럼 보이지? 이는 세상에 나아가 태평성대를 구현하는 데 힘을 보태는 것을 본분으로 생각했지만 그럴 수 없을 때 안빈낙도를 선택했던 사대부의 특징과 관련하여 이해할 수 있어. 이런 소망을 이룰 수 없는 현실 때문에 자연 속에서 소박한 삶에 만족하며 살면서도 속세를 잊지 못하고 시름하는 내적 갈등이 작품 속에 나타난 거지. 그럼 지금까지 세운 전략을 바탕으로 고전시가 작품을 읽고 '1분컷 작품 정리'를 채워 나가며 고전시가 읽기의 기초를 다져 보자!

하나만 더! 이 책으로 고전시가 공부를 한 다음에는 아래의 순서를 참고해서 학습을 진행하면 도움이 될 거야.
① 필수 작품에 대한 기본적인 해석 능력 기르기
　고전시가 중에서 제일 많이 출제되는 갈래는 시조와 가사야. 앞에서 설명한 사대부의 인식이 잘 드러나는 시조와 가사들이 우선적으로 공부해야 하는 작품이니, 필수 작품을 해석하는 훈련을 통해 고전시가의 어휘와 표현, 사대부의 가치관에 대한 이해를 탄탄하게 다지자.
② 고3 평가원 기출 문제를 광범위하게 풀고 분석하기
　고전시가는 새로 창작되는 것이 아니라 나온 작품이 또 나오고, 또 나온다고 했지? 그러니 최근 기출 문제뿐만 아니라 아주 예전 기출 문제까지도 풀어볼 필요가 있어. 이때 중요한 것은 단순히 문제를 풀기만 해서는 안 되고 문제를 푼 후 선지에 대한 분석을 매우 꼼꼼하게 진행해야 한다는 거야. 이 과정에서 암기가 아닌 이해로 고전시가 문제를 푸는 능력이 길러질 거야.
③ EBS 연계 작품 학습하기
　고3이라면 자신이 치를 수능 시험과 연계되는 EBS 교재에 수록된 고전시가 작품 또한 공부해 두어야 해.

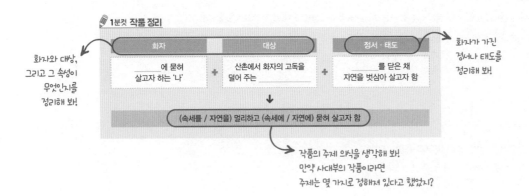

1~2 다음을 읽고 1분컷 작품 정리를 채운 뒤 선지의 적절성을 판단해 보세요.

고1 2019학년도 3월

> 화자, 대상, 정서·태도가 나타난 부분에 표시하여 읽어 봐!

산촌(山村)에 눈이 오니 돌길이 묻혔어라

㉠시비(柴扉)를 열지 마라 날 찾을 이 뉘 있으랴

밤중만 일편명월(一片明月)이 긔 벗인가 하노라

– 신흠, 「방옹시여(放翁詩餘)」 –

✏️ **1분컷 작품 정리**

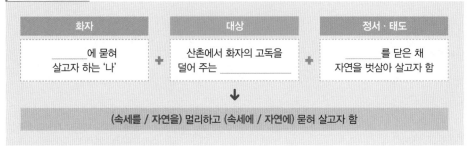

화자	대상	정서 · 태도
_____에 묻혀 살고자 하는 '나'	산촌에서 화자의 고독을 덜어 주는 _____	_____를 닫은 채 자연을 벗삼아 살고자 함

↓

(속세를 / 자연을) 멀리하고 (속세에 / 자연에) 묻혀 살고자 함

1. ㉠에는 화자의 단절감이 담겨 있다.   ◎ ✗

2. ㉠에는 냉소˙적 태도가 반영되어 있다.   ◎ ✗

•**냉소:** 쌀쌀한 태도로 비웃음. 또는 그런 웃음.

고2 2021학년도 6월

> 화자, 대상, 정서·태도가 나타난 부분에 표시하며 읽어 봐!

공명(功名)*도 잊었노라 부귀(富貴)*도 잊었노라
세상(世上) 번우한* 일 다 주어 잊었노라
내 몸을 내마저 잊으니 **남**이 아니 잊으랴   〈2수〉

질가마* 좋이 씻고 바위 아래 샘물 길어
팥죽 달게 쑤고 **저리지*** 끄어 내니
세상에 이 두 맛이야 남이 알까 하노라   〈5수〉

어화 저 백구(白鷗)*야 무슨 수고 하느냐
갈 숲으로 서성이며 고기 엿보기 하는구나
나같이 군마음* 없이 잠만 들면 어떠리   〈6수〉

대 막대 너를 보니 **유신(有信)하고*** 반갑고야
내 아이 적에 너를 타고 다니더니
이제란 창(窓)뒤에 섰다가 날 뒤 세우고 다녀라   〈11수〉

― 김광욱, 「율리유곡(栗里遺曲)」 ―

•번우한: 괴로워 근심스러운.
•저리지: 겉절이.

•**공명:** 공을 세워서 자기의 이름을 널리 드러냄. 또는 그 이름.
•**부귀:** 재산이 많고 지위가 높음.
•**질가마:** 질흙으로 구워서 만든 가마솥.
•**백구:** 갈매깃과의 새.
•**군마음:** 쓸데없는 생각을 품은 마음.
•**유신하다:** 신의가 있다.

✏️ **1분컷 작품 정리**

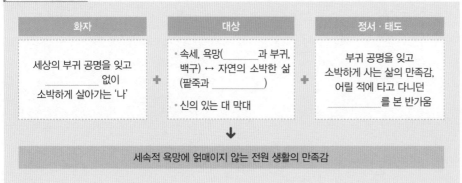

화자		대상		정서·태도
세상의 부귀 공명을 잊고 _____ 없이 소박하게 살아가는 '나'	**+**	•속세, 욕망(_____과 부귀, 백구) ↔ 자연의 소박한 삶 (팥죽과 _____) •신의 있는 대 막대	**+**	부귀 공명을 잊고 소박하게 사는 삶의 만족감. 어릴 적에 타고 다니던 _____를 본 반가움

↓

세속적 욕망에 얽매이지 않는 전원 생활의 만족감

3. 〈2수〉: 화자는 '남'으로부터 소외된 자신의 존재에 대한 안타까움을 드러내고 있다.   ◎ ⊗

4. 〈5수〉: 화자는 '팥죽'과 '저리지'를 통해 소박한 삶에 대한 만족감을 드러내고 있다.   ◎ ⊗

5. 〈11수〉: 화자는 '유신'하다고 여기는 대상에 대한 친밀감을 표현하고 있다.   ◎ ⊗

화자, 대상,
정서·태도가
나타난
부분에
표시하며
읽어 봐!

부귀라 구(求)치 말고 **빈천**이라 염(厭)치 말아
인생 백년이 한가할사 사니 이 내 것이
백구야 날지 말아 너와 **망기**˚하오리라   〈제1곡〉

천심 절벽 솟난 아래 일대 장강(一帶長江)˚ 흘너간다
백구로 버즐 삼아 **어조 생애(漁釣生涯)** 늘거가니
두어라 세간 소식(世間消息) 나난 몰나 하노라   〈제2곡〉

보리밥 파 생채를 양(量) 맛촤 먹은 후에
모재˚를 다시 쓸고 북창하(北窓下)에 누엇시니
눈 압해 태공 부운˚이 오락가락 하놋다   〈제3곡〉

공산˚리(空山裏) 저 가난 달에 **혼자** 우난 저 **두견**아
낙화˚ 광풍˚에 어나 가지 으지 하리
백조(百鳥)야 한(恨)하지 말아 내곳 **설워** 하노라   〈제4곡〉

– 권구, 「병산육곡」 –

•**망기**: 속세의 일이나 욕심을 잊음.
•**모재**: 띠로 지붕을 이은 집.
•**태공 부운**: 넓은 하늘에 떠다니는 구름.

•**일대 장강**: 일정한 범위의 어느 지역 전부의 길고 큰 강.
•**공산**: 사람이 없는 산중.
•**낙화**: 떨어진 꽃. 또는 꽃이 떨어짐.
•**광풍**: 미친 듯이 사납게 휘몰아치는 거센 바람.

③
고
전
시
가

✏ 1분컷 **작품 정리**

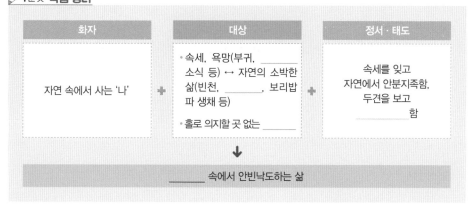

화자		대상		정서·태도
자연 속에서 사는 '나'	+	•속세, 욕망(부귀, _____ 소식 등) ↔ 자연의 소박한 삶(빈천, _____, 보리밥 파 생채 등) •홀로 의지할 곳 없는 _____	+	속세를 잊고 자연에서 안분지족함, 두견을 보고 _____함

↓

_____ 속에서 안빈낙도하는 삶

6. 〈제1곡〉에서 '부귀'를 구하지 말고 '빈천'을 싫어하지 말라는 것은 '망기'를 지향하는 화자의 태도를 드러낸다.   ◉

7. 〈제2곡〉에서 '천심 절벽'은 '백구'를 벗으로 삼는 '어조 생애'를 어렵게 하는 장애물에 해당한다.
◉ ⊗

8. 〈제4곡〉에서 '낙화 광풍'에 의해 의지할 곳 없이 '혼자' 우는 '두견'의 처지는 '설워 하는' 화자의 심정으로 이어지고 있다.   ◉ ⊗

(2) <보기>가 오히려 함정이 될 수도 있음을 유의해야 한다.

현대소설 파트에서 학습했듯이 <보기>는 지문을 읽는 방향성을 설정하는 데 도움을 주기도 하고, 지문이나 선지를 이해하는 데 힌트가 되기도 해. 그런데 어떤 학생들은 <보기> 문제를 빠르게 해결하기 위해 선지에서 <보기>에 나온 말을 인용하고, <보기>와 연관 있어 보이는 작품 일부를 인용하면 맞다고 성급하게 판단하는 경우가 있어. 하지만 <보기>에서 나온 내용이 선지에 나온다고 해서 무조건 맞다고 판단하면 안돼. <보기>가 오히려 함정이 될 수도 있거든.

<보기>의 함정을 피하기 위해서는 <보기>의 설명과 작품의 연결이 적절한지, <보기>의 설명을 선지에서 과도하게 확장 해석하지 않았는지를 꼼꼼히 살펴야 해.

① <보기>의 설명과 작품의 연결이 적절한지 확인하자.

아래의 지문과 <보기>를 참고하여 제시된 선지의 적절성을 판단해 봐!

동녘 언덕 밖의 크나큰 넓은 들에
만경(萬頃) 황운(黃雲)이 한 빛이 되어 있다
중양이 거의로다 고기잡이 하쟈스라
붉은 게 여믈고 누런 닭이 살져시니
술이 익을션정 벗이야 없을소냐
전가(田家) 흥미는 날로 기퍼 가노매라
살여흘 긴 모래에 밤불이 밝아시니
게 잡는 아이들이 그물을 훗텨 잇고
호두포 엔 구븨예 아젹믈이 미러오니
돛단배의 뱃노래는 고기 파는 장사로다
경(景)도 됴커니와 생리(生理)라 괴로오랴

– 신계영, 「월선헌십육경가」 –

[현대어 풀이]
동녘 언덕 밖의 크나큰 넓은 들에
아주 넓은 누런 구름(=들판)이 한 빛이 되어 있다
중양절(음력 9월 9일. 국화전을 만들어 먹는 세시 명절)이 가깝구나 고기잡이 하자꾸나
붉은 (민물)게가 여물었고 누런 닭이 살쪘으니
술이 익었으니 (함께 술을 마실) 벗이야 없겠는가?
농가의 흥미는 날로 깊어 가는구나
물살이 급한 여울 긴 모래밭에 (밤에 게를 잡기 위해 든) 횃불이 밝았으니
게 잡는 아이들이 그물을 흩어 놓고
호두포에는 먼 굽이에 밀물이 밀려오니
돛단배의 뱃노래는 고기 파는 장사로다
경치도 이렇게 좋은데 생활이라고 괴롭겠느냐?

〈보기〉를 바탕으로 윗글을 감상한 내용으로 적절하지 <u>않은</u> 것은?

보기

　　17세기 가사 「월선헌십육경가」는 월선헌 주변의 16경관을 그린 작품으로 자연에서의 유유자적한 삶을 읊으면서도 현실적 생활 공간으로서의 전원에 새롭게 관심을 두었다. 그에 따라 생활 현장에서 볼 수 있는 풍요로운 결실, 여유로운 놀이 장면, 그리고 생업의 현장에서 느끼는 정서 등을 다양한 표현 방법을 통해 현장감 있게 노래했다.

① 전원생활에서 목격한 풍요로운 결실을 '만경 황운'에 비유해 드러냈군.

② 전원생활의 풍족함을 여문 '붉은 게'와 살진 '누런 닭'과 같이 색채 이미지에 담아 드러냈군.

③ 전원생활의 여유를 즐기면서도 생업의 현장에서 느끼는 고단함을 '생리라 괴로오랴'와 같은 설의적인 표현으로 드러냈군.

　　우선 정답은 ③번이야. 어떠한 판단 과정을 거쳐 ③번을 답으로 고를 수 있었을까?

　　첫째, 〈보기〉에서 윗글은 '자연에서의 유유자적한 삶을 읊으면서' '생업의 현장에서 느끼는 정서'를 표현했다고 했지. 그럼 ③번의 '전원생활의 여유를 즐기면서도 생업의 현장에서 느끼는 고단함'이라는 진술은 적절할 가능성이 높아.

　　둘째, 작품에서 '생리(생활하는 습성이나 본능)라 괴로오랴'라고 한 구절에 설의적 표현이 사용되었는지 확인해야지. PART 1에서 배운 것을 참고했을 때 이는 자연 속에서 경치가 너무 좋아서 생활마저 괴롭지 않음을 강조하기 위해 설의적 표현을 사용한 게 맞네.

　　셋째, 이번에는 '생리라 괴로오랴'가 〈보기〉에서 설명한 '생업의 현장에서 느끼는 정서' 중에서도 고단함을 표현한 것이 맞는지, 즉 작품의 특정 구절이 〈보기〉에서 설명한 내용에 해당하는지 확인해 봐야겠지. 그런데 윗글의 화자는 자연 속에서 경치가 너무 좋아서 생활마저 괴롭지 않고 즐겁다고 표현했잖아. 그럼 고단함을 느꼈다고는 볼 수 없겠지. 즉 ③번은 〈보기〉에 있는 설명을 가져다 쓰고 특정 구절에 사용된 표현법도 적절하게 설명했지만, 〈보기〉와 작품의 연결이 적절하지 않아서 적절하지 않은 선지가 된 거야.

　　〈보기〉의 정보와 작품을 적절하게 연결한다면 다음과 같이 이해할 수 있어.

동녁 언덕 밖의 크나큰 넓은 들에

만경(萬頃) 황운(黃雲)이 한 빛이 되어 있다 넓은 들에 펼쳐진 누런 구름은 가을에 들판 가득 곡식이 잘 익어

있는 모습을 보여 줘. <보기>에서 언급한 '생활 현장에서 볼 수 있는 풍요로운 결실'을 표현한 부분으로 볼 수 있지. 그렇

다면 ①번 선지는 적절해.

중양이 거의로다 고기잡이 하쟈스라

붉은 게 여믈고 누런 닭이 살져시니 중양절이 가까운 때에, 붉은 게는 여물었고 누런 닭은 살쪄 있다고 해.

여기에는 '붉은', '누런' 같은 색채어가 활용되었고 <보기>에서 말한 '현실적 생활 공간으로서의 전원'에서의 '풍요'

로움도 드러나니 ②번 선지도 적절해.

술이 익을션정 벗이야 없을소냐

전가(田家) 흥미는 날로 기퍼 가노매라

살여흘 긴 모래에 밤불이 밝아시니

게 잡는 아이들이 그물을 훗텨 잇고

호두포 엔 구븨예 아젹믈이 미러오니

돛단배의 뱃노래는 고기 파는 장사로다

경(景)도 됴커니와 생리(生理)라 괴로오랴 화자는 주변 경치가 좋을 뿐만 아니라 '생리라 괴로오랴'라고

말하여 생활이 괴롭지 않다고 설의적으로 말하고 있어. 따라서 <보기>에서 언급한 '생업의 현장에서 느끼는 정서'

가 표현되었다고 볼 수는 있지만, 그 정서가 '고단함'은 아니야. 따라서 ③번은 적절하지 않지.

– 신계영, 「월선헌십육경가」 –

　　즉 일반적으로 <보기>는 작품 이해에 도움이 되고 선지 판단의 기준이 되지만, 작품과 <보기>,
선지 셋의 관계를 꼼꼼히 따져보지 않는다면 <보기>의 함정에 빠질 수 있어. 얼핏 적절하게 보일 수
있는 함정 선지에 걸려들지 않기 위해서는 몇몇 키워드 중심으로 선지를 대충 읽고 판단하는 습관을
버리고, 앞에서 보여 준 판단 과정에서처럼 선지의 모든 부분을 정확히 따져 보아야 해.

② **<보기>의 설명을 선지에서 확장 해석하지 않았는지를 꼼꼼히 살피자.**

출제자들은 <보기>의 설명을 선지에서 과장, 확장하는 방법으로 함정 선지를 만들어. 예를 들어 <보기>에서는 작품이 작가가 관직에서 물러난 후 쓴 것이라고만 했는데, 선지에서는 '관직에서 물러나게 한 사람들을 원망'하는 마음이 드러난다고 표현함으로써 적절하지 않은 선지를 만드는 거지. <보기>에서는 '물러났다'는 사실만 주었는데, 지문에서 '원망'이라고 해석할 수 없는 구절을 가져다가 선지에 '물러나게 한 사람들을 원망'한다는 과장된 해석을 제시했으니 적절하지 않은 거야. 그러니까 우리는 선지에서 <보기>의 해석을 과장, 확대하지는 않았는지를 확인해야 해.

③

고
전
시
가

가을 달 방에 들고 실솔(蟋蟀)이 상(床)에 울 제
긴 한숨 지는 눈물 속절없이 혬만 많다
아마도 모진 목숨 죽기도 어려울사
도로혀 풀쳐 혜니 이리하여 어이하리
청등을 돌라 놓고 녹기금(綠綺琴) 빗겨 안아
벽련화(碧蓮花) 한 곡조를 시름 좇아 섯거 타니
소상야우(瀟湘夜雨)의 댓소리 섯도는 듯
화표천년(華表千年)의 별학이 우니는 듯
옥수(玉手)*의 타는 수단 옛 소리 있다마는
부용장(芙蓉帳) 적막하니 뉘 귀에 들리소니
간장이 구곡되어 굽이굽이 끊쳤어라
차라리 잠을 들어 꿈에나 보려 하니
바람의 지는 잎과 풀 속에 우는 짐승
무슨 일 원수로서 잠조차 깨우는다

– 허난설헌, 「규원가」 –

[현대어 풀이]
가을 달빛이 방 안에 비치고 귀뚜라미가 침상에서 울 때
긴 한숨 떨어지는 눈물에 헛되이 생각만 많도다
아마도 모진 목숨이 죽기도 어렵구나
돌이켜 곰곰이 생각하니 이렇게 살아서 어이할까
푸른 등불을 돌려놓고 푸른 거문고를 잡고 비스듬히 앉아
벽련화 한 곡조를 시름까지 섞어 타니
(거문고 연주 소리가) 소상강 밤비에 댓잎 소리가 섞여 도는 듯하고
망주석에 천 년 만에 찾아온 이별한 학이 우는 듯하네
아름다운 손으로 (거문고를) 타는 솜씨 옛 소리 그대로지만
연꽃 무늬 휘장을 친 방 안이 비어 있으니(곁에 아무도 없으니) 누구의 귀에 들릴까
애끓는 심정이 굽이굽이 끊어져 있구나
차라리 잠이 들어 꿈에서나마 (임을) 보려 하니
바람에 떨어지는 잎과 풀 속에 우는 벌레는
무슨 일로 원수져서 (내) 잠까지 깨우는가?

●**옥수**: 여성의 아름답고 고운 손.

〈보기〉를 참고하여 윗글을 감상한 내용으로 적절하지 <u>않은</u> 것은?

> **보기**
>
> 윗글의 화자는 외부와 단절된 채 자신의 쓸쓸한 내면에 몰입하고, 자신의 슬픔을 주변으로 확장한다. 이처럼 윗글의 화자는 슬픔을 확장하고 펼쳐 냄으로써 이별에 대처한다.

① '실솔이 상에 울 제'는 화자가 자신의 슬픔을 주변으로 확장한 것을 보여 주는군.

② '부용장 적막하니 뉘 귀에 들리소니'는 화자가 외부와의 교감을 거부하고 내면에 몰입하는 모습을 드러내는군.

---

① '실솔이 상에 울 제'는 화자가 자신의 슬픔을 주변으로 확장한 것을 보여 주는군.

윗글의 화자는 가을밤 귀뚜라미가 우는 소리를 들으며 눈물 흘리고 있어. 이는 꿈에라도 보고 싶은 임을 기다리는 슬픔과 시름 때문이지. <보기>에서 윗글의 화자는 '자신의 슬픔을 주변으로 확장'한다고 했으므로, 화자가 방 안에서 귀뚜라미가 우는 소리를 들으며 '한숨' 짓고 '눈물' 흘리며 많은 생각을 하는 것은 자신의 슬픔을 주변의 '실솔'로 확장한 것으로 볼 수 있지. 따라서 ①번은 적절한 설명이었어.

② '부용장 적막하니 뉘 귀에 들리소니'는 화자가 외부와의 교감을 거부하고 내면에 몰입하는 모습을 드러내는군.

<보기>에서 윗글의 화자는 '외부와 단절된 채 자신의 쓸쓸한 내면에 몰입'한다고 했으므로, 적막한 '부용장' 안에서 누구의 귀에도 들리지 않을 '벽련화 한 곡조'를 연주하는 것은 화자가 쓸쓸한 내면에 몰입하는 모습을 표현한 것으로 볼 수는 있지. 그런데 선지에서는 '화자가 외부와의 교감을 거부'했는지도 물어봤어. 화자가 교감을 '거부'했다고 하려면 화자가 어떤 것을 받아들이지 않으려는 의지를 가졌어야 해. 하지만 윗글에서 화자가 교감을 거부하는 모습이 나타났다고 보기는 어렵지.

즉 ②번은 <보기>에서 화자가 '외부와 단절'되었다고 한 것을 '외부와의 교감을 거부'했다고 확장된 해석을 했기 때문에 틀린 거야. 예를 들어 밥을 안 먹어서 배고픈 상태가 된 것을 마치 단식을 하려고 배고픔을 자청한 것처럼 의도가 없는데 있는 것처럼 표현한 거지. 선지에서 물어보는 내용은 단편적으로 받아들이지 말고 세세하게 판단해야 해. 그러지 않는다면 <보기>가 힌트가 아닌 함정이 될 수 있다는 점을 유의하자.

1등급 전략

☑ **전략 1** <보기>의 설명, 작품의 내용, 선지의 연결이 모두 적절한지, 작은 것도 놓치지 않고 꼼꼼히 판단하자.

☑ **전략 2** 선지에서 <보기>의 해석을 과장, 확대하지 않았는지 확인하자.

1~3 다음을 읽고 1분컷 작품 정리를 채운 뒤 선지의 적절성을 판단해 보세요.

고1 2022학년도 6월

> 화자, 대상,
> 정서·태도가
> 나타난
> 부분에
> 표시하며
> 읽어 봐!

저기 가는 저 각시 본 듯도 하구나
❶ 천상 백옥경(白玉京)˚을 어찌하여 이별하고
해 다 져 저문 날에 누굴 보러 가시는고
어와 너로구나 이 내 사설˚ 들어 보오
내 얼굴 이 거동이 **임** 사랑 받을 만할까만
어쩐 일로 날 보시고 너로다 여기시니
나도 임을 믿어 군뜻이 전혀 없어
아양이야 교태야 어지러이 하였더니
반기시는 낯빛이 전과 어찌 다르신고
누워 생각하고 일어나 앉아 헤아리니
내 몸의 지은 죄 산같이 쌓였으니
하늘이라 원망하며 사람이라 허물하랴
서러워 풀어 헤아리니 **조물**˚ **의 탓**이로다
그리 생각 마오
맺힌 일이 있소이다
❷ 임을 모셔 있어 임의 일을 내 알거니
물 같은 얼굴이 편하실 적 몇 날일꼬

(중략)

반벽 푸른 등은 누굴 위하여 밝았는고
오르며 내리며 헤매며 오락가락하니
어느덧 힘이 다해 **풋잠**을 잠깐 드니
정성이 지극하여 꿈에 임을 보니
옥 같던 얼굴이 반이 넘게 늙었어라
마음에 먹은 말씀 실컷 사뢰자 하니
눈물이 이어져 나니 말씀인들 어이 하며
정을 못다 풀고 목조차 메어 오니
방정맞은 닭 울음에 **❸ 잠을 어찌 깨었던고**
어와 허사˚ 로다 이 임이 어디 간고
바로 일어나 앉아 창을 열고 바라보니
불쌍한 그림자 날 좇을 뿐이로다
❹ 차라리 사라져 낙월(落月)˚ 이나 되어서
임 계신 창 안에 번듯이 비추리라
각시님 달이야커녕 굳은 비˚ 나 되소서

— 정철, 「속미인곡(續美人曲)」 —

•**백옥경:** 옥황상제가 지내는 궁궐.
•**조물:** 조물주.

〈보기〉를 활용하여 지문을 읽어 보자.

❶ 「속미인곡」은 임금과 떨어진 신하가 충성심을 드러낸 연군 가사이므로 '임'은 '임금'에 대응하고, '천상 백옥경'은 (   )이 지내는 궁궐로 볼 수 있지. 그리고 '천상 백옥경'을 '(   )'한 것은 임금과 떨어지게 되었음을 의미하겠네.

❷ 화자가 임을 걱정하고 꿈 속에서 임의 모습을 보고 눈물을 흘리는 것에서 임금을 (   )하고 걱정하는 모습이 나타나는군.

❸ 화자는 임과 헤어진 자신의 그림자를 불쌍하다고 표현해. 정철이 정쟁으로 인해 (   )에서 물러났다는 점을 고려하면 임금과 이별한 자신의 슬픔을 표현한 것으로 볼 수 있어.

❹ 죽어서라도 함께하기 위해 낙월이 되려는 것은 신하의 (   )을 드러내는 것으로 볼 수 있겠어.

•**사설:** 1) 늘어놓는 말이나 이야기.
2) 잔소리나 푸념을 길게 늘어놓음. 또는 그 잔소리와 푸념.
•**허사:** 보람을 얻지 못하고 쓸데없이 한 노력.
•**낙월:** 지는 달.
•**굳은 비:** 날씨가 어두침침하게 흐리면서 오랫동안 내리는 비.

❸
고전시가

✏️ **1분컷 작품 정리**

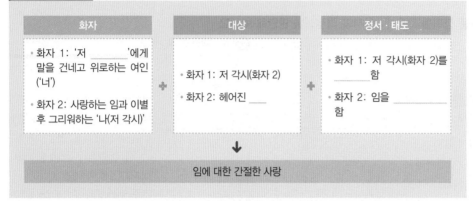

화자	대상	정서·태도
• 화자 1: '저 _____'에게 말을 건네고 위로하는 여인 ('너') • 화자 2: 사랑하는 임과 이별 후 그리워하는 '나(저 각시)'	• 화자 1: 저 각시(화자 2) • 화자 2: 헤어진 ___	• 화자 1: 저 각시(화자 2)를 _____ 함 • 화자 2: 임을 _____ 함

⬇

임에 대한 간절한 사랑

【 보기 】

　　연군 가사는 **1**, **2**, **4** 임금과 떨어진 신하가 임금을 그리워하고 걱정하며 충성심을 드러낸 가사 작품들을 가리킨다. 「속미인곡」은 정철이 **3** 정쟁(政爭)˙으로 인해 관직에서 물러난 후 낙향˙하였을 때 쓴 연군 가사의 대표적 작품이다.

• **정쟁:** 정치에서의 싸움. 또는 정계의 투쟁.

• **낙향:** 시골로 거처를 옮기거나 이사함.

1. '천상 백옥경'은 화자가 '임'과 지냈던 곳으로 임금이 있는 궁궐에 대응된다.　◎ ⊗

2. '내 몸의 지은 죄'가 '조물의 탓'이라는 화자의 한탄을 통해 작가가 자신을 관직에서 물러나게 한 사람들을 원망하고 있음을 알 수 있다.　◎ ⊗

3. '낙월'이 되어서라도 '임 계신 창 안에 번듯이 비추'려는 화자의 모습에서 임금에 대한 작가의 충성심을 알 수 있다.　◎ ⊗

화자, 대상,
정서·태도가
나타난
부분에
표시하여
읽어 봐!

이런들 어떠하며 져런들 어떠하랴
초야우생˙이 이러타 어떠하랴
흐믈며 **1** **천석고황**˙을 고쳐 무엇하랴   〈언지 제1수〉

2 **연하**˙로 집을 삼고 **풍월**로 벗을 삼아
태평성대에 병으로 늘거가뇌
이중에 **브라는 일은 허물**이나 업고쟈   〈언지 제2수〉

순풍˙이 죽다 하니 진실로 거줏말이
인성이 어지다 하니 진실로 올흔말이
천하에 허다영재(許多英才)를 속여 말슴홀가   〈언지 제3수〉

3 **고인**˙도 날 못 보고 나도 고인 못 뵈
고인을 못 봐도 가던 길 앞에 잇니
가던 길 앞에 잇거든 아니 가고 엇절고   〈언학 제3수〉

당시에 가던 길흘 몃 히룰 버려 두고
어듸 가 다니다가 이제야 도라온고
이제야 도라오나니 다른 데 **무음** 마로리   〈언학 제4수〉

우부(愚夫)˙도 알며 흐거니 그 아니 쉬온가
성인(聖人)˙도 못다 흐시니 그 아니 어려온가
쉽거나 어렵거나 즁에 늙는 줄을 몰래라   〈언학 제6수〉
                                                                              – 이황, 「도산십이곡」 –

•**초야우생**: 시골에 묻혀 사는 자신을 낮추어 이르는 말.
•**천석고황**: 자연의 아름다운 경치를 몹시 사랑하고 즐기는 성질이나 버릇.
•**순풍**: 순박한 풍속.
•**고인**: 옛사람. 여기서는 공자, 맹자, 주자와 같은 성현을 이름.

〈보기〉를 활용하여 지문을 읽어 보자.

1 발문에는 「도산십이곡」을 통해 제자들에게 지향할 만한 삶의 방식을 마음에 새기게 하려는 의도가 드러나 있다고 했어. 그럼 화자가 천석고황을 고치지 않고 살겠다는 것에서는 자연을 사랑하는 삶이 (   )할 만한 삶의 방식임이 드러나는군.

2 〈언지〉에는 '연하'와 '풍월' 같은 (   ) 속에서 '허물' 없이 살며 인간의 (   ) 본성을 회복하기를 바라는 뜻이 나타나.

3 〈언학〉에는 선한 본성 회복을 위해 학문에 힘쓰겠다는 의지가 나타나며, 발문에는 「도산십이곡」을 통해 제자들에게 전하고자 하는 가치가 드러나 있다고 했어. 그럼 '고인'이 가던 길을 가고, '다른 데'에 마음 쓰지 않는 것에서는 (   )에 힘쓰는 것을 바람직하게 생각하는 뜻이 담겨 있다고 볼 수 있어.

•**연하**: 안개와 노을을 아울러 이르는 말.
•**우부**: 어리석은 남자.
•**성인**: 지혜와 덕이 매우 뛰어나 길이 우러러 본받을 만한 사람.

3
고
전
시
가

✎ 1분컷 **작품 정리**

화자	대상	정서·태도
자연에 묻혀 학문을 닦고자 하는 '나( )'	• 자연(, 풍월) • 학문의 길	자연 친화적 삶의 지향, 이 걷던 학문의 길을 가고자 함

↓

자연 속에서 학문의 길을 걷고자 함

「도산십이곡」은 〈언지〉 여섯 수와 〈언학〉 여섯 수로 이루어진 연시조로서, 창작 의도를 밝힌 발문(跋文)이 함께 전해진다. ❷ 〈언지〉에는 자연 속에 살며 인간의 선한 본성을 회복하기를 바라는 뜻이, ❸ 〈언학〉에는 선한 본성 회복을 위해 학문에 힘쓰겠다는 의지가 나타나 있다. 또한 ❶, ❸ 발문에는 이황이 이 작품을 우리말로 지어 제자들이 노래로 부르며 향유하게 하여, 지향할 만한 삶의 방식과 바람직한 가치를 마음에 새기게 하려는 교육적 의도를 가지고 있었음이 드러나 있다.

4. 〈언지〉에 나타난 뜻을 참고할 때, '연하'와 '풍월'을 가까이 하며 '허물'이 없기를 바라는 것은 자연 속에 살며 선한 본성을 회복하기를 바라는 것으로 볼 수 있겠군. ◎ ⊗

5. 〈언학〉에 나타난 의지를 참고할 때, 다른 것에 'ᄆᆞ음'을 두지 않으려는 것은 학문에 열중하겠다는 것으로 볼 수 있겠군. ◎ ⊗

6. 발문의 내용을 참고할 때, '우부'와 '성인'을 구분하는 것은 제자들에게 성인을 본받아야 함을 보여주려는 이황의 교육적 의도가 반영된 것으로 볼 수 있겠군. ◎ ⊗

고3 2016학년도 7월

화자, 대상, 정서·태도가 나타난 부분에 표시하며 읽어 봐!

(가)

① 빈천(貧賤)을 팔려고 권문(權門)*에 들어가니

덤 없는 흥정을 누가 먼저 하자고 하겠는가

② 강산(江山)과 풍월(風月)을 달라하니 그건 그리 못하리

— 조찬한, 「빈천을 팔려고~」 —

• 권문: '권문세가'의 준말. 권세가 있는 집안.

(나)

어리석고 어수룩하기로 나보다 더한 이 없다

길흉화복(吉凶禍福)*을 하늘에 맡겨 두고

③ 누항(陋巷)*깊은 곳에 초막(草幕)을 지어 두고

풍조우석(風朝雨夕)*에 썩은 짚을 섶으로 삼아

서 홉 밥 닷 홉 죽(粥)에 연기(煙氣)도 자욱하다

설 데운 숭늉으로 빈 배 속일 뿐이로다

내 삶이 이러한들 장부(丈夫) 뜻을 바꿀건가

④ 안빈(安貧)*일념(一念)을 적을망정 품고 있어

뜻한 바대로 살려 하니 갈수록 어긋난다

가을이 부족(不足)한데 봄이라 넉넉하며

주머니가 비었는데 병(瓶)이라고 담겼으랴

⑤ 빈곤(貧困)한 인생(人生)이 천지 간(天地間)에 나뿐이라

배고픔과 추위로 괴로워도 일단심(一丹心)을 잊을런가

의(義)를 위해 목숨 걸고 죽기를 각오하고

자루와 주머니에 줌줌이 모아 넣고

전쟁 오 년에 감사심(敢死心)*을 가져 있어

주검 밟고 피를 건너 몇 백 전(戰)을 지냈던고

내 몸이 여유 있어 일가(一家)를 돌아보랴

수염이 긴 노비는 노주분(奴主分)*을 잊었거든

봄이 왔다 알리는 걸 어느 사이 생각하리

경당문노(耕當問奴)*인들 누구에게 물을런고

손수 농사짓기가 내 분(分)인 줄 알리로다

— 박인로, 「누항사(陋巷詞)」 —

• 누항: 가난한 사람이 사는 곳. 누추한 곳을 이름.
• 풍조우석: 바람 부는 아침과 비 오는 저녁.
• 감사심: 죽음을 두려워하지 않는 마음.
• 노주분: 노비와 주인의 구분.
• 경당문노: 밭 갈기는 마땅히 노비에게 물어야 함.

〈보기〉를 활용하여 지문을 읽어 보자.

① 권력과 부귀를 지니지 못한 선비들은 가난이라는 삶의 (   )을 겪었어.

② 가난이라는 현실적 문제와 자연에서 (   )로서의 신념을 지키며 살아가는 삶 사이에서 갈등하던 화자는 후자를 택했네.

③ 누항은 가난한 사람이 사는 공간으로, 화자가 이곳에 초막을 짓고 사는 것은 권력과 (   )를 지니지 못한 선비의 가난한 현실로 볼 수 있지.

④ 화자는 안빈 일념에 따라 살고자 하는 선비의 지조와 (   )을 지니고 있지만, 갈수록 어긋난대.

⑤ 배고픔과 추위로 (   )적 고민을 하면서도 선비로서의 지조를 지켜 일단심을 잊지 않겠다는 의지가 드러나는군.

• 길흉화복: 길흉(운이 좋고 나쁨)과 화복(재앙과 재난, 복과 녹봉)을 아울러 이르는 말.
• 초막: 풀이나 짚으로 지붕을 이어 조그마하게 지은 막집.
• 안빈: 가난한 가운데서도 편안한 마음으로 지냄.

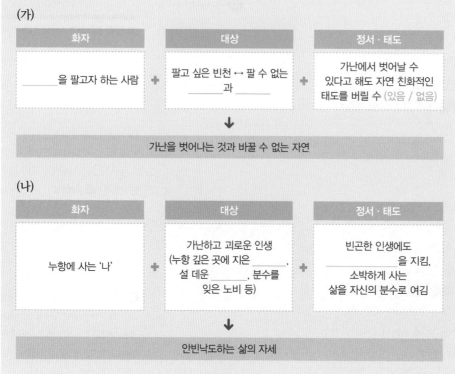

(가)

화자	대상	정서·태도
_____을 팔고자 하는 사람	팔고 싶은 빈천 ↔ 팔 수 없는 _____과 _____	가난에서 벗어날 수 있다고 해도 자연 친화적인 태도를 버릴 수 (있음 / 없음)

↓

가난을 벗어나는 것과 바꿀 수 없는 자연

(나)

화자	대상	정서·태도
누항에 사는 '나'	가난하고 괴로운 인생 (누항 깊은 곳에 지은 _____, 설 데운 _____, 분수를 잊은 노비 등)	빈곤한 인생에도 _____을 지킴, 소박하게 사는 삶을 자신의 분수로 여김

↓

안빈낙도하는 삶의 자세

보기

조선 시대에 여러 내우외환을 겪으면서 나라의 사정은 어려워지고 ❶, ❸ 권력과 부귀를 지니지 못한 선비들도 삶의 어려움을 겪을 수밖에 없었다. 또한 그들은 ❷, ❹ 현실적인 삶의 문제와 선비로서 지조와 신념을 지키며 살아가려는 삶 사이에서 갈등했다. 조찬한의 시조와 박인로의 「누항사」에는 선비들이 현실적 고민 속에서도 ❺ 선비로서의 삶의 자세를 잃지 않으려는 모습이 드러나 있다.

---

7. (가)의 화자가 '강산과 풍월'을 지키고자 하는 모습에서 자연과 더불어 살아가며 선비로서의 삶의 자세를 잃지 않으려는 태도를 엿볼 수 있군. ◎ ✗

8. (나)의 '누항'은 가난한 현실로 인해 선비로서의 뜻을 지키며 살아가기 어려운 상황이 드러나 있는 공간이군. ◎ ✗

9. (가)의 화자가 '권문'을 찾은 모습과 (나)의 '안빈 일념'을 적게 지닌 화자의 모습을 통해 현실과 타협하며 살았던 과거의 태도를 반성하는 선비의 모습을 보여 주고 있군. ◎ ✗

1~3 다음을 읽고 1분컷 작품 정리를 채운 뒤 선지의 적절성을 판단해 보세요.

고1 2017학년도 6월

> 화자, 대상,
> 정서·태도가
> 나타난
> 부분에
> 표시하며
> 읽어 봐!

(가)

방(房) 안에 켜 있는 촉(燭)불 눌과 이별하였기에

겉으로 눈물 지고 속 타는 줄 모르는고

저 촉(燭)불 날과 같아서 속 타는 줄 모르도다

— 이개, 「방 안에 켜 있는 촉불~」 —

(나)

꿈에 다니는 길이 자취가 남는다면

님의 집 창(窓) 밖에 석로(石路)라도 닳으리라

꿈길이 자취 없으니 그를 슬퍼하노라

— 이명한, 「꿈에 다니는 길이~」 —

(다)

님이 오마 하거늘 저녁밥을 일찍 지어 먹고

중문 나서 대문 나가 지방 위에 치달아 앉아 이수(以手)로 가액(加額)하고˚ 오는가

가는가 건넌 산 바라보니 거머흿들˚ 서 있거늘 저야 님이로다. **버선** 벗어 품에 품고

신 벗어 손에 쥐고 **곰븨님븨 님븨곰븨 천방지방 지방천방** 진 데 마른 데 가리지

말고 워렁충창˚ 건너가서 **정(情)엣 말** 하려 하고 곁눈을 흘깃 보니 상년(上年)˚ 칠월

사흗날 갉아 벗긴 **주추리 삼대**˚ 살뜰이도 날 속였구나

모쳐라˚ 밤일세망정 행여 낮이런들 남 웃길 뻔 하괘라

— 작자 미상, 「님이 오마 하거늘~」 —

• **이수로 가액하고:** 손을 들어 이마에 얹고.

• **거머흿들:** 검은 듯 흰 듯한 것.

• **곰븨님븨 님븨곰븨 천방지방 지방천방:** 엎치락뒤치락 허둥거리는 모양.

• **워렁충창:** 우당탕퉁탕.

• **주추리 삼대:** 밭머리에 모아 세워 둔 삼의 줄기.

• **상년:** 이해의 바로 앞의 해.

• **모쳐라:** '마침'의 옛말.

(가)

화자		대상		정서·태도
_____ 후 촛불(촛불)을 보는 '나'	➕	촛농이 떨어지는 _____	➕	이별로 인해 ____이 탐

↓

임과 이별한 슬픔

(나)

화자		대상		정서·태도
____속에서 님(임)의 집을 오가는 사람	➕	• 발자취가 남지 않는 꿈에 다니는 ____ • 님(임)	➕	꿈에 다니는 길에 _____가 남지 않아 자신의 마음이 전해지지 않음을 슬퍼함

↓

임에 대한 간절한 그리움

(다)

화자		대상		정서·태도
님(임)을 기다리다 '거머횟들'한 것을 보고 ____이라고 여겨 달려가는 '나'	➕	• 온다고 한 님(임) • 작년에 벗겨 놓은 주추리 삼대	➕	님(임)인 줄 알고 허둥지둥 달려갔지만, _____에 속았음을 알고 민망해 함

↓

임을 기다리는 마음

1. (가)~(다)의 공통점에 대한 설명으로 가장 적절한 것은?

① 청각적 심상을 활용하여 애상적 분위기를 조성하고 있다.

② 영탄적 표현을 통해 시적 상황에 대한 화자의 정서를 부각하고 있다.

③ 자조적 어조를 통해 과거의 행동에 대한 화자의 자책감을 드러내고 있다.

④ 역설적 표현을 통해 부정적인 상황에 대한 화자의 극복 의지를 나타내고 있다.

⑤ 가정적 상황을 제시하여 현재에 비해 미래가 나아질 것이라는 기대감을 드러내고 있다.

2. (가), (나)에 대한 이해로 적절하지 <u>않은</u> 것은?

① (가)의 '겉으로 눈물 지고'에서 '눈물'은 촛농이 흘러내리는 모습을 비유한 것으로 화자의 슬픔을 형상화하고 있다.

② (가)의 '저 촉(燭)불 날과 같아서'에서 '촉(燭)불'은 화자와 동일시되는 대상이다.

③ (나)의 '꿈에 다니는 길'에서 '꿈'에는 화자의 소망이 투영되어 있다.

④ (나)의 '석로(石路)라도 닳으리라'에서 '닳으리라'는 임에 대한 화자의 간절한 그리움을 드러내고 있다.

⑤ (나)의 '그를 슬퍼하노라'에서 '슬퍼하노라'는 자신을 찾아 주지 않는 임에 대한 화자의 원망이 담겨 있다.

3. 〈보기〉를 바탕으로 (다)를 감상한 내용으로 적절하지 <u>않은</u> 것은? [3점]

> **보기**
>
> 조선 후기에 등장한 사설시조는 형식 면에서 평시조와 달리 중장이 제한 없이 길어졌다. 내용 면에서는 실생활 소재들을 활용하여 일상에서 일어나는 문제를 주로 다루었는데 솔직함, 해학성, 애정을 서슴없이 표현하려는 대담성 등을 그 특징으로 하며 비유, 상징 등 다양한 표현기법을 활용하여 대상을 생동감 있게 그려 냈다.

① '곰븨님븨', '천방지방' 같은 음성상징어를 활용하여 화자의 행동을 생동감 있게 표현하고 있군.

② 일상에서 흔히 볼 수 있는 '버선', '신'이라는 소재를 활용하여 임의 소중함을 상징하고 있군.

③ '주추리 삼대'를 임으로 착각하여 달려가는 화자의 우스꽝스러운 모습에서 해학성을 느낄 수 있군.

④ 임을 그리워하는 절실한 마음을 드러내기 위해 화자의 행동을 구체적으로 제시하다 보니 중장이 길어졌군.

⑤ '진 데 마른 데 가리지' 않고 임에게 가서 '정(情)엣말'을 하려는 모습에서 애정을 표현하려는 화자의 대담성을 엿볼 수 있군.

고2 2019학년도 6월

화자, 대상,
정서·태도가
나타난
부분에
표시하며
읽어 봐!

(가)

鷰子初來時	제비 한 마리 처음 날아와
喃喃語不休	지지배배 그 소리 그치지 않네
語意雖未明	말하는 뜻 분명히 알 수 없지만
似訴無家愁	집 없는 서러움을 호소하는 듯
榆槐老多穴	느릅나무 홰나무 묵어˙ 구멍 많은데
何不此淹留	어찌하여 그곳에 깃들지 않니
燕子復喃喃	제비 다시 지저귀며
似與人語酬	사람에게 말하는 듯
榆穴鸛來啄	느릅나무 구멍은 황새가 쪼고
槐穴蛇來搜	홰나무 구멍은 뱀이 와서 뒤진다오

– 정약용, 「고시(古詩)」 –

• **묵다:** 일정한 때를 지나서 오래된
상태가 되다.

(나)

형님 온다 형님 온다 분고개로 형님 온다
형님 마중 누가 갈까 형님 동생 내가 가지
형님 형님 사촌 형님 시집살이 어떱뎁까
이애 이애 그 말 마라 시집살이 개집살이
앞밭에는 당추(唐楸)˙ 심고 뒷밭에는 고추 심어
㉠**고추 당추** 맵다 해도 시집살이 더 맵더라
둥글둥글 수박 식기(食器) 밥 담기도 어렵더라
도리도리 도리소반(小盤)˙ 수저 놓기 더 어렵더라
㉡**오 리(五里)** 물을 길어다가 **십 리(十里)** 방아 찧어다가
아홉 솥에 불을 때고 열두 방에 자리 걷고
외나무다리 어렵대야 시아버니같이 어려우랴
나뭇잎이 푸르대야 시어머니보다 더 푸르랴
㉢시아버니 **호랑새**요 시어머니 **꾸중새**요
동세 하나 할림새요 시누 하나 뾰족새요
시아지비 뾰중새요 남편 하나 미련새요
자식 하난 우는 새요 나 하나만 썩는 샐세
귀먹어서 삼 년이요 눈 어두워 삼 년이요
말 못해서 삼 년이요 석 삼 년을 살고 나니
㉣**배꽃** 같던 요내 얼굴 **호박꽃**이 다 되었네
삼단 같던 요내 머리 비사리춤˙이 다 되었네
백옥 같던 요내 손길 오리발이 다 되었네
열새 무명 반물치마˙ 눈물 씻기 다 젖었네

두 폭 붙이 행주치마 콧물 받기 다 젖었네
울었던가 말았던가 베갯머리 소(沼)˙이뤘네
ⓜ그것도 소(沼)이라고 **거위** 한 쌍 **오리** 한 쌍
쌍쌍이 때 들어오네

– 작자 미상, 「시집살이 노래」 –

•**당추**: 고추의 한 종류.
•**도리소반**: 둥글게 생긴 작은 밥상.
•**비사리춤**: 싸리나무의 껍질.
•**반물치마**: 짙은 남색 치마.
•**소**: 작은 연못.

🖋 1분컷 **작품 정리**

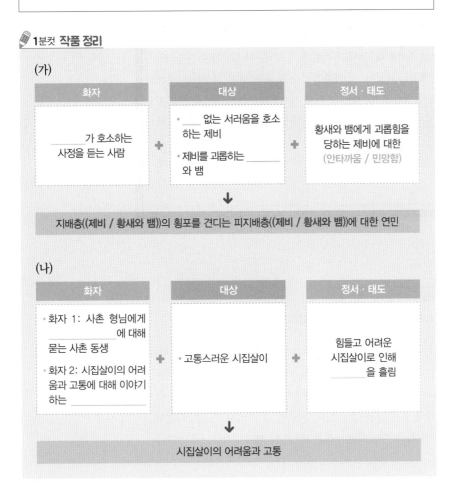

(가)

화자	대상	정서 · 태도
_____ 가 호소하는 사정을 듣는 사람	• ____ 없는 서러움을 호소하는 제비 • 제비를 괴롭히는 _____ 와 뱀	황새와 뱀에게 괴롭힘을 당하는 제비에 대한 (안타까움 / 민망함)

↓

지배층((제비 / 황새와 뱀))의 횡포를 견디는 피지배층((제비 / 황새와 뱀))에 대한 연민

(나)

화자	대상	정서 · 태도
• 화자 1: 사촌 형님에게 _____ 에 대해 묻는 사촌 동생 • 화자 2: 시집살이의 어려움과 고통에 대해 이야기하는 _____	• 고통스러운 시집살이	힘들고 어려운 시집살이로 인해 _____ 을 흘림

↓

시집살이의 어려움과 고통

4. (가)와 (나)의 공통점으로 가장 적절한 것은?

① 반어적인 표현을 사용하여 시적 정서를 부각하고 있다.

② 대화 형식을 활용하여 현실에 대한 인식을 드러내고 있다.

③ 시간의 흐름을 통해 깨달음에 이르는 과정을 제시하고 있다.

④ 감각적 이미지를 활용하여 자연의 아름다움을 드러내고 있다.

⑤ 자연물에 감정을 이입하여 대상에 대한 안타까움을 강조하고 있다.

5. ⓐ~ⓔ 중 (가)를 이해한 내용으로 적절하지 <u>않은</u> 것은?

> 오늘 수업 시간에 정약용의 「고시」가 조선 후기 지배층의 횡포와 피지배층의 고난을 드러낸 작품임을 배웠어. 이 작품에서 ⓐ'황새'와 '뱀'은 백성들을 괴롭히는 지배 세력을 상징하고, ⓑ'제비'는 지배 세력으로부터 착취당하는 백성들을 상징해. ⓒ피지배층의 고난은 삶의 터전마저 빼앗기는 절박한 상황으로 그려지고 있어. ⓓ그런 상황에서도 백성들은 현실에 굴하지 않는 꿋꿋한 모습을 보여. 이 작품을 통해 ⓔ작가는 당대의 부정적 현실을 우회적으로 고발하고 있어.

① ⓐ   ② ⓑ   ③ ⓒ   ④ ⓓ   ⑤ ⓔ

6. 〈보기〉를 바탕으로 (나)를 감상한 내용으로 적절하지 <u>않은</u> 것은? [3점]

> **보기**
>
> 「시집살이 노래」는 고통스러운 시집살이를 하는 아녀자들의 생활을 진솔하게 표현한 민요이다. 이 작품 속 여인은 대하기 어려운 시집 식구와 과중한 가사 노동으로 인해 힘든 삶을 살고 있다. 이러한 삶 속에서 여인은 자신의 처지를 한탄하기도 하고, 체념하는 태도를 보이기도 한다.

① ㉠에서 '고추', '당추'와 비교하여 시집살이의 고통을 표현하고 있군.

② ㉡에서 '오 리'와 '십 리'를 활용하여 감당해야 할 노동이 과중함을 강조하고 있군.

③ ㉢에서 '호랑새'와 '꾸중새'를 활용하여 시아버지와 시어머니를 대하기 힘든 존재로 표현하고 있군.

④ ㉣에서 '배꽃'과 '호박꽃'을 대비하여 초라하게 변한 자신의 모습을 한탄하고 있군.

⑤ ㉤에서 '거위'와 '오리'에 빗대어 현실에 대응하지 못하고 체념하는 자신을 드러내고 있군.

화자, 대상, 정서·태도가 나타난 부분에 표시하며 읽어 봐!

(가)

춘일(春日)이 지지(遲遲)하여* 뻐꾸기가 보채거늘
동린(東隣)에 쟁기 얻고 서사(西舍)에 호미 얻고
집 안에 들어가 씨앗을 마련하니
㉠올벼 씨 한 말은 반 넘게 쥐 먹었고
기장 피 조 팥은 서너 되 부쳤거늘
한아(寒餓)*한 식구 이리하여 어이 살리

(중략)

베틀 북도 쓸데없어 빈 벽에 남겨 두고
㉡솥 시루 버려두니 붉은 빛이 다 되었다
세시 삭망 명절 제사는 무엇으로 해 올리며
원근 친척 내빈왕객(來賓往客)은 어이하여 접대할꼬
㉢이 얼굴 지녀 있어 어려운 일 하고 많다
이 원수 **궁귀(窮鬼)**를 어이하여 여의려뇨
술에 후량을 갖추고 이름 불러 전송하여*
길한 날 좋은 때에 사방으로 가라 하니
웅얼웅얼 불평하며 원노(怨怒)하여 이른 말이
어려서나 늙어서나 희로우락(喜怒憂樂)을 너와 함께하여
죽거나 살거나 여읠 줄이 없었거늘
어디 가 뉘 말 듣고 가라 하여 이르느뇨
우는 듯 꾸짖는 듯 온가지로 협박커늘
돌이켜 생각하니 네 말도 다 **옳도다**
무정한 세상은 다 나를 버리거늘
네 혼자 유신하여 나를 아니 버리거든
위협으로 회피하며 잔꾀로 여읠려냐
하늘 삼긴 **이내 궁(窮)**을 설마한들 어이하리
빈천도 내 분(分)이니 서러워해 무엇하리

[A]

– 정훈, 「탄궁가」 –

* **지지하다**: 몹시 더디다.
* **한아**: 추위와 굶주림.
* **궁귀**: 궁한 귀신.
* **전송하다**: 예를 갖추어 떠나보내다. 서운하여 잔치를 베풀고 보낸다는 뜻에서 나온 말이다.

(나)

서산에 돋을볕* 비추고 구름은 느지막이 내린다
비 온 뒤 묵은 풀이 뉘 밭이 우거졌던고
㉣두어라 차례 정한 일이니 매는 대로 매리라   〈제1수〉

* **돋을볕**: 아침에 해가 솟아오를 때의 햇볕.

면화는 세 다래 네 다래요 이른 벼의 패는 모가 곱난가

오뉴월이 언제 가고 칠월이 반이로다   [B]

아마도 하느님 너희 삼길 제 날 위하여 삼기셨다   〈제7수〉

아이는 낚시질 가고 집사람은 절이채 친다

새 밥 익을 때에 새 술을 걸러셔라

ⓜ아마도 밥 들이고 잔 잡을 때에 흥에 겨워 하노라   〈제8수〉

– 위백규, 「농가」 –

✏️ 1분컷 작품 정리

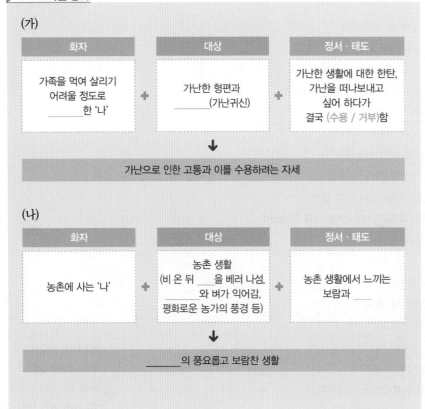

작품의 표현상 또는 서술상의 특징을 묻는 문제

7. (가)에 대한 설명으로 가장 적절한 것은?

① 계절의 변화에 조응하는 여러 자연물을 활용해 화자의 인식 전환을 보여 주고 있다.

② 계절감이 드러난 소재를 대등하게 나열해 시상을 전개하고 있다.

③ 특정 계절의 풍속을 화자의 시선 이동에 따라 묘사하고 있다.

④ 특정 계절을 배경으로 제시해 화자의 처지를 부각하고 있다.

⑤ 계절의 순환을 중심으로 자연의 섭리를 드러내고 있다.

8. [A], [B]에 대한 이해로 적절하지 <u>않은</u> 것은?

① [A]에서 '술에 후량'을 갖춘 화자는 의례를 통해 '궁귀'에 대한 예우를 표하고 있다.

② [B]에서 화자는 시간의 경과를 의식하며 '세 다래 네 다래' 열린 '면화'에 대한 만족감을 드러내고 있다.

③ [A]에서 화자는 '이내 궁'과의 관계를, [B]에서 화자는 '너희'와의 관계를 운명적인 것으로 여기는 관점을 취하고 있다.

④ [A]에서 화자는 '옳도다'라는 응답으로 '네 말'을 수용하는 태도를, [B]에서 화자는 '반이로다'라는 감탄으로 '패는 모'에 대한 기대감을 드러내고 있다.

⑤ [A]와 [B]에서 화자는 각각 초월적인 존재인 '하늘'과 '하느님'을 예찬하는 어조를 취하고 있다.

9. 〈보기〉를 참고할 때, ㉠~㉤의 문맥적 의미에 대한 이해로 적절하지 <u>않은</u> 것은? [3점]

> **보기**
>
> 「탄궁가」는 향촌 공동체에서 경제적 기반이 취약한 사대부가 가정과 사회에 대한 책임을 다하기 어려운 자신의 궁핍한 삶을 실감하게 그려 낸 작품이다. 한편 「농가」는 곤궁한 향촌 공동체의 발전을 위해 여러 방도를 모색한 사대부가 가난을 벗어난 이상화된 농촌상을 그려 낸 작품이다.

① ㉠은 파종할 볍씨를 쥐가 먹어 버린 상황을 제시해 가난한 향촌 사대부의 곤혹스러운 처지를 실감하게 그려 낸다.

② ㉡은 솥과 시루가 녹슨 상황을 제시해 끼니조차 잇지 못하는 생활이 지속되는 향촌 사대부 가정의 궁핍함을 부각한다.

③ ㉢은 체면을 지키기 어려운 상황을 제시해 취약한 경제적 기반 때문에 사회적 책임을 내려놓는 향촌 사대부의 죄책감을 드러낸다.

④ ㉣은 밭을 맬 때 예정된 차례에 따라야 함을 나타내어 사회적 약속에 대한 존중을 향촌 공동체 발전의 방도로 여기는 관점을 드러낸다.

⑤ ㉤은 먹을거리에 부족함이 없이 즐거운 향촌 구성원의 모습을 통해 가난을 벗어난 이상화된 농촌상의 일면을 보여 준다.

4 고전소설

(1) 고전소설만이 가진 특성을 고려해야 한다.

STEP 1 전략 세우기

고전시가를 읽는 법이 기본적으로 현대시를 읽는 법과 같았듯이, 고전소설을 읽을 때에는 앞서 현대소설에서 언급한 전략들이 그대로 적용된다고 생각하면 돼. 서술자와 등장인물을 파악하고 인물 간 관계와 인물의 심리를 이해하는 것, 시공간의 변화에 따라 장면을 끊어 읽는 것에 신경 써야 하지. 하지만 고전소설을 현대소설과 모든 면에서 똑같이 접근하면 된다는 건 아니야. 고전소설은 고전소설만의 특성이 있거든!

① 고전소설에 자주 나오는 어휘와 표현을 학습하자.

고전시가를 학습할 때에 자주 등장하는 어휘나 표현을 학습해야 함을 언급했었지? 이와 마찬 가지로 고전소설에서도 어휘나 표현에 대한 이해는 필수야. 물론 현대소설에서도 어려운 어휘가 나올 수 있지만, 그건 어쩌다 몇 단어만 그런 것일 뿐 단어 때문에 지문의 자체의 흐름을 이해하기 어려운 경우는 드물어. 현대소설의 어휘는 우리가 살아가는 현재에도 쓰이는 친숙한 단어들 위주로 구성되어 있거든. 하지만 고전소설에서는 우리에게 낯설거나 어려운 옛사람들의 어휘로 인해 사건이 어떻게 전개되고 있는지조차 파악하기 어려운 경우도 있어. 그러니 고전소설에서 자주 등장하는 어휘는 반드시 따로 공부해 두어야 해. 단 영단어를 외우듯이 달달 암기하기보다는 우선 정독해 두고 나중에 생각날 때 종종 가볍게 훑어보는 정도면 충분해.

고전소설 빈출 어휘 >>>

관직			
어휘	의미	어휘	의미
황제(皇帝), 천자(天子) / 성상(聖上), 주상(主上), 상(上)	주권자(최고의 권력을 가진 자) / 임금	부마(駙馬)	왕의 사위
태후(太后) / 대비(大妃)	황제의 어머니 / 왕의 어머니	승상(丞相)	우리나라의 정승(영의정, 좌의정, 우의정)에 해당하는 중국의 관직
황후(皇后) / 왕후(王后), 왕비(王妃), 중전(中殿), 비(妃)	황제의 부인 / 임금의 부인	아전, 사령	지방관아의 심부름꾼
태자(太子) / 세자(世子)	황제 자리를 이을 황제의 아들 / 임금의 자리를 이을 임금의 아들		

호칭			
어휘	의미	어휘	의미
경(卿)	임금이 신하를 부르는 호칭	선친(先親)	돌아가신 아버지
공(公), 상공(相公)	지체 높은 가문의 남자를 부르는 호칭	시동(侍童) / 시녀(侍女)	시중을 들던 아이 / 여자
처사(處士)	벼슬하지 않고 초야에 묻혀서 사는 선비	노비(奴婢), 노복(奴僕), 노복(老僕), 시비(侍婢), 비복(婢僕)	하인
소자(小子)	아들이 자신을 낮추어 이르는 말	매파(媒婆)	혼인을 중매하던 늙은 여성

지역 및 주변 국가			
어휘	의미	어휘	의미
한양(漢陽), 한성(漢城), 경성(京城)	옛 서울의 명칭	황성(皇城)	황제가 있는 성(城)
장안(長安)	수도	호국(胡國) / 호왕(胡王) / 호장(胡將)	청나라 / 청나라의 왕 / 청나라의 장수

천상계, 종교적 세계관			
어휘	의미	어휘	의미
옥황상제, 상제	도가(道家)의 하느님, 절대자	하계(下界), 속세(俗世)	인간들이 사는 세상
광한전(廣寒殿)	달나라에 있다는 궁전	적강(謫降)	선계에서 하계로 내려옴
선관(仙官)	옥황상제의 신하	지하(地下), 황천(黃泉)	사후 세계(저승)
선인(仙人) / 선동(仙童)	신선 / 아이의 모습을 한 신선	중생(衆生)	불교의 구원의 대상인 모든 생명체
선계(仙界), 천상(天上), 상계(上界)	신선들이 사는 세상		

상황, 정서			
어휘	의미	어휘	의미
경(更)	일몰부터 일출까지 하룻밤을 다섯으로 나누어 부르는 시간의 이름 / 초경(19~21시), 이경(21~23시), 삼경(23~01시), 사경(01~03시), 오경(03~05시)	애통(哀慟)하다	슬프다
간계(奸計), 간교(奸巧)	간사한 꾀, 간사하고 교활함	영민(英敏)하다	영특하고 민첩하다
고락(苦樂)	괴로움과 즐거움	용렬(庸劣)하다	사람이 못나고 변변치 못함
대경(大驚), 대경실색(大驚失色)	크게 놀람	자탄(自歎)	스스로 탄식함
망극(罔極)하다	임금이나 어버이의 은혜가 한이 없다. 임금이나 어버이에게 좋지 못한 일이 생기게 되어 지극히 슬프다	재색(才色), 재덕(才德)	재주와 아름다운 용모, 재주와 덕(德)
망령(妄靈)되다	정신이 흐려서 말, 행동이 정상이 아니다	차설, 차시, 각설	장면 전환을 뜻하는 상투적 어구
분기탱천(憤氣撑天)	분한 마음이 하늘을 찌름	하릴없이	어쩔 도리 없이
비분강개(悲憤慷慨)	슬프고 분한 감정이 가득함	홀연(忽然)히	뜻하지 않게 갑자기
상사(相思)	서로 그리워함	황망(慌忙)하다	급하고 당황하다

② 인물 관계가 복잡한 지문에 대비해야 한다.

등장인물을 파악하는 것은 소설 읽기의 기본이라고 설명했었지? 그런데 현대소설의 인물과 고전소설의 인물에는 약간의 차이가 있어. 보통 현대소설에서 의미 있는 인물의 수는 많아야 3~4명 정도이고, 때로는 단 한 명의 인물인 경우도 있어. 이에 비해 고전소설에서는 많을 때는 문제에서 언급되는 인물의 수가 10명을 넘어서는 경우가 있을 정도로 여러 명의 인물의 등장해. 또한 동일한 인물에 대한 호칭어나 지칭어도 다양하게 나타나. 그러다 보니 아무래도 현대소설에 비해 개개인의 인물이나 인물 간의 관계를 파악하기 어려울 수 있어.

따라서 고전소설을 읽을 때에는 특히나 인물 관계를 정확하게 확인해야 해. 지문에 온갖 친족 관계를 포함한 대가족이 나타날 경우 시간을 들여서라도 복잡하게 얽힌 가족 관계를 꼼꼼하게 파악해야 하고, 전쟁 장면에서는 아군과 적군을 명확히 구분해야 해.

• 새로운 인물명이 등장하면 표시한다.

자신만의 표시 방식을 정하여 새로운 인물이 등장하면 표시하면서 읽는 습관을 들이자. 이때 본문은 물론이고 [앞부분의 줄거리]나 [중략 부분의 줄거리]에 등장하는 인물도 놓치지 않도록 주의해야 해.

- **동일인 여부를 확인한다.**

    하나의 지문에서 같은 인물을 부르거나 가리키는 명칭이 여러 개 나타날 수도 있어. 관직이 이름을 대신하기도 하고, 부르는 이와의 관계에 따라 호칭이 달라질 수도 있지. 따라서 새로운 인물명이 등장했어도 단지 호칭이 달라진 것은 아닌지 확인해야 해. 또 같은 관직을 가진 인물이 여러 명일 경우 어떤 인물을 가리키는지를 꼼꼼하게 확인하자.

- **친족 관계, 우호적 관계, 적대적 관계 등 인물 간의 관계를 파악한다.**

    우호적 관계인 인물을 적대 관계에 있는 것처럼 진술하거나, 친족 관계를 비틀어서 진술하는 것은 그럴듯한 오답 선지를 만드는 방법 중 하나이기 때문에 인물 관계를 제대로 파악하는 것이 중요하지.

    인물 관계가 복잡한 지문 하나를 천천히 읽으면서 인물 간의 관계를 파악해 보자. [앞부분의 줄거리]를 포함한 전 지문에서 새로운 인물이 제시되면 표시하고, 기존 인물과 동일인은 아닌지 확인하며 읽으면 돼. 아래에 인물 관계도도 그려놓았으니 지문을 읽은 뒤 인물 간의 관계를 제대로 파악했는지 확인해 봐.

[앞부분의 줄거리] 김 씨가 혼례를 치른 첫날 밤. 괴한*이 신방에 쳐들어와 신랑을 죽인다. 김 씨는 원통한 죽음의 원인을 밝히고 남편의 원한을 풀어 주기 위해 도령의 복장을 하고 한 노파의 집을 찾아간다. 김 씨는 그 집에 머물면서 주인 노파에게 많은 돈과 피륙을 주며 노파의 환심을 사고 노파와 친해진다. 하루는 밤이 깊어 어떤 사람이 노파를 찾아와 은밀히 대화를 나누고 돌아간다.

    이에 김 씨가 심히 의심하여 짐짓 노파를 위로하고 상급을 더하여 수작*을 길게 하다가 왔던 사람이 누구이며, 밤늦게 왔다가 돌아간 연고*를 묻고, 수작은 무엇을 장황히 하였나 하는 것을 낱낱이 물으니, 노파가 그 도령은 차마 기망할* 길 없는지라, 길이 탄식하고 조용히 아뢰되,
    "노파의 팔자가 기구하여 늦게야 남편을 여의고 자식이 없기로 양자를 들인즉, 이 자식이 노모의 뜻을 받지 아니하여 가사를 불고(不顧)하옵고 주색잡기*에만 눈을 뜨옵, 성행(性行)이 불량하여 싸움하기와 사람 치기를 즐기옵는 탓에 항상 근심하더니, 저 안마을 큰 기와집은 장 시랑 댁이온데, 장 시랑의 전취 부인 연 씨는 천고에 없는 요조숙녀이옵더니, 자제 한 분만 두고 불행히 일찍 상배(喪配)하시고 후취 부인 유 씨 또한 인물이 절등하옵고 재질이 능란하시오나, 다만 전실 자제를 사랑하지 아니하옵기로 시랑이 늘 근심하더니, 전실 자제의 혼인을 아무 곳 김 씨 댁으로 지내옵는데, 그 유 씨 부인이 흉계를 품어 전실 자제를 없애고 제 소생으로 종가를 삼으려 하여, 혼인날 밤에 신랑을 죽이기 위하여 돈을 많이 주고 자객을 구한즉, 불초한* 자식이 대답하거늘, 노파가 아무리 만류하여도 듣지 아니하고 그날 밤에 가서 신랑의 머리를 베어다가 유 씨 부인에게 바쳤삽더니, 그 뒤로 시랑의 행차가 바로 돌아오시매, 유 씨가 황망공겁(慌忙恐怯)하여 어찌할 줄 모르다가 그 머리를 곳간 속 쌀독에 넣고 곳간 문을 잠그옵는데, 장 시랑이 돌아오시는 길로 대청에 좌기(坐起)하옵시고 침식을 전폐하신 채 이때까지 그 자리를 옮기지 아니하시니 어찌할 길이 없는지라. 이러므로 유 씨만 근심할 뿐 아니오라 불초한 자식이 또한 겁을 내어 장차 멀리 도주하려는 뜻을 두고 노파를 작별하러 왔사온즉, 그 자식의 소행은 죽어 마땅하지만 자식이라 칭하던 것이 멀리 간다 하기로 부득이 하여 수작하오나니, 공겁(恐怯)한 심사와 처량한 심사를 진정하지 못하나이다."

- **괴한**: 거동이나 차림새가 수상한 사내.
- **수작**: 서로 말을 주고받음. 또는 그 말.
- **연고**: 일의 까닭.
- **기망하다**: 남을 속여 넘기다.
- **주색잡기**: 술과 여자와 노름을 아울러 이르는 말.
- **불초하다**: 못나고 어리석다.

김 씨가 주인 노파의 전후 사정을 자세히 듣고 나니 모골이 송연하고 머리칼이 곤두서는
지라.

억지로 마음을 진정하고 그 밤을 지낸 후에 날이 밝자 의복을 정제하고 행장을 수습하여
노파에게서 떠나 바로 장 시랑 댁을 찾아가 시랑께 뵈옵기를 청하니, 시랑이 병을 핑계하고
손님 보기를 거절하거늘, 백단(百端)으로 아뢰어도 듣지 아니하는지라. 나중에는 아무 동네
아무 집 자식이 중대한 사단이 있사옵기로 안으로 들어가 뵈옵기를 청하나이다 한즉, 그제야
들어오라 하거늘, 김 씨가 도령의 복색으로 안으로 들어가서 시랑께 뵈옵고 아뢰기를,

"과연 제가 남자가 아니오라 궁천지통(窮天之痛)한 죄인 자부(子婦)˚이옵기로, 상고하여˚
볼 일이 있사와 염치를 불고하옵고 왔사오니 댁의 곳간 문 열쇠를 주시오면 상고하올 일이
있삽나이다."

유 씨 부인이 이 광경을 보고 혼비백산(魂飛魄散)하여 어찌할 줄 모르나, 또한 곳간 문
열쇠를 내어놓지 아니할 수 없어 열쇠를 내어놓는지라.

신부가 열쇠를 가지고 급급히 곳간 문을 열고 쌀독을 헤치고 보니 신랑의 머리가 있는지라.
이를 보매 분하고 놀라운 것이야 어찌 다 형언하리오.

그 머리를 안고 시랑의 앞에 나아가 전후 사실을 낱낱이 아뢰고는,

"소녀 천고에 없는 누명을 씻기 위하여 불고사체(不顧事體)하고 이와 같이 사실을 밝혔사
온즉, 이후의 일은 존구(尊舅)˚의 처분이오니 소녀는 이제 본가(本家)로 돌아가겠나이다."

인하여 하직하고 본가를 돌아와 친정 부모를 뵈옵고 전후 사실을 낱낱이 고하니, 그 부모가
생각하여도 만고에 없는 대변(大變)이요, 분하고 원통한 중에도 기뻐함을 이기지 못하여 그
딸을 더욱 사랑하며 불쌍히 여기더라.

— 작자 미상, 「김씨열행록」 —

•**자부**: 며느리.
•**존구**: 시아버지를 높여서 이르는 말.

•**상고하다**: 윗사람에게 알리다.

[앞부분의 줄거리] 김 씨가 혼례를 치른 첫날 밤, 괴한이 신방에 쳐들어와 신랑을 죽인다. 김 씨는 원통한
죽음의 원인을 밝히고 남편의 원한을 풀어 주기 위해 도령의 복장을 하고 한 노파의 집을 찾아간다. 김 씨는
그 집에 머물면서 주인 노파에게 많은 돈과 피륙을 주며 노파의 환심을 사고 노파와 친해진다. 하루는 밤이
깊어 어떤 사람이 노파를 찾아와 은밀히 대화를 나누고 돌아간다. 〔앞부분의 줄거리〕에 인물들에 대한 정보가
제시되었어. 김 씨는 남편의 죽음의 원인을 파헤치기 위해 도령의 복장으로 노파의 집에 찾아갔어. 〔앞부분의
줄거리〕만으로는 알 수 없었지만, 김 씨의 질문에 대한 노파의 대답을 읽은 후에 노파를 찾아온 '어떤 사람'이
김 씨의 남편을 죽인 괴한과 동일인임을 파악할 수 있어야 했어.

이에 김 씨가 심히 의심하여 짐짓 노파를 위로하고 상급을 더하여 수작을 길게 하다가 왔던
사람이 누구이며, 밤늦게 왔다가 돌아간 연고를 묻고, 수작은 무엇을 장황히 하였나 하는 것을
낱낱이 물으니, 노파가 그 도령은 차마 기망할 길 없는지라, 도령은 도령의 복장을 한 김 씨를 말하는
거겠지? 길이 탄식하고 조용히 아뢰되,

"노파의 팔자가 기구하여 늦게야 남편을 여의고 자식이 없기로 양자를 들인즉, 이 자식이
노모의 뜻을 받지 아니하여 가사를 불고(不顧)하옵고 주색잡기에만 눈을 뜨옵고, 성행(性行)
이 불량하여 싸움하기와 사람 치기를 즐기옵는 탓에 항상 근심하옵더니, 여기까지는 노모의
아들(양자)에 대한 설명이었어. 저 안마을 큰 기와집은 장 시랑 댁이온데, 장 시랑의 전취 부인
연 씨는 천고에 없는 요조숙녀이옵더니, 자제 한 분만 두고 불행히 일찍 상배(喪配)하시고

후취 부인 유 씨 또한 인물이 절등하옵고 재질이 능란하시오나, 다만 전실 자제를 사랑하지 아니하옵기로 시랑이 늘 근심하더니, 장 시랑과 연 씨 사이에는 자식이 딱 하나 있었고, 장 시랑의 후취인 유 씨는 연 씨의 자식을 사랑하지 않았대. 전실 자제의 혼인을 아무 곳 김 씨 댁으로 지내옵는데, 그 유 씨 부인이 흉계를 품어 전실 자제를 없애고 제 소생으로 종가를 삼으려 하여, 혼인날 밤에 신랑을 죽이기 위하여 돈을 많이 주고 자객을 구한즉, 장 시랑의 후취 부인인 유 씨가 전 부인의 자식을 죽이기 위해 자객을 구한 거야. 불초한 자식이 대답하거늘, 노파가 아무리 만류하여도 듣지 아니하고 그날 밤에 가서 신랑의 머리를 베어다가 유 씨 부인에게 바쳤삽더니, 노파의 말에서 김 씨 남편의 죽음의 비밀이 밝혀지고 있어. 노파의 아들이 유 씨의 지시로 김 씨의 남편, 즉 장시랑과 연 씨 사이의 자식을 죽인 거였구나. 그 뒤로 시랑의 행차가 바로 돌아오시매, 유 씨가 황망공겁(慌忙恐怯)하여 어찌할 줄 모르다가 그 머리를 곳간 속 쌀독에 넣고 곳간 문을 잠그옵는데, 장 시랑이 돌아오시는 길로 대청에 좌기(坐起)하옵시고 침식을 전폐하신 채 이때까지 그 자리를 옮기지 아니하시니 어찌할 길이 없는지라. 죽은 남편의 머리는 곳간 안에 있었네. 이러므로 유 씨만 근심할 뿐 아니오라 불초한 자식이 또한 겁을 내어 장차 멀리 도주하려는 뜻을 두고 노파를 작별하러 왔사온즉, 밤중에 노파를 찾아왔던 그 사람은 노파의 아들이었어. 그 자식의 소행은 죽어 마땅하지만 자식이라 칭하던 것이 멀리 간다 하기로 부득이 하여 수작하옵나니, 공겁(恐怯)한 심사와 처량한 심사를 진정하지 못하나이다."

김 씨가 주인 노파의 전후 사정을 자세히 듣고 나니 모골이 송연하고 머리칼이 곤두서는지라.

억지로 마음을 진정하고 그 밤을 지낸 후에 날이 밝자 의복을 정제하고 행장을 수습하여 노파에게서 떠나 바로 장 시랑 댁을 찾아가 시랑께 뵈옵기를 청하니, 시랑이 병을 핑계하고 손님 보기를 거절하거늘, 백단(百端)으로 아뢰어도 듣지 아니하는지라. 나중에는 아무 동네 아무 집 자식이 중대한 사단이 있사옵기로 안으로 들어가 뵈옵기를 청하나이다 한즉, 그제야 들어오라 하거늘, 김 씨는 남편의 죽음에 대한 진실을 알고 시아버지인 장 시랑을 찾아가. 김 씨가 도령의 복색으로 안으로 들어가서 시랑께 뵈옵고 아뢰기를,

"과연 제가 남자가 아니오라 궁천지통(窮天之痛)한 죄인 자부(子婦)이옵기로, 김 씨는 우선 도령의 복색으로 시랑을 뵙고 자신이 며느리임을 밝혀. 상고하여 볼 일이 있사와 염치를 불고하옵고 왔사오니 댁의 곳간 문 열쇠를 주시오면 상고하올 일이 있삽나이다."

유 씨 부인이 이 광경을 보고 혼비백산(魂飛魄散)하여 어찌할 줄 모르나, 또한 곳간 문 열쇠를 내어놓지 아니할 수 없어 열쇠를 내어놓는지라.

신부가 열쇠를 가지고 급급히 곳간 문을 열고 쌀독을 헤치고 보니 신랑의 머리가 있는지라. 김 씨가 직접 곳간 문을 열고 남편의 머리를 발견했어. 이를 보매 분하고 놀라운 것이야 어찌 다 형언하리오.

그 머리를 안고 시랑의 앞에 나아가 전후 사실을 낱낱이 아뢰고는,

"소녀 천고에 없는 누명을 씻기 위하여 불고사체(不顧事體)하고 이와 같이 사실을 밝혔사온즉, 이후의 일은 존구(尊舅)의 처분이오니 소녀는 이제 본가(本家)로 돌아가겠나이다."

인하여 하직하고 본가를 돌아와 친정 부모를 뵈옵고 전후 사실을 낱낱이 고하니, 그 부모가 생각하여도 만고에 없는 대변(大變)이요, 분하고 원통한 중에도 기뻐함을 이기지 못하여 그 딸을 더욱 사랑하며 불쌍히 여기더라. 김 씨는 사건의 전말을 밝힌 뒤 본가로 돌아가네.

— 작자 미상, 「김씨열행록」 —

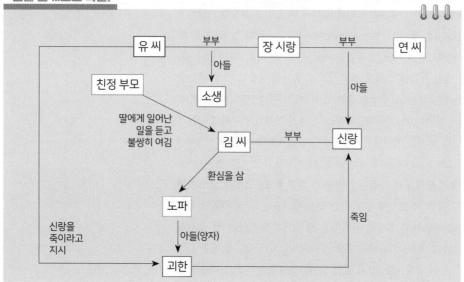

이렇게 지문을 읽으면서 인물이 등장하면 표시하되, 이전에 등장했던 인물과 동일인은 아닌지 확인하면 돼. 꼭 이렇게 색깔을 달리하며 표시해야 하는 건 아냐. 동일인임에도 서로 다른 인물로 착각하거나 반대로 서로 다른 인물인데 동일인으로 착각하지 않을 수 있도록 자신만의 표시 방법을 마련하라는 거지. 또한 인물 간의 관계를 잘못 파악하면 사건의 전개나 갈등 양상 역시 머릿속에서 꼬이게 되니 보여준 것처럼 인물 관계도를 간단하게 그려보는 것도 인물 관계를 파악하는 연습을 하는 데에 도움이 될 거야.

③ 현실과 비현실을 구별하며 읽자.

고전소설에는 비현실적인 장면이나 공간이 자주 등장해. 이때 '비현실적'이라는 건 옥황상제나 신선, 선녀 등 초월적 성격의 인물들이 등장하거나, 우리가 살아가는 현실인 '속세'나 '지상계'(인간계)와 구분되는 '천상계', '저승'과 같은 신비로운 공간이 제시되는 경우 등을 말해. 이렇듯 비현실적 소재를 다루는 고전소설에서는 현실의 사건보다 꿈속의 사건이 비중 있게 다루어지기도 하고, 등장 인물이 비현실적인 공간과 현실 공간을 오가게 되기도 해.

소설에서 사건이 진행되는 공간적 배경이 변화하면 장면을 끊고 넘어가야 한다고 배웠던 것 기억나지? 따라서 고전소설을 읽을 때에는 배경이 현실적인지 비현실적인지를 판단하고, 현실 → 비현실 또는 비현실 → 현실로의 이동이 나타나는 지점에서 장면을 끊어가며 읽어야 해.

- **현실에서 비현실 세계로, 비현실에서 현실 세계로 전환되는 방식은 전형적이다.**

  인물이 잠에 들거나 정신을 잃음으로써 현실 세계에서 비현실 세계로 전환되고, 반대로 잠에서 깨거나 정신을 차리면서 현실 세계로 돌아오는 경우가 많아.

- **현실에서 비현실 세계로, 비현실에서 현실 세계로 전환될 때의 공간 묘사에 주목하자.**

  공간 묘사를 통해 현실에서 비현실 세계로, 비현실에서 현실 세계로의 전환을 표현하는 경우도 많아. 따라서 서술자가 주변 풍경을 묘사할 때 장면이 전환되지 않았는지 확인해 봐. 만약 그렇다면 새로 이동한 공간을 묘사한 부분은 출제 가능성이 높으니, 주의해서 읽자.

앞으로 제시되는 지문을 통해 현실 세계와 비현실 세계 사이의 공간 변화가 구체적으로 어떻게 나타나는지 확인해 볼 거야. 이를 통해 고전소설에서 등장인물이 경험하게 되는 비현실 세계는 어떤 특징이 있는지도 살펴볼 테니 집중해!

차설. 해룡이 변씨 집을 떠나 남쪽으로 가는데 한 곳에 다다르니 큰 산이 앞길을 막았거늘, 갈 길을 못 찾아 주저할 즈음에 금령(金鈴)이 굴러 길을 인도하였다. 금령을 따라 여러 고개를 넘어가니 절벽 사이에 푸른 잔디와 암석이 바라보이매, 해룡이 돌 위에 앉아 잠깐 쉬고 있었는데, 문득 벽력 같은 소리가 진동하며 금털 돋친 짐승이 주홍 같은 입을 벌리고 달려들어 해룡을 물려고 하였다. 해룡이 급히 피하려 하였는데 금령이 내달아 막으니, 그것이 몸을 흔들어 변하여 아홉 머리 가진 것이 되어 금령을 집어삼키고 골짜기로 들어갔다.

해룡이 낙담 하며 말하기를,

"분명코 금령이 죽었도다."

하고, 탄식하여 어찌할 줄 몰랐다.

갑자기 한바탕 미친 듯한 바람이 일어나며 구름 속에서 크게 불러 말하기를,

"그대는 어찌 금령을 구하지 아니하고 저다지 방황하느냐?"

하고, 간 데 없었다.

해룡이 생각하되, '하늘이 가르치시나 몸에 촌철(寸鐵) 없으니 어찌 대적하리오? 그러나 금령이 아니었더라면 내가 어찌 살아났으리오?' 하고 옷차림을 단단히 하고 뛰어 들어가니, 장면1 지척을 분별할 수 없었다. 몇 리를 들어가되 종적이 없거늘, 죽을힘을 다하여 기어 들어가니 홀연 천지가 명랑하고 일월이 조요 하였다. 두루 살펴보니 돌 비석에 금자로 새겼으되, '남전산 봉래동'이라 하였고, 구름 같은 석교에 만장폭포가 거룩하였다. 거기를 지나 들어가서 문을 활짝 여니 동중에 주궁패궐과 내성 외곽이 은은히 뵈거늘, 자세히 본즉 문 위에 금자로 크게, '금선수도부'라 씌어 있었다. 장면2 해룡이 금령을 집어삼키고 골짜기로 들어간 ~짐승을 찾아 나서는 장면이야. 이때 '홀연 천지가 명랑하고 일월이 조요하였다. ~문 위에 금자로 크게, '금선수도부'라 씌어 있었다.'에서는 갑자기 변화된 주변 상황을 묘사하면서 '남전산 봉래동'의 '금선수도부'라는, 인물이 새로 진입한 공간의 신비롭고 비현실적인 분위기를 강조하고 있어.

– 작자 미상, 「금령전」 –

•금령: 금방울.
•주궁패궐: 진주나 조개 따위의 보석으로 호화찬란하게 꾸민 궁궐.

•벽력: 벼락.
•낙담: 바라던 일이 뜻대로 되지 않아 마음이 몹시 상함.
•촌철: 작고 날카로운 쇠붙이나 무기.
•홀연: 뜻하지 아니하게 갑자기.
•조요: 밝게 비쳐서 빛남.

하루는 옥황상제께서 사해용왕에게 말씀을 전하시기를, 옥황상제, 용왕 등 초월적 인물이 등장하는 것으로 보아 초월적 세계를 배경으로 하고 있네.

"심 소저 혼약할 기한이 가까우니, 인당수로 돌려보내어 좋은 때를 잃지 말게 하라."

분부가 지엄하시니 사해용왕이 명을 듣고 심 소저를 보내실 제, 큰 꽃송이에 넣고 두 시녀를 곁에서 모시게 하여 아침저녁 먹을 것과 비단 보배를 많이 넣고 옥 화분에 고이 담아 인당수로 보내었다. 이때 사해용왕이 친히 나와 전송하고 각궁 시녀와 여덟 선녀가 여쭙기를,

"소저는 인간 세상에 나아가서 부귀와 영광으로 만만세를 즐기소서."

소저 대답하기를,

"여러 왕의 덕을 입어 죽을 몸이 다시 살아 세상에 나가오니 은혜를 잊을 수가 없습니다. 모든 시녀들과도 정이 깊어 떠나기 섭섭하오나 이승과 저승의 길이 다르기에 이별하고

가기는 하지마는 수궁의 귀하신 몸 내내 평안하옵소서."

하직하고 돌아서니, 장면1 순식간에 꿈같이 인당수에 번듯 떠서 뚜렷이 수면을 영롱케 하니 천신의 조화요 용왕의 신령이었다. 바람이 분들 끄떡하며 비가 온들 떠내려 갈소냐. 오색 무지개가 꽃봉 속에 어리어 둥덩실 떠 있을 적에, 심 소저가 좋은 때에 혼약할 수 있도록 하라는 옥황상제의 명에 따라, 사해용왕의 도움을 받은 심 소저는 '꽃봉'(꽃봉오리) 속에 담겨 다시 인간 세상의 '인당수'로 돌아오게 되지. 이때 심 소저는 꽃봉을 매개로 물 속의 비현실 세계에서 물 위의 현실 세계로 돌아오게 되었다고 볼 수 있어. 남경 갔던 뱃사람들이 억 십만 금 이문*을 내어 고국으로 돌아오다가 인당수에 다다라서 배를 매고 제물을 깨끗이 차려 용왕에게 제를 지내면서 비는 말이,

"우리 일행 수십 명 몸에 재액을 막아 주시고 소망을 뜻한 대로 이루어 주셔서 용왕님의 넓으신 덕택을 한 잔 술로 정성을 드리오니, 어여삐 보셔서 이 제물을 받아 주시옵소서."
하고 제를 올린 뒤에 제물을 다시 차려 심 소저의 혼을 불러 슬픈 말로 위로한다.

"출천 효녀 심 소저는 늙으신 아버지 눈 뜨기를 위하여 젊은 나이에 죽기를 마다 않고 바닷속 외로운 혼이 되었으니 어찌 아니 가련하고 불쌍하리오. 우리 뱃사람들은 소저로 말미암아 장사에 이문을 내어 고국으로 돌아가지만 소저의 영혼이야 어느 날에 다시 돌아올까? 가다가 도화동에 들어가서 소저의 아버지 살았는가 여부를 알아보고 가오리다. 한 잔 술로 위로하니 만일 아시거든 영혼은 이를 받으소서."

제물을 풀고 눈물을 쏟고 나서, 한곳을 바라보니 한 송이 꽃봉이 너른 바다 가운데 둥덩실 떠 있으니 뱃사람들이 괴이히 여겨 저희들끼리 의논하기를,

"아마도 심 소저의 영혼이 꽃이 되어 떴나 보다."

가까이 가서 보니 과연 심 소저가 빠졌던 곳이어서 마음이 감동하여 꽃을 건져 내어 놓고 보니, 크기가 수레바퀴처럼 생겼고 두세 사람이 넉넉히 앉을 만했다. 장면2

– 작자 미상, 「심청전」 –

•**이문:** 이익이 남는 돈.

[앞부분의 줄거리] 동정 용왕은 양소유가 남해 태자를 물리치고 공주를 구한 소식을 듣고 기뻐하여 양소유를 청하여 동정 용궁에서 잔치를 열어 크게 대접한다.

용왕이 상서를 궁전 문밖에서 송별하더니 상서가 문득 눈을 들어보니 산이 높고 빼어나 다섯 봉우리가 구름 속에 들었거늘 소유(상서)는 비현실적 공간인 용궁에 있어. 용왕이라는 초월적 존재의 등장으로 알 수 있지. 왕에게 묻되,

"이 산 이름을 무엇이라 하나이까? 소유가 천하를 두루 다녔지만 오직 화산과 이 산을 못 보았나이다."
용왕이 대답하되,
"원수가 이 산을 모르시도소이다. 이 곧 남악 형산이이다."
상서가 왈,
"어떻게 하면 저 산을 볼 수 있으리까?"
왕이 왈,
"날이 아직 늦지 않았으니 잠깐 구경하셔도 군영에 돌아 갈 수 있으리이다."
상서가 수레에 오르니 이미 산 아래에 이르렀더라. 막대를 끌고 돌길을 찾아가니 일천 바위 다투어 빼어나고 일만 물이 겨루어 흐르니 두루 구경할 겨를이 없더라. 한탄하여 말하되,
"언제 공을 이루고 물러나 세상 밖 한가한 사람이 될꼬?"
문득 바람결에 종소리 들리거늘 절이 멀지 않은 줄 알고 따라 올라가니 어느 절이 있는데

건물이 극히 장려하였다. 노승이 당상에 앉아 바야흐로 설법하니 눈썹이 길고 눈이 푸르고 골격이 청수하여 세상 사람이 아닐러라. 노승 역시 비현실적 공간에 있는 초월적 존재로 볼 수 있겠네. 모든 중을 거느리고 당에서 내려 상서를 맞으며 말하되,

"산에 사는 사람이 귀와 눈이 없어 대원수 오시는 줄 알지 못하고 멀리 나가 맞지 못하니 이 죄를 용서하소서. 원수가 아직은 돌아올 때 아니거니와 이미 왔으면 전(殿)에 올라 예불하소서."

상서가 향을 피워 부처 앞에 절하고 전에서 내려오다가 갑자기 실족(失足)*하여 엎어졌고

장면 1 놀라 정신을 차려보니 몸은 영중*에서 의자에 의지하였고 날이 이미 밝았더라. 소유는 전에서 내려오다가 넘어지면서 정신을 차리고 현실로 돌아왔어. 영중에서 의자에 앉은 채 잠들어서 꿈을 꿨던 거야. 상서가 장수들을 모아 묻되,

"너희들은 밤에 무슨 꿈을 꾸었느냐?"

모두 대답하되,

"꿈에 원수를 모시고 귀신 병사들과 싸워 이기고 장수를 잡았으니 이 분명 오랑캐를 멸할 징조로소이다."

상서가 매우 기뻐하며 꿈을 이야기하고 장수를 거느려 백룡담 위에 가보니 고기비늘이 떨어져 가득하고 피가 흘러 냇물이 되었더라. 잔을 가져오라 하여 먼저 못의 물을 떠 마시고 병든 군병을 먹이니 즉시 좋아지거늘 그제야 군병과 말을 일시에 먹이니 즐거워하는 소리 우레 같더라. 양소유와 대적하여 싸우던 오랑캐 병사들이 이 소식을 듣고 크게 두려워하며 항복하고자 하더라. 장면 2

– 김만중, 「구운몽」 –

•**실족**: 발을 헛디딤.

•**영중**: 예전에, 군대가 거처하는 곳이나 군대가 진을 치고 있는 곳의 안을 이르던 말.

지금까지 살펴본 지문들을 보면 고전소설에서 인물은 꿈을 꾸거나 정신을 잃는 등의 방식으로 현실 세계에서 비현실 세계로 이동하고, 꿈에서 깨거나 잃었던 의식을 찾는 방식으로 다시 현실 세계로 돌아오는 경우가 많다는 걸 알 수 있었어. 그리고 고전소설에서 제시되는 비현실 세계는 요괴가 사는 별천지, 용왕이 살고 있는 수궁(용궁), 선관이나 선녀, 옥황상제가 살고 있는 천상계, 꿈속 세계 등 다양하게 나타날 수 있다는 점도 확인했지.

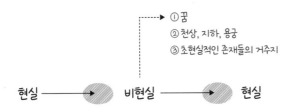

그럼 지금까지 세운 전략을 바탕으로 본격적인 고전소설 읽기 훈련을 시작해 보자!

주요 인물의 심리나
태도를 정리해 봐!
고전소설은 인물 관계가
복잡할 수도 있으니
주의해.

각 장면의
핵심 사건을 정리해 봐!
현실적 장면과
비현실적 장면은
꼭 구분해야 해.

주요 인물
· 춘향: _____을 하다가 갇힘. 황릉묘로 가 부인을 만남
· 춘향 어미, 향단: 옥에 갇힌 춘향을 보며 슬퍼함
· 황릉묘 시녀: _____의 명으로 춘향을 황릉 묘로 데려옴
· 아황 부인, 여영 부인: 춘향을 불러 _____에 대해 일러주고 춘향의 미래도 예언함

주요 사건
장면 1 춘향 어미와 _____은 옥에 갇힌 춘향을 찾아와 슬픔과 안타까움을 드러냄
장면 2 춘향 앞에 여동 둘이 나타나 _____로 모셔 가겠다고 함
장면 3 여동들이 인도하여 간 곳에서 춘향은 부인 들을 만나 전생과 미래에 대해 들음
장면 4 춘향은 꿈에서 깨어 _____함

+ 고전소설은 대체로 전지적 작가 시점이니,
이에 해당하는지를 확인해 봐!
또한 서술자의 개입이 나타난다면
읽으면서 미리 파악해두면 좋아.

🔖 1등급 전략

☑ 전략 1   고전소설 지문에 자주 등장하는 필수 어휘를 미리 학습한다.
☑ 전략 2   다수의 인물이 등장하는 경우가 많으므로 인물 관계 파악에 유의한다.
☑ 전략 3   현실에서 비현실로, 비현실에서 현실로 이동하면 장면을 끊어가며 읽는다.

1~3 다음을 읽고 1분컷 작품 정리를 채운 뒤 선지의 적절성을 판단해 보세요.

고1 2022학년도 3월

> 장면을 나개로 끊고 등장인물에 표시하여 읽어 봐!

이때 춘향 어미는 삼문간에서 들여다보고 땅을 치며 우는 말이,

"신관 사또는 사람 죽이러 왔나? 팔십 먹은 늙은 것이 무남독녀 딸 하나를 금이야 옥이야 길러내어 이 한 몸 의탁코자˚ 하였더니, 저 지경을 만든단 말이오? 마오 마오. 너무 마오!"

와르르 달려들어 춘향을 얼싸안고,

"아따, 요년아. 이것이 웬일이냐? 기생이라 하는 것이 수절˚이 다 무엇이냐? 열 소경의 외막대 같은 네가 이 지경이 되었으니 어디 가서 의탁하리? 할 수 없이 죽었구나."

향단이 들어와서 춘향의 다리를 만지면서,

"여보 아가씨, 이 지경이 웬일이오? 한양 계신 도련님이 내년 삼월 오신댔는데, 그동안을 못 참아서 황천객이 되시겠네. 아가씨, 정신 차려 말 좀 하오. 백옥 같은 저 다리에 유혈이 낭자하니 웬일이며, 실낱같이 가는 목에 큰칼˚이 웬일이오?"

(중략)

칼머리 세워 베고 우연히 잠이 드니, 향기 진동하며 여동 둘이 내려와서 춘향 앞에 꿇어앉으며 여쭈오되,

"소녀들은 **황릉묘 시녀**로서 부인의 명을 받아 낭자를 모시러 왔사오니 사양치 말고 가사이다."

춘향이 공손히 답례하는 말이,

"황릉묘라 하는 곳은 **소상강 만 리 밖** 멀고도 먼 곳인데, 어떻게 가잔 말인가?"

"가시기는 염려 마옵소서."

손에 든 **봉황 부채** 한 번 부치고 두 번 부치니 **구름같이 이는 바람** 춘향의 몸 훌쩍 날려 공중에 오르더니 여동이 앞에 서서 길을 인도하여 석두성을 바삐 지나 한산사 구경하고, 봉황대 올라가니 왼쪽은 동정호요 오른쪽은 팽려호로다. 적벽강 구름 밖에 열두 봉우리 둘렀는데, 칠백 리 동정호의 오초동남 여울목에 오고 가는 상인들은 순풍에 돛을 달아 범피중류 떠나가고, 악양루에서 잠깐 쉬고, 푸른 풀 무성한 군산에 당도하니, 흰 마름꽃 핀 물가에 갈까마귀 오락가락 소리하고, 숲속 원숭이가 자식 찾는 슬픈 소리, 나그네 마음 처량하다. 소상강 당도하니 경치도 기이하다. 대나무는 숲을 이루어 아황 여영 눈물 흔적 뿌려 있고, 거문고 비파 소리 은은히 들리는데, 십층 누각이 구름 속에 솟았도다. 영롱한 전주발과 안개 같은 비단 장막으로 주위를 둘렀는데, 위의도 웅장하고 기세도 거룩하다.

여동이 앞에 서서 춘향을 인도하여 문 밖에 세워 두고 대전에 고하니,

"**춘향이 바삐 들라** 하라."

춘향이 황송하여 계단 아래 엎드리니 부인이 명령하시되,

"대전 위로 오르라."

춘향이 대전 위에 올라 손을 모아 절을 하고 공손히 자리에서 일어나 좌우를 살펴보니, 제일 층 옥가마 위에 아황 부인 앉아 있고 제이 층 황옥가마에는 여영 부인 앉았는데, 향기 진동하고 옥으로 만든 장식 소리 쟁쟁하여 하늘나라가 분명하다. 춘향을 불러다 자리를 권하여 앉힌 후에,

"춘향아, 들어라. 너는 전생 일을 모르리라. 너는 부용성 영주궁의 운화 부인 시녀로서 서왕모 요지연에서 장경성에 눈길 주어 복숭아로 희롱하다 인간 세상에 귀양 가서 시련을 겪고 있거니와 머지않아 장경성을 다시 만나 부귀영화를 누릴 것이니 마음을 변치 말고

˚**의탁하다:** 어떤 것에 몸이나 마음을 의지하여 맡기다.

˚**수절:** 정절을 지킴.

열녀*를 본받아 후세에 이름을 남기라."

춘향이 일어서서 두 부인께 절을 한 후에 달나라 구경하려다가 발을 잘못 디뎌 깨달으니 한바탕 꿈이라. 잠을 깨어 탄식하는 말이,

"이 꿈이 웬 꿈인가? 뜻 이룰 큰 꿈인가? 내가 죽을 꿈이로다."

칼을 비스듬히 안고

"애고 목이야, 애고 다리야. 이것이 웬일인고?"

향단이 원미를 가지고 와서,

"여보, 아가씨. 원미 쑤어 왔으니 정신 차려 잡수시오."

– 작자 미상, 「춘향전」 –

• **칼:** 죄인에게 씌우던 형틀.

• **열녀:** 절개가 굳은 여자.

🖊 1분컷 작품 정리

주요 인물	주요 사건
• 춘향: _____을 하다가 갇힘. 황릉묘로 가 부인을 만남 • 춘향 어미, 향단: 옥에 갇힌 춘향을 보며 슬퍼함 • 황릉묘 시녀: _____의 명으로 춘향을 황릉묘로 데려옴 • 아황 부인, 여영 부인: 춘향을 불러 _____에 대해 일러주고 춘향의 미래도 예언함	장면 1 춘향 어미와 _____은 옥에 갇힌 춘향을 찾아와 슬픔과 안타까움을 드러냄 장면 2 춘향 앞에 여동 둘이 나타나 _____로 모셔 가겠다고 함 장면 3 여동들이 인도하여 간 곳에서 춘향은 부인들을 만나 전생과 미래에 대해 들음 장면 4 춘향은 꿈에서 깨어 _____함

1. 춘향이 잠이 들어 '황릉묘 시녀'를 만난 것은 꿈과 현실의 연결이 일어나게 됨을 보여 주는군. ◎ ⊗

2. '봉황 부채'에 의한 '구름같이 이는 바람'을 타고 '소상강 만 리 밖' 황릉묘까지 춘향이 날려가는 것은 꿈속 공간의 초월적 성격을 드러내는군. ◎ ⊗

3. 아황 부인과 여영 부인이 '춘향이 바삐 들라'라고 명령하는 것은 자신의 문제를 서둘러 해결하고자 하는 춘향에게 인간 세상에 대비되는 천상계의 질서가 있음을 보여 주는군. ◎ ⊗

장면을 2개로 끊고 등장인물에 표시하며 읽어 봐!

"너는 무엇 하는 자인고?"

하니, 그 유생이 공손히 절을 한 후에 무릎을 꿇고 대답하였다.

"저는 용왕의 아들 이목(李牧)입니다."

치원이 또 묻기를,

"너는 무엇 하려고 여기 왔느냐?"

하니, 대답하였다.

"마침 오늘 천하의 문장*인 선생님께서 이곳에 도착한다는 말을 들었습니다. 그래서 선생님을 따라 배우고자 하여 이곳에 와서 기다리고 있었던 것입니다."

이목이 다시 말하길,

"무릇 제가 사는 땅은 어르신네께서 사시는 땅과는 아주 달라 공자(孔子)의 학문이 없습니다. 그래서 글을 배우고자 하여도 말미암아 배울 수가 없습니다. 이 때문에 저는 늘 자탄하기를, '내가 무슨 죄를 지어 이 땅에 잘못 태어나 공자의 도를 들을 수 없는가.' 하였는데, 우연히 천하의 문장을 만날 수 있게 되었으니, 어찌 하늘이 저로 하여금 성인의 도를 듣게 하고자 하는 것이 아니겠습니까?"

하고 거듭 경의를 표하여* 용궁으로 맞아 들였다.

(중략)

위이도(魏耳島)에 이르니 마침 가뭄이 극심하여 만물이 모두 붉게 시들어 있었다. 그 섬 주민들은 최문장이 온다는 말을 듣고 뛰어나와 맞이하며 애걸하였다.

"이 섬의 주민들은 가뭄의 고통을 이기지 못해 모두 말라 죽을 지경에 이르렀습니다. 다행히 아직까지 죽지 않은 자들 또한 대부분 떠나거나 흩어져 이 섬은 거의 비게 되었습니다. 이제 다행히도 천하의 대현(大賢)께서 이미 이곳에 오셨으니 어찌 이 궁한 목숨을 이으려 하지 않겠습니까?"

또 말하길,

"들사오니 현인*께서 진실로 지성*을 드리면 하늘이 반드시 응한다고 합니다. 엎드려 바라옵건대 명공께서는 특별히 상림(桑林)*의 뜻을 생각하시어 글로써 비를 기원하여 죽어가는 수많은 목숨을 구해주십시오."

하니, 치원이 그 정성을 가련하게 여겨 이목을 돌아보고 말했다.

"㉠자네의 재능이면 가히 이 일을 해결할 수 있을 것이네. 용기를 내 비를 뿌려주어 이 섬의 말라 죽어가는 백성들을 구해주게."

이목이 그 명령을 좇아 마침내 산간으로 들어갔다. 조금 있으니 검은 구름이 해를 가리고 천지가 어두워지면서 비가 퍼붓듯이 내려 내와 도랑이 넘쳐흐르자 섬 백성들이 크게 기뻐하였다. 잠시 후 이목이 산간에서 나와 치원의 곁에 앉았다.

조금 있으니 운무(雲霧)*가 다시 합하고 우레 소리가 울리더니 비가 처음 내렸던 것처럼 퍼부었다. 얼마 후에 푸른 옷을 입은 승(僧)이 붉은 검을 가지고 내려와 큰 소리로 이목을 부르며 말하길,

"내가 하늘의 명령을 받고 너를 목 베어 죽이러 왔으니 급히 나와 벌을 받아라."

하고, 검을 휘두르면서 나아왔다. 이목이 크게 두려워하며 치원에게 말했다.

"제가 선생님의 명령을 어기지 않으려고 하늘의 명령을 따르지 않은 채 마음대로 비가 오게 했습니다. 그래서 하늘이 저의 방자함*을 미워하여 마음대로 비 내린 죄를 받게 하고자 하니 이를 어찌하면 좋겠습니까?"

•문장: 글을 뛰어나게 잘 짓는 사람.

•경의를 표하다: 존경하는 뜻을 나타내다.

•현인: 어질고 총명하여 성인에 다음 가는 사람.

•지성: 지극한 정성.

•운무: 구름과 안개를 아울러 이르는 말.

•방자하다: 어려워하거나 조심스러워하는 태도가 없이 무례하고 건방지다.

치원이 말하길,

"자네는 걱정하지 말고 잠시만 몸을 숨기면 벌을 면할 수 있을 것이네."

하니, 이목이 교룡(蛟龍)으로 변하여 치원이 앉은 자리 밑에 숨었다.

천승(天僧)이 치원에게 말하길,

"천제(天帝)께서 또한 나를 보낸 것은 이목을 죽여 그 죄를 응징하고자 하는 것입니다. 지금 족하(足下)*께서 숨기시고 내놓지 않은 것은 무엇 때문입니까?"

하니, 치원이 말했다.

"이목이 무슨 죄과(罪過)를 저질렀기에 천제가 죽이려고 하는 것이오?"

천승이 말하길,

"이 섬의 사람들은 부모에게 불효하고 형제간에 화목하지 않으며 탐욕스럽고 잔인하며 어른을 능멸하는 등 풍속이 이처럼 크게 악하기 때문에 천제께서 일부러 비를 내리지 않았던 것입니다. 그런데 지금 이목이 하늘의 명령을 따르지 않고 마음대로 비를 내렸기 때문에 하늘이 이를 미워하여 나를 보내 죽이도록 한 것입니다."

하니, 치원이 말하였다.

"내가 이 섬의 사람들을 위하여 이목에게 비를 내리도록 명한 것이오. ⓒ죄는 나에게 있지 이목에게 있지 않소. 죽이고자 한다면 나를 죽이는 것이 옳겠소."

천승이 말하길,

"천제께서 나에게 명하시기를, 'ⓒ최치원이 천상에 있을 때 마침 조그마한 죄를 얻어 인간 세계에 떨어진 것일 뿐이지 원래 인간 세상의 평범한 사람이 아니다. 네가 이목을 목 베려 할 때 만약 최치원이 간절하게 말리면 삼가 죽이지 말라.'고 했습니다."

하고, 인사를 올린 후 하늘로 되돌아갔다.

- 작자 미상, 「최고운전」 -

•**상림**: 가뭄이 들자 탕왕이 기우제를 지냈다는 지역 이름.
•**족하**: 같은 또래 사이에서, 상대편을 높여 이르는 말.

✏️ **1분컷 작품 정리**

주요 인물	주요 사건
• **이목**: _____의 아들. 치원에게서 가르침을 받고자 함 • **치원**: 천하의 문장가. 이목을 죽이려는 천승을 만류하여 이목의 목숨을 살림 • **천승**: _____의 명령에 따라 이목을 벌주려 했으나 치원의 만류로 돌아감	[장면 1] 이목이 치원에게 _____를 표하며 가르침을 받고자 함 --- [장면 2] 이목은 가뭄이 극심한 땅에 ___를 내리게 하고, 이에 노한 하늘이 천승을 보내 이목을 죽이려 하나 치원이 만류함

4. ㉠을 통해 치원은 수궁계의 인물에게 도움을 받아 위기에 처한 백성을 구하려 함을 알 수 있다. ◎ ⊗

5. ㉡을 통해 치원은 천상계의 인물이 임무를 수행하는 데 도움을 주려 함을 알 수 있다. ◎ ⊗

6. ㉢을 통해 치원은 천상계의 인물이었기 때문에 비범한 능력을 지녔음을 짐작할 수 있다. ◎ ⊗

장면을 내개로 끊고 등장인물에 표시하며 읽어 봐!

임금이 듣고 크게 놀라 물었다.

"네가 우치라 하니, 대국*에 가서 무슨 장난을 하였기에 황제가 조서(詔書)*를 내려 우리 나라에까지 폐가 되게 하는가?"

우치가 대답했다.

"소신이 황제를 속인 이유는 다름이 아니오라, 우리 조선을 소국이라 하여 매양 업신여기 옵기로 소신이 비록 어리고 철이 없사오나 그 일이 통분*하여, 대국에 들어가 여차여차한 일로 황제를 속이고 재주를 발휘하여 대국의 위엄을 꺾으려 한 것일 뿐, 다른 일은 없사옵니다. 그러나 소신을 아무리 잡으려 하여도, 대국의 힘으로는 잡을 길이 없은즉 분함을 이기지 못해 본국으로 사신을 보낸 것이옵니다."

임금이 듣고 말했다.

"너의 재주가 그러하면 한번 구경하고자 하니 시험하여 특별히 재주를 보여 주면 네 원대로 하리라."

하신데 우치가 아뢰기를,

"신의 재주를 구경하시려 한다면 시험하려니와 전하께서 놀라실까 하나이다."

임금이 말하기를

"그것은 염려하지 말고 시험하라."

우치가 재주를 행하는데, 이윽고 천지가 자욱하며 지척을 분별치 못하게 되었다. 임금이 괴이히 여기다가 주위를 둘러보니, 갑자기 맑은 바람이 일어나며 구름과 안개가 걷히고 날씨가 명랑하였다. 그제야 자세히 보니 명경*창파* 가운데 자신이 한 조각의 배를 타고 앉았는데, 배 가는 곳을 알 수가 없었다. 임금이 크게 놀라 생각하기를, '이 몸이 어찌하여 이곳에 왔으며, 배에는 사공도 없으니 장차 어디로 갈꼬?' 하고 있는데, 갑자기 큰 바람이 일어나서 천지를 분간치 못하였다. 그런데다 풍랑까지 심하여 배가 물결을 따라 물속으로 거의 잠기게 되었다. 임금은 정신이 혼미하여 넋이 몸에 붙지 아니하니 어찌 살기를 바라리오. 하릴없어 하늘을 우러러 탄식하며 말하기를,

"밝은 하늘이 아시거든 남은 목숨을 지켜 주소서."

하며 눈물을 흘리고 있는데, 문득 동쪽 언덕으로부터 피리 부는 소리가 들렸다. 놀라 바라보니 한 척의 작은 배가 들어왔다. 그 가운데 연밥 따는 선동이 머리에 연꽃을 꽂고 피리를 불며 들어와 배를 한 데 대고 사례하기를,

"전하께서 이렇듯이 심려하사 오죽 놀라셨겠습니까?"

하고, 술 항아리를 기울여 옥잔에 가득 부어 올렸다. 임금이 얼떨결에 반겨 묻기를,

"나는 우연히 이곳에 왔다가 풍랑을 만나 하마터면 죽을 것을 선동이 구해주고 술을 권하니 감사하거니와, 알지 못하겠도다. 선동은 누구라 하는고?"

하며 받으니, 동자가 대답했다.

"소동은 옥황상제께 죄를 짓고 인간 세상에 귀양 와서 전첨사(田僉使)의 아들이 되었사온데 마침 이 곳을 지나가다 왔사오니 염려 마옵시고 뱃놀이나 하사이다."

이어 피리 소리 한 곡조에 사면으로부터 선녀와 선관들이 무수히 다가오고 있었다.

[중략 부분의 줄거리] 선관과 선녀들은 왕을 위해 잔치를 베풀어주고 왕은 전생에 그들과 벗이었음을 알게 된다.

임금이,

• 대국: 예전에, 우리나라에서 중국을 이르던 말.

• 조서: 임금의 명령을 일반에게 알릴 목적으로 적은 문서.

• 통분: 원통하고 분함.

• 명경: 매우 맑은 거울.

• 창파: 넓고 큰 바다의 맑고 푸른 물결.

"묻노니, 우치는 어떠한 사람인고?"

하니, 선관이 말했다.

"우치는 손오공이라. 하늘 나라와 지하와 수궁을 모두 출입하는 재주를 품었으니 업신여기지 말라. 우리는 때가 늦어서 돌아가니 이후에 다시 만나자."

이어 잔치 끝내는 노래를 피리로 불며 이별하거늘 임금이 바라보니, 선관 선녀들이 각각 배를 띄우고 가는데, 풍랑이 크게 일어나고 채색 구름이 두르니, 지척을 분별할 수 없어 가는 곳을 알지 못하였다. 이윽고 구름과 안개가 걷히며 햇빛이 빛나니, 임금이 그제야 살펴보았다. 그 사이에는 만첩태산이 둘러 있고 층암절벽°이 반공°에 달렸는 듯한데, 굽은 노송°은 광풍°에 흐트러져 넓은 바위를 덮은 가운데 자신이 홀로 앉아 있었다. 임금이 속으로 생각하되 '내가 아까 풍랑 중에 죽을 것을 선동이 구하여 살아났더니, 알지 못하겠도다, 어찌 이곳에 왔는고? 그러나 인적이 없고 산세는 험하니 가히 슬프도다.' 하며, 장차 돌아갈 길이 아득하여 탄식하고 있었다. 뜻밖에 백호가 입을 벌리고 달려들기에, 임금이 놀라 엎드려졌다. 그때 선녀들이 모셔다가 놀라 붙들어 앉히자, 임금이 다시 정신을 차려 보니, 자신은 전상(殿上)°의 왕좌에 앉아 있는데, 주위의 여러 신하가 시위하고, 우치가 땅에 엎드려 있었다. 임금이 속으로 생각하되, '내가 반드시 잠을 들어 괴이한 춘몽°을 꾸었도다.' 하시고, 신하들더러 물었다.

"과인(寡人)이 그 사이에 잠을 들었던가?"

여러 신하가,

"전하께서 잠드신 적 없사옵니다."

하고 아뢰거늘, 임금이 그 일을 생각하지 못하시더니 우치가 머리를 조아리며 사례하여 아뢰었다.

"전하께서는 영주(瀛州) 삼신산(三神山)을 보시니 어떠하시옵니까? 그러하오나, 바다 가운데서 풍랑에 고생을 하시고 봉래산(蓬萊山) 바위 위에서 백호를 만나시니 두렵지 아니하셨사옵니까?"

임금이 그제야 우치의 도술에 속은 줄 알고, 크게 칭찬하기를,

"너의 재주는 진실로 고금°에 없도다."

– 작자 미상, 「전우치전」 –

●**층암절벽:** 몹시 험한 바위가 겹겹으로 쌓인 낭떠러지.

●**반공:** 땅으로부터 그리 높지 아니한 허공.

●**노송:** 늙은 소나무.

●**광풍:** 미친 듯이 사납게 휘몰아치는 거센 바람.

●**전상:** 전각이나 궁전의 위.

●**춘몽:** 잠시 빠져들었던 덧없는 일이나 헛된 공상.

●**고금:** 예전과 지금을 아울러 이르는 말.

🖊 **1분컷 작품 정리**

주요 인물	주요 사건
• 임금: 우치의 도술에 속아 넘어감 • 우치: 도술을 부려 _____이 비현실적 경험을 하게 만듦 • 선관, 선녀: 전생에 임금과 ____이었으며 왕을 위해 잔치를 베풂	장면 1 대국의 황제가 _____를 내린 일로 임금이 우치를 꾸짖고, 우치의 재주를 보여 달라고 함 장면 2 임금이 바다 위에서 죽을 위기에 처하자 선동이 나타나 임금을 구함 장면 3 선관, 선녀들과의 _____가 끝난 후 임금은 갑자기 깊은 산속에 홀로 있게 됨 장면 4 현실로 돌아온 임금은 자신이 우치의 도술에 당했음을 깨닫고 우치의 재주를 _____함

7. 윗글을 '(가) 현실 공간에서의 이야기 → (나) 비현실적 공간에서의 이야기 → (다) 현실 공간에서의 이야기'와 같은 구조로 이해할 때, (가)에서 임금이 전우치의 재주를 시험하고자 하는 것은 (나)로 전개되는 계기가 되고 있다. ◉ ⊗

8. 윗글을 '(가) 현실 공간에서의 이야기 → (나) 비현실적 공간에서의 이야기 → (다) 현실 공간에서의 이야기'와 같은 구조로 이해할 때, (나)에서 바다에서 산으로 공간이 급작스럽게 바뀐 것은 작품의 비현실성을 부각시키고 있다. ◉ ⊗

9. 윗글을 '(가) 현실 공간에서의 이야기 → (나) 비현실적 공간에서의 이야기 → (다) 현실 공간에서의 이야기'와 같은 구조로 이해할 때, (가)에서 유보된˙ 전우치에 대한 임금의 평가가 (나)를 근거로 (다)에서 확정되고 있다. ◉ ⊗

• **유보되다:** 어떤 일이 당장 처리되지 아니하고 나중으로 미루어지다.

(2) 인물의 '긴 말'은 주장과 근거를 파악하며 읽어야 한다.

STEP 1 전략 세우기

현대소설이 인물의 내면을 드러내는 데 집중한다면, 고전소설은 인물의 입장을 드러내는 것에 집중하는 경향이 있어. 이때 어떠한 화제에 대해 자신의 입장을 드러내는 인물의 말은 길이가 길어지는 경우가 많아. 게다가 여기에 다양한 고사나 어려운 어휘가 섞여 있기까지 하면 이해하기가 어려워질 수 있으니 지금부터 함께 대비 전략을 세워보자!

우선 '긴 말'이 제시되는 경우에는 인물의 입장만 나오는 것이 아니라 그에 대한 근거나 이유도 제시돼. 이런 유형의 말은 상대방을 설득하기 위한 목적을 지니는 경우가 많기 때문이지. 따라서 인물의 긴 말을 읽을 때에는 그 인물이 하려는 주장이 무엇인지, 그에 대한 근거로 무엇을 제시하는지를 눈여겨보면 돼.

참고로 지문에서 인물의 긴 말은 꺾쇠나 밑줄로 표시되는 경우가 많아. 인물의 말하기 방식이나 내용 일치 여부를 묻는 문제를 출제하기 좋은 부분이거든. 그럼 지금부터 기출 지문에 등장한 인물의 긴 말들을 살펴볼 거야. 지문으로 제시된 상황과 인물이 말하는 내용을 살펴서 인물이 어떤 근거를 들어 무엇을 주장하고자 하는지 파악해 보자.

[앞부분의 줄거리] 유 소사의 양자로 살아가던 최현은 유 소사 부부가 죽자 의지할 곳이 없어 양식을 빌며 정처 없이 떠돌던 중 한 도사를 만나게 된다.

"이 칼은 천사검(天賜劍)이요, 이 책은 옥갑경(玉甲經)이라. 성인군자가 가질 만한데, 만일 그대 곧 아니면 가질 사람이 없는 까닭으로, 사해를 두루 돌아 이제야 전하노라. 그대는 삼가 누설하지 말라."

현이 일어나 두 번 절하고,

"소생°은 인간의 천한 것이라, 이 두 보배를 어찌 지니리까? 바라노니 존공은 지닐 사람에게 주옵소서."

라 하니, 도사가 웃으며 말했다.

"하늘이 그대를 내실 때 대명(大明)을 위하여 내셨도다. 또한 천사옥갑은 그대를 위하여 내신 것이니, 어찌 사양하리오?"

"설령 보배라 한들 내어 쓰지 못하오니 그 어찌 소생이 가질 바이리까? 엎드려 바라건대 존공은 가져가시어 제 임자에게 전하옵소서."

[A]
"어찌 이같이 고집하는가? 이 두 가지를 가지면 영화(榮華)°를 누리며 대국을 편안하게 하고 이름이 사해(四海)에 진동할 것이니, 어찌 사양함이 이같이 심하리오? 이 칼이 비록 서리었으나 쓸 때를 당하면 자연히 저절로 빠져나와 펼치면 길이가 팔 척이라. 이 두 가지 보배는 서천서역국(西天西域國)에 떨어져서 서기가 천하에 비추었으되 찾아갈 사람이 없어 이 늙은 것이 삼 년을 수고하고 그대를 찾다가, 오늘 여기에 와서 전하는 것이니 부디 잘 간수하라. 멀지 아니하여 상장군의 절월(節鉞)°과 대원수의 인신(印信)°을 찰 것이니, 그때를 당하면 이 노인의 말을 생각하리라."

현이 공손히 대답했다.

"정녕 그러하오면 사양할 수 없삽거니와, 미천한 소생을 위하여 여러 세월을 수고하시니 마음에 황송무지하옵니다. 감히 묻고자 하니, 존공의 거주와 존호(尊號)를 알고 싶습니다."

"나의 이름은 공신술이요, 살기는 공동산에 있으니, 차후에 혹여 급한 일이 있거든 공동산으로 찾아오라. 할 말은 무궁하나° 급히 떠나니, 그대는 칠 년 전에 갔던 남경 순천부로 찾아가라."

- **소생:** 예전에 말하는 이가 자기를 낮추어 이르던 일인칭 대명사.
- **영화:** 몸이 귀하게 되어 이름이 세상에 빛남.
- **무궁하다:** 크기나 정도 따위가 끝이 없다.

도사가 떠나가더니 불과 몇 걸음에 홀연히 사라져 보이지 않아 어디로 가는지 알 수 없었다.

– 작자 미상, 「최현전」 –

- **절월**: 임금이 관리가 지방에 부임할 때 주는 물건.
- **인신**: 도장이나 관인.

윗글의 [A]에는 '현'을 설득하는 '도사'의 말하기가 나타나 있어. '도사'는 '현'에게 '천사검'과 '옥갑경'을 주려고 하는데 '현'이 사양하자, 두 보배를 가지면 '영화를 누리며 대국을 편안하게 하고 이름이 사해에 진동할 것'이라는 점을 들어 두 보배를 받으라고 설득하고 있지. 또한 늙은 자신이 보배를 '현'에게 전하기 위해 '삼 년을 수고'하고 찾았다며 잘 간수하라고도 말해.

주장	천사검과 옥갑경을 받아서 잘 간수하라.
근거	① 영화를 누리며 대국을 편안하게 하고 이름을 사해에 널리 알릴 것이다. ② 늙은 자신이 삼 년을 수고하고 어렵게 전하는 것이다.

기출 문제에서도 [A]에 대한 이해로 적절한 것을 물었는데, 정답 선지는 '제안을 수용할 경우 일어날 일을 언급하며 상대방을 설득하고 있다.'였지. 도사의 말하기에 나타난 주장과 근거를 파악하면 적절함을 쉽게 판단할 수 있는 선지였어.

④
고
전
소
설

유 한림의 아버지 유공은 이윽고 주파를 보내 사 급사 부인에게 혼인할 뜻을 전하게 했다. 사 급사 부인이 주파를 불러 보았다. 주파는 먼저 유공의 가문이 대대로 부귀하며 한림의 문채와 풍류가 빼어남을 칭찬했다.

주파는 이어서 다시 말했다.

[A] "어느 재상인들 유공에게 혼인을 청하지 않았겠습니까? 그렇지만 유공께서는 '소저의 자태가 국색(國色)이요 재덕*이 출중하다.'는 소문을 들으셨답니다. 이에 소인으로 하여금 중매를 서게 한 것입니다. 소저께서는 유공 댁의 폐백을 받는 날 바로 명부(命婦)*가 되실 것입니다. 부인의 생각은 어떠하십니까?"

부인은 매우 기뻐했다. 그렇지만 소저와 의논하고자 하여 주파를 기다리게 하고 손수 소저의 침소로 갔다. 부인은 주파가 말한 대로 전하고 소저의 뜻을 물었다.

"너는 어떻게 생각하느냐? 네 생각을 숨기지 말아라."

그러자 소저가 대답했다.

[B] "소녀가 들으니 유공은 당대의 어진 재상이라 합니다. 혼인을 맺음에 불가할 이유가 없을 것입니다. 다만 주파의 말에 의심스러운 점이 있습니다. 소녀가 듣건대 '군자는 덕을 귀히 여기되 색(色)을 천하게 여기며, 숙녀는 덕을 가지고 시집을 가되 색으로 지아비를 섬기지 않는다.'고 합니다. 그런데 지금 주파가 먼저 소녀의 색을 칭찬했습니다. 소녀는 그것을 몹시 부끄러워하고 있습니다. 또한 유공 댁의 부귀함은 크게 자랑하면서도 돌아가신 아버님의 성덕(盛德)*에 대해서는 아무 말이 없었습니다. 혹시 주파가 미천한 사람이라서 유공의 뜻을 제대로 전하지 못했던 것은 아닐까요? 그러한 것이 아니라면 소위 '유공이 어진 사람이다.'고 하는 말은 헛소문에 불과한 것입니다. 소녀는 그 댁에 들어가기를 원하지 않습니다."

– 김만중, 「사씨남정기」 –

- **명부**: 국가로부터 봉작을 받은 부인.

- **재덕**: 재주와 덕행을 아울러 이르는 말.
- **성덕**: 크고 훌륭한 덕.

윗글의 [A]에는 사 급사 부인을 설득하는 주파의 말하기가, [B]에는 어머니를 설득하는 '소저'의 말하기가 나타나 있어. 이중 [B]에서 '소저'는 군자는 색을 천하게 여기고 숙녀는 색으로 지아비를 섬기지 않는다고 하는데 '주파가 먼저 소녀의 색을 칭찬'한 점과 '유공 댁의 부귀함은 크게 자랑하면서도 돌아가신 아버지의 성덕에 대해서는 아무 말이 없었'던 점을 근거로 들어 어머니에게 유공의 집안과 혼인하지 않겠다고 주장하고 있어. 즉 '색'을 먼저 주목하는 태도가 '소저'가 생각하는 군자나 숙녀로서의 덕에 부합하지 않으며, 유공의 집안의 부귀함만 자랑할 뿐 자신의 돌아가신 아버지에 대한 존중은 없었기에 혼인하여 그 집안의 일원이 되고 싶지 않다고 하는 거지.

[A]	주장	유공 가문의 청혼에 응낙하라.
	근거	① 다른 재상들이 유공 가문에 청혼했지만, 소저의 소문을 듣고 중매를 서게 한 것이다. ② 폐백을 받으면 바로 명부가 될 수 있다.
[B]	주장	유공 가문과 혼인하지 않겠다.
	근거	① 주파가 소녀의 색을 먼저 칭찬하였다. ② 아버님의 성덕에 대해서는 언급하지 않았다.

기출 문제에서도 청혼과 거절이 이어지는 과정에서 청혼을 전달하는 자와 혼인 당사자의 발언 내용에 대해 물었어. 역시나 인물들의 말에 나타난 주장과 근거를 파악하는 게 중요했다고 볼 수 있지.

주장과 근거가 무엇인지 하나하나 세부적으로 묻는 문제가 나오지 않는다면 실전에서는 긴 말에서 주장과 근거를 구분하며 읽고 인물이 어떤 주장을 했는지만 기억하고 넘어가면 돼. 다만 문제에서 근거에 대해서까지 꼼꼼히 물으면 다시 지문으로 돌아가 세부 내용을 확인하자.

☑ 전략 1   인물의 말이 길어지면 인물의 입장이 무엇인지를 명확하게 파악하며 읽는다.
☑ 전략 2   문제에서 인물의 말과 관련하여 물어보면 지문으로 다시 돌아와 인물의 주장과 근거까지 정확하게 확인한 후 선지를 판단한다.

1~3 다음을 읽고 1분컷 작품 정리를 채운 뒤 선지의 적절성을 판단해 보세요.

고1 2017학년도 6월

> 장면을
> 2개로 끊고
> 등장인물에
> 표시하여
> 읽어 봐!

인물의 주장과 그 근거를 파악해 보자.

[앞부분의 줄거리] 중국 명나라 이부시랑 이익은 오랫동안 자식이 없다가 금화산 백운암의 노승에게 시주하여 대봉을 낳는다. 이후 간신 왕희의 참소로 대봉과 함께 백설도로 유배된다. 유배를 가던 중 왕희의 명령을 받은 사공들이 이익과 대봉을 물에 던진다. 바다에서 표류하다 서해 용왕이 보낸 동자의 도움으로 살아난 대봉은 금화산 백운암에서 수련하면서 세월을 보낸다.

이때에 이공자 대봉이 금화산 백운암에 있어 밤낮으로 공부를 부지런히 하여, 시서백가(詩書百家)와 육도삼략(六韜三略)을 모르는 바가 없더라. 세월이 여류(如流)하여 나이 이팔(二八)에 이르렀더니, 일일은 노승이 공자더러 왈,

"이제는 공자가 액운이 다하고 길운(吉運)이 돌아왔으니 빨리 경성에 올라가 공명을 이루라."

공자가 대답하기를,

[A] ❶ "소생의 궁박한 명(命)이 대사의 두터운 은혜를 입사와 칠 년을 의지하였삽더니, 오늘날 나가라 하시니 부모의 생사를 알지 못하고, 무인지경(無人之境)에 어디로 가라 하시니잇고?"

노승 왈

[B] ❷ "공자가 이 절에서 노승과 칠 년을 동거하였사오나, 금일은 인연이 다하였으니 장차 공자의 부모를 만나고 국난(國難)을 평정하여 공을 이루소서."

말을 마치고 떠날 준비를 재촉하니, 공자 왈,

"여기서 중원(中原)이 얼마나 되며, 어디로 가야 도달하리잇가?"

노승 왈,

"황성은 예서 일만사천 리요, 농서는 삼천 리오니, 농서로 가오면 자연 중원을 도달하리이다."

하며 바랑을 열고 실과를 내어 주며 왈,

"서(西)로 향하여 가다가 시장하거든 이로써 요기하소서."

하고 서로 이별할 새, 피차에 연연한 정을 이기지 못하더라.

이 날 공자가 금화산을 떠나 농서로 향하다가 천문(天文)을 살펴보니 북방 신성이 태극을 범하였거늘, 북흉노가 중국을 범하는 줄 알고 분기를 이기지 못하여 밤낮으로 바삐 달려가더라.

각설. 흉노가 대병을 거느려 상군 땅에 다달아 묵특남, 동돌수를 돌아보며 왈,

[C] ❸ "중원 산천을 보니 장부의 마음이 즐겁도다. 오늘은 비록 명 황제의 강산이나 지나는 길은 반드시 우리 천지될 것이니 어찌 즐겁지 않으리오? 중원에 비록 인물이 많다 하나 나 같은 영웅과 그대 같은 명장이 어디 있으리오?"

하며 상군읍에 이르러 보니, 대명(大明) 대원수 곽대의 성중에 들어 군사를 쉬게 하고 격서를 보내어 싸움을 청하거늘, 흉노가 동돌수를 불러 대적하라 하니, 동돌수 내달아 곽대의와 싸워 수합에 못하여 곽대의를 사로잡고 진중에 들어가 좌충우돌하니, 명진 장졸 장수를 잃고 적세를 당치 못할 줄 알고 성문을 열어 항복하거늘, 동돌수가 항서를 받고, 이튿날 북해 태수가 나와 항복하거늘 북지를 또 얻고, 이튿날 진주를 얻고, 또 이튿날 건주를 쳐 얻고, 하북에 다다르니 절도사 이동식이 군사를 거느려 대적하다가 패하여 달아나거늘 하북을 얻고, 군사를 재촉하여 여러 날 만에 기주에 이르니 자사가 대적하다가 도망하거늘, 흉노의 장졸이 기주성 안에 들어가 자칭 천자라 하고 군사로 하여금 인민의 쌀과 곡식을 노략질하니, 그 때 백성이 다 견디지 못하여 도망하더라.

– 작자 미상, 「이대봉전」 –

❶ 대봉은 노승의 도움으로 칠 년을 백운암에서 지냈는데, 갑자기 (   )에 올라가라는 노승에게 어디로 가라는 것이냐며 되묻고 있어.

❷ 노승은 자신과 대봉의 (   )이 다하였으니 대봉에게 부모를 만나고 공을 이루라고 하네.

❸ 흉노의 장부는 군사들을 이끌고 상군 땅에 와서 이 땅이 모두 (   )가 될 것이라고 하며 정복 의지를 드러내고 있어.

● **국난:** 나라가 존립하기 어려울 정도로 위태로운 나라 전체의 어려움.

● **평정하다:** 반란이나 소요를 누르고 평온하게 진정하다.

● **바랑:** 승려가 등에 지고 다니는 자루 모양의 큰 주머니.

● **명장:** 이름난 장수.

④ 고전소설

- **중원**: 중국의 황허 강 중류의 남부 지역. 흔히 한때 군웅이 할거했던 중국의 중심부나 중국 땅을 가리킴.
- **천문**: 우주와 천체의 온갖 현상과 그에 내재된 법칙성.

✏️ **1분컷 작품 정리**

주요 인물	주요 사건
• **대봉**: _____의 아들. 부모와 헤어져 _____에서 수련하며 지냈으며, 공을 이루기 위해 경성으로 향하던 중 북흉노의 침입을 알게 됨	장면 1 노승은 대봉에게 경성으로 올라가 공을 이루라 하고, 길을 떠난 대봉은 _____의 침략 사실을 알고 분노하여 달려감
• **노승**: 대봉을 칠 년 간 보살피다 연이 다하자 _____으로 보냄	
• **흉노의 장졸(장부, 묵특남, _____)**: 명나라를 침략하여 전투를 벌임	장면 2 흉노는 대병을 거느리고 명나라와 전투를 벌임
• **명나라 장졸(_____, 북해 태수, 이동식, 자사)**: 흉노에게 패함	

1. [A]는 과거의 일을 언급하며 상대방의 요청을 긍정적으로 수용하고 있다. ◎ ⊗

2. [B]는 과거와 현재의 상황을 언급하며 미래에 해결해야 할 과제를 상대방에게 당부하고 있다. ◎ ⊗

3. [C]는 미래 상황을 예측하며 상대방의 태도 변화를 요구하고 있다. ◎ ⊗

4~6 다음을 읽고 1분컷 작품 정리를 채운 뒤 선지의 적절성을 판단해 보세요.

고2 2020학년도 11월

> 장면을 3개로 끊고 등장인물에 표시하며 읽어 봐!

인물의 주장과 그 근거를 파악해 보자.

관찰사는 아들을 불러 말했다.

"남녀의 사랑에 대해서는 아비도 아들에게 가르칠 수 없는 법이니, 나 역시 네 마음을 막을 도리가 없다. 내가 보니 자란과 네가 사랑하는 정이 깊어 헤어지기 어려울 듯하구나. 헌데 너는 아직 혼인하지 않은 터라, 지금 만일 자란을 데리고 간다면 앞으로 혼인하는 데 방해가 되지 않을까 싶다. 다만 남자가 첩 하나 두는 거야 세상에 흔한 일이니, 네가 자란을 사랑해서 도저히 잊을 수 없다면 비록 약간의 문제가 있더라도 감당해야겠지. 네 뜻에 따라 결정하는 게 좋겠으니, 숨기지 말고 네 속마음을 말해 보거라."

도령이 서슴없이 이렇게 대답했다.

[A]
❶ "아버지께선 제가 그깟 기녀 하나와 떨어진다고 해서 상사병이라도 들 거라 생각하십니까? 한때 제가 번화한 데 눈을 주긴 했지만, 지금 그 아이를 버리고 서울로 가면 헌신짝 여기듯이 할 겁니다. 그러니 제가 그 아이에게 연연하여 잊지 못하는 마음을 가질 리 있겠습니까? 아버지께서는 이 일로 더 이상 염려하지 마십시오."

관찰사 부부가 매우 기뻐하며 말했다.

"우리 아이가 진정 대장부로구나."

이별의 날이 왔다. 자란은 눈물을 쏟고 목메어 울며 도령의 얼굴을 차마 보지 못했다. 하지만 도령은 조금도 연연해하는 기색이 없었다. 관아의 모든 사람들이 그 광경을 보며 도령의 의연한* 모습에 감탄했다.

❶ 도령은 ( )과 헤어지는 일로 아버지에게 걱정을 끼치지 않을 것이니 ( )하지 말라고 하네. 서울에 가면 자란을 완전히 잊을 수 있을 거라고 하면서 말야.

• **의연하다**: 의지가 굳세어서 끄떡없다.

그러나 실은 도령이 자란과 오륙 년을 함께 지내며 한시도 떨어져 본 적이 없었던 까닭에 이별이라는 게 도대체 어떤 것인지 알지 못했고, 그래서 호쾌한* 말을 내뱉으며 이별을 가볍게 여겼던 것이다.

관찰사는 임무를 마치고 대사헌에 임명되어 조정으로 돌아왔다. 도령은 부모를 따라 서울로 돌아온 뒤 차츰 자신이 자란을 그리워하고 있음을 깨닫게 되었다. 그렇지만 감히 내색할 수는 없는 일이었다.

감시가 다가왔다. 도령은 부친의 명을 받아 친구 몇 사람과 함께 산속에 있는 절에 들어가 시험 준비를 했다. 그러던 어느 날 밤이었다. 벗들은 모두 잠들었는데, 도령 혼자 잠 못 이루고 뒤척이다 나와 뜰 앞을 서성였다. 때는 바야흐로 한겨울이라 쌓인 눈 위로 달빛이 환했고, 깊은 산 적막한 밤에 아무런 소리도 들리지 않았다. 도령은 달을 바라보다가 문득 자란 생각이 들며 마음이 서글퍼졌다. 한 번만이라도 자란의 얼굴을 보고 싶은 욕망을 억누를 수 없어 마치 실성한 사람처럼 되었다.

[중략 부분의 줄거리] 도령은 절을 떠나 자란을 찾아가고자 한다. 고생 끝에 평양에 도착한 도령은 자란을 만나기를 원하지만, 기녀인 자란은 이미 새로 부임한 관찰사 아들의 총애를 받고 있다. 도령은 자란을 만나기 위해 그녀가 기거하는 곳에서 눈을 쓰는 인부로 일을 하게 되고, 둘은 극적으로 재회하여 시골로 도망가게 된다.

자란은 도령과 자리를 잡고 살아가던 어느 날 도령에게 이렇게 말했다.

[B] ┌ 2 "당신은 재상 가문의 외아들이건만 한낱 기생에게 빠져 부모를 버리고 달아나 외진
  │   산골에 숨어 살며 집에서는 살았는지 죽었는지조차 알지 못하니, 이보다 더 큰 불효는
  │   없을 것이며 이보다 나쁜 행실은 없을 거예요. 이제 우리가 여기서 늙어 죽을 수는 없는
  │   일이요, 그렇다고 지금 얼굴을 들고 집으로 돌아갈 수도 없는 일이어요. 당신은 앞으로
  └   어쩌실 작정인가요?"

도령이 눈물을 줄줄 흘리며 말했다.

"나도 그게 걱정이지만, 어떡해야 좋을지 모르겠소."

자란이 말했다.

"오직 한 가지 방법이 있긴 해요. 그런대로 과거의 허물을 덮는 동시에 새로운 공을 이룰 수 있어, 위로는 부모님을 다시 모실 수 있고 아래로는 세상에 홀로 나설 수 있는 길인데, 당신이 할 수 있을지 모르겠어요."

도령이 물었다.

"대체 어떤 방법이오?"

자란이 말했다.

"오직 과거에 급제해서 이름을 떨치는 길 한 가지뿐이어요. 더 말씀 안 드려도 무슨 말인지 아시겠지요?"

도령이 몹시 기뻐하며 이렇게 말했다.

"참으로 좋은 계책이오."

– 임방, 「옥소선」 –

2 자란은 지금처럼 사는 것은 큰 (   )라며 도령에게 앞으로의 계획을 묻고 있어.

*호쾌하다: 호탕하고 쾌활하다.

주요 인물	주요 사건
• 관찰사: 서울로 돌아와 도령을 산속의 ____로 보내 시험 준비를 하게 함	장면 1 관찰사가 임무를 마치고 서울로 돌아갈 때, 자란은 울며 슬퍼했으나 _____은 의연하게 이별함
• 도령: 자란과의 _____을 대수롭지 않게 생각했다가 자란이 그리워져 절을 뛰쳐나옴	장면 2 서울로 돌아온 도령은 자란을 그리워했으나, 말하지 못하고 시험 준비를 위해 절에 들어감
• 자란: _____의 신분이나 도령과 사랑에 빠짐. 자신을 찾아온 도령과 도망침	장면 3 _____로 도망친 도령과 자란은 앞으로의 계획에 대해 논의함

4. [A]에서는 자신의 생각을 확신하며 청자를 안심시키고 있고, [B]에서는 자신들이 처한 상황을 환기하며 청자의 생각을 묻고 있다. ◎ ⊗

5. [A]에서는 청자의 장점을 언급하며 청자의 성품을 칭송하고 있고, [B]에서는 청자의 잘못을 지적하며 청자의 언행을 질책하고 있다. ◎ ⊗

6. [A]에서는 청자의 의견에 반박하며 자신의 무고함을 주장하고 있고, [B]에서는 청자의 의견에 동의하며 청자의 삶의 방식을 칭찬하고 있다. ◎ ⊗

7~9 다음을 읽고 1분컷 작품 정리를 채운 뒤 선지의 적절성을 판단해 보세요.

고3 2022학년도 4월

> 장면을 3개로 끊고 등장인물에 표시하며 읽어 봐!

[앞부분의 줄거리] 작은 초가에서 살고 있는 진사는 부인 심씨와 함께 노모를 지극정성으로 봉양하였으나, 노모가 우연히 병을 얻어 세상을 떠나자 노모의 장례를 치를 돈이 없어 좌절한다.

인물의 주장과 그 근거를 파악해 보자.

불과 삼일에 이르러 힘이 다하여 곡성도 내지 못하고 힘이 다하여 부부 엎어졌는데, 비몽사몽간에 부친이 이르되,

"너희들이 이러하다가 노모의 초상을 잘 치르지 못하면 불효를 면치 못하리라. 그리 말고 집안을 뒤져 보면 두 홉 양식이 있을 것이니, 죽이나 끓여 먹고 자학동 오홍 대감 댁을 찾아가면 자연히 구할 사람이 있을 것이라."

하시거늘,

진사 놀라 깨어 부인을 깨워 몽사(夢事)˙를 이야기하니, 부부의 꿈이 똑 같았다.

일어나 부엌에 가서 뒤져 보니 과연 두 홉이 있거늘, 갱죽을 끓여 먹고 진사가 부인에게 하는 말씀이,

"부인은 어머님 신체를 모시고 몸을 보전하소서. 몽사가 비록 허사이기는 하나, 이 죄인은 자학동으로 가 보리다. 만일 일가친척을 만나면 다행이겠지만, 그렇지 아니하면 죄인의 일신˙을 팔아서라도 초종례는 마쳐야 아니 하겠소."

심씨 대답하기를,

"첩도 함께 가겠습니다."

진사 크게 놀라서 말하기를,

"부인은 그렇게 해서는 안 됩니다. 구대 심 상서의 옛 따님이요 현재의 전라 감사의 귀한 여식으로서, 어찌 남의 집 방비(房婢)˙가 되려 하십니까. 죄인이 혼자 가겠습니다."

심씨가 대답하기를,

• **몽사**: 꿈에 나타난 일.
• **일신**: 자기 한 몸.
• **방비**: 방안에서 심부름하는 여자종.

1 "해 가는 데 달이 가고 부창부수(夫唱婦隨)*는 삼종(三從)의 떳떳한 바입니다. 임금이 욕되면 신하가 죽고 가장이 곤욕을 당하면 그 아내인들 곤욕을 면하리오. 부부는 한 몸이니 첩도 기어코 한가지로 하겠나이다."

심씨가 가겠다고 하며 따라나섰다. 진사가 마지못하여 밖에 나와 방문을 잠그고 부부 손을 이끌고 자학동을 찾아가니, 문밖에 수문(守門) 군사 많이 있었다.

군사를 대하여 말하기를,

"이 댁이 오홍 대감 댁입니까?"

군사가

"그렇다."

고 하니,

"잠깐 대감을 뵈옵고 신원(伸寃)할* 말씀이 있사오니 통지하옵소서."

한 군사 통지하여 들라 하거늘, 진사 들어가 뜰아래 두 번 절하고 땅에 엎드렸다. 대감이 보시더니,

"너는 어느 뉘 댁 비복*이냐?"

진사가 땅에 엎드려 아뢰기를,

[A] **2** "소인은 전라도 남원에 거주하는 구대 진사 댁 비복이온대, 진사님 금년 같은 별연 궁춘*에 팔십 노모님 초상을 당하시어, 미처 염습제구(殮襲諸具)를 준비하지 못하시어 소인 내외를 팔려고 하여 저희들이 왔나이다."

대감이 본래 적선*하기를 좋아하는지라.

"너희 둘을 팔려고 한다면 얼마나 달라고 하던가?"

진사가 말하기를,

"오십 냥이면 넉넉히 된다고 합니다."

대감이 말하기를,

"너희들은 충노충비(忠奴忠婢)로구나."

하시고,

"다시 이것을 가지고 가서 네 상전의 초종(初終) 양례(兩禮)까지 치른 후에 와서 드난하라*."

하시었다.

[중략 부분의 줄거리] 진사는 대감이 준 돈을 가지고 어머니의 상을 치르러 떠나고 부인은 대감의 집에 남아 노비로 지내며 고초를 겪다가 두 사람의 본래 신분이 밝혀진다.

대감은 그 길로 탑전에 들어가 땅에 엎드려 아뢰기를,

"소신이 천한 나이를 먹어서 조정에도 응당 추잡한 일만 할 것이니, 신은 집으로 물러가오리다."

전하께서 이 말을 들으시고 옥루(玉淚)*를 흘리시고 가라사대,

"경이 무슨 추잡한 일이 있어서 거짓 칭탈(稱頉)*을 하는고?"

하시니 대감이 다시 아뢰어 가로되,

"신이 어두워 전라도 남원에 거한 구대 진사 이태경을 몰라보고 천사(賤事)의 노복으로 몇 달 부렸사오니, 신의 죄를 조정에 전하시어 국법을 바르게 하옵소서."

전하가 말씀하시기를,

"경의 말을 짐이 전혀 모르겠구나."

하시매 대감이 다시 아뢰기를,

4

고
전
소
설

1 심씨는 (   )는 한 몸이니 자신도 진사를 따라가겠다고 주장하고 있어.

2 진사는 노모의 초상을 치르기 위해 자신의 신분을 (   )이라고 속이고 자신과 부인을 직접 팔려고 해.

- **부창부수:** 남편이 주장하고 아내가 이에 잘 따름. 또는 부부 사이의 그런 도리.
- **신원하다:** 가슴에 맺힌 원한을 풀어 버리다.
- **비복:** 계집종과 사내종을 아울러 이르는 말.
- **궁춘:** 묵은 곡식은 다 떨어지고 햇 곡식은 아직 익지 아니하여 식량이 궁핍한 봄철의 때.
- **적선:** 착한 일을 많이 함.
- **드난하다:** 임시로 남의 집 행랑에 붙어 지내며 그 집의 일을 도와주다.
- **옥루:** 1) 구슬 같은 눈물. 2) 임금의 눈물을 이르는 말.
- **칭탈:** 무엇 때문이라고 핑계를 댐.

┌ ❸ "다름이 아니오라 태경이 금년의 별연 궁춘에 팔십 노모에 초상을 당하여 염습제구를
[B] 미처 준비하지 못하여 저의 내외에게 팔려온 것을, 신이 아득히 몰라보고 몇 달 부렸사
└ 옵니다. 신의 죄가 이만저만 아니오니, 이에 상달하나이다."

전하 들으시고 옥루를 흘리시고 말씀하시기를,

"태경의 효성은 짐도 몰랐거든 경이 어찌 알리오. 짐이 구중궁궐에 깊이 처하여 민간의 적
자와 백성이 이같이 빈곤에 빠져 있어도 아득히 몰랐으니, 이는 경의 죄도 아니요 태경의
죄도 아니요, 이는 짐의 죄로다. 수원수구(誰怨誰咎)*하리오."

하시었다.

　　　　　　　　　　　　　　　　　　　　　　　　　　　　　– 작자 미상, 「이태경전」 –

❸ 대감은 임금께 자신의 (　　)를 직접
고하고 있어. 태경이 노비로 팔려 온 것을
알아보지 못하고 사서 부렸던 것을 고백
하고 있는 거야.

*수원수구: 누구를 원망하고 누구를
탓하겠냐는 뜻으로, 남을 원망하거나
탓할 것이 없음을 이르는 말.

✏️ 1분컷 작품 정리

주요 인물	주요 사건
• **진사(태경):** _____의 장례를 치르기 위해 스스로 비복이 되기를 자처함 • **심씨:** 진사의 부인. 남편을 따라 함께 노비를 자처함 • **부친:** 진사와 심씨의 ___에 나타나 오흥 대감을 찾아가라고 함 • **대감:** 진사의 말에 속아 진사 내외를 노비로 부림. 진사의 본래 _____이 밝혀진 뒤 임금에게 자신의 죄를 고함 • **전하:** 대감의 말을 듣고 백성의 빈곤을 몰랐던 자신을 반성함	장면1 진사는 꿈에서 _____의 말을 듣고 스스로를 팔아 모친의 초종례를 마치려 하고, 심씨 또한 그 뜻에 따르려 함 장면2 진사와 심씨는 _____을 찾아가 스스로를 노비로 팔겠다고 함 장면3 진사와 심씨의 본래 신분을 알게 된 대감이 _____에게 자신의 죄를 고하고, 임금은 백성의 상황을 살피지 못했음을 반성함

7. [A]는 상대의 호감을 얻기 위해 상대를 격려하고 있고, [B]는 사건을 해결하기 위해 상대에게 용기를 북돋워 주고 있다.　　　　　　　　　　　　　　　　　　　　　◎ ⊗

8. [A]는 자신의 손해를 줄이기 위해 상대의 요청을 거절하고 있고, [B]는 상대의 손해를 줄이기 위해 상대를 설득하고 있다.　　　　　　　　　　　　　　　　　◎ ⊗

9. [A]는 자신의 목적을 달성하기 위해 거짓을 말하고 있고, [B]는 상대의 의문을 해소하기 위해 사건의 내용을 밝히고 있다.　　　　　　　　　　　　　　　　　◎ ⊗

1~3 다음을 읽고 1분컷 작품 정리를 채운 뒤 선지의 적절성을 판단해 보세요.

고1 2017학년도 11월

> 장면을
> 3개로 끊고
> 등장인물에
> 표시하여
> 읽어 봐!

차설, 성주 땅에 심현이란 재상이 있어 다만 일자(一子)를 두었으되 이름은 의량이라. 방년 십오에 등과˙ 입신하여 명망˙이 조야에 가득하매, 심상서 지극히 사랑하여 아름다운 규수를 구할 새 추상서 집 처녀의 용모 재질이 매우 뛰어남을 듣고 매파를 보내어 통혼하니, 추상서 또한 이왕 심의량의 문장 조화가 출중함을 아는 고로 허락하여 보내고 즉시 소저를 불러 심상서 집 사연을 이른대, 소저 듣기를 마치고 얼굴빛을 달리하며 대왈,

"소녀 일찍 아뢰지 못함은 여자의 도리에 당돌하온고로 자연 미루어 지체하였더니, 이제 대인 말씀을 들사오매 어찌 숨기리이까? 소녀 운향사에 갔을 때에 남양 땅에 있는 양상서의 아들 산백을 만나 삼년 함께 고생하였는데, 정의 상합하여 천지께 맹서하여 사생간(死生間) 서로 저버리지 말자 하오되 다만 종적을 속였삽더니, 양생은 본래 총명이 과인한고로˙ 소녀의 본적을 살피옵고 춘정(春精)˙을 금치 못하매, 소녀 급히 도망하여 집으로 오면서 벽상에 이별시를 기록하여 언약을 잊지 말자 하옵고 왔사온즉, 비록 예를 이루지 아니하였사오나 맹약˙은 이미 하였으매, 부모 아직 양생을 못 보신지라, 조만간에 양생이 찾아오리니, 바라옵건대 부모는 소녀의 깊은 정회˙를 살피소서."

하거늘, 상서 대로 왈,

"내 집이 비록 패망하나, 너 같은 불효녀를 두어 문호˙에 욕되게 할 줄 어찌 생각하여 헤아렸으리요. 다시 이런 말을 내지 말라."

하니, 소저 황급 왈,

[A] ┌ "소녀의 맹세를 위하여 규중 처자로 올바른 도리를 다함에 응하고자 함이오니,
    │ 이제 소녀 하온 말씀은 정절에 마땅하온 바이어늘 어찌 문호에 욕된다 하시
    │ 나니이까. 비록 맹약이라도 중도에 약속을 저버리건대 이 또한 절개를 지키지
    └ 아니하옴이니, 부모는 다시금 생각하소서."

하고, 침소에 돌아와 심중에 혜오되,

㉠'부명(父命)을 좇은즉 절개를 잃음이요, 좇지 아니한즉 불효되리니, 차라리 내 몸이 죽어 혼백이라도 양생을 의지하리라.'

하고 베개를 의지하여 누웠더니, 문득 시비 들어와 양생의 말을 일일이 고하거늘, 소저 부모 알까 생각하여 시비로 하여금 후원 앵춘당으로 양생을 인도하라 하고, 내당에 들어가 부친께 고왈,

"운향사의 지주 고한대 양생이 왔다 하오니, 엎드려 원하옵건대 부친은 한번 봄을 허락하소서."

상서 노왈,

"네 끝내 아비를 가벼이 여겨 이런 말을 하는데, 누구 빨리 양생을 좇아 보내라."

하니, 소저 슬피 울며 왈,

"이제 그가 불원 천리하고 왔삽거늘, 어찌 박절히 좇아 보내리이까."

• **등과**: 과거에 급제하던 일.
• **명망**: 널리 알려진 이름과 세상 사람이 따르는 덕망을 아울러 이르는 말.
• **과인하다**: 능력, 재주, 지식, 덕망 따위가 보통 사람보다 뛰어나다.
• **맹약**: 굳게 맹세한 약속.
• **정회**: 생각하는 마음. 또는 정과 회포를 아울러 이르는 말.
• **문호**: 대대로 내려오는 그 집안의 사회적 신분이나 지위.

한대, 상서 듣기를 마치고 혜오되,

  '일이 이렇게 되었으니 잠깐 보게 하리라.'

하고 비로소 허락하니, 소저 침소에 돌아와 기쁨을 이기지 못하여 단장을 고치고 후당에 나아가 양생을 맞아 예절을 갖추어 마주 대하니 양생이 눈물을 머금으며 왈,

  "내 낭자를 이별한 후 무성한 근심으로 세월을 허비하다가 만 가지 즐거움이 소용이 없고 헛되이 근심하여 가오니, 낭자는 이 사정을 어여삐 여기소서."

하더라.

[중략 부분의 줄거리] 아버지의 반대로 추소저가 양생의 구애를 거절하자 양생은 추소저가 왕래하는 길가에 자신을 묻어줄 것과 자신의 편지를 추소저에게 전해 달라는 것을 유언으로 남기고 죽는다. 추소저는 심의량과의 혼례 후 양생의 죽음을 알게 되어 신행을 핑계로 양생의 무덤에 가서 제문을 올린다. 그때 갑자기 무덤이 갈라지고 추소저가 무덤 안으로 뛰어들자 신행을 따라가던 일행은 당황해 한다. 한편 추소저는 죽어 양생을 만나게 되고 둘은 함께 지장왕 앞에 이르게 된다.

  지장왕이 황건역사를 명하여 이르되,

  "이 두 사람을 데리고 인간에 내려가 혼백을 육신에 붙이고 오라."

한대, 역사 수명하고˙ 양인˙을 거느려 운남산으로 향할새, 한곳에 다다르니 산수는 수려하고 화초는 난만한데 단청을 곱게 하여 아름답게 꾸민 집이 아득하며 수놓은 문과 담장이 영롱하거늘, 양생이 문왈,

  "이곳은 어디며, 이 집은 뉘 집이뇨?"

  역사 왈,

  "그대 인생살이에 시력이 상하여 고향을 모르는도다. 이 산은 봉래산이요, 이 집은 수정궁이라. 전일 그대 삼신산 신선과 더불어 풍경을 완상하여 세월을 보내더니, 이월 그믐은 영보도군(靈寶道君)의 탄일이라. 상제 잔치를 열어 즐기실새, 이때 낭자 참례하였다가 일시 춘정을 이기지 못하여 그대와 더불어 외통함을 상제 아시고 그대 양인을 적강(謫降)˙하시니라."

하더라.

  차시는 추구월(秋九月) 보름이라. 월출동령하여 청광이 조용한 곳에 한 줄 무지개 월궁으로부터 일어나 하나는 추씨의 무덤에 박히고 하나는 양생의 무덤에 박히더니, 문득 두 무덤이 일시에 갈라지며 무덤 속 오운(五雲)이 일어나는 곳에 두 사람의 시체가 움직여 일어나며 무지개 다리를 좇아 한곳에 모이매, 서로 반가움을 이기지 못하여 들입다 붙들고 왈,

  "오늘날 우리 양인의 만남이 어찌 하늘이 정함이 아니리요."

하고, 서로 이끌어 평강으로 향하여 가니라.

  차설, 앞서 추씨를 신행(神行)˙하여 가던 일행이 소저가 무덤 속으로 들어감을 보고 일변 신기히 여기며 일변 매우 급하여 어찌할 바를 몰라 서로 돌아보아 왈,

  "돌아가 무슨 말씀으로 노야께 고하리요."

하며 망설이다가, 인하여 본부(本府)에 돌아가 소저의 전후 사연을 세세히 고하거늘, 상서 부부 이 말을 듣고 몹시 놀라 왈,

˙**수명하다:** 명령을 받다.

˙**양인:** 두 사람.

"우리 부부 늘그막에 일녀를 두었다가 양가 자식으로 말미암아 천고에 없는 변괴를 당하니 누구를 원망하리요."

하며, 주야 슬퍼하여 왈,

[B] "당초에 여아의 말을 좇아 심가를 거절하고 양산백을 찾아 결혼하였던들 저희 평생을 즐길 것이요, 우리 또한 의탁할 곳이 있을 것이어늘, 내 생각이 미욱 하여* 이 지경을 당하매 어찌 후회함을 면하리요."

하더니, 이럭저럭 수삭이 지난 후 일일은 문득 시비 기쁜 빛이 얼굴에 가득하여 엎드러지고 곱드러지며 급히 들어와 왈,

"우리 소저 살아 오시나이다."

하며 허둥지둥하거늘, 상서 부부 반신반의하며 급히 물어 왈,

"세상에 죽은 사람이 살아옴을 보지 못하였거든, 너희는 어떠한 사람을 보고 소저라 하여 우리 심사를 산란케 하는다."

하였더니, 이윽고 시비 등이 일제히 소저와 양생을 데리고 들어오며 매우 기뻐하거늘, 상서 부부 황망히 소저를 붙들고 울며 왈,

"네 진짜 살아 오느냐, 네 죽은 혼이 우리를 희롱함이냐. 네 우리를 버리고 어디를 갔다가 이제 돌아오느냐. 그 진짜와 가짜를 깨닫지 못하매 너는 실정을 베풀어라. 저 선비는 뉘뇨?"

소저 눈물을 거두고 가로되,

"소녀 부모께 불효를 끼침이 죄당만사(罪當萬死)*오며, 차인은 운향사에서 함께 고생하던 양생이로소이다. 소녀 양생과 더불어 전생 인연이 있삽기로 이승에서 부부 되어 백년 동락하려 하옵다가, 조물(造物)이 시기하므로 양생이 함원치사 (含怨致死)*하고 소녀 또한 여차여차하여 죽었삽더니 명부에서 우리 양인을 불쌍히 여기사, 세상에 도로 나가 전생의 미진한 연분을 맺으라 하시고 소녀와 양생의 혼백을 보내어 육신에 붙이매, 이러므로 우리 양인이 환생하오니 이 어찌 인력으로 하올 바이리까."

하더라.

— 작자 미상, 「양산백전」 —

•**춘정:** 남녀 간의 정.
•**적강:** 신선이 인간 세상에 내려오거나 사람으로 태어남.
•**신행:** 혼인 때 신랑이 신부집에 가거나, 신부가 신랑집으로 가는 일.
•**죄당만사:** 지은 죄가 너무 커서 죽어 마땅함.
•**함원치사:** 원한을 품고 죽음에 이름.

•**미욱하다:** 하는 짓이나 됨됨이가 매우 어리석고 미련하다.

주요 인물	주요 사건
• 추소저: 맹약을 한 양생의 죽음을 알고 양생의 ＿＿＿＿ 안으로 뛰어듦 • 추상서: 추소저와 양생의 만남을 반대하다가 딸을 잃은 뒤 ＿＿＿＿ 함 • 양생: 추소저와 사랑에 빠졌지만 구애를 거절당하자 유언을 남기고 죽음. 저승에서 ＿＿＿＿＿를 만나 함께 이승으로 돌아옴	장면1 추소저는 부모님께 과거 양생과 맹약을 했다고 고백했지만 추상서는 둘 사이를 ＿＿＿＿ 함 장면2 ＿＿＿＿＿에서 만난 추소저와 양생은 지장왕의 명에 따라 이승으로 돌아감 장면3 추소저의 죽음을 슬퍼하던 추상서 부부는 살아 돌아온 추소저와 양생을 만나 기뻐함

⌐ 작품의 표현상 또는 서술상의 특징을 묻는 문제

1. 윗글에 대한 설명으로 가장 적절한 것은?

① 인물의 말을 통해 사건을 요약적으로 제시하고 있다.

② 구체적인 시대를 언급하여 내용의 사실성을 높이고 있다.

③ 삽입 시의 내용을 통해 앞으로 일어날 일을 예고하고 있다.

④ 언어유희를 활용하여 인물의 상황을 해학적으로 드러내고 있다.

⑤ 장면에 따라 서술자를 교체하여 다양한 관점에서 사건을 해석하고 있다.

⌐ 작품의 내용에 대한 사실적·추론적 이해를 묻는 문제

2. [A]와 [B]에 대한 이해로 가장 적절한 것은?

① [A]는 자신의 본분에 충실할 것을 밝히며 상대방을 설득하고 있고, [B]는 자신에게 일어났던 일을 돌이켜 보며 스스로에 대한 자긍심을 표출하고 있다.

② [A]는 미래에 일어날 일을 예측하며 상대방의 태도 변화를 유도하고 있고, [B]는 과거에 일어난 일을 회상하며 상대방에 대한 서운함을 토로하고 있다.

③ [A]는 상대방의 부도덕한 행위를 언급하며 상대방에 대한 불신을 드러내고 있고, [B]는 상대방 견해의 논리적 모순점을 제시하여 상대방을 비판하고 있다.

④ [A]는 자신의 신분과 처지를 근거로 하여 자신의 생각이 옳음을 드러내고 있고, [B]는 자신의 지위와 상황을 근거로 하여 자신의 결정이 불가피함을 드러내고 있다.

⑤ [A]는 자신의 주장이 정절에 어긋나지 않음을 내세우며 상대방이 생각을 바꾸기를 바라고 있고, [B]는 현재와는 다른 상황을 가정하여 자신의 행동을 뉘우치고 있다.

외적 준거를 참고한 작품의 감상을 요구하는 문제

3. 〈보기〉를 참고하여 윗글을 이해한 내용으로 적절하지 <u>않은</u> 것은? [3점]

> 보기
>
> 「양산백전」에서 남녀 주인공인 양산백과 추소저는 초월 세계와 현실 세계를 넘나들며 사랑을 이어가고 있다. 주인공들이 이동하는 공간을 시간 순서에 따라 도식화하면 다음과 같다. 여기서 적강, 죽음, 재생의 모티프는 주인공들이 다른 세계로 이동하게 되는 요인으로 작용한다.
>
>

① ⓐ에서 ⓑ로 양산백과 추소저가 적강한 것은 상제에 의해 이루어진 사건이군.

② ⓑ에서 추소저는 자신의 의사와 달리 심의랑과의 혼례가 추진되기 때문에 시련을 겪고 있군.

③ ⓑ에서 양산백은 추상서가 추소저와의 대면을 허락하지 않았기 때문에 추소저를 보지 못한 채 죽어 ⓒ로 가게 되는군.

④ ⓒ에서 양산백은 자신이 ⓐ에서 신선과 함께 생활했던 일을 황건역사를 통해 듣게 되었군.

⑤ ⓓ에서 추소저는 상서 부부에게 자신과 양산백이 재생하게 된 이유를 설명하며 자신들의 재생이 필연적임을 강조하고 있군.

강연을 5개로 끊고 등장인물에 표시하여 읽어 봐!

천자 가만히 북문을 열고 도망하실새, 길은 없고 다만 산이 가리우니 어찌 행하리오. 적장 강공 형제 천자를 쫓아오며 무수히 무찌르니, 최두와 왕건 두 사람이 천자를 호위하며 닫더니, 적병이 급함을 보고 칼을 들고 내달아 싸우더니, 일합이 못 하여 강공은 최두를 베고, 강녕은 왕건을 베니, 송 진영에 남은 군사 싸울 마음 없는지라. 강공이 칼을 춤추며 외쳐 왈,

"송 천자는 죽기를 두리거든 빨리 나와 내 칼을 받으라."

하고 점점 가까와 오니, 천자가 황황망조하여 앙천통곡 왈,

"송조 백여 년 기업이 짐에게 이르러 망할 줄 알리오."

하시고 어찌할 줄 모르시며, 찼던 **인검을 빼어서 자결코자 하**시더니, 천만의외에 한 소년 장수가 나는 듯이 내달아 천자를 구하고 적병을 엄살하니, **아지 못하겠어라. 이 어떤 사람인고.**

㉠**선설˚**, 유실부가 모친 슬하를 떠나 말을 타고 연무대를 찾아 천자가 친히 출정하시는 군중에 참여코자 하였더니, 천자가 그 나이 어림을 꺼리사 무용지인(無用之人)으로 내치심을 보고 물러나매, 그 향할 바를 아지 못하고 말을 이끌고 초조히 다니며 부친 소식을 탐지하더니, 한 주점을 찾아 밥을 사 먹으며 쉬더니, 문득 백발 노인이 갈건야복으로 청려장을 끌고 지나다가, 유생을 보고 급히 들어와 문 왈,

"그대 아니 유실부인다?"

유생이 그 노인의 늠름한 거동을 보고 일어 공경 대 왈,

"과연 그렇도소이다."

노인 왈,

"내 그대에게 가르칠 말이 있으니, 나와 한가지로 집에 감이 어떠하뇨?"

(중략)

수 권 서책을 내어 놓고 보라 하니, 유생이 일견에 신통한 술법임을 알고 인하여 배우니, **불과 수년지내(數年之內)에 능히 재주를 통**한지라. 노인이 기뻐 실부에게 일러 왈,

[A] "그대 이제 천지조화지리를 알았으니, 세상에 나아가 천자의 위태함을 구하고, 꽃다운 이름을 후세에 전하라."

유생이 이미 도적이 군사를 일으켜 천자가 출정하심을 짐작하였으나, 위태하심을 구하란 말을 듣고 크게 놀라 문 왈,

"대인 이런 산중에 은거˚하시며 어찌 세상일 알으시니이까?"

노인이 미소 왈,

"내 자연 알 일이 있기로 알거니와, 사람이 때를 잃음이 불관(不關)하니, 이별이 심히 서운하나 어찌 면하리오."

하고 행장을 차려 주며 떠남을 재촉하니, 생이 마지못하여 절하며 왈,

"대인의 은혜로 배운 일이 많사올 뿐 아니라 천륜(天倫) 같은 정의(情義)를 졸연히 이별하오니, 어느 날 다시 만남을 아지 못하리로소이다."

•은거: 세상을 피하여 숨어서 삶.

노인이 더욱 기특히 여겨 왈,

"일후 나를 찾고자 하거든, 백학산 백학도사를 찾으라."

하고, 한가지로 산에 내려 작별하고 문득 간 데 없는지라. 유생이 신기히 여겨 백학산을 바라보고 무수히 감사드려 절하며, 길을 찾아 말을 타고 황성(皇城)으로 향하더니 날이 저물매 저녁을 사 먹고 밤이 깊도록 잠을 이루지 못하더니, 홀연 일위 선관(仙官)이 앞에 나와 절하고 왈,

[B] "소제(小弟)는 동해 용왕의 둘째 아들이옵더니, 부왕의 명을 받자와 형장께 당부할 말이 있기로 왔삽거니와, '지금 천하가 요란하여 명일 신시(申時)에 천자의 위태함을 구할 자는 당금(當今) 유실부라.' 하시기로 왔사오니, 부디 때를 잃지 말고 아름다운 이름을 후세에 전하소서."

하거늘, 유생이 이 말을 듣고 무슨 말을 묻고자 하다가 홀연 벽력(霹靂) 같은 말소리에 놀라 깨달으니 꿈이라. 유생이 급히 일어나 마음을 진정치 못하고 날이 새기를 기다려, 다시 말을 타고 채를 치니 순식간에 오백여 리를 행한지라. 바로 황성으로 향하더니, 문득 공중에서 외쳐 왈,

"장군은 황성으로 가지 말고 남평관 북문 밖으로 가라."

하거늘, 유생이 비로소 신령이 지시함을 짐작하고 말을 달려 남평관을 찾아가니, 관중에 적병이 웅거하고 산하에 호통 소리 진동하거늘, 생이 분기를 이기지 못하여 갑주를 떨치고 칼을 춤추며 십만 적병을 풀 베듯 하여 무인지경(無人之境)같이 하여 들어가니, 적장 강공과 강녕이 천자를 에워싸고 무수히 꾸짖고 욕하며 항복하라 재촉하거늘, 유생이 분기 대발하여 쟁룡검을 두르고 짓쳐 들어가니, 장졸의 머리 무수히 떨어지는지라.

강공과 강녕이 비록 용맹하나 불의지변(不義之變)을 만나매 미처 손을 놀리지 못하여, 쟁룡검이 이르는 곳에 강공과 강녕의 머리 칼빛을 좇아 떨어지는지라. 호로왕이 몹시 놀라 남은 군사를 이끌고 십 리를 물러 제장을 불러 왈,

"아까 강공 형제 벤 장수는 천신(天神)이 아니면, 이는 반드시 신장(神將)이로다."

하고 양장의 죽음을 슬퍼하더라.

유생이 적장의 머리를 칼끝에 꿰어 들고 바로 천자 앞에 나아가 복지(伏地) 주 왈,

"신은 당초 연무대에서 말 달리던 유실부옵더니, 황실의 위태하심을 듣삽고 혈기지분(血氣之忿)으로 **당돌히 전장에 참여하여** 다행히 적군을 물리치오나, 천명(天命)을 어기었사오니 군법으로 시행하소서."

차시*, 천자가 적진에 싸여 거의 잡히기에 이르매, 하늘을 우러러 통곡하고 자결코자 하시더니, 난데없는 소년 장수가 나는 듯이 들어와 일합에 적장을 베고, 좌충우돌하여 화망을 벗겨 줌을 보시고 천심을 진정하사 좌우에게 물어 가라사대,

"저 어떤 장수인고? 필경 천신이 도우심이로다."

하시고 신기히 여기시더니, 오래지 아니하여 그 소년 장수가 적장의 머리를 가지고 엎드리며, 성명이 유실부라 하여 죄를 청함을 보시고, 천심이 기쁘사 친히 내려 그 손목을 잡으시고 타루(墮淚) 왈,

"저 즈음에 짐이 경의 용맹 있음을 짐작하였으나 그 소년을 아껴 감히 쓰지 못하였더니, 이제 경이 짐의 어리석음을 생각지 아니하고 짐의 급함을 구하여 송 왕실을

회복하고 사직(社稷)을 안보케 되니, 그 공을 갚을 바를 아지 못하거니와, 경의 부친은 이름이 무엇이뇨?"

생이 머리를 조아리며 왈,

"신의 아비는 한림학사 유태사요, 조부는 호부상서 유방이로소이다."

– 작자 미상, 「월왕전」 –

● **선설**: 앞의 이야기를 하자면.
● **차시**: 이때.

🖉 1분컷 **작품 정리**

주요 인물	주요 사건
• **천자**: 전장에서 위기에 처하지만 유실부의 활약으로 목숨을 구함	장면 1 적장 강공과 강녕에 의해 천자가 죽을 위기에 처함
• **유실부**: ＿＿＿＿＿＿＿＿＿서 출정하지 못했으나 하늘의 계시를 듣고 천자를 구함	장면 2 출정을 거절당한 유실부는 ＿＿＿＿＿을 만나 가르침을 받음
• **백발노인**: 유실부에게 가르침을 줌	장면 3 유실부의 꿈에 ＿＿＿＿이 나타나 천자를 구하라고 함
• **선관**: 유실부의 ＿＿에 나타나 천자를 구하라고 함	장면 4 유실부가 전장으로 가 적병을 물리치고 ＿＿＿를 구함
• **강공 형제**: 천자의 장수들을 베고 천자에게 ＿＿＿을 재촉함	장면 5 유실부에 의해 목숨을 구한 천자는 고마움을 표함

> 작품의 내용에 대한 사실적·추론적 이해를 묻는 문제

4. 윗글을 이해한 내용으로 가장 적절한 것은?

① 천자는 북문을 나와 유실부가 있는 곳으로 몸을 피했다.

② 최두와 왕건의 충성에 송나라 군사들은 전의를 불태웠다.

③ 연무대를 나온 유실부는 주점에서 부친을 간절히 기다렸다.

④ 유실부는 술법을 배우려고 백발노인을 찾아 산천을 헤맸다.

⑤ 유실부는 명을 어기고 출정한 점에 대해 천자께 죄를 청했다.

작품의 내용에 대한 사실적·추론적 이해를 묻는 문제

5. ㉠의 서사적 기능으로 가장 적절한 것은?

① 유실부의 활약을 소개해 천자의 위태로운 상황을 부각한다.

② 유실부의 행적을 서술해 최두를 만나게 된 내막을 부각한다.

③ 유실부의 고난을 드러내 천자가 조력자가 된 사연을 부각한다.

④ 유실부의 정체를 밝혀 영웅적 활약상을 펼친 배경을 제시한다.

⑤ 유실부의 가계를 언급해 고귀한 혈통을 지닌 내력을 제시한다.

외적 준거를 참고한 작품의 감상을 요구하는 문제

6. 〈보기〉를 바탕으로 윗글을 감상한 내용으로 적절하지 <u>않은</u> 것은? [3점]

> **보기**
>
> 「월왕전」은 유교적 충효 사상을 주제로 한 군담소설로서 19세기 무렵 민간에서 판각한 방각본 소설이다. 상업성을 추구했던 대개의 방각본 소설처럼 이 작품도 주로 오락적 목적의 독서를 즐겨 하는 독자층을 겨냥한 다양한 소설적 기법을 구사하고 있다. 전기적(傳奇的) 요소의 활용은 물론, 극단적 상황 설정, 이야기의 흐름을 끊는 단절 기법, 속도감 있는 사건 전개를 위한 압축적인 사건 서술이 잘 나타나 있다.

① 천자가 쫓기다 '인검을 빼어서 자결코자 하'는 데서 극단적 상황을 통해 긴박감을 조성하고 있군.

② '아지 못하겠어라. 이 어떤 사람인고.'에서 단절 기법을 통해 소년 장수에 대한 독자의 궁금증을 유발하고 있군.

③ '불과 수년지내에 능히 재주를 통'했다는 데서 유실부가 신통한 술법을 갖춘 과정을 압축적으로 제시하고 있군.

④ '유생이 적장의 머리를 칼끝에 꿰어 들고 바로 천자 앞에 나아가'는 데서 전기적 요소가 드러나고 있군.

⑤ 위태로운 황실의 상황을 듣고 '당돌히 전장에 참여하'여 적장을 물리치는 데서 유교적 충의 사상이 나타나 있군.

작품의 내용에 대한 사실적·추론적 이해를 묻는 문제

7. [A], [B]에 대한 설명으로 적절하지 <u>않은</u> 것은?

① [A]는 [B]와 달리 현실 상황에서 이루어지고 있다.

② [B]는 [A]와 달리 행동의 시의성을 강조하고 있다.

③ [A]는 상대의 능력을, [B]는 권위자의 명령을 근거로 한 발화이다.

④ [A]는 수행할 임무를, [B]는 임무 수행의 구체적인 방법을 서술하고 있다.

⑤ [A]와 [B]는 모두 상대의 명망이 높아질 것에 대한 기대를 나타내고 있다.

고3 2014학년도 10월B

장면을 3개로 끊고 등장인물에 표시하며 읽어 봐!

[앞부분의 줄거리] 남윤은 전란으로 인해 포로가 되어 일본으로 끌려가게 된다. 왜왕이 남윤의 인물됨을 알아보고 공주와 결혼시키려 하나 남윤은 본국에 아내가 있음을 이유로 이를 거부해 위기에 빠진다. 하지만 공주의 간언으로 위기에서 벗어나고, 공주와 친밀한 사이가 된다. 그 후 어느 날 남윤은 꿈을 꾸게 된다.

　푸른 옷을 입은 선녀가 남윤에게 말하기를,
　"저 붉은 도포에 금관을 쓰신 분은 옥황상제요, 좌우에 시위하는 이는 여러 부
　처와 신선이요, 녹의홍상한 이는 모두 선녀입니다. 오늘이 마침 칠월 칠석이매
　견우와 직녀가 서로 만나는 고로 이렇게 모였습니다. 옥황상제께서 명하시어
　인간에 적강한 선관과 선녀를 불러 배필을 정하려 하심이니 그대를 부르옵거든
　대답하옵소서."
하고, 즉시 올라가 남윤을 패초하였다고 아뢰니, 옥황상제가 묻기를,
　"추성(箒星)은 배필을 거느리고 왔느냐?"
하였다.
　한 선녀가 대답하기를,
　"다 불러왔나이다."
　옥황상제가 전지하여 각각 차례로 부르라 하시니, 한 노승이 육환장(六環杖)을
짚고 장삼을 입고 염주를 목에 걸고 앞에 나와 명을 듣잡고 섬돌에 내려서며 푸른
옷을 입은 선녀에게 명하여 남윤을 부르라 하였다. 선녀가 명을 받들어 남윤을 인도
하여 섬돌 아래에 세우고 옥황상제의 명을 전하기를,
　"추성으로 말미암아 세 선녀가 투기하여 남방의 재변이 매우 심하기로 인간 세
　상에 적강시켰으니, 인간에 거처한 연한이 지나거든 모두 모여 즐기다가 나이
　칠십이 차거든 올라오되, 월중선은 그 중에 죄가 가벼우니 십 년 후에 먼저 불러
　올리리라. 너희는 자세히 명령을 들으라."
하시니, 남윤의 뒤에서 각각 승명하였다. 남윤이 놀라 돌아보니 하나는 일본국
공주요, 하나는 함흥부 옥경선이요, 하나는 잘 아는 얼굴이로되 옷고름에 혈서를
찼으니 반드시 이씨 석랑이었다.
　남윤이 창황 중에 노승에게 묻기를,
　"네 사람 중에 월중선은 무슨 연고로 구태여 십 년 만에 올라오라 하시나이까?"
　노승이 말하기를,
　"석랑은 옥경선과 일심이 되어 월중선을 모해하는 까닭에 세 사람은 조선에 적강
　하며 고생하며 지내게 하고, 월중선은 그 중에 죄가 적으므로 일본국 공주가 되어
　편안히 즐기게 함이라. 네 사람을 각각 적강시킬 때에 월중선은 일본으로 보내고
　세 사람은 조선 안변 서화사에 부탁하여, 추성은 남두성의 독자가 되고, 석랑은
　이경희의 여식이 되고, 옥경선은 그 중에 죄가 더 무거워서 함흥의 기녀가 되어
　고생하게 하였나니, 나는 안변 서화사의 부처라. 그대들이 어찌 나를 모르느냐?"
하고, 이어서 소매에서 푸른 구슬 네 개를 내어 각각 하나씩 주며 말하기를,

- **간언:** 웃어른이나 임금에게 옳지 못하거나 잘못된 일을 고치도록 하는 말.
- **시위하다:** 임금이나 어떤 모임의 우두머리를 모시어 호위하다.
- **남방의 재변:** 남쪽 지방에 재앙으로 인하여 생긴 사고.
- **연한:** 정하여지거나 경과한 햇수.
- **승명하다:** 임금의 명령을 받들다.
- **창황:** 놀라거나 다급하여 어찌할 바를 모름.
- **독자:** 다른 자식이 없이 단 하나뿐인 아들.

"이로써 일후 표식을 삼아 천생배필인 줄 알라. 그리고 인간에 내려가 월중선을 만나 십 년 동안 함께 즐기다가 먼저 올려 보내고, 본국에 돌아가 석랑과 옥경선을 찾아 함께 즐기다가 나이 칠십이 차거든 올라오라."

하고 봉황으로 하여금 인도하여 나가게 하였다. 중문을 나오다가 실족하여 높은 섬돌에서 떨어져 놀라 깨달으니 일장춘몽이었다. 한 손에 구슬이 쥐여 있거늘 남윤이 탄식하기를,

"몽사가 기이하도다."

하고 태자에게 전하여 왜왕께 아뢰었다. 왜왕이 기특히 여겨 즉시 공주와 왕비에게 이르니 공주의 몽조° 또한 이러하고 구슬이 있었다. 즉시 ㉠구슬 두 개를 서로 비교하니 터럭만큼도 다름이 없으니, 왜왕이 더욱 기특히 여기시어 말하기를,

"이는 천정배필이니 누가 감히 말리리오?"

즉시 택일하여 화촉지례°를 이루매, 교배석에 나가니 신랑의 아름다운 풍채와 신부의 선명한 태도는 하늘이 감동할 만하였다. 태자궁 서편에 공주궁을 짓고 많은 보배를 상으로 주며 궁녀 삼백을 주고 궁궐 이름을 청천궁(靑天宮)이라 하였다.

부부의 금슬이 비할 데 없으나 마침내 수태(受胎)°함이 없으니 왕과 왕비 크게 근심하셨다. 이러구러 십 년이 지나매 일일은 공주가 가장 비감하여 눈물을 흘리며 말하기를,

"우리 인연이 멀지 아니하였으니 연연한 정을 장차 어찌하리오?"

남윤이 놀라 묻기를,

"이 말씀이 어떤 말씀이오니까?"

공주가 대답하기를,

[A]
"군자는 십 년 전 꿈속에 요지연에 갔던 일을 잊고 계시나이까? 첩의 사주를 보니 금년 팔월이면 반드시 죽을 것입니다. 첩이 죽으면 군자를 본국에 돌려보내지 아니하리니, 이때를 타서 도망함이 마땅하나 만경창파에 어찌 도달하리오? 첩이 죽더라도 다른 공주가 있으니, 알지 못하겠습니다. 군자는 재취하고저° 하나이까?"

남윤이 말하기를,

"공주와 더불어 하늘이 정한 인연이 있기로 마지못하여 부부가 되었습니다. 공주가 나를 이렇듯이 돌보아 생각하시니 감격하거니와 본국에 있는 배필이야 어찌 일시나 잊으리오? 바라건대 공주는 이제 영결한다고° 오열하시니 느꺼운 마음이 측량없습니다. 공주가 별세하시면 만리타국에서 외로운 나는 누구를 의지하여 살리오? 차라리 나도 공주와 같이 죽사와 천행으로 주인 없는 외로운 혼이나마 본국에 돌아감과 같지 못하도다."

하니, 공주가 또한 비감하여 말하기를,

[B]
"첩이 이제 죽으면 군자는 넓고 넓은 푸른 바다에 돌아갈 길이 아득할 것이니, 평생의 계교를 발하여 군자가 무사히 돌아가게 하리이다."

하고 서로 손을 잡고 종일 통곡하였다.

– 작자 미상, 「남윤전」 –

•패초: 명을 내어 부름. / •추성: 천상계에 있을 때 남윤의 호칭.

•몽조: 꿈에 나타나는 운이 좋고 나쁨의 징조.

•화촉지례: 혼례 의식.

•수태: 아이를 뱀. 또는 새끼를 뱀.

•재취하다: 아내를 여의었거나 아내와 이혼한 사람이 다시 장가가서 아내를 맞이하다.

•영결하다: 죽은 사람과 산 사람이 서로 영원히 헤어지다.

주요 인물	주요 사건
• 남윤: 천상계의 선관 추성. 꿈에서 옥황상제의 명을 듣고 인간 세계에서 일본국 공주와 혼인함 • 공주: 천상계의 선녀 _____. 인간 세계에서 구슬로 남윤과의 인연을 확인하여 혼인하고 십 년이 지나 죽음을 예감하며 슬퍼함 • 선녀: 남윤의 꿈에서 _____의 명을 전함 • 옥황상제: 인간 세계에 적강한 선관, 선녀를 불러 _____을 정함 • 노승: 남윤에게 천상계에서의 일을 알려 주고 구슬을 줘서 인간 세계에서 인연을 찾을 수 있도록 함 • 왜왕: 남윤과 공주를 배필로 여겨 혼례를 올리게 함	장면 1 남윤은 꿈에서 자신이 천상계의 인물이며 인간 세계에 _____ 한 것임을 알게 됨 - 장면 2 꿈에서 깬 남윤은 _____을 통해 공주와의 인연을 확인하고 혼례를 올림 - 장면 3 꿈의 내용에 따라 죽음을 예견한 _____는 슬퍼하고 남윤도 함께 슬퍼함

작품의 표현상 또는 서술상의 특징을 묻는 문제

8. 윗글에 대한 설명으로 가장 적절한 것은?

① 독백을 통해 인물의 내면적 성찰을 드러내고 있다.

② 시간의 역전적 구성을 통해 갈등을 구체화하고 있다.

③ 서술자가 직접 개입하여 부정적인 인물을 비판하고 있다.

④ 배경을 구체적으로 묘사하여 인물의 심리를 드러내고 있다.

⑤ 초월적 존재를 통해 과거의 사건을 요약하여 전달하고 있다.

작품의 내용에 대한 사실적·추론적 이해를 묻는 문제

9. ㉠의 서사적 기능을 〈보기〉에서 골라 바르게 묶은 것은?

【 보기 】

ㄱ. 꿈과 현실을 연결해 주는 매개˙가 된다.

ㄴ. 남윤과 공주의 인연을 확인하는 증거가 된다.

ㄷ. 남윤이 영웅적 인물로 탈바꿈하는 계기가 된다.

ㄹ. 공주와 왜왕 사이에 갈등을 유발하는 원인이 된다.

•매개: 둘 사이에서 양편의 관계를 맺어줌.

① ㄱ, ㄴ   ② ㄱ, ㄷ   ③ ㄴ, ㄷ

④ ㄴ, ㄹ   ⑤ ㄷ, ㄹ

외적 준거를 참고한 작품의 감상을 요구하는 문제

10. 〈보기〉를 참고하여 윗글을 감상한 내용으로 적절하지 <u>않은</u> 것은?

> 보기
>
> **선생님:** 「남윤전」은 남녀 주인공들이 같은 꿈을 꾸게 되며, 이들이 꿈속에서 들은 예언이 지상에서 그대로 실현된다는 특징을 가지고 있어요. 이러한 특징을 아래의 공간의 변화와 연결하여 읽어 봅시다.
>
>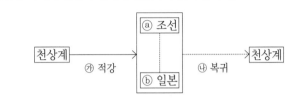

① '남윤'과 '공주'는 꿈을 통해 자신들이 ㉮를 하게 된 사실을 알게 되는군.

② '공주'는 자기가 죽은 후 '남윤'이 곧바로 ㉯를 할 수 있도록 준비하고 있군.

③ '공주'가 가장 먼저 ㉯를 하게 되는 이유는 ㉮ 이전의 죄가 상대적으로 가볍기 때문이군.

④ '남윤'은 공주가 ㉯를 하게 된 후에 ⓐ로 돌아가 '석랑'과 '옥경선'을 만나겠군.

⑤ '남윤'은 ⓑ에서 '공주'와 결혼했지만, ⓐ에 있는 아내를 잊지 못하고 있군.

작품의 내용에 대한 사실적·추론적 이해를 묻는 문제

11. [A]와 [B]에 대한 이해로 가장 적절한 것은?

① [A]에는 자신의 운명을 극복하려는 태도가 나타나 있다.

② [B]에는 상대방을 도우려는 의지가 드러나 있다.

③ [A]와 [B]에는 모두 상대방에 대한 불신감이 표출되어 있다.

④ [A]와 [B]는 모두 과거 일을 언급하며 상대방을 원망하고 있다.

⑤ [A]에는 이상향에 대한, [B]에는 세속적 공간에 대한 지향이 암시되어 있다.

5 극·수필

(1) 희곡은 희곡답게, 시나리오는 시나리오답게 읽어야 한다.

STEP 1 전략 세우기

① 희곡인지, 시나리오인지 확인한다.

시험에 자주 출제되는 극 문학에는 희곡과 시나리오가 있어. 희곡과 시나리오 모두 서사, 즉 이야기를 다루는 것이기에 기본적으로는 소설 지문을 읽을 때처럼 인물에 대해 파악하고 장면들 간의 관계에 주목하며 읽으면 돼.

하지만 희곡은 무대에서 연극 공연을 하기 위해서, 시나리오는 영상물을 촬영하여 상영하기 위해서 만들어진 문학이기 때문에 서로 다른 점도 분명히 있어. 따라서 극 문학이 출제된다면 지문이 희곡인지, 시나리오인지를 먼저 파악해야 해.

다행히 희곡과 시나리오를 구분하는 것은 그리 어렵지 않아. 장면 번호(scene number)가 있으면 시나리오로, 없다면 희곡으로 보면 되거든. 장면 번호를 표현하는 방법은 작가마다 조금씩 다르지만 대체로 'S#, S, #' 등으로 표현해.

지금부터 두 개의 지문을 보여 줄 테니 어느 것이 희곡이고, 어느 것이 시나리오인지를 판단해 봐!

#68. 산비탈 길

뚜벅뚜벅 걷고 있는 철호.

#69. 피난민 수용소 안(회상)

담요바지 철호의 아내가 주워 모은 널빤지 조각을 이고 들어와 부엌에 내려놓고 흩어진 머리칼을 치키며 숨을 돌리고 있다.

철호Ⓔ : 저걸 저토록 고생시킬 줄이야.

담요바지 아내의 모습 위에 ― O·L ―

여학교 교복을 입고 강당에 서서 노래를 부르고 있는 그 시절의 아내. 또 O·L되며 신부 차림의 아내가 노래를 부르고 있다. 그 옆에 상기되어 앉아 있는 결혼 피로연 석상의 철호. 노래는 '돌아오라 소렌토'.

#70. 산비탈

철호가 멍하니 시가지를 내려다보고 섰다. 황홀에 묻힌 거리.

― 이범선 원작, 이종기 각색, 「오발탄」 ―

- Ⓔ: 효과음(effect). 화면에 삽입된 음향.
- O·L(overlap): 하나의 화면이 끝나기 전에 다음 화면이 겹치면서 먼저 화면이 차차 사라지게 하는 기법.

(조명, 밝게 변화한다. 한가운데 펼쳐 있던 천막이 접혀지면서 무대 천장 위로 올라간다.
함묘진의 집. 함묘진이 성난 모습으로 등장한다. 함이정과 조승인은 서연의 관, 촛대, 향로
등을 무대 밖으로 갖고 나간다.)

함묘진: 동연아! 서연아! 어디 있느냐?
함이정: (무대 밖에서) 여긴 없어요, 아버지.
함묘진: 여기 집 안에도 없다……?
함이정: (무대 밖에서) 내가 나가서 찾아올까요?
함묘진: 넌 가만 있거라. (다시 외쳐 부른다.) 동연아! 서연아!

– 이강백, 「느낌, 극락같은」 –

「오발탄」에는 장면 번호를 나타내는 # 기호가 나타나지? 장면 번호 오른쪽에는 극중 상황이 펼쳐
지는 배경을 써 주었고. 그렇다면 이 지문은 시나리오야. 반면 「느낌, 극락같은」에는 장면 번호가
없으니, 이는 희곡이겠지.

② 희곡과 시나리오 각각의 갈래적 특성을 고려한다.

장면 번호의 유무로 희곡과 시나리오를 구분했다면 그 갈래의 특성에 맞게 지문을 읽어야겠지?
먼저 희곡은 무대에서 연극으로 공연되는 것을 전제로 하기 때문에 극중 상황이 '관객' 앞의 '무대'
에서 배우들의 대사와 행동으로 표현된다는 점을 꼭 고려해야 돼.

그렇다면 서로 다른 공간에 있는 두 인물의 모습을 동시에 보여줘야 할 때는 어떻게 표현할까?
무대 공간을 둘로 나누거나, '무대 밖'의 공간을 설정하는 방식으로 해결할 수 있어. '무대 밖'은
관객이 볼 수 없으니 소용 없지 않냐고? 여기서 말하는 '무대 밖'이란 연극 배우들이 연극을 준비
하는 공간을 말하는 게 아니야. 아래 지문을 한번 살펴보자.

'파수꾼* 나' 퇴장. 촌장은 편지를 꺼내 '파수꾼 다'에게 보인다.

촌장: 이것, 네가 보낸 거니?
파수꾼 다: 네, 촌장님.
촌장: 나를 이곳에 오도록 해서 고맙다. 한 가지 유감스러운 건, 이 편지를 가져온 운반인이
도중에서 읽어 본 모양이더라. '이리 떼는 없구, 흰 구름뿐.' 그 수다쟁이가 사람들에게 떠
벌리고 있단다. 조금 후엔 모두들 이곳으로 몰려올 거야. 물론 네 탓은 아니다. 넌 나 혼자
만을 와 달라구 하지 않았니? 몰려오는 사람들은, 말하자면 불청객이지. 더구나 어떤 사
람은 도끼까지 들고 온다더라.
파수꾼 다: 도끼는 왜 들고 와요?
촌장: 망루*를 부순다고 그런단다. '이리 떼는 없구, 흰 구름뿐.' 이것이 구호처럼 외쳐지고
있어. 그 성난 사람들만 오지 않는다면 난 너하고 딸기라도 따러 가고 싶다. 난 어디에 딸기
가 많은지 알고 있거든. 이리 떼를 주의하라는 팻말 밑엔 으레히 잘 익은 딸기가 가득하단다.
파수꾼 다: 촌장님은 이리가 무섭지 않으세요?
촌장: 없는 걸 왜 무서워하겠니?
파수꾼 다: 촌장님도 아시는군요?
촌장: 난 알고 있지.

•**파수꾼:** 경계하여 지키는 일을 하는
사람.

•**망루:** 적이나 주위의 동정을 살피기
위하여 높이 지은 다락집.

파수꾼 다: 아셨으면서 왜 숨기셨죠? 모든 사람들에게, 저 덫을 보러 간 파수꾼에게, 왜 말하지 않는 거예요?

촌장: 말해 주지 않는 것이 더 좋기 때문이다.

– 이강백, 「파수꾼」 –

위의 지문이 무대에서 공연된다고 생각하며 그 장면을 떠올려 보자. 무대 위에서는 '촌장'과 '파수꾼 다' 두 명이 서로 대사를 주고 받을 거야. 그런데 밑줄 친 내용은 '촌장'의 대사로 처리된 것일 뿐, 관객에게 그 모습을 보여 주지는 않아. 이렇게 무대 위에서 벌어지지는 않지만 극중에서 설정된 사건들이 벌어지는 가상의 공간이 바로 '무대 밖'이야. 즉, '촌장'과 '파수꾼 다'가 있는 공간으로 마을 사람들이 몰려오고 있다는 내용이 '무대 밖' 사건이 되는 거지.

'무대 밖'에 관한 평가원 기출 문제의 <보기>를 하나 살펴보자. '무대 밖' 개념을 이해하는 데에 도움이 될 거야.

보기

> 일반적으로 희곡은 무대화를 전제로 창작된다. 작가는 무대의 제약을 고려하여 관객의 눈앞에 드러나는 무대 공간을 중심으로 극중 사건을 전개하고 무대 위에서 보여줄 수 없거나 보여 주지 않아도 되는 사건은 무대 밖의 공간에서 일어나는 것으로 처리한다. 인물의 등퇴장은 이 두 공간을 연결하여 무대 공간에서의 사건 전개에 영향을 미친다. 현대극에서는 무대 공간과 관객석의 경계를 허물고 관객석까지 무대 공간으로 설정하여 표현하는 경우도 있다.

'무대 밖'의 사건은 무대 위에서 보여 주지 않지만 사건 전개에 영향을 미치기 때문에 중요해. 희곡 지문을 읽을 때 대사나 해설, 지시문을 통해 무대 공간을 나누거나 무대 밖의 공간을 설정한 부분이 제시되면 문제화될 가능성이 높으니 반드시 확인해야 해.

무대라는 한정된 공간을 활용하는 희곡에 비해 시나리오는 공간의 제약이 없어 장면이 자유롭게 전환되고, 시간적 배경도 더 자유롭게 연출할 수 있어. 그리고 시나리오 지문을 읽을 때는 '카메라로 촬영'한 영상을 편집하여 '여러 개의 장면'으로 구성한다는 점을 고려하여 머릿속에서 카메라로 촬영된 영상을 떠올리며 각 장면들을 자연스럽게 연결시킬 수 있어야 해.

시나리오 지문에서는 촬영 기법에 대해서 묻거나 장면 간의 관계를 묻는 문제가 자주 출제되니 카메라를 든 촬영 감독이 되었다고 생각하면서 다음의 지문을 읽어 보자.

[앞부분의 줄거리] 진희는 아빠와 함께 여행을 하며 가슴이 설레지만 아빠는 진희를 보육원에 남겨 둔 채 사라져 버린다. 진희는 아빠가 자신을 버렸다는 사실을 믿을 수 없다. 진희는 구 원장에게 주소를 불러 주며 아빠를 찾아가 달라고 한다.

S# 78. 행정건물 복도 – 내부 (낮)
　진희, 원장실 방문 앞에 서 있다. 문을 두드리려다 멈추는 진희. 침을 한 번 삼키고 각오한 얼굴로 다시 문을 두드린다.

S# 79. 원장실 – 내부 (낮)
　구 원장과 마주 앉은 진희. 긴 침묵이 흐르고 있다. 고개를 숙이고 말없이 앉아 있던 진희, 천천히 고개를 들어 묻는다.

진희: 정말 맞게 찾아가신 거예요?

구 원장: 틀림없어. 집 앞에 쌀가게 아줌마도 만났어. 니네 식구들 그 집에서 살았던 거 다 이야기해 줬어.

진희: …….

구 원장: 지금은 그 집에 딴 사람들이 살고 있어. 어디로 이사 갔는지 모른대.

　똑바로 고개를 든 채 원장을 쳐다보고 있는 진희의 얼굴. 아무 감정도 없는 무감각한 표정이다. 그 얼굴 위에 원장의 말소리 계속 들린다.

구 원장(O.S.*): 이제는 너도 다 잊어버려야 해. 아버지는 다시 안 오셔. 절대 안 오실 거야. 넌 여기서 새 부모, 새 가족을 만나야 돼……. 알았지?

　그러나 진희의 표정에는 아무런 반응이 없다.

– 이창동·우니 르콩트 각본, 「여행자」 –

•O.S.(Off Scene): 화면 밖에 있는 인물의 목소리를 삽입하는 것.

마지막 장면인 S# 79를 촬영할 때 카메라에 담길 영상을 머릿속에 떠올려 보자. 처음엔 원장실 안에서 마주 앉은 '구 원장'과 '진희'가 대화하는 장면을 촬영하겠지? 그런데 밑줄 친 부분은 어떻게 촬영해야 할까? '진희'의 얼굴을 가까이서 잡아야 할 거야. 그리고 '구 원장'의 마지막 대사에는 'O.S.'라는 시나리오 용어가 붙어 있지? 이는 화면 밖에서 인물의 목소리가 삽입된다는 뜻이니, 이때 화면에는 '구 원장'이 아닌 '진희'의 얼굴이 계속 촬영되고 있어야 해. 만약 문제에서 밑줄 친 부분에 대해 '구 원장의 마지막 대사는 단호한 표정으로 연기하도록 해야겠어.'라는 연출 계획이 적절한지 묻는다면 답은 X겠지? 화면에는 '구 원장'의 표정이 잡히지 않을 테니 말야.

이처럼 극문학은 기본적으로 소설 지문처럼 읽되, 갈래의 개별 특성을 고려해야 돼. 연극이나 영화, 드라마를 봤던 기억을 떠올리면 좀 더 쉽게 접근할 수 있겠지?

③ 등장인물의 수가 많은지 적은지 확인한다.

극 지문에서는 등장인물의 수가 많은지 적은지 먼저 파악해 보는 것이 도움이 될 수 있어. 희곡이든 시나리오든 맨 좌측에는 대사를 하는 등장인물의 이름이 나오니까 지문을 읽기 전에 그 이름들을 먼저 가볍게 살펴보며 두 가지를 확인하면 좋아. 첫째, 대사를 많이 하는 주요한 인물이 누구인지, 둘째, 등장하는 인물이 많은지!

내용을 이미 알고 있는 작품이면 상관없겠지만 생소한 작품이거나 아는 작품이라도 잘 모르는 장면을 다루고 있다면 유독 대화를 많이 하는 인물이 누군지 파악하고 나서 지문을 읽는 것이 효율적이야. 지문에서 대화를 많이 하는 인물이 문제에도 많이 나오기 때문이지.

다음으로는 등장인물의 수에 대해 생각해보자. 등장인물이 많다면 사건에 대한 인물들의 반응이나 입장이 중요한 경우가 많아. 한 인물의 내면을 섬세하게 드러내기가 힘들기 때문에 문제를 출제할 때에도 특정 인물에 집중하기보다는 다양한 인물들의 태도를 묻게 되는 거지. 이런 경우에는 인물과 관련한 사소한 실수를 조심해야 해. 인물들이 많이 등장하면 인물을 헷갈릴 가능성이 높기 때문이야.

그럼 인물이 2~3명 이내로 나오면 지문 이해가 쉬울까? 오히려 그 반대인 경우가 많아. 소수의 인물이 주고받는 긴밀한 대화를 통해 특정 화제에 대한 인물들의 생각이 심도 있게 제시될 가능성이 높기 때문이지. 특히 대결 구도에 있는 두 인물의 대화나, 특정한 한 인물의 내면을 중심으로 전개되는 극 문학 지문은 겉핥기 식으로 읽으면 내용을 이해하기가 힘들 수 있어. 시간이 걸리더라도 차분하게 읽으며 내용을 정확히 이해하는 훈련을 해두자.

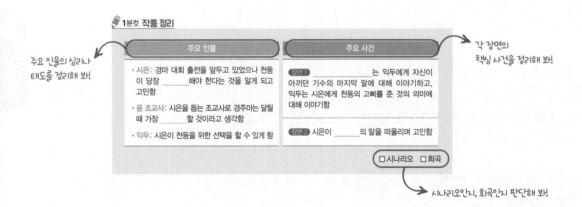

✓ 전략 1 장면 번호의 유무를 확인하여 희곡인지, 시나리오인지 파악한다.
✓ 전략 2 희곡은 무대 상연을 전제로, 시나리오는 영상물 제작을 전제로 함을 염두에 두고 읽는다.
✓ 전략 3 등장인물의 수가 많으면 인물을 헷갈리지 않도록 유의하고, 등장인물의 수가 적으면 지문의 내용이 어려울 수 있으니 차분히 읽는다.

1~3 다음을 읽고 1분컷 작품 정리를 채운 뒤 선지의 적절성을 판단해 보세요.

고1 2016학년도 3월

[장면을 개로 끊고 등장인물에 표시하며 읽어 봐!]

[앞부분의 줄거리] 시은은 어릴 때부터 아끼던 말 '천둥'과 함께 큰 경마 대회 출전을 준비하고 있다. 그러던 중 시은을 돕던 윤 조교사*는 수의사를 통해 천둥의 폐에 문제가 있어 당장 수술이 필요하다는 것을 알게 된다.

S#104 관중석. 밤

텅 빈 관람석…… 황량한 주로를 내려다보며 나란히 앉아 있는 익두와 윤 조교사. 카메라, 서서히 원형 트랙을 따라 돌기 시작한다.

윤 조교사: 예전에 제가 데리고 있던 기수* 중에 친동생 같은 놈이 하나 있었습니다. 실력도 있고, 노력도 많이 하는 놈이었는데…… 갑자기 몸 상태가 나빠져서 병원 신세를 지더니, 수술 날짜를 받아오더라구요…… 그러더니 절 찾아와서는…… 마지막으로 한 번만 경기를 뛰게 해 달라는 거예요. 한번 원 없이 달려보고 싶다고…… 그게 그놈의 마지막 말이었습니다.

익두: …….

윤 조교사: 기수나 경주마나…… 어차피 달리는 걸 운명으로 태어났다면…… 달릴 수 있을 때까지 달리는 게 가장 행복한 일이 아닐까 하는 생각이 들었습니다…….

윤 조교사를 지난 카메라는 어느덧 익두가 아닌 시은의 얼굴을 비추고 있다. 아무 말 없이 정면만을 응시하는 시은. 계속해서 원형을 따라 돌고 있는 카메라, 시은의 모습이 스쳐 지나간다.

익두: 내가 너에게 천둥이의 고삐를 넘겨줬던 건…… 니 엄마처럼 평생 후회하며 살게 하고 싶지 않아서였다. 그리고 니가 천둥이의 고삐를 받았을 때, 난 이미 모든 걸 너에게 맡기기로 했어. 운명을 받아들이는 것도 거부하는 것도 결국엔 다 네 몫이야…….

S#105 경주로. 새벽

계속해서 익두 대사 흘러나오고, 카메라 원형을 따라 돌면, 경주로에 우두커니 서 있는 시은의 모습에서 멈추는 카메라.

익두(off*): 선택은 니가 하는 거다…… 천둥이가 뭘 원하는지…… 니가 천둥이를 위해 마지막으로 해 줄 수 있는 일이 뭔지, 잘 생각해 봐라…….

(하략)

– 이환경 외 각색, 「각설탕」 –

•off: 화면에 등장하지 않는 인물의 목소리.

•**조교사:** 승마를 훈련하는 일을 직업으로 하는 사람.

•**기수:** 경마나 곡예 따위에서 말을 타는 사람.

5
극·수필

✏️ **1분컷 작품 정리**

주요 인물	주요 사건
• 시은: 경마 대회 출전을 앞두고 있었으나 천둥이 당장 _____해야 한다는 것을 알게 되고 고민함	<u>장면 1</u> _____는 익두에게 자신이 아끼던 기수의 마지막 말에 대해 이야기하고, 익두는 시은에게 천둥의 고삐를 준 것의 의미에 대해 이야기함
• 윤 조교사: 시은을 돕는 조교사로 경주마는 달릴 때 가장 _____할 것이라고 생각함	
• 익두: 시은이 천둥을 위한 선택을 할 수 있게 함	<u>장면 2</u> 시은이 _____의 말을 떠올리며 고민함

□ 시나리오 □ 희곡

> **보기**
>
> 디졸브는 영화에서 한 화면이 사라짐과 동시에 다른 화면이 점차로 나타나면서 장면을 전환시키는 편집 기법이다. 디졸브 기법을 활용하면 장면을 자연스럽게 연결하여 앞뒤 장면 간에 긴밀성을 높일 수 있다. 또한 장면이 전환됨에 따라 시간 또는 공간이 바뀌는 것을 자연스럽게 보여 줄 수도 있다.

1. S#104와 S#105를 〈보기〉의 기법을 활용하여 편집한다면 S#104에서 경마 경기장의 밤이었던 시간이 디졸브로 S#105의 새벽으로 연결되어, 시간의 흐름을 자연스럽게 보여 줄 수 있겠군. ◎ ⊗

2. S#104와 S#105를 〈보기〉의 기법을 활용하여 편집한다면 S#104에서 익두가 하는 말이 디졸브로 S#105에까지 연결되어 들리게 함으로써, 시은의 고민이 지속되는 상황을 효과적으로 보여 줄 수 있겠군. ◎ ⊗

3. S#104와 S#105를 〈보기〉의 기법을 활용하여 편집한다면 S#104에서 혼자 있는 시은의 모습이 디졸브로 S#105의 익두의 모습과 연결되면서, S#105에서 자신이 당면한 상황을 수용하는 시은이의 모습을 보여 줄 수 있겠군. ◎ ⊗

4~6 다음을 읽고 1분컷 작품 정리를 채운 뒤 선지의 적절성을 판단해 보세요.

고2 2016학년도 9월

> 장면을 2개로 끊고 등장인물에 표시하여 읽어 봐!

[앞부분의 줄거리] 위조지폐를 만드는 가족이 빌딩에 유령 회사를 차려 놓고, 누명을 써서 전과자가 된 청년을 사원으로 채용한다. 청년은 한 달 치 월급으로 받은 위조지폐로 양복을 구입하다 사복형사에게 잡혀 사무실로 끌려오게 된다.

청년: 오! 사장님!

사복: 선생이 간편무역 사장이십니까?

청년: 그렇습니다. 이분이 바로…….

사장: 잘못 아시고 오신 모양이군.

사원 갑: 용산서에서 오셨어요.

사장: 나한테? 무슨 일로?

사복: 이 남자가 선생 회사에 취직했다는뎁쇼.

사장: 천만에! 대체 누구입니까? 이 남자는 난 생면부지올시다.

청년: 아닙니다. 사장님, 그런 말씀이 어디 있습니까? 금방 제가 눈물을 흘리며 고마워하지

[A]　　　않았어요? 전 여기 사원이에요. 사장님.

　　　사복: (뺨을 갈기며) 인마, 아직도 거짓말이야, 응?

　　　청년: 아녜요. 나으리는 몰라요. 나으린, 아씨, 아씨! 아씨가 아십니다. 회계과장이 한 달

　　　　月급을 선불해 주시고, 양복을 사 입으라고 달러 지폐를 주셨어요.

　　　사복: 인마, 떠들지 마라. 글쎄 이 미련한 친구가 누굴 속여 보겠다고 백 불짜리 지폐를

[B]　　　위조해 가지고 백주에 서울 네거리를 횡행합니다그려. 헛헛…… 그래서 월급을 받았다?

　　　　(머리를 갈기며) 인마, 뭐 양복을 짓겠다고? 가짜 돈을 찍으려면 남이 봐도 그럴듯하게

　　　　만들어. 진짜 백 불짜린 구경도 못했을 자식이. 가자, 인마. 실례 많았습니다.

　　사장: 원 천만에요.

　　청년: 사장님, 나으리! 제겐 아무 죄도 없어요. 제발, 미련은 하지만 나쁜 짓을 한 적은 한 번

　　　도 없어요. 하나님이 아십니다, 하나님이! 어이구 그 지긋지긋한 감옥살일 어떻게 하라고

　　　이러십니까, 이러시길. 사장님! 구두도 사서 신구 양복도 새로 맞추고 추천서도 일없고 신원

　　　보증도 일없다고 그러시지 않았어요. 사장님! 아씨를 만나게 해주세요, 아씨를. 아씨는 거짓

　　　말을 안 하실 겁니다. 아씨! 아씨!

　　　사복: 인마, 떠들지 마라, 가자! (억지로 끌고 나간다.)

[C]　**청년:** (복도로 해서 오른쪽으로 끌려가며) 사장님! 왜 제게 취직자리를 줬어요? 취직만

　　　안 했더라면 감옥에도 안 가고…… 감옥엘, 감옥엘…… 저 사장님…… 너무합니다. 사장님!

사장과 사원 갑은 사장실로, 사원 정은 복도로 가서 청년이 간 뒤를 물끄러미 바라본다.

　　사장: 결국 또 실패지. 이번엔 얼마나 찍었더냐?

　　사원 갑: 시험 삼아 3백 장만 찍었어요.

　　사장: 흥, 3만 불이로구나. (지갑에서 진짜를 꺼내 대조하며) 어디가 다른가 좀 자세히 보아라.

　　사원 갑: 도안이 좀 이상하다 했더니만.

　　사원 병: 도안이 아녜요, 형님. 인쇄 잉크가 달라요.

　　사원 을: 잉크가 어떻다고 그래, 종이가 틀리는걸 뭐.

　　사원 갑: 종이야 할 수 없지. 미국을 간다고 같은 종이를 사겠니.

　　사원 병: 아녜요, 잉크예요.

　　사원 을: 종이야.

　　사원 갑: 도안이 틀렸어.

　　사원 병: 잉크가 아니라니깐.

　　사원 을: 잉크가 어쨌단 말야. 네가 도안을 잘못 그려놓곤.

　　사원 병: 도안이 어디가 틀렸어!

　　사장: 애들아, 떠들지 마라. 그 미련한 녀석 때문에 단단히 손해 봤다.

　　사원 병: 참 그 자식 때문이야.

　　사원 갑: 첫눈에도 자식이 좀 모자라는 것 같더니만.

　　　　　　　　　　　　　　　　　　　　　　　　　　　　　　　　　　- 오영진, 「정직한 사기한」 -

✏️ **1분컷 작품 정리**

주요 인물	주요 사건
• 청년: 어리숙하여 사장의 말을 믿고 _____ _____를 사용하려다 경찰에게 잡힘 • 사복: _____을 붙잡아 사실 확인을 하기 위해 사무실을 찾아옴 • 사장: 유령 회사를 운영하며 위조지폐를 만들어 순진한 이들에게 일자리를 주는 척 이용함	장면1 사원으로 채용된 청년이 사복형사에게 붙잡혀 오고, 사장은 곤경에 빠진 청년을 (아는 척 / 모르는 척)함 장면2 사장과 사원들은 위조에 실패한 이유에 대해 이야기하며 _____을 탓함

□ 시나리오 □ 희곡

> **보기**
>
> 단막극인 이 작품은 무대 공간이 회사 안으로 제한된다. 무대 공간에서 이루어지는 인물들의 행동과 대화로 이야기가 형상화되기도 하지만, 무대 공간의 제약으로 인해 <u>무대 밖에서 일어난 사건이 오직 인물의 언어적 표현으로 전달</u>되기도 한다.

4. [A]에서 사복이 청년의 뺨을 때리고 의견을 묵살하는 일은 〈보기〉의 밑줄 친 부분에 해당한다.

◎ ⊗

5. [B]에서 청년이 백 불짜리 위조지폐로 양복을 구매하려는 일은 〈보기〉의 밑줄 친 부분에 해당한다.

◎ ⊗

6. [C]에서 사복이 청년을 끌고 사무실 밖으로 나가는 일은 〈보기〉의 밑줄 친 부분에 해당한다.

◎ ⊗

7~9 다음을 읽고 1분컷 작품 정리를 채운 뒤 선지의 적절성을 판단해 보세요.

고3 2011학년도 9월

> 장면을 3개로 끊고 등장인물에 표시하여 읽어 봐!

[앞부분의 줄거리] 궁에서 쫓겨난 평강 공주는 대사와 함께 절로 가던 길에 온달을 만나 결혼한다. 10년 후 온달과 함께 궁으로 돌아온 공주는 온달이 장군이 되도록 돕는다. 온달은 전쟁터에서 죽게 되는데 장례를 치르려고 하나 관이 움직이지 않는다.

공주: 장군, 비록 어제까지 장군이 치닫던 벌판이라 하나, 이제 누구를 위해 여기 머물겠다고 이렇게 떼를 쓰십니까? 장군의 마음을 내가 알고 있으니 집으로 돌아가십시다. 고구려는 내 아버지의 나라. 당신의 원수를 용서치 않으리다. 평양성에 가서 반역자들을 모조리 도륙을 합시다. 자, 돌아가십시다. (손짓을 한다.)

의병장들, 관 뚜껑을 닫고 관을 올려놓은 받침의 채를 감는다.

공주: 들어 올려라.

올라오는 관. 모두, 놀라는 소리.

공주: 가자, 평양성으로. 그곳에서 잔악한 반역자들을 샅샅이 가려내어 목을 베이리라. (공주, 움직인다.)

공주, 시녀, 관, 군사들, 서서히 퇴장. 부장과 장수 몇 사람만 무대에 남는다.

장수1: (부장에게) 공주의 노여워하심이 두렵습니다.
장수2: 필시 무슨 기미를 알아보셨음이 틀림없습니다.
부장: 어떻게 알 수 있단 말인가?
장수3: 투구를 벗으라고 하신 것이 증거가 아닙니까?
부장: 어떻게 알았을까? (둘러보고) 너희들 중에 배반하는 자가 있으면 행여 온전히 상금을 누릴 목숨이 있거니는 생각 말아라.
장수들: 무슨 말씀입니까. 억울합니다.
부장: 그렇겠지. 이것을 문제 삼는다 치더라도 (투구를 벗는다. 머리를 쳐맸다. 피가 배어 있다.) 이것이 어쨌단 말인가. 이토록 신라 놈들과 싸운 것이 군법에 어긋난단 말인가? (음험한 웃음) 두려워 말라. 공주보다 더 높은 분이 우리 편이야.
장수들: (비위 맞추는 너털웃음)
부장: 가자, 평양성으로. 그곳에서 과연 누구의 목이 먼저 떨어지는가를 보기로 하자.

(중략)

장교: (공주에게) 자, 걸으시오.
공주: 네가 정녕 내 말을 듣지 못하겠느냐?
장교: 내 말을? 왕명을 받들고 온 사람에게?
공주: 이놈이 정녕 실성했구나. 내가 돌아가면 어찌 될 줄을 모르느냐? 나는 이곳에 머물 기로 하고 이미 아버님께도 여쭙고 오는 길, 누가 또 나를 지시한단 말이냐? 정 그렇다면 근일 중에 내가 궁에 갈 것이니 오늘은 물러가라.
장교: 정 안 가시겠소?
공주: (분을 누르며) 내가? 말을 어느 귀로 듣느냐? (타이르듯) 네가 아마 잘못 알고 온 것 이니, 그대로 돌아가면 오늘의 허물을 내가 과히 묻지 않으리라.
장교: (들은 체를 않고) 정 소원이라면 평안하게 모셔오라는 명령이었다. 잡아라.

병사들, 공주의 팔을 좌우에서 잡는다.

[A]

공주: 어머니.
장교: 편하게 해 드려라.

병사1, 칼을 뽑아 공주를 앞에서 찌른다. 공주, 앞으로 쓰러진다. 붙잡았던 병사들, 서서히 땅에 눕힌다.

장교, 손으로 지시한다.
병사2, 큰 비단 보자기로 공주의 시체를 싼다.
장교, 또 지시한다.
병사들, 공주를 들고 퇴장. 장교, 뒤따라 퇴장. 공주의 살해에서 퇴장까지의 동작은 마치 의전(儀典)* 동작처럼. 기계적으로 마디 있게 처리.

*의전: 행사를 치르는 일정한 법식. 또는 정하여진 방식에 따라 치르는 행사.

대사: 공주. 좋은 세상에서 또다시 만납시다.

온모*, 사건이 진행되는 동안 전혀 움직이지 않고 서 있다가 모두 퇴장한 다음 무대 정면으로 조금씩 움직여 나온다.

— 최인훈, 「어디서 무엇이 되어 만나랴」 —

• **장군:** 온달. / • **온모:** 온달의 어머니.

📝 1분컷 작품 정리

주요 인물	주요 사건
• 평강 공주: _____의 죽음에 반역자가 연루되어 있다고 의심하지만 결국 죽임을 당함 • 부장, 장수들: 반역을 꾸미다가 공주에게 의심을 받음 • 장교: _____에 따라 공주를 데리러 왔으나 공주가 저항하자 죽임 • 온모: 사건을 지켜봄	장면 1 공주가 죽은 온달을 위로하며 복수를 다짐하자 움직이지 않던 ____이 움직임 장면 2 반역을 모의하던 _____과 장수들은 공주의 의심에도 개의치 않음 장면 3 공주는 살해당하고 _____는 이를 지켜봄

□ 시나리오   □ 희곡

보기

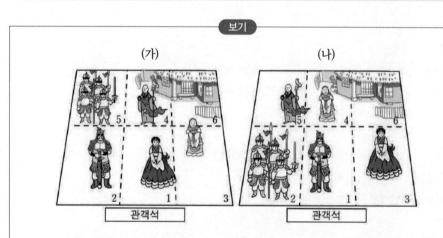

(가)　　　　　(나)

관객석　　　　　관객석

○ 무대 구성의 목적은 무대 위에 서게 될 배우들의 위치를 정하면서 무엇을 강조할 것인가를 보여 주는 것임.
○ 그림의 숫자는 등장인물이 서는 무대 지역의 중요도 순서임.

7. 연출가가 [A]의 첫 장면의 무대 구성을 〈보기〉의 (가)와 같이 짰다면, (가)에서는 장교를 2번 지역에 배치하여 (나)에 비해 장교가 극적 사건 진행의 주도권을 쥐고 있음을 더 잘 보여 줄 수 있겠군.　　◎ ✕

8. 연출가가 [A]의 첫 장면의 무대 구성을 〈보기〉의 (가)와 같이 짰다면, (가)에서는 이후 사건 진행 과정에서 온모를 다른 인물에 가리지 않게 함으로써, 움직이지 않고 사건을 지켜보는 온모의 역할을 (나)에 비해 더 잘 드러낼 수 있겠군.　　◎ ✕

9. 연출가가 [A]의 첫 장면의 무대 구성을 〈보기〉의 (나)와 같이 짰다면, (나)에서는 병사들을 2번 지역에 배치하여 (가)에 비해 위압감을 더 잘 나타낼 수 있겠군.　　◎ ✕

(2) 유사한 것들은 묶고, 대립 관계는 선명하게 파악해야 한다.

STEP **1** 전략 세우기

① 글쓴이가 주목하고 있는 대상과 대상에 대한 글쓴이의 태도를 파악한다.

시에서 화자가 그러하듯이 수필에서 글쓴이는 대상에 대한 태도를 드러냄으로써 주제를 형상화하지. 그래서 시 지문을 분석할 때처럼, 수필에서는 글쓴이가 어떤 대상에 주목하는지, 그 대상에 대해 글쓴이가 어떤 태도를 드러내는지를 확인하면 자연스럽게 주제도 파악할 수 있어.

글쓴이가 주목하는 대상은 자연의 모습이나 다른 인물이나 물건, 자신이 체험한 사건 등 아주 다양해. 글쓴이가 경험하고 생각한 모든 것이 수필의 소재, 대상이 될 수 있지. 다만 수능에서는 주로 인생에 대한 깨달음을 담고 있는 수필이 선택되는 경향이 강하다는 점을 참고하면 좋아.

실전에서 수필이 지문으로 출제될 때 큰 어려움을 주는 경우는 별로 없어. 대체로 주제가 명확하게 드러나기 때문에 어렵지 않게 내용을 파악할 수 있을 거야. 그러나 간혹 어휘가 어렵거나 상징성이 강해 주제를 파악하기 어려운 수필도 있으니, 이에 대비하여 기출됐거나 EBS에 수록된 작품 등은 따로 학습해 두면 좋아. 또한 앞에서 언급했던 것처럼 <보기>를 적극적으로 활용하는 훈련도 미리 해 놓아야 해.

② 유사, 대비 관계를 파악함으로써 작품의 주제를 이해한다.

수필 지문의 주제를 빠르고 정확하게 파악하기 위해서는 수능에 나오는 수필들이 주로 어떤 대상을 소재로 하는지, 그리고 그러한 소재를 통해 형상화되는 주제에는 어떤 것들이 있는지 알아 두면 좋아.

주요 소재, 대상		주로 나타나는 주제
자연의 모습		인생이나 삶에 대한 성찰과 깨달음
다른 인물, 사물	→ 형상화	대상에 대한 예찬
기행, 여정		경험에 대한 생각을 진솔하게 드러냄

수필에서 주제를 형상화하는 방식은 여러 가지가 있지만 그중 가장 폭넓게 쓰이는 게 바로 '유사'와 '대비'야. 따라서 수필 지문에 나타나는 여러 대상들을 유사하면 묶고, 대립하면 나누어 읽으면 주제를 파악하기 쉬워지지. 아래의 지문으로 같이 연습해 볼까? 시에서와 마찬가지로 수필에서도 글쓴이가 관심을 가진 대상이 제목이 되는 경우가 많으니, 제목을 우선 확인한 뒤에 지문을 읽으면 도움이 될 거야.

▬ 글쓴이   ▬ 대상   ～ 대상의 속성   ▬ 정서·태도

동해 가까운 거리로 와서 나는 가재미와 가장 친하다. 광어, 문어, 고등어, 평메, 횟대……
생선이 많지만 모두 한두 끼에 나를 물리게 하고 만다. 그저 한없이 착하고 정다운 가재미만
이 흰밥과 빨간 고추장과 함께 가난하고 쓸쓸한 내 상에 한 끼도 빠지지 않고 오른다. 글쓴이는
쉽게 물리는 다른 생선과 대비되는 '가재미'에 대한 애정과 친근감을 드러내고 있어. 나는 이 가재미를 처음
십 전 하나에 뼘가웃* 씩 되는 것 여섯 마리를 받아 들고 왔다. 다음부터는 할머니가 두 두름
마흔 개에 이십오 전씩에 사오시는데 큰 가재미보다도 잔 것을 내가 좋아해서 모두 손길만큼
한 것들이다. 그동안 나는 한 달포* 이 고을을 떠났다 와서 오랜만에 내 가재미를 찾아 생선
장으로 갔더니 섭섭하게도 이 물선* 은 보이지 않았다. 음력 팔월 초상이 되어서야 이내 친한
것이 온다고 한다. 나는 어서 그때가 와서 우리들 흰밥과 고추장과 다 만나서 아침저녁 기뻐
하게 되기만 기다린다. 때가 맞지 않아 가재미를 살 수 없게 되자 글쓴이는 아쉬움을 드러내며 가재미를 먹게

•**달포**: 한 달이 조금 넘는 기간.

되기를 기다려. 그때엔 또 이십오 전에 두어 두름씩 해서 나와 같이 이 물선을 좋아하는 H한테도 보내어야겠다.

묘지와 뇌옥과 교회당과의 사이에서 생명과 죄와 신을 생각하기 좋은 운흥리를 떠나서 오백 년 오래된 이 고을에서도 다 못한 곳 옛날이 헐리지 않은 중리로 왔다. 예서는 물보다 구름이 더 많이 흐르는 성천강이 가까웁고 또 백모관봉°의 시허연 눈도 바라보인다. 이곳의 좌우로 긴 회담°들이 맞물고 늘어선 좁은 골목이 나는 좋다. 이 골목의 공기는 하이야니 밤꽃의 내음새가 난다. 이 골목을 나는 나귀를 타고 일없이 왔다갔다 하고 싶다. 또 예서 한 오 리 되는 학교까지 나귀를 타고 다니고 싶다. 글쓴이는 좁은 골목을 좋아하고, 나귀를 타고 다니고 싶다. 나귀를 한 마리 사기로 했다. 그래 소장 마장을 가보나 나귀는 나지 않는다. 촌에서 다니는 아이들이 있어서 수소문해도 나귀를 팔겠다는 데는 없다. 얼마 전엔 어느 아이가 재래종의 조선 말 한 필을 사면 어떠냐고 한다. 값을 물었더니 한 오 원 주면 된다고 한다. 이 좀말°로 할까고 머리를 기울여도 보았으나 그래도 나는 그 처량한 당나귀가 좋아서 좀더 이 놈을 구해 보고 있다. 재래종의 조선 말을 살 수도 있었지만, 글쓴이는 처량한 당나귀가 좋아서 더 구해보려고 한다.

– 백석, 「가재미 · 나귀」 –

- **뼘가웃:** 한 뼘의 반 정도 되는 길이.
- **물선:** 음식을 만드는 재료.
- **백모관봉:** 흰 관모 모양의 봉우리. 정상에 흰 눈이 덮인 산의 모습을 가리키는 말로, 여기서는 백운산을 말함.
- **회담:** 석회를 바른 담.
- **좀말:** 아주 작은 말.

제목을 먼저 확인한 뒤에 지문을 읽어보라고 한 이유를 이제 알겠지? 글쓴이는 '가재미'와 '나귀'라는 두 대상에 주목하고 있어. 그리고 두 대상을 대하는 글쓴이의 태도는 유사하다고 볼 수 있지. 친근감을 느끼고 애정을 드러내는 대상이며, 구할 수 없게 되어 아쉬움을 느끼게 하는 대상이야. 글쓴이는 이들을 '착하고 정다운' 것, '처량한' 것이라고 표현하며, 두 대상을 통해 자신이 소중하게 생각하는 가치를 암시하고 있지. 글쓴이는 일상의 작은 존재에 대해 친근감을 느끼고 그러한 작은 존재가 가난하고 쓸쓸한 자신의 삶에 위로가 된다고 여기는 거야.

✏️ 1분컷 작품 정리

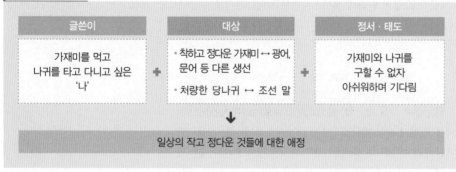

글쓴이		대상		정서 · 태도
가재미를 먹고 나귀를 타고 다니고 싶은 '나'	+	• 착하고 정다운 가재미 ↔ 광어, 문어 등 다른 생선 • 처량한 당나귀 ↔ 조선 말	+	가재미와 나귀를 구할 수 없자 아쉬워하며 기다림

↓

일상의 작고 정다운 것들에 대한 애정

한 지문 더 살펴보자. 참고로 아래 지문은 '그'를 글쓴이로 이해하고 읽으면 돼. 작가가 시골에서 성장하고 그곳을 떠난 경험을 반영하여 쓴 수필이거든.

▧▨▩ 글쓴이　▧▨▩ 대상　〜 대상의 속성　▧▨▩ 정서 · 태도

그 집은 그 집 아이들에게 작은 우주였다. 그곳에는 많은 비밀이 있었다. 자연 속에는 눈에 보이는 것 말고도 눈에 보이지 않는 무한한 비밀이 감춰져 있었다. 그는 그 집에서 크면서 자연 속에 감춰진 비밀들을 깨달아 갔다. 그는 '그 집'에서 자라며 자연의 비밀들을 깨달았어.

석양의 북새, 혹은 낮게 깔리는 굴뚝 연기를 보고 그는 비설거지를 했다. 그런 다음 날은 틀림없이 비가 올 것이므로. 비가 온 날 저녁에는 또 지렁이가 밤새 운다는 것을 그는 알고 있었다. 똑또르 똑또르 하는 지렁이 울음소리. 냄새와 소리와 맛과 색깔과 형태 들이 그 집에서는 선명했다. 모든 것들이 말이다. 왜냐하면 봄과 여름과 가을과 겨울과 아침과 낮과 저녁과 밤이 그 집에서는 뚜렷했으므로. 자연이 그러한 것처럼 사람들의 삶이 명료했다. '그 집'은 계절의 변화, 시간의 흐름이 뚜렷하고 사람들의 삶이 명료했던 곳이야.

이제 그 집을 떠난 그에게는 모든 것이 불분명하다. 아침과 저녁이 불분명하고 사계절이 불분명하고 오감이 불분명하다. 병원에서 태어나 수십 군데 이사를 다니고 나서 겨우 장만한 아파트. 그 사각진 콘크리트 벽 속에 살고 있는 그의 아이는 여름에 긴팔 옷을 입고 겨울에 반팔 옷을 입는다. '아파트'는 '그 집'과 달리 모든 것이 불분명한 곳이지. 계절의 흐름에 따르지 않는 곳이고.

돈은 은행에서 나고 먹을 것은 슈퍼에서 나는 것으로 아는 아이는, 수박이 어느 계절의 과일 인지 분간하지 못하는 아이는 그래서 봄 여름 가을 겨울을 알지 못한다. 아침 저녁의 냄새와 소리와 맛과 형태와 색깔이 어떻게 다른지 알지 못한다. '아파트'에 사는 '아이'는 '그 집'에 살던 '그'와는 대조적인 삶을 살고 있어.

– 공선옥, 「그 시절 우리들의 집」 –

윗글은 '그 집'과 '아파트'라는 소재에 주목해서 집이 지닌 의미를 되새기고 있어. '그 집'과 '아파트'가 대비되면서 주제 의식이 명확하게 드러나고 있지. '그 집'은 자연의 섭리가 지켜지는 공간이고, 사람들의 생활도 그에 따라 명료했던 공간이야. 그와 달리 '아파트'는 자연의 섭리에 어긋나는 공간이라고 볼 수 있지. 이러한 대비를 통해 글쓴이는 집의 본질적인 의미와 기능에 대해 성찰하고 있고, 현대적인 아파트에서의 삶에 대해 아쉬움을 드러내고 있어.

✎ 1분컷 작품 정리

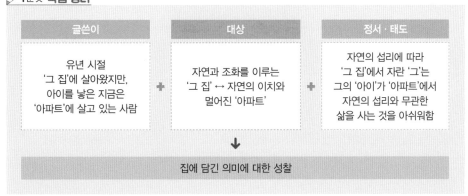

글쓴이	대상	정서 · 태도
유년 시절 '그 집'에 살아왔지만, 아이를 낳은 지금은 '아파트'에 살고 있는 사람	자연과 조화를 이루는 '그 집' ↔ 자연의 이치와 멀어진 '아파트'	자연의 섭리에 따라 '그 집'에서 자란 '그'는 그의 '아이'가 '아파트'에서 자연의 섭리와 무관한 삶을 사는 것을 아쉬워함

↓

집에 담긴 의미에 대한 성찰

5 극 · 수필

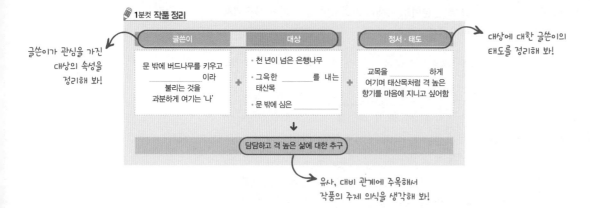

✐ 1분컷 작품 정리

글쓴이	대상	정서·태도
문 밖에 버드나무를 키우고 _____ 이라 불리는 것을 과분하게 여기는 '나'	• 천 년이 넘은 은행나무 • 그윽한 _____를 내는 태산목 • 문 밖에 심은 _____	교목을 _____ 하게 여기며 태산목처럼 격 높은 향기를 마음에 지니고 싶어함

글쓴이가 관심을 가진 대상의 속성을 정리해 봐!

대상에 대한 글쓴이의 태도를 정리해 봐!

↓

담담하고 격 높은 삶에 대한 추구

유사, 대비 관계에 주목해서 작품의 주제 의식을 생각해 봐!

1등급 전략

☑ 전략 1 글쓴이가 주목하는 대상이 무엇인지, 대상에 대한 글쓴이의 정서나 태도는 어떤지 파악한다.
☑ 전략 2 유사한 대상끼리 묶고, 대비되는 대상은 분명하게 파악하여 주제를 이해한다.

1~3 다음을 읽고 1분컷 작품 정리를 채운 뒤 선지의 적절성을 판단해 보세요.

고1 2021학년도 9월

> 글쓴이, 대상,
> 정서·태도가
> 나타난
> 부분에
> 표시하며
> 읽어 봐!

나이가 들수록 격이 높아지는 것이 나무다. 경기도 용문사에는 천여 년 전에 심었다는 고령의 은행나무가 있어 45미터의 키에 아래 부분의 직경이 4미터가 된다니 산으로 치자면 백두요, 한라가 아닐 수 없다. 뜨락에 자질구레한 나무만 심어 놓고 바라보아도 한결 마음이 든든한데 그쯤 고령의 거목이고 보면, 내 하잘것없는 인생을 송두리째 맡기고 살아도 뉘우칠 게 없을 것 같다.

홍야항야®로 일삼는 세속적인 생각에 젖어 사는 것이 너무나 치사한 것만 같아 새삼 허탈을 느낄 때가 한두 번이 아니다. 창 앞에 대를 심어 소슬한 가을바람을 즐길 줄 모르는 바 아니요, 또한 눈부신 장미꽃이 싫은 바도 아니요, 오색영롱한 철쭉도 싫은 바 아니지만, 그런 관목®보다는 아교목®이 좋고 아교목보다는 교목®이 믿음직해서 더 좋다. 욕심껏 꽂아 놓은 나무가 좁은 뜨락에 초만원이 되어 이제 어찌 할 도리가 없어 제일 먼저 장미를 담 옆으로 분산시키고 아교목의 호랑가시와 교목인 태산목, 은행나무, 낙우송을 알맞게 자리 잡아 세운 것도 호화찬란한 장미처럼 눈부신 여생이기보다는 담담하기를 바라는 탓도 있지만, 차라리 그보다는 날로 거목의 몸매가 잡혀가는 아교목들에게 끌리는 정이 더욱 도탑고 믿음직한 탓이기도 하리라.

낙우송 사이로 바라다보이는 유월 하늘에서는 가지가 흔들릴 때마다 그 짙푸른 쪽물이 금시 쏟아질 것만 같아 좋거니와, 오월부터 개화하기 비롯한 태산목은 겨우 십 년이 되었는데도 두세 송이씩 연이어 꽃이 피는가 하면 그 맑은 향기가 어찌도 그윽한지 문향(文香) 십 리를 자랑하는 난(蘭) 또한 감히 따를 바 못 되리라.

백련꽃 송이처럼 탐스러운 봉오리에 어쩌면 향기를 가득 저장하고 있는 것만 같다. 아침 저녁 솔깃이 흘러드는 그 향기를 맡아 본 사람이면 알리라.

집 주변에 오류(五柳)를 가꾸어 '한정소언 불모영리(閑靜少言 不慕榮利)®'의 도를 터득한 도연명(陶淵明)은 그대로 향기 높은 저 태산목 같은 거목이 아니었을까 생각될 때, 장미류의 관목처럼 눈부신 꽃이고 싶어 하는 데는 머리를 써도, 태산목처럼 격 높은 향기를 마음에 지니기란 쉬운 일이 아니기에, 내 스스로 향기 지닐 마음의 여유 없음을 슬퍼할 따름이다.

(중략)

문 밖에 심은 버드나무도 벌써 10년이 가깝게 자라고 보니, 이른 봄부터 찾아와서 옥을 굴리듯 울어 주는 밀화부리®도 버드나무가 없었던들 엄두도 낼 수 없는 일이다. 그러기에 이 근방에서는 버드나무집으로 통할 뿐 아니라, 혹시 전화로라도 우리집 위칠 묻는 친구가 있으면 어느 지점에 와서 문 앞에 버드나무가 세 그루 서 있는 집이라면 무난히들 찾아오게 마련이다. 당초엔 다섯 그루를 심어 정성 들여 가꾸었는데 이웃집에서 가을 낙엽에 성화를 내고 자기 집 옆에 서 있는 놈만은 베어 주었으면 하기에, 그 집 주인에게 처분을 맡겼더니 베어다가 장작으로 패 땐 모양이고, 또 한 그루는 동네 애들이 매일 짓궂게 매달리는가 했더니 끝내는 껍질을 홀랑 벗겨대는 등쌀에 기어이 고사(枯死)하고 보니, 남은 세 그루가 옆채를 사이에 두고 태산목과 마주 보고 서 있게 되었다.

그대로 다섯 그루가 자랐더라면 집 주변에 오류를 가꾸어 '한정소언 불모영리'의 도를 터득한 저 도연명의 풍모를 배우고자 함이었더니, 세 그루가 남게 되어 짓궂은 친구가 찾아 올라치면 숫제 삼류선생(三流先生)이라 부르는 데는 긍정도 부정도 하지 않는 까닭은 삼류 인생을 살아가는 나에게 오류(五柳)선생은 못 될지언정, 삼류선생의 칭호도 오히려 과분한 것만 같아 설마 삼류선생이라 부르는 것은 아니겠지 하고 스스로를 위로하기 때문인지도 모른다.

– 신석정, 「향기 있는 사람」 –

5

극·수필

- **홍야항야:** 남의 일에 쓸데없이 참견하는 모양을 의미함.
- **관목:** 키가 작고 원줄기가 가늘며 밑동에서 가지를 많이 치는 나무.
- **아교목:** 교목과 관목의 중간 식물.
- **교목:** 줄기가 곧고 굵으며 높이가 8미터를 넘는 나무.
- **한정소언 불모영리:** 한가하고 조용하며 말이 적고 명예나 실리를 바라지 않음.
- **밀화부리:** 참새목 되새과의 새.

✏️ **1분컷 작품 정리**

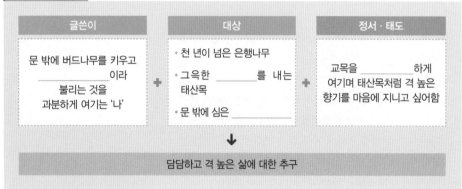

글쓴이	대상	정서 · 태도
문 밖에 버드나무를 키우고 _____이라 불리는 것을 과분하게 여기는 '나'	· 천 년이 넘은 은행나무 · 그윽한 _____를 내는 태산목 · 문 밖에 심은 _____	교목을 _____하게 여기며 태산목처럼 격 높은 향기를 마음에 지니고 싶어함

↓

담담하고 격 높은 삶에 대한 추구

1. 자신의 삶이 눈부시기보다 담담한 인생이기를 바란다는 것에서 글쓴이의 삶에 대한 가치관을 엿볼 수 있다. ◎ ⊗

2. 세속적인 생각에 젖어 사는 것에 대해 허탈함을 느끼는 모습에서 글쓴이의 삶에 대한 태도를 엿볼 수 있다. ◎ ⊗

3. 아끼던 버드나무를 베고 싶다는 이웃에게 성화를 내는 모습에서 글쓴이의 성격을 엿볼 수 있다. ◎ ⊗

4~6 다음을 읽고 1분컷 작품 정리를 채운 뒤 선지의 적절성을 판단해 보세요.

고2 2018학년도 11월

> 글쓴이, 대상, 정서·태도가 나타난 부분에 표시하며 읽어 봐!

　　예전 영남을 유람할 때 동래의 해운대(海雲臺)와 몰운대(沒雲臺)를 올라간 적이 있다. 몰운대는 땅이 바다 한가운데로 움푹 들어가서 대가 된 곳이다. 길이 넓은 바다를 끼고 있는데 겨우 몇 길도 떨어져 있지 않다. 파도 소리가 해안을 치니 그 때문에 말이 피하여 뒷걸음친다. 몇백 걸음 가면 땅이 비로소 끝이 나고 하늘과 바다가 끝없이 펼쳐진다. 조금 있으니 바다로 들어가고 남은 햇살이 사방에서 부서진 금처럼 쏘아댄다. 만경창파 넓은 바다에 사나운 바람이 일어 요란한 소리를 낸다. 큰 파도가 허공에 뒤집혀져서 마치 비가 내리는 것 같기도 하고 천둥이 치는 것 같기도 하다. 그러다가 갑자기 물결이 동탕쳤다. 내 마음이 상쾌해져서 근심이 싹 사라졌다. 돌아와 대포진(大浦鎭)의 객사에서 휴식을 취하였다. 조금 있으니 달이 떠올랐다. 바다의 빛은 거울처럼 맑았다. 나지막이 대마도가 바라다 보이는데 마치 잘 차려 놓은 잔칫상 같았다. 다 장관이었다.

　　나는 마음속으로 생각하곤 한다. 눈은 내 방 안에 있지만 오래도록 사방의 벽을 보고 있노라면 벽에서 파도 문양이 생겨나 마치 바다를 그려놓은 휘장을 붙여놓은 듯하다. 절로 마음이 탁 트이고 정신이 상쾌해져서 내 자신이 좁은 방 안에 있다는 사실을 잊게 된다. 이 때문에 일어나 책을 마주하면 유창하고 쾌활하게 읽힌다. 마치 내 가슴을 바닷물로 적시는 듯하다.

- **동탕:** 물체 따위가 흔들리고 움직임.

그러니 예전 몰운대가 어찌 바로 내 집이 되지 않겠는가? ⓐ이제 내가 사는 달팽이집이 바로 바다가 아닌 줄 어찌 알겠는가? 그러니 집을 바닷물로 적신다는 함해라 이름한 것은 엉터리가 아니다.

또 생각해보았다. ⓑ저 동래의 바다는 내 시야에서는 거리가 매우 멀기는 하지만 천 리를 넘지 않는다. 금산(錦山)의 미라도(彌羅島)가 그 서쪽을 막고 있고 대마도가 그 동쪽을 가리고 있다. 남쪽 바다에는 섬들이 안개와 구름에 싸여 아스라이 보인다. 이는 바다 중에서 작은 것이다. 내 집의 책을 통해서는 동서남북, 하늘과 땅, 과거와 현재에까지 미루어 나갈 수 있고, 천지와 사방 안팎의 공간이나 아주 먼 고대의 시간까지 에워싸 차지할 수 있다. 그렇게 되면 추연(鄒衍)이 세상 밖에 훨씬 더 큰 세상이 있다는 구주(九州)조차 책에서부터 벗어날 수 없게 된다. 그러니 책이라는 것의 크기를 어찌 더할 수 있겠는가? ⓒ저 바람을 타고 구만 리를 날아오르는 큰 붕새나 몸집이 자그마한 메추라기나 소요(逍遙)*를 즐기는 것은 한 가지다.

비록 그러하지만 가장 좋은 것은 덕을 확립하는 일이요, 다음은 저술을 이루는 일이다. 내가 물에 대한 관찰을 통하여 내 국량을 키워 나가 끝없는 바다에 이를 수 있다면, 또 어떠한 것이 이에 비견할 것이겠는가?

– 이종휘, 「함해당기」 –

•**소요:** 자유롭게 이리저리 슬슬 거닐며 돌아다님.

✏️ **1분컷 작품 정리**

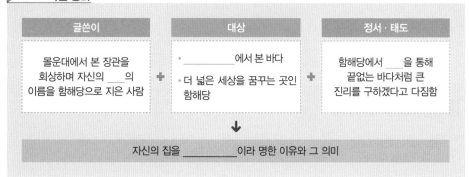

글쓴이	대상	정서·태도
몰운대에서 본 장관을 회상하며 자신의 ＿＿의 이름을 함해당으로 지은 사람	• ＿＿＿＿＿＿에서 본 바다 • 더 넓은 세상을 꿈꾸는 곳인 함해당	함해당에서 ＿＿을 통해 끝없는 바다처럼 큰 진리를 구하겠다고 다짐함

↓

자신의 집을 ＿＿＿＿＿＿＿이라 명한 이유와 그 의미

4. ⓐ에서는 사고를 전환하여 공간적 한계를 벗어나고 있다.　◎ ✖

5. ⓑ에서는 세상에 대한 자신의 관점이 편협함을 느끼고 있다.　◎ ✖

6. ⓒ에서는 인생의 역경을 극복하기 위한 방법을 깨닫고 있다.　◎ ✖

7~9 다음을 읽고 1분컷 작품 정리를 채운 뒤 선지의 적절성을 판단해 보세요.

고3 2022학년도 수능

글쓴이, 대상, 정서·태도가 나타난 부분에 표시하며 읽어 봐!

온갖 꽃들이 요란스럽게 일제히 터트려져 광채가 찬란하다. 이때에 바람이 살짝 불어오면 향기가 코를 스친다. 때마침 꼴* 베는 자가 낫을 가지고 와서 손 가는 대로 베어 내는데, 아쉬워 돌아보거나 거리끼는 마음도 없다. 나는 이에 한숨을 쉬며 탄식하여 말하였다.

"땅이 낳고 하늘이 기르는바, 만물이 무성히 자라며 모두가 광대한 은택을 입는구나. 이에 따스한 바람이 불어 갖가지 형상을 아로새기고 단비를 내려 온 둘레를 물들이니, 천기(天機)를 함께 타고나 형체를 부여받음에 각기 그 자질에 따라 고운 자태를 드러낸다. 모란의 진귀하고 귀중함을 해당화의 곱고 아름다움에 견주어 보면, 비록 크고 작은 차이는 있겠으나, 어찌 공교

•**꼴:** 말이나 소에게 먹이는 풀.

함과 졸렬함에 다른 헤아림이 있었겠는가?

(중략)

　그런데도 귀함이 저와 같고 천함이 이와 같아, 어떤 것은 부호가의 깊은 장막 안에서 눈앞의 봄바람을 지키고, 어떤 것은 짧은 낫을 든 어리석은 종의 손아귀에서 가을 서리처럼 변한다. 이 어찌 된 일인가? 뜨락은 사람 가까이에 있고 교외의 땅은 멀리 막혀 있어 가까운 것은 친하기 쉽고 멀리 있는 것은 저어하기 때문이 아니겠는가? 아니면 요황과 위자˚는 성씨가 존엄한데 범상한 화초는 이름이 없으며, 성씨가 존엄한 것은 곱게 빛나는데 이름 없는 것들은 먼 데서 이주해 온 백성 같은 존재이기 때문인가? 그도 아니면 뿌리가 깊은 것은 종족이 번성한데 빽빽이 늘어선 것들은 가늘고 작으며, 높고 큰 것은 높은 자리에 있고 가늘고 작은 것들은 들판에 있기 때문인가?

　아! 낳는 것은 하늘에 달려 있으나 **영화롭게** 하는 것은 인간에 달려 있다. 하늘은 사사로움이 없기에 그 **조화(造化)가 균일**하지만, 인간은 널리 베풀지 못하므로 **소원함**도 있고 **친함**도 있는 것이다. 하늘이 이미 낳아 주었는데 또 어찌 사람이 영화롭게 하고 영화롭지 못하게 한다고 원망하겠는가? 나에게는 비록 감정이 있지만 풀에는 감정이 없으니, 그것이 소의 목구멍을 채우는 것과 나비로 하여금 다투어 찾도록 하는 것을 어찌 달리 보겠는가?"

– 이옥, 「담초(談艸)」 –

•**요황과 위자**: 모란의 진귀한 품종을 일컫는 말.

✎ 1분컷 작품 정리

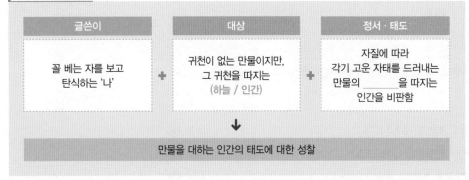

글쓴이		대상		정서·태도
꼴 베는 자를 보고 탄식하는 '나'	✚	귀천이 없는 만물이지만, 그 귀천을 따지는 (하늘 / 인간)	✚	자질에 따라 각기 고운 자태를 드러내는 만물의 ____을 따지는 인간을 비판함

⬇

만물을 대하는 인간의 태도에 대한 성찰

7. 풀을 '영화롭게' 만드는 주체는 인간이 아니라 하늘이어야 한다는 깨달음을 드러낸다. ✖

8. 하늘의 입장에서 보면 모든 풀은 '조화가 균일'한 존재로서 가치의 우열을 가지지 않는다고 생각한다. ✖

9. 인간의 감정에는 '소원함'과 '친함'이 모두 있으므로 사사로움을 넘어 균형을 도모할 수 있다고 본다. ◎ ✖

1~3 다음을 읽고 1분컷 작품 정리를 채운 뒤 선지의 적절성을 판단해 보세요.

고1 2019학년도 3월

장면을
3개로 끊고
등장인물에
표시하며
읽어 봐!

S#49. 몽타주

○산채 정식처럼 각종 **산나물**과 된장찌개를 정갈하게 무치고 끓이고 소박한 상을
　정사에게 올리는 장금.

○사신, 먹으며 가운데 미간이 찡그려진다.

○보는 장금과 장번 내시, 오겸호, 불안하고.

○다음날은 각종 해조류 반찬이 눈에 띄게 많은 밥상.

○보는 정사. 미역국에 고기 대신 **생선**이 들어가 있다.

○먹고는 역시 가운데 미간이 찡그려지는 정사.

○보는 장금과 장번 내시, 오겸호, 불안.

○흰 생선 살을 잘 발라내고 있는 장금.

○생선 살을 넣은 두부로 두부전골을 끓이는 장금.

○두부전골을 중심으로 올려지는 상.

○먹어 보고는 역시 미간이 심하게 찡그려지는 사신 정사.

○말린 나물과 버섯들을 걷어 가는 장금.

○대나무 밥을 하는 장금.

○사신에게 올려지는 상. 보면 물김치와 톳나물, 버섯나물과 산나물 그리고 대나무
　밥이 올려져 있고.

○먹고는 미간을 찡그리는 사신의 모습.

○보는 장금의 모습.

S#55. 태평관 연회장

　들어오는 장금, 보면, 화려하게 차려진 음식상이 있다. 이때, 오겸호와 장번 내
시가 사신을 모시고 나오고, 상을 보는 정사, 놀라는데, 그를 바라보는 최 상궁과
금영의 표정에 자신감이 넘친다. 한 켠에는 불안한 표정으로 서 있는 장금.

오겸호: 그동안 (장금을 보며) 궁녀의 불경한 짓거리로 본의 아니게 무례를 저질렀
　습니다.

정사: …….

오겸호: 하여 오늘부터는 **만한전석**을 올릴 것입니다!

정사: 만한전석을? (장금을 본다.)

오겸호: 오늘은 저 불경한 것의 처결이 있는 날이니 원하시는 대로 벌을 내리고
　마음껏 드십시오!

장금: …….

금영: (장금을 보는데)

정사, 역시 장금을 본다. 그러고는 자신의 앞에 놓인 음식을 보고, 다시 한 번 장금을 보고는 수저를 들어 음식을 먹기 시작한다. 보는 최 상궁과 금영, 희색이 가득하고, 정사는 계속 먹어 보는데, 미간이 찌푸려지지 않는다. 오겸호 정사의 미간을 보고는 입가에 미소를 띠며 최 상궁을 보면 최 상궁 목례를 하고, 불안한 장금, 계속 먹는 사신 정사. 최 상궁과 장번 내시의 표정, 이제는 끝이라는 듯 바라보는 금영의 표정. 절망에 휩싸이는 장금의 표정.

S#56 태평관 연회장 안

모두가 지켜보는 가운데 음식을 먹던 정사, 수저를 놓는다. 모두들 정사를 바라보는데,

오겸호: 대인! 대인을 능멸한 나인이옵니다.

정사: …….

오겸호: 어찌 하올까요?

정사: 앞으로 산해진미는 이것으로 끝이오!

모두: ……?

정사: (장금에게) 이 정도 먹은 것은 용서해 주겠느냐?

장금: …….

정사: 오늘의 만한전석은 참으로 훌륭하였소.

오겸호: 예, 앞으로 연회는 이틀 동안 계속될 것이옵니다.

정사: 정성은 고마우나, 사양해야 할 듯하오.

오겸호: 대인, 그게 무슨 말씀이온지, 그동안, 저 나인의 방자한 행동으로 입에 맞지 않는 음식을 드시느라 고생하셨던 것을 송구하게 생각하여 준비한 음식입니다. 어찌하여 마다시는지요.

정사: (웃으며) 저 방자한 나인 때문이오.

오겸호: 무슨 말씀이신지?

정사: 그동안 나는 맛있고 **기름진 음식**만을 탐해 왔소. 하여, 지병인 **소갈**을 얻었음에도, 사람이란 참으로 약한 존재인지라, 알면서도 그런 음식을 끊을 수가 없었소이다.

모두: …….

정사: (장금에게) 나는 조선의 사람도 아니며, 오래 있을 사람도 아니다. 대충 내가 원하는 음식을 해 주어 보내면 될 것을, 어찌하여 고집을 피웠느냐?

장금: …….

장번 내시: 어서 아뢰어라.

장금: 저는 다만 마마님의 뜻을 따랐을 뿐이옵니다.

정사: 그 뜻이 무엇이냐?

장금: 그 어떠한 경우에도, 먹는 사람에게 해가 되는 것을, 올려서는 안 된다는 것입니다. 그것이 **음식을 하는 자의 도리**라 하셨습니다.

정사: 그로 인해 자신에게 크나큰 위험이 닥쳐도 말이냐?

장금: 이미, 한 상궁 마마님께서 끌려가시며 제게 몸소 보여 주시지 않으셨습니까?

정사: (웃으며) 참으로 고집불통인 스승과 제자로다.

모두: (보면)

정사: 그래, 하여, 알았다. 음식을 하는 자가 도리와 소신이 있듯이 음식을 먹는 자 또한 도리가 있어야 한다는 것을.

모두: …….

정사: 음식을 해 주는 자가 올곧은 마음으로 내 몸을 지켜 주려는데 정작 먹는 자인 내가 내 몸을 소홀히 하여, 나를 해치는 음식을 먹는다는 것이 말이 안 되지. 먹는 자에게도 도리가 있는 것이었어.

모두: …….

정사: 갖은 향신료에 절어 있던 차라 네가 올린 음식이 처음에는 풀 냄새만 나더니 먹으면 먹을수록, 그 **재료 고유의 맛**이 느껴지면서 참으로 맛있었다. 또 다른 맛의 공간이더구나. 비록 조선의 작은 땅덩어리에 사나, 네 배포와 심지는 대륙의 땅 보다도 크구나.

장금: …….

정사: 가는 날까지 내 음식은 고집불통인 네 스승과 너에게 맡기겠노라!

– 김영현 각본, 「대장금(大長今)」 –

• **몽타주:** 각각 촬영한 화면을 이어 붙여 다양한 효과를 연출하는 기법으로, 사건을 속도감 있게 보여 주는 효과를 나타내기도 함.

1분컷 작품 정리

주요 인물	주요 사건
• 정사: 사신. 기름진 음식을 좋아하였으나 _____의 음식을 먹고 생각을 달리함	장면 1 장금은 소박하고 건강한 음식들을 정사에게 올리고, 정사는 이를 먹고 _____ 을 찌푸림
• 장금: 먹는 사람에게 ___가 되는 음식은 올리지 않겠다는 신념을 가진 나인	장면 2 최 상궁과 금영은 _____ 을 준비하고 정사는 미간을 찌푸리지 않고 먹음
• 오겸호: 사신을 대접하는 일을 맡은 사람	장면 3 정사는 음식을 먹는 이의 건강을 생각하는 장금의 진심에 감동받고 앞으로의 음식도 장금과 장금의 스승에게 맡기기로 함
• 최 상궁, 금영: _____의 입맛에 맞는 화려한 음식상을 준비함	

☐ 시나리오　☐ 희곡

1. 윗글을 통해 알 수 있는 내용으로 적절한 것은?

① 한 상궁은 정사의 뜻을 알고 장금에게 음식을 준비하도록 했다.

② 장금과 금영은 정사가 먹을 음식을 기쁜 마음으로 함께 준비하였다.

③ 정사는 오겸호의 조언에 따라 장금이 만든 음식을 억지로 먹고 있었다.

④ 오겸호는 만한전석을 준비하라고 한 정사의 지시에 불만을 가지고 있었다.

⑤ 정사는 떠나는 날까지 음식을 준비하라고 할 만큼 장금에 대한 신뢰를 보였다.

2. 〈보기〉를 통해 윗글을 감상한 내용으로 적절하지 않은 것은? [3점]

> 보기
>
> 음식은 먹는 사람의 건강을 지키는 수단이자 맛에 대한 욕망을 충족하는 수단이기도 하다. 이 둘은 상충되기도 하지만 조화를 이루기도 한다. 「대장금」은 다양한 음식을 소재로 한 일련의 사건과 음식에 대한 소신을 지키는 장금의 모습에서 전통 음식 문화에 대한 자부심을 느끼게 한다.

① 정사는 '소갈'에 걸리고도 맛있고 '기름진 음식'을 끊을 수 없었다는 점에서 맛에 대한 욕망을 제어하지 못하였음을 알 수 있군.

② 장금이 정사가 싫어하는 것을 알면서도 '생선'과 '산나물'을 이용하여 만든 음식을 올리는 것은 정사의 건강을 우선시했기 때문이군.

③ 정사는 장금이 만든 음식에서 '재료 고유의 맛'을 느끼며 건강을 지키는 것과 맛에 대한 욕망이 조화를 이룰 수 있음을 깨닫게 되는군.

④ 장금은 정사가 '만한전석'과 같이 건강을 해치는 음식을 선호하는 것을 보고 음식을 먹는 자의 도리를 지키지 않는다고 말하며 안타까워했군.

⑤ 장금이 위험을 무릅쓰고 먹는 사람의 건강에 도움이 되는 음식을 고집하는 것에서 '음식을 하는 자의 도리'를 지키고자 하는 소신을 확인할 수 있군.

3. S#49를 제작하기 위한 회의 내용으로 적절하지 않은 것은?

① 음식을 정성스럽게 만드는 장금의 솜씨를 강조할 필요가 있습니다. 음식을 만드는 손을 클로즈업하면 좋겠습니다.

② 이틀에 걸친 사건을 짧은 장면으로 이어 붙인 장면입니다. 사건이 속도감 있게 전달될 수 있도록 편집하면 좋겠습니다.

③ 불안해하는 오겸호를 담은 장면이 반복됩니다. 배우의 표정 연기를 통해 긴장감이 고조되도록 연출을 하면 좋겠습니다.

④ '음식 준비 – 사신의 시식 – 장금의 기대 – 사신의 평가'가 이어지고 있습니다. 이 순서대로 장면들을 편집하면 좋겠습니다.

⑤ 조선 시대를 배경으로 하고 있습니다. 사실성이 드러나도록 당시의 의복과 소품을 고증하여 준비하는 것이 좋겠습니다.

장면을
2개로 끊고
등장인물에
표시하며
읽어 봐!

숙주: 저 선생님! 제가 신숙주라는 인물과 비유되는 것마저 저로서는 불쾌합니다.

학자: 신숙주와는 같은 신씨이며 본까지 같은 자네로서는 혈통을 거슬러 올라가
자네의 먼 할아버지 입장이 한번 되어 보게. 지금 같은 말이 나오나.

숙주: 제가 그 사람의 입장에 서더라도 친구들을 배반하진 않을 겁니다.

학자: 좋아 그럼 자넨 자네의 의지로써 신숙주의 입장을 타개해 보게. 결국 자넨
자신보다는 그분을 존경하게 될 걸세.

숙주: 전 그렇잖을 자신이 있습니다.

학자: 그래? 그럼 한번 해보세.

세조: ㉠저…… 선생님.

학자: 응? 뭔가?

세조: 저 좀 다른 얘기입니다만 저희가 그 옛날 사람들의 입장으로 돌아가 본다는 건
이해하겠습니다만 저흰 옛날 의상 같은 것의 준비가 전혀 없잖습니까? ㉡그러구
저흰 궁중어 같은 건 서툴러나서…….

학자: ㉢하하하…… 알겠네. 하지만, 여보게 의상에 대한 고증이나 궁중어 따위라면
저속한 야담잡지에도 아주 상세하게 나와 있네. 우리가 목적하는 바는 그따위
옷이나 말 같은 것이 아니잖나? 물론 지금과 그때는 제도나 풍습의 차이 같은 것이
있겠지만 그것도 우리가 연구해보려는 것에 부작용을 일으킬 정도로 대단한 게
아니잖을까? 그런 걱정은 말고, 자! 세조 역은 자네가 맡도록 하게. 때는 세조가
즉위한 지 일 년 후로 하지. 자넨 저 위로 올라가게. 옳지, 옛날에 산과 들을 뛰어
돌아다니며 주색을 즐기던 자네는 아니, 수양은 왕이 됐네. 표정이 좀 더 침울했
으면 좋겠네.

세조: 잘 안 되는데요. (일동 웃음)

학자: 잘 해 보게. 옳지 정말 배우 같은데? 저, 정군 불이 좀 밝잖아?

정찬손: (손으로 스위치를 끄는 시늉을 한다.)

(조명 조금 어두워진다.)

학자: 됐어.

세조: 저, 자신이 없는데요. (일동 웃음)

학자: 그렇지 감정을 돋우는 덴 음악이란 게 있지. 자네들은 날 따라오게. 옆에서,
그렇게 웃으면 방해가 될 테니.

(세조와 숙주를 제외한 사람들 퇴장한다.)

성삼문: 저 선생님 우리 어떤 정해진 얘기 줄거리 같은 것이 없잖아요?

학자: 허허 이거 봐요 성군. 뚜렷한 줄거리가 있다면 아예 토론을 계속할 필요도
없잖아? 우린 그저 성실하게 각 인물들의 입장을 더듬으면 되는 거야.

성삼문: ㉣그래두 어떤 질서 같은…….

학자: 허허 이것 보게. 자네의 발은 자네가 명령한 질서를 잃어버린 채로도 이렇게
길을 잘 가고 있잖아? 자넨 여기까지 오는 동안 나와 얘기하느라고 발에 신경을
쓸 틈이 없었을 테니 말야. 여하튼 굳이 그 질서라는 것이 거슬리면 교통 순경한테
가서 물어보게.

(전원 퇴장한다. 성삼문 고개를 갸우뚱 한다.

시계 소리 한 시를 친다. 이어서 음악이 엷게 흐른다.)

숙주: 전하 이젠 돌아가 볼 때가 된 것 같습니다.

세조: (서류를 들썩이며) 피곤한가?

[중략 부분의 줄거리] 그날 밤 조선의 왕 세조는 성삼문을 비롯한 사육신이 역모를 꾀한다는 것을 듣고 이들을 처형한다.

윤씨: 형장엔 무엇 때문에 가셨어요?

숙주: 그들과 함께 죽는 것보다는 그들의 죽음을 보는 것이 내게는 더 큰 시련이기 때문이야. 나는 나를 시험했어. 그들의 증오까지 받아들였어.

윤씨: 그것으로 당신의 자존심이 구원받을 수 있나요?

숙주: 자존심이라구? 당신은 아직도 사리를 그릇 깨닫고 있어.

윤씨: 그들은 폭군에 저항했어요. 그분들은 옳은 일을 위해 죽었어요.

숙주: 어리석은 죽음이야. 그들의 죽음이 백성과 자신에게 감상적인 동정을 불러일으켰을 따름이지. 그들은 자기 자신을 위해서 죽었어.

윤씨: 당신이 하신 일은 자기 자신을 위한 일이 아니었던가요?

숙주: 그들이 죽은 건 명예 때문이야. 그들은 단 한 가지 일밖에는 몰라. 충성이란 어리석은 이름을 지킨다는 것이 그들에게 명예심을 불러일으켰어. 그들은 죽었어. 그런데도 결국 올바른 일을 위해 죽은 게 아니라, 나이 어린 아이에 대한 충성을 바치기 위해서 죽은 거야.

윤씨: 당신은 수양대군의 폭정을 정당하다고 주장하시는군요.

[A] **숙주:** 어느 의미에서는 옳지. 그는 야심가지만 이 나라를 유지할 수 있는 유일한 인물이야. 지배자는 정에 의해 결정되지 않고 의에 의해서 결정되어야 해. 그래서 나는 정과 인연을 끊었어.

윤씨: 배반이죠. 비겁한 배반이야요. 모두들 당신이 생명을 유지하기 위해서 대군께 지조를 굽혔다고 떠들어요. 그러한 오명은 영원히 벗을 수 없어요.

숙주: 난 그들을 설복시키는 데 실패했을 따름이야. ㉤상왕을 복위시키는 것은 무사와 안녕만을 바라는 늙은이들의 고집에 지나지 않는다구…… 결국 그들은 전하의 악명과 함께 영원히 그 충성심으로 떠받쳐지겠지. 백성들이란 그런 죽음을 좋아하니까.

윤씨: 철면피예요. 당신이 그런 말씀을 하다니. 결국 당신은 그들과 인연을 끊음으로써 부귀와 영달을 얻었군요. 그것도 부정하실 생각이세요?

숙주: 부정할 수 없는 것은 마음의 불안이야. 아직 내 머릿속엔 형장에서 사지를 늘이고 피를 흘리는 친구들의 모습이 선하게 떠올라. 그 모습은 아마 영영 내 머릿속에서 지울 수 없을 거야.

윤씨: 그리고 영원히 신씨 일가의 오명도 벗을 길이 없겠죠.

– 신명순, 「전하」 –

주요 인물	주요 사건
• 숙주: _____를 비난하였으나 극 중 극에서 신숙주 역할을 맡음	장면 1 학자는 뚜렷한 _____ 없이 역사적 인물들의 입장이 되어 보는 역할극을 제안하고, 학생들은 어색해하면서도 각자의 역할을 맡음
• 학자: 학생들에게 역할극을 권함으로써 극 중 극으로의 전환을 유도함	
• 세조: 역할극에 몰입하는 것을 어려워함. 극 중 극에서 _____를 꾀하는 이들을 처형함	장면 2 사육신의 처형 장면을 보고 온 숙주와 숙주가 사육신을 _____했다고 생각하는 윤씨가 논쟁을 벌임
• 윤씨: 극 중 극에서 처형당한 이들을 옹호하며 숙주와 논쟁함	

□ 시나리오   □ 희곡

작품의 내용에 대한 사실적·추론적 이해를 묻는 문제

4. ㉠~㉤에 대한 연출가의 지시로 가장 적절한 것은?

① ㉠: 학자를 설득할 수 있다는 자신감이 넘치는 어투로 연기해 주세요.

② ㉡: 연기를 할 만한 무대 공간이 협소한 것을 걱정하는 어투로 연기해 주세요.

③ ㉢: 걱정할 것이 없다는 듯이 웃어넘기는 어투로 연기해 주세요.

④ ㉣: 다양한 연기 경험이 부족하다는 것을 걱정하는 어투로 연기해 주세요.

⑤ ㉤: 상대방의 판단에 대해 의구심을 가지고 불안해 하는 어투로 연기해 주세요.

작품의 내용에 대한 사실적·추론적 이해를 묻는 문제

5. [A]에서 '윤씨'와 '숙주' 간의 쟁점으로 적절하지 <u>않은</u> 것은?

① 사육신은 정의를 위해 죽었는가?

② 세조의 폭정은 정당화될 수 있는가?

③ 신숙주의 행동은 비겁한 배반이었는가?

④ 신숙주의 배반은 자신을 위한 일이었는가?

⑤ 백성들은 사육신을 충신으로 평가할 것인가?

6. 〈보기〉의 ⓐ, ⓑ를 중심으로 윗글을 감상한 내용으로 적절하지 <u>않은</u> 것은? [3점]

> **보기**
>
> 「전하」는 아래의 도식과 같이 ⓐ틀극 속에 ⓑ내부극이 삽입되는 형태인 극중극의 구조를 보인다.
>
> 이 극에서 관객들은 관객과 배우 사이에 미리 정해 놓은 암묵적 약속인 컨벤션에 따라 극의 상황을 실제 상황인 것처럼 받아들이게 된다. 이러한 극중극의 구조에서는, 틀극의 배우들이 각각 역할을 분담하여 내부극의 배우나 관객이 되게 함으로써 과거의 역사적 사실이 현대적으로 재해석될 수 있음을 보여 주고 있다.
>
>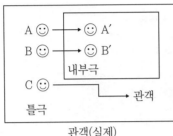

① 시계소리, 음악 등의 효과음을 기점으로 ⓐ에서 ⓑ로 전환되는군.

② ⓐ에서 '학자'가 ⓑ에서의 줄거리를 한정하지 않았기 때문에 ⓑ에서의 등장인물들이 자율적으로 연기할 수 있었겠군.

③ 옛날 의상을 입지 않아도, 관객들은 컨벤션에 따라 ⓑ의 배경이 조선 시대임을 암묵적으로 동의할 수 있었겠군.

④ ⓐ에서 '학자'가 신숙주에 비판적인 인물에게 ⓑ에서 '숙주' 역할을 맡긴 것은 인물의 인식 변화를 의도한 것이었겠군.

⑤ 한 명의 배우가 ⓐ에서 두 개의 배역을 담당함으로써 실제 관객들이 역사적 사실을 현대적 시각에서 재해석할 수 있겠군.

대질 심문: 원고, 피고, 증인 들을
대면시켜 그들에게 서면이나 말로
진술할 기회를 주는 일.

고3 2019학년도 9월

장면을
3개로 끊고
등장인물에
표시하며
읽어 봐!

[앞부분의 줄거리] 공동 경비 구역*에서 근무하는 국군 이수혁 병장, 남성식 일병(수정의 오빠)과 인민군 오경필 중사, 정우진 전사 사이에 총격 사건이 일어난다. 중립국 감독 위원회는 소피 소령을 파견하여 보타 소장 관할 아래 사건을 조사하게 한다.

@S#79. 팔각정 (낮)

팔각정에서 본 판문각 근처 부감* 전경 — 대질 심문*을 받고 나온 수혁, 경필 일행이 회담장 앞에서 각각 차를 타고 현장을 떠난다. 카메라, 후진하면서 팔각정 내부로 초점 이동하면 보타의 손이 쑥 들어와 서류 봉투를 내민다.

소피: (영어) (봉투를 받아 들고) 뭐죠?

보타, 대답 대신 관측경을 들여다본다.

보타: (영어) 한국이 처음이랬지?

㉠보타의 관측경으로, 판문각 앞에서 쌍안경을 들고 이쪽을 관찰하는 북한 군인이 보인다.

보타: (영어) (목소리) 그래 '아버지' 나라가 마음에 들던가?

㉡판문각 쪽에서 북한 군인의 쌍안경 시점으로, 사진을 보고 있는 소피의 모습이 잡힌다.

보타의 설명 사이사이, 한국전 당시 거제도 포로수용소의 생활과 좌우 투쟁, 종전 후 공산 포로 북송, 반공 포로 석방 및 제3국행 포로의 출발과 도착 장면들이 사진과 기록 영화 화면으로 편집된다.

보타: (영어) (목소리) ㉢한국전 당시 거제도에는 인민군 포로수용소가 있었지. 그 속 에서 공산주의자와 반공주의자, 두 무리 간엔 처참한 살육이 계속됐어. 종전되고 그들에게 선택권이 주어졌어. 남으로의 귀순이냐, 북으로의 귀환이냐… 그 17만 포로 중 76명은 둘 다를 거부했어. 그들 중 지금도 행방이 묘연한 사람이 있네. 바로… 자네 아버지 장연우 같은 사람이지.

소피, 놀란 얼굴로 손에 든 다른 사진을 내려다보면 거제 포로수용소에서 포로들, 결박당한 채 쪼그리고 앉아 있다. ㉣그중 동그라미가 쳐진 사람 얼굴로 줌인*.

보타: (영어) 표 장군이 매우 잽싸게 움직였더군. 국방부, 외무부, 인도, 아르헨티나, 스위스 대사관… 며칠 사이 정보란 정보는 다 모았어. 표 장군으로선 ⓑ전 인민군 장교의 딸인 자네에게 사건을 맡길 수 없었겠지.

• **공동 경비 구역:** 남한과 북한이 공동 으로 경비하는 휴전선 부근 지역.

• **대질 심문:** 원고, 피고, 증인 들을 대면시켜 그들에게 서면이나 말로 진술할 기회를 주는 일.

소피: (영어) (흥분해서) 3일이면 돼요. 곧 이 병장의 자백을 받아낼 수 있다구요.

(중략)

ⓜS#81. 소피의 숙소 (낮)

　침대에 가방을 올려놓고 짐을 싸는 소피. 사진 액자를 가방에 넣으려다 말고 들여다본다. 어린 시절의 소피와 스위스인 엄마 사진. 액자 뒤를 열어 가족사진을 꺼낸다. 접힌 부분을 펴자 숨겨진 아버지의 모습이 온전히 나타난다. 물끄러미 사진을 바라보는 소피.

S#82. 수사본부 (낮)

　문이 열리고 들어오는 수혁, 목발을 짚었다. 사진을 바라보고 앉아 있는 소피.

소피: (수혁을 돌아보며) 오라고 해서 미안해요. 몸도 불편한데.

　영문을 모르고 불려 온 수혁이 가만히 지켜보는 가운데, 탁자에 놓인 서류 봉투를 집어 들고 출입구 앞으로 가는 소피, 과녁판에서 다트 화살을 뽑아 든 다음 서류 한 장을 꽂아 고정시킨다.

소피: 내일 자정을 기해 나를 제이에스에이 근무에서 해제한다는 명령서예요.
수혁: 들었습니다, 아버지 얘기.
소피: 그래, 내가 인민군 장교의 딸이란 얘길 듣고 기분이 어땠던가요?
수혁: (주저 없이) 친근감이 들었습니다.

　ⓑ소피, 당황한 듯 잠시 침묵했다가 군복 안에 받쳐 입은 터틀넥 스웨터의 목을 젖혀 보인다. 목에 나 있는 피멍 자국.

소피: 난 아직 흔적이 남아 있는데 이 병장은 깨끗하네요. 이 병장이 오 중사보다 힘이 센가 보지요?

　당황하는 수혁, 대답 없다.

소피: 자, 진짜 재미난 쇼는 이제부터예요. 잘 봐요.

　수정의 얼굴이 프린트된 출력물을 과녁판에 꽂는 소피. 당황하는 수혁.

소피: 수정 씨를 만나자마자 전에 본 적이 있는 얼굴이라고 생각했어요. 그런데 그 사람이 누군지 알아내는 건 그렇게 어려운 일이 아니었죠.

　이번에는 수정의 초상화를 과녁판에 꽂는 소피. 놀라는 수혁.

소피: 정우진이 그린 초상화예요. 그리고 이건 (찢어져 너덜너덜한 얼굴 없는 사진을 과녁판에 꽂으며) 정우진의 시신에서 나온 사진이에요.

과녁판에 나란히 부착된 ⓒ석 장의 이미지. 충격받은 표정의 수혁.

소피: '사라진 탄환'이 남 일병의 알리바이를 깨는 증거였다면… (얼굴이 찢겨 나간 사진을 가리키며) '사라진 얼굴'은 네 명의 병사가 오랫동안 친하게 지냈다는 걸 뜻하는 증거죠.

수혁, 애써 외면하고 걸어간다.

수혁: 그래서요?

ⓓ노란색과 빨간색 디스켓 두 개를 꺼내 보이는 소피.

소피: 완전히 다른 두 개의 수사 보고서예요. 내가 뭘 제출하느냐는 이 병장한테 달렸어요. 진실을 말해 준다면 난 후임자한테 어떤 증거나 추리도 제공하지 않겠어요.
수혁: 협박입니까?
소피: 거래죠.
수혁: 영창을 가든 훈장을 받든 전 관심 없습니다. 그렇다면 ⓔ진실의 대가로 소령님이 저한테 해 줄 수 있는 게 뭡니까?
소피: 이 병장이 끝까지 보호하려고 하는 사람… 오경필의 안전이에요.

– 박상연 원작, 박찬욱 외 각색, 「공동 경비 구역 JSA」 –

- **부감:** 카메라가 인물의 시선보다 높은 곳에서 아래로 내려다보며 촬영하는 것.
- **줌인:** 피사체의 크기를 점점 확대 촬영하는 것.

✏️ 1분컷 **작품 정리**

주요 인물	주요 사건
• **소피:** 전 인민군 장교의 딸이자 중립국 감독 위원회의 소령. 공동 경비 구역 내의 총격 사건을 조사하고 있으며 _____을 알기 위해 수혁과 거래하려 함	장면 1 소피는 공동 경비 구역 내의 총격 사건을 조사하던 중 전 _____ 장교의 딸이라는 이유로 사건에서 배제될 상황에 처함
• **보타:** 중립국 감독 위원회의 소장. 공동 _____ 내의 총격 사건 조사를 관할함	장면 2 소피는 숙소에서 가족 _____을 보며 생각에 잠김
• **수혁:** 국군 병장. 총격 사건에 연루되어 조사를 받고 있으며 인민군 병사인 _____을 지키려 함	장면 3 소피는 수혁에게 네 명의 병사가 (친한 / 모르는) 사이였음을 알게 되었다고 밝히고, 수혁에게 진실을 말해 달라고 함

☐ 시나리오 ☐ 희곡

작품의 내용에 대한 사실적·추론적 이해를 묻는 문제

7. 윗글의 인물에 대한 설명으로 가장 적절한 것은?

① '소피'의 아버지는 전쟁이 끝나자 북으로 귀환한다.

② '소피'는 사건의 진실에 대해 조사 의지가 없다.

③ '수혁'은 '소피'의 아버지의 전력[*]을 듣고 '소피'를 경계한다.

④ '소피'는 '사라진 얼굴'이 누구인지 짐작하지 못한다.

⑤ '소피'는 '수혁'이 '오경필'의 안전을 염려한다고 생각한다.

• **전력:** 과거의 경력.

작품의 내용에 대한 사실적·추론적 이해를 묻는 문제

8. ⓐ~ⓔ에 대한 설명으로 적절하지 <u>않은</u> 것은?

① ⓐ의 공간 범위는 팔각정 내부뿐만 아니라 외부도 포함한다.

② ⓑ는 '소피'가 직무에서 해제되는 원인이 된다.

③ ⓒ는 '소피'가 네 병사의 관계를 짐작하게 된 단서이다.

④ ⓓ는 '수혁'이 진실을 밝히느냐에 따라 어느 것이 제출될지가 정해질 것이다.

⑤ ⓔ는 '수혁'이 수사본부에 있는 '소피'를 만나러 온 이유이다.

작품의 내용에 대한 사실적·추론적 이해를 묻는 문제

9. 윗글을 영상화한다고 가정할 때, ㉠~㉽에 해당하는 감독의 연출 계획으로 적절하지 <u>않은</u> 것은? [3점]

① ㉠과 ㉡은 각각 관측경과 쌍안경으로 상대측을 바라보는 장면을 설정하여 남북한 대치 국면에 있는 S#79 공간의 특수성을 그려야겠어.

② ㉢은 인물에 초점을 맞추는 촬영과 달리 사진이나 기록 영상물을 제시하여 당시 상황을 보여 주어야겠어.

③ ㉣은 동그라미 처진 얼굴을 확대 촬영하여 '소피'의 아버지가 포로 중 한 사람이었 다는 사실을 환기해야겠어.

④ ㉤은 대사 없이 인물의 행동과 소품으로 인물의 심리를 간접적으로 표현해야겠어.

⑤ ㉽은 사건의 맥락이 관객에게 인지될 수 있도록 실내 전체를 한 화면에 담아야겠어.

고1 2019학년도 11월

화자, 대상, 정서·태도가 나타난 부분에 표시하며 읽어 봐!

(가)

　일조(一朝) 낭군(郎君) **이별 후에** 소식조차 **돈절(頓絶)**˚하야

　자네 일정 못 오던가 **무삼 일로 아니 오더냐**

　이 아해야 말 듣소

　황혼 저문 날에 개가 짖어 못 오는가

　이 아해야 말 듣소

　춘수(春水)가 만사택(滿四澤)˚하니 **물이 깊어 못 오던가**

　이 아해야 말 듣소

　하운(夏雲)이 다기봉(多奇峰)˚하니 **산이 높아 못 오던가**

　이 아해야 말 듣소

　한 곳을 들어가니 육관대사 성진(性眞)이는 석교상(石橋上)에서 팔선녀 다리고
희롱한다

　지어자 좋을시고

　병풍에 그린 황계(黃鷄) 수탉이 두 나래 둥덩 치고 짜른 목을 길게 빼어 긴 목을
에후리어

　사경일점(四更一點)˚에 날 새라고 **꼬꾀요 울거든** 오라는가

　자네 어이 그리하야 아니 오던고

　너란 죽어 **황하수(黃河水)** 되고 날란 죽어 **도대선(都大船)**˚되야

　밤이나 낮이나 낮이나 밤이나

　바람 불고 물결치는 대로 어하 둥덩실 **떠서 노자**

　저 ㉠달아 보느냐

　임 계신 데 명휘(明暉)를 빌리려문˚ 나도 보게

　이 아해야 말 듣소

　추월(秋月)이 양명휘(揚明暉)하니 달이 밝아 못 오던가

　어데를 가고서 네 아니 오더냐

　지어자 좋을시고

－ 작자 미상, 「황계사」 －

• **돈절:** 편지, 소식 따위가 갑자기 끊어짐.
• **춘수가 만사택:** 봄철의 물이 사방의 못에 가득함.
• **하운이 다기봉:** 여름 구름이 많은 기이한 봉우리를 이룸.
• **사경일점:** 새벽 1시에서 3시 사이인 사경의 한 시점.
• **도대선:** 큰 나룻배.
• **명휘를 빌리려문:** 밝은 빛을 비춰주렴.

(나)

온갖 꽃들 피어나 고운 비단을 펼쳐 놓은 듯한데, 푸른 숲 사이로 다문다문 보이니 참으로 알록달록하다. 들판에는 푸른 풀이 무성이 돋아 소들이 흩어져 풀을 뜯는다. 여인들은 광주리 끼고 야들야들한 뽕잎을 따는데 부드러운 가지를 끌어당기는 손이 옥처럼 곱다. 그들이 서로 주고받는 민요는 무슨 가락의 무슨 노래일까.

가는 사람과 앉은 사람, 떠나는 사람과 돌아오는 **사람들** 모두가 **봄을 즐기느라 온화한 표정**이니 그 따뜻한 기운이 나에게도 전해지는 것 같다. 그런데 먼 사방을 바라보는 나의 마음은 왜 이토록 민망하고 답답하기만 할까.

봄이 되어 붉게 장식한 궁궐에도 해가 길어지니, 온갖 일들로 바쁜 천자(天子)에게도 여유가 생긴다. 화창한 봄빛에 설레어 가끔 높은 대궐에 올라 먼 곳을 바라보노라면 장구 소리는 높이 울려 퍼지고, 발그레한 살구꽃이 일제히 꽃망울 터뜨린다. 너른 중국 땅의 아름다운 **경치**를 바라보니 기쁘고 흡족하여 옥잔에 술을 가득 부어 마신다. 부귀한 사람이 봄을 볼 때는 이러하리라.

왕족과 귀족의 자제들은 호탕한 벗들과 더불어 꽃을 찾아다니는데, 수레 뒤에는 붉은 옷 입은 기생들을 태웠다. 가는 곳마다 자리를 펼쳐 옥피리와 생황을 연주하게 하며, 곱게 짠 비단 같은 울긋불긋한 꽃을 바라보고, 취한 눈을 치켜뜨고 이리저리 거닌다. 화려하고 사치스러운 사람이 봄을 볼 때는 이러하리라.

한 어여쁜 부인이 빈 방을 지키고 있다. 천 리 멀리 떠도는 남편과 이별한 뒤 소식조차 아득해져 한스럽다. 마음은 물처럼 일렁거려, 쌍쌍이 나는 ⓒ제비를 보다가 난간에 기대어 눈물 흘린다. 슬프고 비탄에 찬 사람이 봄을 볼 때는 이러하리라.

(중략)

군인이 출정하여 멀리 고향을 떠나와 지내다가 변방에서 또 봄을 맞아 풀이 무성히 돋는 걸 볼 때나, 남쪽 지방으로 귀양 간 나그네가 어두워질 무렵 푸른 단풍나무를 보게 될 때면, 언제나 발길을 멈추고 고개를 들어 이윽히 보고 있지만 마음은 조급하고 한스러워진다. 집 떠난 **나그네**가 봄을 볼 때는 이러하리라.

여름날에는 찌는 듯한 더위가 고생스럽고, 가을은 쓸쓸하기만 하며, 겨울에는 꽁꽁 얼어붙어 괴롭다는 걸 나는 잘 알고 있다. 이 세 계절은 너무 한 가지에만 치우쳐서 변화의 여지도 없이 꽉 막힌 것 같다. 그러나 봄날만은 **보이는 경치와 처한 상황**에 따라, 때로는 따스하고 즐거운 마음이 들게도 하고, 때로는 슬프고 서러워지게 하기도 하고, 때로는 절로 노래가 나오게 하기도 하고, 때로는 흐느껴 울고 싶게 만들기도 한다. 사람들의 마음을 하나하나 건드려 움직이니 그 마음의 가닥은 천 갈래 만 갈래로 모두 다르다.

그런데 나 같은 이는 어떠한가. 취해서 바라보면 즐겁고, 술이 깨어 바라보면 서럽다. 곤궁한 처지에서 바라보면 구름과 안개가 가려진 것 같고, 출세하고 나서 바라보면 햇빛이 환히 비치는 것 같다. 즐거워할 일이면 즐거워하고 슬퍼할 일이면 슬퍼할 일이다. 닥쳐오는 상황을 마주하고 변화하는 조짐을 순순히 따르며 나를 **둘러싼 세상**과 더불어 움직여 가리니, 한 가지 법칙만으로 헤아릴 수는 없는 것이다.

– 이규보, 「봄의 단상」 –

(가)

화자		대상		정서 · 태도
임과 _____한 '나'	✚	• 이별 후 소식도 끊긴 임 • 병풍에 그린 _____, 밝은 가을___	✚	임에 대한 간절한 _____

⬇️

오지 않는 임에 대한 그리움

(나)

글쓴이		대상		정서 · 태도
봄에 대해 생각하는 '나'	✚	• 봄의 경치 • 봄을 대하는 사람들의 서로 (같은 / 다른) 태도	✚	주어진 상황과 _____에 따르며 세상과 더불어 움직이겠음

⬇️

봄날에 느끼는 다양한 정서와 생각

작품의 표현상 또는 서술상의 특징을 묻는 문제

10. (가)와 (나)의 공통점으로 가장 적절한 것은?

① 환상적 공간의 묘사를 통해 긴장된 분위기를 드러내고 있다.

② 부르는 말의 반복을 통해 자신의 고조된 감정을 드러내고 있다.

③ 추측을 나타내는 표현을 통해 자신의 생각을 드러내고 있다.

④ 언어유희를 통해 현실에 대한 태도를 간접적으로 드러내고 있다.

⑤ 명령형 어조를 통해 대상에 대한 생각을 강조하여 드러내고 있다.

11. 〈보기〉를 바탕으로 (가)를 감상한 내용으로 적절하지 <u>않은</u> 것은? [3점]

> 보기
>
> 「황계사」는 임과 이별한 상황에서 화자가 느끼는 답답함과 그리움을 형상화한 작품이다. 화자는 임과의 재회가 늦어지는 이유를 외부적 요인에서 찾으려 하거나, 불가능한 상황을 가정함으로써 임이 돌아오지 않는 것에 대한 원망을 드러내고 있다. 그런데 이런 원망에는 이별의 상황에서 벗어나 임과 재회하기를 간절하게 바라는 화자의 마음이 담겨 있다.

① '이별 후'에 '소식조차 돈절'한 것에서, 화자가 임과 이별한 상황임을 알 수 있군.

② '무삼 일로 아니 오더냐'라고 하는 것에서, 임과 이별한 상황에서 느끼는 화자의 답답한 심정을 알 수 있군.

③ '물'이 깊고 '산'이 높다는 것에서, 화자가 임과 이별하게 된 이유를 외부적 요인에서 찾고 있음을 알 수 있군.

④ '병풍에 그린 황계'가 '꼬꾀요 울거든 오랴는가'라고 하는 것에서, 불가능한 상황을 가정하여 임이 돌아오지 않는 것에 대한 원망을 드러내고 있음을 알 수 있군.

⑤ '황화수'와 '도대선'이 되어 '떠서 노자'라고 한 것에서, 화자가 재회를 간절히 바라고 있음을 알 수 있군.

12. 〈보기〉는 (나)의 내용을 구조화한 것이다. 이에 대한 이해로 적절하지 <u>않은</u> 것은?

> 보기
>
>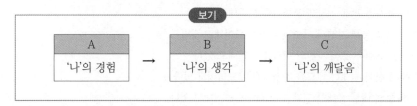

① A에서 자신과 달리 '봄을 즐기느라 온화한 표정'인 '사람들'을 바라본 경험은 B가 시작되는 계기가 된다고 볼 수 있군.

② B에서 '천자'가 봄의 '경치'를 바라보는 모습을 통해 봄을 대하는 부귀한 사람의 태도를 생각하고 있군.

③ B에서 '왕족과 귀족의 자제들'과 '나그네'가 봄을 대하는 입장은 서로 대비되는군.

④ B의 생각들은, 봄을 '보이는 경치와 처한 상황'에 따라 다르게 받아들일 수 있다는 C의 깨달음으로 이어지는군.

⑤ A의 경험으로부터 이어진 C의 깨달음은 자신을 '둘러싼 세상'을 변화시키고자 하는 의지로 확장되는군.

13. ⓐ과 ⓑ에 대한 설명으로 가장 적절한 것은?

① ⓐ은 화자의 소망을 드러내는, ⓑ은 인물의 처지를 부각하는 소재이다.

② ⓐ은 화자의 처지와 동일시되는, ⓑ은 인물의 상황과 대비되는 소재이다.

③ ⓐ은 화자의 행동을 유도하는, ⓑ은 인물의 외적 갈등을 해소하는 소재이다.

④ ⓐ은 화자와 대상을 연결해 주는, ⓑ은 인물과 대상을 단절시키는 소재이다.

⑤ ⓐ은 화자의 부정적 인식을 내포하는, ⓑ은 긍정적 인식을 투영하는 소재이다.

14~15 다음을 읽고 1분컷 작품 정리를 채운 뒤 선지의 적절성을 판단해 보세요.

고2 2015학년도 6월

> 글쓴이, 대상,
> 정서·태도가
> 나타난
> 부분에
> 표시하며
> 읽어 봐!

비자는 연하고 탄력이 있어 두세 판국을 두고 나면 반면(盤面)이 얽어서 곰보 같이 된다. 얼마 동안을 그냥 내버려 두면 반면은 다시 본디대로 평평해진다. 이것이 비자반의 특징이다.

비자를 반재(盤材)로 진중(珍重)하는 소이(所以)는, 오로지 이 유연성(柔軟性)을 취함이다. 반면에 돌이 닿을 때의 연한 감촉 —, 비자반이면 여느 바둑판보다 어깨가 마치지 않는다는 것이다. 아무리 흑단(黑檀)이나 자단(紫檀)이 귀목(貴木)이라고 해도 이런 것으로 바둑판을 만들지는 않는다.

비자반 일등품 위에 또 한층 뛰어 특급품이란 것이 있다. 반재며, 치수며, 연륜이며 어느 점이 일급과 다르다는 것은 아니나, 반면에 머리카락 같은 가느다란 흉터가 보이면 이게 특급품이다. 알기 쉽게 값으로 따지자면, 전전(戰前) 시세로 일급이 2천 원 전후인데, 특급은 2천 4, 5백 원 —, 상처가 있어서 값이 내리는 게 아니라 되레 비싸진다는 데 진진(津津)한 묘미가 있다.

반면이 갈라진다는 것은 기약치 않은 불측(不測)의 사고이다. 사고란 어느 때 어느 경우에도 별로 환영할 것이 못 된다. 그 균열(龜裂)의 성질 여하에 따라서는 일급품 바둑판이 목침(木枕)감으로 전락해 버릴 수도 있다. 그러나 그렇게 큰 균열이 아니고 회생할 여지가 있을 정도라면 헝겊으로 싸고 뚜껑을 덮어서 조심스럽게 간수해 둔다. 갈라진 균열 사이로 먼지나 티가 들어가지 않도록 하는 단속이다.

1년, 이태, 때로는 3년까지 그냥 내버려 둔다. 계절이 바뀌고 추위, 더위가 여러 차례 순환한다. 그 동안에 상처 났던 바둑판은 제 힘으로 제 상처를 고쳐서 본디대로 유착(癒着)해 버리고, 균열진 자리에 머리카락 같은 희미한 흔적만이 남는다.

비자의 생명은 유연성이란 특질에 있다. 한번 균열이 생겼다가 제 힘으로 도로 유착·결합했다는 것은 그 유연성이란 특질을 실지로 증명해 보인, 이를테면 졸업 증서이다. 하마터면 목침감이 될 뻔했던 것이, 그 치명적인 시련을 이겨내면 되레 한 급(級)이 올라 특급품이 되어 버린다. 재미가 깨를 볶는 이야기다.

더 부연할 필요도 없거니와, 나는 이것을 인생의 과실(過失)과 결부시켜서 생각해 본다. 언제나, 어디서나 과실을 범할 수 있다는 가능성 —, 그 가능성을 매양 꽁무니에 달고 다니는 것이, 그것이 인간이다.

•**유착하다:** 생물체의 조직면이 섬유소 나 섬유 조직 따위와 연결되어 붙어 버리다.

•**과실:** 부주의나 태만 따위에서 비롯된 잘못이나 허물.

(중략)

과실은 예찬할 것이 아니요, 장려할 노릇도 못 된다. 그러나 그와 동시에 과실이 인생의 '올 마이너스'일 까닭도 없다.

과실로 해서 더 커가고 깊어가는 인격이 있다.

과실로 해서 더 정화(淨化)되고 향기로워지는 사랑이 있다. 생활이 있다.

누구나 할 수 있는 노릇은 아니다. 어느 과실에도 적용된다는 것은 아니다. 제 과실, 제 상처를 제 힘으로 다스릴 수 있는 비자반의 탄력 —, 그 탄력만이 과실을 효용한다.

인생이 바둑판만도 못하다고 해서야 될 말인가.

— 김소운, 「특급품」 —

- **반면**: 바둑판의 겉면.
- **비자반**: 비자나무로 만든 바둑판.
- **비자를 반재로 진중하는 소이는**: 비자를 바둑판의 재료로 중요하게 여기는 까닭은.
- **진진한**: 재미 따위가 매우 있는.

✏️ **1분컷 작품 정리**

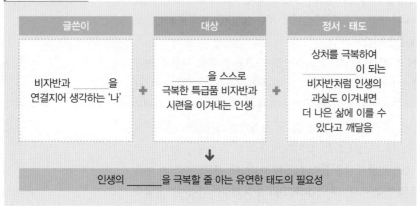

글쓴이		대상		정서 · 태도
비자반과 _____을 연결지어 생각하는 '나'	+	_____을 스스로 극복한 특급품 비자반과 시련을 이겨내는 인생	+	상처를 극복하여 _____이 되는 비자반처럼 인생의 과실도 이겨내면 더 나은 삶에 이를 수 있다고 깨달음

↓

인생의 _____을 극복할 줄 아는 유연한 태도의 필요성

┌ 작품의 표현상 또는 서술상의 특징을 묻는 문제

14. 윗글에 대한 설명으로 가장 적절한 것은?

① 사물의 성질에서 인생의 교훈을 이끌어내고 있다.

② 현실의 세태에 대해 비판적 태도를 드러내고 있다.

③ 과거의 삶을 되돌아보며 삶의 의지를 다지고 있다.

④ 다른 사람에게 들은 이야기를 객관적으로 전달하고 있다.

⑤ 대상을 다각적으로 관찰하여 다양한 의미를 이끌어내고 있다.

15. 윗글을 바탕으로 〈보기〉를 이해한 내용으로 적절하지 <u>않은</u> 것은?

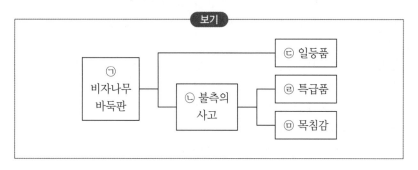

① ㉠은 연하고 탄력이 있어 바둑판으로서의 가치가 높다.

② ㉡은 반면이 갈라지는 것으로 환영할 것이 못 되는 사건이다.

③ ㉢은 균열이 없는 비자나무 바둑판으로 치수와 연륜 등은 특급품과 같다.

④ ㉣은 비자반이 상처를 스스로 유착·결합하여 균열의 흔적이 사라진 상태이다.

⑤ ㉤은 비자반이 바둑판으로는 쓸모없게 되었음을 드러내는 것이다.

16~17 다음을 읽고 1분컷 작품 정리를 채운 뒤 선지의 적절성을 판단해 보세요.

고3 2014학년도 수능AB

> 글쓴이, 대상,
> 정서·태도가
> 나타난
> 부분에
> 표시하여
> 읽어 봐!

　암소의 뿔은 수소의 그것보다도 한층 더 겸허하다˚. 이 애상적인 뿔이 나를 받을
리 없으니 나는 마음 놓고 그 곁 풀밭에 가 누워도 좋다. 나는 누워서 우선 소를 본다.
소는 잠시 반추(反芻)˚를 그치고 나를 응시한다.

　'이 사람의 얼굴이 왜 이리 창백하냐. 아마 병인인가 보다. 내 생명에 위해를 가
　하려는 거나 아닌지 나는 조심해야 되지.'

　이렇게 소는 속으로 나를 심리(審理)하였으리라. 그러나 오 분 후에는 소는 다시
반추를 계속하였다. 소보다도 내가 마음을 놓는다.

　소는 식욕의 즐거움조차를 냉대할 수 있는 지상 최대의 권태˚자다. 얼마나 권태에
지질렸길래 이미 위에 들어간 식물을 다시 게워 그 시금털털한 반소화물(半消化物)
의 미각을 역설적으로 향락하는 체해 보임이리오?

　소의 체구가 크면 클수록 그의 권태도 크고 슬프다. 나는 소 앞에 누워 내 세균
같이 사소한 고독을 겸손하면서 나도 사색의 반추는 가능할는지 불가능할는지 몰래
좀 생각해 본다.

(중략)

　그렇건만 내일이라는 것이 있다. 다시는 날이 새지 않은 것 같기도 한 밤 저쪽에
또 내일이라는 놈이 한 개 버티고 서 있다. 마치 흉맹한˚ 형리(刑吏)˚처럼―나는
그 형리를 피할 수 없다. 오늘이 되어 버린 내일 속에서 또 나는 질식할 만치 심심해
해야 되고 기막힐 만치 답답해 해야 된다.

* **겸허하다:** 스스로 자신을 낮추고 비우는 태도가 있다.
* **반추:** 1) 한번 삼킨 먹이를 다시 게워 내어 씹음. 또는 그런 일. 2) 어떤 일을 되풀이하여 음미하거나 생각함. 또는 그런 일.
* **권태:** 어떤 일이나 상태에 시들해져서 생기는 게으름이나 싫증.
* **흉맹하다:** 흉악하고 사납다.
* **형리:** 예전에, 지방관아에서 형률(범죄와 형벌에 관한 법률)에 관한 일을 맡아보던 사람.

그럼 오늘 하루를 나는 어떻게 지냈던가. 이런 것은 생각할 필요가 없으리라. 그냥 자자! 자다가 불행히—아니 다행히 또 깨거든 최 서방의 조카와 장기나 또 한판 두지, 웅덩이에 가서 송사리를 볼 수도 있고—몇 가지 안 남은 기억을 소처럼—반추하면서 끝없는 나태를 즐기는 방법도 있지 않으냐.

불나비가 달려들어 불을 끈다. 불나비는 죽었든지 화상을 입었으리라. 그러나 불나비라는 놈은 사는 방법을 아는 놈이다. 불을 보면 뛰어들 줄을 알고—평상에 불을 초조히 찾아다닐 줄도 아는 정열의 생물이니 말이다.

그러나 여기 어디 불을 찾으려는 정열이 있으며 뛰어들 불이 있느냐. 없다. 나에게는 아무것도 없고 아무것도 없는 내 눈에는 아무것도 보이지 않는다.

암흑은 암흑인 이상 이 좁은 방 것이나 우주에 꽉 찬 것이나 분량상 차이가 없으리라. 나는 이 대소 없는 암흑 가운데 누워서 숨 쉴 것도 어루만질 것도 또 욕심나는 것도 아무것도 없다. 다만 어디까지 가야 끝이 날지 모르는 내일 그것이 또 창밖에 등대(等待)°하고 있는 것을 느끼면서 오들오들 떨고 있을 뿐이다.

                                                                – 이상, 「권태」 –

•**등대:** 미리 준비하고 기다림.

🖊 1분컷 작품 정리

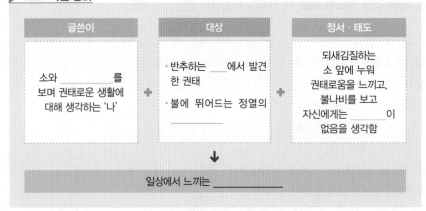

글쓴이	대상	정서·태도
소와 ＿＿＿＿를 보며 권태로운 생활에 대해 생각하는 '나'	• 반추하는 ＿＿에서 발견한 권태 • 불에 뛰어드는 정열의 ＿＿＿	되새김질하는 소 앞에 누워 권태로움을 느끼고, 불나비를 보고 자신에게는 ＿＿＿＿이 없음을 생각함

↓

일상에서 느끼는 ＿＿＿＿＿＿＿

／ 작품의 표현상 또는 서술상의 특징을 묻는 문제

16. 윗글에 대한 설명으로 가장 적절한 것은?

  ① 비유를 활용하여 대상의 속성과 관련된 상념°을 표현하고 있다.

  ② 우화를 제시하여 글쓴이가 처한 부정적인 상황을 강조하고 있다.

  ③ 설의적 표현을 통해 자연과 조화를 추구하고자 하는 태도를 나타내고 있다.

  ④ 과거의 삶과 현재의 삶을 대비하여 현대 사회에 대한 비판적 인식을 드러내고 있다.

  ⑤ 글쓴이의 생각을 타인의 생각과 비교하며 글쓴이가 삶에서 깨달은 진리를 전달하고 있다.

•**상념:** 마음속에 품고 있는 여러 가지 생각.

17. 〈보기〉를 참고하여 윗글을 감상한 내용으로 가장 적절한 것은?

보기

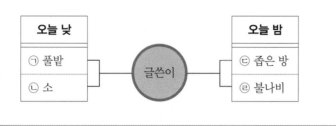

　　윗글은 글쓴이가 일상의 시·공간, 자연, 인간 등을 탐색하고 이를 통해 의미를 발견한 작품이다. 이를 도식화하면 다음과 같다.

오늘 낮		오늘 밤
㉠ 풀밭	글쓴이	㉢ 좁은 방
㉡ 소		㉣ 불나비

① ㉠이 권태에 빠진 글쓴이에게 충족감을 주는 안식처라면, ㉢은 나태한 삶을 피해 은신*한 글쓴이에게 도피처를 의미하겠군.

② 글쓴이는 ㉠에서 자신의 무기력한 삶의 원인을 찾아 고뇌하다가 마침내 그 원인을 ㉡에서 찾고 자신의 처지를 한탄하고 있군.

③ 글쓴이는 ㉢이라는 삶의 공간에서 ㉣에 주목하여 아무런 목표 없이 살아가는 자신의 현실 대응 방식을 반성하고 이를 개선하겠다고 다짐하고 있군.

④ 글쓴이는 ㉡을 통해 자신이 권태에 빠진 고독한 존재임을, ㉣을 통해서는 열정 없이 살아가는 존재임을 확인하고는 권태가 지속될 내일을 두려워하고 있군.

⑤ 글쓴이는 의미 없는 일상을 반복하고 있는 자신이 ㉡, ㉣과 다를 바 없다고 규정하고 권태에서 벗어나려는 의욕마저 갖지 못하게 하는 현실에 대해 안타까워하고 있군.

•은신: 몸을 숨김.

1판 1쇄 발행 2022년 11월 25일

기획 홀수 편집부
편집·검토 윤지숙 장혜진 박효비 정경아 서미리
디자인 유초아 이재욱

발행처 주식회사 도서출판 홀수
출판사 신고번호 제374-2014-0100051호
ISBN 979-11-89939-75-5

홈페이지 www.holsoo.com

쉽게 읽히는 수능 국어 필수 개념서!

1 일등급을 만드는 **국어** 공 부 전 략 문학편

1 쉽고 친절하게, 꼼꼼하고 자세하게!

수능 국어 공부를 처음 시작하는 학생들도, 수능 국어의 기본 개념을 다시 한번 정리하고 싶은 고3, N수생도 편하게 볼 수 있도록 학습 내용을 쉽고 친절한 말투로, 꼼꼼하고 자세하게 설명하였습니다.

2 단계별로 차근차근!

STEP ❶에서는 구체적인 작품을 들어 학습 내용을 자세하게 설명하고 STEP ❷ 에서는 확인 문제로 학습 내용에 대한 이해를 점검합니다. 실전 훈련하기 에서는 기출 문제를 통해 실전 감각을 키웁니다. STEP ❷와 실전 훈련하기 에서는 고1 → 고2 → 고3 순서로 문제를 제시하여 다양한 난이도의 문제를 단계별로 풀어볼 수 있도록 구성 하였습니다.

3 혼자서도 어려움 없이, 강의와 Q&A로 막힘없이!

독학용 교재로 활용이 가능하도록 구성하였으나, 보다 깊고 넓게 학습할 수 있도록 교재에 대한 강의(유료)를 제공하고 Q&A 게시판을 운영합니다.

*강의는 대성마이맥 홈페이지(www.mimacstudy.com), 교재 질문은 도서출판 홀수 홈페이지 (www.holsoo.com) Q&A 게시판을 이용해 주세요.

일등급을 만드는
국어
공 부 전 략

필수 문학 개념어

(1) 화자와 시적 대상

STEP **2** 문제로 확인하기

문제 P.026

1. 작품의 표면에 나타난 화자가 자신의 정서를 직접적으로 드러내고 있다. ◎

작품의 표면에 화자인 '나'가 나타나 모란이 피기를 '기둘리'는 마음과 모란이 져서 느끼는 '설움'의 정서를 직접적으로 드러내고 있다.

2. 대상과의 이별에 대한 화자의 안타까움이 나타나 있다.

윗글에서 화자가 주목하고 있는 시적 대상은 '거미'이다. 하지만 화자가 거미를 보며 '엄마와 누나나 형'과 '쉬이 만나기나 했으면 좋으련만 하고 슬퍼'하는 것은, 거미가 가족과 이별한 상황을 안타까워하는 것이지 화자가 거미와의 이별에 대해 안타까움을 느끼는 것으로 보기는 어렵다. 즉 윗글에는 '대상이 겪은 이별'에 대한 화자의 안타까움이 드러난다고 볼 여지는 있으나, '대상과의 이별'에 대한 화자의 안타까움이 나타나 있다고 볼 수는 없다.

3. 화자의 태도가 달라짐에 따라 대상이 처한 상황이 악화되고 있다. ✕

화자는 '거미'에 대해 처음에는 '아모 생각 없'는 무심함을 드러내지만, 차츰 자신의 행동으로 인해 '찬 밖'으로 내몰린 거미에 대해 '서러워'하고 '슬퍼'하는 감정을 드러내므로 윗글에서 화자의 태도는 달라진다고 볼 수 있다. 그러나 화자의 태도가 달라짐에 따라 시적 대상인 거미가 처한 상황이 악화되고 있다고 보기는 어렵다. 화자가 대상을 버린 '문 밖'은 거미들이 다시 만날 수 있는 가능성을 지닌 공간으로 볼 수 있으며, 화자의 달라진 태도는 그러한 재회의 가능성을 높이기 위한 행동, 즉 가족을 만나길 바라며 새끼 거미를 문 밖으로 버리는 행동으로 이어지고 있기 때문이다.

4. (나)는 (가)와 달리 시적 화자가 표면에 드러나 있다. ◎

(가)의 화자는 표면에 직접적으로 드러나지 않지만, (나)에서는 '나'라는 시적 화자가 표면에 드러나 있다.

5. (가)와 (나) 모두 시적 대상의 의미를 대비*하여 주제를 드러내고 있다. ◎

(가)의 시적 대상은 '새'와 '포수'로 볼 수 있는데, 화자는 '순수'한 '새'와 이를 '겨냥'하는 '포수'를 대비함으로써 순수에 대한 추구와 이를 파괴하는 것에 대한 비판이라는 주제 의식을 드러내고 있다. 한편 (나)의 시적 대상은 '그륵'과 '그릇'으로, 화자는 '학교'에서 배우고 '사전을 통해 쉽게' 찾을 수 있는 '그릇'과 어머니가 '인생을 통해' 배운 '그륵'을 대비함으로써 '그륵'처럼 '뜨겁게 살아 있'는 '서정시를 쓰'고 싶은 마음을 드러내고 있다.

개념 더하기

- **대비**: 대비의 사전적 정의는 두 대상의 차이를 명백히 하기 위해 서로 비교한다는 거야. 대비와 사전적 의미가 완전히 같지만 않지만 거의 유사하게 쓰이는 개념으로 대조가 있으니 함께 기억해 두자. 수능에서는 대비와 대조를 구분하라고 요구하지는 않으니 선지에서 대조나 대비가 나타났는지 묻는다면 둘 이상의 대상 간에 차이가 나타나는지 확인해 보면 돼. (가)와 (나)에서는 각각 '새'와 '포수', '그륵'과 '그릇'의 차이가 나타났으니 시적 대상의 의미를 대비했다고 볼 수 있어.

(2) 서술자와 시점

문제 P.031

1. 이야기 내부의 서술자가 인물의 행위를 묘사*하며 자신의 내면을 드러내고 있다.

윗글의 서술자는 이야기 내부의 '나'이다. 윗글의 '나'는 '집 앞에서 벌어진 풍경이 믿기지 않는다는 듯 아연한 표정으로 서 있'는 집주인의 모습과 '피아노를 놓친' 이후 '괜찮다는 신호를 보낸 뒤 다시 계단을 내려'가는 외삼촌의 행동을 묘사하며, 민망하고 부끄러운 자신의 내면 심리를 드러내고 있다.

개념 더하기 +

• **묘사:** 묘사는 어떤 대상이나 사물, 현상 따위를 언어로 서술하거나 그림을 그려서 표현하는 것을 말해. 문학 작품에서는 시적 대상, 인물, 사건, 배경 등을 감각적으로 그려내는 묘사를 통해 어떤 장면을 떠올릴 수 있게 하지. 이처럼 묘사가 사용된 부분을 읽게 되면 머릿속에 그림이 그려지는 것 같은 느낌이 들어.

> 브이넥의 다갈색 스웨터를 입고 그보다 엷은 빛깔의 셔츠 깃을 내보인 그는, 짙은 눈썹과 미간 언저리에 약간 위압적인 느낌을 갖고 있었으나 큰 두 눈은 서늘해 보였고, 날카로움과 동시에 자신(自信)에서 오는 너그러움, 침착함 같은 것을 갖고 있는 듯해 보였다. 전체의 윤곽이 단정하면서도 억세고, 강렬한 성격의 사람일 것 같았다. 다만 턱과 목 언저리의 선이 부드럽고 델리킷하여 보였다.
>
> – 강신재, 「젊은 느티나무」 –

2. 작품 밖의 서술자가 특정 인물의 입장에서 사건을 서술하고 있다.

윗글은 작품 밖의 서술자가 '방선생'의 입장에서 '이 전무' 집을 침범한 '방 씨의 집 벽'을 어떻게 할 것인지를 두고 '이 전무'와 '방선생'이 갈등하는 사건을 서술하고 있다.

3. 서술자가 ~~자신의~~ 체험을 직접 서술하고 있다.

서술자가 자신의 체험을 직접 서술하는 것은 1인칭 시점에 해당한다. 윗글에서는 전지적 서술자에 의해 '국순'의 이야기가 서술되고 있으므로 서술자가 자신의 체험을 직접 서술한다고 볼 수 없다.

(3) 서술자의 개입, 편집자적 논평

문제 P.034

1. 서술자의 개입을 통해 주관적 견해를 드러내고 있다.

서술자는 '더구나 이렇게 머리를 깎고~최 씨의 심정이 오죽하였겠는가?'에서 작품 내에 직접 개입하여 '유연'을 본 '최 씨'의 심정에 대한 자신의 주관적 견해를 드러내고 있다.

2. 서술자가 개입하여 인물이 처한 상황에 대해 논평한다.

'명진이 불의에 난을 만나매 제장 군졸의 머리 추풍낙엽일네라 뉘 능히 당하리요?'에서 소대성의 부재를 알게 된 호왕 진영이 명나라 진영을 공격하여 명진이 위기에 처한 상황에 대해 서술자가 주관적으로 평가하고 있다. 또한 '호왕이 달려와 삼장과 군사를 다죽이고 명제는 함정에 든 범이라 어찌 망극지 아니하리요?'에서도 명나라 황제가 위기에 처한 상황이 '함정에 든 범'과 같다고 하며 주관적으로 평가하고 있다.

3. ~~편집자적 논평을 통해 인물의 부정적 면모를 비판하고~~ 있다.

윗글에는 편집자적 논평이 나타나 있지 않다. '매양 후원에서 조약돌로 진을 벌이며~왕씨 알고 가장 민망히 여겨', '왕씨 듣기를 마치고~어이없어 다만 탄식뿐이러니'에서는 '외도를 행하'는 '삼녀'를 못마땅하게 여기는 '왕씨'의 태도가 드러날 뿐, 편집자적 논평을 통해 인물의 부정적 면모를 비판하고 있지는 않다. 또한 '삼소저 또 후원에서 무예를 익힐새~왕씨를 몹시 꾸짖으며'에서도 '삼녀'의 '행사를 엄하게 단속'하지 않은 '왕씨'를 나무라는 '유씨'의 모습이 나타날 뿐, 편집자적 논평은 사용되지 않았다.

(1) 자연 친화

STEP **2** 문제로 확인하기   문제 P.038

1

[현대어 풀이]
궂은 비 그쳐 가고 시냇물이 맑아진다
배 띄워라 배 띄워라
낚싯대를 둘러메니 솟구치는 흥취를 참지 못하겠구나
찌그덩 찌그덩 어여차
안개 긴 강과 겹겹이 둘러싼 산봉우리는 누가 그려낸 것인가?

〈하(夏) 1〉

1. ㉠은 화자가 자연의 아름다움에 감탄하며 이를 즐기고 있다고 볼 수 있군. ◉

'연강 첩장은 뉘라서 그려낸고'는 화자를 둘러싼 자연 경관(안개 긴 강과 겹겹이 둘러싼 산봉우리)이 그림으로 그려낸 것처럼 아름답다는 의미이다. 따라서 ㉠은 화자가 자연의 아름다움에 감탄하며 자연 속에서 이를 즐기고 있는 것으로 볼 수 있다.

2~3

[현대어 풀이]
이끼 긴 바위에 기대어 앉아 보며
그늘진 소나무 뿌리를 베고도 누워 보며
한가한 이야기를 못다 그쳐 산에서 보내는 날이 지나가니
승려를 언제 찾을까 약초를 캐는 것으로 날이 저물었다
그도 번거로워 떨치고 걸어 올라
두 눈을 치켜뜨고 만 리를 돌아보니
외로운 따오기는 오며 가며 다니거든
아득한 속세는 관심 밖의 티끌이로다
부귀공명을 잊었거니 물고기나 새와 함께 살랴
낚시터에 내려 앉아 갈매기를 벗을 삼고
술동이를 기울여 취하도록 혼자 먹고
흥이 다해 떨쳐 일어남을 기약하여 석양을 보낸 후에
강문(江門)에 달이 올라 물과 하늘이 같은 색일 제
온 강의 풍류를 한 배 위에 실어 오니
아득한 천지에 걸린 것이 무엇이랴
두어라 이렇게 저렇게 늙어 죽은들 어이하리

2. ㉠에는 자연과 조화를 이루려는 태도가 나타난다. ◉

㉠에서 화자는 자연물인 '백구(흰 갈매기)'를 벗으로 삼는다고 하였다. 이는 자연 속에서 자연물과 친구가 되어 조화를 이루려는 태도를 드러낸 것으로 볼 수 있다.

3. ㉡에는 자연에서 즐기는 흥취가 나타난다. ◉

㉡에서 화자는 '백구를 벗을 삼'아 술을 마시고 있다. 이는 자연 풍경을 보며 술을 마시고 즐기는 흥취를 드러낸 것으로 볼 수 있다.

4. ⓐ는 글의 첫머리에 제시되어, 이어질 내용이 ~~자연 친화적 이념의 역사~~를 포함하고 있음을 드러낸다. ⊗

윗글은 '보리'를 글의 첫머리에 제시한 뒤, 이어지는 내용을 통해 추운 겨울을 이겨내고 자라나 '하늘을 향하여 솟아오르'는 '보리'의 생명력을 예찬하고 있을 뿐, 자연 친화적 이념의 역사에 대해 이야기하고 있지는 않다.

(2) 인간과 자연의 대비

STEP 2 문제로 확인하기

1

[현대어 풀이]
산촌에 눈이 오니 돌길이 묻혔구나
사립문을 열지 마라 날 찾을 이 누가 있겠느냐
밤중에 한 조각 밝은 달만이 내 벗인가 하노라

1. '산촌'은 세상과 대비되는 공간으로서의 자연의 의미를 지니는 것이겠군. ◉

〈보기〉에서 윗글은 신흠이 '관직을 박탈당하고' 내쫓겼던 시기에 쓴 시조로, '자연 지향, 세태 비판' 등 다양한 주제 의식을 담고 있다고 했다. 또한 '전원으로 돌아오매 세상이 진실로 나를 버렸'기 때문이라고 한 것을 참고했을 때 화자가 떠난 세속(세상)과 화자가 돌아온 자연(전원)은 대비되는 공간이라고 볼 수 있다. 따라서 화자가 '산촌'이라는 자연 속에 묻혀 살며 '시비'를 열지 말라고 한 것은 세상과 단절되어 자연과 벗하며 살기 위해서라고 볼 수 있다. 즉 '산촌'은 세상과 대비되는 공간으로서의 자연을 의미한다.

2

[현대어 풀이]
세상에서 버림받은 몸이 시골에서 늙어 가니
세상의 일은 내가 알 수 없고 내가 (시골에서) 하는 일은 무엇인고?
이 속에서도 나라를 걱정하는 정성스러운 마음으로 풍년을 원하노라　〈제1곡〉

이웃 농부가 찾아와 말하기를 봄이 왔으니 밭에 나가세
앞집의 쟁기를 잡고 뒷집에서 따비(농기구)를 보내네
두어라, 내 집 농사부터 하랴 남(이웃)부터 먼저 하니 더욱 좋구나　〈제2곡〉

여름날 한창 더울 때에 햇빛에 달아오른 땅이 마치 불 같도다
밭고랑 매려 하니 땀이 흘러 땅에 떨어지네
아아, 곡식 한 알 한 알에 어린 고생을 어느 분이 알아주실까?　〈제3곡〉

가을이 되어 곡식을 보니 참으로 좋구나
내 힘으로 이룬 것이니 먹어도 맛이 유별나게 좋구나
이 즐거움 외에 천 대의 마차와 만 섬의 곡식을 부러워한들 무엇하리오　〈제4곡〉

밤에는 새끼를 꼬고, 저녁에는 띠풀을 베어
초가집 잡아 정비하고 농기구를 손질하여라
내년에 봄 온다 하거든 (농사일에) 바삐 일하리라　〈제5곡〉

2. ~~인간과 자연을 대비~~하여 주제 의식을 부각하고 있다.

화자는 '농인'이 와서 '밭에 가'자고 하자 농기구를 들고 함께 농사일을 하는 등 자연을 노동의 공간으로 여기고 있다. 즉 윗글의 화자는 자연을 노동의 공간으로 인식하고 그 속에서 농사일을 하는 모습을 표현하고 있을 뿐 인간과 자연을 대비한다고 볼 수 없다.

3. ~~인간과 자연을 대비~~하여 주제 의식을 부각하고 있다.

윗글의 시적 대상은 '묘향산행 승합자동차'에 오른 '나이 어린 계집아이 하나'이다. 화자는 시적 대상을 관찰하며 '계집아이는 몇 해고 내지인 주재소장 집에서~걸레를 쳤을 것'이라고 그 고된 삶을 추측하고 있을 뿐, 윗글에서 인간과 자연의 대비는 확인할 수 없다.

PART 1 필수 문학 개념어 　정답과 해설　 007

(3) 성찰, 반성

STEP 2 문제로 확인하기

문제 P.045

1. 특정한 인물을 통해 자신의 삶을 ~~반성~~하고 있다.

윗글은 '중로의 여인에게서 들은 이야기'를 제시하고 있다. 글쓴이는 이 일화를 통해 '지난날의 가난'과 '그 속에 빛나던 사랑'을 잊지 말아야 한다는 삶의 자세를 전달하고 있을 뿐, 자신의 삶을 반성하고 있지는 않다.

2. '기계'와 '로봇'처럼 살아가는 '괴물의 집단'이 '기자로서의 사명감'을 잊었다고 여기는 그의 모습에서 현실적 삶을 반성적으로 인식하고 있는 모습을 확인할 수 있겠군. ◎

〈보기〉에서 윗글은 '현실적 삶을 살아가는 중산층 인물들의 모습'을 드러내며 '속물적 사고로 인해' '현실 세계의 문제를 외면하며 살아가는 인물들의 부도덕함을 반성적으로 폭로하고 있'다고 하였다. 이를 참고할 때, 남편인 '그'가 기자들을 '괴물의 화면을 만드는 괴물의 집단'으로 여기고 '기자로서의 사명감이 없어진 지 오래'이며 '다들 기계고, 로봇일 뿐'이라고 표현한 것에서 현실적 삶을 반성적으로 인식하는 태도를 확인할 수 있다.

3. 윗글에서 '아, 우린 너무 감동을 모르고 살아왔느니.'는 생명의 원리에 대한 깨달음이 인간 삶에 대한 성찰로 이어졌음을 드러내고 있군. ◎

〈보기〉에서 윗글은 '겨울 감나무'를 관찰함으로써 '생명의 원리를 깨닫는 감동을 놓치며 살아온 인간 삶에 대한 성찰'을 드러낸다고 하였다. 이에 따르면 1연~3연에서는 감나무에 대한 관찰을 통해 감나무의 생명력에 대한 깨달음을 드러내고 있으며, 이는 4연의 '아, 우린 너무 감동을 모르고 살아왔느니.'라는 '인간 삶에 대한 성찰'로 이어졌다고 볼 수 있다.

(4) 극복 의지

STEP 2 문제로 확인하기

문제 P.050

1. 가정의 진술*을 활용하여 ~~현실 극복의 의지~~를 드러내고 있다.

윗글의 화자는 '툇마루'에 앉아 '달'이 떠오르기를 기다리고 있다. 달이 조금씩 떠올라 '마루 위에 빛깔의 방석이 / 보시시 깔리'면 화자와 달이 만든 그림자가 '서로 맞대고 있는' 모습이 된다. 즉 화자는 '마루 위에 빛깔의 방석이 / 보시시 깔리우면'에서 달이 뜨고 그림자가 생기는 상황을 가정하여 기대를 드러내고 있을 뿐, 현실 극복의 의지를 드러내고 있지는 않다.

개념 더하기⁺

> • **가정의 진술:** 가정이란 사실이 아니거나 또는 사실인지 아닌지 분명하지 않은 것을 임시로 인정하는 거야. '만약', '~하면' 같은 표현이 나오면 사실이 아니거나 사실인지 분명하지 않은 것을 가정하고 있다고 볼 수 있지. 윗글의 '보시시 깔리우면'에서 가정의 진술을 확인할 수 있어.

2. '세운다'는 '스스로'와 연결되어 버드나무가 자신의 힘으로 상처를 극복하는 모습을 드러내고 있다.

윗글의 1연~2연에서 '옥수숫대'는 '땅에 닿지 못'하는 실패를 두려워하지 않으며 '뿌리를 내딛는' 강인한 생명력을 지닌 모습으로 표현되어 있다. 또한 3연에서 '버드나무'는 '제 흠집에서 뿌리를 내려 제 흠집에 박'아 '기둥', 즉 뿌리를 세우는 모습으로 표현되어 있다. 이를 통해 화자는 4연에서 '생'이란 '자신의 상처에서 자신의 버팀목을 / 꺼내는 것'이라는 깨달음을 얻고 있다. 따라서 '스스로 기둥을 세운다'는 것은 '버드나무'가 자신의 힘으로 상처를 극복하는 모습을 나타낸 것이라 할 수 있다.

008 1등급을 만드는 국어 공부 전략

[현대어 풀이]
(가)

바위에 서 있는 소나무가 위엄이 있고 당당한 것이 반갑구나
바람과 서리를 겪어도 여위는 법이 전혀 없다
어쩌다 봄빛을 가져 변할 줄 모르는구나　　　　　　　　　　　　　　　　　　　　　　　〈제1수〉

동쪽 울타리에 심은 국화 귀한 줄을 누가 아느냐
봄빛을 마다하고 늦가을 서리에 혼자 피니
아아 맑고 고결한 내 벗이 다만 너인가 하노라　　　　　　　　　　　　　　　　　　　　　　〈제2수〉

꽃이 (종류가) 많은데 매화를 심은 뜻은
눈 속에 꽃이 피어 (눈과 매화꽃) 둘이 한 빛인 것이 귀하구나
하물며 그윽한 향기를 귀하게 여기지 않고 어찌하리　　　　　　　　　　　　　　　　　　　〈제3수〉

흰 눈이 잦은 날에 대나무를 보려고 창문을 여니
온갖 꽃이 간 데 없고 대나무숲이 푸르르구나
어째서 맑은 바람을 반겨 흔들흔들 하나니　　　　　　　　　　　　　　　　　　　　　　　〈제4수〉

3. (가)와 (나)는 시련을 이겨 내려는 의지를 나타내고 있다.

(가)의 〈제1수〉는 '풍상'을 겪어도 '여위'지 않고 '봄빛'을 간직한 '솔', 〈제2수〉는 '춘광'을 마다하고 '엄상'에 혼자 핀 '국화', 〈제3수〉는 '눈 속에 꽃'을 피워 '그윽한 향기'를 지닌 '매화', 〈제4수〉는 '백설이 잦은 날'에도 푸르른 '대숲'의 모습을 표현하고 있다. 소나무, 국화, 매화, 대나무가 '풍상', '엄상', '백설' 등의 시련을 이겨 낸 존재라는 점에서 (가)는 시련에 굴하지 않는 '사우'의 의지를 나타내었다고 볼 여지가 있다. 그러나 (나)는 '석굴암'과 그 주변에서 본 것들에 대해 공간의 이동에 따라 서술하고 있을 뿐, 시련을 이겨내는 의지를 나타내고 있지는 않다.

(1) 비유, 상징

STEP 2 문제로 확인하기   문제 P.055

1. [A]와 [B]는 모두 비유적 표현을 사용하여 자신이 고난에 처했음을 부각하고 있다. ◉

[A]에서 용왕은 '하온데 한 병이 깊이 들어 몸의 위태로움이 바늘 방석에 앉은 듯하고'라고 하여 자신이 깊은 병에 드는 고난에 처했음을 '바늘 방석에 앉은' 상황에 비유하여 표현했다. [B]에서 토끼는 '용왕에게 원망을 사서 결박하여 섬돌 아래 놓이니 절인 생선이 줄에 꾀인 듯하고 전상에서 호령하니 뜨거운 불바람이 부는 듯합니다.'라고 하여 자신이 용왕에게 목숨을 위협받는 상황에 처해 있음을 '생선이 줄에 꾀인' 것과 '뜨거운 불바람이 부는' 것에 비유하여 표현했다.

2. [B]의 '도라지꽃 같은' '내 마음의 빛갈'은 [A]의 '애기 구름'같이 연약했던, ~~화자의 사랑이 화려한 결실을 맺었음을~~ 비유적으로 표현한 것이겠군. ⊗

윗글의 [A]에서 화자는 '처음 내 마음'이 '아지랑이', '애기 구름' 같았다고 하며 '그'를 만나기 전의 마음에 대해 말하였다. 한편 당신이 '다시 그를 데려가'서 '그'와 이별한 뒤를 표현한 [B]에서는 '내 마음의 빛갈'이 '도라지꽃 같'다고 하여 자신의 내면을 드러내고 있다. 즉 [A]의 '애기 구름'은 아직 '그'를 만나기 전 화자의 정서를 비유적으로 드러내는 것이므로 '화자의 사랑'을 드러내는 것은 아니다. 또한 [B]는 이별 이후를 표현하고 있으므로 '도라지꽃 같은' '내 마음의 빛갈'은 화려한 사랑의 결실을 표현한 것으로 보기 어렵다.

3. [A]의 '두 손'은 겨울-나무의 외양을, [B]의 '뜨거운 혀'는 봄-나무의 열정을 비유한 표현이다. ◉

윗글의 [A]에서 '나무'는 '영하 13도 / 영하 20도 지상에' 뿌리를 박고 '무방비의 나목'으로 서 있다고 했다. 따라서 [A]의 '두 손'은 잎을 모두 떨어뜨리고 앙상한 가지만 남은 겨울-나무의 외양을 비유한 표현으로 볼 수 있다. 또한 윗글에서 '푸르른 사월 하늘'을 들이받는 [B]의 나무는 봄-나무로 볼 수 있다. [B]에서 '온몸이 으스러지도록' '싹을 내밀고' '푸른 잎이 되'는 것은 나무 내부의 힘과 노력으로 싹을 틔우는 모습으로 볼 수 있다. 따라서 이때의 '뜨거운 혀'는 싹을 틔우려는 봄-나무의 열정을 비유한 표현으로 볼 수 있다.

4. [A]의 '벌'은 겨울-나무의, [B]의 '싹'은 ~~봄-나무의 고통~~을 상징한다. ⊗

[A]의 '벌'은 겨울-나무가 혹독한 추위로 인해 겪는 고통을 의미한다고 볼 수 있으나, [B]의 '싹'은 봄-나무의 고통이 아니라 강인한 의지와 생명력을 상징한다.

(2) 환기

STEP 2 문제로 확인하기   문제 P.059

1. '저 가지들'을 보고 '내가 느껴 배운 것인지도 모른다'에서 화자의 정서가 매화나무로부터 환기된 것임을 짐작할 수 있겠군. ◉

윗글의 화자는 '매화나무 가지'에 '꽃봉들'이 생겨 있는 것을 보고 있다. 화자는 '먼 바닷가'에 가서 '홀로이 생각에 젖었다' 오고 싶은 '수럿한 심정'을 느끼며, 이는 '저 가지들을 바라보고 있을 적에 / 내가 느껴 배운 것인지도 모른다.'라고 생각한다. 즉 화자의 '수럿한' 정서는 매화나무를 바라볼 때 환기된 것임을 짐작할 수 있다.

2. (가)와 (나)는 말을 건네는 방식*을 통해 독자의 주의를 환기하고 있다. ⊗

(가)는 1연과 3연에서 '왔단다', '아니란다'라는 말투를 사용하고 있다. 예를 들어 '옛날에는 다 그렇게 살았단다.'에 사용된 '-단다'라는 어미는 화자가 자신이 알고 있는 것을 청자에게 알려 줄 때 쓰이는 어미이다. 따라서 (가)는 청자에게 말을 건네는 방식을 통해 주의를 환기한다고 볼 수 있다. 하지만 (나)에서는 말을 건네는 방식을 사용하지 않았으므로 이를 통해 독자의 주의를 환기한다고 볼 수 없다.

개념 더하기⁺

• **말을 건네는 방식:** 말을 건네는 방식은 작품 속에 청자가 존재하거나, 청자를 전제한 종결 어미를 사용하여 누군가에게 말을 건네는 느낌이 나타나게 하는 것을 말해. '그리운 산아'처럼 청자를 호명할 수도 있고, '-단다'처럼 청자를 전제한 종결 어미를 사용할 수도 있어.

[현대어 풀이]
(나)
앉은 곳에서 해가 지고 누운 자리에서 밤을 새워
잠 자는 시간 외에는 한숨이요, 한숨 끝에는 눈물이 나네
밤마다 꿈속에서 (어머니를) 뵈니 그 꿈을 둘러서 현실로 삼고 싶구나
머리가 하얗게 센 어머니의 자애로운 얼굴을 못 뵈고 편지만 잦아지는데
기다린들 (어머니의) 소식이 올까, 소식이 오려면 한 달이 넘어 가네
못 뵈는 때에는 (어머니 소식을) 기다리고 있는데 (실제로) 보게 되면 (얼마나 속이) 시원할까
어머니 소식 내가 모르는데 내 소식을 어머니라고 알까
(어머니와 나 사이가) 산과 강물로 막혀 있는 길에서 생긴 괴로움을 누가 헤아릴 수 있을까?
묻노라 밝은 달아, 두 곳(내가 있는 곳과 어머니가 계신 곳)에 (모두) 비추느냐?
따르고 싶구나 떠 있는 (저) 구름, (어머니가 계신) 남쪽 하늘로 빠르게 가는구나
흐르는 시냇물이 되어 (어머니가 계신) 집 앞을 두르며 흐르고 싶구나
날아가는 듯 새가 되어 (어머니가 계신) 창문 앞에 가서 노닐고 싶구나
내 마음 헤아리려 하니 어머니의 정과 생각은 말하여 무엇하리(=어머니가 나를 더 걱정하고 그리워하실 것은 뻔하다)
여의주를 잃은 용이요, 키가 없는 배가 아니겠는가?
가을 바람에 떨어지는 낙엽처럼 어디에 가서 머무를 것인가?

3. (가)와 (나)는 친숙한 사물을 통해 화자의 마음이 향하는 공간을 환기하고 있다.

(가)의 화자는 '진달래', '보리', '호랑나비', '종달새' 등의 친숙한 여러 사물들을 활용하여 남촌의 모습을 표현하고 있다. 즉 (가)의 화자는 친숙한 사물을 활용해 자신의 마음이 향하고 있는 남촌이라는 공간을 환기한다고 볼 수 있다. (나)의 화자는 어머니의 소식(기별)을 기다리며 '달아 두 곳에 비추는가', '구름 남천으로 닫는구나' 등에서 '달'과 '구름'이라는 친숙한 소재를 통해 어머니에게 향하고자 하는 화자의 마음을 표현하며 어머니가 계신 곳이라는 공간을 환기하고 있다.

(3) 역설

STEP 2 문제로 확인하기

문제 P.064

1. 윗글의 '아름다운 상처'에서는 표면적으로 모순이 되는 두 시어를 연결하는 역설의 방법을 사용함으로써 시련을 겪고 피어나는 것의 아름다움을 강조하고 있군.

'아름다운 상처'는 표면적으로 서로 모순되는 두 시어 '아름다운'과 '상처'를 연결하는 역설의 방법을 사용하고 있으며, 이를 통해 첫사랑의 아픔이라는 시련을 겪은 후 피어나는 것이 얼마나 아름다운가를 강조하고 있다.

2. 역설적 표현으로 주제 의식을 효과적으로 드러내고 있다.

윗글의 화자는 1연에서 어머니와 할머니가 '세상의 전부라고 믿었'던 어린 시절에 대해 회상하고 있다. 2연에서는 '대처'로 나와 세상을 떠도는 '즐거움'을 알았지만 '하지만 멀리 다닐수록, 많이 보고 들을수록 / 이상하게도 내 시야는 차츰 좁아져'에서 역설적 표현을 사용해 넓은 세상을 겪으며 경험이 확장되었어도 결국 소중한 것은 어머니와 할머니로 상징되는 모성적 세계라는 것을 깨달았음을 효과적으로 드러내고 있다.

3. ㉠: 역설적 발상을 통해 화자의 삶의 자세가 지닌 가치를 강조하고 있다.

윗글의 화자는 '높고 아름다운 하늘'로 표현된 긍정적 세계에 대한 소망을 드러내고 있다. 2연에서는 '깊고 거룩한 세상을 우러르기' 때문에 '육신의 괴로움'을 달게 받는다고 하여 현실의 고난과 슬픔을 감내하는 자세를 표현했다. 즉 ㉠에서는 고통을 감내하는 삶의 자세를 '괴로움에 짐짓 웃을 양이면'으로 제시하고, 이런 삶의 자세가 가치 있다는 것을 '슬픔도 오히려 아름다운 것'이라는 역설적 발상으로 강조했다고 볼 수 있다.

(4) 반어

1. 윗글은 ~~반어적 표현을~~ 활용하여 대상에 대한 ~~냉소적 태도를~~ 드러내고 있다.

윗글의 화자는 담장을 넘어오는 감자 삶는 냄새를 매개로 '감자밥 도시락'만 먹었던 가난했던 어린 시절을 회상하고 있다. 또한 식구들이 '숟가락 내려놓을 때까지' 숟가락을 들지 않았던 어머니의 희생적 삶과 사랑, 어머니에 대한 그리움을 드러내고 있다. '치명적인 냄새'는 과거 회상의 계기가 되는 감자 삶는 냄새이며, '치명적인 그리움'은 어머니에 대한 그리움을 표현한 것이므로 반어적 표현으로 볼 수 없다. 또한 윗글에서 대상에 대한 냉소적 태도는 확인할 수 없다.

> **개념 더하기⁺**
>
> • 냉소: 냉소는 쌀쌀한 태도로 비웃음 또는 그런 웃음을 말해. 문학 작품에서는 불합리한 상황이나 대상을 쌀쌀한 태도로 비웃는 것으로 나타나지. 이때 화자나 인물이 쌀쌀한 태도로 비웃는 대상이 자기 자신인 경우는 '자조'라고 표현해. 문학 작품에서 스스로에게 냉소하는 모습이 나타날 때를 말하는 거지.

2. ~~반어적 표현을~~ 통해 현실을 우회적*으로 제시하고 있다.

윗글의 항구는 부두의 인부들과 어린 노동자인 화자가 고달픈 삶을 이어갔던 공간이다. '바늘 끝으로 쏙 찔렀자 / 솟아나올 한 방울 붉은 피도 없을 것 같은 / 얼골 얼골 희머얼건 얼골뿐'은 기선에서 내려 '상륙하는' 사람들의 생기 없는 모습을, '흙을 씹고 자라난 듯 꺼머티틱'와 '시금트레한 눈초리'는 부두의 인부들의 생기 없는 모습을 표현한 구절이다. 이런 상황에서도 화자는 '날마다 바다의 꿈을 꾸'는 희망적인 모습으로 표현되었다. 즉 윗글에서 반어적 표현을 사용한 부분은 확인할 수 없다.

> **개념 더하기⁺**
>
> • 우회적: 우회적은 곧바로 가지 않고 멀리 돌아서 가는 것을 말해. '간접적'이라는 말과 유사하지. 예를 들어 '산업화의 폐해'라는 현실을 보여 줄 때 산업화로 인해 몰락한 농촌, 가난해진 사람들에 대해 화자나 서술자가 설명한다면 직접적으로 보여 준다고 볼 수 있고, 반대로 이런 현실을 시적 대상이나 등장인물의 외양과 대사, 행동을 통해 드러내면서 독자가 스스로 판단하게 한다면 우회적, 간접적으로 보여 준다고 볼 수 있어.

3. ㉠은 주어진 현실을 맹목적으로 받아들이기보다는 문제의식을 가져야 한다는 점을 강조하여 표현한 것이군. ◎

윗글은 산업화의 과정에서 생긴 현실의 부정적 문제를 무시한 채 쾌락과 이익만을 추구하는 것에 대한 비판의식을 드러내기 위해 내적 의도와 반대되는 표면적 진술을 제시하는 반어적 표현을 사용했다. '원색의 지붕들', 'TV 안테나들', '흥미 있는 주간지'는 산업화된 사회의 표면적 현실을 표현한 것으로, 이를 보며 '고개를 끄덕여' 달라고 하는 ㉠은 부정적 현실을 맹목적으로 받아들이기보다는 문제의식을 가져야 한다는 점을 반어적으로 표현한 것으로 볼 수 있다.

4. ㉡은 불합리한 현실 세계에 수동적으로 대응하기보다는 적극적인 자세를 지녀야 한다는 점을 강조하여 표현한 것이군. ◎

'침묵'은 불합리한 현실에 수동적으로 대응하는 것이며, '보다 긴 말'은 현실에 대해 적극적으로 비판하는 말이라고 볼 수 있다. 따라서 ㉡은 불합리한 현실에 수동적으로 대응하기보다는 비판적 목소리를 적극적으로 표출해야 함을 반어적으로 표현한 것으로 볼 수 있다.

5. ㉢은 사소해 보이기는 하지만 ~~평범한 일상에도 관심을 기울여야 한다는~~ 점을 강조하여 표현한 것이군.

'오랫동안 가문 날씨'나 '아르헨티나의 축구 경기', '성장하는 GNP와 증권 시세'는 평범하고 소소한 일상의 이야기로 부정적인 현실의 문제와는 관련 없는 흥미 위주, 즉 세속적 관심사에 해당한다고 볼 수 있다. 따라서 ㉢은 평범한 일상에 관심을 기울여야 한다는 점을 강조하는 표현이 아니라 산업화 사회의 근본적인 문제에 대해 비판의 목소리를 낼 수 있어야 함을 반어적으로 표현한 것으로 볼 수 있다.

(5) 도치

STEP **2** 문제로 확인하기

문제 P.071

1. [A]에서는 도치법을 활용하여 화자가 전달하고자 하는 바를 강조하고 있다.

　[A]에서는 7구와 8구의 순서를 바꾼 도치법이 활용되었다. 일반적인 순서에 맞게 한다면 '세상 사람들에게 말하노니, "기쁨을 취하려 한들, 어디에서 평생 즐거움을 얻을 것인가를 반드시 기억해 알아 두라."'라고 볼 수 있다. 말의 순서를 바꾸어 배치함으로써 세태에 따라 처세를 달리해도 평생의 즐거움을 얻을 수는 없으므로, 의연하게 순리대로 살아가야 한다는 삶의 태도를 강조하고 있다.

2. 도치의 방식을 활용하여 시적 의미를 부각하고 있다.

　윗글은 '작은 할머니'가 '만원 전동차'에서 내릴 수 없는 상황을 '승객들'이 만들어낸 높고 튼튼한 '벽'에 갇힌 것으로 표현하고 있다. 윗글에서 도치의 방식을 활용한 부분은 확인할 수 없다.

3. 어순을 도치하여 시적 의미를 강조한다.

　윗글은 '나는 꿈꾸었노라, 동무들과 내가 가지런히 / 벌 가의 하루 일을 다 마치고 / 석양에 마을로 돌아오는 꿈을.'에서 어순을 바꾸어 표현하였다. 일반적인 순서에 맞게 한다면 '나는 동무들과 내가 가지런히 벌 가의 하루 일을 다 마치고 석양에 마을로 돌아오는 꿈을 꿈꾸었노라.'라고 볼 수 있다. 말의 순서를 바꾸어 배치함으로써 화자가 꿈꾸었던 행복한 삶의 모습을 강조하고 있다.

(6) 설의, 의문형 어투

STEP **2** 문제로 확인하기

문제 P.074

1

[현대어 풀이]
(가)
술에 취한 후에 배의 갑판을 치며 즐기더니
서북 사이에 사나운 바람이 홀연히 일어나니
태산 같은 높은 물결이 하늘에 닿았구나
배 위의 사람이 당황하고 허둥지둥하여 손쓸 길 있겠는가
나는 새가 아니니 (날 수 없으므로) 어찌 살기를 바라겠는가
밤은 점점 깊어가고 바람과 물결이 더욱 심하다
한없이 넓은 바다에 조각 배가 끝없이 떠나가니
슬프다 (나는) 무슨 죄로 작별 인사 없는 이별인가
한번 태어나고 한번 죽는 일은 자고로 보통 있는 일인데
(물고기에게 먹혀) 고기 뱃속에 장사지냄은 이 아니 원통한가
(내가 죽은 후) 부모와 처자식이 우는 거동을 생각하면 목이 멘다
죽는 것은 자기 분수에 달려 있으나 배고픔과 목마름은 무슨 일인가

1. (가)와 (나)는 설의적인 표현을 사용하여 의미를 강조하고 있다.

　(가)는 '주중인이 황망하여 조수할 길 있을쏘냐(배 안의 사람이 허둥지둥하여 손쓸 길 없다는 의미) / 나는 새 아니니 어찌 살기 바라리오(나는 새가 아니니 살기 바랄 수 없다는 의미)', '어복 속에 영장함은 이 아니 원통한가(고기 뱃속에 장사지냄은 원통하다는 의미)' 등에서 설의 표현을 사용하여 화자가 바다에서 예상치 못한 조난을 당하여 느끼는 절망스러운 심정을 강조하고 있다. (나)는 '하지만 저 바다의 방탕한 동요만 하랴.(산의 웅장함과 침묵 등보다 바다의 방탕한 동요가 좋다는 의미)', '남쪽 바닷가 생각지도 못하던 「서니룸」에서 씹는 수박 맛은 얼마나 더 청신하랴.(남쪽 바닷가에서 먹는 수박맛은 맑고 산뜻할 것이라는 의미)' 등에서 설의적 표현을 사용하여 바다를 긍정적인 공간으로 인식하며 그곳으로 떠나고 싶어 하는 글쓴이의 심정을 강조하고 있다.

2. (가)와 (나)는 의문형 어미를 활용하여 시적 의미를 드러내고 있다.

　(가)는 '나는 총명했던가요'에서 의문형 어미 '-ㄴ가'를 활용하여 스스로에게 묻고 있다. 이후 '이제 어리석게도 모든 것을 깨달은 다음'이라고 한 것을 고려하면 '나는 총명했던가요'는 자신을 성찰하고 있음을 표현한 것으로 볼 수 있다. 또한 (나)는 '다시 그 강에 회귀하는 것은 다 그 때문이 아니겠는가'에서 의문형 어미 '-는가'를 활용하여 연어에게는 시련을 이겨 내며 단단하게 생을 살아가는 시절이 있으며 이것이 어미연어에서 새끼연어로 세대를 넘어 이어진다는 연어의 생에 대한 인식을 표현한 것으로 볼 수 있다. 따라서 (가), (나)는 의문형 어미를 활용하여 시적 의미를 드러낸다고 볼 수 있다.

3

> **[현대어 풀이]**
> 아 동량(건축물의 마룻대와 들보)이 될 만한 좋은 재목을 저렇게 하면(내버려 두면) 어떻게 할 것인가?
> 헐고 뜯어내어 기울어 가는 집에 의견만이 많기도 많구나
> 여러 목수들이 작은 자를 들고 허둥대기만 하다가 말려는가

3. 설의적인 표현을 통해 안타까움의 정서가 강조되고 있다.

　윗글에서는 '뎌리 ㅎ야 어이 ㅎ고'에서 의문형 어미 '-ㄹ고'를 활용한 설의적 표현이 사용되고 있다. 이를 통해 '기운 집'에 '의논'만 많고, '목수'들이 집을 고치지 않은 채 '허둥대'고 있어서 '동량재'가 쓰이지 못하는 상황에 대한 안타까움을 강조하고 있다.

---

(7) 운율, 반복, 연쇄

STEP **2** 문제로 확인하기

문제 P.080

1

> **[현대어 풀이]**
> **(가)**
> 십 년을 계획하여 세 칸의 초가집을 지어 내니
> 나 한 칸, 달 한 칸에 맑은 바람에게 한 칸을 맡겨 두고
> 강산은 들일 데 없으니 (집 주변에) 둘러 두고 보리라
>
>
> **(나)**
> 서쪽 산에 아침 햇볕이 비치고 구름은 낮게 떠 있구나
> 비가 온 뒤에 묵은 풀이 누구의 밭에 무성한가?
> 두어라, 차례가 정해진 일이니 (묵은 풀을) 매는 대로 매리라　　　　　　　　　〈제1수〉
>
> 휘감아서 뽑아 내자 휘감아서 뽑아 내자 우거진 이랑의 잡초를 뽑아 내자
> 잡초(바랭이와 여뀌)를 이랑마다 뽑아 내자
> 잡초들로 우거진 긴 이랑은 마주 잡아 잡초를 뽑아 내자　　　　　　　　　　　〈제3수〉
>
> 돌아가자 돌아가자 해 지거든 돌아가자
> 시냇가에서 손발을 씻고 호미 메고 돌아올 때
> 어디서 소를 탄 목동이 부는 피리 소리가 함께 가자고 재촉하는가?　　　　　　　〈제6수〉

1. (가)와 (나)는 시어의 반복을 통해 리듬감을 형성하고 있다.

　(가)에서는 '흔 간', (나)에서는 〈제3수〉에 '둘러내자', 〈제6수〉에서는 '돌아가자'라는 시어가 반복되면서 리듬감을 형성하고 있다.

[현대어 풀이]

비 새어 썩은 집을 누가 고쳐 이으며
옷 벗어 무너진 담을 누가 고쳐 쌓을 것인가
불한당 도적은 멀리 다니지 않거든(=주변에 있거든)
화살 찬 경비병들이 누가 힘써 할(지킬) 것인가
크게 기운 집에 상전 혼자 앉아 (계시니)
명령을 누가 들으며 논의를 누구와 할까
낮 시름 밤 근심을 혼자 맡아 계시니
옥 같은 얼굴이 편하실 적 몇 날이리
이 집 이리 된 것을 누구의 탓이라 할 것인가
생각 없는 종의 일은 묻지도 아니하려니와
돌이켜 생각해보니 상전의 탓이로다
내 주인 잘못되었다 하기에는 종의 죄 많지만
그렇지만 세상을 보기에는 민망하여 여쭙니다
새끼 꼬는 일 하지 마시고 내 말 들으소서
집안에서 하는 일을 고치려거든 종들을 휘어잡으시고
종들을 휘어잡으시려거든 상과 벌을 밝히시고
상과 벌을 밝히시려거든 어른 종을 믿으소서
진실로 이리 하시면 집안의 도가 절로 일어날 것입니다

2. [A]: 유사한 통사 구조를 반복하여 문제 상황을 드러내고 있다. ◎

[A]의 '비가 새어 썩은 집을 그 누가 고쳐 이며'와 '옷 벗어 무너진 담 누가 고쳐 쌓을까'에서 '–을 누가 –하며 / –(을) 누가 –ㄹ까'와 같은 유사한 문장 구조를 반복하고 있다. 이를 통해 '비가 새어 썩은 집'과 '옷 벗어 무너진 담'을 고쳐야 하는 문제 상황이 드러난다고 볼 수 있다.

3. [B]: 앞 구절의 끝 어구를 다음 구절의 앞 구절에 이어 받는 방식으로 해야 할 일의 우선 순위를 제시하고 있다. ◎

[B]에서 '종들을 휘어잡고', '상벌을 밝히시고' 같은 앞 구절의 끝 어구를 다음 구절에서 '종들을 휘어잡으려면', '상벌을 밝히려면'처럼 이어 받는 연쇄적 표현을 사용하고 있다. 이를 통해 청자가 해야 할 일의 우선 순위가 '어른 종을 믿'는 것, '상벌을 밝히'는 것, '종들을 휘어잡'는 것임을 밝혔다고 볼 수 있다.

4. 윗글은 시행의 반복을 통해 시적 의미를 강조하고 있다. ◎

윗글은 첫 연과 끝 연에서 '그것은 문이 아니었다.'라는 시행을 반복하고 있다. 이를 통해 꿈과 현실, 삶과 죽음이 연결되어 있다는 의미를 강조한다고 볼 수 있다.

(8) 대구, 통사 구조의 반복

문제 P.084

1

[현대어 풀이]
집 가까이에 있는 기름진 논과 큰 농장이 물난리에 내(물줄기)가 되고
안팎 기와집 수백 칸이 불이 붙어 밭이 되고
태산같이 쌓인 곡식과 돈이 누구의 물건이 되었단 말인가
비참하고 끔찍하다 괴똥어미 혼자의 몸이 되었구나
한 칸 움집 얻어 들어가니 배고픔과 추위를 견디겠는가
다 떨어진 베치마를 이웃집에서 얻어 입고
뒤축이 없는 헌 짚신을 짝을 모아 얻어 신고
앞집에 가 밥을 빌어 얻고 뒷집에 가 장을 빌어 얻고
요기를 겨우 조금 하고 불 못 때는 찬 움집에
헌 거적을 뒤집어쓰고 밤을 겨우 새고 나서
새벽 바람 찬바람에 이 집 가며 저 집 가며
다리 절고, 꼬부라져 붙어 펴지 못하게 된 팔에 (사람들의) 희희 웃는 소리 요란하다
불효와 악독한 행동을 하던 죄로 재앙을 받았으니
착한 이에게는 복을 주고 악한 이에게는 재앙을 주는 것이 이를 보면 분명하다
딸아 딸아 이 나의 딸아 시집살이 조심해라
어미의 행실을 본받고 괴똥어미의 행실을 경계하라

1. 유사한 통사 구조를 활용하여 운율을 형성하고 있다. ◉

'문전옥답 큰 농장이 물난리에 내가 되고'와 '안팎 기와 수백간이 불이 붓터 밧치 되고'에서 '-이 -이(가) 되고'라는 유사한 통사 구조를 활용하여 운율을 형성하고 있다.

2. ㉠: 유사한 통사 구조를 반복하여 주제를 부각하고 있다. ◉

㉠에서 '-이 -을 -는 말'이라는 유사한 통사 구조를 반복하고 있다. 이를 통해 국숫집 평상에 모인 사람들이 서로의 이야기를 들으며 따뜻한 마음을 나누는 삶의 자세를 주제로 부각하고 있다.

3. [A]: 대구 형식을 활용하여 화자의 출생을 앞둔 집안의 분위기를 드러내고 있다. ◉

'나를 잉태한 어머니는 / 짐짓 어진 생각만을 다듬어 지니셨고 / 젊은 의원인 아버지는 / 밤마다 사랑에서 저릉저릉 글 읽으셨다'에서 '-는 / -셨고 / -는 / -셨다'와 같이 유사한 문장 구조를 연달아 반복하는 대구 형식을 활용하고 있다. 이를 통해 어머니가 화자를 잉태했을 당시의 가족들의 모습을 확인할 수 있다. 또한 [A]는 1연에 제시된 상서롭지 못한 시대적 현실과 달리 평안한 집안의 분위기를 드러낸다고 볼 수 있다.

(9) 감각적 이미지, 공감각적 이미지

문제 P.089

1. '흰 옷고름 절로 향기로워라'에서는 흰 옷고름의 시각적 이미지를 향기로움이라는 후각적 이미지로 표현함으로써 봄에 대한 화자의 느낌을 나타내고 있군. ◉

윗글의 '흰 옷고름 절로 향기로워라'에서 시적 대상은 '흰 옷고름'이다. 이는 시각적 이미지를 환기하는데, 화자는 이를 '향기롭다'는 후각적 이미지로 옮겨서 표현했다. 즉 '흰 옷고름'이라는 시각적 이미지가 '향기로워라'라는 후각적 이미지로 전이되고 있으며, 이를 통해 봄을 맞이하는 화자의 느낌이 드러난다.

2. 작품 속 계절적 상황이 '매운'이라는 감각적 이미지로 제시되어 있으니 혹독한 추위가 실감나게 느껴진다.

윗글의 1연 '매운 계절'에서, '매운'이라는 감각적 이미지를 활용하여 겨울의 혹독한 추위를 실감나게 드러내고 있다. 참고로 '맵다'는 '날씨가 몹시 춥다.'라는 사전적 의미를 지니고 있다.

3. (가)와 (나)는 촉각적 심상을 활용하여 대상의 속성을 구체화하고 있다.

(가)의 '황혼아 네 부드러운 손을 힘껏 내밀라', '황혼아 네 부드러운 품안에 안기는 동안이라도', '내 뜨거운 입술' 등에서 '부드러운'과 '뜨거운' 같은 촉각적 심상을 활용하고 있다. 이를 통해 황혼의 긍정적 속성과, 황혼을 향한 화자의 애정을 드러내고 있다. 또한 (나)는 '차운 물보라'의 '차운'에서 차가움이라는 촉각적 심상을 활용하고 있다. 화자는 '차운 물보라가 / 이마를 적실 때마다' '울음을 참'고 있으므로 '차운 물보라'는 화자가 처한 부정적 상황이라고 볼 수 있다. 따라서 촉각적 심상을 활용해 '물보라'가 고난, 시련이라는 부정적 속성을 지녔음을 표현했다고 볼 수 있다.

(10) 상승 이미지, 하강 이미지

STEP **2** 문제로 확인하기

문제 P.093

1. (가)와 (나)는 ~~상승~~과 하강의 이미지를 ~~대비~~하여 시적 의미를 강화하고 있다.
해설 p.4 대비
(가)의 '여인의 머리오리가 눈물방울과 같이 떨어진 날이 있었다'와 (나)의 '그녀가 울컥 눈물을 쏟아낸다'에서 아래로 향하는 하강 이미지가 드러난다고 볼 수 있다. 하지만 (가)와 (나) 모두 상승 이미지는 나타나지 않으므로, 상승과 하강의 이미지를 대비하여 시적 의미를 강화한다고 볼 수 없다.

2. ~~상승과 하강의 이미지를 반복~~하여 주제를 강조하고 있다.

윗글에서 사람들이 걷기 운동을 하며 훼손한 잔디를 보던 화자는 죽은 잔디가 사람 속에 꽃피고 있음을 알게 된다. 또한 이후에는 '언젠가는 사람들도 / 잔디에게 자리를 내어'줘야 한다는 자연의 순환적 원리에 대한 깨달음을 표현하고 있다. 윗글에서 상승과 하강의 이미지는 확인할 수 없다. 따라서 상승과 하강의 이미지를 반복한다고 볼 수도 없다.

3. (가)와 (나)는 모두 하강의 이미지가 담긴 시어를 활용하여 화자의 인식을 드러내고 있다.

(가)는 '무너지는 꽃 이파리처럼 / 휘날려 발 아래 깔리는 / 서른 나문 해야', '산호 핀 바다 바다에 나려앉은 섬으로 가자' 등에서 하강의 이미지가 담긴 시어 '무너지는', '깔리는', '나려앉은' 등을 사용하고 있다. (나)는 '아득한 나락으로 떨어져 내리는 / 똥덩이처럼 느껴질 때'에서 하강의 이미지가 담긴 시어 '떨어져 내리는'을 활용하고 있다. (가)의 화자는 서른 남짓의 인생을 되돌아보며 초라한 인생은 '육지'에 두고 '불꽃처럼 열렬히 살'고자 하며, (나)의 화자는 '지금까지 살아온 인생'을 '부끄러워'하며 참된 삶을 소망한다. 따라서 (가)와 (나)는 하강의 이미지를 통해 자신의 삶을 성찰하는 화자의 인식을 드러낸다고 볼 수 있다.

(11) 정적 이미지, (역)동적 이미지

STEP **2** 문제로 확인하기

문제 P.098

1

[현대어 풀이]
가마를 급히 타고 소나무 아래 굽은 길로 오며 가며 하는 때에
푸른 버드나무에 우는 꾀꼬리는 교태를 못 이겨 우는 소리를 하는구나
나무와 풀 우거져서 나무 그늘이 짙어진 때에
기다란 난간에서 긴 졸음을 내어 펴니
물 위의 서늘한 바람은 그칠 줄을 모르는구나
늦가을에 내리는 서리가 걷힌 후에 산빛이 수 놓은 비단 같구나
누렇게 익은 벼는 또 어찌 넓은 들에 펼쳐졌는가

어부의 피리 소리도 흥에 겨워 달을 따라 부는구나

(겨울이 되어) 초목이 다 진 후에 강산이 (눈에) 묻혔거늘

조물주 야단스러워 얼음과 눈으로 (겨울 풍경을) 꾸며 내니

아름다운 구슬로 장식한 집과 옥같이 맑은 바다와 은빛의 산이 눈 아래 펼쳐졌구나

세상 풍경이 풍성하여 가는 곳마다 뛰어난 경치구나

인간 세상을 떠나와도 내 몸이 쉴 틈 없다

이것도 보려 하고 저것도 들으려 하고

바람도 쐬려 하고 달도 맞으려 하고

밤일랑 언제 줍고 고기는 언제 낚고

사립문은 누가 닫으며 진 꽃일랑 누가 쓸겠는가?

(자연을 즐길) 아침 시간이 모자라니 저녁이라고 (자연을 감상하는 것이) 싫겠느냐?

오늘이 부족한데 내일이라 넉넉하겠느냐?

이 산에 앉아보고 저 산에 걸어 보니

번거로운 마음에도 (자연을 즐기고 싶은 마음을) 버릴 일이 전혀 없다

쉴 사이 없는데 (사람들에게 면앙정으로) 오는 길을 알릴 시간이 있겠느냐?

다만 지팡이가 다 무디어 가는구나

술이 익었으니 벗이야 없겠느냐

노래 부르게 하고 악기를 타고 또 켜게 하고 방울 흔들며

온갖 소리로 취흥(술에 취하여 일어난 흥취)을 재촉하니

근심이라 있으며 시름이라 붙어 있겠는가?

누웠다가 앉았다가 굽혔다가 젖혔다가

(시를) 읊다가 휘파람 불다가 하며 마음 놓고 노니

세상도 넓디넓고 세월도 한가하다

태평성대를 몰랐는데 이때가 그때(태평성대)구나

신선이 어떠한가 이 몸(=화자)이 그(신선)로구나

자연을 거느리고 내가 백 년을 다 누리면

악양루 위의 이백(이태백)이 살아온들

호탕한 회포는 이보다 더하겠는가?

---

1. 색채어*를 활용하여 사물의 역동성을 표현하고 있다.

윗글은 '녹양(푸른 버들)', '녹음(푸른 잎이 우거진 수풀)', '누렇게 익은 벼'에서 색채어를 활용하여 면앙정(정자) 주변의 풍경을 표현하고 있다. 그러나 '녹양에 우는 꾀꼬리', '나무 풀 우거지어 녹음이 짙어진 때', '누렇게 익은 벼는 또 어찌 넓은 들에 펼쳐졌는가'에서 사물의 역동적인 모습은 확인할 수 없다.

개념 더하기⁺

> • **색채어:** 색채어는 빛깔을 나타내는 말을 가리켜. 시어 사물의 색채, 즉 빛깔을 표현하는 어휘가 사용되면 당연히 시각적 이미지가 나타나지. 작품에는 빨강, 노랑, 초록, 파랑 등의 색채 외에도 '시퍼런', '파아란' 등의 표현이 나올 수 있어. 참고로 두 가지 색채가 뚜렷한 대비를 이루면 '색채 대비'를 이룬다고 해.

2. (가)는 동적 심상을, (나)는 정적 심상을 주로 활용하여 시상을 확대하고 있다.

<small>문제 p.117 시상</small>

(가)의 '어린거린다', '파다거린다', '밀려와 부딪히고', '날러갔구나'와 같은 시어에서 동적 심상이 나타난다. (나)의 '밀어올리며', '잎사귀를 꺼낸다', '잎을 피워내다니', '내놓는다' 등의 시어는 동적 심상을 일으키므로 정적 심상을 주로 활용했다고 볼 수 없다.

3. [A]는 비유적 표현을 사용하여 대상에 동적 이미지를 부여하고 있다.

<small>문제 p.53 비유</small>

윗글의 화자는 [A]에서 '내가 부른 노래'가 강을 건너간 지난날을 회상하고 있다. 1연의 2행 '조이던 밤에'와 3행 '건너갔소'에 사용된 어미 '-던'과 '-았-'을 근거로 과거를 회상하고 있음을 알 수 있다. 이때 '내 노래는 제비같이 날아서 갔소'에서 '제비같이'라는 비유적 표현을 사용하며 '내 노래'가 날아서 갔다고 표현하여 '노래'에 동적 이미지를 부여했다고 볼 수 있다.

(12) 계절감

1

[현대어 풀이]

(가)

잠아 잠아 짙은 잠아 이 내 눈에 쌓인 잠아

체면과 부끄러움을 모르는 이 내 잠아 욕심 많은 이 내 잠아

어제 간밤에 오던 잠이 오늘 아침에 다시 오네

잠아 잠아 무슨 잠이냐 가라 가라 멀리 가라

세상 사람 무수한데 구태여 너는 간 데 없어

(잠을) 원치 않는 이 내 눈에 이렇듯이 더욱 심한가

낮밤에 한가하여 밝은 달이 비치는 동쪽 창에 혼자 앉아

밤 열한 시에서 새벽 세 시에 깊은 밤을 헛되이 보내면서

잠 못 들어 원망하는 그런 사람 있건마는

(잠을) 청하지 않은 (나에게 와서) 원망 소리를 올 때마다 듣느냐

저녁밥을 거두어 치워 버리고 황혼이 되자마자

낮에 못한 남은 일을 밤에 하려고 마음먹고

그런 생각을 하자마자 바로 황혼이 되어 가냘픈 손을 바삐 들어

등잔 앞에 고개 숙여 실 한 가락을 풀어 내어

드문드문 질긋 바늘 두어 뜸을 뜨듯마듯 할 때

난데없는 이 내 잠이 소리 없이 달려드네

눈썹 속에 숨었는가 눈알로 솟아 왔는가

이 눈 저 눈 왔다갔다 하며 무슨 요상한 수작을 피우는가

맑고 맑은 이내 눈이 (쏟아지는 잠으로) 절로 절로 희미하다

(나)

귀뚜라미, 저 귀뚜라미, 불쌍하다 저 귀뚜라미

　어찌 된 귀뚜라미가 지는 달 새는 밤에 긴 소리, 짧은 소리, 마디마디 슬픈 소리로 저 혼자 계속 울면서 (여인의 방의) 비단창 안에서 얼핏 든 잠을 얄밉게도 깨우는구나

　두어라, 제 비록 보잘것없는 미물이지만 임이 안 계시는 외로운 방에서 (홀로 밤을 새우는) 나의 뜻을 알아주는 것은 (귀뚜라미) 너뿐 인가 하노라

---

1. ~~[나]와 달리~~ (가)는 청각적 심상을 통해 ~~계절감~~을 드러내고 있다.　　　　　　　　　　　　　⊗
　　　　　문제 p.87 감각적 이미지

(가)의 화자는 '잠 못 들어' 한탄하는 사람도 있는데 원하지 않은 자신에게 '잠'이 온 것을 원망한다. 이때 '원망 소래'에서 청각적 심상 이 드러난다고 볼 수는 있으나, 이를 통해 특정한 계절감을 나타내는 것은 아니다. 한편 (나)에서는 '귓도리' 소리라는 청각적 심상을 확인할 수 있다. 고전시가에서 가을에 우는 귀뚜라미는 '가을'이라는 계절감을 드러내는 소재로 볼 수 있다. 따라서 (가)와 달리 (나)가 청각적 심상을 통해 계절감을 드러낸다고 보는 것이 적절하다.

[현대어 풀이]

불어오는 봄바람이 봄볕을 일으켜내니

지저귀는 새소리는 노래하는 소리이니

곱디고운 수풀 꽃은 웃음을 머금었다

이곳에 앉아보고 저곳에 앉아보니

고을 안의 맑은 향기가 지팡이에 묻었구나

봄빛이 반짝 흩어 날아가고 (여름이 되어) 풀과 나무가 무성하니

푸른빛은 그늘 되어 나무 아래 어리었고

하늘의 빛난 구름이 골짜기에 잠겼으니

소나무 숲 속의 정자에서 긴 잠에 더위도 모르더라

먼 하늘은 맑디맑고 기러기는 울며 가니

양쪽 언덕에 단풍 숲은 비단처럼 비치거늘

일대의 강의 그림자가 푸른 유리가 되었구나

국화를 잔에 띄워 무지개를 맞아 오니

이 작은 즐거움은 세상이 모를 일이구나

하늘 높이 부는 바람이 고요하고 쓸쓸하여

나뭇잎이 다 진 후에 산계곡이 삭막하고

섣달그믐(음력으로 한 해의 마지막날) 조화를 부려 흰 눈을 내리니

수많은 산봉우리가 경요굴(아름다운 구슬로 된 굴)이 되었거늘

눈썹이 솟구치고 눈동자를 높이 뜨니

끝없는 눈 내린 경치는 시의 제재가 되었으니

세상 물정을 모르니 추위를 어찌 알겠는가

(중략)

깨끗하고 맑은 바람을 실컷 쏘인 후에

대여섯 아이들과 노래하며 돌아오니

옛사람 기상에 미칠까 못 미칠까

옛일을 떠올리니 어제인 듯하다마는

깨끗한 풍채를 꿈에서나 얻어 볼까

옛사람을 못 보거든 지금 사람을 어찌 알겠는가

이 몸이 늦게 나니 애통함도 쓸 데 없다

산새와 산꽃을 내 친구로 삼아두고

경치를 만끽하며 생긴 대로 노는 몸이

공을 세워서 이름을 널리 알리는 것을 생각하며 빈천을 서러워하겠는가

대나무로 만든 밥그릇의 밥과 표주박의 물을 먹으며 소박하게 사는 삶이 내 분수이니 세월도 한가하네

이 계곡 경치를 싫도록 거느리고

백 년 세월을 노닐다가 마치리라

아이야 사립문 닫아라 세상이 (이 좋은 경치를) 알까 하노라

2. 계절적 배경을 소재로 하여 시적 분위기를 조성하고 있다. ◎

윗글은 '봄바람이 봄볕을 부쳐내'는 봄의 풍경과, '초목이 무성'하고 '푸른빛은 그늘'이 된 여름의 풍경과, '단풍 숲'이 아름다운 가을과, '백설'이 내리는 겨울의 경치를 표현했다. 따라서 윗글은 계절적 배경을 표현하는 소재를 통해 용추동 주변의 아름다운 경치를 보여 준다고 볼 수 있다.

3. 계절을 드러내는 표현을 사용해 분위기를 자아내고 있다. ◎

윗글의 화자는 일제 강점이라는 암울한 현실 때문에 '죄인처럼 수그리고' '코끼리처럼 말이 없'는 모습으로 두만강을 넘어 만주로 가고 있다. 4연의 '얼음길은 거칠다'에서 겨울이라는 계절을 드러내는 '얼음길'이라는 표현을 사용해 만주로 이주해가는 이들의 암울한 분위 기를 표현했다고 볼 수 있다.

(13) 풍자, 해학

1. 담 구멍에 걸려 있는 상황에서도 '죽어도 문자는 쓰'는 배비장의 모습을 통해 지배 계층의 허세에 대한 풍자를 엿볼 수 있겠군.

윗글의 '배비장'은 '군관'이라는 관직을 하는 지배 계층이다. '배비장'은 '여색을 멀리'한다고 했지만, 기생 '애랑'의 유혹에 넘어가 '밤중에 유부녀 희롱'을 가는 잘못된 행동을 저지른다. '애랑'을 만나기 위해서 '담 구멍'에 들어갔다가 '부른 배가 딱 걸려서 들도 나도' 못하는 곤란한 상황에 처했는데도 '포복불입하니 출분이기사로다'라고 한문을 쓰는 '배비장'의 모습에서 지배 계층의 허세를 확인할 수 있다. 따라서 윗글은 지배 계층인 인물의 허세를 우스꽝스럽게 표현하는 것을 통해 이들을 풍자한다고 볼 수 있다.

2. 인물의 행동을 과장하여 상황을 해학적으로 표현하고 있다.

윗글은 '평양 감사'인 '김진희'에게 박대를 받은 이후 '암행어사'가 되어 돌아온 '이혈룡'이 '김진희'의 잔치 자리에 찾아온 사건을 서술하고 있다. 암행어사 출두 직후 놀라서 도망치려고 하는 '김 감사(김진희)'와 '수령들'의 모습과 행동을 '칼집 쥐고 오줌 싸고', '청보에 똥을 싸고' 등으로 과장되게 표현하였다. 이를 통해 부패한 지방 관리들의 행태를 해학적으로 표현했다고 볼 수 있다.

3

[현대어 풀이]
하늘 위의 백옥경(옥황상제가 사는 궁궐, 임금께서 계신 곳) 열두 누각은 어디인가?
오색구름 깊은 곳에 자청전(신선이 사는 집, 임금께서 계신 곳)이 가렸으니
구만 리 먼 하늘을 꿈이라도 갈 듯 말 듯하구나
차라리 죽어서 억만 번 변화하여(다른 존재로 태어나)
남산의 늦은 봄날 두견새의 넋이 되어
배꽃 가지 위에서 밤낮으로 (울고 싶지만 만약 그렇게) 못 운다면
신선이 사는 고을에 저문 하늘 구름이 되어
바람에 흩날리며 날아 자미궁(천상 세계의 궁궐, 임금께서 계신 곳)에 날아올라
옥황상제 앞에 놓인 상 앞에 가까이 나아 앉아
가슴속에 쌓인 말씀 실컷 아뢰리라
아아, 이 내 몸이 이 세상에 늦게 나니
황하강(성인이 태어날 때만 한 번씩 맑아진다는 중국의 강)의 물이 맑은 것을 보니
(내가) 굴원의 후신(죽어서 다시 태어난 몸)인가 상심도 끝이 없고
(억울한) 가 태부의 넋인가 한숨은 무슨 일인가?
형강(작가의 유배지)은 고향 같구나 십 년을 고향이 아닌 곳에서 사니
갈매기와 벗이 되어 함께 놀자 하였더니
아양을 부리는 듯 사랑하는 듯 하나뿐인 임을 만나니
금화성의 백옥당(신선이 득도한 곳)에서 (임을 만나는 그) 꿈조차 향기롭다
오색실 길이가 짧아 임의 옷을 못 지어도
바다 같은 임의 은혜를 조금이나마 갚으리라
백옥 같은 이 내 마음을 임을 위하여 지키고 있었더니
한양에서 어젯밤에 늦가을에 처음 내리는 묽은 서리가 섞어 치니
해질녘 긴 대나무에 의지하여 서 있으니 푸른 옷소매가 얇아 차갑구나
난초를 꺾어 쥐고 임 계신 데 바라보니
약수(신선이 살았다는 중국 전설의 강으로, 건널 수 없는 곳)가 가로놓인 데 구름길이 험하구나

3. ~~풍자적 기법~~을 활용하여 ~~교훈~~의 효과를 높이고 있다.

윗글은 유배를 간 작가가 천상의 옥황에게 호소하는 형식으로 임금을 그리워하는 연군의 마음을 표현한 유배 가사이다. 화자는 '두견의 넋'이 되거나, '저문 하늘 구름'이 되어 '옥황 향안 전'에 가서 가슴 속에 쌓인 말을 전하고자 한다. 또한 화자는 임에게 은혜를 갚고자 하지만 '구름'이 험해 임 계신 곳을 바라보기 어려운 상황에 처해 있다. 즉 윗글에서 부정적인 현실을 비꼬아 비판하는 풍자적 기법이 활용된 부분은 확인할 수 없다. 그리고 윗글은 유배 생활의 억울함과 임금에 대한 충정을 토로하고 있으므로, 교훈을 전달하려는 의도로 창작되었다고 볼 수도 없다.

(14) 언어유희

1. ~~언어유희~~를 사용하여 시대의 ~~현실을 비판~~하고 있다.

윗글은 여성 영웅인 '정소저'가 고난을 무릅쓰고 활약을 펼쳐 황실을 구하는 과정을 담은 작품이다. 윗글에서 동음이의어나 비슷한 발음의 단어, 언어 도치 등을 이용하며 원래의 용법과 다르게 사용하여 재미를 끌어내는 언어유희는 확인할 수 없다.

2. 인물의 행동을 ~~과장~~하여 ~~해학적 분위기~~를 조성하고 있다.
_{문제 p.106 해학}

윗글은 '주소저 같이 앉으면 소저 옥수를 잡고 만난 정회를 설하는 듯하되' 등에서 '정소저'와 '태자(주소저)'의 행동을 그대로 서술할 뿐 과장하고 있지 않다. '주소저'와 '정소저'가 금전을 가지고 '동전 축사'를 할 때 인물의 축원에 따라 돈이 '빈 공중에 솟았다가 방 가운데로 떨어'지는 것이나 '방문 밖으로 내려가'는 것에서 비현실적인 성격을 확인할 수 있지만, 이를 인물의 과장된 행동으로 볼 수는 없다. 또한 윗글에서는 '정소저'가 '부친(정원수)'을 걱정하며 불전에 발원하는 사건과 '정소저'가 남자 의복을 입고 '부친'을 구하기 위해 전장에 나가 재회하는 사건이 서술되고 있으므로 우스꽝스러운 표현으로 해학적 분위기를 조성하는 것 또한 확인할 수 없다.

3. ~~언어유희~~를 사용하여 인물의 상황을 ~~해학적~~으로 드러내고 있다.
_{문제 p.106 해학}

윗글에서 '이선'은 '숙향'을 만나기 위해 '노옹'의 말에 따라 '마고 할미'를 찾아갔다. '마고 할미'는 '숙향'을 만나게 해 달라는 '이선'의 부탁을 들어주지 않으며 '그런 병든 걸인을 괴로이 찾'느냐고 이야기하지만 이후 '이선'과 '숙향'을 이어주는 징표인 진주를 확인한다. 윗글에서 언어유희를 사용한 부분은 확인할 수 없다. 또한 '이선'이 '숙향'을 찾고자 하는 상황을 해학적으로 드러내고 있지도 않다.

4

[현대어 풀이]
세상에 어느 일이 남들에게 서러운 일인가
아마도 서러운 것은 임을 그리워하여 서럽구나
빛이 비치는 대에 구름비가 내린 지 몇 해인가
반쪽 거울이 녹이 슬어 먼지 속에 묻혀 있다
청조도 오지 않고, 흰 기러기도 오지 않으니
소식도 못 듣는데 임의 모습을 볼 수 있겠는가
꽃 피는 아침과 달 밝은 밤에 울며 그리워할 뿐이로다
그리워해도 못 보기에 그리워하지 말자 생각하여
나도 다 자란 씩씩한 남자로서 모질게 마음 먹고
이제 잊고자 한들 자꾸 눈에 밟히거늘 서러워 안 그리워 할 수 있겠는가
그리워해도 못 보니 하루가 삼 년 같구나
원수가 원망스러운 것이 아니라 내가 임을 못 잊는 것이 원망스럽다
이사할 때 아내를 깜빡 잊고 가는 사람은 대체 어떤 사람인가
그 사람 있는 곳 알기 위해 진나라, 초나라만큼 먼 곳인들 못 가겠는가
무심하고 쉽게 잊는 것을 배워 보고 싶구나
어리석은 분수에 무슨 재주가 있을까 싶지만
임에 대해 기억하는 힘만은 사광의 기억력인들 내게 미치겠느냐
기억하는 힘이 좋은 것도 병이 되어 날이 갈수록 심해지니
잘 먹던 밥도 못 먹고 잘 자던 잠도 못 잔다
야위고 마른 얼굴이 시름 때문에 검어지니
취한 듯 흐릿한 듯 약을 먹어도 효과가 없다
마음 속 깊이 든 병을 명의 편작인들 고칠 수 있겠는가
목숨이 소중하기 때문에 죽지 못해 살고 있노라
처음 인연을 맺을 때에 이렇게 헤어지려고 맺었던가
비익조가 부부되어 연리지 수풀 아래
나무를 얽어서 집을 짓고 나무 열매를 먹을망정
살아 있는 동안에는 하루도 헤어지지 않기를 원했건만
동쪽과 서쪽에 따로 살며 그리워하다 다 늙었구나
옛날부터 이르던 말이 견우직녀를

하늘나라의 인간 중에 불쌍하다 여기지만
그래도 저희(견우직녀)는 한 해에 한 번을 해마다 보건마는
안타깝구나 우리('나'와 '임')는 몇 개의 은하수가 가리고 있어 이토록 보지 못하는가

4. 언어유희를 통해, 이별의 현실을 수용하는 담담한 태도를 드러내고 있다.

윗글의 화자는 언어유희를 사용하고 있지 않으며, '서러운가', '서럽도다' 등에서 설의법, 영탄법을 사용해 이별의 슬픔을 전달하고 있다. 또한 화자는 이별의 슬픔을 토로하며 시름에 겨워하고 있으므로 이별의 현실을 담담하게 수용한다고 볼 수 없다.

(1) 시상, 시상의 전환

STEP **2** 문제로 확인하기

문제 P.118

1

[현대어 풀이]
구름 빛깔이 깨끗하다고 하나 검어지기를 자주 한다
바람 소리가 맑다고 하나 그칠 때가 많구나
깨끗하고도 그칠 때가 없는 것은 물뿐인가 하노라 〈제2수〉

꽃은 무슨 일로 피면서 쉽게 지고
풀은 어찌하여 푸른 듯하다가 곧 누른빛을 띠는가?
아마도 변치 않는 것은 바위뿐인가 하노라 〈제3수〉

더우면 꽃이 피고 추우면 잎이 지거늘
소나무야, 너는 어찌 눈서리를 모르느냐?
깊은 땅속까지 뿌리가 곧게 뻗은 줄을 그것으로 인해 알겠구나 〈제4수〉

나무도 아닌 것이 풀도 아닌 것이
곧기는 누가 시켰으며 속은 어찌 비었는가?
저렇고도 사시사철에 푸르니 그(대나무)를 좋아하노라 〈제5수〉

작은 것이 높이 떠서 세상의 모든 것을 다 비추니
한밤중에 밝게 빛나는 것이 너(달)만한 것이 또 있겠느냐?
보고도 말을 하지 않으니 내 벗인가 하노라 〈제6수〉

1. 어조의 변화를 통해 시상을 전환하고 있다.

윗글의 화자는 〈제2수〉에서 변화하는 구름이나 바람과 달리 그치지 않는 물을, 〈제3수〉에서 꽃이나 풀과 달리 변치 않는 바위를, 〈제4수〉에서 눈서리를 모르는 소나무를, 〈제5수〉에서 사계절 동안 푸른 대나무를, 〈제6수〉에서 높이 떠서 만물을 비추는 달을 예찬하고 있다. 윗글의 화자는 일관되게 다섯 가지 자연물을 예찬하고 있으므로 어조의 변화는 나타나지 않는다. 또한 윗글은 시상을 전환하고 있지도 않다.

개념 더하기⁺

- **어조:** 어조란 화자의 말투를 뜻해. 모든 사람이 각자 특유의 말투를 가지듯이 작품의 화자도 특정 말투를 가지고 있어. 영탄적 어조 외에도 무언가의 잘못된 점을 지적하는 비판적 어조, 슬픔이 묻어나는 애상적 어조 등 그 종류는 아주 다양하게 나타날 수 있는데, 이러한 말투는 화자의 정서나 태도와 밀접한 관련을 갖고 있어.

2. 접속어⁺로 시상을 전환하여 시적 의미를 확대한다.

윗글의 화자는 하루의 고된 노동을 마치고 강변에 나가 '삽자루에 맡긴' 자신의 '한 생애'를 되돌아보고 있다. 흐르는 물에 '슬픔'을 퍼다 버리며, 고된 삶으로 '돌아갈' 수밖에 없다고 생각하던 화자가 '샛강 바닥 썩은 물'에 뜬 달을 보고 다시 한번 가난한 '마을'로 돌아가야 한다고 말하므로 윗글에서 시상 전환을 확인할 수 없다. 또한 시상을 전환하는 접속어를 확인할 수도 없다.

개념 더하기⁺

> • **접속어**: 접속어는 단어와 단어, 구절과 구절, 문장과 문장을 이어 주는 구실을 하는 문장 성분으로 국어에서는 주로 '그리고', '그러나', '그런데' 등의 접속 부사가 이 역할을 해. 접속어를 통해 시상을 전환하는 예로 황지우 시인의 「겨울─나무로부터 봄─나무에로」 중 '두 손 올리고 벌받는 자세로 서서 / 아 벌받는 몸으로, 벌받는 목숨으로 기립하여, 그러나 / 이게 아닌데 이게 아닌데 / 온 혼(魂)으로 애타면서 속으로 몸속으로 불타면서'라는 부분을 들 수 있어.

3. '그러나'라는 시상 전환 표지를 활용하여 '노래'만으로는 화자가 바라는 '시' 창작이 어렵다는 점을 부각하고 있다. ◎

윗글의 화자는 노래와 이야기가 긴밀하게 결합된 시를 쓰기 바라고 있다. 화자는 10행~11행에서 '노래하고 싶은' 마음으로 '말 속에 / 은밀히 심장의 박동을 골라 넣는다'고 하였다. 이후 '그러나'라는 시상 전환 표지를 활용하여 자신의 상처가 '노래에 쉬이 덧'난다고 하면서 '노래'만으로는 화자가 지향하는 '시' 창작이 어렵다는 점을 드러내고 있다.

(2) 수미상관, 선경후정

STEP 2 문제로 확인하기

문제 P.122

1

[현대어 풀이]

마을 사람들아 옳은 일을 하자꾸나
사람이 되어 나서 옳지 못하면
말과 소를 갓이나 고깔을 씌워 밥을 먹이는 것과 다르겠느냐 〈제8수〉

(어르신이) 팔목을 쥐시거든 두 손으로 받치리라
나갈 데가 있으시거든 막대(지팡이)를 들고 따르리라
향음주가 다 끝난 뒤에는 모셔 가려 하노라 〈제9수〉

오늘도 날이 밝았다 호미를 메고 가자꾸나
내 논을 다 매거든 네 논을 조금 매어 주마
(일을 마치고 돌아) 오는 길에 뽕을 따다가 누에를 먹여 보자꾸나 〈제13수〉

1. 선경후정 방식을 활용하여 시상을 전개하고 있다.

문제 p.117 시상

윗글의 화자는 〈제8수〉에서 옳은 일을 할 것을 권유하고, 〈제9수〉에서 노인을 공경하겠다는 의도를 전달하고, 〈제13수〉에서는 이웃끼리 농사일을 돕는 상부상조의 자세를 표현하고 있다. 즉 윗글은 유교 윤리와 도덕을 실천하는 자세를 권유하는 작품이므로 앞서 경치를 제시하고 후에 정서를 제시하는 방식으로 시상을 전개한다고 볼 수 없다.

2. (나)는 (가)와 달리 수미상관 방식을 통해 구조적 안정감을 드러내고 있다.

(나)에서 1행인 '누가 내 속에 가시나무를 심어놓았다'와 마지막 행인 '나에게는 가시나무가 있다'는 같거나 비슷하지 않다. 즉 (나)는 수미상관 방식을 사용하지 않았으므로, 수미상관 방식을 통해 구조적 안정감을 드러낸다고 볼 수 없다. 참고로 (가)의 1연 '거울속에는소리가없소 / 저렇게까지조용한세상은참없을것이오'와 6연 '거울속의나는참나와는반대(反對)요마는 / 또패닮았소 / 나는거울속의나를근심하고진찰(診察)할수없으니퍽섭섭하오' 역시 같거나 비슷하지 않으므로 (가)도 수미상관 방식을 사용하지 않았다.

[현대어 풀이]

금강대 맨 꼭대기에 선학(신선이 탄다는 학)이 새끼를 치니

(그 선학이) 봄바람에 들려오는 옥피리 소리에 첫잠을 깨었던지

학이 공중에 솟아 뜨니

서호의 옛 주인을 반겨(나를 반겨) 넘나들며 노는 듯하구나

소향로봉과 대향로봉(향로봉은 향로를 닮은 봉을 말함)을 눈 아래 굽어보고

정양사라는 절의 진헐대에 다시 올라 앉으니

(중국의) 여산의 참모습이 여기서야 다 보이는구나(금강산의 절경을 세계적인 명산에 비유)

아아, (이런 아름다운 풍경을 만들어낸) 조물주의 솜씨가 야단스럽기도 야단스럽구나

(저 수많은 봉우리들은) 나는 듯하면서도 뛰는 듯도 하고 우뚝 섰으면서도 솟은 듯하니

(그 봉우리의 모습이) 연꽃을 꽂아 놓은 듯 백옥을 묶어 놓은 듯

동해 바다를 박차는 듯 북극을 괴고(받치고) 있는 듯하구나

높기도 하구나 망고대여, 외롭기도 하구나 혈망봉이여,

(망고대와 혈망봉은) 하늘에 치밀어 무슨 일을 말씀드리려고

오랜 세월이 지나도록 (그 높이를) 굽힐 줄 모르는가?

아아, 너로구나 너 같은 (높은 기상을 지닌) 것이 또 있겠는가?

개심대에 다시 올라 중향성을 바라보며

(금강산의) 일만 이천 봉을 분명히 헤아려 보니

봉마다 맺혀 있고 끝마다 서린 기운

맑거든 깨끗하지 말거나, 깨끗하거든 맑지나 말지(=깨끗하고도 맑구나)

(금강산의) 저 (맑고 깨끗한) 기운을 흩어 내어 뛰어난 인재를 만들고 싶구나

생긴 모양도 끝이 없고 생긴 모습도 많기도 많구나

세상천지가 생겨날 때 저절로 이루어진 줄 알았지만

이제 와서 보니 조물주의 뜻이 있구나

---

3. '개심대'에서는 선경후정의 방식으로 화자가 바라본 풍경과 그에 대한 감흥이 서술되고 있다. ◉

　　윗글의 화자는 금강산을 유람하며 아름다운 풍경을 보고 감탄하고 있다. '개심대'에 오른 화자는 '중향성'을 비롯한 금강산의 '만이천' 봉우리 등의 풍경을 보면서 '봉마다 맺쳐 잇고 긋마다 서'려 있는 맑고 깨끗한 기운에 대해 말하고 있다. 그런 뒤 '뎌 긔운 흐터 내야 / 인걸을 만들고쟈 / 형용도 그지업고 톄세도 하도 할샤'라고 하며 자신의 감흥을 드러내고 있다. 즉 '개심대' 주변의 풍경을 보고, 그 기운을 인재를 만드는 데 사용하고 싶다는 정서를 전달하고 있으므로 선경후정의 방식을 활용했다고 볼 수 있다.

---

(3) 원경, 근경

STEP **2** 문제로 확인하기　　　　　　　　　　　　　　　　　　　　　　　　　　　문제 P.126

1. (가)와 달리 (나)는 시선을 ~~원경에서 근경으로 이동~~하면서 시상을 전개하고 있다. ⊗

　　문제 p.117 시상

　　(가)의 화자는 달, 호수, 강물, 노을, 하늘 등의 대상으로 시선을 이동하고 있다. 하지만 노을과 하늘은 원경으로 볼 수 있으므로 1연에서 7연으로 전개될수록 원경에서 근경으로 시선이 이동하고 있다고 단정지을 수는 없다. 한편 (나)에서 화자는 '논고랑에 고인 물', '나뭇가지', '햇살', '새 그림자', '나의 얼굴' 등을 보고 있다. 하지만 1행의 '논고랑에 고인 물'에 비친 대상은 가까이 있는 대상이라고 볼 수 있으므로, 1행에서 마지막 행으로 전개될수록 원경에서 근경으로 시선이 이동하고 있다고 볼 수 없다.

[현대어 풀이]

여보시오, 저 각시님 서러운 말씀 그만하시오

(각시님의) 말씀을 내가 들어보니 (각시님이) 서러운 줄 나는 모르겠네

인연이라고 해서 다 같은 인연이겠으며 이별이라고 한들 다 같은 이별이겠는가

광한전 백옥경(옥황상제가 사는 궁궐, 임금께서 계시는 궁궐)에서 (그대가) 임을 모시고 즐거운 시간을 보내더니

(각시님이) 이별을 하였거니 재앙인들 없을 것인가

해가 다 저물어 날이 가는 것을 서러워 마시오

어떠한들 이내 몸의 서러움은 비교할 데 전혀 없네(=각시님의 서러움보다 내 서러움이 더 심하네)

광한전이 어디인가, 백옥경은 내가 알던가?(=나는 광한전도 백옥경도 모르네)

(나는) 원앙을 수놓은 베개와 비취색의 비단 이불에 임을 모셔 본 적이 전혀 없네

내 얼굴과 이 거동 중 무엇으로 임을 사랑할 수 있었을까?

바느질을 모르는데 노래와 춤은 더 말해서 무엇할까

어떻게 된 것인지 임을 향한 이 마음을

하늘이 나에게 주시고 성현이 나에게 가르쳐서

죄인을 잡아 죽이는 큰 솥이 앞에 있고 크고 작은 도끼가 뒤에 있어서

(내가) 일백 번 죽고 죽어서 뼈가 가루가 된 후에라도

임을 향한 이 마음이 변하겠는가?

나도 일을 하여 남에게 없는 것만 얻어서

연꽃무늬가 새겨진 옷을 짓고 모란꽃이 새겨진 신발을 만들어

하늘께 맹세하여 임을 섬기고 싶다는 소원을 비는데,

조물주가 (나를) 시기하는가, 귀신이 훼방을 두는가

(중략)

(내가) 임을 모셔 그러한 각시님 같았더라면

서러움이 이러하며 생각인들 이러하겠는가

이번 생이 이렇거든 다음 생을 어찌 알겠는가

차라리 죽어서 구름이나 되어서

상서로운 빛과 오색 빛이 임 계신 곳에 덮었으면 (좋겠구나)

그도 싫다고 마다한다면 바람이나 되어서

한여름 시원한 그늘의 임 계신 곳에 불고 싶구나

2. ~~근경에서 원경으로 시선을 이동~~하며 시적 배경을 제시하고 있다. ⊗

윗글의 화자는 각시님에게 '설운 말씀 그만 하오'라고 말하며 임과 이별한 서러움과 변치 않는 임에 대한 마음을 토로하고 있다. 화자는 '광한전'과 '백옥경'을 모르고 '원앙침 비취금'에 임을 모셔본 적 없다고 하고 있을 뿐, 윗글에서 근경에서 원경으로 시선을 이동하는 것은 확인할 수 없다.

3. 제2연에서 제3연으로 전개되면서 화자의 시선이 원경에서 근경으로 이동하고 있다. ◎

윗글의 화자는 '해ㅅ살', '구름', '길경(도라지) 꽃봉오리', '차돌부리(돌멩이)' 등의 아침 풍경을 보며 조찬을 먹고 있다. 제2연에서 화자는 하늘의 구름에 시선을 두었다가 제3연에서는 땅의 도라지꽃에 시선을 두고 있으므로 화자의 시선이 원경에서 근경으로 이동하고 있다고 볼 수 있다.

(4) 갈등의 심화와 해소

STEP 2 문제로 확인하기

문제 P.131

1. ~~동일한 공간에서 사건이 반복~~되며 ~~갈등이 심화~~되고 있다.

윗글의 서술자인 '나'는 (중략) 이전에는 남편의 유품을 정리할 때의 이야기를, (중략) 이후에는 남편과 '틈바구니'에 대해서 농담하던 때 그리고 남편이 방사선 치료를 하던 때의 이야기를 하고 있다. 동일한 공간에서 반복되는 사건은 확인할 수 없으며, 인물 간의 갈등 관계도 확인할 수 없다.

2. 대화와 행동을 제시하여 인물 간의 갈등 양상을 실감 나게 보여 주고 있다. ◎

윗글에는 '조백헌' 원장이 섬사람들과 마을 장로들을 대상으로 '새 사업 계획'을 이야기하는 장면에서 간척 사업을 주장하는 '조 원장'의 말과 이에 대한 섬사람들의 냉랭한 반응을 확인할 수 있다. 따라서 '조백헌' 원장과 섬사람들의 대화와 행동을 통해 '간척 사업'과 관련된 갈등이 실감 나게 나타난다고 볼 수 있다.

3. '나'는 '은자'의 전화로부터 ~~심리적 위안을 얻으며 갈등을 해소~~하고 있다.

윗글에서 '은자'는 '나'에게 현재 '미나 박'이 된 자신의 모습을 보여 주고자 한다. 한편 '나'는 '은자'를 통해 옛 기억을 떠올린다. 이는 '은자만 떠올리면 옛 기억들이,~허물어지지 않은 큰오빠의 모습도 그 속에 온전히 남아 있었다.'와 '은자를 만나 버리고 나면 그때부터는 어떤 표지판에 기대어 고향을 찾아갈 수 있을 것인지 정말 알 수 없었다.'를 통해 알 수 있다. 즉 '나'는 '은자'로부터 만나자는 연락을 받은 후, 변해 버린 그녀를 만나고 나면 고향을 떠올리는 표지판을 상실할 것을 두려워하며 '은자'와의 만남을 고민한다. 따라서 '나'는 심리적으로 동요하고 있을 뿐, '은자'의 전화를 받고 심리적 위안을 얻으며 갈등을 해소하고 있지는 않다.

(5) 전기성, 초월적 인물

STEP 2 문제로 확인하기

문제 P.135

1. 초월적 존재와의 대화를 통해 ~~인물의 고뇌~~가 드러나고 있다.

윗글에서 자식이 없어 고민하던 '양씨'는 꿈속에서 초월적인 존재인 '선녀'와 대화하게 된다. 선녀가 '상제께 득죄하고 인간에 내치시매 ~세존이 부인댁으로 지시하옵기로 왔나이다.'라고 말한 뒤 '품에 들거늘' '양씨'가 '놀래 깨달으니 필시 태몽'임을 알아챈다. 즉 '선녀' 와의 대화는 자식이 없어 걱정하던 '양씨'의 고뇌를 해결해 주는 단서가 되므로, 이를 통해 인물의 고뇌가 드러난다고 볼 수는 없다.

2. 서사의 진행 과정에 비현실적인 요소가 개입되어 있다. ◎

윗글에서 정남대원수로 출전한 '조은하'가 '주문을 외워 백학선을 사면으로 부치니 천지가 아득하고 뇌성벽력이 진동하며 무수한 신장이 내려와 도'왔다는 부분을 통해 부채를 부치자 천둥과 벼락이 치고 신장(신병을 거느린 장수)가 나타났음을 확인할 수 있다. 따라서 '조은하'가 '유백로'를 구하는 과정에 비현실적 요소의 개입이 있었음을 확인할 수 있다.

3. 전기적(傳奇的) 요소를 활용하여 비현실적 장면을 부각하고 있다. ◎

왜왕과 그 신하들이 '사명당'의 신통력을 시험할 때, 철마를 불같이 달군 후 그 위에 앉게 하자 '사명당'은 신통력을 부려 비를 내리게 한다. 또한 '사명당'이 '왜왕의 머리'를 바치고 항복하라고 했음에도 왜에서 '항서'만 써서 바치자 '사명당'은 비현실적인 존재인 '용왕' 을 불러 '삼룡이 구름을 피우고~일광을 바수고 소리 벽력같아 천지진동'하게 한다. 즉 이와 같은 부분에서 전기적 요소를 활용하여 비현실적인 장면을 부각하고 있다고 볼 수 있다.

(6) 회상, 역행적 구성

STEP 2 문제로 확인하기

문제 P.140

1. 인물의 회상을 통해 과거와 현재를 매개하는 경험을 전달하고 있다.

‘나’는 ‘도라꾸 아저씨’에게 ‘그란데 도라꾸 아저씨는 아까 왜 멧돼지를 안 죽였어여? 아저씨도 쏠 수 있었잖아여?’라고 질문하고, 이에 대해 ‘도라꾸 아저씨’는 과거에 자신이 멧돼지를 사냥한 경험을 회상하며 ‘나’의 질문에 대해 답을 해준다. ‘도라꾸 아저씨’가 ‘새끼 멧돼지’를 죽여 ‘어미’를 잡은 일에 대해 회상하는 것이 과거와 현재의 ‘멧돼지 사냥’을 매개하는 경험이라고 볼 수 있다.

2. ~~시간의 역전~~을 통해 사건의 진상을 밝히고 있다.

윗글은 [중략 부분의 줄거리] 이전에는 유씨가 춘매의 관 앞에 당도하고, 그 이후에는 유씨의 혼백이 춘매를 따라 구천으로 가는 사건을 시간의 흐름에 따라 제시했다. 따라서 사건이 발생한 시간 순서를 역전시켜 사건의 진상을 밝혔다고 볼 수 없다.

3. 시간을 역전적으로 구성하여 인물의 과거 행적을 드러내고 있다.

윗글은 서술자인 ‘나’가 삼촌의 장례식에 참석하기 위해 귀향하면서 어렸을 때의 삼촌 모습을 회상하는 부분과 ‘나’가 성인이 된 후 삼촌을 만난 날 밤 집으로 돌아와 삼촌이 ‘범법행위’를 저질렀던 과거의 일을 회상하는 부분으로 이루어져 있다. 따라서 이 작품은 시간을 역전적으로 구성하여 삼촌의 과거 행적을 서술하고 있다.

(7) 액자식 구성

STEP 2 문제로 확인하기

문제 P.147

1. 윗글을 〈보기〉와 같이 구조화했을 때, 신문 기자인 ‘나’는 [A]의 서술자이다.

윗글은 〈보기〉와 같이 외부 이야기 속에 내부 이야기가 들어 있는 액자식 구성으로 되어 있다. [A] 외부 이야기에서 신문 기자인 ‘나’는 ‘트럼펫을 불던 사내’에게 ‘허 노인’과 ‘운’에 대한 이야기를 듣는다. [B] 내부 이야기는 줄광대인 ‘허 노인’과 ‘운’에 대한 이야기로 구성되어 있다. 따라서 신문 기자인 ‘나’는 [A]의 서술자라고 볼 수 있다.

2. 윗글을 〈보기〉와 같이 구조화했을 때, ‘사내’는 [B]를 신문 기자인 ‘나’에게 전해 준다.

[앞부분의 줄거리]에서 ‘트럼펫을 불던 사내는 나에게 ‘허 노인’과 ‘운’에 대한 이야기를 들려준다.’라고 했다. 따라서 [A] 외부 이야기에서 ‘트럼펫을 불던 사내’는 신문 기자인 ‘나’에게 [B] 내부 이야기를 전해 준다고 볼 수 있다.

3. 윗글을 〈보기〉와 같이 구조화했을 때, [B]의 사건들은 [A]의 사건들보다 시간상 앞서서 발생했다.

[B] 내부 이야기는 ‘허 노인’과 ‘운’ 사이에 있었던 과거의 일로, [A]의 사내가 ‘나’에게 전달해주는 이야기이다. 따라서 [B]의 사건들은 [A]의 사건들보다 앞서 일어난 일들로 볼 수 있다.

4. ~~액자식 구성~~을 활용하여 인물의 삶의 내력을 소개하고 있다.

윗글은 토끼와 자라를 의인화하는 우화적 기법을 활용한 판소리계 소설이다. 윗글에서 외부 이야기 속에 내부 이야기가 포함된 액자식 구성은 확인할 수 없다.

5. ~~다른 사람의 체험을 듣고 독자에게 전해주는 액자식 구성~~을 취하고 있다.

윗글에서 서술자인 ‘나’는 ‘장인’이 ‘나’의 뺨을 때리고는 ‘무색해서 덤덤히 쓴침만 삼’키는 현재의 장면을 서술하다가, ‘작년 이맘때’ 장인이 돌멩이를 던져 ‘나’의 발목을 삐게 했던 사건을 회상하고 있다. 또한 ‘나’는 ‘점순이’가 밥을 날라 준 후 나를 부추기고 갔던 일을 서술하고 있다. 즉 ‘나’는 자신이 직접 겪은 일에 대해 서술하고 있을 뿐, 다른 사람의 체험을 듣고 독자에게 전해주고 있지 않다. 또한 액자식 구성도 나타나지 않는다.

(8) 직접 제시, 간접 제시

STEP 2 문제로 확인하기

문제 P.153

1. 인물의 심리를 서술자가 직접 제시하여 독자의 이해를 돕고 있다. ◎

윗글에서 '양유'는 '오늘 사람들이 여자가 남복을 입었다 하니 그 일로 그러한가 싶으니 그럼 여자가 분명한가?'라고 물어보고, '매화'가 이를 부정하자 '마음만 상할 따름'이었다고 했다. 즉 윗글에서는 3인칭 서술자가 등장인물인 '양유'의 심리를 직접 제시했다고 볼 수 있다. 또한 이외에도 '매화'의 글을 받아보고 '양유'가 '크게 놀라 기뻐'하고, '상객'의 말을 들은 '병사'가 '무수히 슬퍼하다가', '매화'의 말을 듣고 '크게 기뻐하여 더욱 사랑하'는 것과, '최씨 부인'이 '병사'의 말을 듣고 '크게 기뻐하여 연연하'는 것을 통해서도 인물의 심리에 대한 직접 제시를 확인할 수 있다.

2. 행동 묘사와 대화를 통해 인물의 특성을 제시하고 있다. ◎
해설 p.5 묘사

윗글에서 '숙부님'과 '숙모님'은 '황 진사'에게 중매를 하려고 한다. '숙부님'이 '젊고 돈 있는 색시'에게 장가 들지 않겠냐고 묻고, '숙모님'이 장가를 들게 되었을 때의 장점을 말하자 '황 진사'가 '아, 그럼야 여북 좋갔수'라고 말하는 것과 '연방 입이 벌어져 침을 흘리며 두 눈에 난데없는 광채를 띠'는 행동을 통해 '황 진사'의 특성을 제시하고 있다. 또한 숙부 내외가 말한 규수가 과부란 말을 듣고 '황 진사'가 '입 가장자리에 미미한 경련이 일어나'고 '두 손은 불불불 떨리'는 행동을 보이며 '황후암 육대 직손이 그래 남의 가문에 출가했던 여자한테 장가들다니 당하기나 한 소리요……'라고 말하는 것에서 시대의 변화를 인식하지 못하고 시대착오적인 '황 진사'의 특성을 보여 준다.

3. [A]는 장면에 대한 관찰을 중심으로 서술하고, [B]에는 인물의 내면에 대한 직접적 서술이 나타난다. ◎

[A]는 '자정이 넘'은 밤 '장정들이 모여들'고 '개들이 짖'고 '횃불'이 움직이는 등의 모습을 서술하고 있다. 이는 '윤보'를 비롯한 마을 장정들이 최 참판가 습격을 위해 타작마당에 모여 들고 있는 장면에 대해 관찰한 것을 서술한 것으로 볼 수 있다. 한편 [B]에는 지난밤 '윤보' 일행의 습격이 '서희'의 소행이라고 생각해 분노를 드러내는 '홍 씨'와 그 분노를 받고 있는 '서희' 사이의 갈등이 나타나 있다. 이때 '그는 죽을 생각을 했던 것이다.'에서 '홍 씨'와 갈등을 겪고 있는 상황에서 '서희'가 느끼는 내면 심리를 직접적으로 서술하고 있다.

(9) 요약적 제시

STEP 2 문제로 확인하기

문제 P.158

1. [A]는 요약적 서술을 통해 사건의 전모가 드러나고 있다. ◎

'안 초시'는 '박희완 영감'에게 들었던 투자 이야기를 '딸'에게 전달하였고, 이를 들은 '딸'은 연구소 집을 담보로 3천 원의 돈을 빌려 투자를 했다. [A]에서는 '1년'이 지난 후, '안 초시'가 '딸'에게 이야기해 투자한 곳은 '관변 모씨'에게 속아서 산 것이었음을 요약하여 서술하고 있다. 즉 [A]에서는 돈을 날린 상황을 요약적으로 서술하여 투자에 실패한 사건의 전모를 드러내고 있다.

2. 인물과 관련된 사건의 추이를 요약적으로 서술하여 인물에 대한 독자의 이해를 돕고 있다. ◎

윗글의 '장군이'는 과도기적 사회에서 제 나름의 방식으로 더 나은 삶을 위해 노력하지만 시대적 흐름을 충분히 이해하지 못한 까닭에 실패하게 되는 인물이다. '장군이'가 파놓은 함정에 '순사부장'이 빠진 일로 경찰서에 들어가 스무 날을 지낸 사건과 '장군이'가 방앗간을 차리려고 여름 내내 고생했지만 '장풍언네'에서 들여온 새 기계로 인해 세월만 허비한 일이 되어버린 사건 등의 과정을 요약적으로 서술하여 '장군이'라는 인물에 대한 독자의 이해를 돕고 있다.

3. 추측을 포함한 요약적 진술로 사건의 경과를 드러내어 현재 상황에 대한 이해를 돕고 있다. ◎

윗글의 앞부분에서 집 담장 안에 있던 고무신짝을 '아내'가 이웃집 담장으로 던져버린 사건을 '~던 모양이었다.', '~을 것이다.'와 같이 추측을 포함한 요약적 진술로 드러내고 있다. 이는 수북하게 눈이 온 아침 '블록 담 밑'에서 이전에 버렸던 '그 새하얗게 씻은 남자 고무신짝'을 다시 보게 된 '나'와 '아내'가 공포심을 느끼는 현재 상황을 이해하도록 돕는다고 볼 수 있다.

1

[현대어 풀이]
(가)
석양이 비스듬히 기울었으니 (고기잡이를) 그만하고 돌아가자
돛 내려라 돛 내려라
버들과 물가의 꽃은 굽이굽이 새롭구나
찌그덩 찌그덩 어여차
삼정승(영의정, 우의정, 좌의정을 아울러 이르는 말, 높은 벼슬)을 부러워하겠는가? 세상만사를 생각하여 무엇하겠는가?   〈춘(春) 6〉

궂은 비 그쳐가고 시냇물도 맑아진다
배 띄워라 배 띄워라
낚싯대를 둘러메니 깊은 흥취를 참지 못하겠구나
찌그덩 찌그덩 어여차
안개 긴 강과 겹겹이 쌓인 봉우리는 누가 그려낸 것인가?(=그려낸 것처럼 아름답구나)   〈하(夏) 1〉

속세를 벗어난 자연에서 깨끗한 일이 어부 생애 아니더냐
배 띄워라 배 띄워라
고기를 잡는 노인을 비웃지 마라 그림마다 그려져 있더라
찌그덩 찌그덩 어여차
사계절의 흥이 한 가지이나(같으나) (그중에) 가을 강이 으뜸이라   〈추(秋) 1〉

물가의 외로운 소나무는 어이 홀로 씩씩하게 서 있는가?
배 매어라 배 매어라
험한 구름을 원망하지 마라 (그것이) 인간 세상을 가려 준다
찌그덩 찌그덩 어여차
파도 소리를 싫어하지 마라 (그것이) 속세의 먼지와 시끄러운 소리를 막아 준다   〈동(冬) 8〉

(나)
초가집 늦은 날에 깊이 든 잠을 겨우 깨어
대나무 창문을 바삐 열고 작은 뜰에 방황하니
시내 위의 버들잎은 봄바람을 먼저 얻어
아침 비가 내리는 풍경에 먼 데서 온 손님은 근심을 느끼는구나
수풀 아래 뻐꾹새는 (봄) 계절을 먼저 알아
태평세월 들일에는 농부를 재촉한다
아아 내 일이야 잠을 깨어 생각하니
세상의 모든 일이 모두가 허황되다
공명이 때가 늦어 흰 머리가 귀밑이요(=귀밑머리가 하얗게 세고)
돈을 버는 데에 꾀가 없어 초가집 몇 칸에 산다
백화주 두세 잔에 자연과 정이 들어
복숭아 꽃이 흐드러지게 피었는데 지팡이 짚고 들어가니
산은 여러 겹으로 겹쳐 기이하고 물은 맑고 깨끗하다
안개 걷혀 구름 되니 남산 서산 흰 구름이요
구름 걷혀 안개 되니 계산 안개 봉이 높다
앉아 보고 서서 보니 별천지가 여기구나
때 없는 두 귀밑을(귀밑의 흰 머리를) 돌시내에 다시 씻고
탁영대에서 잠깐 쉬고 세심대로 올라가니
풍대의 맑은 바람에 몸과 마음이 시원하고
정자 위에서 구경하는 밝은 달은 맑은 의미가 마찬가지라

1. (가)와 (나)의 공통점으로 가장 적절한 것은?

정답풀이

③ 영탄*적 어조를 통해 화자의 정서를 부각하고 있다.
　해설 p.24 어조
　(가)의 화자는 '굽이굽이 새롭구나', '진훤을 막는도다'에서 '-구나', '-도다' 같은 감탄형 어미를 사용한 영탄적 어조를 통해 '버들', '꽃', '파랑성'에 대한 만족감을 부각하고 있다. 또한 (나)의 화자는 '아아 내 일이야'에서 '아아'라는 감탄사를, '별천지가 여기로다'에서 감탄형 어미 '-로다'를 사용한 영탄적 어조를 통해 자연 친화적인 태도를 부각하고 있다.

오답풀이

① 의인화된 대상을 통해 ~~세태를 비판~~하고 있다.
　문제 p.53 비유(의인)
　(가)의 '물가의 외로운 솔 혼자 어이 씩씩혼고'를 의인법으로 볼 여지가 있으나 이를 통해 세태를 비판하고 있지는 않다. 또한 (나)에서 '뻐꾹새'가 '농부'를 재촉한다는 표현에서 의인화된 대상을 확인할 수 있지만, 이를 통해 세태를 비판한다고 볼 수는 없다.

② ~~설의적 표현~~을 통해 시적 의미를 강조하고 있다.
　문제 p.73 설의
　(가)의 '삼공을 부러워하랴 만사를 생각하랴', '뉘라서 그려낸고', '어부 생애 아니러냐' 등에서 의문형 어미 '-랴', '-ㄴ고' 등을 활용한 설의적 표현이 사용되어 시적 의미를 강조하고 있다. 하지만 (나)에는 설의적 표현이 사용되지 않았다.

④ ~~촉각적 심상~~을 통해 시적 분위기를 조성하고 있다.
　문제 p.87 감각적 이미지
　(나)에서는 '두 귀밑을 돌시내에 다시 씻고', '심신이 시원하고'에서 촉각적 심상을 찾을 수 있지만, (가)에는 촉각적 심상이 사용되지 않았다.

⑤ ~~역설적 표현~~을 통해 이상향에 대한 의지를 드러내고 있다.
　문제 p.63 역설
　(가)와 (나) 모두 역설적 표현이 사용되지 않았다.

개념 더하기⁺

> ③ **영탄**: 영탄이란 감정이나 생각을 억누르지 않고 강하게 표출하는 방법을 말해. '아' 같은 감탄사, '-구나', '-도다' 같은 감탄형 어미를 사용하는 경우가 대표적이야. 이외에도 설의적 표현이나 명령, 권유, 호칭어 사용 등을 통해 감정을 강하게 드러내는 것도 영탄이라고 볼 수 있어. 즉 영탄은 어떤 표현법을 사용했는지가 판단의 기준이 된다기보다는 감정을 강하게 드러내는가를 기준으로 판단해 보면 돼.

2. (가)와 (나)에 대한 설명으로 가장 적절한 것은?

정답풀이

① (가)는 (나)와 달리 자연물에 인격을 부여하여 대상과의 교감을 드러내고 있다.
　문제 p.53 비유(의인)
　(가)에서는 '소리치는 바람'과 '풀꽃들'이 '나를 쳐다보는 수줍음으로' 온다는 표현을 통해 자연물에 인격을 부여하고 있으며, 화자와 대상(바람, 풀꽃들)의 교감을 드러낸다고 볼 수 있다. 반면 (나)의 화자는 '길'에 나아가 잃어버린 것을 찾는 의지와 다짐을 드러내고 있을 뿐, 자연물에 인격을 부여한 부분을 찾을 수 없다.

오답풀이

② (나)는 ~~(가)와 달리~~ 동일한 종결 어미를 반복하여 운율감을 높이고 있다.
　문제 p.77 반복
　(가)에서는 '-다', (나)에서는 '-ㅂ니다'라는 종결 어미를 반복하여 운율감을 높이고 있다.

③ ~~(가)~~와 (나)는 모두 색채어를 활용하여 공간에 대한 인식을 드러내고 있다.
　해설 p.18 색채어
　(나)에서는 '푸릅니다'에서 색채어를 사용하여 '하늘'에 대한 인식을 드러내고 있지만, (가)에서는 색채어가 나타나지 않는다.

④ (가)와 (나)는 모두 ~~공감각적 심상~~을 제시하여 대상에 입체감을 부여하고 있다.
　문제 p.87 공감각적 이미지
　(가)와 (나)는 모두 공감각적 심상이 나타나지 않는다.

⑤ (가)는 ~~계절의 변화~~를 통해, (나)는 공간의 이동을 통해 시상을 구체화하고 있다.
　문제 p.117 시상
　(나)의 화자는 잃어버린 것을 찾기 위해 '길'에 나아가 '돌담을 더듬어 눈물'을 흘리며 걷고 있다는 점에서 공간의 이동이 드러난다고 볼 수 있다. 하지만 (가)의 화자는 산길을 오르면서 얻게 된 깨달음을 전하고 있을 뿐, (가)에서 계절의 변화는 확인할 수 없다.

작품의 표현상 또는 서술상의 특징을 묻는 문제 정답률 71%

3. (가)와 (나)의 표현상 특징에 대한 설명으로 적절하지 <u>않은</u> 것은?

정답풀이

① ~~(가)는 (나)와 달리, 어순을 도치하여 시적 긴장*~~을 높이고 있다.
　　　　　　문제 p.70 도치
(나)의 18행~19행 '그대는 저 수많은 새 잎사귀들처럼 푸르른 눈을 뜨리 / 그대 생의 이 고요한 솔숲에서'를 어순이 도치된 표현으로 볼 수 있다. (가)에서는 어순이 도치된 표현을 확인할 수 없다.

오답풀이

② (가)는 (나)와 달리, 처음과 끝을 대응시켜 화자의 정서를 부각하고 있다.
　　　　　　문제 p.121 수미상관
(가)는 1연과 6연에서 '수만호 빛이라야 할 내 고향이언만 / 노랑나비도 오잖는 무덤 위에 이끼만 푸르리라.'를 반복하여 대응시켰다. 이를 통해 절망적인 고향의 상황에 대한 화자의 암울한 정서를 부각했다고 볼 수 있다. 하지만 (나)는 처음과 끝이 서로 대응되지 않는다.

③ (나)는 (가)와 달리, 유사한 시구를 반복 변주*하여 시적 정서를 강화하고 있다.
　　　　　　문제 p.77 반복
(나)는 '눈뜨리', '눈을 뜨리'를 반복, 변주하여 봄날 솔숲에서 근심과 고단함으로 힘들었던 과거를 돌아보며 삶을 성찰하고 있다. 한편 (가)는 1연과 6연에서 같은 시행을 반복하여 절망적인 고향의 상황에 대한 화자의 암울한 정서를 강조하고 있을 뿐 유사한 시구를 변주하지는 않았다.

④ (가)와 (나)는 직유를 통해 시각적 인상을 구체화하고 있다.
　　　　　　문제 p.53 비유(직유)
(가)는 '연기는 돛대처럼 날려'에서 연기를 돛대에 비유하여 항구에 날리는 연기를 시각적으로 구체화하고 있다. (나)는 '그대는 저 수많은 새 잎사귀들처럼 푸르른 눈을 뜨리'에서 그대를 '새 잎사귀들'에 비유하여 시각적으로 구체화하고 있다.

⑤ (가)와 (나)는 특정 종결 어미를 반복하여 운율을 형성하고 있다.
　　　　　　문제 p.77 반복　　문제 p.77 운율
(가)는 종결 어미 '-리라'를 반복하여 운율을 형성하고 있으며, (나)는 종결 어미 '-(으)리', '-네'를 반복하여 운율을 형성하고 있다.

개념 더하기+

① **시적 긴장**: 소설 등의 장르에서 긴장이란 정서나 분위기가 평온하지 않은 상태를 말해. 하지만 긴장에는 마음을 조이고 정신을 바짝 차림 이라는 의미도 있어. 그래서 시에서 '긴장' 혹은 '시적 긴장'이란 시를 주의 깊게 읽도록 만드는 것을 말해.

③ **변주**: 변주란 음악에서 어떤 주제를 바탕으로, 선율, 리듬, 화성 따위를 여러 가지로 변형하여 연주하는 것을 가리켜. 문학에서는 일정한 주제나 형식을 유지하면서 내용을 조금씩 바꿔나가는 것을 말하지. '가자'를 '가자꾸나'로 바꾸는 것이나, '눈이 오는가'를 '함박눈 쏟아져 내리는가'로 바꾸는 것 또한 시구를 변주한 거야.

작품의 표현상 또는 서술상의 특징을 묻는 문제 정답률 81%

4. 윗글의 서술상 특징으로 가장 적절한 것은?

정답풀이

① 인물의 회상을 통해 과거와 현재가 연결되고 있다.
　　　　　　문제 p.138 회상
윗글에서 '주인 사내'는 '손'과 대화를 나누던 중 '여자'가 '선학동에 아비의 유골을 묻'기 위해 왔다가 마을을 떠나버렸던 과거를 회상한다. '주인 사내'와 '손'이 대화를 나누다가 과거를 회상하기 시작하는 부분은 '주인은 이번에야말로~사연을 이야기하기 시작했다.'이며 회상 이후 다시 현재로 돌아왔음은 '손은 이제 완전히 녹초가 되어 버린~주인 쪽 역시 마찬가지였다.'에서 확인할 수 있다. 따라서 '주인 사내'의 회상을 통해 '손'과 대화를 나누는 현재가 과거와 연결된다고 볼 수 있다.

오답풀이

② ~~풍자적 서술을 통해 인물의 행위를 비판~~하고 있다.
　　문제 p.106 풍자
윗글에서 현실의 부정적 현상이나 모순 따위를 비웃는 풍자적 서술은 확인할 수 없으며, 인물의 행위에 대한 비판도 확인할 수 없다.

③ ~~반어적 표현을 통해 집단 간의 갈등~~을 부각하고 있다.
　　문제 p.66 반어　　문제 p.130 갈등
윗글에서 말하고자 하는 바와 반대로 표현하는 반어적 표현은 확인할 수 없으며, 집단 간의 갈등도 확인할 수 없다.

PART 1 필수 문학 개념어　정답과 해설　**033**

④ 동시에 진행되는 여러 ~~사건을 병렬~~⁺적으로 제시하고 있다.

윗글은 주막을 찾아온 '손'이 '주인 사내'에서 소리꾼 '여자'에 대한 이야기를 듣는 하나의 사건 속에 '여자'의 이야기가 제시되고 있다. 동시에 진행되는 여러 사건이 나란히 제시되는 것을 다른 말로 병치라고도 하는데, 윗글에서 그러한 병치는 확인할 수 없다.

⑤ ~~장면마다 서술자를 달리~~하여 상황을 입체적으로 보여 주고 있다.
_{문제 p.28 서술자}
윗글은 전지적 작가 시점에서 서술되고 있으므로, 장면마다 서술자를 달리하여 상황을 입체적으로 보여 준다고 할 수 없다.

개념 더하기⁺

④ **병렬**: 병렬이란 나란히 늘어섬 또는 나란히 늘어놓음을 말해. 따라서 A라는 사건을 제시한 후, A와 같은 시간에 벌어진 B라는 사건을 연달아 제시했다면 동시에 진행되는 여러 사건을 병렬적으로 제시했다고 할 수 있어.

작품의 표현상 또는 서술상의 특징을 묻는 문제 정답률 73%

5. [A]~[C]에 대한 설명으로 적절하지 <u>않은</u> 것은?

정답풀이

④ [C]: 전기적 요소를 활용하여 ~~회물의 영웅적 면모~~를 드러내고 있다.
_{문제 p.134 전기성}
[C]에 등장하는 '부인들'과 '여자'는 모두 죽은 사람의 혼령이므로 이들이 산 사람처럼 소통하고 있다는 점에서 전기적 요소가 나타난다고 볼 수 있다. 그러나 이들은 평범한 인물이므로 이를 통해 인물의 영웅적 면모를 드러내고 있다고 볼 수는 없다.

오답풀이

① [A]: 요약적 진술을 통해 역사적 사건과 관련된 내용을 전달하고 있다.
_{문제 p.157 요약적 제시}
[A]의 '그런데 국운은 나날이 쇠퇴하였고, 호적이 침입하여 팔도강산을 짓밟았다. 상감은 난을 피하여 고성에 갇혔고, 불쌍한 백성들은 태반이 적의 칼에 원혼이 되었다.'에서 병자호란이라는 역사적 사건과 관련된 내용을 요약적으로 전달하고 있다.

② [A]: 인물의 성격을 직접적으로 서술하고 인물의 구체적인 행동을 통해 부연하고 있다.
_{문제 p.152 직접 제시}
[A]의 '그는 천성이 어질었고 마음 또한 착했다.'에서 '청허'라는 인물의 선한 성격을 직접적으로 서술하였다. 또한 '추운 사람을 만나면 입었던 옷을 벗어 주었다. 배고픈 사람을 보면 먹던 밥도 몽땅 주어 버렸다.'에서 구체적인 행동을 제시하여 '청허'가 선한 성품을 지닌 인물임을 덧붙여 자세히 설명하고 있다.

③ [B]: 다양한 심상을 사용하여 사건의 시간적 배경을 드러내고 있다.
_{문제 p.87 감각적 이미지}
[B]의 '달이 휘영청 밝았다.', '맑은 하늘은 물빛같이 푸르렀고' 등에서 시각적 심상을 확인할 수 있다. 그리고 '이따금 찬바람이 엄습했고, 처량한 밤기운이 감돌아' 등에서 촉각적 심상을 확인할 수 있다. 또한 '바람에 소리가 들려오는데, 노랫소리 같기도 하고, 울음소리 같기도 했다.' 등에서 청각적 심상을 확인할 수 있다. 이를 통해 전란으로 억울하게 죽은 이들의 사연을 듣는 사건이 이루어지고 있는 한밤중이라는 시간적 배경을 드러내고 있다.

⑤ [C]: 고사⁺ 속에 등장하는 인물과 작중 인물을 비교하여 해당 인물에 대한 궁금증을 유발하고 있다.

[C]의 '직녀가 은하에서 내려왔나, 월궁에서 항아가 내려왔나~도무지 이 여자는 복사꽃 아롱진 뺨에 근심 어린 빛이 전혀 없으니 알지 못할 일이로다. 이 또한 괴이한 일이구나.'에서 고사 속 인물인 직녀, 항아와 여자를 비교하여 궁금증을 드러내고 있다.

개념 더하기⁺

⑤ **고사**: 고사란 유래가 있는 옛날 일 또는 그런 일을 표현한 어구를 말해. 옛날 일을 표현하는 어구를 인용하면 인물의 심리를 간접적으로 제시할 수 있고, 고사가 인물의 주장을 뒷받침하는 근거의 역할을 하기도 해.

6. [A]에 대한 설명으로 적절한 것은?

정답풀이

⑤ 서술의 초점이 되는 인물⁺의 시선으로 다른 인물의 언행에 담긴 의미를 해석하여 제시하고 있다.

윗글은 전지적 서술자 시점에서 서술되고 있다. 그중 [A]에서는 전지적인 서술자가 서술의 초점이 되는 인물인 윤일섭의 시선으로 손 박사의 언행에 담긴 의미를 해석하고 있다. '윤일섭'은 '마음속의 쇠창살을 부숴 없애'라는 '손 박사'의 처방이 '자기를 속이'고 그를 '내쫓으려는 음흉스런 꾐수'였다고 생각하고 있고, 이를 독자에게 전달하고 있다.

오답풀이

① 이야기 속 서술자의 각각 고백적 진술⁺을 통해 내면을 제시하고 있다.
　　　　　문제 p.28 서술자
윗글은 이야기 밖의 전지적인 서술자가 사건을 전달하고 있으므로, 이야기 속 서술자의 자기 고백적 진술을 통해 내면이 제시되었다고 보기 어렵다.

② 서술자가 관찰자의 입장에서 사건 이해에 필요한 단서를 제공하고 있다.

윗글은 서술자가 전지적인 입장에서 초점이 되는 인물의 시선으로 사건을 전달하고 있으므로, 관찰자의 입장에서 사건 이해에 필요한 단서를 제공했다는 설명은 적절하지 않다.

③ 이야기를 전달하면서 장면에 따라 서술자를 달리하여 사건을 입체적으로 전달하고 있다.

윗글은 전지적 시점의 서술자가 일관되게 서술하고 있다. '손 박사는 그래 어느 날 마침내 윤일섭의 전 근무지 점포를~짚어 오는 것이 한 가지 있었기 때문이었다.'에서 손 박사를 서술의 초점으로 한다고 볼 수 있고, [A]에서는 서술의 초점이 윤일섭에게 있다. 그러나 이는 서술의 초점이 달라진 것일 뿐, 서술은 전지적 시점으로 일관되어 있다. 따라서 장면에 따라 서술자를 달리하여 사건을 입체적으로 전달한다고 볼 수 없다.

④ 요약적 진술로 사건의 경과를 드러내어 인물 간의 갈등이 해소되는 과정을 제시하고 있다.
　　문제 p.157 요약적 제시　　　　　　　　　　　　　문제 p.130 갈등의 해소
윗글은 윤일섭과 손 박사 사이에서 이뤄진 대화를 제시하고, 윤일섭이 손 박사의 처방에 담긴 의미를 해석하는 부분으로 이뤄져 있다. 윗글에서 인물 간의 갈등이 해소되는 과정은 확인할 수 없다.

개념 더하기⁺

① **자기 고백적 진술:** 일반적으로 서술자가 이야기 내부의 '나'이고, 자신의 인생에 대해 성찰 혹은 고백을 할 때 '자기 고백적 진술'을 사용했다고 볼 수 있어. 예를 들어 '한 사람의 생애에 있어서 사십오 년이란 무엇일까. 부자도 가난뱅이도 될 수 있고 대통령도 마술사도 될 수 있는 시간이다. 그러나 나는 지금 작은 지방 도시에서, 중년의 주부로 살아가고 있다.'처럼 '나'라는 서술자가 45년 동안의 자신의 생애를 고백하고 있다면 자기 고백적 진술을 사용한다고 볼 수 있는 거야.

⑤ **서술의 초점이 되는 인물:** 초점이란 사람들의 관심이나 주의가 집중되는 사물의 중심 부분을 말해. '서술의 초점이 되는 인물'이라는 말은 일반적으로 전지적 작가 시점의 소설에서 서술자가 집중하여 서술하는 특정 인물이라고 보면 돼. 예를 들어 문제 p.159에서 배운 이태준의 「촌뜨기」라는 작품은 전지적 작가 시점으로 서술되어 있는데, '장군이'라는 특정 인물에 집중해서 '장군이'가 생계를 위해 방앗간을 빌리고 방아채를 마련하는 등 노력했지만, 장풍언네의 신식 방아에 밀리게 된 사건이 서술되어 있었으므로 '장군이'가 초점 인물이라고 볼 수 있어.

갈래별 지문 읽기 및
문제 풀이 전략

(1) '최소한의 이해'를 목표로 삼고 읽어야 한다.

STEP **2** 문제로 확인하기

문제 P.180

1~2

▨ 화자　▨ 대상　〜〜 대상의 속성　▨ 정서 · 태도

어제도 하로밤
나그네 집에
가마귀 가왁가왁 울며 새웠소. 정처없이 떠도는 나그네의 모습이 제시되어 있어. 우는 가마귀를 통해 화자의 슬픈 심정이 드러나는군.

오늘은 / 또 몇 십 리
어디로 갈까.

산으로 올라갈까 / 들로 갈까
오라는 곳이 없어 **나**는 못 가오. 어디로 가야 할지 방향성을 모르고 방황하는 나그네는 화자인 '나'였구나.

말 마소, 내 집도
정주(定州) 곽산(郭山)
차(車) 가고 배 가는 곳이라오. 화자의 집은 정주 곽산이래. 차도 배도 가는 곳이지만 화자는 가지 못하는 상황인 것 같아.

여보소, 공중에 / ㉠저 **기러기**
공중엔 길 있어서 잘 가는가?

여보소, 공중에 / 저 기러기
열 십자(十字) 복판에 내가 섰소.

갈래갈래 갈린 **길**
길이라도
내게 바이 갈 길은 하나 없소. 공중을 잘 가는 기러기와 달리 여러 갈래의 길 앞에 섰음에도 갈 곳이 없는 화자의 슬픔이 느껴져.

– 김소월, 「길」–

✏️ 1분컷 **작품 정리**

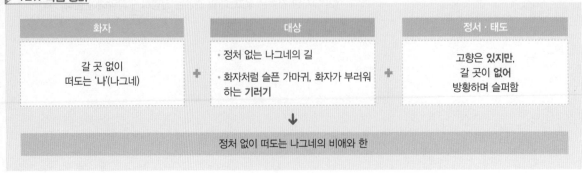

화자		대상		정서 · 태도
갈 곳 없이 떠도는 '**나**'(나그네)	✚	• 정처 없는 나그네의 길 • 화자처럼 슬픈 가마귀, 화자가 부러워하는 기러기	✚	고향은 **있지만**, 갈 곳이 **없어** 방황하며 슬퍼함

↓

정처 없이 떠도는 나그네의 비애와 한

1. ㉠은 화자의 처지와 대조를 이루고 있다.
   _{문제 p.24 화자   해설 p.4 대비}
   화자는 '어디로 갈까' 망설이며 '오라는 곳이 없어' 방황하고 있다. 이와 달리 ㉠은 '공중'을 '잘 가'고 있다. 따라서 ㉠은 방황하는 화자의 처지와 대조된다고 볼 수 있다.

2. ㉠은 임에 대한 화자의 ~~그리움~~을 환기한다.
   _{문제 p.58 환기}
   윗글의 화자는 갈 곳이 없어 방황하고 있을 뿐, 임을 그리워하고 있지 않다.

3~4 ▨ 화자 ▨ 대상 〜 대상의 속성 ▨ 정서·태도

제 손으로 만들지 않고

한꺼번에 싸게 사서

마구 쓰다가 / 망가지면 내다 버리는

플라스틱 물건처럼 느껴질 때

나는 당장 버스에서 뛰어내리고 싶다 *화자는 자신이 플라스틱 물건처럼 쉽게 사고 버릴 수 있는 존재로 느껴질 때 버스에서 뛰어내리고 싶다고 하여 무가치한 삶에 대한 거부감을 드러내고 있어.*

현대 아파트가 들어서며

홍은동 사거리에서 사라진

털보네 대장간을 찾아가고 싶다

풀무질로 이글거리는 불 속에

시우쇠처럼 나를 달구고

모루 위에서 벼리고 / 숫돌에 갈아

시퍼런 무쇠낫으로 바꾸고 싶다

땀흘리며 두들겨 하나씩 만들어낸

꼬부랑 호미가 되어

소나무 자루에서 송진을 흘리면서

대장간 벽에 걸리고 싶다 *화자는 지금은 사라진 털보네 대장간에 가서 자신을 무쇠낫, 호미처럼 바꾸고 싶다고 말해. 무쇠낫, 호미는 달구고, 벼리고, 갈고, 두들겨 만들어지는 대상임을 고려하면 플라스틱 물건과 달리 가치 있는 존재를 의미하겠지.*

지금까지 살아온 인생이

온통 부끄러워지고

직지사 해우소 / 아득한 나락으로 떨어져내리는

똥덩이처럼 느껴질 때

나는 가던 길을 멈추고 문득

어딘가 걸려 있고 싶다 *화자는 지나온 인생을 부끄럽게 느끼며 대장간 벽에 걸린 것들처럼 가치 있는 삶을 바라고 있어.*

– 김광규, 「대장간의 유혹」 –

🖊 **1분컷 작품 정리**

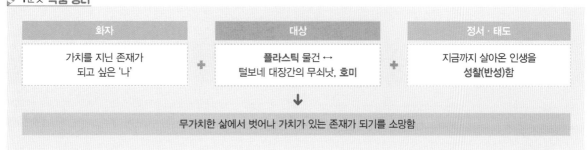

화자		대상		정서·태도
가치를 지닌 존재가 되고 싶은 '나'	**+**	플라스틱 물건 ↔ 털보네 대장간의 무쇠낫, 호미	**+**	지금까지 살아온 인생을 성찰(반성)함

↓

무가치한 삶에서 벗어나 가치가 있는 존재가 되기를 소망함

3. '버스'에서 뛰어내리고 싶다고 한 것을 통해 부정적 상황에서 벗어나고 싶어 하는 태도를 드러내고 있다. ◎

    화자는 자신이 '마구 쓰다가 / 망가지면 내다 버리는 / 플라스틱 물건처럼 느껴질 때' '버스에서 뛰어내리고 싶다'고 하였다. 이는 무가치한 존재로 인식되는 부정적인 상황에서 벗어나고 싶어 하는 모습을 표현한 것으로 볼 수 있다.

4. '털보네 대장간'을 통해 자신을 단련하여 탈바꿈하고 싶은 마음을 드러내고 있다. ◎

    화자는 '털보네 대장간'에서 달구고, 벼리고, 갈아 내서 자기 자신을 '시퍼런 무쇠낫'으로 바꾸고 싶다고 하였다. 이는 자신을 단련하여 새로운 존재로 탈바꿈하고 싶은 마음을 드러낸 것으로 볼 수 있다.

5~6   ▩ 화자 ▩ 대상 〜 대상의 속성 ▩ 정서·태도

진주 장터 생어물전에는
바닷밑이 깔리는 해 다 진 어스름을,

울 엄매의 장사 끝에 남은 고기 몇 마리의
빛 발(發)하는 눈깔들이 속절없이
은전(銀錢)만큼 손 안 닿는 한(恨)이던가

울 엄매야 울 엄매, 화자는 진주 장터에서 생어물전을 펼치고, 해가 질 때까지 장사를 하던 어머니를 떠올리고 있어. 즉 시적 대상은 화자의 어머니로군. 늦은 시간까지 장사를 하던 어머니의 고된 삶에서 한스러움을 느낄 수 있지.

별 밭은 또 그리 멀리
우리 오누이의 머리 맞댄 골방 안 되어
손 시리게 떨던가 손 시리게 떨던가, 우리 오누이는 어머니를 기다리며 골방에서 손 시리는 추위를 견뎠어.

진주 남강 맑다 해도
오명 가명
신새벽이나 밤빛에 보는 것을,
울 엄매의 마음은 어떠했을꼬,
달빛 받은 옹기전의 옹기들같이
말없이 글썽이고 반짝이던 것인가. 화자는 새벽이나 밤에 진주 남강을 지나가셨을 어머니가 말없이 글썽이고 반짝였을 것이라고 생각해. 어머니가 눈물을 글썽였을 것이라고 짐작하는 거지.

                                            – 박재삼, 「추억에서」–

✏️ **1분컷 작품 정리**

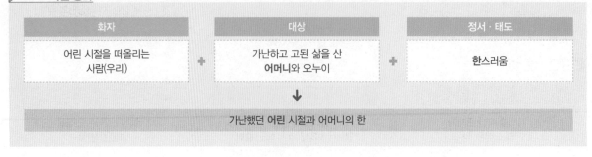

화자		대상		정서·태도
어린 시절을 떠올리는 사람(우리)	+	가난하고 고된 삶을 산 **어머니와 오누이**	+	한스러움

↓

가난했던 어린 시절과 어머니의 한

5. '빛 발하는 눈깔'은 '손 안 닿는' '은전'과 연결되어 '한'의 정서를 유발하는군. ◎

화자는 어머니가 '장사 끝에' 미처 다 팔지 못하고 남은 생선의 '빛 발하는 눈깔'을 손에 닿지 않는 '은전(은으로 만든 돈)'의 이미지와 연결시키고 있다. '은전'에 손이 닿지 않는다는 것은 '울 엄매'에게 걱정과 막막함을 느끼게 했을 것이다. 따라서 '빛 발하는 눈깔'은 손에 닿지 않는 '은전'과 연결되어 한의 정서를 유발한다고 볼 수 있다.

6. '진주 남강'은 공간적 구체성을 보여 주는 한편 낮에 강을 보지 못할 정도로 바삐 생계를 꾸려 가던 '울 엄매'를 떠올리게 하는군. ◎

'진주 남강'은 실제 지명으로 구체적인 공간적 배경이다. '울 엄매'가 맑은 진주 남강을 '오명 가명 / 신새벽이나 밤빛에'만 본다고 표현한 것에서 아주 이른 새벽에 장사를 가고 늦은 밤 장사에서 돌아와 바쁘게 생계를 꾸려 가던 '울 엄매'의 모습을 떠올릴 수 있다.

(2) '적절한 것'과 '적절하지 않은 것'을 묻는 문제는 다르게 접근해야 한다.

1~2   ▨ 화자   ▨ 대상   〜 대상의 속성   ▨ 정서·태도

너를 꿈꾼 밤

문득 인기척에

잠이 깨었다. '너'를 꿈꾸며 밤에 잠을 자던 화자는 인기척에 깼어.

문턱에 귀대고 엿들을 땐

거기 아무도 없었는데

베개 고쳐 누우면

지척에서 들리는 ⓐ발자국 소리.

나뭇가지 스치는 소매깃 소리.

아아, 네가 왔구나. 화자는 발자국 소리와 소매깃 소리를 듣고 '너'가 온 것이라고 생각해.

산 넘고 물 건너

누런 해 지지 않는 서역(西域) 땅에서

나직이 신발을 끌고 와

다정하게 부르는

ⓑ너의 목소리, 화자는 '서역 땅'에서 온 너의 목소리가 들린다고 생각해. 이때 '서역'은 죽은 사람이 가는 공간이야. 그럼 '너'는 죽은 사람인가 봐.

오냐, 오냐

안쓰런 마음은 만리 길인데

황망히 ㉠문을 열고 뛰쳐나가면

밖엔 하염없이 내리는 ⓒ가랑비 소리.

후두둑,

댓잎 끝에 방울지는

봄비 소리. 문을 열고 밖으로 뛰쳐나간 화자는 가랑비 소리, 봄비 소리를 '너'의 인기척과 목소리로 착각했다는 사실을 깨달아.

– 오세영, 「너의 목소리」 –

✏️ 1분컷 작품 정리

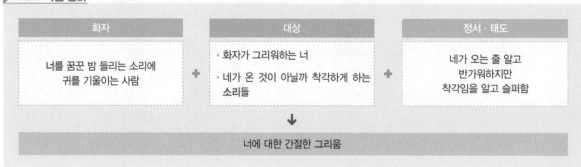

화자	대상	정서·태도
너를 꿈꾼 밤 들리는 소리에 귀를 기울이는 사람	• 화자가 그리워하는 너 • 네가 온 것이 아닐까 착각하게 하는 소리들	네가 오는 줄 알고 반가워하지만 착각임을 알고 슬퍼함

↓

너에 대한 간절한 그리움

1. 윗글에 대한 설명으로 가장 적절한 것은?

정답풀이

② ㉠에는 화자의 기대감이 담겨 있다.

화자는 '다정하게 부르는 / 너의 목소리'를 듣고 허둥지둥 '문을 열고(㉠) 뛰쳐나'간다. 이는 문밖에 '너'가 와 있으리라는 기대감에서 나온 행동이라고 볼 수 있다.

> **☑ 짚고 가기** '적절한 것'을 묻는 문제에서 정답은 작품의 전체적인 맥락을 관통하는 설명일 가능성이 크다고 했지. 윗글의 화자는 '너'의 꿈을 꾸고, 빗소리마저 '너'의 소리로 착각할 정도로 '너'를 간절하게 그리워하고 있기 때문에 ㉠에는 '너'에 대한 화자의 기대감이 담겨 있다고 볼 수 있어.

오답풀이

① ㉠에는 화자의 ~~억울한 심정~~이 내재되어 있다.

화자는 '너를 꿈꾼 밤' 들리는 인기척에 '네가 왔구나.' 하는 생각에 '문을 열고 뛰쳐나'오는 것이므로, ㉠에 억울한 심정이 담겨 있다고 볼 수는 없다.

③ ㉠에는 ~~결핍 상태가 충족된 내면 심리~~가 나타나 있다.

㉠은 문밖에 '너'가 와 있으리라는 기대감과 부재하는 '너'에 대한 그리움에서 나온 행동이라는 점에서 결핍 상태가 반영되어 있다고 볼 수 있다. 그러나 ㉠에 결핍 상태가 충족된 내면 심리가 드러난다고 볼 수는 없다.

---

2. 윗글에 대한 설명으로 적절하지 <u>않은</u> 것은?

정답풀이

② ⓑ는 '산 넘고 물 건너' 들려오는 것이기에 화자에게 반가움과 동시에 ~~과거의 추억을 환기~~한다고 볼 수 있겠군.

'산 넘고 물 건너' '서역 땅에서' 온 '너'에게서 들려오는 ⓑ는 화자가 '문을 열고 뛰쳐나'갈 만큼 기다리던 것이므로 반가움을 환기한다고 볼 수 있다. 그러나 윗글에서 화자가 과거의 추억을 떠올리는 내용은 확인할 수 없다. 참고로 '서역'은 저승으로 해석할 수 있으므로, ⓑ는 죽은 '너'에 대한 그리움으로 들리는 환청이다.

> **☑ 짚고 가기** '너의 목소리'가 '누런 해 지지 않는 서역 땅에서' '산 넘고 물 건너' 왔다는 것은 '너'가 죽은 사람임을 나타내는 표현이야. 따라서 '산 넘고 물 건너' 들려온 ⓑ가 화자에게 과거의 추억을 환기한다는 것은 사실 관계상 틀린 선지였어.

오답풀이

① 화자가 꾼 '꿈'은 빗소리를 ⓐ로 여기는 계기가 된다고 볼 수 있겠군.

윗글의 화자는 '너'를 그리워하는 마음이 큰 나머지 '너'에 대한 꿈을 꾸게 되었고 잠결에 들린 빗소리를 '너'의 '발자국 소리(ⓐ)'로 여겨 '너'가 왔다고 착각하게 된다. 따라서 '꿈'은 빗소리를 ⓐ로 착각하게 되는 계기로 볼 수 있다.

③ ⓑ가 ⓒ임을 알고 난 후의 화자의 허탈감이 '후두둑'을 통해 청각적 이미지로 부각된다고 볼 수 있겠군.

문제 p.87 감각적 이미지

윗글의 화자는 늦은 밤 인기척에 잠을 깨어 ⓑ를 듣고 기대감 속에 '문을 열고 뛰쳐나'간다. 하지만 문밖에 '너'는 없고 ⓒ만이 '후두둑' 하고 들리는 것으로 보아 화자는 ⓒ를 ⓑ로 착각한 것으로 볼 수 있다. 따라서 기다리던 '너'가 온 것이 아님을 깨달은 화자가 느끼는 허탈감이 '후두둑' 같은 비 내리는 소리, 즉 청각적 이미지로 부각된다고 볼 수 있다.

㉠오늘 저녁 이 좁다란 방의 **흰 바람벽**에

어쩐지 쓸쓸한 것만이 오고 간다 화자는 저녁 시간, 좁은 방에서 흰 바람벽을 바라보고 있어.

이 흰 바람벽에

희미한 십오촉(十五燭) 전등이 지치운 불빛을 내어던지고

때글은 다 낡은 무명샤쯔가 어두운 그림자를 쉬이고

그리고 또 달디단 따끈한 감주나 한잔 먹고 싶다고 생각하는 **내** 가지가지 **외로운 생각이 헤매인다** '쓸쓸한 것'이 오고

간다는 것과 '외로운 생각'을 한다는 표현에서 흰 바람벽을 바라보고 있는 화자의 정서를 확인할 수 있지.

[A]

그런데 이것은 또 어인 일인가

이 흰 바람벽에

내 가난한 늙은 어머니가 있다

내 가난한 늙은 어머니가

이렇게 시퍼러둥둥하니 추운 날인데 차디찬 물에 손은 담그고 무이며 배추를 씻고 있다

[B]

또 **내 사랑하는 사람**이 있다

내 사랑하는 어여쁜 사람이

어늬 먼 앞대 조용한 개포가의 나즈막한 집에서

그의 지아비와 마조 앉어 대구국을 끓여놓고 저녁을 먹는다

벌써 어린것도 생겨서 옆에 끼고 저녁을 먹는다 화자는 이 흰 바람벽에 내 가난한 늙은 어머니와 내 사랑하는 사람이 비치는

장면을 봐.

[C]

그런데 또 이즈막하야 어늬 사이엔가

이 흰 바람벽엔

내 쓸쓸한 얼굴을 쳐다보며

이러한 **글자들**이 지나간다

— 나는 이 세상에서 **가난하고 외롭고 높고 쓸쓸하니 살어가도록 태어났다**

그리고 이 세상을 살어가는데

내 가슴은 너무도 많이 뜨거운 것으로 호젓한 것으로 **사랑으로 슬픔으로 가득 찬다** 화자는 흰 바람벽에 '글자들'이 지나

가는 것을 봐. 스스로가 가난하고 외롭고 높고 쓸쓸하게 살아가도록 태어났다고 생각하던 화자는 자신의 가슴이 '사랑'과 '슬픔'으로 가득 차는

것을 느끼지.

[D]

그리고 이번에는 나를 위로하는 듯이 나를 울력하는 듯이

눈질을 하며 주먹질을 하며 이런 글자들이 지나간다

— 하늘이 이 세상을 내일 적에 그가 가장 귀해하고 사랑하는 것들은 모두 가난하고 외롭고 높고 쓸쓸하니 그리고

언제나 넘치는 사랑과 슬픔 속에 살도록 만드신 것이다

초생달과 바구지꽃과 짝새와 당나귀가 그러하듯이

그리고 또 '프랑시쓰 쨈'과 '도연명(陶淵明)'과 '라이넬 마리아 릴케'가 그러하듯이 이번에는 흰 바람벽에 나를 '위로'하는

듯한 글자들이 지나가. 그 글자는 '하늘'이 귀하게 여기고 사랑하는 것들은 가난하고 외롭고 높고 쓸쓸하고, 사랑과 슬픔 속에 살도록 만들었다는

것이었어. 즉 스스로의 삶을 가난하고 외롭다고 부정적으로 생각하던 화자는 그것이 '하늘'이 정해준 운명이라고 여기게 되는 거야.

[E]

— 백석, 「흰 바람벽이 있어」 —

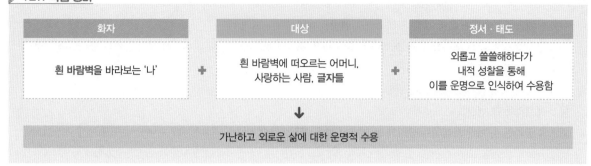

화자		대상		정서 · 태도
흰 바람벽을 바라보는 '나'	+	흰 바람벽에 떠오르는 어머니, 사랑하는 사람, 글자들	+	외롭고 쓸쓸해하다가 내적 성찰을 통해 이를 운명으로 인식하여 수용함

↓

가난하고 외로운 삶에 대한 운명적 수용

3. 윗글에 대한 설명으로 가장 적절한 것은?

정답풀이

① ㉠은 화자의 내적 성찰이 이루어지는 시간이다.

문제 p.44 성찰

화자는 '오늘 저녁'에 '좁다란 방'에서 '흰 바람벽'을 바라보며 쓸쓸하고 외로운 자신의 삶을 돌아보고 있다. 이를 통해 '이 세상에서 가난하고 외롭고 높고 쓸쓸하니 살아가도록 태어'난 자신의 운명을 인식하고 있으므로, ㉠은 화자의 내적 성찰이 이루어지는 시간이라고 볼 수 있다.

> ✔️ **짚고 가기** 윗글에서 화자는 '오늘 저녁'이라는 시간에, '좁다란 방'이라는 공간에서 '흰 바람벽'을 보며 그리운 사람과 스스로의 삶에 대해 생각하고 있어. '적절한 것'을 묻는 문제에서 정답은 작품의 전체적인 맥락을 관통하는 설명일 가능성이 크다고 했지? 작품에 대해 제대로 파악했다면 정답이 ①번임을 찾는 건 매우 쉬웠을 거야.

오답풀이

② ㉠은 화자가 ~~시간의 단절감을~~ 경험하는 시간이다.

㉠은 화자가 과거부터 지금까지의 자신의 삶을 돌아보며 내적 성찰을 이루는 시간이다. 따라서 시간의 단절감을 경험하는 시간이라고 볼 수는 없다.

4. 윗글에 대한 설명으로 적절하지 않은 것은?

정답풀이

③ [D]에서 지나가는 글자들에 내재된 ~~자기 긍정~~의 정서가 [E]에서 강화되고 있다.

[D]에서 화자는 '나는 이 세상에서 가난하고 외롭고 높고 쓸쓸하니 살아가도록 태어났'고 '이 세상을 살아가'면서 가슴에 '사랑으로 슬픔으로 가득 찬다'라는 글자들이 지나간다고 했다. 이는 자신의 가난하고 외롭고 쓸쓸한 운명에 대한 슬픔을 나타낸 것이라 볼 수 있다. 한편 [E]에서는 하늘이 '가장 귀해하고 사랑하는 것들은 모두 가난하고 외롭고 높고 쓸쓸하니' '사랑과 슬픔 속에 살도록' 만들었다는 글자들을 통해 자신의 운명을 긍정적으로 수용하는 모습을 보여 주었다고 볼 수 있다. 즉 [D]에서 지나가는 글자들에 자기 긍정의 정서가 내재되어 있지 않으므로, 그러한 정서가 [E]로 이어지면서 강화되었다고 볼 수 없다.

> ✔️ **짚고 가기** '적절하지 않은 것'을 묻는 문제에서는 내용 일치를 확인해야 한다고 했어. 이 선지가 맞는 설명이 되기 위해선 1) [D]에서 지나가는 글자들(나는 이 세상에서 가난하고 외롭고~슬픔으로 가득 찬다)에 자기 긍정의 정서가 있어야 하고, 2) [E]에서도 그랬어야 하며, 3) [D]보다 [E]에서 자기 긍정의 정서가 강해졌어야 하지. 하지만 [D]에서 지나가는 글자들은 화자의 가난하고 외로운 삶에 대한 슬픔을 드러냈으므로 ③번은 사실 관계에서 틀린 선지였어.

오답풀이

① [A]에서는 외부의 사물을 응시하던 화자의 시선이 내면으로 이어지고 있다.

[A]에서 화자는 '십오촉 전등'이나 '무명샤쯔' 등 외부의 사물을 응시하다가 내면의 '내 가지가지 외로운 생각'으로 시선을 옮겨가고 있다.

② [B], [C]에서는 [A]의 '흰 바람벽'을 보는 상황이 이어지면서, 떠오르는 생각들이 제시되고 있다.

윗글의 화자는 [A]에서 '흰 바람벽'을 오가는 '쓸쓸한 것'을 보며 '외로운 생각'을 하다가 [B], [C]에서는 '어인 일'인지 '흰 바람벽'에 떠오르는 '가난한 늙은 어머니'와 '사랑하는 사람'을 바라보며 그리움을 느끼고 있다. 따라서 [B]와 [C]에는 화자가 [A]의 '흰 바람벽'을 보는 상황이 이어지며 떠오른 생각들이 제시되었다고 볼 수 있다.

■ 화자　■ 대상　～～ 대상의 속성　■ 정서·태도

어물전 개조개 한마리가 움막 같은 몸 바깥으로 맨발을 내밀어 보이고 있다

죽은 부처가 슬피 우는 제자를 위해 관 밖으로 잠깐 발을 내밀어 보이듯이 맨발을 내밀어 보이고 있다 화자는 어물전 개조개가 내민 맨발을 보고 있어.

펄과 물속에 오래 담겨 있어 부르튼 맨발

내가 조문하듯 그 맨발을 건드리자 개조개는

최초의 궁리인 듯 가장 오래하는 궁리인 듯 천천히 발을 거두어갔다 화자가 조문하듯 건드리자 개조개는 천천히 발을 거두어 갔어.

부르튼 개조개의 맨발을 화자가 조문하듯 건드렸다는 것에서, 개조개의 고달픈 삶을 안쓰럽게 여기는 화자의 시선을 확인할 수 있네.

저 속도로 시간도 길도 흘러왔을 것이다

누군가를 만나러 가고 또 헤어져서는 저렇게 천천히 돌아왔을 것이다

늘 맨발이었을 것이다

사랑을 잃고서는 새가 부리를 가슴에 묻고 밤을 견디듯이 맨발을 가슴에 묻고 슬픔을 견디었으리라 화자는 개조개가 마치

사랑을 잃고 밤을 견디는 새처럼 맨발을 가슴에 묻고 슬픔을 견디었을 것이라 생각해.

아 — 하고 집이 울 때

부르튼 맨발로 양식을 ⓐ탁발하러 거리로 나왔을 것이다

맨발로 하루 종일 길거리에 나섰다가

가난의 냄새가 벌벌벌벌 풍기는 움막 같은 집으로 돌아오면

아 — 하고 울던 것들이 배를 채워

저렇게 캄캄하게 울음도 멎었으리라 화자는 개조개의 모습을 보고 음식을 얻으러 거리로 나온 가난한 가장의 고단한 삶을 연상해.

– 문태준, 「맨발」 –

✎ 1분컷 **작품 정리**

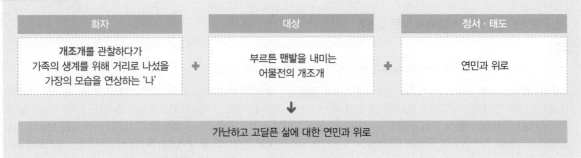

화자	대상	정서·태도
개조개를 관찰하다가 가족의 생계를 위해 거리로 나섰을 가장의 모습을 연상하는 '나'	부르튼 맨발을 내미는 어물전의 개조개	연민과 위로

↓

가난하고 고달픈 삶에 대한 연민과 위로

5. 윗글에 대한 설명으로 적절하지 <u>않은</u> 것은?

정답풀이

③ '울던 것들이'와 '울음도 멎었으리라'의 대비를 통해 ~~근본적으로 삶이 나아질 수 있다는 화자의 기대~~를 드러내고 있다.
해설 p.4 대비

'울던 것들이'와 '울음도 멎었으리라'는 대비된다고 볼 수 있다. 그러나 '울던 것들'의 울음이 멎은 것은 '양식을 탁발하러 거리로 나'선 가장이 음식을 구해와 '배를 채'웠기 때문일 뿐, '울던 것들이'와 '울음도 멎었으리라'의 대비가 삶이 근본적으로 나아져 가난에서 벗어날 수 있다는 화자의 기대를 담고 있는 것은 아니다.

✔ 짚고 가기 '적절하지 않은 것'을 묻는 문제에서는 내용 일치를 확인해야 한다고 했어. 윗글에서 배고픔 때문에 '울던 것들'의 '울음'이 멎은 상황을 확인할 수 있지만, 이는 '부르튼 맨발로' 탁발해 온 양식이 있어 '배를 채'웠기 때문이지. 일시적으로 '배를 채워' 울음을 그친 상황을 근본적으로 삶이 나아질 수 있다는 기대로 해석하는 것은 지나쳐. 윗글에서 '가난' 같은 부정적 상황에서 벗어나 근본적으로 삶이 나아질 거라는 기대를 표현하고 있지 않기 때문에 사실 관계상 틀린 선지인 거야.

오답풀이

① '내밀어 보이고 있다'의 반복을 활용하여 대상의 움직임을 관찰하는 화자의 시선을 강조하고 있다.

<small>문제 p.77 반복</small>　　　<small>문제 p.24 시적 대상</small>

　　화자는 1행과 2행에서 '내밀어 보이고 있다'를 반복하여, 시적 대상인 '어물전 개조개'가 움직이고 있는 모습을 관찰하고 있음을 드러내고 있다.

② '슬픔을 견디었으리라'라는 추측을 통해 대상이 슬픔을 인내하고 있다고 생각하는 화자의 인식을 제시하고 있다.

　　화자는 '개조개'가 '슬픔을 견디었으리라'라고 추측하고 있다. 참고로 '−으리라'는 '지금쯤이면 그는 집에 누워 있으리라.'에서처럼 상황에 대한 화자의 추측을 나타내는 종결 어미이다. 이 표현에는 '개조개'가 자신의 고단한 삶의 '슬픔'을 견디고 있다고 여기는 화자의 인식이 반영되어 있다.

6. 윗글에 대한 설명으로 가장 적절한 것은?

정답풀이

② ⓐ는 삶의 유지와 관련된 행위이다.

　　'탁발'은 도를 닦는 승려가 불경의 문구를 외면서 집집마다 다니며 시주를 얻는 일이다. ⓐ는 '아 — 하고 집'이 우는 가난한 생활에 '부르튼 맨발로 양식'을 구하는 행위이므로 삶의 유지와 관련된다고 볼 수 있다.

오답풀이

① ⓐ에는 현실에 대한 ~~만족감~~이 담겨 있다.

　　'탁발'은 가난한 생활에서 '양식'을 구하는 행위일 뿐, ⓐ에 현실에 대한 만족감이 담겨 있다고 보기 어렵다.

　　(✓ 짚고 가기) '적절한 것'을 묻는 문제에서는 시의 전체적인 맥락과 관련된 것이 정답이고 시의 전체적인 맥락에 부합하지 않는 설명은 오답이라고 했지? 윗글은 개조개로 표현된 가난하고 고달픈 삶에 대한 연민과 위로를 담고 있으므로, 전체적인 맥락과 어긋나는 '만족감'이 담겨 있다는 설명은 적절하지 않아.

③ ⓐ에는 타인에 대한 ~~비판적 태도~~가 나타난다.

　　'탁발'은 가난한 생활에서 '양식'을 구하는 행위로, 가난한 집의 가장이 '탁발'을 해서 '집으로 돌아오면' '아 — 하고 울던 것들'은 '배를 채'운다. 따라서 ⓐ에 타인에 대한 비판적 태도가 나타난다고 보기는 어렵다.

　　(✓ 짚고 가기) '만족감'과 마찬가지로 '비판적 태도'도 윗글의 전체적인 맥락과 어긋나므로 적절하지 않아.

■ 화자   ■ 대상   〜 대상의 속성   ■ 정서·태도

(가)

어두운 ㉠방 안엔
빠알간 숯불이 피고,

외로이 늙으신 할머니가
애처로이 잦아드는 어린 목숨을 지키고 계시었다. 어두운 방 안이라는 배경과 그 곳의 인물(할머니, 어린 목숨)이 제시되었어.

이윽고 **눈** 속을
아버지가 **약**을 가지고 돌아오시었다.

아 아버지가 눈을 헤치고 따 오신
그 **붉은 산수유 열매**— 아버지는 눈 속을 헤치고 아픈 자식을 위해 약(산수유 열매)을 가져 오셨군.

나는 한 마리 어린 짐승,
젊은 아버지의 서느런 옷자락에
열로 상기한 볼을 말없이 부비는 것이었다. '어린 목숨'은 어린 시절의 화자구나.

이따금 뒷문을 눈이 치고 있었다.
그날 밤이 어쩌면 성탄제의 밤이었을지도 모른다.

어느새 나도
그때의 아버지만큼 나이를 먹었다.

옛것이라곤 찾아볼 길 없는
성탄제 가까운 도시에는
이제 **반가운 그 옛날의 것**이 내리는데, 내린다는 표현을 보면 '그 옛날의 것'은 '눈'이겠군. 어른이 된 화자는 내리는 눈을 보며 어린 시절을 회상하고 있는 거네.

서러운 서른 살 나의 이마에
불현듯 **아버지의 서느런 옷자락을** 느끼는 것은,

눈 속에 따 오신 산수유 붉은 알알이
아직도 **내 혈액 속에 녹아 흐르는** 까닭일까. 아버지만큼 나이가 든 서러운 '나'가 아버지의 옷자락을 느낀다는 것은 화자의 아버지에 대한 그리움을 드러낸 거야.

– 김종길, 「성탄제」 –

(나)
나는 **당신의 옷**을 다 지어 놓았습니다.
심의도 짓고 도포도 짓고 자리옷도 지었습니다.
짓지 아니한 것은 **작은 주머니**에 수놓는 것뿐입니다. 화자는 당신을 위해 옷을 지었지만, 주머니에 수놓기는 마치지 않았어. 당신을 위해 짓는 옷은 곧 당신에 대한 사랑이겠지.

그 주머니는 나의 손때가 많이 묻었습니다.

짓다가 놓아두고 짓다가 놓아두고 한 까닭입니다. 화자는 주머니 짓기를 오랫동안 미뤄두었나 봐.

다른 사람들은 나의 바느질 솜씨가 없는 줄로 알지마는

그러한 비밀은 나밖에는 아는 사람이 없습니다.

나의 마음이 아프고 쓰린 때에 주머니에 수를 놓으려면

나의 마음은 수놓는 금실을 따라서 바늘구멍으로 들어가고

주머니 속에서 맑은 노래가 나와서 나의 마음이 됩니다.

그리고 아직 ⓛ이 세상에는 그 주머니에 넣을 만한 무슨 보물이 없습니다.

이 작은 주머니는 짓기 싫어서 짓지 못하는 것이 아니라 짓고 싶어서 다 짓지 않는 것입니다. 수놓기가 아픈 마음을 달래주고,

주머니에 넣을 보물이 없기 때문에 화자는 주머니를 짓다 마는 거야.

– 한용운, 「수(繡)의 비밀」 –

📝 1분컷 작품 정리

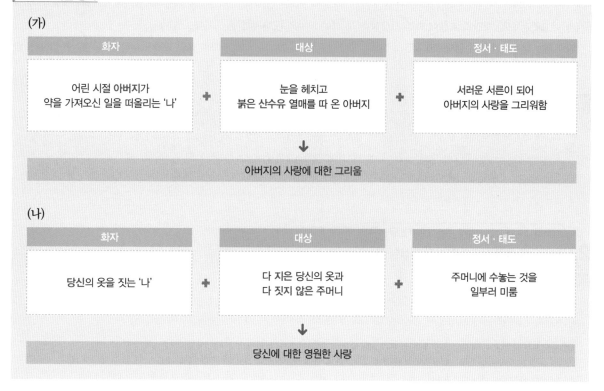

(가)

화자		대상		정서 · 태도
어린 시절 아버지가 약을 가져오신 일을 떠올리는 '나'	+	눈을 헤치고 붉은 산수유 열매를 따 온 아버지	+	서러운 서른이 되어 아버지의 사랑을 그리워함

↓

아버지의 사랑에 대한 그리움

(나)

화자		대상		정서 · 태도
당신의 옷을 짓는 '나'	+	다 지은 당신의 옷과 다 짓지 않은 주머니	+	주머니에 수놓는 것을 일부러 미룸

↓

당신에 대한 영원한 사랑

1. (가)와 (나)에 대한 설명으로 가장 적절한 것은?

정답풀이

③ (나)는 (가)와 달리 역설적 표현을 통해 대상에 대한 화자의 정서를 부각하고 있다.

　(나)의 '이 작은 주머니는 짓기 싫어서 짓지 못하는 것이 아니라 짓고 싶어서 다 짓지 않는 것입니다.'에서는 역설적 표현을 활용하여 '당신'에 대한 화자의 기다림의 마음을 드러내고 있다. 반면 (가)에는 역설적 표현이 사용되지 않았다.

오답풀이

① (가)는 ~~수미상관~~의 방식을 통해, (나)는 ~~설의적 표현~~을 통해 화자의 의지를 드러내고 있다.
문제 p.121 수미상관 / 문제 p.73 설의

　(가)에서는 수미상관의 방식이 사용되지 않았으며 (나)에서도 설의적 표현은 찾을 수 없다.

② (가)는 (나)와 ~~달리~~ 동일한 종결 표현을 사용하여 구조적 안정감을 부여하고 있다.

　(가)에서는 '-었다'라는 동일한 형태의 종결 표현이 사용되었다. 하지만 (나)에서도 '-ㅂ니다'라는 동일한 형태의 종결 표현이 사용되고 있다.

④ (가)와 (나)는 모두 ~~후각적 이미지~~를 통해 시적 상황을 구체화하고 있다.
문제 p.87 감각적 이미지

　(가)에서는 시각적, 촉각적 표현이 두드러질 뿐 후각적 이미지는 나타나지 않고 있다. 또한 (나)에서도 후각적 이미지는 찾을 수 없다.

⑤ (가)와 ~~(나)~~는 모두 시간의 흐름에 따라 시상을 전개*하여 화자의 ~~태도 변화~~를 드러내고 있다.

　(가)에서는 어린 시절에서 현재로의 시간의 변화가 드러나고 있지만, 이로 인한 화자의 태도 변화가 나타난다고 볼 수 없다. 또한 (나)에서는 시간의 흐름이 나타나지 않는다.

개념 더하기 +

> ⑤ **시간의 흐름에 따른 시상 전개**: 시간의 흐름에 따른 시상 전개에는 크게 사계절의 흐름에 따라 전개하는 것과 아침 → 점심 → 저녁, 과거 → 현재 → 미래와 같이 시간의 변화에 따라 시상을 전개하는 방식 등이 있어.

2. ㉠과 ㉡에 대한 설명으로 가장 적절한 것은?

정답풀이

③ ㉡은 화자의 소망이 실현되지 못하고 있는 공간이다.

　㉡은 화자가 기다리는 '당신'이 없는 공간이므로, 화자의 소망이 실현되지 못하고 있는 공간으로 볼 수 있다.

> **짚고 가기** '적절한 것'을 묻는 문제에서는 작품을 관통하는 전체적인 맥락, 주제와 관련된 선지가 정답일 가능성이 크다고 했어. (나)의 화자는 부재하는 '당신'을 그리워하며 그를 위해 '옷'을 짓고 있지. 그런 화자가 '주머니에 넣을 만한 무슨 보물'이 없어 '주머니'를 짓지 않는 '이 세상'은 '당신'과의 만남이라는 화자의 소망이 실현되지 못하는 공간으로 볼 수 있는 거야.

오답풀이

① ㉠은 화자가 자아를 ~~성찰~~하는 공간이다.
문제 p.44 성찰

　㉠은 '어린 목숨'이 '애처로이 잦아드는' 곳으로, 화자가 자아를 성찰하는 공간으로 볼 수 없다.

② ㉠은 화자와 대상과의 관계가 ~~단절~~된 공간이다.

　㉠은 화자와 '할머니'가 함께 있는 공간이며, '아버지'는 이곳으로 어린 화자를 위해 '약'을 가지고 온다. 따라서 ㉠을 화자와 대상과의 관계가 단절된 공간으로 보기는 어렵다.

④ ㉡은 화자가 일상의 삶에서 벗어난 ~~초월적~~인 공간이다.

　㉡은 화자가 '당신'을 기다리며 '수놓는' 공간으로, 일상의 삶에서 벗어난 초월적인 공간으로 볼 수 없다.

⑤ ㉠과 ㉡은 모두 화자가 추구하는 ~~이상적~~ 공간이다.

　㉠은 유년 시절의 추억이 있는 공간이지만, 화자가 추구하는 이상적 공간으로 보기는 어렵다. ㉡ 또한 '당신'이 부재한 공간이므로, 화자가 추구하는 이상적 공간이라고 볼 수 없다.

3. 〈보기〉를 참고하여 (가)를 감상한 내용으로 적절하지 않은 것은? [3점]

> 보기
>
> 김종길 시인의 작품에 가족에 대한 시가 많은 것은 어린 시절 어머니의 부재 속에서도 가족의 보호를 받으며 자란 그의 성장 과정과 연관이 깊다. 「성탄제」에도 삼대로 이어지는 따뜻한 가족애가 다양한 소재를 통해 형상화되어 있다. 이러한 가족애는 개인의 경험을 넘어 현대인의 메마른 삶을 극복할 수 있는 인간애로 확장됨으로써 공감을 얻고 있다.

정답풀이

④ '서느런 옷자락'은 화자가 경험하는 현대인의 ~~메마른 삶~~을 형상화한 것이겠군.

〈보기〉에서는 (가)에 '따뜻한 가족애가 다양한 소재를 통해 형상화되어 있다.'라고 하였다. 이에 따르면 어린 자식을 위해 '눈을 헤치고' '산수유 열매'를 따온 아버지의 '서느런 옷자락'은 아버지의 희생과 사랑을 형상화한 소재이지, 현대인의 메마른 삶을 형상화한 것으로 볼 수는 없다.

오답풀이

① '외로이 늙으신 할머니'가 어린 화자를 돌보고 있는 모습은 시인의 성장 배경과 관련이 있겠군.

(가)에서는 '외로이 늙으신 할머니'가 어린 화자를 돌보고 있는 모습이 드러나는데, 〈보기〉에 따르면 이는 '어린 시절 어머니의 부재 속에서도 가족의 보호를 받으며 자란 그(김종길 시인)의 성장 과정'과 관련하여 감상할 수 있다.

② '눈 속'을 헤치고 '약'을 구해 온 아버지의 사랑은 삭막한 현실을 극복할 수 있는 인간애로 확장될 수 있겠군.

〈보기〉에 따르면 (가)에 형상화된 '따뜻한 가족애'는 '개인의 경험을 넘어 현대인의 메마른 삶을 극복할 수 있는 인간애로 확장'된다고 하였다. 이를 참고할 때 (가)에서 '눈 속'을 헤치고 '약'을 구해 온 아버지의 사랑은 따뜻한 가족애를 드러내는 것으로 인간애로 확장될 수 있다.

③ '반가운 그 옛날의 것'은 화자에게 어린 시절을 떠올리게 하는 역할을 하겠군.

'반가운 그 옛날의 것'은 '눈'을 가리키며, 이는 아버지가 '눈을 헤치고' '산수유 열매'를 따온 화자의 어린 시절을 떠올리게 한다.

⑤ '내 혈액 속에 녹아 흐르는' 산수유는 과거에서 현재까지 이어져 온 가족애를 의미한다고 볼 수 있겠군.

〈보기〉에서는 '삼대로 이어지는 따뜻한 가족애가 다양한 소재를 통해 형상화되어 있다.'라고 하였다. 이에 따르면 '내 혈액 속에 녹아 흐르는' 산수유는 가족애가 과거에서 현재까지 이어져 오고 있음을 의미한다고 볼 수 있다.

| 4~6 | 　화자　 대상　 ～ 대상의 속성　 정서·태도 |

(가)

네가 살아온 나날을 누가

어둠뿐이었다고 말하는가 　화자는 '너'가 살아온 날이 어둠뿐은 아니었다고 생각해. 제목을 고려하면 '너'는 바로 수유나무일 거야.

몸통 군데군데 썩어

흉한 상처 거멓게 드러나고

팔다리 여기저기 잘리고 문드러져

온몸이 일그러지고 뒤틀렸지만

터진 네 살갗 들치고

바람과 노을을 동무해서

어깨와 등과 손끝에

자잘한 꽃들 노랗게 피어나는데 　'너'는 고난과 시련을 겪었지만 이를 이겨내고 꽃을 피워냈나 봐.

비록 꽃향기 온 들판을 덮거나

산을 넘고 **바다**를 건너지는 못해도

노란 **꽃잎** 풀 속에 떨어지면

옛애기보다 더 애달픈

초저녁 풀벌레의 노랫소리가 되겠지 '너'가 피워낸 꽃이 비록 온 들판을 덮거나 멀리 퍼져나갈 만큼 강하고 화려한 향기를 가지고 있진 않더라도, 그 꽃이 지면 풀벌레가 안타까워 노래를 할 거래.

누가 말하는가 이 노래 듣는 이

오직 하늘과 별뿐이라고 화자는 애달픈 풀벌레의 노래를 듣는 이는 하늘, 별뿐만이 아니라고 해.

– 신경림, 「수유나무에 대하여」 –

(나)

굳어지기 전까지 저 **딱딱한 것**들은 물결이었다

파도와 해일이 쉬고 있는 바닷속

지느러미 물결 사이에 끼어

㉠유유히 흘러다니던 무수한 갈래의 길이었다

㉡그물이 물결 속에서 **멸치**들을 떼어냈던 것이다

햇빛의 꼿꼿한 직선들 틈에 끼이자마자

부드러운 물결은 팔딱거리다 길을 잃었을 것이다

바람과 햇볕이 달라붙어 물기를 빨아들이는 동안

바다의 무늬는 **뼈다귀**처럼 남아

멸치의 등과 지느러미 위에서 딱딱하게 굳어갔던 것이다 화자는 딱딱한 멸치가 굳어지기 전에 지녔던 자유롭고 생명력 넘치는 모습을 상상해. 그런데 그물에 잡혀 햇빛을 받아 마르면서 멸치는 생명력을 잃어간 거지.

㉢모래 더미처럼 길거리에 쌓이고

건어물집의 푸석한 공기에 풀리다가

기름에 튀겨지고 접시에 담겨졌던 것이다 바닷속에서 생명력 넘치던 멸치는 딱딱하게 굳은 이후 길거리와 건어물집을 거쳤고, 현재는 접시에 담겨 있나 봐.

지금 젓가락 끝에 깍두기처럼 딱딱하게 잡히는 이 멸치에는

두껍고 **뻣뻣한** 공기를 뚫고 흘러가는

바다가 있다 그 바다에는 아직도

㉣지느러미가 있고 지느러미를 흔드는 물결이 있다

이 작은 물결이

지금도 멸치의 몸통을 뒤틀고 있는 이 작은 무늬가

㉤파도를 만들고 해일을 부르고

고깃배를 부수고 그물을 찢었던 것이다 화자는 딱딱한 멸치에 아직 바다와 물결이 있다고 생각해. 또한 멸치에 남아 있는 작은 물결 무늬를 보며 그것이 '고깃배를 부수고 그물을 찢었던 것'임을 떠올려.

– 김기택, 「멸치」 –

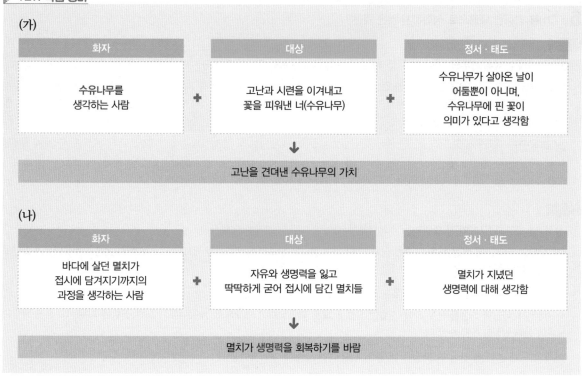

(가)

화자		대상		정서·태도
수유나무를 생각하는 사람	+	고난과 시련을 이겨내고 꽃을 피워낸 너(수유나무)	+	수유나무가 살아온 날이 어둠뿐이 아니며, 수유나무에 핀 꽃이 의미가 있다고 생각함

↓

고난을 견뎌낸 수유나무의 가치

(나)

화자		대상		정서·태도
바다에 살던 멸치가 접시에 담겨지기까지의 과정을 생각하는 사람	+	자유와 생명력을 잃고 딱딱하게 굳어 접시에 담긴 멸치들	+	멸치가 지녔던 생명력에 대해 생각함

↓

멸치가 생명력을 회복하기를 바람

〔 작품의 표현상 또는 서술상의 특징을 묻는 문제 〕 정답률 68%

4. (가)와 (나)에 대한 설명으로 가장 적절한 것은?

정답풀이

① (가)는 (나)와 달리 설의법을 활용하여 화자의 의도를 강조하고 있다.
_{문제 p.73 설의}
(나)에서 설의법이 사용된 부분은 찾아볼 수 없다. 이와 달리 (가)의 '네가 살아온 나날을 누가 / 어둠뿐이었다고 말하는가'와 '누가 말하는가'에서는 설의법을 통해 수유나무가 살아온 나날이 어둠뿐은 아니었음과, 수유나무의 노래를 듣는 것이 하늘과 별뿐은 아님을 전달하려는 화자의 의도를 강조하여 나타내고 있다.

오답풀이

② (나)는 ~~(가)와 달리~~ 색채어를 활용하여 화자의 정서 변화를 드러내고 있다.
_{해설 p.18 색채어}
(나)에서 색채어를 활용한 부분은 찾아볼 수 없다. 오히려 (가)의 '노랗게', '노란 꽃잎' 등에서 색채어를 확인할 수 있다.

③ (가)와 (나)는 모두 ~~음성 상징어~~⁺를 활용하여 생동감을 부여하고 있다.
(가)와 (나) 모두 음성 상징어가 사용된 부분은 찾아볼 수 없다.

④ ~~(가)~~와 (나)는 모두 직유법을 활용하여 대상의 특성을 구체적으로 드러내고 있다.
_{문제 p.53 비유(직유)}
(나)의 '뼈다귀처럼', '모래 더미처럼', '깍두기처럼' 등에서 직유법이 활용되었으나, (가)에서는 직유법이 활용된 부분을 찾아볼 수 없다.

⑤ (가)와 ~~(나)~~는 모두 말을 건네는 방식을 활용하여 대상에 대한 친밀감을 드러내고 있다.
_{해설 p.10 말을 건네는 방식}
(가)의 화자는 수유나무를 '너'로 지칭하여 말을 건네는 방식으로 친밀감을 드러내며 시상을 전개하고 있다고 볼 수 있으나, (나)에서는 말을 건네는 방식이 사용되지 않았다.

개념 더하기⁺

③ **음성 상징어**: 의성어(사람이나 사물의 소리를 흉내 낸 말)와 의태어(사람이나 사물의 모양이나 움직임을 흉내 낸 말)를 통틀어 이르는 말이야. '철썩' 같은 파도 소리, '아장아장' 하는 아기의 움직임을 흉내 낸 말을 예로 들 수 있어. 음성 상징어를 활용하면 대상을 생생하게 표현할 수 있기 때문에 생동감이 부여된다고 볼 수 있어.

5. (가)를 감상한 내용으로 적절하지 않은 것은?

정답풀이

④ '산'과 '바다'는 수유나무의 '꽃향기'가 궁극적으로 도달하려는 ~~목적지~~라고 하겠군.

　수유나무의 '꽃향기'는 '산을 넘고 바다를 건너지는 못'해도 '노란 꽃잎 풀 속'에 떨어져 '초저녁 풀벌레의 노랫소리'가 된다고 한 것을 고려하면, '산'과 '바다'는 꽃향기가 궁극적으로 도달하려는 목적지라기보다는 꽃향기가 퍼져나가는 범위의 한계 혹은 극복해야 할 장애물을 보여 주는 것이라고 볼 수 있다.

　✅ **짚고 가기** '적절하지 않은 것'을 묻는 문제에서는 사실 관계를 확인하는 게 첫 번째라고 했지. 11행~12행에서 수유나무에 피어난 꽃들의 향기는 '온 들판을 덮거나 / 산을 넘고 바다를 건너지는 못'한다고 했어. 즉 향기가 넘지 못한 '산'과 건너지 못한 '바다'는 꽃향기가 극복해야 할 장애물이지, '꽃향기'가 궁극적으로 도달하려는 목적지라고 볼 수는 없는 거지.

오답풀이

① '상처' 난 몸통과 '문드러'진 팔다리는 수유나무가 겪었던 고난을 짐작하게 하는군.

　수유나무의 '군데군데 썩'은 몸통과 '흉한 상처', '여기저기 잘리고 문드러'진 팔다리와 '일그러지고 뒤틀'린 온몸은 수유나무가 고난을 겪으며 살아왔음을 암시한다고 볼 수 있다.

② '바람과 노을'은 수유나무가 '꽃'을 피우는 과정에서 함께 있었던 존재로군.

　수유나무가 '바람과 노을을 동무'하여 '자잘한 꽃들 노랗게 피어'났다고 했으므로, 수유나무가 노란 꽃들을 피우는 과정에 바람과 노을이 함께 있었다고 볼 수 있다.

③ '어깨와 등과 손끝'에 꽃이 핀 모습은 '온몸'이 뒤틀렸던 모습과 대조적이군.

　'온몸이 일그러지고 뒤틀'린 모습은 수유나무가 보내온 고통의 시간을 나타내고, 그런 수유나무의 '어깨와 등과 손끝에 / 자잘한 꽃들 노랗게 피어'난 것은 인고 끝에 맺은 가치 있는 결실을 나타낸다고 볼 수 있다. 따라서 온몸이 뒤틀렸던 모습과 꽃이 핀 모습은 서로 대조적 의미를 갖는다고 볼 수 있다.

⑤ 떨어진 수유나무의 '꽃잎'은 '풀벌레의 노랫소리'로 변하여 퍼져 나가게 되겠군.

　수유나무의 '노란 꽃잎 풀 속에 떨어지면 / 옛얘기보다 더 애달픈 / 초저녁 풀벌레의 노랫소리'가 되며, 이 노랫소리는 '하늘과 별뿐' 아니라 더 많은 존재들이 듣게 된다고 하였다. 이를 통해 풀 속에 떨어진 수유나무의 꽃잎은 '풀벌레의 노랫소리'가 되어 널리 퍼져 나가게 됨을 알 수 있다.

6. 〈보기〉를 참고하여 ㉠~㉤을 감상한 내용으로 적절하지 않은 것은? [3점]

> **보기**
>
> 　(나)의 화자는 식탁에 오른 멸치 볶음을 관찰하면서 멸치가 식탁으로 오기까지의 과정을 상상하고 있다. 이 시는 '생명의 본래 모습 → 생명력의 상실 과정 → 생명력 회복의 소망'으로 시상이 전개된다.

정답풀이

⑤ ㉤: 멸치가 생명력을 회복하기 위해 ~~극복해야 할 것~~이 무엇인지가 드러나 있어.

　〈보기〉에서 (나)의 화자는 '식탁에 오른 멸치 볶음을 관찰'하여 최종적으로는 멸치가 잃어버린 '생명력 회복의 소망'을 다룬다고 하였다. 따라서 ㉤에서 멸치 몸통의 무늬가 '파도를 만들고 해일을' 불렀다는 것은, 멸치가 생명력을 회복하기 위해 극복해야 하는 대상을 제시한 것이 아니라, 멸치가 본래 가지고 있던 생명력을 회복했으면 하는 화자의 소망을 드러낸 것으로 볼 수 있다.

오답풀이

① ㉠: 멸치가 과거에 바다에서 생명력을 지닌 자유로운 존재였음을 드러내고 있어.

〈보기〉를 참고할 때 ㉠은 멸치가 지니고 있던 '생명의 본래 모습'을 나타낸 것으로, 살아서 물결을 따라 자유롭게 헤엄치던 멸치의 생명력 있는 모습을 나타낸 것으로 볼 수 있다.

② ㉡: 외부적인 힘에 의해 멸치의 생명력이 상실되는 모습이 드러나 있어.

〈보기〉를 참고할 때 ㉡은 '그물'로 표현되는 외부적인 힘에 의해 발생한 멸치의 '생명력의 상실 과정'을 표현한 것으로 볼 수 있다.

③ ㉢: 멸치가 식탁 위에 오르기까지의 과정에서 겪었을 상황을 상상하고 있어.

〈보기〉를 참고할 때 ㉢은 생명력을 상실한 멸치가 '식탁에 오'르기까지의 과정에서 '모래 더미처럼 길거리에 쌓'인 상황을 겪었을 것이라는 화자의 상상이 반영된 표현으로 볼 수 있다.

④ ㉣: 눈앞의 멸치를 보며 멸치가 본래 지녔던 생명력을 떠올리고 있어.

〈보기〉를 참고할 때 ㉣은 '식탁에 오른 멸치 볶음을 관찰'하는 화자가 '젓가락 끝에 깍두기처럼 딱딱하게 잡히는 이 멸치'에 아직 담긴 '바다'와 '지느러미'와 '물결', 즉 살아서 바다의 물결을 헤엄치던 멸치가 본래 지닌 생명력을 떠올린 것으로 볼 수 있다.

7~9　　　　　■■■ 화자　　■■■ 대상　　～ 대상의 속성　　■■■ 정서·태도

(가)

낙엽은 폴-란드 망명정부의 지폐

포화(砲火)에 이즈러진

도룬 시(市)의 가을 하늘을 생각케 한다 　화자는 낙엽을 보며 망명정부의 지폐, 황폐해진 도시의 가을 하늘을 떠올리고 있어.

길은 한 줄기 **구겨진 넥타이**처럼 풀어져

일광(日光)의 폭포 속으로 사라지고

조그만 담배 연기를 내어 뿜으며

새로 두 시의 **급행차**가 들을 달린다 　구불구불한 길과 급행차가 내뿜는 연기를 구겨진 넥타이와 담배 연기로 표현하고 있어.

포플라 나무의 근골(筋骨) 사이로

공장의 지붕은 흰 이빨을 드러내인 채

한 가닥 구부러진 철책이 바람에 나부끼고

그 위에 세로팡지(紙)로 만든 **구름**이 하나 　나무의 가지 사이로 하얗게 드러난 공장의 지붕을 흰 이빨에 비유하고, 하늘의 구름이 셀로판 지로 만들어졌다고 표현하여 가을을 맞은 도시의 풍경을 드러냈군.

자욱-한 **풀벌레 소리** 발길로 차며

호올로 **황량한 생각** 버릴 곳 없어

허공에 띄우는 **돌팔매** 하나

기울어진 풍경의 장막 저쪽에

고독한 반원을 긋고 잠기어 간다 　풀벌레 소리를 듣던 화자는 홀로 황량한 마음에 허공에 돌팔매를 던져.

　　　　　　　　　　　　　　　　　－ 김광균, 「추일서정」 －

(나)

담쟁이덩굴이 가벼운 공기에 **업혀 허공**에서

허공으로 이동하고 있다 　담쟁이덩굴은 원래 벽에 붙어 자라. 그런데 화자는 담쟁이덩굴이 공기에 업혀 이동한다고 표현했어.

새가 푸른 하늘에 **눌려** 납작하게 날고 있다 　새는 하늘을 자유롭게 나는 존재이지. 그런데 화자는 새를 하늘에 눌려 납작하게 나는 존재로 표현했네.

들찔레가 길 밖에서 하얀 꽃을 **버리며**

빈자리를 만들고 이번에는 꽃이 지는 것을 꽃을 버려 빈자리를 만드는 것으로 표현했네.

사방이 몸을 비워놓은 마른 길에

하늘이 내려와 누런 돌멩이 위에 **얹힌다** 하늘은 길 위의 돌멩이 위에 얹힌 것이래.

길 한켠 모래가 바위를 들어올려

자기 몸 위에 놓아두고 있다 바위 밑에 모래가 깔린 것이 아니라 모래가 바위를 들어올린 것으로 표현했네. 즉 화자는 사물을 새로운 시각으로 보고, 사물 사이의 관계를 재설정하여 의미를 부여하고자 한 것 같군.

– 오규원, 「하늘과 돌멩이」 –

✏️ 1분컷 작품 정리

(가)

화자		대상		정서 · 태도
도시의 가을 풍경을 바라보는 사람	＋	· 가을 풍경(낙엽, 길, 급행차 등) · 허공에 던졌지만 가라앉는 돌팔매	＋	황량하고 고독함

↓

황량한 가을날의 도시와 고독감

(나)

화자		대상		정서 · 태도
여러 사물을 바라보는 사람	＋	· 공기에 업혀 이동하는 담쟁이덩굴 · 하늘에 눌려 납작하게 나는 새 · 꽃을 버리는 들찔레 · 돌멩이 위에 얹힌 하늘 · 바위를 들어올린 모래	＋	사물에 대한 고정관념에서 벗어나 참신한 시각으로 바라봄

↓

사물을 바라보는 새로운(참신한) 시각

7. (가)에 대한 설명으로 가장 적절한 것은?

정답풀이

⑤ 자연물을 인공물에 빗대어 풍경에 대한 화자의 인상을 드러내고 있다.

'낙엽은 폴―란드 망명정부의 지폐'에서 자연물인 '낙엽'을 인공물인 '폴―란드 망명정부의 지폐'에 빗대고, '길은 한 줄기 구겨진 넥타이처럼'에서 자연물인 '길'을 인공물인 '구겨진 넥타이'에 빗대어 가을 풍경에 대한 화자의 인상을 드러내고 있다.

오답풀이

① ~~수미상관~~의 기법을 활용하여 ~~구조적 안정감~~을 얻고 있다.
문제 p.121 수미상관
시의 첫 구절과 마지막 구절이 같거나 유사하지 않으므로 (가)에 수미상관의 기법은 사용되지 않았다.

② ~~유사한 문장 형태를 변주~~하여 ~~시간의 흐름~~을 드러내고 있다.
해설 p.33 변주   해설 p.50 시간의 흐름에 따른 시상 전개
(가)에 '가을', '일광', '두 시' 등 시간을 나타내는 시어가 사용되었지만 이를 통해 시간의 흐름을 보여주고 있지는 않으며, 유사한 문장 형태의 변주 또한 나타나지 않는다.

③ 의도적으로 변형한 시어를 통해 ~~현실 극복 의지~~를 드러내고 있다.
문제 p.48 극복 의지
'폴―란드', '자욱―한', '호올로' 등 의도적으로 변형한 시어가 나타나지만 이를 통해 현실 극복 의지를 드러내는 것은 아니다. 참고로 '―리라', '―겠다', '반드시' 등과 같은 표현이 의지를 나타내는 표현에 해당한다.

④ ~~추측을 나타내는 표현~~을 통해 대상에 대한 ~~회의감~~*을 드러내고 있다.
(가)에서는 '―ㄹ 것 같다', '―ㄹ까?', '―ㄹ 거야' 등의 추측을 나타내는 표현이 사용되지 않았다.

개념 더하기⁺

④ **회의감:** 회의감이란 의심이 드는 느낌을 가리켜. 아래의 작품으로 설명하면 쉽게 이해될 거야.

> "설령 이 글을 단숨에 쓰시고, 여기서 금시조(金翅鳥)˙가 솟아오르며 향상(香象)˙이 노닌들, 그게 선생님을 위해 무슨 소용이겠습니까?"
> 고죽은 자신도 모르게 심술궂은 미소를 띠며 물었다. 이마에 송글송글 땀이 맺힌 채 기진해 있던 석담 선생은 처음 그 말에 어리둥절한 표정이었다. 그러나 이내 그 말의 참뜻을 알아들은 듯 매서운 눈길로 그를 노려보았다.
> "무슨 소리냐? 그와 같이 드높은 경지는 글씨를 쓰는 이면 누구든 일생에 단 한 번이라도 이르러 보고 싶은 경지다."
> "거기에 이르러 본들 그것이 우리에게 무엇을 줄 수 있단 말입니까?"
> 고죽도 지지 않았다.
> "태산에 올라 보지도 않고, 거기에 오르면 그보다 더 높은 산이 없을까를 근심하는구나."
>
> ― 이문열, 「금시조(金翅鳥)」 ―

•**금시조:** 불경에 나오는 상상의 큰 새.
•**향상:** 상상의 큰 코끼리.

「금시조」에서 제자인 고죽은 '이 글을 단숨에 쓰'고, 그 속에서 금시조나 향상 같은 상상 속의 존재가 솟아나오더라도, 그게 석담 선생에게 아무 소용도 없다고 말하지. 석담 선생은 글씨를 쓰는 '드높은 경지'에 오르는 것 즉 뛰어난 예술을 이루는 것을 소망하지만, 고죽은 이런 예술적 경지의 쓸모에 대해 의심한다는 점에서 '회의감'을 가지고 있다고 볼 수 있는 거야. 이제 회의감이 무엇인지 좀 이해가 되지?

8. 다음은 (나)에 대한 〈학습 활동〉 과제이다. 이를 수행한 결과로 적절하지 **않은** 것은? [3점]

✅ 짚고 **가기**   〈학습 활동〉과 함께 제시된 문제는 〈보기〉 문제라고 생각하면서 풀면 돼.

학습 활동

「하늘과 돌멩이」는 사물에 대한 우리의 고정관념을 버리고 새로운 시각으로 사물들을 바라보려고 시도한다. 각 연의 서술어에 주목하여, 이 시에 나타난 새로운 관점을 사물에 대한 고정관념과 비교하여 탐구해 보자.

	사물	사물에 대한 고정관념	서술어	새로운 관점
1연	담쟁이덩굴	담쟁이덩굴은 벽에 붙어 자란다.	업혀	㉠
2연	새	새는 자유롭게 하늘을 난다.	눌려	㉡
3연	들찔레	들찔레의 꽃이 떨어진다.	버리며	㉢
4연	하늘	하늘은 땅에서 멀리 떨어져 있다.	얹힌다	㉣
5연	모래	모래가 바위 밑에 깔려 있다.	들어올려	㉤

정답풀이

① ㉠: '업혀'에 주목하면, 담쟁이덩굴은 벽에 붙어 자라는 것이 아니라 공기를 누르며 ~~수직 상승하는~~ ~~강인한~~ 존재로 볼 수 있다.

고정관념에 따르면 담쟁이덩굴은 벽에 붙어 자라는 존재이다. 이런 고정관념에서 벗어나 '업혀'라는 서술어에 주목하면 이는 한 대상이 다른 대상에 매달려 붙어 있는 상태를 표현한다. '업혀' 있는 존재인 담쟁이덩굴이 '허공에서 / 허공으로 이동하고 있다'는 표현만 으로는 공기를 누르고 수직 상승하고 있다고 판단하기 어렵다. 또한 담쟁이덩굴을 강인한 존재로 볼 수 있는 근거도 제시되지 않았다.

오답풀이

② ㉡: '눌려'에 주목하면, 새가 아무 제약 없이 하늘을 나는 것이 아니라 하늘의 무게를 견디며 나는 것으로 볼 수 있다.

고정관념에 따르면 새는 하늘을 자유롭게 나는 존재이다. 이런 고정관념을 버리고 '눌려'라는 서술어에 주목한다면 '새가 푸른 하늘에 눌려 납작하게 날고 있다'는 표현은 새가 하늘에 '눌려' 납작하게 되었으면서도 하늘의 무게를 견디며 날고 있는 존재임을 나타낸다고 볼 수 있다.

③ ㉢: '버리며'에 주목하면, 꽃이 저절로 떨어지는 것이 아니라 들찔레가 스스로 꽃을 떨어뜨리는 것으로 볼 수 있다.

고정관념에 따르면 꽃은 자연스럽게 떨어지는 존재이다. 이런 고정관념을 버리고 '버리며'라는 서술어에 주목한다면 '들찔레가~하얀 꽃을 버리며'라는 표현은 꽃을 떨어뜨린 주체를 들찔레로 설정한 것이다. 이를 통해 들찔레가 스스로 꽃을 떨어뜨린 능동적이고 주체 적인 존재임을 드러낸다고 볼 수 있다.

④ ㉣: '얹힌다'에 주목하면, 하늘은 땅과 멀리 떨어져 있지 않고 길에 가깝게 내려와 돌멩이 위에 닿는 존재로 볼 수 있다.

고정관념에 따르면 하늘은 땅에서 멀리 떨어져 있다. 이런 고정관념을 버리고 '얹힌다'라는 서술어에 주목한다면 이는 대상 사이의 접촉을 전제한 단어이므로, 하늘과 돌멩이가 떨어져 있지 않고 맞닿아 있으며 돌멩이가 있는 땅과 하늘 역시 가까이 있음을 드러낸 다고 볼 수 있다.

⑤ ㉤: '들어올려'에 주목하면, 모래는 바위 밑에 깔려 있지 않고 자신의 힘으로 거대한 바위를 지탱할 수 있는 존재로 볼 수 있다.

바위가 모래를 깔고 앉은 것이 아니라, 모래가 바위를 '들어올'렸다는 것은 모래가 바위를 지탱할 수 있는 힘을 가진 존재임을 나타 낸다고 볼 수 있다.

9. 이미지의 활용을 중심으로 (가)와 (나)를 감상한 내용으로 적절하지 <u>않은</u> 것은?

정답풀이

④ (가)는 '길'을 '구겨진 넥타이'의 이미지와 연결하여 도시에서 느껴지는 ~~조외감~~을 표현하고, (나)는 '길 밖'과 '길 한켠'처럼 중심에서 벗어난 공간의 이미지를 활용하여 ~~대상들 관의 거리감~~을 드러내고 있군.

(가)에서 '길'을 '구겨진 넥타이'에 빗대어 표현함으로써 '길'을 도시적인 이미지와 연관 짓고 있기는 하지만, 이것이 도시에서 느껴지는 소외감을 표현한 것이라고 보기는 어렵다. 소외감은 '남에게 따돌림 당하여 멀어진 듯한 느낌'을 뜻한다. 그렇다면 도시에서 느껴지는 소외감이란 도시 생활을 하는 가운데 인간과 인간의 관계가 단절된 느낌을 의미하는 것이다. 이러한 소외감과 구겨진 넥타이의 이미지가 연결된다고 볼 만한 근거는 없다. 한편 (나)는 '들찔레가 길 밖'에 있고 '길 한켠'에 '모래'가 있다고 하였으므로 중심에서 벗어난 공간의 이미지를 활용했다고 볼 수 있다. 그러나 이는 '들찔레'와 '모래'가 길의 중심에서 조금 벗어난 곳에 있다는 느낌을 줄 뿐, 두 대상 사이의 거리감을 나타내는 것은 아니다.

> **짚고 가기** 7번에서 (가)에 사용된 표현법과 관련된 문제를 이미 풀었지? 9번 문제 또한 '이미지 활용'을 중심으로 (가), (나)를 감상하는 것으로 표현상의 특징을 보다 구체화하여 물어 보았다고 생각하고, 사실 관계 확인에 초점을 두면 돼. 사실 관계를 확인할 때에는 (가), (나)의 내용과 일치하는 선지인지 판단하는 게 가장 중요하고, 작품 내용을 과도하게 해석하는 것은 금물이라는 점을 잊지 말자. 이때 (나)와 관련해서 '길 밖'에 있는 '들찔레'와 '길 한켠'에 있는 모래, 두 대상이 길의 중심에서 벗어나 있으므로 거리감이 있는 것이 맞다고 생각한 학생들이 있었어. 하지만 선지에서는 대상들(들찔레, 모래) 사이에 거리감이 나타나는지 물어봤다. 정답풀이에서 설명한 것처럼 (나)에서 두 대상 사이의 거리감은 확인할 수 없으니 사실 관계상 적절하지 않지.

오답풀이

① (가)는 '낙엽'을 '망명정부의 지폐'에 연결하여 낙엽의 이미지에서 연상되는 무상감을 드러내고 있군.

'망명정부의 지폐'는 화폐로서의 가치를 상실한 것이므로, '낙엽'을 이에 빗대어 표현한 것은 나뭇잎이 말라 생명력을 상실한 상황에서 느끼는 무상감을 나타낸 것으로 볼 수 있다.

② (가)는 '돌팔매'가 땅으로 떨어지는 이미지를 '고독한 반원'으로 표현하여 외로움의 정서를 부각하고 있군.

(가)의 화자는 허공에 띄운 '돌팔매'가 '고독한 반원을 긋고' 떨어진다고 했다. '돌팔매'의 하강 곡선을 '고독'하다고 표현한 것은 화자가 느끼는 고독함, 외로움의 정서를 부각하기 위한 것으로 볼 수 있다.

③ (나)는 '빈자리'를 '들찔레'가 의도적으로 만들어 낸 대상인 것처럼 표현하여 비어 있는 공간의 이미지를 떠올릴 수 있도록 의미를 부여하고 있군.

'들찔레'가 '하얀 꽃'을 버리며 스스로 '빈자리'를 만들었다는 것은, 들찔레가 의도적으로 '빈자리'를 만든 것처럼 표현한 것이다. 즉 (나)의 3연은 꽃이 떨어지면서 만들어 낸 '빈자리'의 공간적 이미지에 주목하도록 의도한 것으로 볼 수 있다.

⑤ (가)는 '허공'을 '황량한 생각'이 드러나는 공허한 이미지로 활용하고, (나)는 '담쟁이덩굴'의 움직임을 활용하여 '허공'을 감각적으로 경험할 수 있는 대상으로 묘사하고 있군.
_{해설 p.5 묘사}

(가)에서 '허공'을 향해 돌팔매를 던지는 행위는 황량한 생각을 버리기 위한 것이므로, '허공'은 황량한 생각을 드러내는 공허한 이미지로 활용되었다고 볼 수 있다. 한편 (나)에서 '담쟁이덩굴'이 '허공에서 / 허공으로' 이동하고 있다고 표현한 것은 텅 빈 공중인 '허공'을 '담쟁이덩굴'의 이동에 따라 감각으로 경험할 수 있는 공간으로 묘사한 것이라고 볼 수 있다.

(1) 출제자가 의도한 대로 읽어야 한다.

STEP 2 문제로 확인하기

문제 P.209

1~3 　　　　　　　　　　　　　　　　　　　　　　　　　　　～～ 인물의 심리　　～～ 장면끊기

"그 아이는 안 죽었소. 누가 내린 자식이라고 그리 쉽게 죽을 것 같소? 틀림없이 미륵보살님이 지켜 주고 계실 것이요."

"뭣이라고? 함께 갔던 친구가 하는 말인데, 그러면 그 녀석이 거짓말을 했단 말이여?"

"어젯밤 꿈에도 그 아이가 저 건너 미륵바위 곁에 서 있습디다. 꼭 옛날 당신이 징용 가셨을 때 미륵바위 곁에 서 계셨던 것맨키로 의젓하게 서서 웃고 있습디다."

한몰댁은 마치 남의 이야기하듯 차근하게 말했다. 아이가 죽었다는 소식에도 한몰댁은 놀라지 않아. 그 말을 믿지 않기 때문이겠지.

"뭣이? 옛날 징용 갔을 적에 임자 꿈에 내가 미륵바위 곁에 서 있었던 것맨키로?"

영감은 눈을 끔벅이며 할멈을 건너다봤다. 그때 일은 너무도 신통했다. 탄광에서 갱도가 무너져 죽었다고 집에 사망 통지서까지 온 영감이 죽지 않고 살아왔던 것이다. 장면1 현재의 시점에서 '그때(왜정 때)'를 되돌아보고, 이후 과거(그때)의 시점에서 이야기가 전개되지? 이렇게 시간적 배경의 변화가 나타났을 때에는 장면을 나누어야 해.

왜정 때 북해도 탄광에 징용으로 끌려갔을 때였다. 교대를 하러 갱으로 들어가려는데 갑자기 배탈이 났다. 평소 그를 곱게 보던 십장이 함바에서 쉬라고 했다. 그 뒤 한 시간도 채 못 되어 탄광은 수라장이 되고 말았다. 낙반 사고였다. 구조를 하느라 탄광은 벌집을 쑤셔 놓은 꼴이었다. 그러나 갱 사정을 손바닥 보듯 알고 있던 영감은 그들을 구출할 수 없다는 걸 잘 알고 있었다. 순간, 도망치자는 생각이 번개처럼 머리를 쳤다. 배탈이 나 갱 밖에 있던 영감은 사고로 어수선한 틈을 타 도망칠 궁리를 해. 도둑놈은 시끄러울 때가 좋더라고 도망치기에는 이보다 좋은 기회가 없을 것 같았다. 더구나 자기가 갱 속에 들어가지 않았다는 것은 십장만 알고 있는데, 그도 갱 속에 들어갔으므로 자기가 없으면 갱에서 죽은 걸로 치부할 게 틀림없었다.

주먹을 사려쥐었다. 그러나 탈주는 목숨을 거는 일이었다. 잡히면 그대로 총살이었다. 광부였지만 전시 동원령에 따라 끌려왔기 때문에 그들의 탈주도 군인들 탈영하고 똑같이 취급됐다. 그렇지만 여기 있으면 자기도 언제 죽을지 몰랐다. 전시물자 수급이 달리자 목표량 채우기에만 눈이 뒤집혀 안전 따위는 안중에도 없고, 몽둥이로 소 몰듯 몰아치기만 했다. 작업 조건도 조건이지만 우선 밥이 적어 견딜 수가 없었다. 이판사판이었다. 영감은 목숨을 건 탈주를 할지 망설이지만, 이미 위험하고 열악한 상황에 몰려 있었으므로 이판사판으로 행동하기로 마음 먹어. 예사 때도 지나새나 궁리가 그 궁리였으므로 도망칠 길목은 웬만큼 어림잡고 있었다. 밤이 이슥하기를 기다려 철조망을 뛰어넘었다. 장면2 여전히 과거 시점이지만, 영감이 탈출을 감행한 '탄광'에서 영감의 사망 통지서가 도착한 '집'으로 공간이 변화했고 서술의 초점이 되는 인물도 영감에서 한몰댁으로 바뀌었으니 장면을 나누어야 해.

집에는 사망 통지서와 함께 유골이 왔다. 무슨 일인가 하고 나간 시어머니는 그 자리에서 짚단 무너지듯 까무러쳤다. 그러나 한몰댁은 어리벙벙한 표정으로 서 있었다. 아무래도 그게 자기 남편 유골 같지 않았고, 죽었다는 실감도 들지 않았다. 영감은 아무도 모르게 도망쳤기 때문에 무너진 갱 속에서 사망한 것으로 처리된 거지. 시어머니는 충격으로 쓰러졌지만, 한몰댁은 남편이 죽었다고 생각하지 않아. 그 순간 전날 밤 꿈에 나타난 미륵보살이 떠올랐다. 미륵보살이 인자하게 웃고 있었고, 그 곁에 남편이 의젓하게 서 있었다.

"그이는 안 죽었소."

한몰댁은 시어머니에게 꿈 이야기를 하며 틀림없이 미륵보살님이 지켜 주고 계실 거라 했다. 그러나 시어머니는 그런 소리는 귀여겨듣지도 않고 시름시름 앓다가 그 길로 세상을 뜨고 말았다. 그렇지만 한몰댁은 눈물 한 방울 흘리지 않고, 그때까지 그래왔듯이 새벽마다 미륵바위 앞에서 더 정성스레 치성을 드렸다. 한몰댁은 남편이 돌아올 것이라 믿고 기도해. 그리고 현재 시점에서 전개되는 이야기에서 알 수 있듯이 영감은 죽지 않고 집으로 돌아오지. 장면3 과거에 한몰댁은 남편의 사망 통지서를 받고도 남편이 살아있으리라고 믿었음이 드러나는 장면으로 마무리 되네.

– 송기숙, 「당제」 –

서술자가 작품 속에 '나'로 등장하지 않고 '도망치자는 생각이 번개처럼 머리를 쳤다.' 등에서 인물의 심리까지도 제시하므로 전지적 작가 시점이야.

✏️ **1분컷 작품 정리**

주요 인물	주요 사건
• 한몰댁: 남편의 사망 통지서와 유골을 받고서도 남편이 생존했을 것이라 믿음 • 영감: 징용으로 탄광에 끌려갔다가 사고 당시 도망쳐 집으로 돌아옴	장면 1 한몰댁은 그 아이가 죽었다고 들었지만 믿지 않음 장면 2 왜정 때 징병에 끌려간 영감은 낙반 사고를 계기로 도망침 장면 3 사망 통지서와 유골이 오자 시어머니는 충격으로 세상을 뜨지만 한몰댁은 남편이 살아 있다고 믿음

☐1인칭 주인공 ☐1인칭 관찰자 ☐3인칭 관찰자 ☑전지적 작가 시점

1. '영감'은 낙반 사고 이전에는 탈출을 감행할 생각을 ~~하지 않았다.~~ ⊗

'영감'은 '예사 때도 지나새나 궁리가 그 궁리였으므로 도망칠 길목은 웬만큼 어림잡고 있었다.'라고 하였다. 즉 '영감'은 사고 이전에도 도망칠 생각을 했다는 것이므로 적절하지 않다.

2. 탄광 사람들은 '영감'이 갱도에서 죽었다고 생각했었을 것이다. ◎

'영감'이 '갱 속에 들어가지 않았다는 것은 십장만 알고 있는데, 그도 갱 속에 들어갔'다고 하였으므로, 탄광 사람들은 도망친 '영감'이 갱도에서 다른 이들과 마찬가지로 죽었다고 생각했었을 것이다.

3. '영감'은 탈출을 결심하고도 ~~동료에 대한 의리 때문에~~ 괴로워했다. ⊗

'영감'이 탈출을 결심한 후 동료에 대한 의리로 괴로워하는 모습은 나타나지 않는다.

✔️ **질고 가기** 인물의 심리를 잘 파악했어야 하는 선지였어. '영감'이 탈출을 생각하면서 '주먹을 사려쥐'는 모습에서 고민이나 괴로움의 심리가 나타났다고 볼 여지가 있겠지만, 그러한 모습이 동료에 대한 의리 때문인 것은 아니었지. 목숨을 걸어야 하는 일이었기 때문에 잠시 고민했던 거야. 인물의 심리를 파악할 때는 지문을 통해 제시된 상황을 살펴서 그러한 심리를 가지게 된 이유까지 파악할 수 있어야 해.

4~6　　　　　　　　　　　　　　　　　　　　　　〰〰 인물의 심리　　〰〰 장면끊기

[앞부분의 줄거리] 떠돌이 노동자인 영달은 공사가 중단되자 밥값을 떼어먹고 떠나는 중에 우연히 교도소 출신의 떠돌이 노동자 정씨를 만난다. 두 사람은 정씨의 고향인 삼포로 향하는 길에 술집에서 일하다 도망쳐 나온 백화를 만나 동행하게 된다.

세 사람은 감천 가는 도중에 있는 마지막 마을로 들어섰다. 마을 어귀의 얼어붙은 개천 위에 물오리들이 종종걸음을 치거나 주위를 선회하고 있었다. 마을의 골목길은 조용했고, 굴뚝에서 매캐한 청솔 연기 냄새가 돌담을 휩싸고 있었는데 나직한 창호지의 들창 안에서는 사람들의 따뜻한 말소리들이 불투명하게 들려 왔다. 영달이가 정씨에게 제의했다.

"허기가 져서 속이 떨려요. 감천엔 어차피 밤에 떨어질 텐데, 여기서 뭣 좀 얻어먹구 갑시다."

"여긴 바닥이 작아 주막이나 가게두 없는 거 같군."

"어디 아무 집이나 찾아가서 사정을 해보죠."

백화도 두 손을 코트 주머니에 찌르고 간신히 발을 떼면서 말했다.

"온몸이 얼었어요. 밥은 고사하고, 뜨뜻한 아랫목에서 발이나 녹이구 갔으면." _{영달과 정씨는 삼포로 향하고 있고, 그 길에 백화도 동행하고 있어. 길을 가던 영달과 백화는 배를 채우면서 어디선가 몸을 녹이고 싶어 해.}

정씨가 두 사람을 재촉했다.

"얼른 지나가지. 여기서 지체하면 하룻밤 자게 될 테니. 감천엘 가면 하숙도 있구, 우리를 태울 기차두 있단 말요." _{정씨는 쉬었다 가자는 두 사람을 재촉하네.} 장면 1 영달과 정씨, 백화가 한 조용한 마을에 들어섰다가 지나가면서, 퇴락한 초가 한 칸으로 이동해 가는 공간의 변화가 나타나니 장면을 나눌 수 있어.

그들은 이 적막한 산골 마을을 지나갔다. 눈 덮인 들판 위로 물오리 떼가 내려앉았다가는 날아오르곤 했다. 길가에 퇴락한 초가 한 칸이 보였다. 지붕의 한쪽은 허물어져 입을 벌렸고 토담도 반쯤 무너졌다. 누군가가 살다가 먼 곳으로

떠나간 **폐가**임이 분명했다. 영달이가 폐가 안을 기웃해 보며 말했다.

"저기서 신발이라두 말리구 갑시다."

백화가 먼저 그 집의 눈 쌓인 마당으로 절뚝이며 들어섰다. 안방과 건넌방의 구들장은 모두 주저앉았으나 봉당은 매끈하고 딴딴한 흙바닥이 그런대로 쉬어 가기에 알맞았다. 정씨도 그들을 따라 처마 밑에 가서 엉거주춤 서 있었다. 영달이는 흙벽 틈에 삐죽이 솟은 나무막대나 문짝, 선반 등속의 땔 만한 것들을 끌어 모아다가 봉당 가운데 쌓았다. 불을 지피자 오랫동안 말라 있던 나무라 노란 불꽃으로 타올랐다. 불길과 연기가 차츰 커졌다. 정씨마저도 불가로 다가앉아 젖은 신과 바짓가랑이를 불길 위에 갖다 대고 지그시 눈을 감았다. 불이 생기니까 세 사람 모두가 먼 곳에서 지금 막 집에 도착한 느낌이 들었고, 잠이 왔다. 추위와 배고픔으로 고단했던 세 사람은 불 앞에서 편안함을 느껴. 영달이가 긴 나무를 무릎으로 꺾어 불 위에 얹고 눈물을 흘려 가며 입김을 불어 대는 모양을 백화는 이윽히 바라보고 있었다.

"댁에…… 괜찮은 사내야. 나는 아주 치사한 건달인 줄 알았어."

"이거 왜 이래. 괜히 나이롱 비행기 태우지 말어."

"아녜요, 불 때는 꼴이 제법 그럴듯해서 그래요." 백화는 불을 피우는 영달을 보고 호감을 드러내네.

정씨가 싱글싱글 웃으면서 영달이에게 말했다.

"저런 무딘 사람 같으니, 이 아가씨가 자네한테 반했다…… 그 말이야." 장면2 폐가 안에서 불을 피우고 이야기를 나누는 세 사람의 모습으로 장면이 마무리되고 있네.

― 황석영, 「삼포 가는 길」 ―

서술자가 작품 속에 '나'로 등장하지 않고 '불이 생기니까 세 사람 모두가 먼 곳에서 지금 막 집에 도착한 느낌이 들었고' 등에서 인물의 심리까지도 제시하므로 전지적 작가 시점이야.

✏️ **1분컷 작품 정리**

주요 인물	주요 사건
·영달: 떠돌이 노동자. 정씨와 삼포로 향하는 길에 백화와 동행함	장면1 영달과 백화는 마을에서 쉬어 가기를 바라지만 정씨가 길을 재촉함
·정씨: 떠돌이 노동자. 고향인 **삼포**로 향하고 있음	
·백화: 술집에서 도망쳐 영달, 정씨와 동행하고 있음. 영달에게 호감을 가짐	장면2 세 사람은 폐가(초가)를 발견하고 그곳에서 불을 지펴 몸을 녹임

□1인칭 주인공 □1인칭 관찰자 □3인칭 관찰자 ☑전지적 작가 시점

4. '감천'은 세 사람의 중간 목적지가 되는 공간이다. ◎

'세 사람은 감천 가는 도중에 있는 마지막 마을로 들어섰다.'라고 하였으므로 '감천'은 세 사람이 현재 향하는 목적지임을 알 수 있다. 그런데 [앞부분의 줄거리]에서 이들이 '삼포'로 향한다고 하였고, '정씨'가 '백화'와 '영달'을 재촉하며 '감천엘 가면 하숙도 있구, 우리를 태울 기차두 있단 말요.'라고 한 것으로 보아 감천은 최종 목적지로 향하기 위해 거쳐가야 할 중간 목적지라고 볼 수 있다.

5. '들창 안'은 세 사람과 단절된 공간이다. ◎

세 사람은 마을을 지나며 추위에 떨고 있지만 '들창 안'에서는 '사람들의 따뜻한 말소리들이 불투명하게 들려' 온다. 또한 세 사람은 마을에서 휴식을 취하거나 따뜻함을 느끼지 못하고 지나쳐 가므로 '들창 안'은 세 사람과 단절된 공간으로 볼 수 있다.

6. '폐가'는 백화가 영달에게 호감을 드러내는 공간이다. ◎

세 사람은 '폐가'에서 잠시 쉬어 가기로 하고, '영달'은 나무를 모아 불을 지핀다. 그리고 그 모습을 보고 있던 '백화'는 '괜찮은 사내'이고 '불 때는 꼴이 제법 그럴듯'하다며 '영달'에 대한 호감을 드러낸다.

✅ **짚고 가기** 공간적 배경은 단순히 사건이 벌어지는 배경으로서만 기능하는 것이 아니라, 작품의 분위기를 형성하고 인물의 심리를 드러내는 등의 기능을 하여 궁극적으로 주제 의식을 전달하는 데 기여해. 따라서 문제에서는 특정한 공간적 배경의 의미나 공간적 배경의 변화가 갖는 의미 등을 물어볼 수 있어.

우리 장인님은 약이 오르면 이렇게 손버릇이 아주 못됐다. 또 사위에게 이 자식 저 자식 하는 이놈의 장인님은 어디 있느냐. 장인은 '나'에게 손찌검을 하고 이 자식 저 자식 하며 천대해. 그리고 '나'는 그런 장인에게 불만을 가지고 있지. 오죽해야 우리 동리 에서 누굴 물론하고 그에게 욕을 안 먹는 사람은 명이 짜르다, 한다. 조그만 아이들까지도 그를 돌라세 놓고 욕필이 (본 이름이 봉필이니까), 욕필이, 하고 손가락질을 할 만치 두루 인심을 잃었다. 허나 인심을 정말 잃었다면 욕보다 읍의 배참봉 댁 마름으로 더 잃었다. 번이 마름이란 욕 잘 하고 사람 잘 치고 그리고 생김 생기길 호박개 같아야 쓰는 거지만 장인님은 외양이 똑 됐다. 작인이 닭 마리나 좀 보내지 않는다든가 애벌논 때 품을 좀 안 준다든가 하면 그해 가을에는 영락없이 땅이 뚝뚝 떨어진다. 그러면 미리부터 돈도 먹이고 술도 먹이고 안달재신으로 돌아치던 놈이 그 땅을 슬쩍 돌라안는다. 이 바람에 장인님 집 빈 외양간에는 눈깔 커다란 황소 한 놈이 절로 엉금엉금 기어들고, 동리 사람들은 그 욕을 다 먹어 가면서도 그래도 굽신굽신하는 게 아닌가 ─ 장인은 마름이라는 지위를 이용해서 소작인들을 착취했고, 그로 인해 인심을 잃었어. 그럼에도 동리 사람들은 땅을 떼일까 봐 장인의 눈치를 보는군.

그러나 내겐 장인님이 감히 큰소리할 계제가 못 된다.

뒷생각은 못 하고 뺨 한 개를 딱 때려 놓고는 장인님은 무색해서 덤덤히 쓴침만 삼킨다. 난 그 속을 퍽 잘 안다. 조금 있으면 갈도 꺾어야 하고 모도 내야 하고, 한창 바쁜 때인데 나 일 안 하고 우리 집으로 그냥 가면 고만이니까. 장인은 '나'를 때려 놓고 할 일이 많은데 '나'가 도망갈까 봐 걱정하네. 장면 1 '나'가 장인이 동리에서 인심을 잃은 사람임을 설명했어. 이후 장인이 '나' 에게 큰소리치지 못하는 이유를 설명하며 '작년 이맘때'라는 과거의 일을 제시하므로 여기서 장면을 끊을 수 있어. 작년 이맘때도 트집을 좀 하니까 늦잠 잔다고 돌멩이를 집어 던져서 자는 놈의 발목을 삐게 해 놨다. 사날씩이나 건승 끙, 끙, 앓았더니 종당에는 거반 울상이 되지 않았는가 ─

"애, 그만 일어나 일 좀 해라. 그래야 올갈에 벼 잘 되면 너 장가들지 않니." 장인은 장가를 이용해 '나'가 일을 하도록 회유했어.

그래 귀가 번쩍 띄어서 그날로 일어나서 남이 이틀 품 들일 논을 혼자 삶아 놓으니까 장인님도 눈깔이 커다랗게 놀랐다. 그럼 정말로 가을에 와서 혼인을 시켜 줘야 원 경우가 옳지 않겠나. 볏섬을 척척 들여 쌓아도 다른 소리는 없고 물동이를 이고 들어오는 점순이를 담배통으로 가리키며,

"이 자식아 미처 커야지. 조걸 데리고 무슨 혼인을 한다고 그러니 원!" 하고 남 낯짝만 붉게 해 주고 고만이다. 장인은 빠르게 일을 하는 '나'를 보고 놀랐지만 점순이의 키가 아직 다 크지 않았다는 이유로 혼례를 미루고 있어. 그 말을 들은 '나'는 얼굴을 붉히지.
장면 2 (중략) 이후 시간적, 공간적 배경이 변하므로 장면을 끊자.

(중략)

그 전날 왜 내가 새고개 맞은 봉우리 화전밭을 혼자 갈고 있지 않았느냐. 밭 가생이로 돌 적마다 야릇한 꽃내가 물컥 물컥 코를 찌르고 머리 위에서 벌들은 가끔 붕, 붕, 소리를 친다. 바위틈에서 샘물 소리밖에 안 들리는 산골짜기니까 맑은 하늘의 봄볕은 이불 속같이 따스하고 꼭 꿈꾸는 것 같다. 나는 몸이 나른하고 몸살(을 아직 모르지만 병)이 나려고 그러는지 가슴이 울렁울렁하고 이랬다. 봄의 분위기에 취해 마음이 들뜬 '나'의 모습을 확인할 수 있어.

"어러이! 말이! 맘 마 마…….."

이렇게 노래를 하며 소를 부리면 여느 때 같으면 어깨가 으쓱으쓱한다. 웬일인지 밭 반도 갈지 않아서 온몸의 맥이 풀리고 대고 짜증만 난다. 공연히 소만 들입다 두들기며 ─

"안야! 안야! 이 망할 자식의 소 (장인님의 소니까) 대리를 꺾어 줄라."

그러나 내 속은 정말 안야 때문이 아니라 점심을 이고 온 점순이의 키를 보고 울화가 났던 것이다. '나'는 혼례를 올리고 싶은데 키가 크지 않는 점순이 때문에 짜증을 내며 분노하고 있어.

점순이는 뭐 그리 썩 이쁜 계집애는 못 된다. 그렇다구 또 개떡이냐 하면 그런 것도 아니고, 꼭 내 아내가 돼야 할 만치 그저 툽툽하게 생긴 얼굴이다. 나보다 십 년이 아래니까 올해 열여섯인데 몸은 남보다 두 살이나 덜 자랐다. 남은 잘도 휜칠히들 크건만 이건 위아래가 몽툭한 것이 내 눈에는 헐없이 감참외 같다. 참외 중에는 감참외가 젤 맛 좋고 이쁘니까 말이다. 둥글고 커단 눈은 서글서글하니 좋고 좀 지쳐 찢어졌지만 입은 밥술이나 혹혹이 먹음직하니 좋다. 아따 밥만 많이 먹게 되면 팔자는 고만 아니냐. 헌데 한 가지 파가 있다면 가끔가다 몸이 (장인님은 이걸 채신이 없이 들까분다고 하지만) 너무 빨리빨리 논다. 그래서 밥을 나르다가 때 없이 풀밭에서 깨빡을 쳐서 흙투성이 밥을 곧잘 먹는다. 안 먹

으면 무안해할까 봐서 이걸 씹고 앉았노라면 으적으적 소리만 나고 돌을 먹는 겐지 밥을 먹는 겐지 — '나'는 점순이가 무안할까 봐 점순이가 덤벙거리다 풀밭에 엎은 밥도 먹어. 장면 3 '그 전날' 혼자서 화전밭을 갈던 '나'는 봄 풍경을 보고 가슴이 울렁였대. 그때 점심을 가져온 점순이를 보고 화가 난 이유, 점순이의 외모와 성격을 얘기하네. 뒤에서는 평소와 다른 점순이와 '나'의 대화가 나오니까 여기서 장면을 끊자.

그러나 이날은 웬일인지 성한 밥채로 밭머리에 곱게 내려놓았다. 그리고 또 내외를 해야 하니까 저만큼 떨어져 이쪽으로 등을 향하고 웅크리고 앉아서 그릇 나기를 기다린다.

내가 다 먹고 물러섰을 때 그릇을 와서 챙기는데 그런데 난 깜짝 놀라지 않았느냐. 고개를 푹 숙이고 밥함지에 그릇을 포개면서 날더러 들으라는지 혹은 제 소린지,

"밤낮 일만 하다 말 텐가!" 하고 혼자서 좋알거린다. 고대 잘 내외하다가 이게 무슨 소린가, 하고 난 정신이 얼떨떨했다. 그러면서도 한편 무슨 좋은 수나 있는가 싶어서 나도 공중을 대고 혼잣말로,

"그럼 어떻게?" 하니까,

"성례시켜 달라지 뭘 어떻게." 하고 되알지게 쏘아붙이고 얼굴이 발개져서 산으로 그저 도망질을 친다.

나는 잠시 동안 어떻게 되는 셈판인지 맥을 몰라서 그 뒷모양만 덤덤히 바라보았다. 점순이도 내심 '나'와 어서 혼례를 올리고 싶었나 봐. 평소와 다른 점순이의 태도에 '나'는 얼떨떨해.

봄이 되면 온갖 초목이 물이 오르고 싹이 트고 한다. 사람도 아마 그런가 보다, 하고 며칠 내에 부쩍 (속으로) 자란 듯싶은 점순이가 여간 반가운 것이 아니다. '나'는 성례시켜 달라는 말을 하라는 점순이의 말을 듣고, 점순이가 자란 듯 싶어 반가워해. 장면 4 점심을 멀쩡한 상태로 가져 온 점순이가 한 말에 '나'는 반가워하지. 점순이와 '나'의 대화가 이어지는 부분에서는 시간적, 공간적 변화를 확인할 수 없으므로 한 장면으로 묶을 수 있어.

– 김유정, 「봄·봄」 –

서술자가 작품 속에 '나'로 등장해서 자신의 이야기를 하고 있으므로 1인칭 주인공 시점이야.

✏️ **1분컷 작품 정리**

주요 인물	주요 사건
• '나': 장인이 시키는 일을 하며 점순이와 혼례 올릴 날을 기다림 • 장인: 마름 일을 하며 마을 사람들에게 인심을 잃음. '나'에게 온갖 일을 시키면서 점순이와의 혼례는 미룸 • 점순이: 장인에게 성례시켜 달란 말을 하라며 '나'를 보챔	장면 1 장인은 마름이란 지위로 마을 사람들에게 무리한 요구를 하여 인심을 잃음 장면 2 장인은 '나'가 도망갈까 봐 '나'에게 큰소리치지 못하면서도 점순이와 성례를 시켜주지 않음 장면 3 '나'는 봄 풍경을 보며 가슴이 울렁거리고 키가 크지 않는 점순이 때문에 속이 상함 장면 4 점순이는 성례를 시켜 달라 말하라고 보채고 '나'는 내심 반가워함

☑1인칭 주인공 □1인칭 관찰자 □3인칭 관찰자 □전지적 작가 시점

7. '점순이'는 성례를 위해 적극적으로 행동을 취하지 않는 '나'에게 불만을 표시한다. ◎

'밤낮 일만 하다 말 텐가!', '성례시켜 달라지 뭘 어떻게.' 등과 같은 '점순이'의 말은 시키는 대로 일만 할 뿐, 성례를 위해 적극적으로 나서지 않는 '나'에게 불만을 표시하는 것으로 볼 수 있다.

8. '나'와 '장인'이 갈등을 일으키는 이유는 ~~'점순이'에게~~ 함부로 일을 시키는 '장인'의 태도 때문이다. ✕
문제 p.130 갈등

'나'와 '장인'이 갈등을 일으키는 이유는 '장인'이 '점순이'에게 함부로 일을 시켜서가 아니라, '점순이'의 키가 자라지 않았다는 이유로 성례는 시켜주지 않고 '나'에게 일만 시키기 때문이다.

☑ 짚고 가기 '나'와 장인, 점순이 사이에 형성된 갈등 관계를 잘 파악했다면 어렵지 않게 판단할 수 있는 선지였어. '나'와 장인 사이의 갈등은 '점순이'의 키가 덜 자랐다는 이유로 '장인'이 성례를 시켜주지 않고 '나'에게 일만 시켰기 때문에 발생하고 있지. 인물 관계를 파악할 때 인물 간의 갈등 양상과 갈등의 원인이 무엇인지는 정확하게 판단해야 한다는 점 기억하자.

9. '동리 사람들'에게 '장인'이 인심을 잃게 된 주된 이유는 ~~'나'와 '점순이'의 혼례를 처러 주지 않았기~~ 때문이다. ✕

'동리 사람들'에게 '장인'이 인심을 잃게 된 이유는 '읍의 배참봉 댁 마름' 역할을 하며 소작인들에게 부당한 행동을 해왔기 때문이다. 이는 '작인이 닭 마리나~가을에는 영락없이 땅이 뚝뚝 떨어진다.' 등에서 확인할 수 있다.

(2) 〈보기〉를 적극적으로 활용해야 한다.

STEP **2** 문제로 확인하기

문제 P.221

1~3

〜〜 인물의 심리　〜〜 장면끊기

[앞부분의 줄거리] 덕순은 동네 어른으로부터 이상한 병에 걸린 사람이 병원에 가면 월급도 주고 병도 고쳐 준다는 말을 듣는다. 덕순은 열세 달이 되도록 배가 불러만 있는 아내가 이상한 병에 걸렸다고 믿고, 아내를 업고 팔자를 고칠 희망에 차 대학병원으로 향한다.

"이 뱃속에 어린애가 있는데요, 나올려다 소문이 적어서 그대로 죽었어요. 이걸 그냥 둔다면 앞으로 일주일을 못 갈 것이니 불가불 수술을 해야 하겠으나 또 그 결과가 반드시 좋다고 단언할 수도 없는 것이매 배를 가르고 아이를 꺼내다 만일 사불여의하여 불행을 본다더라도 전혀 관계없다는 승낙만 있으면 내일이라도 곧 수술을 하겠어요."

하고 나 어린 간호부는 조금도 거리낌 없는 어조로 줄줄 쏟아 놓다가,

"어떻게 하실 테야요?"

"글쎄요……."

덕순이는 이렇게 얼떨떨한 낯으로 다시 한번 뒤통수를 긁지 않을 수 없었다.

간호부의 말이 무슨 소린지 다는 모른다 하더라도 속대중으로 저쯤은 알아챘던 것이니 아내의 생명이 위험하다는 그 말이 두렵기도 하려니와 겨우 아이를 뱄다는 것쯤, 연구 거리는 못 되는 병인 양 싶어 우선 낙심하고 마는 것이다. 덕순은 동네 어른의 말을 듣고 희망에 차 병원에 갔지만, 간호부의 말을 듣고 두려움과 실망을 느껴. 하나 이왕 버린 노릇이매,

"그럼 먹을 것이 없는데요……."

"그건 여기서 입원시키고 먹일 것이니까 염려 마셔요……."

"그런데요 저……."

하고 덕순이는 열적은 낯을 무얼로 가릴지 몰라 주볏주볏,

"월급 같은 건 안 주나요?" 아직 희망을 완전히 놓지 못한 덕순은 부끄러움을 무릅쓰고 질문을 해.

"무슨 월급이오?"

"왜 여기서 병을 고치면 월급을 주는 수도 있다지요."

"제 병 고쳐 주는데 무슨 월급을 준단 말이오?"

하고 맴망스레도 톡 쏘는 바람에 덕순이는 고만 얼굴이 벌게지고 말았다. 순진하고 어리숙한 인물인 덕순은 간호부의 말에 주눅이 들어. 팔자를 고치려던 그 계획이 완전히 어그러졌음을 알자, 그의 주린 창자는 척 꺾이며 두꺼운 손으로 이마의 진땀이나 훑어보는 밖에 별 도리가 없는 것이다. 하나 아내의 생명은 어차피 건져야 하겠기로 공손히 허리를 굽신하여,

"그럼 낼 데리고 올게, 어떻게 해주십시오."

하고 되도록 빌붙어 보았던 것이, 그때까지 끔찍끔찍한 소리에 얼이 빠져서 멀뚱히 누웠던 아내가 별안간 기급을 하여 일어나 살뚱맞은 목성으로,

"나는 죽으면 죽었지 배는 안 째요."

하고 얼굴이 노랗게 되는 데는 더 할 말이 없었다. 아내는 배를 가르는 수술에 대한 두려움 때문에 수술을 거부하고 있어. 아내 역시 어리숙한 인물임을 알 수 있지. 죽이더라도 제 원대로나 죽게 하는 것이 혹은 남편 된 사람의 도릴지도 모른다. 아내의 꼴에 하도 어이가 없어,

"죽는 거보담야 수술을 하는 게 좀 낫겠지요!"

비소를 금치 못하고 섰는 간호부와 의사가 눈에 보이지 않도록, 간호부와 의사는 수술을 거부하는 아내를 비웃네. 덕순이는 시선을 외면하여 뚱싯뚱싯 아내를 업고 나왔다. 지게 위에 올려놓은 다음 엎디어 다시 지고 일어나려니 이게 웬일일까, 아까 오던 때와는 갑절이나 무거웠다. 아내의 병도 고치고 팔자도 고치려던 희망이 사라졌기 때문이겠지. **장면 1** 덕순은 아픈 아내를 데리고 대학병원에 가서 의사와 간호부를 만나지. 즉 첫 번째 장면의 공간적 배경은 대학병원이야.

덕순이는 얼마 전에 희망이 가득히 차 올라가던 길을 힘 풀린 걸음으로 터덜터덜 내려오고 있었다. 보지는 않아도 지게 위에서 소리를 죽여 홀쩍홀쩍 울고 있는 아내가 눈앞에 환한 것이다. 학식이 많은 의사는 일자무식인 덕순이 내외보다는 더 많이 알 것이니 생명이 한 이레를 못 가리라던 그 말을 어째 볼 도리가 없다. 인제 남은 것은 우중충한 그

냉골에 갖다 다시 눕혀 놓고 죽을 때나 기다리고 있을 따름이었다. 덕순이는 눈 위로 덮는 땀방울을 주먹으로 훔쳐 가며 장차 캄캄하여 올 그 전도를 생각해 본다. 서울을 장대고 왔던 것이 벌이도 제대로 안 되고 게다가 인젠 아내까지 잃는 것이다. 지에미붙을! 이놈의 팔자가, 하고 딱한 탄식이 목을 넘어오다 꽉 깨무는 바람에 한숨으로 터져 버린다. <u>아내의 죽음을 예감하면서도 어쩔 도리가 없는 덕순은 자신의 처지에 답답함과 원통함을 느끼고 있네.</u>

한나절이 되자 더위는 더한층 무서워진다. `장면 2` <u>덕순이가 아내를 데리고 병원을 나선 뒤 집으로 돌아가는 모습에서 공간의 이동이 나타나니, 이를 기준으로 장면을 나눌 수 있었어.</u>

— 김유정, 「땡볕」 —

<u>서술자가 작품 속에 '나'로 등장하지 않고 '아내의 생명이 위험하다는 그 말이 두렵기도 하려니와' 등에서 인물의 심리까지도 제시하므로 전지적 작가 시점이야.</u>

〈보기〉를 활용하여 지문을 읽어 보자 '정답' ❶ 순박하고 어리숙 ❷ 대비 ❸ 돈

✏️ 1분컷 **작품 정리**

주요 인물	주요 사건
• 덕순 : 아내의 병을 고치고 돈도 받을 수 있다는 기대로 아내를 업고 **대학병원**에 감	`장면 1` 대학병원에 갔지만 수술이 필요하다는 말만 듣고 **월급**은 받지 못함
• 아내 : 수술이 필요한 상태임에도 이를 **거부**함	
• 간호부, 의사 : 덕순에게 아내의 증세를 설명하며 수술이 필요하다고 함. 아내가 수술을 거부하자 비웃음	`장면 2` 덕순은 무더위 속에 아내를 업고 다시 집으로 돌아감

☐ 1인칭 주인공 ☐ 1인칭 관찰자 ☐ 3인칭 관찰자 ☑ 전지적 작가 시점

보기

김유정 작품의 특징은 중심인물들이 대부분 순박하고 어리숙하다는 점이다. 작가는 그런 인물들을 연민의 시선으로 바라봄으로써 인물이 겪는 문제의 원인이 개인이 아니라 부조리한 사회에 있음을 보여준다.

작가는 「땡볕」에서 이러한 문제의식을 보여주기 위해 인물의 성격과 대비되는 속성을 가진 대학병원을 배경으로 설정했다. 덕순 내외는 동네 어른의 말만 믿고 희망에 차 대학병원을 찾았으나 돈이 없어 병을 치료하지 못하고 비극적 죽음을 앞두게 된다. 이를 통해 근대 자본주의 사회의 비인간성과 모순을 비판하고 있다.

---

1. 돈이 없어 죽음을 맞을 수밖에 없는 부조리한 현실을 통해 당대 사회의 문제를 비판하고 있군. ◉

가난한 형편으로 인해 수술 받기를 포기하고 죽음을 앞두게 된 '덕순'의 '아내'를 통해 자본주의 사회의 부조리를 보여주고 있다.

2. 덕순이 월급을 받을 수 없다는 사실에 실망하는 장면을 통해 ~~자본주의 사회의 비인간성~~을 보여주고 있군. ⊗

'덕순'이 월급을 받을 수 없다는 사실에 실망하는 장면은 '덕순'의 순박하고 어리숙한 성격을 보여주며, 작가는 이를 연민의 시선으로 바라본다. 이러한 '덕순'의 모습을 통해 자본주의 사회의 비인간성을 보여준 것은 아니다.

☑ **짚고 가기** 윗글에서 '덕순'은 '아내'의 병이 '연구 거리는 못 되는 병인 양 싶어 우선 낙심'했다고 하였고, 〈보기〉에 윗글이 '자본주의 사회의 비인간성과 모순을 비판'한다는 내용이 있어서 자칫하면 적절한 선지로 판단할 수도 있었어. 맞는 말로만 구성되었으니 적절하다고 판단하기 쉬운 거야. 그런데 선지의 일부가 지문의 내용과 〈보기〉에 각각 부합하더라도 두 내용 간의 연결 관계가 적절하지 않을 수도 있어. 이런 경우 오답률이 높아지기 마련인데, 이처럼 〈보기〉와 관련되어 있는 것처럼 보이지만 사실 적절하지 않은 선지에 대해서는 문제책 256쪽에서 구체적으로 설명하고 있으니 참고해.

3. 순박한 인간미를 가진 인물과 냉정한 속성을 지닌 대학병원의 대비를 통해 작가의 문제의식이 부각되고 있군. ◉

윗글에서는 순박하고 어리숙한 성격의 '덕순'과 '아내', 그리고 이를 비웃는 '간호부'와 '의사', 즉 냉정한 속성을 가진 대학병원이 대비되고 있다. 이를 통해 자본주의 사회의 비인간성과 모순을 지적하려는 작가의 문제의식이 부각된다.

그의 결심이란 다른 것이 아니라 살림을 떠엎고 말리라는 것이었다.

살림이라야 가진 논밭이 없고, 몇 대쨌진 몰라도 하늘에서 떨어져서는 첫 동네라는 안악굴 꼭대기에서 그중에서도 제일 외따로 떨어져 있는 오막살이를 근거로 하고 화전이나 파먹고 숯이나 구워 먹고 덫과 함정을 놓아 산짐승이나 잡아 먹던 구차한 살림이었다. 장군이는 원래 오막살이를 하며 숯을 굽거나 짐승을 잡아먹는 등의 일로 어렵게 생계를 유지하고 있었는데, 이를 떠엎기로 결심해.

그래도 자기 아버지 대에까지는 굶지는 않고 남에게 비럭질은 하지 않고 살아왔다. 그렇던 것이 언제 누구라 임자로 나서 팔아먹었는지 둘레가 백 리도 더 될 큰 산을 삼정회사에서 샀노라고 나서 가지고는 부대를 파지 못한다, 숯을 허가 없이 굽지 못한다, 또 경찰에서는 멧돼지 함정이나 여우 덫은 물론이요, 꿩 창애나 옥누 같은 것도 허가 없이는 못 놓는다 하고 금하였다.

요즘 와서 안악굴 동네는 산지기와 관청에서 이르는 대로만 지키자면 봄여름에는 산나물이나 뜯어 먹고, 가을에는 머루 다래나 하고 도토리나 주워다 먹고 겨울에는 곤충류와 같이 땅속에 들어가 동면이나 할 수 있으면 상책이게 되었다.

그러나 큰 산 속 안악굴서 사는 사람들이라고 해서 이 장군이 네부터도 갑자기 멧돼지나 노루와 같이 초식만을 할 수가 없고 나비나 살무사처럼 삼동 한 철을 자고만 배길 수도 없었다. 배길 수가 없어서가 아니라 하고 싶어도 재주가 없어서였다.

그래서 안악굴 사람들은 관청의 눈이 동뜬 때문인지 엄밀하게 따지려면 늘 범죄의 생활자들이었다. 그런데 산의 소유주와 경찰 등이 장군이를 포함한 안악굴 사람들의 생계 수단을 모두 금지시키면서 이들은 살 길이 막막해져. 장군이가 자신의 살림을 뒤엎어 보겠다고 결심하게 된 건 바로 이 때문이겠지.

안악굴서 멧돼지와 노루의 함정을 파놓은 것이 이 장군이 한 사람만은 아니었다. 그날 하필 사냥을 나왔던 순사부장이 빠진다는 것이 알고 보니 여러 함정 중에 장군이가 파놓은 함정이었다.

그래서 장군이는 쩔름거리는 순사부장의 뒤를 따라 그의 묵직한 총을 메고 경찰서로 들어왔고 순사부장이 장군이 파놓은 함정에 빠졌고, 이에 대한 책임을 묻기 위해 장군이를 경찰서로 잡아간 것이겠지. 경찰서에 들어와선 처음엔 귀때기깨나 맞았으나 다음 날로부터는 저희 집 관솔불이나 상사발에 대어서는 너무나 문화적인 전기등 밑에서 알미늄 벤또에다 쌀밥만 먹고 지내다가 스무 날 만에 집으로 나오는 길이었다. 장면 1 [중략 부분의 줄거리] 이후에는 경찰서에서 풀려난 장군이가 집으로 향하면서 자신의 처지를 돌아보는 내용으로 전환되고 있으니 여기서 장면을 끊어야겠지?

[중략 부분의 줄거리] 경찰서에서 나와 집으로 돌아오던 장군이는 자신의 처지를 돌아보고 발걸음이 무거워짐을 느낀다.

철둑을 넘어서 안악굴로 올라가는 길섶에 들면 되다 만 방앗간이 하나 있다. 돌각담으로 담만 둘러쌓고 확도 아직 만들지 않았고 풍채도 없다. 그러나 물 받을 자리와 물 빠질 보통은 다 째어 놓았고, 제법 주머니방아는 못 되더라도 한참 만에 한 번씩 뒷박질하듯 하는 통방아채 하나만은 확만 파 놓으면 물을 대어 봐도 좋게 손이 떨어진 것이었다.

장군이는 가을에 들어 이것으로 쌀되나 얻어먹어 볼까 하고 장군이는 방앗간 사업으로 돈을 벌어보려는 생각을 가지고 있었군. 여름내 보통을 낸다 돌각담을 쌓는다, 빚을 마흔 냥 가까이 내어 가지고 방아채 재목을 사고 목수 품을 들이면서 거의 끝을 마쳐 가는데 소문이 나기를, 새 술막 장풍언네가 발동긴가 무슨 조화방안가 하는 걸 사온다고 떠들어들 대었다. 그리고 발동기는 하루 쌀을 몇 백 말도 찧으니까, 새 술막에 전에부터 있던 물방아도 세월이 없으리라 전하였다.

알고 보니 아닌 게 아니라 장풍언네는 아들이 서울 가서 발동기를 사오고 풍채를 사오고, 그리고는 미리부터 찧는 삯이 물방아보다 적다는 것, 아무리 멀어도 저희가 일군을 시켜 찧을 것을 가져가고 찧어서는 배달까지 해 준다는 것을 광고하였다. 이렇게 되고 보니 벼 두어 섬만 찧으려도 밤늦도록 관솔 불을 켜가지고 북새를 놀게 더디기도 하려니와, 까부름새를 모두 곡식 임자가 가서 거들어 줘야 되는 물방아로 찾아올 사람이 있을 것 같지 않았다. 시간도 오래 걸리고 손님이 일까지 거들어 줘야 하는 장군이네 방앗간과 달리 삯도 저렴하고 배달까지 해 주는 장풍언네 방앗간에 사람이 몰릴 것은 당연하지. 이래서 장군이는 여름내 방아터를 잡느라고 세월만 허비하고, 게다가 빚까지 진 것을 중도에 손을 떼고 내어던지지 않을 수 없이 된 것이다. 장면 2 장군이가 방앗간 사업으로 살림을 일으켜 보려던 계획을 포기하게 된 사정을 보여 주며 장면이 마무리되었어.

서술자가 작품 속에 '나'로 등장하지 않고 '그의 결심이란 다른 것이 아니라 살림을 떠엎고 말리라는 것이었다.' 등에서 인물의 심리까지도 제시하므로 전지적 작가 시점이야.

〈보기〉를 활용하여 지문을 읽어 보자 '정답' **1** 근대화 **2** 더 나은 삶 **3** 물방아 **4** 시대적 흐름, 실패

✏️ 1분컷 작품 정리

주요 인물	주요 사건
• **장군이** : 산짐승을 잡기 위해 함정을 팠다가 경찰서에 잡혀감. 방앗간으로 돈을 벌려고 하지만 신식 방앗간이 들어서자 그마저도 포기함 • **순사부장** : 생계를 위해 함정을 판 장군이를 경찰서로 잡아감 • **장풍언네** : 서울에서 기계를 사들여 신식 방앗간을 차리고 광고함	**장면 1** 장군이가 파놓은 함정에 순사부장이 빠지게 되면서 장군이는 경찰서에 붙잡혀 있다가 나옴 **장면 2** 장군이는 빚을 내어 구식 방앗간을 차리다가 장풍언네가 신식 방앗간을 차리면서 중도에 포기함

□1인칭 주인공 □1인칭 관찰자 □3인칭 관찰자 ☑전지적 작가 시점

> **보기**
>
> 이 작품에는 근대화 시기의 과도기적 삶의 모습이 드러나 있다. 근대화된 방식의 삶은 당대를 살아간 사람들의 성취 욕구를 자극하기도 하였으나, 이를 따라가지 못하고 좌절하는 사람도 있었다. 작품의 제목인 '촌뜨기'는, 과도기적 사회에서 제 나름의 방식으로 더 나은 삶을 위해 노력하지만 시대적 흐름을 충분히 이해하지 못한 까닭에 실패하게 되는 인물의 처지를 드러낸다.

4. 장군이가 '순사부장의 뒤를 따라 그의 묵직한 총을 메고' 가는 것은 ~~근대화된 방식에 따르려는 욕구가 자극되었기~~ 때문이라 할 수 있군. ❌

'장군이'는 자신이 파놓은 함정에 '순사부장'이 빠져 다쳤기 때문에 그의 총을 대신 메고 경찰서로 따라간 것이다. '장군이'가 총을 멘 것이 근대화된 방식에 따르려는 욕구 때문은 아니다.

✓ **짚고 가기** 윗글에서 '장군이'가 '순사부장'의 총을 메고 그를 따라간 것도 맞고, 〈보기〉에 '근대화된 방식의 삶은 당대를 살아간 사람들의 성취 욕구를 자극'한다는 내용도 있어서 적절하게 보이기 쉬운 함정 선지였어. 하지만 '장군이'가 '순사부장'의 뒤를 따라 총을 메고 간 행동은 근대화된 방식에 따르려는 욕구에서 기인한 것은 아니었지. 〈보기〉를 참고하여 작품을 감상하는 문제의 선지를 판단할 때, 선지에 언급된 〈보기〉 내용과 지문에 대한 이해가 연결되는지 반드시 확인해야 한다고 했던 것 잊지 말자!

5. 장군이가 '빚을 마흔 냥 가까이 내어'서 '방앗간'을 지은 것은 더 나은 삶을 위해 제 나름대로 노력하는 모습으로 볼 수 있군.

◎

'장군이'는 생계가 막막해지자 '쌀되나 얻어먹어 볼까 하'는 마음으로 빚을 내어 '방앗간'을 내려 한 것이다. 따라서 '장군이'가 '방앗간'을 지은 것은 제 나름의 방식으로 더 나은 삶을 위해 노력하는 모습으로 볼 수 있다.

6. '장풍언네'가 '서울 가서 발동기를 사오고 풍채를 사오'는 것은 근대화 시기에 적응해 가는 모습으로 볼 수 있군.

'장군이'는 '물방아'가 있는 전통적인 방식의 '방앗간'을 내려 했는데, 그와 달리 '장풍언네'는 '하루 쌀을 몇 백 말도 찧'을 수 있는 '발동기'나 '풍채'와 같은 기계를 들여 온다. 이러한 '장풍언네'의 모습은 근대화 시기에 적응해 가는 것으로 볼 수 있다.

안승학은 원래 이 고을 읍내에서 살았다. 지금부터 이십 년 전만 해도 그는 다 찌그러진 오막살이에서 콩나물죽으로 연명하던 처지였다. 그러던 사람이 오늘은 수백 석 추수를 하고 서울 사는 민판서 집 사음까지 얻어서 이 동리로 옮겨 앉은 것이다.

그것은 안승학의 근본을 아는 사람은 누구나 놀랄 만한 일이었다. 이십 년 전 가난한 처지였던 안승학이 지금은 민판서 집의 땅을 관리하는 사음(마름)이 된 것을 그의 근본을 아는 사람은 모두 놀라워해. 그는 지체도 없고 형세도 없이 타관에서 떠들어온 사람이었다. 그러므로 이 고을에는 그의 일가친척이라고는 면 서기를 다니는 아우 하나밖에 아무도 없다. 그의 부친은 경기도 죽산 이라던가 어디서 호방 노릇을 하던 아전이었다는데 승학이가 성년 되기 전에 별세하고 그의 모친도 부친이 돌아간 지 삼 년 만에 마저 세상을 떠났다 한다. 그래서 거기서는 살 수가 없어서 아내와 어린 동생 하나를 데리고 이 고장으로 들어왔다. 이 고을 읍내에는 그의 처가가 사는 타이므로. / 처가도 역시 가난하였으나 그래도 처가 끝으로 용대가리나마 다시 장만해 놓고 살림이라고 떠벌였다. 장면 1 지금과는 달리 가난했던 안승학의 이십 년 전 과거를 서술했지. 이후 새롭게 유입된 근대 문물을 경험하고 이를 과시하는 안승학의 모습이 나오므로 장면을 끊자.

그런데 그 무렵이 마침 경부선이 개통한 직후이다. 이 근처 사람들은 생전 처음 보는 기차와 정거장과 전봇대를 보고 경이의 눈을 크게 떴다. 마을 사람들은 기차, 정거장, 전봇대 등 근대 문물을 보고 매우 놀라며 신기하게 여겼어.

안승학은 지금도 그때 목판차를 맨 처음으로 먼저 타고 서울을 가 보았다는 것을 자랑삼아 말하였다. 안승학은 근대 문물을 먼저 경험한 것을 과시해. 참고로 목판차는 무개 화차(덮개나 지붕이 없는 화물차)를 속되게 이르는 말이야. 그때 그는 어떤 친구의 심부름 으로 혼수 흥정을 하러 따라간 것이었다.

그의 자만(自慢)은 그것뿐만 아니었다. 그는 경기도 출생이라고 이 지방에서는 제일 똑똑한 체를 하였다. / 우편소가 새로 생긴 것을 보고 이웃 사람들은 그게 무엇인지 몰라서 겁을 잔뜩 집어먹고 있었다. 마을 사람들은 새로 생긴 우편소를 보고도 겁을 먹었어. 장승같이 늘어선 전봇대에는 노상 잉―하는 소리가 들렸다. 그것은 전신줄을 감은 사기 안에다 귀신을 잡아 넣어서 그런 소리가 무시로 난다는 것이다. 그리고 우편소 안에는 무슨 이상한 기계를 해 앉히고 거기서는 무시로 괴상한 소리가 들렸다. 그래서 이웃 사람들은 그것도 무슨 귀신을 잡아넣어서 그런 소리가 들리는 것이라고 하였다.

그럴 때에 안승학은 마술사처럼 이 귀신을 부리는 재주를 그들 앞에서 시험해 보였다.

그는 엽서 한 장을 사서 자기 집 통호수와 자기 이름을 쓰고 편지 사연을 써서 우편통 안으로 집어넣었다. 그리고 그 들에게 장담하기를 이것이 오늘 해전 안에 우리 집으로 들어갈 터이니 가 보자는 것이었다. 과연 그날 저녁때였다. 지옥 사자 같은 누렁 옷을 입은 사람은 안승학의 집에 엽서 한 장을 던지고 갔다. 그것은 아까 써 넣던 그 엽서였다.

"참, 조홧속이다!" / 하고 그들은 일시에 소리를 질렀다. 마을 사람들은 자신들과는 달리 신문물을 잘 아는 안승학을 보고 신기함을 느껴. 안승학은 이런 마을 사람들을 보며 우월감을 느꼈을 거야. 장면 2 (중략) 이전에는 경부선이 개통할 즈음 근대 문물에 익숙한 안승학의 모습이 제시 되었고, 이후에는 현재 안승학의 집 사랑방에 찾아온 이들과 안승학 사이의 대화가 주된 내용이야. (중략)을 기준으로 시간적, 공간적 배경이 바뀌 므로 장면을 끊자.

(중략)

안승학이는 사랑방에서 혼자 앉아서 금테 안경을 콧잔등에 걸고는 문서질을 하다가 인동이를 앞세우고 김선달 조첨지 수동이아버지 희준이 이렇게 다섯 사람이 일시에 달려드는 것을 보고 적이 마음에 불안을 느꼈다. 인동이 등 다섯 명의 마을 사람들이 자신을 찾아오자 안승학은 불안감을 느껴.

그래 그는 붓을 놓고서 마당을 내려다보며 / "무슨 일들인가? 식전 댓바람에 내 집에를 이렇게 찾아오거든 문간에서 주인을 찾고 들어와야지." / 매우 위엄스럽게 하는 말이었다.

"아무도 없는데 누구보고 말하랍니까? 대문 기둥에다 대고 말씀하랍시오."

김선달이 받는 말이다.

저런 괘씸한 놈 말하는 것 좀 봐…… 그런데 행랑 놈은 어디를 갔기에 문간에 아무도 없었더람! 안승학은 속으로 분해했다.

그러나 호령할 용기는 생기지 않는다. 안승학은 자신을 놀리듯 말하는 김선달을 괘씸하게 여기며 분노를 느끼지만 그것을 드러낼 용기는 없어. 희준이와 인동이와 김선달은 신발을 벗고 마루에 올라가 앉았다.

조첨지와 수동 아버지는 뜰아래서 올라갈까 말까 하는 눈치다.

"하여간 무슨 일들인가?" / 안승학은 얼른 이야기나 들어보고 돌려보내자는 계획이다.

"저희들이 이렇게 댁을 찾아왔을 때는 무슨 별다른 소관사가 있겠습니까…… 지난번에도 왔다가 코만 떼우고 갔습니다만 대관절 어떻게 저희들의 요구 조건을 들어주시겠습니까?"

희준이가 정식으로 말을 꺼냈다.

"그따위 이야기를 할 작정으로 이렇게들 식전 아침에 왔어? 못 들어주겠어! 발써 여러 번째 요구 조건은 들을 수 없다고 말했는데, 자꾸 조르기만 하면 될 줄 아는가? 어림없지…… 괜히 그러들 말고 일찍이 나락을 베는 것이 당신들에게 유익할 것이야……." <u>다섯 사람은 안승학에게 자신들의 요구 조건을 들어달라고 하는데, 안승학은 이를 단칼에 거절하고 있어.</u>

안승학이는 긴 장죽에 담배를 한 대 담아 가지고 불을 붙이기 위해서 성냥을 세 개비나 허비했건만 잘 붙지 아니하므로 그래 네 번째 불을 댕겨서는 쉴 새 없이 빠끔빠끔 빨다가 그만 입귀로 붉은 침을 주르르 흘리고서는 제 풀에 화가 나서 담뱃대를 탁 밀어 내던진다. <u>다섯 사람의 지속적인 요청에 안승학은 화를 내고 있군.</u>

"괜스리 시간만 낭비하고 피차의 물질상 손해만 더 나게 하지 말고 어서 돌아가서 잘들 의논해서 오늘부터라도 일을 시작하란 말이야! 나도 아침부터 바쁜 일이 있으니 어서들 가소."

"그래 정녕코 요구 조건을 못 들어주시겠다는 말씀이지요." / "암!" 장면3 <u>이른 아침 안승학의 집 사랑방에 찾아온 다섯 사람이 안승학에게 요구 조건을 들어달라고 하고, 안승학은 이를 거절하고 있어. 시간적, 공간적 배경의 변화가 없으니 한 장면이라고 볼 수 있지.</u>

– 이기영, 「고향」 –

<u>서술자가 작품 속에 '나'로 등장하지 않고 '다섯 사람이 일시에 달려드는 것을 보고 적이 마음에 불안을 느꼈다.' 등에서 인물의 심리까지도 제시하므로 전지적 작가 시점이야.</u>

〈보기〉를 활용하여 지문을 읽어 보자 '정답' 　**1** 상승, 토지　**2** 근대 문물　**3** 적응　**4** 인정　**5** 자신만의 이익

✏️ 1분컷 작품 정리

주요 인물	주요 사건
·안승학: 과거 가난한 처지였으나 신문물에 밝은 편이었고, 지금은 **사음(마름)**으로 마을 사람들과 대립함 ·인동이, 김선달, 조첨지, 수동이아버지, 희준이: 안승학을 찾아와 요구 조건을 들어달라고 함	장면1 안승학은 과거에 타관에서 마을로 떠들어온 사람으로 가난한 처지였음 장면2 신문물에 무지한 마을 사람들과 달리 **안승학**은 신문물을 잘 다루는 모습을 보이며 자신을 과시함 장면3 안승학은 요구 조건을 수락해 달라는 다섯 사람의 요청을 거절함

□1인칭 주인공　□1인칭 관찰자　□3인칭 관찰자　☑전지적 작가 시점

보기

　　1930년대 리얼리즘 장편 소설에는 변화하는 사회적 환경 속에서 사회적 지위가 상승한 인물형이 등장한다. 이 유형의 인물들은 근대 문물에 발 빠르게 적응하면서도 소작제와 같은 전근대적 토지 제도에 편승하는 모습을 보인다. 이들은 근대 문물을 체험해 보지 못한 사람들에게 자신을 과시하지만 자신만의 이익을 추구하기 때문에 그 지위를 인정받지 못한다. 이러한 인물들을 통해 1930년대 농촌 사회에 등장한 속물적 인물형의 면모를 확인할 수 있다.

7. '경부선이 개통'할 '무렵'의 시대 변화에 적응하여 '근본'에서 벗어날 기회를 얻었던 인물의 모습은, 근대 문물이 유입되는 사회적 환경 속에서 변모해 갈 수 있었던 인물형을 보여 주는군. ◎

'안승학'은 '우편소'나 '전봇대' 등 근대 문물이 유입되는 환경 속에서 마을 사람들과는 달리 시대 변화에 빠르게 적응하며 '지체도 없고 형세도 없'던 '근본'에서 벗어나 '사음'의 지위를 얻는 모습을 보여 주고 있다.

8. '친구의 심부름으로' '목판차를 맨 처음으로' 타 보고서 '자만'하는 인물의 행동은, 근대 문물을 경험했다는 점을 앞세워 자신을 과시하는 인물의 모습을 보여 주는군. ◎

'안승학'은 '목판차를 맨 처음으로' 타고 서울에 가 본 경험을 사람들에게 자랑삼아 말하며 '이 지방에서는 제일 똑똑한 체' 자만하는 모습을 보여 준다. 이는 '근대 문물을 체험해 보지 못한 사람들에게 자신을 과시'한 것으로 볼 수 있다.

9. '위엄스럽게' 하대하면서도 '호령할 용기'를 내지 못하는 인물의 심리는, 자신의 사회적 지위를 인정하지 않는 이들에게 ~~반감~~을 드러내는 인물의 모습을 보여 주는군. ✕

다섯 사람이 '안승학'에게 찾아와 '여러 번째 요구 조건'을 수락하기를 요청한 것으로 보아 '안승학'은 '요구 조건'을 수락할 수 있는 사회적 지위에 오른 인물이다. '안승학'은 자신의 사랑방에 '다섯 사람이 일시에 달려드는 것을 보고' '문간에서 주인을 찾고 들어'오지 않은 것에 대해 '매우 위엄스럽게' 말한다. 그러나 비아냥거리는 말투로 대꾸하는 '김선달'을 '괘씸'하게만 여길 뿐 '호령할 용기'를 갖지 못한다. 이는 자신에게 반감을 가진 다섯 사람이 몰려온 것에 불안감을 느꼈기 때문이지 이들에게 반감을 드러내는 것이라고 보기는 어렵다.

☑ **짚고 가기**) 언뜻 보면 적절한 것으로 판단하기 쉬운 선지였어. '안승학'이 '김선달'에게 '위엄스럽게' 하대하면서도 '호령할 용기'를 내지 못했던 것은 맞고 〈보기〉에서 '안승학'과 같은 인물형은 '근대 문물을 체험해 보지 못한 사람들에게~지위를 인정받지 못한다.'라고 했거든. 하지만 '안승학'의 이러한 태도가 자신의 사회적 지위를 인정하지 않는 이들에 대한 반감 때문은 아니었지. 자신의 지위를 인정하지 않는 이들에게 반감을 느꼈기 때문에 그들에게 '호령할 용기'를 내지 못했다는 것은 부자연스럽지? 반감이 아닌 불안감이나 두려움 때문에 '호령할 용기'를 내지 못했다고 보는 게 적절할 거야. 선지의 일부만 보면 정오 판단을 잘못할 수 있으므로 선지의 전부가 적절한지 꼼꼼히 파악하도록 하자!

용쇠는 역시 아무 대꾸가 없다.

"내 자식이니까 내 맘대로 한다구? 자네는 이렇게 생각하는지 모르겠네마는 그러나 부모가 자식을 때릴 권리가 어디 있나? 용쇠는 부모가 자식을 마음대로 할 수 있다고 말했나 봐. 이를 들은 누군가가 용쇠를 훈계하고 있어. 사람에게 수족을 붙여준 것은 일하라는 것이지 남을 함부로 때리라는 것은 아니야. 부모나 자식이나 사람이기는 일반이라 하면 제 자식이나 남의 자식이나 그리 등분이 없을 게다. 덮어놓고 제 뜻만 맞추라고 남을 강제하는 것은 포학한 짓이 아닌가? 얼럭박이를 밉다고 암만 뚜드려 준대야 그게 별안간 빤질빤질해질 이치는 없지! 자네는 오늘부터 짐승을 배우게!"

"무얼? 짐승을?"

하고 용쇠는 얼굴이 빨개지며 불안한 표정으로 쳐다본다. 짐승을 배우라는 말에 용쇠의 얼굴이 빨개져.

"그래! 짐승을 배우란 말이야! 자네 집에 제비가 제비 새끼를 치지 않는가? 그 어미 제비를 배우란 말이야! 공자님의 말이나 누구의 말보다도."

용쇠는 그게 무슨 소리인지 다만 자기를 모욕하는 줄만 알았다. 그래 ㉠속으로는 분하였지마는 그대로 참고 들었다. 용쇠는 자신을 훈계하는 말을 정확히 이해하지는 못했지만 자신을 모욕하는 것으로 알고 분하게 여겨. 하지만 반박하지 못하고 참고 듣지.

용쇠가 이렇게 혼이 난 뒤에 동리 사람들은 더욱 정도룡을 두려워하였다. 그러나 그를 경외하기는 그전부터 하였다. 그것은 그의 건장한 체격과 또한 그의 의리 있는 심지가 누구든지 자연히 그를 신뢰하고 싶은 마음이 생기게 하였다. 그것은 그를 미워하는 사람까지도 속으로는 그의 행동을 감복하였다. 용쇠를 훈계한 인물은 정도룡이야. 사람들은 정도룡을 경외하고 신뢰하며 그의 행동에 감동해. 그래 그의 이름이 근사한 것을 기화로 그를 모두 계룡산 정도령(鄭道令)이라 하였다.

그에 대한 이러한 존경은 건넛말 양반촌에서도–유명한 김 주사까지도–그를 만만히 보지 못하였다. 양반촌의 김 주사도 정도룡을 얕보지 못하네. 그래 고양이 있는 집에서 기를 펴지 못하고 사는 생쥐같이 지내던 이 동리 사람들이 그로 말미암아 적지 않은 힘을 입었다. ㉡그래 이 동리 사람들은 어른 아이 없이 그를 참으로 정도령같이 믿으며 그의 말이라면 모두 복종하게 되었다. 물론 이 동리의 크거나 적은 일은 그의 계획과 지휘로 해결되었다. 그런데 그를 그중 사랑하기는 어린 아이들과 여자들이었다. 동리 사람들은 모두 정도룡을 믿고 따르고, 특히 어린아이들과 여자들이 그를 따랐다고 하네. 그것은 **무지한 남자와 부모의 횡포를 규탄**해 주는 까닭으로 그러하였다. 마치 일전에 **용쇠를 혼내 주듯** 하므로.

그렇다고는 하지마는 이 **동리 사람들**의 생활은 참으로 가련하였다. 용쇠는 그래도 딸이나 팔아먹었지마는 늙은 부모하고 어린 자식들에 식구는 우글우글한데 양식이 떨어져서 굶주리는 집이 겅성드뭇하였다. 더구나 지금은 농가에서는 제일 어려운 보릿고개를 당한 판이니까. 모는 심어야겠는데 보리는 아직 덜 익어서 채 익지도 않은 **풋보리**를 베어다가 뽀얀 물을 짜내서 **죽물을 끓여 먹는** 집도 많다. 마을 사람들은 가난으로 인해 굶주리고 있어. 장면 1 [중략 부분의 줄거리]부터는 새로운 인물과 사건이 나타나고 있으니, 여기에서 장면을 나누고 넘어가자.

[중략 부분의 줄거리] 마을의 지주 김 주사는 춘이네가 소작하던 논을 하루아침에 일본인 고리대금업자에게 넘긴다. 소작하던 논을 떼이고 먹고살기가 어려워진 춘이 조모는 김 주사를 찾아간다.

[A]
김 주사는 감투를 쓰고–그는 지금 도 평의원이다마는 감투 쓸 일은 이 밖에도 많다. 전 금융조합장, 전 보통학교 학무위원, 전 군참사, 적십자사 정사원, 지주회 부회장–(이담에 죽을 때에는 명정을 쓰기가 어려울 만큼 이렇게 직함이 많았다)–점잖은 목소리로 논 떼는 이유를 이렇게 말하였다.

"여태까지 몇 해를 잘 지어 먹었으니 인제는 고만 지어 먹게. 다른 사람도 좀 지어 먹어야지." 김 주사는 하루아침에 소작하던 논을 잃고 생계가 막막해진 춘이네의 사정은 생각하지 않는 것 같아.

그때 노파는 벌벌 떨리는 목소리로

"아이구 나으리! 지금 와서 논을 떼면 어찌합니까? 그러면 제 집 식구는 모다 굶어 죽겠습니다!"

하고 개개빌어보았으나 김 주사는 그런 것은 나는 모르고, 내 땅은 내 말대로 언제든지 뗄 수 있지 않느냐–됬다 불호령을 하였다.

그래도 ⓒ춘이 조모는 한나절을 애걸복걸하며 올 일 년만 더 지어 먹게 해달래 보았으나 그는 도무지 막무가내이었다. 벌써 다시 변통이 없을 줄 안 **춘이 조모**는 그 길로 나오다가 그 집 대뜰 위에서 그 아래로 물구나무를 서서 고만 그 자리에 즉사하였다. 그는 지금 여든다섯 살인데 여기까지도 간신히 지팡이를 짚고 기어 왔다.

[B]
그러나 김 주사는 조금도 개의치 않고 하인을 명하여 송장을 문밖으로 끌어내게 하였다. <u>춘이 조모가 애걸복걸하지만 김 주사는 자신의 땅은 자신의 마음대로 할 수 있는 것이라며 불호령을 내릴 뿐이야. 심지어 눈앞에서 춘이 조모가 죽었는데도 개의치 않아.</u> 그리고 송장 찾아가라고 춘이 집으로 전갈을 시키고 일변 구장을 불러서 경찰서로 보고하게 하였다. 김 주사는 마침 그 일인과 술을 먹을 때이므로 그는 물론 튼튼한 증인이 되었다.

행여 무슨 도리나 있는가 하고 기다리던 춘이 모자는 천만뜻밖에 이 기별을 듣고 천지가 아득하여 전지도지 쫓아갔다. ⓐ그들은 지금 시체 옆에 엎드려서 오직 섧게 통곡할 뿐이었다. <u>조모의 갑작스런 죽음에 춘이 모자는 정신이 아득해지고, 급히 달려가 서럽게 울며 애통함을 드러내.</u> **장면 2** 이야기의 초점이 김 주사를 찾아갔던 춘이 조모와 그 가족의 비극에서 그들의 소식을 듣고 행동하기 시작한 정도룡에게 옮겨 가게 되니 여기서 장면을 나누어야 해.

그런데 정도룡은 오늘 자기 집 모를 심다가 이 기별을 듣고는 한달음에 뛰어들어 왔다. 벌써 마을 사람들은 많이 모여서 김 주사의 포학한 행위를 욕하고 있다. 그중에 핏기 있는 원득이는 이 당장에 쫓아가서 그놈을 박살내자고 팔을 걷고 나서는데 겁쟁이들은 우물쭈물 **눈치만 보고** 겉으로 돈다. 더구나 **김 주사 집 땅을 부치는 사람들**은 아무 말도 못하고 벌써부터 **꽁무니를 사리려** 든다.

"허─참 그거 원…… 나는 논을 갈다 왔는데 좀 가 보아야겠군!" <u>김 주사 집 땅을 부치는 사람들은 마을의 지주인 김 주사에게 미움을 살까 봐 슬쩍 빠지려고 해.</u>

하고 ⓔ용쇠가 머리를 주죽주죽하며 돌아서는 바람에 나도 나도 하고 몇 사람이 그 뒤를 따라서려 하는데 별안간 정도룡은 벽력같이 소리를 질렀다.

"동리에 큰일이 났는데 제 집 일만 보러 드는 늬놈들도 김 주사 같은 놈이다." <u>불의를 보고도 외면하려는 사람들을 향해 정도룡이 일침을 가하네.</u>

이 바람에 개 한 마리가 자지러지게 놀라서 깨갱거리며 달아난다. 그래 그들은 머주하니 돌쳐섰다. 이때의 정도룡은 <u>눈에서 불덩이가 왔다 갔다 하였다.</u> <u>정도룡은 불합리한 현실에 분노하고 있어.</u> 그는 아이들을 늘어 놓아서 들에 있는 사람들을 모조리 불러들였다. 그들은 그의 전갈을 듣고 모두 뛰어들어 왔다. 더구나 용쇠 같은 이 났단 말을 듣고.

정도룡은 그들을 **일일이 지휘하여** 일 치를 순서를 분배한 후 나머지 사람들은 상여를 메고 위선 김 주사 사는 동리로 급히 갔다. **장면 3** 정도룡이 자신의 정의에 따라 행동하며 적극적으로 나서는 모습을 보여 주며 장면이 마무리되었어.

— 이기영, 「농부 정도룡」 —

<u>서술자가 작품 속에 '나'로 등장하지 않고 '속으로는 분하였지마는 그대로 참고 들었다.' 등에서 인물의 심리까지도 제시하므로 전지적 작가 시점이야.</u>

✏️ **1분컷 작품 정리**

주요 인물	주요 사건
• **용쇠**: 정도룡에게 크게 혼나 분하지만 참고 들음 • **정도룡**: 불의를 보면 참지 못하는 올곧은 사람. 마을 사람들에게 존경을 받음 • **김 주사**: 소작농의 상황은 개의치 않는 지주이나, 정도룡은 만만히 보지 못함 • **춘이 조모**: 소작하던 논을 떼이자 김 주사를 찾아가 애걸하지만 거절당하자 죽음	**장면 1** 정도룡은 자식을 때린 용쇠를 크게 혼내고, 마을 사람들은 정도룡을 경외함 **장면 2** 소작하던 논을 떼인 일로 **춘이 조모**가 김 주사를 찾아가 애걸하지만 김 주사는 부탁을 거절하자 춘이 조모는 떨어져 죽음 **장면 3** 정도룡의 지휘로 마을 사람들은 **김 주사가 사는 동리**로 감

☐1인칭 주인공　☐1인칭 관찰자　☐3인칭 관찰자　☑전지적 작가 시점

1. [A]와 [B]에 대한 설명으로 가장 적절한 것은?

정답풀이

② [A]에서는 열거*를, [B]에서는 행위 제시를 통해 인물의 성격을 드러내고 있다.

문제 p.152 간접 제시

　　[A]에서는 '김 주사'가 여러 감투를 쓰고 있다고 하여 '전 금융조합장, 전 보통학교 학무위원, 전 군참사, 적십자사 정사원, 지주회 부회장' 등 다양한 직함을 열거하며 권력욕이 강한 인물의 성격을 드러내고 있고, [B]에서는 '춘이 조모'가 죽었음에도 개의치 않는 '김 주사'의 행위를 제시하여 그의 비정한 성격을 드러내고 있다.

오답풀이

① [A]에서는 ~~외양 묘사~~를, [B]에서는 ~~배경 묘사~~를 통해 현실감을 부각하고 있다.

해설 p.5 묘사

　　[A]에서 '감투를 쓰고' 있다는 것은 '김 주사'가 실제로 머리에 관을 쓰고 있다는 것이 아니라 직책이나 직위를 가지고 있음을 나타낸 표현이다. [A]에 인물의 외양을 묘사한 부분은 없다. [B]에서는 '김 주사'가 한 행위를 제시하고 있을 뿐 배경을 묘사하지는 않았다.

③ [A]에서는 ~~인물의 대립~~을, [B]에서는 상황 제시를 통해 사건의 분위기를 드러내고 있다.

문제 p.130 갈등

　　[A]에서는 '김 주사'에 대해 설명하고 있을 뿐 인물의 대립이 나타나지 않는다. [B]에서는 '김 주사'가 '춘이 조모'의 죽음에도 개의치 않고 행동하는 상황을 제시하여 사건의 비극적 분위기를 드러내고 있다.

④ [A]와 [B] 모두 ~~공간의 이동을 통해 갈등을 집화~~시키고 있다.

문제 p.130 갈등의 심화

　　[A]와 [B] 모두 공간의 이동이 나타나지 않으며 이를 통해 갈등을 심화시키고 있지도 않다.

⑤ [A]와 [B] 모두 ~~인물의 내적 독백*~~을 통해 사건의 흐름을 지연시키고 있다.

　　[A]는 서술자의 서술을 통해 '김 주사'에 대해 설명할 뿐 인물의 내적 독백은 나타나지 않는다. [B]에서도 서술자가 상황에 대해 서술할 뿐 인물의 내적 독백이 나타나지 않는다.

개념 더하기⁺

> ② **열거:** '처녀 총각 아이 어른'처럼 내용이 비슷하거나 연결되는 단어나 구절을 늘어놓는 것을 열거라고 해. 이때 늘어놓는 것이 동일한 경우에는 열거 대신 반복이라고 하니 구분해서 기억해 둬.
>
> ⑤ **내적 독백:** 듣는 사람 없이 말하는 사람이 혼자 중얼거리는 것을 독백이라고 한다면, 혼잣말 중에서도 발화되지 않은 혼잣말을 내적 독백이라고 해. 이는 인물의 내면 심리를 그대로 옮겨 놓은 것이라고 할 수 있지.

2. 〈보기〉를 바탕으로 윗글을 감상한 내용으로 적절하지 않은 것은? [3점]

> **보기**
>
> 　이 작품은 일제 강점기 농촌을 배경으로 지주의 부당한 행위와 이로 인해 핍박받던 궁핍한 소작농들의 삶을 사실적으로 드러내고 있다. 특히 불의를 참지 못하는 인물이, 현실적 이해관계 때문에 불합리한 현실을 외면하는 사람들을 일깨우며 올바른 삶의 가치를 실천하기 위해 노력한다는 점이 특징적이다.

정답풀이

④ '김 주사 집 땅을 부치는 사람들'이 '눈치만 보'며 '꽁무니를 사리'는 모습에서 현실적 이해관계를 ~~외면하는~~ 사람들의 단면을 알 수 있군.

　'김 주사 집 땅을 부치는 사람들'은 지주의 부당한 행위에 항의했다가 미움을 사게 될까봐 '눈치만 보'며 '꽁무니를 사'린 것으로 볼 수 있다. 소작하던 땅을 잃게 될 수도 있기 때문이다. 따라서 이들의 행동은 현실적 이해관계를 의식한 것이지, 외면한 것은 아니다.

> ✔ **짚고 가기** 〈보기〉에서는 사람들이 현실적 이해관계를 따지느라 '불합리한 현실을 외면'한다고 한 것이지, 현실적 이해관계를 외면한다고 하지 않았어. 〈보기〉는 선지 판단의 기준이 된다는 것 꼭 기억해.

오답풀이

① '용쇠를 혼내 주듯' '무지한 남자와 부모의 횡포를 규탄'하는 정도룡의 모습에서 올바른 삶의 가치를 중시하는 인물의 태도를 알 수 있군.

　마을의 '어린아이들과 여자들'은 정도룡이 '용쇠를 혼내 주듯' '무지한 남자와 부모의 횡포를 규탄해 주'었기 때문에 그를 사랑했다. 이렇듯 불의를 참지 못하는 정도룡의 모습에서 올바른 삶의 가치를 중시하는 태도를 엿볼 수 있다.

> ✔ **짚고 가기** 〈보기〉에서 '불의를 참지 못하'고 '불합리한 현실을 외면하는 사람들을 일깨우며 올바른 삶의 가치를 실천하기 위해 노력'하는 인물이 등장한다는 힌트를 얻었다면, 지문을 읽으며 정도룡이 바로 이에 해당하는 인물임을 어렵지 않게 파악하여 선지를 판단할 수 있었을 거야.

② '동리 사람들'이 '풋보리'로 '죽물을 끓여 먹는' 모습에서 일제 강점기 농촌의 궁핍한 삶을 알 수 있군.

　'동리 사람들의 생활은 참으로 가련하였'으며 밥 한 상을 제대로 차려 먹지 못하고 '풋보리를 베어다가 뽀얀 물을 짜내서 죽물을 끓여 먹는 집도 많'을 만큼 일제 강점기 농촌의 생활이 궁핍했음을 알 수 있다.

③ '내 땅은 내 말대로 언제든지 뗄 수 있지 않느냐'라고 말하는 김 주사의 모습에서 소작농을 핍박하는 지주의 태도를 알 수 있군.

　김 주사는 '춘이네가 소작하던 논을 하루아침에 일본인 고리대금업자에게 넘'겼으며, 이에 소작하던 논을 잃게 된 춘이 조모가 와서 사정하자 '내 땅은 내 말대로 언제든지 뗄 수 있'다고 불호령을 한다. 이러한 모습에서 힘없는 소작농을 핍박하는 지주의 모습을 확인할 수 있다.

⑤ '춘이 조모'의 장례를 '일일이 지휘하'는 정도룡의 모습에서 불의를 참지 못하는 인물의 실천적 노력을 알 수 있군.

　춘이 조모의 소식을 들은 정도룡은 '눈에서 불덩이가 왔다 갔다 하였'으며 모인 동네 사람들을 '일일히 지휘하여 일 치를 순서를 분배한 후 나머지 사람들은 상여(사람의 시체를 실어서 묘지까지 나르는 도구)를 메'게 하여 장례를 치를 수 있도록 한다. 이를 통해 불의를 참지 못하고 올바른 삶의 가치를 실천하기 위해 노력하는 인물의 모습을 엿볼 수 있다.

---

3. ㉠~㉤에서 알 수 있는 인물의 심리에 대한 설명으로 적절하지 않은 것은?

정답풀이

① ㉠: 자기가 저지른 잘못에 대한 용쇠의 ~~뉘우침~~이 드러나 있다.

　용쇠는 정도룡의 말이 '다만 자기를 모욕하는 줄만 알'고 '속으로는 분하였'다고 하였으므로 자신의 잘못을 뉘우쳤다고 볼 수는 없다.

> ✔ **짚고 가기** 문제에서 묻지 않더라도 인물의 심리는 지문을 읽을 때 기본적으로 파악하며 읽어야 하는 정보라고 했지? 만약 문제에서 이에 대해 물어본다면 지문으로 돌아가서 인물의 심리가 서술된 부분을 확인하여 선지를 판단하면 돼. 자신의 머릿속에 있는 주관적인 생각이 아닌, 지문에서 객관적으로 확인할 수 있는 내용을 판단의 근거로 삼아야 한다는 것을 잊지 마!

② ⓛ: 정도룡에 대한 동리 사람들의 신뢰감이 드러나 있다.

　정도룡은 마을 사람들에게서 신뢰와 존경을 받고 있었으며, '어른 아이 없이' '그의 말이라면 모두 복종'했다는 것에서 정도룡에 대한 사람들의 신뢰감이 드러난다.

③ ⓒ: 지금까지 소작하던 논을 떼인 춘이 조모의 막막함이 드러나 있다.

　'김 주사는 춘이네가 소작하던 논을 하루아침에 일본인 고리대금업자에게 넘'겼으며, 그로 인해 소작하던 논을 떼인 춘이 조모가 김 주사를 찾아간다. 춘이 조모가 '애걸복걸하며 올 일 년만 더 지어 먹게 해 달'라고 하는 것에서 갑자기 논을 떼여 온 가족이 먹고살 방안이 사라진 춘이 조모의 막막함이 드러난다.

④ ⓔ: 가족의 갑작스런 죽음에 대한 춘이 모자의 애통함이 드러나 있다.

　춘이 조모가 김 주사를 찾아가고 '행여 무슨 도리나 있는가 하고 기다리던 춘이 모자'는 춘이 조모가 죽었다는 소식을 듣게 된다. 갑작스런 소식에 춘이 모자는 '시체 옆에 엎드려서 오직 섧게 통곡'하며 애통함을 드러낸다.

⑤ ⓜ: 자신의 일에만 관심을 갖는 사람들에 대한 정도룡의 분노가 드러나 있다.

　춘이 조모의 소식을 들은 정도룡은 분노를 감추지 못하는데, '겁쟁이들은 우물쭈물 눈치만 보고 겉으로' 돈다. 또 용쇠를 비롯한 몇 사람이 돌아가려 하자 정도룡은 '제 집 일만 보러 드는 늬놈들도 김 주사 같은 놈'이라고 호통을 친다. 이는 이웃에게 큰일이 났는데 자신들의 이익만 생각하는 사람들에 대해 정도룡이 분노한 것이라고 볼 수 있다.

4~7 ~~ 인물의 심리　~~ 장면끊기

　어머니와 나는 한 번도 훈이가 대통령이나 장군이나 재벌이나 판검사나 그런 게 되기를 바란 적이 없다. 정직하게 벌어먹을 수 있는 기술을 가르쳐 대기업에 붙여, 공일날 카메라 메고 야외에 나갈 만큼의 사람 사는 낙을 누릴 수 있기를 바랐을 뿐이다. 그런데 그나마도 쉽게 되어 주지를 않았다. 취직 시험도 하도 여러 번 치르니, 보러 가기도 보러 가라기도 점점 서로 미안하게 되었다. 이 년 가까이를 이렇게 지겹게 보내던 훈이가 어느 날 나에게 해외 취업의 길을 뚫을 수 있을 것 같으니 교제비로 돈을 좀 달라는 당돌한 요구를 해 왔다. <u>어머니와 '나'는 훈이가 번듯한 직장에 취직하여 쉬는 날이면 카메라를 메고 야외에 놀러 나갈 정도의 여유를 누릴 수 있는 삶을 살기를 바랐대. 그런데 훈이는 이 년 가까이 취직을 하지 못했나 봐.</u>

　"뭐라고, 해외 취업? 그럼 외국에 나가 살겠단 말이지? 그건 안 된다."

　"왜요 고모, 쩨쩨하게 돈이 아까워서? ⓐ아니면 고모가 영영 할머니를 떠맡게 될까 봐 겁나서?"

　훈이는 두 개의 간략한 질문을 거침없이 당당하게 했다. 마치 이 두 가지 이유 외에 딴 이유란 있을 수도 없다는 말투였다. 나는 뺨에 얻어맞은 듯이 아연했다. <u>훈이의 해외 취업을 반대하는 '나'에게 훈이가 던진 말을 듣고 '나'는 충격을 받아.</u>

　글쎄 어떻게 설명할 수 있을 것인가. 그 녀석이 꼭 이 땅에서, 내 눈앞에서 잘살아 주었으면 하는 내 간절한 소망의 **참뜻을, 지랄같이 무책임한 전쟁**이 만들어 놓은 고아인 저 녀석을, 온 정성을 다해 남부럽지 않게 키운 게 결코 내 어머니를 떠맡고자 함이 아니었음을 어떻게 납득시킬 수 있담. <u>훈이의 생각과 달리 '나'는 단지 어머니를 훈이에게 떠맡기기 위해 훈이의 해외 취업을 반대한 게 아니야. 전쟁으로 인해 부모를 잃은 훈이가 보란 듯이 이 땅에서 잘 살아 주는 것을 바랐던 것이지.</u>

　제가 잘되고 잘사는 것으로, 다만 그것만으로 나는 내가 겪은 더럽고 잔인한 전쟁에 대해 통쾌한 ⓐ복수를 할 수 있고 그때 받은 깊숙한 상처의 치유를 확인 받을 수 있다는 걸 어떻게 저 녀석에게 알릴 수 있을 것인가. <u>'나'는 훈이가 이 땅에서 잘사는 것만으로도 자신이 전쟁으로 인해 받은 상처가 치유될 수 있으리라 생각하네.</u>

　나는 그 녀석을 똑바로 바라보았다. ⓛ그 녀석도 나를 똑바로 바라보았다. 시선이 강하게 부딪쳤으나 나는 단절감을 느꼈다. 문득 이 녀석 치다꺼리에 구역질 같은 걸 느꼈으나 가까스로 평정을 가장했다.

　"해외 취업은 당분간 보류하렴. 할머니 때문이든 돈 때문이든 그건 네 마음대로 생각해도 좋다. 그리고 취직 문젠데, 너무 고지식하게 정문만 뚫으려고 했던 것 같아. 방법을 좀 바꾸어서 **뒷문으로 통하는 길**을 알아봐야겠다. 돈이 좀 들더라도……" <u>'나'가 느낀 단절감은 자신의 생각을 훈이에게 전할 수 없다는 생각 때문이겠지. '나'는 훈이의 취업을 위해 정당하지 않은 방법까지 쓰려 해.</u>

　"흥, 돈 때문은 아니다 그 말을 하고 싶은 거죠?"

　녀석이 나를 노골적으로 미워하며 대들었다. 나는 대꾸도 하지 않았다. 어머니는 곁에서 내가 늘그막에 이렇게 천덕꾸러기가 될 줄은 몰랐다면서 훌쩍였다. **장면 1** 〔중략 부분의 줄거리부터는 훈이의 일터를 찾아간 '나'가 훈이와 나누는 또다른 대화 상황이 제시되고 있으므로 여기서 장면을 끊고 가자.

[중략 부분의 줄거리] 고속도로 건설 현장 일꾼으로 채용된 훈이에게 '나'는 카메라 대신 작업복과 워커를 사 준다. 어느 날 '나'는 훈이를 찾아가고, 열악한 환경에서 고생하는 훈이를 보자 서울로 돌아가자고 설득한다.

"나는 더 비참해지고 싶어. 그래서 고모나 할머니가 철석같이 믿고 있는 기술이니 정직이니 근면이니 하는 것이 결국엔 어떤 보상이 되어 돌아오나를 똑똑히 확인하고 싶어. 그리고 그걸 고모나 할머니에게 보여 주고 싶어." *'나'는 기술, 정직, 근면이 가치 있는 것이라 믿고 있지만 훈이는 그렇지 않은 듯해. 훈이는 스스로 비참해짐으로써 '나'에게 그러한 믿음이 허황된 것임을 증명해 보이고 싶은 거야.*

"그걸 우리에게 보여서 어쩌겠다는 거야? 그걸로 우리에게 ⓑ복수라도 하겠다 이 말이냐?"

나는 훈이 말에 무서움증 같은 걸 느꼈기 때문에 흥분해서 악을 쓰며 덤벼들었다.

"고모 그렇게 흥분하지 말아. 나는 다만 고모가 꾸미고, 고모가 애써 된 이 일의 파국을 통해서 고모와 할머니로부터, 그리고 이 나라로부터 순조롭게 놓여날 수 있기를 바라고 있을 뿐이야. 그렇지만 고모, 오해는 마. 내가 파국을 재촉하고 있다고 생각하지는 마. 나는 내 나름으로 이곳에서의 일에 최선을 다하고 있어. 그러노라면 누가 알아, 일이 고모의 당초 계획대로 잘 풀릴지. 나도 어느 만큼은 그 쪽도 원하고 있어. 파국만을 원하고 있는 게 아냐."

"그래 참, 잘될 수도 있을 거야. 잘될 여지는 아직도 충분히 있고말고."

나는 별안간 잘될 가능성에 강한 집착을 느끼며 태도를 표변했다. *'나'는 자신의 바람과는 달리 더 비참해지고 싶다는 훈이의 말을 듣고 화를 내다가, 훈이에게는 아직 잘될 가능성이 남아 있음을 간절히 믿고 싶어 해.*

"ⓒ그렇지만 고모, 잘되게 하려고 너무 급하게 굴진 마. 뒷돈 쓰고 빌붙고 하느라 돈 없애고 자존심 상하고 하지 말란 말야. 여기 와 보니 육 개월만 기다리라는 임시직 신세로 삼사 년을 현장으로만 굴러다니는 친구가 수두룩해. 임시직에겐 봉급 조금 주고, 일요일도 없이 부려 먹고, 책임은 없고, 얼마나 좋아, ⓓ회사 측으로서 훌륭한 경영합리화지."

훈이는 버스 정류장까지 나를 배웅했다. 진부까지 나가는 완행버스는 좀처럼 오지 않았다. 그동안 나는 뭔가 훈이에게 이야기해야 될 것 같은 심한 압박감을 느꼈다. 나는 내가 여기까지 오는 동안 길이 나빠 얼마나 고생을 하고 시간을 많이 잡아먹었나를 과장해서 들려주면서 고속도로가 뚫리면 서울서 강릉까지가 얼마나 가까워지고 편안해지겠느냐, 너는 이런 국토건설사업에 이바지하고 있는 걸 자랑으로 삼아야 한다고 이야기했다.

ⓔ녀석이 구역질 같은 소리로 "웃기네" 했다. *훈이는 '나'의 말을 비웃어.* 때마침 바캉스 시즌이라 자가용이 연이어 강릉으로, 월정사로 달리면서 우리에게 흙먼지를 뒤집어씌웠다. 훈이도 한몫 참여한 영동고속도로가 개통되면 더 많은 자가용과 관광버스가 그 위에서 쾌속을 즐기겠지. 훈이도 그 생각을 하면서 "웃기네" 했을 생각을 하고 나는 내가 한 말에 심한 부끄러움을 느꼈다. **장면 2** *훈이와 대화를 나누던 '나'가 버스를 타고 떠나며 공간의 이동이 나타나니 여기서 한 번 더 장면을 끊을 수 있어.*

드디어 버스가 오고 나는 그것을 혼자서 탔다. 나는 훈이에게 몇 번이나 돌아가라고 손짓 했으나 훈이는 시골 버스가 떠나기까지의 그 지루한 동안을 워커에 뿌리라도 내린 듯이 꼼짝 않고 서 있었다. 나는 **그게 보기 싫어 먼 딴 데를 바라보았다.** *열악한 환경에서 고생하는 훈이가 안쓰러웠던 것 같아.* 논의 벼는 비단 폭처럼 선연하게 푸르고, 옥수수 밭은 비로드처럼 부드럽게 푸르고, 먼 오대산의 연봉의 기상은 웅장하고, 오대산에서 흘러내린 맑은 물이 도처에서 내와 개울을 이루고 있다. 아름다운 고장이다. 이 땅 어디메고 아름답지 않은 곳이 있으랴.

그러나 아직도 얼마나 뿌리내리기 힘든 고장인가.

훈이가 젖먹이일 적, 그때 그 지랄 같은 전쟁이 지나가면서 이 나라 온 땅이 불모화해 사람들의 삶이 뿌리를 송두리째 뽑아 던져지는 걸 본 나이기에, 지레 겁을 먹고 훈이를 **이 땅에 뿌리내리기 쉬운 가장 무난한 품종으로** 키우는 데까지 신경을 써 가며 키웠다. 그런데 그게 빗나가고 만 것을 나는 자인했다. 뭐가 잘못된 것일까. 나는 가슴이 답답해서 절로 한숨을 쉬었다. 그러나 후회는 아니었다. 훈이를 키우는 일을 지금부터 다시 시작할 수 있다면 이러이러하게 키우리라는 새로운 방도를 전연 알고 있지 못하니, 후회라기보다는 혼란이었다. *'나'는 그동안의 노력이 잘못된 것이었음을 깨닫지만, 훈이를 어떻게 키웠어야 옳은 것인지는 여전히 알지 못하기 때문에 혼란스러워 해.* **장면 3** *'나'의 깨달음과 이로 인한 혼란스러운 심정을 보여 주며 장면이 마무리되었어.*

– 박완서, 「카메라와 워커」 –

서술자가 작품 속에 '나'로 등장해서 자신의 이야기를 하고 있으므로 1인칭 주인공 시점이야.

주요 인물	주요 사건
• **나**: 훈이가 잘사는 모습을 보며 **전쟁**으로 인한 상처를 치유 받고자 하나 자신의 뜻에 따라주지 않는 훈이와 갈등을 빚음 • **훈이**: **해외 취업**을 시도하려 하나 고모의 반대에 부딪침. 고속도로 건설 현장에서 일하고 있음	**장면 1** 훈이가 해외 취업을 시도하겠다고 하지만 '나'는 반대함. 훈이는 **할머니**를 자신에게 떠넘기기 위해서냐며 대듦 **장면 2** '나'는 서울로 돌아가자고 설득하기 위해 **고속도로** 건설 현장에서 일하는 훈이를 찾아감 **장면 3** '나'는 훈이를 이 땅에 적응하기 쉬운 **무난한** 사람으로 키우는 일에 실패했음을 깨달음

☑️1인칭 주인공　☐1인칭 관찰자　☐3인칭 관찰자　☐전지적 작가 시점

작품의 표현상 또는 서술상의 특징을 묻는 문제　정답률 **79%**

4. 윗글에 대한 설명으로 적절하지 <u>않은</u> 것은?

정답풀이

④ 공간의 이동에 따라 ~~서술자를 달리하여~~ 사건에 입체감을 부여하고 있다.
　　　　　　　　문제 p.28 서술자

윗글은 '나'와 '훈이'가 해외 취업 문제로 대화를 나누는 장면 이후, '훈이'가 일하는 고속도로 건설 현장, 버스 안으로 공간이 이동하고 있지만 이에 따라 서술자가 달라지지는 않는다.

오답풀이

① 소재의 상징적인 대비를 통해 주제 의식을 드러내고 있다.
　 문제 p.53 상징　　해설 p.4 대비

휴일에 놀러 나갈 수 있는 평범한 중산층의 삶을 상징하는 '카메라'와 힘든 노동자의 삶을 상징하는 '워커'가 대비된다고 볼 수 있으며, 이를 통해 전쟁에서 받은 상처를 치유하기 위한 노력과 그 노력의 좌절에 대해 다루는 작품의 주제 의식이 드러난다고 볼 수 있다.

② 대화를 통해 상황에 대한 인물 간의 시각 차이를 드러내고 있다.

'나'는 '훈이'가 이 땅에서 잘 살았으면 하는 바람에서 '훈이'의 해외 취업을 반대한다. 이에 '훈이'는 자신에게 할머니를 떠맡기기 위해서 반대하는 게 아니냐고 대들고 있으므로, 대화를 통해 상황에 대한 인물 간의 시각 차이가 드러난다.

③ 인물의 내면과 대조되는 배경 묘사를 통해 심리를 부각하고 있다.
　 해설 p.4 대비　　해설 p.5 묘사

'훈이'가 일하는 현장에 갔던 '나'는 돌아오는 버스에 오른 후 '오대산' 부근의 '아름다운' 풍경을 바라본다. 이러한 배경 묘사는 '훈이'를 키우는 방식이 잘못되었음을 깨닫고 '혼란'을 느끼는 '나'의 내면 심리와 대조되면서 '나'의 내면을 더욱 부각한다.

⑤ 자기 고백적 진술을 통해 인물의 심리 상태를 구체적으로 드러내고 있다.
　 해설 p.35 자기 고백적 진술

윗글의 서술자 '나'는 자신의 내면을 고백적으로 진술하고 있으며, 이를 통해 충격과 단절감, 무서움증, 부끄러움 등 '나'의 다양한 심리 상태를 구체적으로 드러내고 있다.

5.　㉠~㉤에 대한 이해로 적절하지 않은 것은?

정답풀이

① ㉠: 부양 책임을 ~~회피하겠다는~~ 고모에 대한 훈이의 불만을 드러낸다.

'나'는 전쟁으로 인한 상처를 치유 받기 위해 '훈이'가 '이 땅에서, 내 눈앞에서 잘살아 주었으면' 한 것이지, 할머니를 떠맡기기 위해 '훈이'의 해외 취업을 반대한 것이 아니다. 즉 '나'가 '훈이'의 해외 취업을 반대하면서 부양 책임을 회피하겠다는 의도를 드러낸 것은 아니며, '훈이'가 그렇게 오해하고 있을 뿐이다.

오답풀이

② ㉡: 해외 취업을 반대하는 고모에 대한 훈이의 반감을 드러낸다.

'나'와 '훈이'는 '훈이'의 해외 취업 문제로 갈등을 빚고 있으므로, 이때 '훈이'가 '나'를 똑바로 바라보는 것은 해외 취업을 반대하는 '나'에 대한 '훈이'의 반감을 드러낸다고 볼 수 있다.

③ ㉢: 자신이 처해 있는 현재 상황을 쉽게 해결하기 어렵다는 훈이의 현실 인식을 드러낸다.

'그래 참, 잘될 수도 있을 거야.'라는 '나'의 말에 '훈이'는 '잘되게 하려고 너무 급하게 굴진 마.'라고 하며 '육 개월만 기다리라는 임시직 신세로 삼사 년을 현장으로만 굴러다니는 친구가 수두룩'하다고 하였다. 이는 자신과 비슷한 처지로 비정규직을 전전하고 있는 사람들이 많으며, 그러한 상황을 해결하기 어렵다는 인식을 드러낸 것이다.

④ ㉣: 비정규직을 부당하게 대우하는 회사에 대한 훈이의 비판적 인식을 드러낸다.

'훈이'는 '임시직에겐 봉급 조금 주고, 일요일도 없이 부려 먹고, 책임은' 지지 않으려 하는 회사 측의 부당한 처사를 '훌륭한 경영 합리화'라고 반어적으로 표현하며 비판적 인식을 드러내고 있다.

⑤ ㉤: 국토건설사업에 이바지한다는 허울 좋은 명분에 대한 훈이의 비웃음을 드러낸다.

'나'는 '훈이'에게 '국토건설사업에 이바지하고 있는 걸 자랑으로 삼아야 한다'고 말하며, 이에 대해 '훈이'는 '구역질 같은 소리로 "웃기네"'라고 말한다. 이는 회사로부터 부당한 대우를 받으며 고된 노동을 하는 처지임에도 국토건설사업에 이바지한다는 허울 좋은 명분을 앞세우는 것에 대한 '훈이'의 비웃음을 드러낸 것이다.

6.　ⓐ와 ⓑ에 대한 설명으로 가장 적절한 것은?

정답풀이

③ ⓐ는 인물과 사회 간의 갈등에서, ⓑ는 인물과 인물 간의 갈등에서 비롯되었다.

문제 p.130 갈등

'나'는 '훈이'가 '잘되고 잘사는 것으로, 다만 그것만으로 나는 내가 겪은 더럽고 잔인한 전쟁에 대해 통쾌한 복수(ⓐ)를 할 수 있다'고 느낀다. 따라서 ⓐ는 인물과 사회 간의 갈등에서 비롯되었다고 볼 수 있다. 한편 '훈이'는 '고모나 할머니가' 믿고 있는 '기술이니 정직이니 근면이니 하는 것이' 어떤 보상이 되어 돌아오는지 자신이 '더 비참해지'는 결과로 보여 주겠다고 하였으며, 이를 들은 '나'는 '그걸로 우리에게 복수(ⓑ)라도 하겠다'는 말이냐며 화를 내고 있다. 따라서 ⓑ는 인물과 인물 간의 갈등에서 비롯되었다고 볼 수 있다.

오답풀이

① ⓐ는 의도적으로 계획된 행위이고, ⓑ는 ~~우발적으로 일어난~~ 행위이다.

ⓐ는 '훈이'를 잘되고 잘살게 함으로써 전쟁으로부터 받은 상처를 치유 받기 위한 것이므로, '나'의 의도가 계획적으로 반영된 행위로 볼 수 있다. 한편 ⓑ는 '파국만을 원하고 있는' 것은 아니며, '일이 고모의 당초 계획대로 잘 풀'리는 것도 어느 정도는 원하고 있는 '훈이'의 의도를 '나'가 오해하여 한 말이므로 실제로 우발적으로 일어난 행위라고 볼 수 없다.

② ⓐ에는 특정 인물의 ~~오해~~가, ⓑ에는 특정 인물의 ~~의지~~가 반영되었다.

ⓐ에는 '훈이'가 잘사는 모습을 봄으로써 전쟁에 복수할 수 있는 것이라고 여기는 '나'의 의도와 의지가 반영되었을 뿐, 특정 인물의 오해가 반영되지는 않았다. ⓑ에는 '훈이'의 의도에 대한 '나'의 오해가 반영되었을 뿐, '훈이'가 실질적으로 '나'와 할머니에게 복수를 하려는 의지를 드러낸 것은 아니다.

④ ⓐ에는 특정 인물을 ~~보호~~하기 위한, ⓑ에는 특정 인물을 ~~기만~~하기 위한 의도가 반영되었다.

ⓐ는 '훈이'를 잘 키워냄으로써 전쟁으로부터 받은 자신의 상처를 치유 받을 수 있을 것이라는 '나'의 생각이 반영된 것으로, 특정 인물을 보호하기 위한 것은 아니다. ⓑ는 '훈이'의 말을 '나'가 오해한 것이지, '훈이'가 '나'를 기만하려는 의도를 드러낸 것은 아니다.

⑤ ⓐ는 특정 대상에 대한 부정적 인식에서, ⓑ는 특정 인물에 대한 ~~긍정적 인식~~에서 비롯되었다.

ⓐ는 '훈이'가 잘사는 모습을 봄으로써 전쟁에 복수하고 상처를 치유 받을 수 있을 것이라고 여기는 '나'의 인식에서 비롯된 것이므로, 전쟁이라는 대상에 대한 부정적 인식이 깔려 있다고 볼 수 있다. ⓑ는 '나'가 '훈이'의 말을 오해하면서 비롯된 것으로, 특정 인물에 대한 긍정적 인식에서 비롯되었다고 볼 수는 없다.

외적 준거를 참고한 작품의 감상을 요구하는 문제 　정답률 67%

7. 〈보기〉를 참고하여 윗글을 감상한 내용으로 적절하지 않은 것은? [3점]

> ### 보기
>
> 　이 작품에 등장하는 연극적 자아는 속물적인 논리로 자신과 자기 주변만을 생각하는 삶의 태도를 보인다. 이러한 태도는 세상에 대한 분노를 감춘 채, 세상과의 타협을 지향하는 이중적인 삶의 방식을 취하게 함으로써 연극적 자아의 부정적 특성을 심화시킨다. 이로 인해 연극적 자아는 그 주변의 인물마저도 절망적인 상황으로 몰아간다.

정답풀이

④ '그게 보기 싫어 먼 딴 데를 바라보'는 것은 연극적 자아의 ~~이중적인~~ 삶의 방식을 보여 주는군.

〈보기〉에 따르면 연극적 자아의 이중적인 삶의 방식은 '세상에 대한 분노를 감춘 채, 세상과의 타협을 지향'함으로써 드러난다. 그런데 윗글에서 '나'가 '워커에 뿌리라도 내린 듯이 꼼짝 않고 서 있'는 '훈이'가 보기 싫어 다른 곳을 보는 것은 세상과의 타협을 지향하는 모습으로 볼 수 없다. '나'는 열악한 상황에서 노동하는 '훈이'의 처지가 안쓰러워 보지 않았던 것이므로, 그러한 모습에서 '나'의 이중적인 삶의 방식이 드러난다고 볼 수 없다.

오답풀이

① '지랄같이 무책임한 전쟁'은 연극적 자아의 내부에 존재하는 세상에 대한 분노를 유발한 원인으로 볼 수 있겠군.

〈보기〉에 따르면 윗글의 연극적 자아는 '세상에 대한 분노를 감'추고 있다. 윗글의 '나'는 '지랄같이 무책임한 전쟁'에 복수하기 위해 '훈이'를 잘 키워내려 한다. 따라서 '지랄같이 무책임한 전쟁'은 연극적 자아의 내부에 존재하는 세상에 대한 분노의 원인이라고 볼 수 있다.

> ☑ 짚고 가기 〈보기〉와 관련하여 지문에서 '연극적 자아'와 그로 인해 '절망적인 상황'에 놓이게 된 그 주변의 인물이 각각 '나'와 '훈이'를 가리킨다는 것을 판단할 수 있었지? 그랬다면 '나'가 '세상에 대한 분노'를 가졌으면서도 '속물적인 논리로 자신과 자기 주변만을 생각'하며 '세상과의 타협을 지향'하는 인물이라는 힌트를 얻을 수 있었을 거야. 또한 '훈이'가 '더 비참해지고 싶'다거나 '고모가 애써 된 이 일의 파국'을 원한다고 말하는 것은, '훈이'가 '잘되고 잘사는 것'을 바랐던 '나'의 행동이 결과적으로 '훈이'를 절망적인 상황으로 몰아갔음을 보여 주는 것이라 이해할 수 있지.

② '뒷문으로 통하는 길'을 찾으려는 모습은 연극적 자아의 속물성을 보여 준다고 볼 수 있겠군.

〈보기〉에 따르면 윗글의 '연극적 자아는 속물적인 논리로 자신과 자기 주변만을 생각'한다. 윗글에서 '나'가 '훈이'의 취업을 위해 '뒷문으로 통하는 길'을 찾아보겠다고 한 것은 정당하지 않은 방법을 동원해서라도 '훈이'의 취업을 이뤄내겠다는 것이므로 연극적 자아의 속물성을 보여 준다고 할 수 있다.

③ '애써 된 이 일의 파국'을 통해 연극적 자아 주변에 있는 인물의 절망적인 상황을 보여 주는군.

〈보기〉에서 '연극적 자아는 그 주변의 인물마저도 절망적인 상황으로 몰아간다'고 하였다. 윗글의 '나'는 '훈이'를 잘 키워내 전쟁에서 받은 상처를 치유하고 싶었으나 '훈이'는 '더 비참해지고 싶'다고 하며 '고모가 애써 된 이 일의 파국'을 통해 '나'와 이 나라로부터 놓여날 수 있기를 바란다고 하였다. 이는 연극적 자아 주변 인물인 '훈이'의 절망적인 상황을 보여 준다고 할 수 있다.

⑤ '이 땅에 뿌리내리기 쉬운 가장 무난한 품종'에 대한 소망은 세상과의 타협을 지향하는 연극적 자아의 모습을 보여 주는군.

〈보기〉에서 연극적 자아는 '세상에 대한 분노를 감춘 채, 세상과의 타협을 지향하는 이중적인 삶의 방식을 취'한다고 하였다. 윗글의 '나'는 '지랄 같은 전쟁'으로 인해 '사람들의 삶이 뿌리를 송두리째 뽑아 던져'졌다고 여기며 세상에 대한 분노를 가졌음에도, '훈이를 이 땅에 뿌리내리기 쉬운 가장 무난한 품종으로 키우는 데'에 신경을 썼다는 점에서 세상과의 타협을 지향하는 연극적 자아의 모습을 보여 준다고 할 수 있다.

[앞부분의 줄거리] 나는 기범이 죽기 전에 무슨 일이 있었는지 알기 위해, 그가 살았던 구천동을 찾아간다. 기범의 행적을 잘 알고 있는 '임 씨'를 만나 사연을 듣기 전에, 일규의 장례식 후에 있었던 기범과의 과거 일을 회상한다.

"네가 일규를 어떻게 아냐? 네깐 게 뭘 안다구 감히 일규를 입에 올리냐?"

기범은 순간 잔을 던지고 미친 듯이 웃기 시작했다. 너무나 돌연한 웃음이어서 나는 그때 꽤나 놀랐다. 기범이 그처럼 미친 듯이 웃는 것을 나는 그날 처음 보았다. <u>'나'가 일규에 대해 함부로 말하지 말라고 하자 기범은 실성한 듯 웃어. 갑작스러운 기범의 웃음에 '나'는 놀라지.</u>

"그래, 네 말이 맞다. 나는 그놈을 **입에 올릴 자격이 없다.** 허지만 누가 그놈을 진심으로 사랑한 줄 아냐? 너희냐? 너희가 그놈을 사랑한 줄 아냐?"

㉠나는 긴장했다. 그의 눈에서 번쩍이는 눈물을 보았기 때문이다. <u>기범이 눈물을 보이자 '나'는 긴장하네.</u>

"너는 그놈이 아깝다구 했지만 나는 그놈이 죽어 세상 살맛이 없어졌다. 나는 살기가 **울적할 때마다** 허공에서 그놈의 쌍판을 찾았다. 나는 그놈을 통해서만 살아가는 **재미와 기쁨**을 느꼈다. 그러나 그놈 역시 사정은 나하구 똑같았다. **나를 발길로 걷어찼지만** 그놈은 나를 잊은 적이 없다. 우리는 **서로 사랑했지만** 사랑하는 방법이 달랐을 뿐이다."

<u>기범은 자신에게 일규가 각별한 의미를 지닌 존재였으며, 둘은 서로를 통해서만 삶의 의미를 찾을 수 있었다고 말하고 있어.</u> 장면 1 <u>[앞부분의 줄거리]에 따르면 '나'는 임 씨를 만나기 전에 '일규의 장례식 후에 있었던 기범과의 과거 일을 회상'한다고 했지. 그럼 (중략) 이전의 장면은 '나'와 기범 사이에 있었던 일을 회상하는 하나의 장면이라고 볼 수 있어.</u>

(중략)

"원래 그 사람은 도회지에서 살던 사람인데 왜 그때 도시를 버리구 **깊은 산골**을 찾았는지 모르겠군."

"처음엔 저두 많이 궁금하게 생각했습니다. 뭔가 세상에 죄를 짓구 숨어 사는 분이 아닌가 했습니다. ㉡더구나 이리루 들어오시자 머리를 깎구 수염까지 기르셨거든요. <u>임 씨는 처음에 기범을 의심했어. 죄를 짓고 산골로 숨어 들어온 사람일지도 모른다고 생각한 거지.</u> 그러나 오래 뫼시구 살다 보니 저대루 차츰 납득이 갔습니다. 한마디로 말하기는 어렵지만 세상에 뭔가 실망을 느끼신 게 아닌가 싶습니다." <u>시간이 지나며 임 씨는 기범이 세상에 실망을 느껴서 산골로 온 것이라고 생각하게 됐네.</u>

"본인이 그런 말을 한 적이 있소?"

"과거 얘기는 좀체 안 하시는 편이었는데 언젠가는 내게 그 비슷한 말씀을 하시더군요. 듣기에 따라서는 궤변 같지만 그분은 남하구 다른 ⓐ묘한 철학을 지니구 계셨습니다."

"그걸 한번 들려줄 수 없소?"

"그분은 세상이 어지럽구 더러울 때는 그것을 구하는 방법이 한 가지밖에 없다구 하셨습니다. 세상을 좀 더 썩게 해서 더 이상 그 세상에 썩을 것이 없도록 만들어야 한다는 것입니다. 그걸 썩지 않게 고치려구 했다가는 공연히 사람만 상하구 힘만 배루 든다는 것입니다. ㉢'모두 썩어라, 철저히 썩어라'가 그분이 세상을 보는 이상한 눈입니다. 제 나름의 어설픈 추측입니다만 그분은 **사람만이 지닌 이상한 초능력**을 믿으시는 것 같았습니다. 사람은 온갖 악행에도 불구하고 자기 스스로를 송두리째 포기하지는 않는다는 것입니다. 세상이 철저히 썩어서 더 썩을 것이 없게 되면 사람은 살아남기 위해 언젠가는 스스로 자구책을 쓴다는 것입니다. <u>기범의 철학을 직접적으로 보여 주는 말이야. 기범은 세상이 어지럽고 더러울 때에는 세상을 더 썩게 하여 최후에는 사람이 스스로 구원하기 위한 방책을 쓰도록 해야 한다고 생각해.</u> 당신은 바로 그걸 믿으셨고, 이러한 자기 생각을 부정(不正)의 미학이라는 묘한 말루 부르시기두 했습니다."

나는 순간 가슴 한구석에 뭔가 미미하게 부딪쳐 오는 진동을 느꼈다. 진동의 진상은 확실치 않지만, 나는 그것이 기범을 이해하는 어떤 열쇠가 아닌가 생각했다. 그의 온갖 기행과 궤변들이 어지러운 혼란 속에서 그제야 언뜻 한 가닥의 질서 위에 어렴풋이 늘어서는 것이었다. <u>임 씨의 말을 들은 뒤 '나'는 기범의 기행과 궤변에 대해 어렴풋이 이해하게 돼.</u>

"헌데 세상에 대해 그런 생각을 지닌 사람이 갑자기 왜 세상을 등지구 이런 산속에 박혀 사는 거요?"

"당신께서 아끼시던 친구 한 분이 갑자기 세상을 버리셨다구 하시더군요. 그때 아마 **충격을 받으시구** 이리루 들어오신 게 아닌가 싶습니다."

"누구랍니까, 그 친구가?"

"이름은 말씀 안 하시구 그분을 언제나 '미련한 놈'이라구만 부르셨습니다."

오일규다. 나는 그제야 오일규의 장례식 후에 기범이 격렬하게 지껄인 저 시끄럽던 요설들이 생각났다. 어쩌면 기범은 그때 이미 세상을 등질 결심을 했는지도 알 수 없다. ㉣아니 그는 그 얼마 후에 내 앞에서 정말로 깨끗하게 사라져 버린 것이다.

"그래 그 친구가 죽은 후로 왜 세상을 등졌답디까?"

"**세상 살 재미가 없어졌다구** 하시더군요. 일규의 죽음 뒤 기범은 삶의 의미를 잃어버렸던 거야. 아마 친구분을 꽤나 좋아하셨던 모양입니다. 그 미련한 놈이 죽어 버렸으니 자기도 앞으로는 미련하게 살밖에 없노라구 하셨습니다. ㉤당신이 미련하다고 말씀하는 건 우습게 들리시겠지만 착한 일을 뜻하시는 것이었습니다."

"그래서 이곳에 온 후 사람이 갑자기 달라진 거요?"

"전 그분의 과거를 몰라서 어떻게 달라졌는지는 잘 모릅니다. 허지만 이곳에 오신 후로는 그분은 거의 남을 위해서만 사셨습니다. 구천동에 간 기범은 이타적인 삶을 살았어. 제가 생명을 구한 것두 순전히 그분의 덕입니다."

[A] 나는 다시 기범이 지껄였던 과거의 ⓑ요설들이 생각난다. 세상을 항상 역(逆)으로만 바라보던 그의 난해성이 또 한 번 나를 혼란 속에 빠뜨린다. 그는 어쩌면 이 세상을 역순(逆順)과 역행(逆行)에 의해 누구보다 열심으로 가장 솔직하게 살다 간 것 같다. '나'는 기범이 세상을 일반적인 사고 방식과는 반대로 보는 독특한 관점을 가졌다는 사실을 상기하며 혼란에 빠져. 기범의 독특한 관점에 대한 '나'의 생각은 기범이 역순과 역행의 방식으로 세상을 열심히 살다 갔다는 말에서도 확인할 수 있어. 그에게 악과 선은 등과 배가 서로 맞붙은 동위(同位) 동질(同質)의 것이었는지도 알 수 없다. 그는 악과 선 중 아무것도 믿지 않았고 오직 믿은 것이라고는 세상에는 아무것도 믿을 것이 없다는 사실뿐이었다. 그와 오일규가 맞부딪쳤을 때 오일규가 해체되는 것은 너무나 당연하다. 그것은 가장 비열한 삶이 가장 올바른 삶을 해체시키는 역설적인 예인 것이다.

장면 2 (중략) 이후는 [앞부분의 줄거리]에 제시된 대로, '나'가 기범이 죽기 전의 행적을 알기 위해 구천동에 가서 임 씨와 대화하는 장면이 제시되었어.

– 홍성원, 「무사와 악사」 –

서술자가 작품 속에 '나'로 등장해서 기범에 대한 이야기를 하고 있으므로 I인칭 관찰자 시점이야.

✏️ **1분컷 작품 정리**

주요 인물	주요 사건
•'나': 임 씨의 말을 통해 **기범**을 이해하게 됨 •기범: **일규**의 죽음 이후 깊은 산골로 들어가 남을 위해 살다가 죽음 •임 씨: '나'에게 기범의 행적에 대해 말해 줌	장면 1 '나'는 일규의 장례식 후에 자신의 삶의 의미가 **일규**에게 있었음을 말하는 기범의 모습을 회상함 장면 2 '나'는 **임 씨**와의 대화를 통해 구천동에서의 기범의 행적에 대해 듣고 기범의 철학을 이해하기 시작함

□1인칭 주인공 ☑1인칭 관찰자 □3인칭 관찰자 □전지적 작가 시점

8. [A]의 서술상 특징으로 가장 적절한 것은?

정답풀이

② 이야기 내부의 서술자가 인물에 대한 평가를 관념적으로 서술하고 있다.

[A]의 '나'는 이야기 내부에 위치한 1인칭 서술자로, '임 씨'와의 대화를 통해 '기범이 지껄였던 과거의 요설들'을 다시 떠올리며 그의 삶에 대해 평가하고 있다. 이때 '그(기범)에게 악과 선은 등과 배가 서로 맞붙은 동위 동질의 것'이라고 생각하는 것은 '나'가 '기범'에 대해 내린 관념적, 추상적인 평가로 볼 수 있다.

오답풀이

① 이야기 내부의 서술자가 인물의 행동을 ~~객관적으로~~ 서술하고 있다.

[A]의 '나'는 '기범이 지껄였던 과거의 요설들'을 다시 생각하며 '기범'의 행동에 대해 '어쩌면 이 세상을 역순과 역행에 의해 누구보다 열심으로 가장 솔직하게 살다 간 것 같다.'라고 하는 등 주관적으로 서술하고 있다.

③ 이야기 ~~외부~~의 서술자가 인물의 체험을 바탕으로 사건의 ~~배경~~을 실감나게 서술하고 있다.

[A]의 '나'는 이야기 내부에 위치한 서술자로, 사건의 배경을 실감나게 서술하기보다 특정 인물에 대한 주관적인 평가를 서술하고 있다.

④ 이야기 ~~외부~~의 서술자가 인물의 회상을 중심으로 사건의 전개를 지연시키며 서술하고 있다.

[A]의 '나'는 이야기 내부에 위치한 서술자로, '기범이 지껄였던 과거의 요설들'에 대한 생각을 중심으로 서술하고 있다.

⑤ 이야기 ~~외부~~의 서술자가 인물의 내면을 묘사하여 인물 간의 갈등이 ~~지속~~되고 있음을 서술하고 있다.

[A]의 '나'는 이야기 내부에 위치한 서술자로, '기범'이 세상을 살았던 방식에 대해 말하고 있을 뿐, 인물 간의 갈등이 지속되고 있음을 서술하고 있지는 않다.

---

9. 서사의 흐름을 고려하여 ㉠~㉤에 대해 이해한 내용으로 적절하지 않은 것은?

정답풀이

④ ㉣: ~~약속을 곧바로 실행에 옮긴 행위~~에 대한 놀라움을 드러낸 표현이다.

'나'는 '임 씨'와의 대화를 통해 '오일규의 장례식 후' '기범'을 만났던 과거를 떠올리며 '어쩌면 기범은 그때 이미 세상을 등질 결심을 했는지도 알 수 없다.'라고 생각한다. 이때 '기범'이 '세상을 등질' 약속을 누군가와 한 것은 아니므로, ㉣을 '기범'이 약속을 곧바로 실행에 옮긴 것에 대한 '나'의 반응으로 보기는 어렵다.

오답풀이

① ㉠: 돌연한 웃음을 보이다가 눈물을 보이는 식으로 갑작스러운 감정 변화를 보인 데 대한 반응이다.

'감히 일규를 입에 올리'지 말라는 말을 듣고 '기범'은 '미친 듯이 웃기 시작'하더니 다시 눈물을 보이며 말을 하고 있다. ㉠은 이러한 '기범'의 갑작스러운 감정 변화를 본 '나'의 반응이다.

② ㉡: 신원이 미심쩍다고 의심하는 상황에서 그 외모가 의심을 가중했다는 생각이 담긴 말이다.

'임 씨'는 '깊은 산골을 찾'은 '기범'을 보고 처음에는 '뭔가 세상에 죄를 짓구 숨어 사는 분이 아닌가' 의심했었다고 한다. ㉡은 '임 씨'가 산골로 들어온 '기범'의 신원을 미심쩍어 하던 상황에서 '기범'이 '머리를 깎구 수염까지 기르'는 바람에 그 의심이 심해졌음을 드러내는 말이다.

③ ㉢: 세상에 대한 관점이 상식적이지 않아 일반적으로는 수긍하기 어렵다는 생각을 드러낸 판단이다.

㉢은 '임 씨'가 '기범'의 '남하구 다른 묘한 철학'을 설명하는 말로, '세상을 보는' '기범'의 관점이 상식적이지 않고 독특하기 때문에 일반적으로는 수긍하기 어렵다는 '임 씨'의 판단이 담겨 있는 말이다.

⑤ ㉤: 말의 표면적인 뜻과 달리 그 속에 숨은 뜻을 파악한 우호적인 해석이다.

㉤은 '일규'의 죽음 이후 '자기도 앞으로는 미련하게 살밖에 없노라'는 '기범'의 말에서 '미련'함이 표면적인 뜻과는 달리 '착한 일'을 의미함을 파악한 '임 씨'의 해석으로, '기범'에 대한 '임 씨'의 우호적인 태도가 담겨 있다.

10. ⓐ, ⓑ에 대한 설명으로 가장 적절한 것은?

정답풀이

① ⓐ에 대한 '나'의 이해는 기범에 대한 '나'의 인식이 전환되는 데에 기여한다.

ⓐ에 대한 이야기를 듣고 난 후 '나'는 '가슴 한구석에 뭔가가 미미하게 부딪쳐 오는 진동'을 느끼면서 그동안 '기범'의 '온갖 기행과 궤변들'을 이해하는 '어떤 열쇠'를 찾았다고 생각한다. 따라서 ⓐ를 이해함으로써 '기범'에 대한 '나'의 인식이 전환되었다고 볼 수 있다.

> **✅ 짚고 가기** 소설 지문을 읽을 때에는 서술자인 '나'의 태도를 파악하는 게 중요하다는 걸 보여 주는 문제라고 할 수 있어. 윗글의 '나'는 '기범'에 대해 의문을 가지고 있었어. 그가 왜 산골로 들어갔는지, 온갖 기행과 궤변의 의미는 무엇인지 이해하지 못했지. 그런데 ⓐ에 대해 이야기를 들은 후 '나'는 '기범'을 어느 정도 이해할 수 있게 돼. '나'의 태도가 변화한 거야. 이렇게 인물의 태도가 변화하는 지점은 문제로 출제될 가능성이 높으니 내용을 정확히 이해하는 게 중요해.

오답풀이

② ⓐ에 대한 얘기를 ~~먼저~~ 꺼낸 것은 기범에 대한 ~~자신의~~ 오해를 풀 목적에서이다.

ⓐ는 '나'가 아닌 '저' 즉 '임 씨'가 먼저 꺼낸 얘기로, '나'는 ⓐ에 대한 얘기를 들으며 '기범'에 대한 오해를 풀어가고 있다.

③ ~~자신~~ '나'가 기범에 대해 품은 의문이 ⓑ를 바탕으로 하고 있음을 ~~알게 된다~~

ⓑ는 '나'가 과거에 보았던 '기범'의 '온갖 기행과 궤변들'을 이르는 말로, '저'가 ⓑ에 대해 알게 되는 장면은 나타나지 않는다.

④ '저'가 ⓐ로 인해 ~~기범을 오해~~한다면, '나'는 ~~ⓑ에 의해~~ 기범을 이해한다.

'저'는 '나'에게 '기범'이 지녔던 ⓐ에 대해 설명하고 있지, ⓐ로 인해 '기범'을 오해하고 있지는 않다. 또한 '나'는 '저'에게 ⓐ에 대해 듣고 난 뒤 ⓑ를 떠올리며 '기범'을 이해하게 된다.

⑤ '저'는 기범이 선행을 베풀며 보인 변화가 ~~ⓑ에서 ⓐ로 변화된 과정과 일치함~~을 알고 있다.

'저'는 '깊은 산골을 찾은' '기범'이 보인 선행과 ⓐ에 대해 이야기하고 있지만, ⓑ에서 ⓐ로 변화된 과정에 대해서는 알고 있지 않다.

11. 〈보기〉의 관점에서 윗글을 감상한 내용으로 적절하지 <u>않은</u> 것은? [3점]

> **보기**
>
> 사람들은 존경하거나 사랑하는 사람을 닮아 가며 그와 자신을 동일시하려는 경향이 있다. 이를 통해 심리적 위안이나 성취감을 느끼기도 하지만 그 상대로부터 외면받거나 그가 부재한 상황에서는 마음에 상처를 입는다. 이때 동일시의 상대를 부정하거나, 외면당하지 않았다고 자신의 처지를 합리화한다. 또는 관심을 다른 데로 돌려 그 상황에서 아예 벗어나고자 한다. 「무사와 악사」에서 '기범'이 보이는 기행과 궤변은 '일규'를 동일시하려는 상대로 의식한 데서 비롯한 것으로도 볼 수 있다.

정답풀이

⑤ 기범이 일규를 '입에 올릴 자격이 없다'는 것이 동일시의 대상에 대한 존경심의 표현이라면, ~~사람만이 지닌 이상한 초능력에 대한 기범의 믿음은 동일시를 통한 성취감에 해당되겠군.~~

〈보기〉에 따르면 '사람들은 존경'하는 사람과 '자신을 동일시하려는 경향이 있'는데, 윗글의 '기범'은 '일규'를 자신과 '동일시하려는 상대로 의식'한 인물이라고 하였다. 이를 참고하면, '기범'이 자신은 '일규'를 '입에 올릴 자격이 없다'고 말한 것은 동일시의 대상인 '일규'에 대한 존경심의 표현이라고 볼 여지가 있다. 그러나 '기범'이 '사람만이 지닌 이상한 초능력'을 믿는다는 것은 '기범'에 대한 '임 씨'의 '어설픈 추측'에 해당하는 것으로, '일규'와의 동일시를 통한 성취감에 해당한다고 보기 어렵다.

오답풀이

① 일규의 죽음에 '충격을 받고 '세상 살 재미가 없어졌다'는 기범의 말이 사실이라면, 동일시하려던 상대의 부재가 가져 오는 심리적 영향이 컸다는 것이겠군.

〈보기〉에 따르면 사람들은 동일시하려는 상대가 '부재한 상황에서는 마음에 상처를 입는다.'라고 하였다. 윗글에서 '기범'이 '일규'의 죽음에 '충격을 받고 '세상 살 재미가 없어졌다'고 말한 것이 사실이라면, 동일시하려던 대상인 '일규'의 부재가 '기범'에게 미친 심리적 영향이 컸다고 볼 수 있다.

② 기범이 자신을 '발길로 걷어찼'던 일규로부터 외면받았다고 본다면, 일규와 '서로 사랑했'다고 믿는 기범의 진술은 외면당한 자신의 처지를 합리화하려는 의도에서 나온 것이겠군.

〈보기〉에 따르면 사람들은 동일시하려는 '상대로부터 외면받'게 되면 '외면당하지 않았다고 자신의 처지를 합리화한다.'라고 하였다. 윗글에서 '기범'이 자신을 '발길로 걷어찼'던 '일규'로부터 외면받은 것으로 본다면, '기범'이 '일규'와 자신은 '서로 사랑했'던 관계라고 이야기한 것은 외면당한 자신의 처지를 합리화하려는 것이라고 볼 수 있다.

③ '울적할 때마다' 일규를 떠올리며 삶의 '재미와 기쁨'을 얻었다는 기범의 고백을 동일시의 결과로 이해한다면, 일규를 통해 기범이 심리적 위안을 얻었음을 추측할 수 있겠군.

〈보기〉에 따르면 사람들은 '존경하거나 사랑하는 사람'과 자신을 동일시하며 '심리적 위안'을 느낀다고 하였다. 윗글에서 '기범'이 '울적할 때마다' '일규'를 떠올리며 삶의 '재미와 기쁨'을 얻었다고 고백한 것은 자신을 '일규'와 동일시한 결과로 심리적 위안을 얻은 것이라 짐작할 수 있다.

④ 일규의 죽음이 기범이 도시를 떠나 '깊은 산골'에 정착한 계기였다고 본다면, 이는 동일시하려던 상대가 사라진 상황에서 관심을 다른 데로 돌려 그 상황을 벗어나기 위해서였겠군.

〈보기〉에 따르면 사람들은 동일시하려는 상대가 '부재한 상황'에서는 '관심을 다른 데로 돌려 그 상황에서 아예 벗어나고자 한다.'라고 하였다. 윗글에서 '기범'이 도시를 떠나 '깊은 산골'에 정착한 것은 동일시하려던 상대인 '일규'의 죽음으로 인해 관심을 다른 데로 돌려 그 상황을 벗어나기 위해서였다고 볼 수 있다.

(1) 사대부의 인식과 태도를 이해해야 한다.

STEP 2 문제로 확인하기

문제 P.253

1~2

▧ 화자　▧ 대상　～ 대상의 속성　▧ 정서·태도

산촌(山村)에 눈이 오니 돌길이 묻혔어라
㉠시비(柴扉)를 열지 마라 날 찾을 이 뉘 있으랴 화자가 머무는 산촌에는 눈이 와서 길이 묻힌 상태야. 이때 화자는 시비를 열지 말라며
산촌에 묻혀 지내고 싶은 마음을 드러내고 있네.
밤중만 일편명월(一片明月)이 긔 벗인가 하노라 화자는 일편명월(조각달)을 친구로 여기는 자연 친화적 삶을 살고 있어.

– 신흠, 「방옹시여(放翁詩餘)」 –

[현대어 풀이]
산촌에 눈이 오니 돌길이 묻혔구나
사립문을 열지 마라 날 찾을 이 누가 있겠느냐
밤중에 한 조각 밝은 달만이 내 벗인가 하노라

✏ **1분컷 작품 정리**

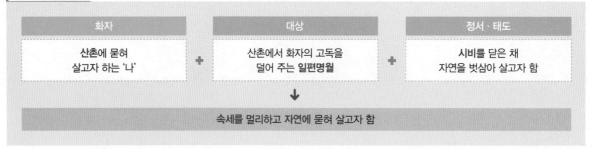

화자	대상	정서·태도
산촌에 묻혀 살고자 하는 '나'	산촌에서 화자의 고독을 덜어 주는 **일편명월**	시비를 닫은 채 자연을 벗삼아 살고자 함

↓

속세를 멀리하고 자연에 묻혀 살고자 함

1. ㉠에는 화자의 단절감이 담겨 있다.　◎
문제 p.24 화자
윗글의 화자는 눈이 와서 길이 묻힌 '산촌', 즉 자연 속에 살고 있다. ㉠은 자신을 찾을 사람이 없으니 '시비(사립문)'를 열지 말라고
하는 것이므로 자연과 속세의 단절감을 드러낸 것으로 볼 수 있다.

☑ **짚고 가기** '산촌, 시비'는 앞에서 배운 단어지? 윗글에는 속세와 단절되어 자연을 벗 삼아 살고자 하는 사대부의 인식이 반영되어
있어. 그렇다면 자연과 속세 사이에 있는 '시비'를 열지 말라고 한 것에는 화자의 단절감이 담겨 있다고 볼 수 있는 거지.

2. ㉠에는 ~~냉소적 태도~~가 반영되어 있다.　
해설 p.12 냉소
화자는 '시비'를 열지 말라고 함으로써 속세와 거리를 두려는 마음을 표현하고 있으나, 무언가를 비웃는 태도는 나타나 있지 않다.

공명(功名)도 잊었노라 부귀(富貴)도 잊었노라
세상(世上) 번우한 일 다 주어 잊었노라
내 몸을 내마저 잊으니 **남**이 아니 잊으랴 화자는 공명, 부귀와 세상의 근심마저 잊었다고 해.   〈2수〉

질가마 좋이 씻고 바위 아래 샘물 길어
팥죽 달게 쑤고 **저리지** 끄어 내니
세상에 이 두 맛이야 **남이 알까 하노라** 화자는 소박한 음식을 만들어 먹으면서 이를 남이 알까 걱정하며 혼자 즐기고 있어.   〈5수〉

어화 저 **백구(白鷗)**야 무슨 수고 하느냐
갈 숲으로 서성이며 고기 엿보기 하는구나
나같이 **군마음 없이** 잠만 들면 어떠리 화자는 갈 숲을 서성이며 고기를 얻으려 엿보고 있는 백구를 보며, 자신처럼 쓸데없는 마음을 품지 않고
잠드는 게 어떠냐고 해.   〈6수〉

대 막대 너를 보니 **유신(有信)**하고 반갑고야
내 아이 적에 너를 타고 다니더니
이제란 창(窓)뒤에 섰다가 날 뒤 세우고 다녀라 화자는 어릴 때 타고 다니던 대나무 막대를 보고 반가워하며, 이제는 나이가 들어 대나무를
지팡이로 사용하겠다고 말하고 있어.   〈11수〉

– 김광욱, 「율리유곡(栗里遺曲)」 –

[현대어 풀이]
공명(공을 세워 이름을 알리는 것)도 잊었노라 부귀도 잊었노라
그리고 세상의 번거롭고 걱정되는 일도 모두 잊어버렸노라
마침내 나 자신까지도 잊어버렸으니, 남이 나를 아니 잊을 수 있겠는가?   〈2수〉

흙가마 깨끗이 씻고 바위 아래에서 샘물을 길어다가
팥죽을 달게 쑤고 겉절이를 꺼내어 먹으니
세상에 이 두 맛을 남이 알까 하노라(=혼자 알고 싶구나)   〈5수〉

아아 저 갈매기야, 무슨 수고를 하느냐?
갈대숲에서 서성이며 고기를 엿보고 있구나
나같이 다른 마음 없이 잠만 들면 어떠하겠는가?   〈6수〉

대나무 막대 너를 보니 믿음직스럽고 반갑구나
내가 어린 아이일 때에 너를 타고 다니더니
이제는 창 뒤에 서 있다가 (지팡이가 되어) 나를 뒤에 세우고 다녀라   〈11수〉

✏️ **1분컷 작품 정리**

화자	대상	정서·태도
세상의 부귀 공명을 잊고 군마음 없이 소박하게 살아가는 '나'	• 속세, 욕망(**공명**과 **부귀**, **백구**) ↔ 자연의 소박한 삶(**팥죽**과 **저리지**) • 신의 있는 대 막대	부귀 공명을 잊고 소박하게 사는 삶의 만족감. 어릴 적에 타고 다니던 **대 막대**를 본 반가움

↓

세속적 욕망에 얽매이지 않는 전원 생활의 만족감

3. 〈2수〉: 화자는 '남'으로부터 ~~조외환 자신의 존재에 대한 안타까움~~을 드러내고 있다.　❌

〈2수〉의 초장과 중장에 따르면 화자는 '공명'과 '부귀'에 거리를 두는 욕심 없는 삶을 지향하며, 세상의 근심스러운 일을 잊은 채 살고 있다. 또한 종장은 화자마저 자기 스스로를 잊었고 남도 자신을 잊었을 것이라고 함으로써 속세를 잊고 사는 심정을 드러내고 있을 뿐, 소외된 자신에 대한 안타까움을 드러낸다고 볼 수는 없다.

> **✔ 짚고 가기**　'부귀'와 '공명'은 욕망과 관련된 세속적 가치이지. 화자는 이 둘을 잊었다고 말하고 있어. 이는 속세를 꺼리는 모습을 보여 주는 거지. 또한 화자는 '내 몸을 내마저 잊으니 남이 아니 잊으랴'라고 스스로도 잊는 상황에 남도 자신을 잊는다는 말로 속세와의 거리를 표현하고 있어. 화자가 속세에 거리를 두는 것으로 보아 '남'으로부터 소외된 스스로를 안타까워한다고 볼 수는 없지.

4. 〈5수〉: 화자는 '팥죽'과 '저리지'를 통해 소박한 삶에 대한 만족감을 드러내고 있다.　◎

화자는 '질가마'를 깨끗이 씻고, '바위 아래'에서 '샘물'을 길어서 '팥죽'을 쑤고 '저리지(겉절이)'를 꺼내어 먹고 있는데, 이는 자연에서 소박한 음식을 먹으며 사는 삶에 대한 만족감을 드러낸다고 볼 수 있다.

5. 〈11수〉: 화자는 '유신'하다고 여기는 대상에 대한 친밀감을 표현하고 있다.　◉

화자는 '대 막대'를 보고 '유신하고 반갑'다고 말한다. 이는 자신이 '아이 적에' 대 막대를 타고 놀았고, 이제는 지팡이처럼 짚고 다니기 때문이다. 즉 〈11수〉에는 화자가 '유신'하다고 여기는 '대 막대'에 대한 친밀감이 표현되었다고 볼 수 있다.

부귀라 구(求)치 말고 **빈천**이라 염(厭)치 말아
인생 백년이 한가할사 사니 이 내 것이
백구야 날지 말아 너와 **망기**하오리라 화자는 부귀라고 구하지 말고, 빈천이라고 싫어하지 말라고 하며, 인생을 한가하게 살고자 해.

〈제1곡〉

천심 절벽 셋난 아래 일대 장강(一帶長江) 흘너간다
백구로 버즐 삼아 **어조 생애(漁釣生涯)** 늘거가니
두어라 **세간 소식(世間消息)** 나난 몰나 하노라 화자는 높은 절벽 아래, 긴 강이 흐르는 자연 속에서 백구를 벗으로 삼아 세상의 소식을
모른 채 어부의 삶을 살고자 하고 있어.

〈제2곡〉

보리밥 파 **생채**를 양(量) 맞촤 먹은 후에
모재를 다시 쓸고 북창하(北窓下)에 누엇시니
눈 압해 태공 **부운**이 오락가락 하놋다 화자는 초가집에서 소박한 음식을 먹으며 안분지족하고 있어. 이런 화자 앞에 구름이 오락가락하는군.

〈제3곡〉

공산리(空山裏) 저 가난 달에 **혼자** 우난 저 **두견**아
낙화 광풍에 어나 가지 으지 하리
백조(百鳥)야 한(恨)하지 말아 내곳 **설워 하노라** 화자는 빈 산에서 의지할 곳 없이 혼자 우는 두견새를 보며 동병상련의 심정을 느끼기에
서러워하고 있어.

〈제4곡〉
– 권구, 「병산육곡」 –

[현대어 풀이]
부귀(재산이 많고 지위가 높은 것)라고 구하려고 하지 말고, 빈천(가난하고 천한 것)이라 싫어하지 마라
인생 백 년 한가하게 살고자 하는 것이 내 마음이니
갈매기야 날아가지 마라 너와 함께 속세의 일을 잊으리라 〈제1곡〉

천 길 낭떠러지 아래 한 줄기 긴 강이 흘러간다
갈매기로 벗을 삼아 낚시하는 어부의 생애로 늙어가니
두어라 세상 소식을 나는 모르고자 하노라 〈제2곡〉

보리밥, 파 생채를 양에 맞게(알맞게) 먹은 후에
초가집을 다시 쓸고 북쪽 창문 아래에 누웠으니
눈앞의 넓은 하늘에 뜬구름이 오락가락 하는구나 〈제3곡〉

아무도 없는 산속에서 저기 가는 달을 보며 혼자 우는 저 두견새야
꽃잎 떨어지는 센 바람에 (두견새 네가) 어느 가지에 의지하리?
온갖 새들아 한탄하지 마라 나도 서러워 하노라 〈제4곡〉

✏ 1분컷 **작품 정리**

화자		대상		정서·태도
자연 속에서 사는 '나'	+	• 속세, 욕망(부귀, 세간 소식 등) ↔ 자연의 소박한 삶(빈천, **백구**, 보리밥 파 생채 등) • 홀로 의지할 곳 없는 **두견**	+	속세를 잊고 자연에서 안분지족함, 두견을 보고 서러워함

↓

자연 속에서 안빈낙도하는 삶

6. 〈제1곡〉에서 '부귀'를 구하지 말고 '빈천'을 싫어하지 말라는 것은 '망기'를 지향하는 화자의 태도를 드러낸다. ◉

〈제1곡〉에서 화자는 '부귀'를 구하지 말고 '빈천'을 싫어하지 말라고 하며 '백구'와 함께 속세의 일이나 욕심을 잊겠다고 말한다. 즉 속세의 욕심인 '부귀'를 구하지 말고, 자연에서 '빈천'해도 소박하게 사는 것을 싫어하지 말라는 것은 '망기'를 지향하는 화자의 태도를 드러낸다고 볼 수 있다.

7. 〈제2곡〉에서 '천심 절벽'은 '백구'를 벗으로 삼는 '어조 생애'를 ~~어렵게 하는 장애물~~에 해당한다. ✕

〈제2곡〉에서 화자는 천 길이나 되는 '절벽' 아래의 긴 '강'이 흘러가는 곳에서 '백구'를 벗으로 삼아 '어조 생애'로 늙어가며 '세간 소식'을 모른 채 지내고 있다. 따라서 '천심 절벽'은 '어조 생애'를 살아갈 수 있는 자연의 일부일 뿐 이를 어렵게 하는 장애물이라고 볼 수 없다.

8. 〈제4곡〉에서 '낙화 광풍'에 의해 의지할 곳 없이 '혼자' 우는 '두견'의 처지는 '설워 하'는 화자의 심정으로 이어지고 있다. ◉

〈제4곡〉에서 화자는 꽃을 떨어뜨리는 거센 바람에 의지할 곳 없는 '저 두견'을 바라보며 자신도 '설워' 한다는 심정을 토로하고 있다.

(2) <보기>가 오히려 함정이 될 수도 있음을 유의해야 한다.

1~3   ■ 화자   ■ 대상   ～ 대상의 속성   ■ 정서·태도

저기 가는 저 각시 본 듯도 하구나

천상 백옥경(白玉京)을 어찌하여 이별하고

해 다 져 저문 날에 누굴 보러 가시는고 화자는 '천상 백옥경'을 이별하고 해가 다 저물었는데 누군가를 보러 가는 '저 각시'에게 관심을 가지고

있어.

어와 너로구나 이 **내** 사설 들어 보오

내 얼굴 이 거동이 **임** 사랑 받을 만할까만

어쩐 일로 날 보시고 너로다 여기시니

나도 임을 믿어 군뜻이 전혀 없어

아양이야 교태야 어지러이 하였더니

반기시는 낯빛이 전과 어찌 다르신고

누워 생각하고 일어나 앉아 헤아리니

내 몸의 지은 죄 산같이 쌓였으니

하늘이라 원망하며 사람이라 허물하랴

서러워 풀어 헤아리니 **조물의 탓**이로다 1~3행에서의 화자를 화자 1, 4행부터의 화자를 화자 2라고 해보자. 화자 2는 화자 1의 질문에

과거에 임에게 사랑 받으며 지냈으나 이별하게 된 것이 자신의 탓이라고 생각하며 자책하고 있어.

그리 생각 마오 이 부분은 다시 화자 1의 말로, 화자 1은 화자 2를 위로하고 있군.

맺힌 일이 있소이다 이 부분은 다시 화자 2의 말이야.

임을 모셔 있어 임의 일을 내 알거니

물 같은 얼굴이 편하실 적 몇 날일꼬 화자 2는 임과 이별했음에도 연약한 임을 걱정하고 있어.

(중략)

반벽 푸른 등은 누굴 위하여 밝았는고

오르며 내리며 헤매며 오락가락하니

어느덧 힘이 다해 풋잠을 잠깐 드니

정성이 지극하여 꿈에 임을 보니

옥 같던 얼굴이 반이 넘게 늙었어라

마음에 먹은 말씀 실컷 사뢰자 하니

눈물이 이어져 나니 말씀인들 어이 하며

정을 못다 풀고 목조차 메어 오니

방정맞은 닭 울음에 잠을 어찌 깨었던고

어와 허사로다 이 임이 어디 간고

바로 일어나 앉아 창을 열고 바라보니

불쌍한 그림자 날 좇을 뿐이로다 꿈에서 깨어난 화자 2의 곁에는 임은 없고 그림자만 있을 뿐이지. 외롭고 쓸쓸한 심정이 드러나네.

차라리 사라져 **낙월(落月)**이나 되어서

임 계신 창 안에 번듯이 비추리라 화자 2는 죽어서 '낙월'이 되어서 임 계신 곳을 비추겠다고 해.

각시님 달이야커녕 **굳은 비나 되소서** 화자 1은 화자 2에게 달 대신 '굳은 비'가 되라고 하지.

— 정철, 「속미인곡(續美人曲)」 —

[현대어 풀이]

저기 가는 저 각시 (어디선가) 본 듯도 하구나

하늘 위 백옥경(옥황상제가 있는 곳, 여기서는 임금이 계시는 궁궐)을 어찌하여 이별하고

해가 다 저문 날에 누구를 보러 가시는가

아 너로구나 내 말을 들어보오

내 모습과 이 태도가 임의 사랑을 받음직 한가마는

(임께서) 어쩐지 나를 보시고 너로구나 (하며 특별하게) 여기시기에

나도 임을 믿어 딴 생각이 전혀 없어

아양과 애교를 부리며 지나치게 굴었던 탓인지

(나를) 반기시는 (임의) 얼굴빛이 옛날과 어찌 다르신가

누워 생각하고 일어나 앉아 헤아려 보니

내 몸의 지은 죄가 산같이 쌓였으니

하늘이라고 원망하겠으며 사람이라고 탓할 수 있겠는가

서러워서 풀어 헤아려 보니 (이 모든 것은) 조물주의 탓이구나

그렇게는 생각하지 마오

(마음속에) 맺힌 일이 있습니다

(예전에) 임을 모신 적이 있어 임의 사정을 내가 잘 알거니

물 같은 얼굴(연약한 몸)이 편하실 적 며칠이나 될까?

(중략)

벽에 걸린 푸른 등불은 누구를 위하여 밝혔는가?

(산을) 올랐다 내려갔다 (강가를) 헤매며 돌아다녔더니

잠깐 사이에 기운이 빠져 풋잠을 잠깐 드니

(임을 그리워하는) 정성이 지극하여 꿈에서나마 임을 보니

옥 같은(곱던) (임의) 모습이 반 넘게 늙었구나

마음에 품은 말씀 실컷 아뢰고자 하나

눈물이 계속 나니 말인들 어찌하며

(솟구치는) 감정을 못 다 풀어 목마저 메이는데

방정맞은 닭 울음소리에 잠은 어찌 깨었던가?

아아 헛된 일이로다 이 임이 어디로 갔는가

꿈결에 일어나 앉아 창을 열고 바라보니

가엾은 그림자만이 나를 따를 뿐이로다

차라리 죽어 없어져서 지는 달이나 되어

임 계신 창 안에 환하게 비추리라

각시님 달이 되지 말고 궂은비나 되십시오

〈보기〉를 활용하여 지문을 읽어 보자 '정답'   **1** 임금, 이별   **2** 그리워   **3** 관직   **4** 충성심

✏️ 1분컷 작품 정리

화자	대상	정서·태도
• 화자 1: '저 **각시**'에게 말을 건네고 위로하는 여인('너') • 화자 2: 사랑하는 임과 이별 후 그리워하는 '나(저 각시)'	• 화자 1: 저 각시(화자 2) • 화자 2: 헤어진 **임**	• 화자 1: 저 각시(화자 2)를 **위로**함 • 화자 2: 임을 **그리워**함

↓

임에 대한 간절한 사랑

연군 가사는 임금과 떨어진 신하가 임금을 그리워하고 걱정하며 충성심을 드러낸 가사 작품들을 가리킨다. 「속미인곡」은 정철이 정쟁(政爭)으로 인해 관직에서 물러난 후 낙향하였을 때 쓴 연군 가사의 대표적 작품이다.

1. '천상 백옥경'은 화자가 '임'과 지냈던 곳으로 임금이 있는 궁궐에 대응된다.

〈보기〉에서 윗글은 '임금과 떨어진 신하가 임금을 그리워하고 걱정하며 충성심을 드러낸' 연군 가사라고 했다. 윗글의 화자인 '저 각시'는 임과 함께 지내던 '천상 백옥경'을 이별하였으므로, '저 각시'는 신하, '임'은 임금으로 볼 수 있고 '천상 백옥경'은 임금이 있는 궁궐에 대응된다고 볼 수 있다.

2. ~~'내 몸의 지은 죄'가 '조물의 탓'~~이라는 화자의 한탄을 통해 작가가 자신을 관직에서 ~~물러나게 한~~ 사람들을 ~~원망~~하고 있음을 알 수 있다. ❌

윗글의 화자는 임과 이별한 원인이 '내 몸의 지은 죄 산같이 쌓'여 있기 때문이며, 그래서 '하늘'을 원망하거나 '사람'을 허물할 수 없다며 한탄하고 있다. 그 후에 '서러워 풀어 헤아리니 조물의 탓'이라며 운명을 탓하고 있다. 즉 '내 몸의 지은 죄'가 '조물의 탓'이라고 한탄하고 있는 것은 아니며 다른 사람들을 원망하는 것 또한 아니다.

✅ 짚고 가기

〈보기〉	정철이 정쟁으로 인해 관직에서 물러난 후
선지	작가가 자신을 관직에서 물러나게 한 사람들을 원망

〈보기〉에서 윗글을 쓴 정철은 정치적 논쟁으로 관직에서 물러났다고 했어. 단순하게 생각할 때 '논쟁 때문에 물러났다. 그럼 나를 물러나게 한 상대방을 원망할 것이다'라는 이해는 적절한 것 같지? 그런데 윗글을 보면 화자는 '1) 나의 죄가 산같이 쌓여 임과 이별했다 2) (나의 죄 때문이므로) 하늘을 원망하거나 사람을 허물할 수 없다 3) (헤아려보니) 조물주의 탓이다'라고 했어. 즉 윗글에서 화자가 다른 사람을 원망하고 있지는 않아.

〈보기〉에서 '정쟁으로 인해 관직에서 물러'났다는 것만 보고 그렇다면 자신을 물러나게 한 사람들을 원망할 것이라고 확장하여 해석하면, 〈보기〉의 함정에 빠지는 거야. 〈보기〉와 윗글에서 설명한 것 이상으로 해석해서는 안 된다는 것을 기억하자. 〈보기〉의 함정에 빠지면 '사람이라 원망하랴(=사람이라 원망할 수 없다)'처럼 분명히 써있는 말도 놓치는 경우가 많으니 주의해야 해.

3. '낙월'이 되어서라도 '임 계신 창 안에 번듯이 비추'려는 화자의 모습에서 임금에 대한 작가의 충성심을 알 수 있다. ◎

〈보기〉에서 윗글은 '임금과 떨어진 신하가 임금을 그리워하고 걱정하며 충성심을 드러낸' 연군 가사라고 했다. 임과 이별한 화자가 '차라리 사라져 낙월이나 되어서'라도 '임 계신 창 안에' 비추어 임을 보고 싶어 하는 것은 '임금과 떨어진 신하'가 임금에 대한 변함없는 충성심을 드러낸 것으로 볼 수 있다.

이런들 어떠하며 져런들 어떠하랴
초야우생이 이러타 어떠하랴
흐들며 천석고황을 고쳐 무엇하랴 화자는 자신을 초야우생이라고 하며 천석고황을 고치지 않을 것이라고 말하고 있어. 자연을 사랑하고 그 속에서 겸손하게 살아가는 화자의 태도를 확인할 수 있군.　　　　　　　　　　　　　　　〈언지 제1수〉

연하로 집을 삼고 풍월로 벗을 삼아
태평성대에 병으로 늘거가뇌
이중에 바라는 일은 허물이나 업고쟈 화자는 연하, 풍월 같은 자연을 친구로 삼아 태평성대에 허물 없이 살아가고자 하는 바람을 가지고 있군.　　　　　　　　　　　　　　　　　　　〈언지 제2수〉

순풍이 죽다 ᄒ니 진실로 거즛말이
인성이 어지다 ᄒ니 진실로 올흔말이
천하에 허다영재(許多英才)롤 속여 말슴홀가 화자는 순박한 풍속이 죽었다는 것은 거짓말이고, 인성이 어질다는 건 옳은 말이라고 해.　　　　　　　　　　　　　　　　　　　〈언지 제3수〉

고인도 날 못 보고 나도 고인 못 뵈
고인을 못 봐도 가던 길 앞에 잇니
가던 길 앞에 잇거든 아니 가고 엇절고 화자는 고인, 즉 성현께서 가던 학문의 길이 자신의 앞에 있어서 이를 따르고자 해.　　　　　　　　　　　　　　　　　　　〈언학 제3수〉

당시에 가던 길흘 몃 히롤 버려 두고
어듸 가 다니다가 이제야 도라온고
이제야 도라오나니 다른 데 ᄆᆞᄋᆷ 마로리 화자는 과거에 걷던 학문의 길을 버려두고 다른 데에 마음을 두었다가 돌아왔으니 이제는 다른 데에 마음을 두지 않겠다고 다짐해.　　　　　　　　　　　　〈언학 제4수〉

우부(愚夫)도 알며 ᄒ거니 그 아니 쉬온가
성인(聖人)도 못다 ᄒ시니 그 아니 어려온가
쉽거나 어렵거나 즁에 늙는 줄을 몰래라 학문의 길은 어리석은 사람도 알고 하지만 한편으론 지혜와 덕이 뛰어난 사람도 다 행하지 못할 만큼 어려운 거야. 화자는 쉬우면서도 어려운 학문을 하느라 늙는 줄을 모르겠다고 해. 끊임없는 학문 수양에 대한 화자의 태도를 표현하고 있네.
　　　　　　　　　　　　　　　　　　　〈언학 제6수〉
　　　　　　　　　　　　　　　　　　　- 이황, 「도산십이곡」 -

[현대어 풀이]
이런들 어떠하며 저런들 어떠하리
시골에 묻혀 사는 어리석은 사람(화자)이 이렇다 한들(공명이나 시비를 떠나 살아간들) 어떠하리
하물며 자연 속에서 살고 싶은 마음이 깊어 병이 된 것을 고쳐서 무엇하겠는가　　　　　　〈언지 제1수〉

안개와 노을을 집으로 삼고 바람과 달을 친구로 삼아
태평스러운 세상에 (하는 일 없이) 병(자연 속에서 살고 싶은 절실한 마음)으로 늙어 가지만
이 중에 바라는 일은 허물이나 없이 살았으면 하는 것이다　　　　　　　　　　　　　　〈언지 제2수〉

(사람들의) 순박한 풍속이 다 사라졌다고 하는 것은 참으로 거짓말이다
(성현들께서) 인간의 성품이 (본래부터) 어질다고 하는 말은 참으로 옳은 말이다
세상에 수많은 슬기로운 사람들을 어찌 속여서 말할 수 있을 것인가　　　　　　　　　　〈언지 제3수〉

옛 성현도 나를 보지 못하고 나도 옛 성현을 뵙지 못했네
옛 성현을 뵙지 못해도 그 분들이 가던 길(행하던 가르침)이 앞에 놓여 있으니
가던 길(진리의 길)이 앞에 있는데 아니 가고 어찌할 것인가?   〈언학 제3수〉

그 당시에 (학문에 뜻을 두고) 가던 길을 몇 해나 버려 두고
어디(벼슬길)에 가서 다니다가 이제야 돌아왔는가?
이제라도 돌아왔으니 다른 곳(벼슬길)에 마음을 두지 않으리라   〈언학 제4수〉

어리석은 사람도 알아서 행하니 그것(학문의 길)이 얼마나 쉬운 것인가?
(그러나) 성인도 다 행하지 못하니 그것(학문의 길)이 얼마나 어려운 것인가?
쉽든 어렵든 간에 학문을 닦는 생활 속에서 늙는 줄을 모르겠구나   〈언학 제6수〉

〈보기〉를 활용하여 지문을 읽어 보자 '정답'   **1** 지향   **2** 자연, 선한   **3** 학문

✏️ 1분컷 **작품 정리**

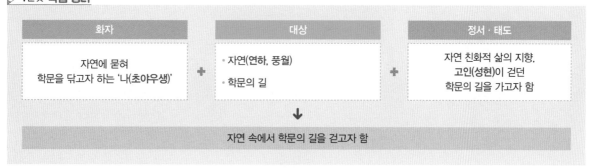

화자	대상	정서 · 태도
자연에 묻혀 학문을 닦고자 하는 '내(초야우생)'	• 자연(연하, 풍월) • 학문의 길	자연 친화적 삶의 지향, 고인(성현)이 걷던 학문의 길을 가고자 함

↓

자연 속에서 학문의 길을 걷고자 함

보기

「도산십이곡」은 〈언지〉 여섯 수와 〈언학〉 여섯 수로 이루어진 연시조로서, 창작 의도를 밝힌 발문(跋文)이 함께 전해진다. 〈언지〉에는 자연 속에 살며 인간의 선한 본성을 회복하기를 바라는 뜻이, 〈언학〉에는 선한 본성 회복을 위해 학문에 힘쓰겠다는 의지가 나타나 있다. 또한 발문에는 이황이 이 작품을 우리말로 지어 제자들이 노래로 부르며 향유하게 하여, 지향할 만한 삶의 방식과 바람직한 가치를 마음에 새기게 하려는 교육적 의도를 가지고 있었음이 드러나 있다.

---

4. 〈언지〉에 나타난 뜻을 참고할 때, '연하'와 '풍월'을 가까이 하며 '허물'이 없기를 바라는 것은 자연 속에 살며 선한 본성을 회복하기를 바라는 것으로 볼 수 있겠군.   ◉

〈보기〉에서 윗글의 〈언지〉에는 '자연 속에 살며 인간의 선한 본성을 회복하기를 바라는 뜻'이 나타나 있다고 했다. 윗글의 화자가 자연에 묻혀 사는 자신을 '초야우생'이라고 하며, '연하'를 집으로 삼고 '풍월'을 벗으로 삼아 '허물'없이 사는 삶을 추구하는 것은 자연 속에서 인간의 선한 본성을 회복하기를 바라는 것으로 볼 수 있다.

5. 〈언학〉에 나타난 의지를 참고할 때, 다른 것에 '뭐음'을 두지 않으려는 것은 학문에 열중하겠다는 것으로 볼 수 있겠군.   ◉

〈보기〉에서 윗글의 〈언학〉에는 '선한 본성 회복을 위해 학문에 힘쓰겠다는 의지'가 나타나 있다고 했다. 윗글의 화자는 '당시에 가던' 학문의 길을 버려 두고 돌아다니다가 이제야 돌아왔으니 '다른 데 뭐음' 두지 않겠다고 했다. 이는 인간의 선한 본성 회복을 위해 다른 데에 마음 두지 않고 학문에 열중하겠다는 의지를 드러낸 것으로 볼 수 있다.

6. 발문의 내용을 참고할 때, '우부'와 '성인'을 구분하는 것은 ~~제자들에게 성인을 본받아야 함을 보여 주려든~~ 이황의 교육적 의도가 반영된 것으로 볼 수 있겠군. ⊗

〈보기〉에서 윗글의 발문에는 이황이 제자들로 하여금 '지향할 만한 삶의 방식과 바람직한 가치를 마음에 새기게 하려는 교육적 의도'가 있었음이 드러난다고 했다. 즉 작품을 우리말로 지은 것에는 교육적 의도가 있었다고 볼 수 있다. 하지만 화자가 〈언학 제6수〉에서 '우부'와 '성인'을 구분한 것은 학문을 닦는 것이 '우부도 알며' 할 만큼 쉬우면서도, '성인도 못다' 할 만큼 어렵다는 것을 밝히기 위한 것일 뿐, '성인'을 본받아야 함을 보여 주려는 의도를 가졌다고 볼 수는 없다.

✅ 짚고 **가기**	
〈보기〉	지향할 만한 삶의 방식과 바람직한 가치를 마음에 새기게 하려는 교육적 의도
선지	성인을 본받아야 함을 보여 주려는 이황의 교육적 의도가 반영

〈언학 제6수〉에서는 학문이 '우부도 알며' 할 만큼 쉽지만, '성인도 못다' 할 만큼 어렵다고 하면서, 늙는 줄을 모르고 학문에 임하고 있음을 표현했지. 즉 '우부'와 '성인'의 구분을 통해 학문의 오묘한 경지(쉬우면서 어려움)를 표현한 것이지 '우부'는 본받지 말고 '성인'은 본받아야 함을 보여 준 게 아니야. 〈보기〉 설명과 작품의 연결이 적절한지 꼼꼼하게 확인해야 함을 잊지 말자.

(가)

빈천(貧賤)을 팔려고 권문(權門)에 들어가니

덤 없는 흥정을 누가 먼저 하자고 하겠는가

강산(江山)과 풍월(風月)을 달라하니 그건 그리 못하리 화자는 빈천한 처지에서 벗어나고 싶어 하지만 강산과 풍월을 달라는 말에

그렇게는 못하겠다고 말해. 즉 화자는 가난해도 자연 속에서 살기를 지향하는 거지.

ー 조찬한, 「빈천을 팔려고～」ー

[현대어 풀이]

가난하고 천하게 사는 것을 팔려고 권문세가(벼슬이 높고 권세가 있는 집안)를 찾아 들어가니

이익이 없는 흥정을 누가 먼저 하자고 말하겠는가?

(빈천을 사 주는 대가로) 강산과 풍월(자연)을 달라고 하니 그건 그렇게 못하겠구나

(나)

어리석고 어수룩하기로 나보다 더한 이 없다

길흉화복(吉凶禍福)을 하늘에 맡겨 두고

누항(陋巷) 깊은 곳에 초막(草幕)을 지어 두고

풍조우석(風朝雨夕)에 썩은 짚을 섶으로 삼아

서 홉 밥 닷 홉 죽(粥)에 연기(煙氣)도 자욱하다

설 데운 숭늉으로 빈 배 속일 뿐이로다 화자는 누항에 초가집을 지어두고 밥을 제대로 먹지 못하며 가난하게 사는 자신의 삶에 대해

이야기하고 있어.

내 삶이 이러한들 장부(丈夫) 뜻을 바꿀런가

안빈(安貧) 일념(一念)을 적을망정 품고 있어

뜻한 바대로 살려 하니 갈수록 어긋난다 화자는 가난해도 안빈 일념을 품고 장부의 뜻을 지키고자 하지만 뜻대로 살기 어려운 처지에 있군.

가을이 부족(不足)한데 봄이라 넉넉하며

주머니가 비었는데 병(瓶)이라고 담겼으랴

빈곤(貧困)한 인생(人生)이 천지 간(天地間)에 나뿐이라

배고픔과 추위로 괴로워도 일단심(一丹心)을 잊을런가 가난으로 고로운 인생이지만 화자는 굳은 마음을 잊지 않는군.

의(義)를 위해 목숨 걸고 죽기를 각오하고

자루와 주머니에 줌줌이 모아 넣고

전쟁 오 년에 감사심(敢死心)을 가져 있어

주검 밟고 피를 건너 몇 백 전(戰)을 지냈던고 과거에 화자는 죽기를 각오하고 오 년 동안의 전쟁을 버텼나 봐.

내 몸이 여유 있어 일가(一家)를 돌아보랴

수염이 긴 노비는 노주분(奴主分)을 잊었거든

봄이 왔다 알리는 걸 어느 사이 생각하리

경당문노(耕當問奴)인들 누구에게 물을런고

손수 농사짓기가 내 분(分)인 줄 알리로다 화자가 참전하여 집을 돌보지 못한 사이에 늙은 노비는 종과 주인의 분수를 잊었고, 이에 화자는

스스로 농사 짓기를 하는 것이 자신의 분수라고 생각해.

ー 박인로, 「누항사(陋巷詞)」ー

[현대어 풀이]

어리석고 세상 물정에 어둡기로는 나보다 더한 사람이 없다

운의 좋고 나쁨, 재앙과 복된 삶을 하늘의 뜻에 맡겨 두고

매우 누추하고 지저분한 곳에 초가집을 지어 놓고

아침에 바람 불고 저녁에 비 내리는 궂은 날씨에 썩은 짚을 땔감으로 삼아

밥 세 그릇에 죽 다섯 그릇 만드는 일에 연기가 많기도 많구나

덜 데운 숭늉으로 고픈 배를 속일 뿐이로다

나의 생활이 이렇게 구차하다고 한들 대장부의 뜻을 바꿀 것인가

가난해도 편안해하고 근심하지 않으려는 마음을 적더라도 (가슴속에) 품고 있어서

뜻한 바대로 살려고 하지만 날이 갈수록 뜻대로 되지 않는구나

(추수기인) 가을에도 (곡식이) 부족한데 봄이라고 넉넉하며

주머니가 비었는데 병이라고 (술이) 담겨 있겠는가

가난한 인생이 이 세상에 나뿐이겠는가

배고픔과 추위로 괴로워도 (안빈 일념으로 살겠다는) 나의 단호한 결심을 잊겠는가

의로움을 위해 목숨을 걸고 죽기를 각오하고

자루와 주머니에 (이러한 마음을) 한 줌 한 줌 모아 넣고

임진왜란 5년 동안 죽기를 두려워하지 않는 마음을 지닌 채로

주검을 밟고 피를 건너서 몇백 번의 전투를 치렀던가

내 몸이 여유가 있어서 집안을 돌보겠는가

(집안을 돌보지 못하는 사이에) 긴 수염이 난 늙은 종은 하인과 주인 간에 분별이 있음을 잊어버렸는데

(나에게) 봄이 왔다고 일러 줄 것을 어떻게 기대할 수 있겠는가

밭갈이는 마땅히 종에게 물어야 하지만 (종이 나를 섬기지 않으니 나는) 누구에게 물을 것인가?

내 손으로 직접 농사짓는 일이 나의 분수인 줄 알겠노라

〈보기〉를 활용하여 지문을 읽어 보자 '정답' ❶ 어려움 ❷ 선비 ❸ 부귀 ❹ 신념 ❺ 현실

✏️ **1분컷 작품 정리**

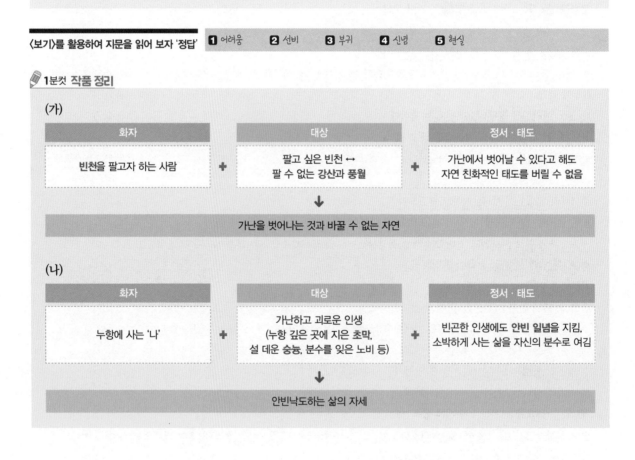

(가)

화자		대상		정서·태도
빈천을 팔고자 하는 사람	+	팔고 싶은 빈천 ↔ 팔 수 없는 강산과 풍월	+	가난에서 벗어날 수 있다고 해도 자연 친화적인 태도를 버릴 수 없음

↓

가난을 벗어나는 것과 바꿀 수 없는 자연

(나)

화자		대상		정서·태도
누항에 사는 '나'	+	가난하고 괴로운 인생 (누항 깊은 곳에 지은 초막, 설 데운 숭늉, 분수를 잊은 노비 등)	+	빈곤한 인생에도 안빈 일념을 지킴, 소박하게 사는 삶을 자신의 분수로 여김

↓

안빈낙도하는 삶의 자세

조선 시대에 여러 내우외환을 겪으면서 나라의 사정은 어려워지고 권력과 부귀를 지니지 못한 선비들도 삶의 어려움을 겪을 수밖에 없었다. 또한 그들은 현실적인 삶의 문제와 선비로서 지조와 신념을 지키며 살아가려는 삶 사이에서 갈등했다. 조찬한의 시조와 박인로의 「누항사」에는 선비들이 현실적 고민 속에서도 선비로서의 삶의 자세를 잃지 않으려는 모습이 드러나 있다.

7. (가)의 화자가 '강산과 풍월'을 지키고자 하는 모습에서 자연과 더불어 살아가며 선비로서의 삶의 자세를 잃지 않으려는 태도를 엿볼 수 있군. ◉

〈보기〉에 따르면 '권력과 부귀를 지니지 못한 선비들'은 '현실적인 삶의 문제와 선비로서 지조와 신념'을 지키는 삶 사이에서 갈등했는데, (가)에는 '현실적 고민 속에서도 선비로서의 삶의 자세를 잃지 않으려는 모습'이 드러난다고 했다. (가)의 화자가 '빈천을 팔려고' 하다가, '강산과 풍월'을 버릴 수 없어 '그건 그리 못하리'라고 하는 것을 통해 빈곤하더라도 자연과 더불어 살아가려는 선비로서의 삶의 태도를 엿볼 수 있다.

8. (나)의 '누항'은 가난한 현실로 인해 선비로서의 뜻을 지키며 살아가기 어려운 상황이 드러나 있는 공간이군. ◉

〈보기〉에 따르면 '권력과 부귀를 지니지 못한 선비들'은 '삶의 어려움을 겪'었다. (나)의 화자는 '누항 깊은 곳에 초막'을 지어 가난하게 살면서도 '안빈 일념'을 품고 있지만 '배고픔과 추위'로 인해 '뜻한 바대로' 살기 어려운 상황에 처해 있다. 이는 선비로서의 뜻을 지키며 살아가기 어려운 상황이라고 볼 수 있다.

9. (가)의 화자가 '권문'을 찾은 모습과 (나)의 '안빈 일념'을 적게 지닌 화자의 모습을 통해 ~~현실과 타협~~하며 살았던 ~~과거의 태도를 반성~~하는 선비의 모습을 보여 주고 있군. ⊗
문제 p.44 반성
(가)의 화자는 '빈천'을 팔기 위해 '권문'을 찾았지만, 그 대가로 '강산과 풍월'을 달라고 하자 이를 거절한다. 즉 (가)의 화자는 가난이라는 현실적 삶의 문제에도 자연 친화적인 삶을 버리지 않고 선비의 신념을 지키므로 현실과 타협했다고 볼 수 없다. 또한 (나)의 화자는 '설 데운 숭늉으로 빈 배 속'이는 가난한 상황에도 '안빈 일념'을 적게라도 품어 선비로서의 신념을 지키고 있으므로 현실과 타협했다고 볼 수 없다.

> **⊘ 짚고 가기**
>
> | 〈보기〉 | • 현실적인 삶의 문제와 선비로서의 지조와 신념을 지키며 살아가는 삶 사이에서 갈등
• 현실적 고민 속에서도 선비로서의 삶의 자세를 잃지 않으려는 모습 |
> |---|---|
> | 선지 | 현실과 타협하며 살았던 과거의 태도를 반성 |

〈보기〉에서 조선시대의 선비들은 '현실적인 삶의 문제'와 '선비로서의 지조와 신념을 지키며 살아가는 삶' 사이에서 갈등했다고 했고, 윗글에는 이런 고민 속에서도 '선비로서의 삶의 자세를 잃지 않으려는 모습'이 드러났다고 했어. 가난에서 벗어나기 위해 '강산과 풍월'과 함께 살아가는 자연 친화적 삶을 팔고, '안빈 일념' 같은 선비의 신념을 완전히 잊고 살았다면 현실과 타협했다고 볼 수 있어. 그런데 (가)의 화자가 '빈천을 팔려고' 권세가 있는 집안에 간 것은 가난이라는 현실적 삶의 어려움에서 벗어나기 위한 행동이지만 상대방이 '빈천'에서 벗어나는 대가로 화자에게 '강산과 풍월'을 요구하자, 화자는 '그건 그리 못하리'라고 하며 가난해도 자연을 지키는 삶을 선택해. 또한 (나)의 화자가 '서 홉 밥 닷 홉 죽'을 먹는 가난한 삶 속에서도 '장부 뜻'을 바꾸지 않고 '안빈 일념'을 적게라도 품고 있는 것도 가난한 삶 속에서도 선비로서의 삶의 자세를 지키는 것으로 볼 수 있어.

1~3   ■■■ 화자   ■■■ 대상   ～～ 대상의 속성   ■■■ 정서·태도

(가)

　방(房) 안에 켜 있는 촉(燭)불 눌과 이별하였기에

　겉으로 눈물 지고 속 타는 줄 모르는고

　저 촉(燭)불 날과 같아서 속 타는 줄 모르도다 　화자는 촛불이 촛농을 흘리는 것을 이별 때문에 눈물을 흘리는 것으로 생각해. 왜냐면 자신이 이별의 슬픔으로 애타고 있기 때문이지.

　　　　　　　　　　　　　　　　　　　　　　　　－ 이개, 「방 안에 켜 있는 촛불～」 －

[현대어 풀이]

　방 안에 켜 있는 촛불이 누구와 이별하였기에

　겉으로는 눈물을 흘리고 속 타는 줄 모르는가

　저 촛불이 나와 같아서 속 타는 줄 모르는구나

(나)

　꿈에 다니는 길이 자취가 남는다면

　님의 집 창(窓) 밖에 석로(石路)라도 닳으리라

　꿈길이 자취 없으니 그를 슬퍼하노라 　화자는 꿈에 다니는 길이 자취가 남는다면 님의 집 창 밖의 돌길이 닳을 것이라고 생각하지만, 꿈에 다니는 길에는 자취가 남지 않아 슬퍼하고 있어.

　　　　　　　　　　　　　　　　　　　　　　　　－ 이명한, 「꿈에 다니는 길이～」 －

[현대어 풀이]

　꿈속에서 다니는 길에 발자취라도 남는다면

　임의 집 창밖에 난 길이 돌길이라도 (내 발자취로 인해) 다 닳았으리라

　꿈속 길이 자취가 남지 않으니 그것을 슬퍼하노라

(다)

　님이 오마 하거늘 저녁밥을 일찍 지어 먹고

　중문 나서 대문 나가 지방 위에 치달아 앉아 이수(以手)로 가액(加額)하고 오는가 가는가 건넌 산 바라보니 거머횟들서 있거늘 저야 님이로다. 버선 벗어 품에 품고 신 벗어 손에 쥐고 **곰븨님븨 님븨곰븨 천방지방 지방천방 진 데 마른 데** 가리지 말고 워렁충창 건너가서 **정(情)엣 말** 하려 하고 곁눈을 흘깃 보니 상년(上年) 칠월 사흗날 갈아 벗긴 **주추리 삼대**

살뜰이도 날 속였구나 　화자는 님이 온다는 소리에 저녁밥을 일찍 먹고 기다렸어. 그러다 건너 산에 있는 뭔가를 보고 임인 줄 알고 허둥지둥 달려갔지만 알고 보니 주추리 삼대에 속은 것이었군.

　모쳐라 밤일세망정 행여 낮이런들 남 웃길 뻔 하괘라 　착각했던 사실이 겸연쩍은 화자가 민망해하고 있어.

　　　　　　　　　　　　　　　　　　　　　　　　－ 작자 미상, 「님이 오마 하거늘～」 －

[현대어 풀이]

　임이 오겠다고 하기에 저녁밥을 일찍 지어 먹고

　중문을 나와서 대문으로 나가 문지방 위에 올라가 앉아서, 손을 이마에 대고 (임이) 오는가 가는가 하여 건너편 산을 바라보니, 검은 빛과 흰 빛이 뒤섞인 모양이 (누군가가) 서 있는 모습처럼 보이기에, 저것이 임이구나 버선을 벗어 품에 품고 신을 벗어 손에 쥐고 엎치락 뒤치락 허둥대며 진 땅과 마른 땅을 가리지 않고 우당탕탕 건너가서 정다운 말을 하려고 곁눈으로 흘깃 보니, 작년 칠월 사흗날에 갈아서 벗겨 놓은 가늘고 긴 삼대가 잘도 나를 속였구나

　마침 밤이기에 망정이지 행여 낮이었다면 남을 웃길 뻔했구나

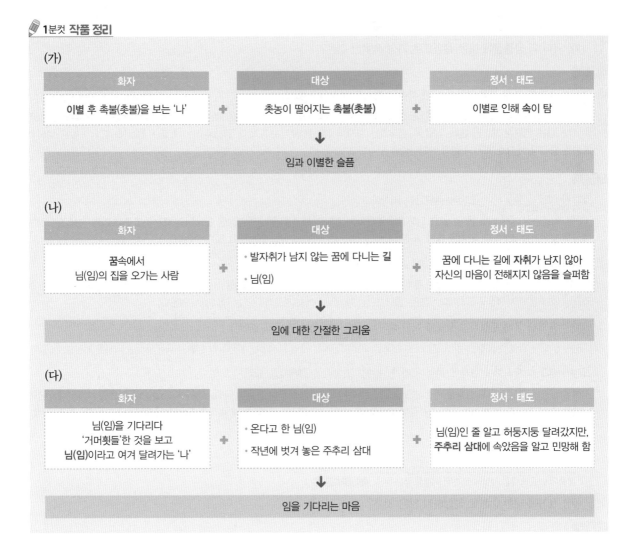

(가)

화자		대상		정서·태도
이별 후 촉불(촛불)을 보는 '나'	➕	촛농이 떨어지는 **촉불(촛불)**	➕	이별로 인해 속이 탐

↓

임과 이별한 슬픔

(나)

화자		대상		정서·태도
꿈속에서 님(임)의 집을 오가는 사람	➕	• 발자취가 남지 않는 꿈에 다니는 길 • 님(임)	➕	꿈에 다니는 길에 **자취**가 남지 않아 자신의 마음이 전해지지 않음을 슬퍼함

↓

임에 대한 간절한 그리움

(다)

화자		대상		정서·태도
님(임)을 기다리다 '거머횟들'한 것을 보고 님(임)이라고 여겨 달려가는 '나'	➕	• 온다고 한 님(임) • 작년에 벗겨 놓은 주추리 삼대	➕	님(임)인 줄 알고 허둥지둥 달려갔지만, **주추리 삼대**에 속았음을 알고 민망해 함

↓

임을 기다리는 마음

1. (가)~(다)의 공통점에 대한 설명으로 가장 적절한 것은?

정답풀이

② 영탄적 표현을 통해 시적 상황에 대한 화자의 정서를 부각하고 있다.

　　해설 p.32 영탄

　　(가)에서는 '모르도다' 같은 영탄적 표현을 통해 임과 이별 후 애타는 화자의 정서를 부각하고 있다. (나)에서는 '닳으리라'와 '슬퍼하노라' 같은 영탄적 표현을 통해 이별 후 슬퍼하는 화자의 정서를 부각하고 있다. (다)에서는 '속였구나'와 '하괘라'와 같은 영탄적 표현을 통해 임에 대한 화자의 애타는 기다림을 부각하고 있다.

오답풀이

① ~~청각적 심상~~을 활용하여 ~~애상적 분위기~~를 조성하고 있다.

　　문제 p.87 청각적 이미지

　　(다)의 '워렁충창'에서 임이 온 줄 알고 허둥지둥 달려가는 화자의 모습을 청각적 심상을 활용하여 표현하였으나 이를 통해 슬퍼하는 애상적 분위기를 조성하고 있지는 않다. 또한 (가)와 (나)에서 청각적 심상을 활용하고 있지는 않다.

③ ~~자조적 어조~~를 통해 과거의 행동에 대한 화자의 ~~자책감~~을 드러내고 있다.

　　해설 p.24 어조

　　(다)의 '모쳐라~남 웃길 뻔 하괘라'에서 주추리 삼대를 임으로 착각하고 달려온 자신을 비웃는 듯한 자조적 어조가 드러난다고 볼 수 있으나 이를 통해 자책감을 드러내고 있지는 않다. 또한 (가)와 (나)에서 자조적 어조는 나타나지 않는다.

④ ~~역설적 표현~~을 통해 부정적인 상황에 대한 화자의 ~~극복 의지~~를 나타내고 있다.

　　문제 p.63 역설　　　　　　　　　　　　　　　　　　　문제 p.48 극복 의지

　　(가)~(다) 모두 역설적 표현은 나타나지 않는다. 또한 (가)~(다)에서 임의 부재라는 부정적인 상황을 극복하려는 의지를 확인할 수 없다.

⑤ ~~가정적 상황~~을 제시하여 현재에 비해 미래가 나아질 것이라는 ~~기대감~~을 드러내고 있다.

　　가정적 상황은 현재와 다른 상황을 가정하는 것을 말한다. (가)와 (다)에서는 가정적 상황을 제시하고 있지 않다. 한편 (나)에서는 '꿈에 다니는 길이 자취 남는다면'이라는 가정적 상황을 제시하고는 있으나, 이를 통해 미래가 나아질 것이라는 기대감을 드러내지는 않는다.

2. (가), (나)에 대한 이해로 적절하지 않은 것은?

정답풀이

⑤ (나)의 '그를 슬퍼하노라'에서 '슬퍼하노라'는 자신을 찾아 주지 않는 임에 대한 화자의 ~~원망~~이 담겨 있다.

　　(나)의 화자는 꿈에서라도 임을 만나고 싶은 그리움을 노래하고 있으며, '꿈에 다니는 길'은 흔적이 남지 않기 때문에 임이 화자의 마음을 알지 못할 것임을 슬퍼하고 있을 뿐, 임에 대한 원망의 정서를 드러낸 것은 아니다.

> ✅ **짚고 가기** 적절하지 않은 것을 묻는 문제에서는 사실 관계 확인이 먼저라고 했어. (나)의 화자는 현실에서는 임을 만날 수 없기에 '꿈'에서라도 '님의 집 창 밖'의 돌길이 닳도록 오고가지만, 꿈길에는 자취가 남지 않아 슬퍼하고 있을 뿐, 임에 대한 원망은 확인할 수 없지. 고전시가에서도 화자, 대상, 정서 파악은 기본이라는 점을 잊지 말자.

오답풀이

① (가)의 '겉으로 눈물 지고'에서 '눈물'은 촛농이 흘러내리는 모습을 비유한 것으로 화자의 슬픔을 형상화하고 있다.

　　　　　　　　　　　　　　　　　　　　　문제 p.53 비유

　　(가)의 화자는 방 안에 켜져 있는 촛불을 바라보며 '저 촛불'이 자신과 같다고 하고 있다. 이때 '겉으로 눈물 지고'는 촛농이 흘러내리는 모습을 비유한 것으로 임과 이별한 화자의 슬픔을 형상화한다고 볼 수 있다.

② (가)의 '저 촉(燭)불 날과 같아서'에서 '촉(燭)불'은 화자와 동일시되는 대상이다.

　　(가)의 화자는 촛농이 떨어지는 모습을 보고 '저 촉불 날과 같아서'라고 했다. 이는 촛불을 화자 자신과 동일시한 것이라고 볼 수 있다.

③ (나)의 '꿈에 다니는 길'에서 '꿈'에는 화자의 소망이 투영되어 있다.

　　(나)의 화자가 '꿈'에서 '님의 집 창 밖에 석로'가 닳도록 님을 찾아가고 있는 것은, 현실에서는 화자의 곁에 임이 부재하여 그리워하고 있기 때문이다. 즉 '꿈'에는 임을 보고싶어 하는 화자의 소망이 투영되어 있다고 볼 수 있다.

④ (나)의 '석로(石路)라도 닳으리라'에서 '닳으리라'는 임에 대한 화자의 간절한 그리움을 드러내고 있다.

　　(나)의 화자는 꿈에서 '님의 집'을 '석로'가 닳을 정도로 수없이 많이 찾아갔다고 이야기하고 있으므로, '닳으리라'에서 임에 대한 화자의 간절한 그리움이 드러난다고 볼 수 있다.

3. 〈보기〉를 바탕으로 (다)를 감상한 내용으로 적절하지 <u>않은</u> 것은? [3점]

> ☑ **짚고 가기** 〈보기〉에서 사설시조의 특징을 제시하고, 이를 참고하여 (다)를 감상하는 문제야. 〈보기〉 문제의 함정을 피하는 법을 기억하고 문제를 풀자.

──── 보기 ────

조선 후기에 등장한 사설시조는 형식 면에서 평시조와 달리 중장이 제한 없이 길어졌다. 내용 면에서는 실생활 소재들을 활용하여 일상에서 일어나는 문제를 주로 다루었는데 솔직함, 해학성, 애정을 서슴없이 표현하려는 대담성 등을 그 특징으로 하며 비유, 상징 등 다양한 표현기법을 활용하여 대상을 생동감 있게 그려 냈다.

정답풀이

② 일상에서 흔히 볼 수 있는 '버선', '신'이라는 소재를 활용하여 ~~임의 소중함을 상징~~하고 있군.
<small>문제 p.53 상징</small>
〈보기〉에서 사설시조는 '실생활 소재들을 활용'했다고 하였다. (다)에서 활용한 '버선'과 '신'이 일상에서 흔히 볼 수 있는 소재인 것은 맞지만, 이를 통해 임의 소중함을 상징적으로 드러내고 있지는 않으므로 적절하지 않다. 화자가 임을 만나기 위해 달려가면서 '버선'을 벗어 품에 품고, '신'을 벗어 손에 쥔 것은 '버선'과 '신'이 임의 소중함을 상징해서가 아니라, 화자가 '진 데 마른 데' 신경쓰지 않고 임에게 달려가고자 했기 때문이다.

> ☑ **짚고 가기** 〈보기〉와 작품의 연결이 적절하지 않아! 〈보기〉에서 '사설시조'는 '실생활 소재들을 활용'하여 '애정을 서슴없이' 표현했다고 했으므로, '버선'이나 '신'이 임의 소중함을 상징한다고 볼 수는 없어.

오답풀이

① '곰븨님븨', '천방지방' 같은 음성상징어를 활용하여 화자의 행동을 생동감 있게 표현하고 있군.
<small>해설 p.53 음성 상징어</small>
〈보기〉에서 사설시조는 '다양한 표현기법을 활용하여 대상을 생동감 있게 그려 냈다'고 하였다. '주추리 삼대'를 임으로 착각하고 임을 만나기 위해 뛰어가는 화자의 행동을 나타낸 음성 상징어 '곰븨님븨', '천방지방'에서 이를 확인할 수 있다. 소리나 모양을 흉내낸 음성 상징어를 사용하면 대상을 생동감 있게 표현할 수 있다.

③ '주추리 삼대'를 임으로 착각하여 달려가는 화자의 우스꽝스러운 모습에서 해학성을 느낄 수 있군.
<small>문제 p.106 해학</small>
〈보기〉에서 사설시조는 '해학성'을 특징으로 한다고 하였다. 화자가 '주추리 삼대'를 임으로 착각하여 달려가는 모습에서 우스꽝스러움을 느낄 수 있으므로 해학성을 확인할 수 있다.

④ 임을 그리워하는 절실한 마음을 드러내기 위해 화자의 행동을 구체적으로 제시하다 보니 중장이 길어졌군.
〈보기〉에서 사설시조는 '중장이 제한 없이 길어졌다'고 하였다. 일반적으로 시조의 초장, 중장, 종장 각각은 4음보로 끊어 읽을 수 있는데, (다)의 중장은 4음보 이상으로 길어졌다. 이는 임을 그리워하는 마음을 구체적 행동으로 표현하면서 길어진 것으로 볼 수 있다.

⑤ '진 데 마른 데 가리지' 않고 임에게 가서 '정(情)엣말'을 하려는 모습에서 애정을 표현하려는 화자의 대담성을 엿볼 수 있군.
〈보기〉에서 사설시조는 '애정을 서슴없이 표현하려는 대담성'을 특징으로 갖는다고 하였다. 화자가 '진 데 마른 데 가리지' 않고 임에게 달려가서 '정엣말'을 하려는 모습에서 애정을 감추지 않고 적극적으로 표현하는 대담성을 확인할 수 있다.

(가)

鷰子初來時	제비 한 마리 처음 날아와
喃喃語不休	지지배배 그 소리 그치지 않네
語意雖未明	말하는 뜻 분명히 알 수 없지만
似訴無家愁	집 없는 서러움을 호소하는 듯 화자는 집 없는 서러움을 호소하는 듯한 제비 한 마리의 소리를 듣고 있어.
楡槐老多穴	느릅나무 홰나무 묵어 구멍 많은데
何不此淹留	어찌하여 그곳에 깃들지 않니
燕子復喃喃	제비 다시 지저귀며
似與人語酬	사람에게 말하는 듯
楡穴鸛來啄	느릅나무 구멍은 황새가 쪼고
槐穴蛇來搜	홰나무 구멍은 뱀이 와서 뒤진다오 느릅나무 홰나무가 오래되어 구멍이 많은데 왜 그곳에 살지 않느냐는

화자의 질문에 제비는 황새와 뱀이 괴롭혀서 그곳에 살 수 없다고 말해.

– 정약용, 「고시(古詩)」 –

(나)

형님 온다 형님 온다 분고개로 형님 온다

형님 마중 누가 갈까 형님 동생 내가 가지

형님 형님 사촌 형님 시집살이 어떱뎁까 화자는 사촌 형님에게 시집살이가 어떤지 물었어.

이애 이애 그 말 마라 시집살이 개집살이 화자가 바뀌었네. 지금 말하는 이는 시집살이의 어려움에 대해 이야기하는 사촌 형님이야.

앞밭에는 당추(唐楸) 심고 뒷밭에는 고추 심어

㉠고추 당추 맵다 해도 시집살이 더 맵더라

둥글둥글 수박 식기(食器) 밥 담기도 어렵더라

도리도리 도리소반(小盤) 수저 놓기 더 어렵더라

㉡오 리(五里) 물을 길어다가 십 리(十里) 방아 찧어다가

아홉 솥에 불을 때고 열두 방에 자리 걷고

외나무다리 어렵대야 시아버니같이 어려우랴

나뭇잎이 푸르대야 시어머니보다 더 푸르랴

㉢시아버니 호랑새요 시어머니 꾸중새요

동세 하나 할림새요 시누 하나 뾰족새요

시아지비 뾰중새요 남편 하나 미련새요

자식 하난 우는 새요 나 하나만 썩는 샐세 사촌 형님은 밥 담기, 수저 놓기 등 가사 노동을 언급하며 시집살이의 어려움을 이야기하고 있어.

또한 시댁 식구들을 나열하며 시집살이의 고통을 이야기하고 있어.

귀먹어서 삼 년이요 눈 어두워 삼 년이요

말 못해서 삼 년이요 석 삼 년을 살고 나니

㉣배꽃 같던 요내 얼굴 호박꽃이 다 되었네

삼단 같던 요내 머리 비사리춤이 다 되었네

백옥 같던 요내 손길 오리발이 다 되었네 사촌 형님은 고된 시집살이로 외양이 변했다고 해.

열새 무명 반물치마 눈물 씻기 다 젖었네

두 폭 붙이 행주치마 콧물 받기 다 젖었네

울었던가 말았던가 베갯머리 소(沼) 이뤘네 고된 시집살이로 고통받은 화자의 눈물이 모여 연못을 이루었대. 화자의 깊은 슬픔이 느껴져.

㉤그것도 소(沼)라고 거위 한 쌍 오리 한 쌍

쌍쌍이 때 들어오네

– 작자 미상, 「시집살이 노래」 –

[현대어 풀이]

형님 온다 형님 온다 분고개로 형님 온다

형님 마중을 누가 갈까? 형님 동생인 내가 가지

형님 형님 사촌 형님 시집살이 어떻습디까?

이애 이애 그 말 말아라 시집살이 개집살이다

앞밭에는 당추(고추의 방언) 심고, 뒷밭에는 고추 심어

고추와 당추가 맵다고 해도 시집살이가 더 맵더라

둥글둥글 수박처럼 둥근 그릇에 밥 담기도 어렵더라

도리도리 도리소반(둥글고 작은 밥상)에 수저 놓기는 더 어렵더라

오 리 (떨어진 곳에서) 물을 길어다가 십 리 (떨어진 곳에서) 방아를 찧어다가

아홉 개의 솥에 불을 때고, 열두 개의 방에 자리를 치우고

외나무다리가 어렵다고 한들 시아버지같이 어렵겠느냐?

나뭇잎이 푸르다고 한들 시어머니의 서슬보다 더 푸르겠느냐?

시아버지는 (무서운) 호랑새요, 시어머니는 (혼내는) 꾸중새요,

동서 하나는 (고자질하는) 할림새요, 시누 하나는 (화 잘 내는) 뾰족새요,

시아주버니는 (뾰로통한) 뾰중새요, 남편 하나는 (미련한) 미련새요,

자식 하나는 우는 새요, (이런 와중에) 나 하나만 썩는 새네

(시집살이 때문에) 귀먹은 채 삼 년을 보내고, 눈을 감은 채 삼 년을 보내고,

말을 못하며 삼 년을 보내서, 이렇게 석 삼 년(총 9년)을 살고 나니

배꽃같이 어여쁘던 이 내 얼굴이 호박꽃이 다 되었네

삼단 같던 이 내 머리는 비사리춤이 다 되었네(=매우 거칠어졌네)

백옥 같던 이 내 손길이 오리발이 다 되었네

아주 고운 무명으로 지은 짙은 남색 치마는 눈물을 씻느라 다 젖었네

두 폭 붙이의 행주치마는 콧물을 받느라 다 젖었네

(힘겨운 시집살이로 인해) 울었던가, (자식에게 위로 받으며) 말았던가 베갯머리에 (눈물이) 연못을 이루었네

그것도 연못이라고 거위 한 쌍 오리 한 쌍(자식들을 비유한 표현)

쌍쌍이 떼로 들어오네

📝 1분컷 작품 정리

4. (가)와 (나)의 공통점으로 가장 적절한 것은?

정답풀이

② 대화 형식*을 활용하여 현실에 대한 인식을 드러내고 있다.

(가)에서는 제비와 화자가 말을 주고받는 대화 형식을 활용하여 '황새'와 '뱀'에 의해 '제비'가 괴롭힘을 당하는 현실에 대한 비판적인 인식을 드러내고 있다. (나)에서는 사촌 동생과 사촌 형님이 말을 주고받는 대화 형식을 활용하여 고달픈 시집살이에 대한 비판적 인식을 표현하고 있다.

오답풀이

① ~~반어적인 표현~~을 사용하여 시적 정서를 부각하고 있다.
문제 p.66 반어
(가)에서 반어적인 표현을 찾을 수 없다. 또한 시집살이의 어려움을 드러낸 (나)에서도 반어적인 표현을 찾을 수 없다.

③ 시간의 흐름을 통해 ~~깨달음에 이르는 과정~~을 제시하고 있다.
해설 p.50 시간의 흐름에 따른 시상 전개
(가)에서 화자와 제비가 말을 주고받고, (나)에서 사촌 동생과 사촌 형님이 말을 주고받는 동안 시간이 흐르고 있다고 볼 수는 있으나, 이를 통해 깨달음에 이르는 과정은 확인할 수 없다.

④ 감각적 이미지를 활용하여 ~~자연의 아름다움~~을 드러내고 있다.
문제 p.87 감각적 이미지
(가), (나)에서 모두 감각적 이미지를 활용하여 자연의 아름다움을 표현한 부분을 찾을 수 없다. (가)의 제비 소리(청각적 이미지)는 황새와 뱀이 상징하는 지배층의 횡포에 고통받는 피지배층의 상황을 표현하는 것이고, (나)에서 사촌 형님은 '시집살이 더 맵더라', '시어머니보다 더 푸르랴' 등의 감각적 표현을 통해 시집살이의 어려움을 토로하고 있다.

⑤ 자연물에 ~~감정을 이입~~*하여 대상에 대한 안타까움을 강조하고 있다.

(가)에서 화자는 제비가 지지배배 소리를 그치지 않는다고 하며 서러움을 호소하는 듯하다고 했으나, 이때 화자가 어떠한 처지에 있는지는 드러나지 않으므로 화자가 제비에 감정을 이입하여 제비가 화자와 같은 감정을 가지고 있는 것처럼 표현했다고 보기는 어렵다. 또한 (나)에 '나뭇잎', '배꽃' 등 다양한 자연물이 등장하기는 하지만 화자는 이러한 자연물에 빗대어 특정 인물의 성격이나 상황을 강조하고 있을 뿐 자연물에 감정을 이입한 것은 아니다.

> **✓ 짚고 가기** 표현상의 특징을 묻는 문제에서 정답률이 41%였다는 것은 학생들이 모르는 개념어가 문제로 나왔거나 아는 개념이더라도 실제 작품에서 어떻게 나오는지 정확히 알지 못했다는 것을 의미하지. 오답 중에서는 ⑤번을 고른 학생이 많았는데, '감정 이입'에 대한 정확한 이해가 부족했던 것으로 보여. '감정 이입'은 화자가 느끼는 감정을 대상도 똑같이 느끼는 것처럼 표현하는 것을 말해. 따라서 제비가 '서러움을 호소'하는 것을 감정 이입으로 보려면 화자 또한 '서러움'을 느껴야 해. 하지만 작품에서 화자가 제비처럼 황새나 뱀의 횡포에 고통받으며 집 없는 서러움을 가졌다고 판단할 근거를 확인할 수는 없어. 표현상의 특징을 묻는 문제에서 헷갈리는 문학 개념어가 나온다면 예시와 함께 정리해 두자.

개념 더하기+

> ② **대화 형식:** 대화 형식이란 화자와 청자가 서로 말을 주고받는 것을 말해. 예를 들어 '짓무른 벌레 먹은 구멍 뚫린 고추 보고 / 누가 도현네 올 고추 농사 잘 안 되었네요 해도 / 가을에 가봐야 알지요 하시는 / 우리 어머니를 위하여'에서는 우리 어머니와 어머니에게 말을 거는 상대방이 말을 주고받는 형식이 나오고 있어.
>
> ⑤ **감정 이입:** 감정 이입은 화자가 대상도 자신과 같은 감정을 가지고 있는 것처럼 표현하는 것을 의미해. 예를 들어 자연물인 '새'는 그냥 울고 있는데, 서러운 감정을 느끼고 있는 화자가 이를 보고 '새가 서러워 하며 운다.'라고 표현한 것을 감정 이입이라 할 수 있어.

5. ⓐ~ⓔ 중 (가)를 이해한 내용으로 적절하지 <u>않은</u> 것은?

> 오늘 수업 시간에 정약용의 「고시」가 조선 후기 지배층의 횡포와 피지배층의 고난을 드러낸 작품임을 배웠어. 이 작품에서 ⓐ'황새'와 '뱀'은 백성들을 괴롭히는 지배 세력을 상징하고, ⓑ'제비'는 지배 세력으로부터 착취당하는 백성들을 상징해. ⓒ피지배층의 고난은 삶의 터전마저 빼앗기는 절박한 상황으로 그려지고 있어. ⓓ그런 상황에서도 백성들은 현실에 굴하지 않는 꿋꿋한 모습을 보여. 이 작품을 통해 ⓔ작가는 당대의 부정적 현실을 우회적으로 고발하고 있어.

정답풀이

④ ⓓ(그런 상황에서도 백성들은 ~~현실에 굴하지 않는 꿋꿋한 모습~~을 보여.)

(가)에서 화자는 제비가 '집 없는 서러움을 호소'하는 듯하다고 했으며, 제비는 '느릅나무 구멍은 황새가 쪼고 / 홰나무 구멍은 뱀이 와서 뒤져 나무 구멍에 깃들 수 없다고 대답했다. 이를 '조선 후기 지배층의 횡포와 피지배층의 고난'과 관련지어 보면, '황새'와 '뱀'은 '제비'가 살 수 없도록 나무 구멍을 쪼거나 뒤져 괴롭히는 존재이므로 백성들을 괴롭히는 지배층을 상징(ⓐ)하고, '제비'는 '황새'와 '뱀' 같은 지배층으로부터 착취당하는 피지배층 백성들을 상징(ⓑ)한다고 할 수 있다. 또한 제비가 '집 없는 서러움을 호소'하는 것은 '피지배층'이 '삶의 터전마저 빼앗기는 절박한 상황'을 그린 것으로(ⓒ) 볼 수 있으며, 이를 통해 작가는 지배층이 피지배층을 착취하는 당대의 부정적 현실을 우회적으로 고발(ⓔ)하고 있다고 이해할 수 있다. 그러나 (가)에서 '제비'는 '황새가 쪼고', '뱀이 와서 뒤'져 거주할 집이 없는 상황에 '서러움을 호소'하고 있을 뿐이다. 즉 백성들이 삶의 터전을 빼앗긴 '현실에 굴하지 않는 꿋꿋한 모습(ⓓ)'을 드러낸다고 볼 수 없다.

6. 〈보기〉를 바탕으로 (나)를 감상한 내용으로 적절하지 <u>않은</u> 것은? [3점]

> **보기**
>
> 「시집살이 노래」는 고통스러운 시집살이를 하는 아녀자들의 생활을 진솔하게 표현한 민요이다. 이 작품 속 여인은 대하기 어려운 시집 식구와 과중한 가사 노동으로 인해 힘든 삶을 살고 있다. 이러한 삶 속에서 여인은 자신의 처지를 한탄하기도 하고, 체념하는 태도를 보이기도 한다.

정답풀이

⑤ ⑩에서 '거위'와 '오리'에 빗대어 현실에 대응하지 못하고 ~~체념하는 자신~~을 드러내고 있군.
문제 p.53 비유

〈보기〉에서 윗글의 여인은 힘든 삶 속에서 '체념하는 태도를 보이기도 한다'라고 했다. (나)의 화자는 과중한 가사 노동을 하며 '귀먹어서 삼 년이요 눈 어두워 삼 년이요 / 말 못해서 삼 년이요 석 삼 년을 살'았으므로 고통스러운 시집살이에 대응하지 못하고 체념하는 태도를 보였다고 해석할 수 있다. 그러나 ⑩(그것도 소이라고 거위 한 쌍 오리 한 쌍 / 쌍쌍이 때 들어오네)에서 화자 자신을 '거위'와 '오리'에 빗대어 표현한 것은 아니다.

> ☑ **짚고 가기** 〈보기〉에서 윗글의 여인은 '자신의 처지를 한탄' 혹은 '체념하는 태도를 보이기도 한다.'라고 했어. 하지만 '거위'와 '오리'는 여인의 눈물이 '소'(연못)를 이룬 후 들어온 것으로 여인의 슬픔을 보여줄 뿐, '체념하는 자신'을 표현했다고 보기는 어려워. 참고로 여인의 눈물이 모여 이뤄진 '소'에 들어온 '거위'와 '오리'는 여인의 자식들이라고 해석할 수 있어. 선지에서 〈보기〉와 작품을 적절하게 연결했는지는 꼼꼼하게 따져 봐야 해.

오답풀이

① ㉠에서 '고추', '당추'와 비교하여 시집살이의 고통을 표현하고 있군.

㉠에서 '고추', '당추'와 비교하여 시집살이가 더 맵다고 말하며, 시집살이의 고통을 드러내고 있다.

② ⓛ에서 '오 리'와 '십 리'를 활용하여 감당해야 할 노동이 과중함을 강조하고 있군.

ⓛ에서 '오 리(약 2km)'를 걸어 물을 길어야 하고, '십 리(약 4km)'를 걸어 방아를 찧는 가사 노동을 해야 함을 표현하여 가사 노동의 과중함을 표현하고 있다.

③ ⓒ에서 '호랑새'와 '꾸중새'를 활용하여 시아버지와 시어머니를 대하기 힘든 존재로 표현하고 있군.

ⓒ에서 시아버지는 호랑이처럼 무섭고 시어머니는 꾸중하는 사람임을 '호랑새'와 '꾸중새'로 빗대어 표현하고 있다.

④ ⓔ에서 '배꽃'과 '호박꽃'을 대비하여 초라하게 변한 자신의 모습을 한탄하고 있군.

해설 p.4 대비

ⓔ에서 '배꽃'은 화자가 과거에 아름다웠음을 표현하는 것이며, '호박꽃'은 현재 자신의 외양이 변했음을 표현한 것이다. 즉 화자는 '배꽃'과 '호박꽃'의 대비를 통해 초라해진 자신의 모습을 한탄한다고 볼 수 있다.

(가)

춘일(春日)이 지지(遲遲)하여 뻐꾸기가 보채거늘
동린(東隣)에 쟁기 얻고 서사(西舍)에 호미 얻고
집 안에 들어가 씨앗을 마련하니
㉠올벼 씨 한 말은 반 넘게 쥐 먹었고
기장 피 조 팥은 서너 되 부쳤거늘
한아(寒餓)한 식구 이리하여 어이 살리 계절은 봄이야. 화자는 농사를 지으려고 씨앗을 마련하지만 쥐가 파 먹고 몇 되 남지 않아서 식구들을 어떻게 먹여 살릴지 걱정해.

(중략)

베틀 북도 쓸데없어 빈 벽에 남겨 두고
㉡솥 시루 버려두니 붉은 빛이 다 되었다
세시 삭망 명절 제사는 무엇으로 해 올리며
원근 친척 내빈왕객(來賓往客)은 어이하여 접대할꼬
㉢이 얼굴 지녀 있어 어려운 일 하고 많다 가난 때문에 베틀 북도, 솥 시루도 쓸 데 없고 명절도 친척도 맞이하기 어려운 처지야.
이 원수 궁귀(窮鬼)를 어이하여 여의려뇨

술에 후량을 갖추고 이름 불러 전송하여
길한 날 좋은 때에 사방으로 가라 하니
웅얼웅얼 불평하며 원노(怨怒)하여 이른 말이
어려서나 늙어서나 희로우락(喜怒憂樂)을 너와 함께하여
죽거나 살거나 여읠 줄이 없었거늘
어디 가 뉘 말 듣고 가라 하여 이르느뇨
우는 듯 꾸짖는 듯 온가지로 협박커늘   [A]
돌이켜 생각하니 네 말도 다 옳도다
무정한 세상은 다 나를 버리거늘
네 혼자 유신하여 나를 아니 버리거든
위협으로 회피하며 잔꾀로 여읠려냐
하늘 삼긴 이내 궁(窮)을 설마한들 어이하리
빈천도 내 분(分)이니 서러워해 무엇하리

화자는 원수 같은 궁귀(가난귀신)를 떠나보내려고 하지만, 어려서나 늙어서나 함께한 자신을 가라고 하냐고 원망하는 궁귀의 말을 듣고는, 결국 자신의 가난이 하늘이 만든 자신의 분수라고 생각하며 받아들이게 돼.

– 정훈, 「탄궁가」 –

[현대어 풀이]

봄날이 몹시 더디어 뻐꾸기가 재촉하거늘

동쪽의 이웃에게 쟁기를 빌리고 서쪽의 이웃에게 호미를 빌리고

집 안에 들어가 씨앗을 마련하니

올벼 씨 한 말은 반 넘게 쥐가 먹었고

기장, 피, 조, 팥은 서너 되뿐이어서 그것만 심었거늘

춥고 굶주린 식구들은 이리하여 어찌 살겠는가

(중략)

(옷감을 만들) 베틀의 북도 쓸데없어 빈 벽에 걸려 있고

시루 솥도 버려두니 붉은 녹이 다 끼었다

(가난한 와중에) 세시 절기, 음력 초하룻날과 보름날, 명절, 기제사는 무엇으로 해서 (제사를) 올릴 것이며

멀고 가까운 친척들과 손님들은 어떻게 대접할 것인가

이 몰골을 지니고 있어 어려운 일이 많고 많구나

이 원수 같은 가난귀신을 어찌하면 이별할 수 있을까

술에 음식을 갖추어서 이름을 불러 (가난귀신을) 떠나보내려고

좋은 날 좋은 때에 (가난귀신에게) 사방 어디로든 가라 하니

(가난귀신이) 웅얼웅얼 불평하며 화를 내어 하는 말이

어려서나 늙어서나 기쁨과 분노, 슬픔과 즐거움을 너(화자)와 함께하여

죽거나 살거나 이별한 적 없었거늘

어디에 가서 누구의 말을 듣고 (나더러) 가라고 말하는가

우는 듯 꾸짖는 듯 여러 가지로 을러대며 위협하거늘

돌이켜 생각하니 네(가난귀신) 말도 다 옳구나

무정한 세상은 다 나를 버리거늘

너(가난귀신) 혼자 신의가 있어 나를 아니 버렸는데

위협으로 피하며 잔꾀로 이별할 것인가

하늘이 만든 나의 가난함을 설마한들 어찌하겠는가

가난하고 천한 것도 내 분수이니 서러워하여 무엇하겠는가

(나)

서산에 돋을볕 비추고 구름은 느지막이 내린다

비 온 뒤 묵은 풀이 뉘 밭이 우거졌던고

ⓔ두어라 차례 정한 일이니 매는 대로 매리라   〈제1수〉

화자는 비 온 뒤 묵은 풀을 베려고 해. '차례 정한 일'이라는 말에서 누구의 밭을 먼저 맬 것인지가 정해져 있음을 확인할 수 있어.

면화는 세 다래 네 다래요 이른 벼의 패는 모가 곱난가   ┐

오뉴월이 언제 가고 칠월이 반이로다   [B]

아마도 하느님 너희 삼길 제 날 위하여 삼기셨다   ┘ 〈제7수〉

면화와 벼가 익어가는 칠월의 농촌의 모습이 표현되었어.

아이는 낚시질 가고 집사람은 절이채 친다

새 밥 익을 때에 새 술을 걸러셔라

ⓜ아마도 밥 들이고 잔 잡을 때에 흥에 겨워 하노라   〈제8수〉

평화롭고 풍요로운 농가의 모습과 그에 대한 화자의 만족감이 드러나 있어.

— 위백규, 「농가」—

[현대어 풀이]

서쪽 산에 아침 햇볕이 비치고, 구름은 느지막이 지나가는구나
비가 온 뒤에 묵은 풀이 누구의 밭에 무성한가?
두어라, 차례가 정해진 일이니 (묵은 풀을) 매는 대로 매리라 〈제1수〉

목화는 세 다래(열매) 네 다래(열매)요, 이른 벼는 막 생겨나오는 이삭이 (얼마나) 고운가?
오뉴월이 언제 갔는지 모르게 지나가고 벌써 칠월 중순이 되었구나
아마도 하늘이 너희(면화, 벼)를 만들 때 나를 위하여 만드셨구나 〈제7수〉

아이는 낚시질 가고, 집사람은 겉절이 나물을 만든다
새 밥이 익을 때에 새 술을 거르리라
아마도 밥 들여오고 술잔을 잡을 때 흥이 나는구나 〈제8수〉

✏️ 1분컷 **작품 정리**

(가)

화자		대상		정서 · 태도
가족을 먹여 살리기 어려울 정도로 **가난한 '나'**	+	가난한 형편과 **궁귀(가난귀신)**	+	가난한 생활에 대한 한탄, 가난을 떠나보내고 싶어 하다가 결국 **수용함**

↓

가난으로 인한 고통과 이를 수용하려는 자세

(나)

화자		대상		정서 · 태도
농촌에 사는 '나'	+	농촌 생활 (비 온 뒤 풀을 베러 나섬, 면화와 벼가 익어감, 평화로운 농가의 풍경 등)	+	농촌 생활에서 느끼는 보람과 흥

↓

농촌(농가)의 풍요롭고 보람찬 생활

7. (가)에 대한 설명으로 가장 적절한 것은?

정답풀이

④ 특정 계절을 배경으로 제시해 화자의 처지를 부각하고 있다.

　(가)는 '춘일(봄)'이 되자 '동린에 쟁기 얻고 서사에 호미 얻'어 씨를 심으려고 하나, '올벼 씨 한 말은 반 넘게 쥐 먹'은 상태이고 '기장 피 조 팥'을 겨우 '서너 되 부'친 상황을 제시함으로써 봄이 되었으나 농사를 짓기도 힘든 화자의 가난한 처지를 부각하고 있다.

오답풀이

① ~~계절의 변화~~에 조응*하는 여러 자연물을 활용해 화자의 ~~인식 전환~~을 보여 주고 있다.

　'춘일이 지지하여 뻐꾸기가 보채거늘'에서 계절적 배경이 봄임을 알 수 있으며, 가난 때문에 괴로워하던 화자가 '빈천도 내 분이니 서러워해 무엇하리'라고 가난을 받아들이는 것을 화자의 인식 전환으로 볼 수는 있다. 그러나 (가)에서 계절의 변화는 나타나지 않으며, 이에 조응하는 자연물을 활용해 화자의 인식 전환을 보여 주고 있지도 않다.

② 계절감이 드러난 소재를 ~~대등하게 나열~~해 시상을 전개하고 있다.
　　문제 p.101 계절감　　　　　　　　해설 p.75 열거
　'춘일'에 보채는 '뻐꾸기'는 계절감을 드러내는 소재로 볼 수 있으나, (가)에서 계절감이 드러난 다양한 소재를 대등하게 나열하고 있지는 않다.

③ 특정 계절의 풍속을 화자의 ~~시선 이동에 따라 묘사~~하고 있다.
　　　　　　　　　　　　　　　　　　해설 p.5 묘사
　'춘일이 지지하여 뻐꾸기가 보채거늘'에서 계절적 배경이 봄임을 알 수 있으나, (가)에서 화자의 시선 이동에 따라 봄의 풍속을 묘사하고 있지는 않다.

⑤ ~~계절의 순환~~*을 중심으로 자연의 섭리를 드러내고 있다.

　'춘일이 지지하여 뻐꾸기가 보채거늘'에서 계절적 배경이 봄임을 알 수 있으나, (가)에서 '봄 → 여름 → 가을 → 겨울' 등과 같이 이어지는 계절의 순환은 확인할 수 없다.

개념 더하기⁺

> ① **조응:** 조응이란 둘 이상의 사물이나 현상 또는 말과 글의 앞뒤 따위가 서로 일치하게 대응함을 가리켜. 계절의 변화에 조응하는 자연물이 나온다고 하면, 봄에서 여름, 가을, 겨울로 계절이 변화하면서, 각 계절의 특징적인 자연물이 나오는 것을 말해. 예를 들어 봄의 꽃, 여름의 비, 가을의 단풍, 겨울의 눈이 각 계절과 대응되는 자연물이라고 볼 수 있지.
>
> ⑤ **계절의 순환:** 계절의 순환은 봄에서 여름, 가을, 겨울을 지나 다시 봄으로 돌아오는 것처럼 계절이 도는 것을 말해.

8. [A], [B]에 대한 이해로 적절하지 <u>않은</u> 것은?

정답풀이

⑤ [A]와 [B]에서 화자는 각각 초월적인 존재인 '하늘'과 '하느님'을 ~~예찬~~하는 어조를 취하고 있다.

　[A]의 '하늘 삼긴 이내 궁을 설마한들 어이하리'에서는 가난을 '하늘'이 만든 자신의 분수로 여기는 태도가 나타날 뿐, 화자가 '하늘'을 예찬하고 있지는 않다. 또한 [B]의 '아마도 하느님 너희 삼길 제 날 위하여 삼기셨다'에서도 '하느님'이 자신을 위해 '너희(면화, 벼)'를 만들었다며 노동의 결실인 '면화', '벼'를 보고 느끼는 만족감을 드러내고 있을 뿐, 화자가 '하느님'을 예찬하고 있다고 보기는 어렵다.

오답풀이

① [A]에서 '술에 후량'을 갖춘 화자는 의례를 통해 '궁귀'에 대한 예우를 표하고 있다.

　[A]에서 화자는 '궁귀'를 여의기 위해 '술에 후량을 갖추고' '길한 날 좋은 때에 사방으로 가라 하'므로, 의례(행사를 치르는 일정한 법도와 형식)를 통해 '궁귀'에 대한 예우를 표하고 있다고 볼 수 있다.

② [B]에서 화자는 시간의 경과를 의식하며 '세 다래 네 다래' 열린 '면화'에 대한 만족감을 드러내고 있다.

　[B]에서 화자는 '오뉴월이 언제 가고 칠월이 반'이라는 시간의 경과를 언급하며 '세 다래 네 다래' 열린 '면화'에 대한 만족감을 드러내고 있다.

③ [A]에서 화자는 '이내 궁'과의 관계를, [B]에서 화자는 '너희'와의 관계를 운명적인 것으로 여기는 관점을 취하고 있다.

　[A]에서 화자는 '하늘 삼긴 이내 궁을 설마한들 어이하'겠며 '빈천도 내 분'이라고 하여 자신의 가난을 운명으로 받아들이고 있다. 또한 [B]에서도 화자는 '하느님'이 자신을 위해 '너희'를 만들었다며 '너희'와의 관계를 운명적인 것으로 여기고 있다.

④ [A]에서 화자는 '옳도다'라는 응답으로 '네 말'을 수용하는 태도를, [B]에서 화자는 '반이로다'라는 감탄으로 '패는 모'에 대한 기대감을 드러내고 있다.

　[A]에서 화자는 '궁귀'와 헤어지고자 하지만 '궁귀'가 '어려서나 늙어서나~가라 하여 이르느뇨'라고 '온가지로 협박'하자 '돌이켜 생각하니 네(궁귀) 말도 다 옳'다며 '궁귀'의 말을 수용하는 태도를 취하고 있다. 한편 [B]에서 화자는 '오뉴월이 언제 가고 칠월이 반이로다'에서 '-로다'라는 감탄형 어미를 사용하여 '이른 벼의 패는 모'에 대한 기대감을 드러내고 있다.

9. 〈보기〉를 참고할 때, ㉠~㉤의 문맥적 의미에 대한 이해로 적절하지 <u>않은</u> 것은? [3점]

> **보기**
>
> 　「탄궁가」는 향촌 공동체에서 경제적 기반이 취약한 사대부가 가정과 사회에 대한 책임을 다하기 어려운 자신의 궁핍한 삶을 실감나게 그려 낸 작품이다. 한편 「농가」는 곤궁한 향촌 공동체의 발전을 위해 여러 방도를 모색한 사대부가 가난을 벗어난 이상화된 농촌상을 그려 낸 작품이다.

정답풀이

③ ㉢은 체면을 지키기 어려운 상황을 제시해 취약한 경제적 기반 때문에 ~~사회적 책임을 내려놓는~~ 향촌 사대부의 ~~죄책감~~을 드러낸다.

　〈보기〉에서 (가)는 '경제적 기반이 취약'하여 '가정과 사회에 대한 책임을 다하기 어려운' 사대부가 자신의 삶을 그려 낸 작품이라고 하였다. 이를 참고할 때 ㉢에서는 취약한 경제적 기반 때문에 '세시 삭망 명절 제사'를 올리고, '원근 친척 내빈왕객'을 접대하는 사회적 책임을 다하기 힘든 상황에 대한 향촌 사대부의 괴로움이 나타난다고 볼 수 있다. 하지만 ㉢에서 화자가 사회적 책임을 내려놓는다고 볼 수는 없으며 이로 인해 죄책감을 느낀다고 보기도 어렵다.

오답풀이

① ㉠은 파종할 볍씨를 쥐가 먹어 버린 상황을 제시해 가난한 향촌 사대부의 곤혹스러운 처지를 실감나게 그려 낸다.

　〈보기〉에서 (가)는 '경제적 기반이 취약한 사대부'가 '자신의 궁핍한 삶을 실감나게 그려 낸 작품'이라고 하였다. 이를 참고할 때 ㉠에서는 농사를 지을 '올벼 씨'를 '반 넘게 쥐'가 먹어 버린 구체적인 상황을 통해 향촌 사대부의 가난하고 곤혹스러운 처지를 실감나게 드러내고 있다고 볼 수 있다.

② ⓒ은 솥과 시루가 녹슨 상황을 제시해 끼니조차 잇지 못하는 생활이 지속되는 향촌 사대부 가정의 궁핍함을 부각한다.

〈보기〉에서 (가)는 '경제적 기반이 취약한 사대부'가 '자신의 궁핍한 삶을 실감나게 그려 낸 작품'이라고 하였다. 이를 참고할 때 '솥 시루'를 '붉은 빛'의 녹이 슬 때까지 오래 방치해 둔 것은 솥과 시루에 음식을 해 먹지 못할 정도의 형편임을 보여 주는 것이므로, ⓒ에서는 이처럼 끼니조차 제대로 잇지 못하는 상황을 제시함으로써 궁핍한 향촌 사대부 가정의 생활을 부각하고 있다고 볼 수 있다.

④ ⓔ은 밭을 맬 때 예정된 차례에 따라야 함을 나타내어 사회적 약속에 대한 존중을 향촌 공동체 발전의 방도로 여기는 관점을 드러낸다.

〈보기〉에서 (나)는 '곤궁한 향촌 공동체의 발전을 위해 여러 방도를 모색한 사대부'의 작품이라고 하였다. 이를 참고할 때 ⓔ에서는 '밭'에 우거진 '비 온 뒤 묵은 풀'을 정해진 '차례'에 따라 맨다는 방안을 제시하면서, 사회적 약속을 존중하는 것이 향촌 공동체의 발전을 위한 방도라고 여기는 관점을 드러내고 있다고 볼 수 있다.

⑤ ⓜ은 먹을거리에 부족함이 없이 즐거운 향촌 구성원의 모습을 통해 가난을 벗어난 이상화된 농촌상의 일면을 보여 준다.

〈보기〉에서 (나)는 '가난을 벗어난 이상화된 농촌상을 그려 낸 작품'이라고 하였다. 이를 참고할 때 ⓜ에서는 '새 밥'과 '새 술'을 먹으며 '흥에 겨워 하는' 향촌 구성원의 모습을 통해 먹을거리에 부족함이 없고 즐거운 이상적 농촌상의 일면을 보여 주고 있다고 할 수 있다.

(1) 고전소설만이 가진 특성을 고려해야 한다.

1~3   〜〜 인물의 심리   〜〜 장면끊기

이때 춘향 어미 는 삼문간에서 들여다보고 땅을 치며 우는 말이,

"신관 사또 는 사람 죽이러 왔나? 팔십 먹은 늙은 것이 무남독녀 딸 하나를 금이야 옥이야 길러내어 이 한 몸 의탁코자 하였더니, 저 지경을 만든단 말이오? 마오 마오. 너무 마오!"

와르르 달려들어 춘향 을 얼싸안고,

"아따, 요년아. 이것이 웬일이냐? 기생이라 하는 것이 수절이 다 무엇이냐? 열 소경의 외막대 같은 네기 이 지경이 되었으니 어디 가서 의탁하리? 할 수 없이 죽었구나." *춘향 어미는 춘향을 안고 의탁할 곳이 없어졌다며 슬퍼하고 있네.*

향단 이 들어와서 춘향의 다리를 만지면서,

"여보 아가씨, 이 지경이 웬일이오? 한양 계신 도련님 이 내년 삼월 오신댔는데, 그동안을 못 참아서 황천객이 되시겠네. 아가씨, 정신 차려 말 좀 하오. 백옥 같은 저 다리에 유혈이 낭자하니 웬일이며, 실낱같이 가는 목에 큰칼이 웬일이오?" *향단은 신관 사또에 의해 칼을 차고 피를 흘리고 있는 춘향을 안타까워하고 있어.* 장면 1 (중략) *이후에는 춘향의 꿈속으로 배경이 바뀌면서 새로운 인물과 전개가 나타나니 여기서 장면을 나눌 수 있어.*

(중략)

칼머리 세워 베고 우연히 잠이 드니, 향기 진동하며 여동 둘 이 내려와서 춘향 앞에 꿇어앉으며 여쭈오되,

"소녀들은 황릉묘 시녀 로서 부인의 명을 받아 낭자 를 모시러 왔사오니 사양치 말고 가사이다."

춘향이 공손히 답례하는 말이,

"황릉묘라 하는 곳은 소상강 만 리 밖 멀고도 먼 곳인데, 어떻게 가잔 말인가?"

"가시기는 염려 마옵소서." 장면 2 *춘향은 꿈속에서 여동을 만나 황릉묘로 향하게 돼. 이 뒤로 본격적인 공간의 이동이 이루어지면서 또 새로운 인물과 전개가 나타나니 장면을 나누고 가자.*

손에 든 봉황 부채 한 번 부치고 두 번 부치니 구름같이 이는 바람 춘향의 몸 홀쩍 날려 공중에 오르더니 여동이 앞에 서서 길을 인도하여 석두성을 바삐 지나 한산사 구경하고, 봉황대 올라가니 왼쪽은 동정호요 오른쪽은 팽려호로다. 적벽강 구름 밖에 열두 봉우리 둘렀는데, 칠백 리 동정호의 오초동남 여울목에 오고 가는 상인들은 순풍에 돛을 달아 범피중류 떠나가고, 악양루에서 잠깐 쉬고, 푸른 풀 무성한 군산에 당도하니, 흰 마름꽃 핀 물가에 갈까마귀 오락가락 소리하고, 숲속 원숭이가 자식 찾는 슬픈 소리, 나그네 마음 처량하다. 소상강 당도하니 경치도 기이하다. 대나무는 숲을 이루어 아황 여영 눈물 흔적 뿌려 있고, 거문고 비파 소리 은은히 들리는데, 십층 누각이 구름 속에 솟았도다. 영롱한 전주발과 안개 같은 비단 장막으로 주위를 둘렀는데, 위의도 웅장하고 기세도 거룩하다. *춘향은 여동의 인도에 따라 황릉묘에 도착했어. 비현실적 공간으로 진입한 거지. 비현실적 공간의 배경을 묘사하여 신비로운 분위기를 드러내고 있네.*

여동이 앞에 서서 춘향을 인도하여 문 밖에 세워 두고 대전에 고하니,

"춘향이 바삐 들라 하라."

춘향이 황송하여 계단 아래 엎드리니 부인 이 명령하시되,

"대전 위로 오르라."

춘향이 대전 위에 올라 손을 모아 절을 하고 공손히 자리에서 일어나 좌우를 살펴보니, 제일 층 옥가마 위에 아황 부인 앉아 있고 제이 층 황옥가마에는 여영 부인 앉았는데, 향기 진동하고 옥으로 만든 장식 소리 쟁쟁하여 하늘나라가 분명하다. 춘향을 불러다 자리를 권하여 앉힌 후에,

"춘향아, 들어라. 너는 전생 일을 모르리라. 너는 부용성 영주궁의 운화 부인 시녀로서 서왕모 요지연에서 장경성에 눈길 주어 복숭아로 희롱하다 인간 세상에 귀양 가서 부인은 춘향의 전생에 대해 설명해 주고 있어. 천상계에서 죄를 지어 인간계로 적강했다는 거야. 시련을 겪고 있거니와 머지않아 장경성을 다시 만나 부귀영화를 누릴 것이니 춘향의 미래도 예언해 주고 있네. 마음을 변치 말고 열녀를 본받아 후세에 이름을 남기라."

춘향이 일어서서 두 부인께 절을 한 후에 달나라 구경하려다가 발을 잘못 디뎌 깨달으니 한바탕 꿈이라. 장면 3 춘향이 꿈에서 깨어 현실로 돌아가는 부분에서 다시 장면을 나누어 볼 수 있어. 잠을 깨어 탄식하는 말이.

"이 꿈이 웬 꿈인가? 뜻 이룰 큰 꿈인가? 내가 죽을 꿈이로다." 꿈에서 깬 춘향은 죽을 꿈을 꾸었다면서 탄식하네.

칼을 비스듬히 안고

"애고 목이야, 애고 다리야. 이것이 웬일인고?"

향단이 원미를 가지고 와서,

"여보, 아가씨. 원미 쑤어 왔으니 정신 차려 잡수시오." 장면 4 현실로 돌아온 춘향의 상황이 제시되면서 장면이 마무리되네.

– 작자 미상, 「춘향전」 –

✏️ 1분컷 작품 정리

주요 인물	주요 사건
• 춘향: 수절을 하다가 갇힘. 황릉묘로 가 부인을 만남 • 춘향 어미, 향단: 옥에 갇힌 춘향을 보며 슬퍼함 • 황릉묘 시녀: 부인의 명으로 춘향을 황릉묘로 데려옴 • 아황 부인, 여영 부인: 춘향을 불러 전생에 대해 일러주고 춘향의 미래도 예언함	장면 1 춘향 어미와 향단은 옥에 갇힌 춘향을 찾아와 슬픔과 안타까움을 드러냄 장면 2 춘향 앞에 여동 둘이 나타나 황릉묘로 모셔 가겠다고 함 장면 3 여동들이 인도하여 간 곳에서 춘향은 부인들을 만나 전생과 미래에 대해 들음 장면 4 춘향은 꿈에서 깨어 탄식함

1. 춘향이 잠이 들어 '황릉묘 시녀'를 만난 것은 꿈과 현실의 연결이 일어나게 됨을 보여 주는군. ◉

'춘향'은 잠이 든 뒤 초월적 인물인 '황릉묘 시녀(여동)'의 인도에 따라 '하늘나라'에 도착하게 된다. 이를 통해 잠을 매개로 꿈과 현실이 연결되고 있음을 확인할 수 있다.

☑ 질고 가기 현실 세계에서 비현실 세계로 넘어갈 때 가장 흔히 쓰이는 방식이 바로 '꿈'을 매개로 하는 것이라고 했지? 이처럼 고전 소설에서는 인물이 잠에 들면서 비현실 세계로 이동하고, 잠에서 깨면서 현실 세계로 돌아오는 이야기 전개 방식이 활용되는 경우가 많아.

2. '봉황 부채'에 의한 '구름같이 이는 바람'을 타고 '소상강 만 리 밖' 황릉묘까지 춘향이 날려가는 것은 꿈속 공간의 초월적 성격을 드러내는군. ◉

꿈속에서 만난 '여동'이 부친 부채가 일으킨 바람에 의해 '춘향의 몸 훌쩍 날려 공중에' 올라 순식간에 공간을 이동하고 있는데, 이를 통해 꿈속 공간이 초월적 공간임을 확인할 수 있다.

3. 아황 부인과 여영 부인이 '춘향이 바삐 들라'라고 명령하는 것은 ~~자신의 문제를 서둘러 해결하고자 하는 춘향에게 인간 세상에 대비되는 천상계의 질서가 있음을 보여 주는군.~~ ⊗
해설 p.4 대비

'아황 부인'과 '여영 부인'이 '춘향'에게 '바삐 들라'고 한 것은 '춘향'을 환영하며 어서 오라는 뜻에서 한 말이다. '춘향'은 '여동'의 인도에 따라 황릉묘에 온 것일 뿐, 자신의 문제를 서둘러 해결하고자 하는 모습은 드러내지 않는다. 또한 여기에 인간 세상에 대비되는 천상계의 질서가 나타나 있지도 않다.

"너는 무엇 하는 자인고?"

하니, 그 유생이 공손히 절을 한 후에 무릎을 꿇고 대답하였다.

"저는 용왕의 아들 이목(李牧)입니다." 용왕의 아들이므로 이목은 초월적 인물로 볼 수 있어.

치원이 또 묻기를,

"너는 무엇 하려고 여기 왔느냐?"

하니, 대답하였다.

"마침 오늘 천하의 문장인 선생님께서 이곳에 도착한다는 말을 들었습니다. 그래서 선생님을 따라 배우고자 하여 이곳에 와서 기다리고 있었던 것입니다."

이목이 다시 말하길,

"무릇 제가 사는 땅은 어르신네께서 사시는 땅과는 아주 달라 공자(孔子)의 학문이 없습니다. 그래서 글을 배우고자 하여도 말미암아 배울 수가 없습니다. 이 때문에 저는 늘 자탄하기를, '내가 무슨 죄를 지어 이 땅에 잘못 태어나 공자의 도를 들을 수 없는가.' 하였는데, 우연히 천하의 문장을 만날 수 있게 되었으니, 어찌 하늘이 저로 하여금 성인의 도를 듣게 하고자 하는 것이 아니겠습니까?"

하고 거듭 경의를 표하여 용궁으로 맞이 들였다. 이목은 치원에게 배움을 바라며 존경의 뜻을 내비치고 있네. ‹장면 1› (중략)을 경계로 이야기의 공간적 배경이 용궁에서 위이도로 옮겨가게 되니 여기서 장면을 나누고 가자.

(중략)

위이도(魏耳島)에 이르니 마침 가뭄이 극심하여 만물이 모두 붉게 시들어 있었다. 그 섬 주민들은 최문장이 온다는 말을 듣고 뛰어나와 맞이하며 애걸하였다.

"이 섬의 주민들은 가뭄의 고통을 이기지 못해 모두 말라 죽을 지경에 이르렀습니다. 다행히 아직까지 죽지 않은 자들 또한 대부분 떠나거나 흩어져 이 섬은 거의 비게 되었습니다. 이제 다행히도 천하의 대현(大賢)께서 이미 이곳에 오셨으니 어찌 이 궁한 목숨을 이으려 하지 않겠습니까?"

또 말하길,

"들사오니 현인께서 진실로 지성을 드리면 하늘이 반드시 응한다고 합니다. 엎드려 바라옵건대 명공께서는 특별히 상림(桑林)의 뜻을 생각하시어 글로써 비를 기원하여 죽어가는 수많은 목숨을 구해주십시오." 위이도의 주민들이 치원에게 비를 내려줄 것을 간절히 부탁하고 있어.

하니, 치원이 그 정성을 가련하게 여겨 이목을 돌아보고 말했다.

"㉠자네의 재능이면 가히 이 일을 해결할 수 있을 것이네. 용기를 내 비를 뿌려주어 이 섬의 말라 죽어가는 백성들을 구해주게."

이목이 그 명령을 좇아 마침내 산간으로 들어갔다. 조금 있으니 검은 구름이 해를 가리고 천지가 어두워지면서 비가 퍼붓듯이 내려 내와 도랑이 넘쳐흐르자 섬 백성들이 크게 기뻐하였다. 치원의 명으로 이목이 직접 비를 내리게 하는 비현실적 사건이 일어나고, 주민들은 크게 기뻐하네. 잠시 후 이목이 산간에서 나와 치원의 곁에 앉았다.

조금 있으니 운무(雲霧)가 다시 합하고 우레 소리가 울리더니 비가 처음 내렸던 것처럼 퍼부었다. 얼마 후에 푸른 옷을 입은 승(僧)이 붉은 검을 가지고 내려와 큰 소리로 이목을 부르며 말하길,

"내가 하늘의 명령을 받고 너를 목 베어 죽이러 왔으니 급히 나와 벌을 받아라."

하고, 검을 휘두르면서 나아왔다. 이목이 크게 두려워하며 치원에게 말했다.

"제가 선생님의 명령을 어기지 않으려고 하늘의 명령을 따르지 않은 채 마음대로 비가 오게 했습니다. 그래서 하늘이 저의 방자함을 미워하여 마음대로 비 내린 죄를 받게 하고자 하니 이를 어찌하면 좋겠습니까?" 죽을 위기에 처한 이목이 두려움에 떨면서 치원을 의지하려 하고 있어.

치원이 말하길,

"자네는 걱정하지 말고 잠시만 몸을 숨기면 벌을 면할 수 있을 것이네."

하니, 이목이 교룡(蛟龍)으로 변하여 인물이 다른 모습으로 변하는 것 역시 비현실적 요소지. 치원이 앉은 자리 밑에 숨었다.

천승(天僧)이 치원에게 말하길,

"천제(天帝)께서 또한 나를 보낸 것은 이목을 죽여 그 죄를 응징하고자 하는 것입니다. 지금 족하(足下)께서 숨기시고 내놓지 않은 것은 무엇 때문입니까?"

하니, 치원이 말했다.

"이목이 무슨 죄과(罪過)를 저질렀기에 천제가 죽이려고 하는 것이오?"

천승이 말하길,

"이 섬의 사람들은 부모에게 불효하고 형제간에 화목하지 않으며 탐욕스럽고 잔인하며 어른을 능멸하는 등 풍속이 이처럼 크게 악하기 때문에 천제께서 일부러 비를 내리지 않았던 것입니다. 그런데 지금 이목이 하늘의 명령을 따르지 않고 마음대로 비를 내렸기 때문에 하늘이 이를 미워하여 나를 보내 죽이도록 한 것입니다."

하니, 치원이 말하였다.

"내가 이 섬의 사람들을 위하여 이목에게 비를 내리도록 명한 것이오. ⓒ죄는 나에게 있지 이목에게 있지 않소. 죽이고자 한다면 나를 죽이는 것이 옳겠소." 하늘(천제)은 명령을 따르지 않은 이목을 미워하여 죽이려하지만, 치원은 자신을 희생해 이목을 보호하려 하는군.

천승이 말하길,

"천제께서 나에게 명하시기를, 'ⓒ최치원이 천상에 있을 때 마침 조그마한 죄를 얻어 인간 세계에 떨어진 것일 뿐이지 원래 인간 세상의 평범한 사람이 아니다. 네가 이목을 목 베려 할 때 만약 최치원이 간절하게 말리면 삼가 죽이지 말라.' 고 했습니다."

하고, 인사를 올린 후 하늘로 되돌아갔다. 천제와 천승은 치원을 존중하는 태도를 보이네. [장면 2] 위이도에서 비를 내린 사건의 전말과 결과가 제시되면서 장면이 마무리되고 있어.

— 작자 미상, 「최고운전」 —

✏️ 1분컷 작품 정리

주요 인물	주요 사건
• 이목: 용왕의 아들. 치원에게서 가르침을 받고자 함 • 치원: 천하의 문장가. 이목을 죽이려는 천승을 만류하여 이목의 목숨을 살림 • 천승: 하늘의 명령에 따라 이목을 벌주려 했으나 치원의 만류로 돌아감	[장면 1] 이목이 치원에게 경의를 표하며 가르침을 받고자 함 [장면 2] 이목은 가뭄이 극심한 땅에 비를 내리게 하고, 이에 노한 하늘이 천승을 보내 이목을 죽이려 하나 치원이 만류함

4. ㉠을 통해 치원은 수궁계의 인물에게 도움을 받아 위기에 처한 백성을 구하려 함을 알 수 있다. ◎
문제 p.134 초월적 인물
㉠에서 '치원'은 수궁계의 인물인 '이목'에게 '일을 해결'해 달라고 요청함으로써, 그의 도움을 받아 '비를 뿌려주어 이 섬의 말라 죽어 가는 백성들을 구'하려 하였다.

5. ⓒ을 통해 치원은 천상계의 인물이 임무를 수행하는 데 ~~도움을 주려~~ 함을 알 수 있다. ✕
ⓒ에서 '치원'은 '이목' 대신에 자신을 벌하라고 '천승'에게 말하고 있다. 이는 가뭄이 든 위이도에 비를 내리게 해 하늘의 명령을 어긴 것은 자신의 결정이었다며 벌을 자처한 것으로, '이목'을 구하기 위한 것이지 '천승'의 임무 수행을 돕기 위한 것은 아니다.

6. ⓒ을 통해 치원은 천상계의 인물이었기 때문에 비범한 능력을 지녔음을 짐작할 수 있다. ◎
ⓒ에서 '천승'은 '치원'이 '천상에 있을 때' 죄를 얻어 인간 세계에 떨어진 것'이라고 하여 그가 천상계의 인물이었음을 밝히고 있다. 이를 통해 '치원'이 비범한 능력을 지닐 수 있었던 것은 그가 천상계의 인물이었기 때문임을 짐작할 수 있다.

임금이 듣고 크게 놀라 물었다.

"네가 우치라 하니, 대국에 가서 무슨 장난을 하였기에 황제가 조서(詔書)를 내려 우리나라에까지 폐가 되게 하는가?"

임금은 우치가 대국에서 한 일이 조선에 폐를 끼쳤음을 이야기하며 꾸짖고 있어.

우치가 대답했다.

"소신이 황제를 속인 이유는 다름이 아니오라, 우리 조선을 소국이라 하여 매양 업신여기옵기로 소신이 비록 어리고 철이 없사오나 그 일이 통분하여, 대국에 들어가 여차여차한 일로 황제를 속이고 재주를 발휘하여 대국의 위엄을 꺾으려 한 것일 뿐, 다른 일은 없사옵니다. 그러나 소신을 아무리 잡으려 하여도, 대국의 힘으로는 잡을 길이 없은즉 분함을 이기지 못해 본국으로 사신을 보낸 것이옵니다." 우치는 대국의 횡포에 대해 분함을 느껴 대국의 황제를 속였는데, 대국에서 자신을 잡지 못해 분하니 조서를 내린 것이라고 해.

임금이 듣고 말했다.

"너의 재주가 그러하면 한번 구경하고자 하니 시험하여 특별히 재주를 보여 주면 네 원대로 하리라."

하신데 우치가 아뢰기를,

"신의 재주를 구경하시려 한다면 시험하려니와 전하께서 놀라실까 하나이다."

임금이 말하기를

"그것은 염려하지 말고 시험하라." 임금이 우치에게 재주를 보여 달라고 하네. 우치는 재주를 보면 놀랄 것이라 염려하지만 임금은 구경하겠다고 해. 장면 1 임금이 우치에게 재주를 보이라고 명하고 이에 우치가 도술을 부려 임금은 비현실적 경험을 하게 돼. 우치가 도술을 부리기 전 앞 장면이 현실이라면, 뒤 장면은 비현실이므로 여기서 장면을 끊자.

우치가 재주를 행하는데, 이윽고 천지가 자욱하며 지척을 분별치 못하게 되었다. 임금이 괴이히 여기다가 주위를 둘러보니, 갑자기 맑은 바람이 일어나며 구름과 안개가 걷히고 날씨가 명랑하였다. 우치의 도술로 임금은 비현실적 공간으로 진입했어. 현실에서 비현실 세계로 장면이 전환되며 날씨가 묘사되었어. 그제야 자세히 보니 명경창파 가운데 자신이 한 조각의 배를 타고 앉았는데, 배 가는 곳을 알 수가 없었다. 임금이 크게 놀라 생각하기를, '이 몸이 어찌하여 이곳에 왔으며, 배에는 사공도 없으니 장차 어디로 갈꼬?' 하고 있는데, 갑자기 큰 바람이 일어나서 천지를 분간치 못하였다. 임금은 넓은 바다 한가운데에서 배를 타고 있고 자신이 왜 이곳에 있는지 이유를 모르고 있어. 그런데다 풍랑까지 심하여 배가 물결을 따라 물속으로 거의 잠기게 되었다. 임금은 정신이 혼미하여 넋이 몸에 붙지 아니하니 어찌 살기를 바라리오. 하릴없이 하늘을 우러러 탄식하며 말하기를,

"밝은 하늘이 아시거든 남은 목숨을 지켜 주소서."

하며 눈물을 흘리고 있는데, 큰 파도가 치면서 바다에 빠질 위기에 처한 임금은 혼란스러워하다가 하늘에 살려달라고 애원해. 문득 동쪽 언덕으로부터 피리 부는 소리가 들렸다. 놀라 바라보니 한 척의 작은 배가 들어왔다. 그 가운데 연밥 따는 선동이 머리에 연꽃을 꽂고 피리를 불며 들어와 배를 한 데 대고 사례하기를,

"전하께서 이렇듯이 심려하사 오죽 놀라셨겠습니까?"

하고, 술 항아리를 기울여 옥잔에 가득 부어 올렸다. 임금이 얼떨결에 반겨 묻기를,

"나는 우연히 이곳에 왔다가 풍랑을 만나 하마터면 죽을 것을 선동이 구해주고 술을 권하니 감사하거니와, 알지 못하겠도다. 선동은 누구라 하는고?"

하며 받으니, 동자가 대답했다.

"소동은 옥황상제께 죄를 짓고 인간 세상에 귀양 와서 전첨사(田僉使)의 아들이 되었사온데 임금을 구해준 선동은 원래 천상계의 인물인데 적강하여 '전첨사의 아들'이 되었다고 한 것, 현재 임금은 우치의 도술에 걸려 있다는 것을 고려하면 선동은 전우치라고 짐작해볼 수 있어. 마침 이 곳을 지나다가 왔사오니 염려 마옵시고 뱃놀이나 하사이다."

이어 피리 소리 한 곡조에 사면으로부터 선녀와 선관들이 무수히 다가오고 있었다. 장면 2 임금은 우치가 재주를 행하자 비현실 세계를 경험하게 되었어. 바다 위에서 큰 파도를 만나 위험에 처한 임금은 선동의 도움을 받지. [중략 부분의 줄거리] 이후에는 선관과 만나 이야기하므로, 주요 인물이 바뀌는 여기서 장면을 끊자.

[중략 부분의 줄거리] 선관과 선녀들은 왕을 위해 잔치를 베풀어주고 왕은 전생에 그들과 벗이었음을 알게 된다.

임금이,

"묻노니, 우치는 어떠한 사람인고?"

하니, 선관이 말했다.

"우치는 손오공이라. 하늘 나라와 지하와 수궁을 모두 출입하는 재주를 품었으니 업신여기지 말라. 우리는 때가 늦어서 돌아가니 이후에 다시 만나자."

이어 잔치 끝내는 노래를 피리로 불며 이별하거늘 임금이 바라보니, 선관 선녀들이 각각 배를 띄우고 가는데, 풍랑이 크게 일어나고 채색 구름이 두르니, 지척을 분별할 수 없어 가는 곳을 알지 못하였다. 이윽고 구름과 안개가 걷히며 햇빛이 빛나니, 임금이 그제야 살펴보았다. 그 사이에는 만첩태산이 둘러 있고 층암절벽이 반공에 달렸는 듯한데, 굽은 노송은 광풍에 흐트러져 넓은 바위를 덮은 가운데 자신이 홀로 앉아 있었다. ~~임금은 선관, 선녀들과 잔치를 즐기고 있었는데 갑자기 깊은 산속에 홀로 있게 되었어.~~ 임금이 속으로 생각하되 '내가 아까 풍랑 중에 죽을 것을 선동이 구하여 살아났더니, 알지 못하겠도다, 어찌 이곳에 왔는고? 그러나 인적이 없고 산세는 험하니 가히 슬프도다.' 하며, 장차 돌아갈 길이 아득하여 탄식하고 있었다. 뜻밖에 백호가 입을 벌리고 달려들기에, 임금이 놀라 엎드려졌다. ~~임금은 깊은 산속에 있는 상황에 혼란스러워 해. 슬픔과 걱정으로 탄식하던 임금은 백호가 달려들자 놀라 엎드리지.~~ 그때 선녀들이 모셔다가 놀라 붙들어 앉히자, 장면 3 ~~이후의 장면에서 임금은 정신을 차린 뒤 현실로 돌아왔어. 비현실 세계에서 현실 세계로 전환되므로 장면을 끊자.~~ 임금이 다시 정신을 차려 보니, 자신은 전상(殿上)의 왕좌에 앉아 있는데, 주위의 여러 신하가 시위하고, 우치가 땅에 엎드려 있었다. ~~임금은 정신을 차리면서 현실 세계로 돌아왔어.~~ 임금이 속으로 생각하되, '내가 반드시 잠을 들어 괴이한 춘몽을 꾸었도다.' 하시고, 신하들더러 물었다.

"과인(寡人)이 그 사이에 잠을 들었던가?"

여러 신하가,

"전하께서 잠드신 적 없사옵니다."

하고 아뢰거늘, 임금이 그 일을 생각하지 못하시더니 우치가 머리를 조아리며 사례하여 아뢰었다.

"전하께서는 영주(瀛州) 삼신산(三神山)을 보시니 어떠하시옵니까? 그러하오나, 바다 가운데서 풍랑에 고생을 하시고 봉래산(蓬萊山) 바위 위에서 백호를 만나시니 두렵지 아니하셨사옵니까?"

임금이 그제야 우치의 도술에 속은 줄 알고, 크게 칭찬하기를,

"너의 재주는 진실로 고금에 없도다." ~~임금은 자신이 이상한 꿈을 꾸었다고 생각하지만, 우치의 말을 듣고는 자신이 우치의 도술에 속았음을 알아차려. 이에 우치를 크게 칭찬하며 그의 재주를 높이 평가하네.~~ 장면 4 ~~현실 세계로 돌아온 임금이 자신이 우치의 도술에 속았음을 알고 우치의 재주를 칭찬하는 것으로 하나의 장면이 끝났어.~~

– 작자 미상, 「전우치전」 –

✏️ **1분컷 작품 정리**

주요 인물	주요 사건
·임금: 우치의 도술에 속아 넘어감 ·우치: 도술을 부려 임금이 비현실적 경험을 하게 만듦 ·선관, 선녀: 전생에 임금과 벗이었으며 왕을 위해 잔치를 베풂	장면 1 대국의 황제가 조서를 내린 일로 임금이 우치를 꾸짖고, 우치의 재주를 보여 달라고 함
	장면 2 임금이 바다 위에서 죽을 위기에 처하자 선동이 나타나 임금을 구함
	장면 3 선관, 선녀들과의 잔치가 끝난 후 임금은 갑자기 깊은 산속에 홀로 있게 됨
	장면 4 현실로 돌아온 임금은 자신이 우치의 도술에 당했음을 깨닫고 우치의 재주를 칭찬함

7. 윗글을 '(가) 현실 공간에서의 이야기 → (나) 비현실적 공간에서의 이야기 → (다) 현실 공간에서의 이야기'와 같은 구조로 이해할 때, (가)에서 임금이 전우치의 재주를 시험하고자 하는 것은 (나)로 전개되는 계기가 되고 있다. ◉

'임금'은 '우치'에게 '너의 재주가 그러하면 한번 구경하고자 하니 시험하여 특별히 재주를 보여 주면 네 원대로 하리라.'라고 하였으며, 이에 '우치가 재주를 행'하자 '임금'은 '명경창파 가운데'로 이동하고 이곳에서 '선동'을 만난다. 즉 '임금'이 '우치'의 재주를 시험하면서 비현실적 공간으로의 이동이 나타난다.

8. 윗글을 '(가) 현실 공간에서의 이야기 → (나) 비현실적 공간에서의 이야기 → (다) 현실 공간에서의 이야기'와 같은 구조로 이해할 때, (나)에서 바다에서 산으로 공간이 급작스럽게 바뀐 것은 작품의 비현실성을 부각시키고 있다. ◉

'임금'은 '명경창파 가운데' 배를 타고 있었는데 '선녀와 선관들'과 잔치를 즐긴 뒤 갑자기 '만첩태산이 둘러 있고 층암절벽이 반공에 달렸는' 깊은 산속에 '홀로 앉아' 있게 된다. 이러한 공간 이동은 작품의 비현실성을 부각한다고 볼 수 있다.

☑ 짚고 가기 현실 세계에서 비현실 세계로, 비현실 세계에서 현실 세계로 전환될 때의 공간 묘사에 주목하라고 했던 것 기억하지? 윗글에서는 '임금'과 '우치'가 대화하던 현실 공간에서 비현실 공간으로 바뀐 것 외에도, 바다에서 산으로 공간이 급작스럽게 바뀌는 배경을 묘사하여 비현실 세계의 특성을 강조한다고 볼 수 있어.

9. 윗글을 '(가) 현실 공간에서의 이야기 → (나) 비현실적 공간에서의 이야기 → (다) 현실 공간에서의 이야기'와 같은 구조로 이해할 때, (가)에서 유보된 전우치에 대한 임금의 평가가 (나)를 근거로 (다)에서 확정되고 있다. ◉

'임금'은 '너의 재주가 그러하면 한번 구경하고자 하니 시험하여 특별히 재주를 보여 주면 네 원대로 하리라.'라고 하여 '우치'에게 재주를 보여 달라고 했으며, 이에 '우치'는 도술을 부려 자신의 재주를 증명한다. '우치'의 도술로 비현실적 공간을 경험한 뒤 다시 현실로 돌아온 '임금'은 '너의 재주는 진실로 고금에 없도다.'라고 하여 '우치'에게 긍정적 평가를 내리고 있다. 따라서 (가)에서는 '임금'이 '우치'에 대해 평가하지 않았고, (나)에서의 경험을 근거로 (다)에서 '우치'에 대한 평가를 내렸다고 볼 수 있다.

(2) 인물의 '긴 말'은 주장과 근거를 파악하며 읽어야 한다.

문제 P.297

〜〜 인물의 심리   〜〜 장면끊기

[앞부분의 줄거리] 중국 명나라 이부시랑 이익은 오랫동안 자식이 없다가 금화산 백운암의 노승에게 시주하여 대봉을 낳는다. 이후 간신 왕희의 참소로 대봉과 함께 백설도로 유배된다. 유배를 가던 중 왕희의 명령을 받은 사공들이 이익과 대봉을 물에 던진다. 바다에서 표류하다 서해 용왕이 보낸 동자의 도움으로 살아난 대봉은 금화산 백운암에서 수련하면서 세월을 보낸다.

이때에 이공자 대봉이 금화산 백운암에 있어 밤낮으로 공부를 부지런히 하여, 시서백가(詩書百家)와 육도삼략(六韜三略)을 모르는 바가 없더라. 세월이 여류(如流)하여 나이 이팔(二八)에 이르렀더니, 일일은 노승이 공자더러 왈,

"이제는 공자가 액운이 다하고 길운(吉運)이 돌아왔으니 빨리 경성에 올라가 공명을 이루라." 노승은 대봉에게 경성으로 가서 공명을 이루라고 하네.

공자가 대답하기를,

[A] "소생의 궁박한 명(命)이 대사의 두터운 은혜를 입사와 칠 년을 의지하였삽더니, 오늘날 나가라 하시니 부모의 생사를 알지 못하고, 무인지경(無人之境)에 어디로 가라 하시니잇고?" 대봉은 대사에게 그동안 의지해 왔는데 갑자기 어디로 가라는 것이냐며 어찌할 바를 모르고 있어.

노승 왈,

[B] "공자가 이 절에서 노승과 칠 년을 동거하였사오나, 금일은 인연이 다하였으니 장차 공자의 부모를 만나고 국난(國難)을 평정하여 공을 이루소서."

말을 마치고 떠날 준비를 재촉하니, 노승은 자신과의 인연이 다했다며 대봉에게 떠날 것을 재촉해. 공자 왈,

"여기서 중원(中原)이 얼마나 되며, 어디로 가야 도달하리잇가?"

노승 왈,

"황성은 예서 일만사천 리요, 농서는 삼천 리오니, 농서로 가오면 자연 중원을 도달하리이다."

하며 바랑을 열고 실과를 내어 주며 왈,

"서(西)로 향하여 가다가 시장하거든 이로써 요기하소서."

하고 서로 이별할 새, 피차에 연연한 정을 이기지 못하더라. 대봉과 노승은 애틋한 마음으로 이별하네.

이 날 공자가 금화산을 떠나 농서로 향하다가 천문(天文)을 살펴보니 북방 신성이 태극을 범하였거늘, 북흉노가 중국을 범하는 줄 알고 분기를 이기지 못하여 밤낮으로 바삐 달려가더라. 대봉은 북흉노가 중국을 침략했음을 알게 되어 분노하며 달려가.

장면 1 '각설'은 이제까지 다루던 내용을 그만두고 화제를 다른 쪽으로 돌리는 어구라고 배웠지? 따라서 '각설'에서부터 새로운 장면이 시작된다고 볼 수 있어.

각설. 흉노가 대병을 거느려 상군 땅에 다달아 묵특남, 동돌수를 돌아보며 왈,

[C] "중원 산천을 보니 장부의 마음이 즐겁도다. 오늘은 비록 명 황제의 강산이나 지나는 길은 반드시 우리 천지될 것이니 어찌 즐겁지 않으리오? 중원에 비록 인물이 많다 하나 나 같은 영웅과 그대 같은 명장이 어디 있으리오?"

흉노는 명나라 땅을 보며 곧 자신들의 영토가 될 것이라고 즐거워하고 있어.

하며 상군읍에 이르러 보니, 대명(大明) 대원수 곽대의 성중에 들어 군사를 쉬게 하고 격서를 보내어 싸움을 청하거늘, 흉노가 동돌수를 불러 대적하라 하니, 동돌수 내달아 곽대의와 싸워 수합에 못하여 곽대의를 사로잡고 진중에 들어가 좌충우돌하니, 명진 장졸 장수를 잃고 적세를 당치 못할 줄 알고 성문을 열어 항복하거늘, 흉노의 장수가 명나라 장수에게 항복을 받아냈어. 동돌수가 항서를 받고, 이튿날 북해 태수가 나와 항복하거늘 북지를 또 얻고, 이튿날 진주를 얻고, 또 이튿날 건주를 쳐 얻고, 하북에 다다르니 절도사 이동식이 군사를 거느려 대적하다가 패하여 달아나거늘 하북을 얻고, 군사를 재촉하여 여러 날 만에 기주에 이르니 자사가 대적하다가 도망하거늘, 흉노의 장졸이 기주성 안에 들어가 자칭 천자라 하고 군사로 하여금 인민의 쌀과 곡식을 노략질하니, 그 때 백성이 다 견디지 못하여 도망하더라. 흉노의 군사들은 거침없이 진격하며 명나라 장수들을 상대로 승리했고, 백성들을 괴롭혔어. **장면 2** 전투에서 승리한 흉노의 횡포로 백성들이 떠나고 있어.

— 작자 미상, 「이대봉전」 —

✏️ **1분컷 작품 정리**

주요 인물	주요 사건
• 대봉 : 이익의 아들. 부모와 헤어져 백운암에서 수련하며 지냈으며, 공을 이루기 위해 경성으로 향하던 중 북흉노의 침입을 알게 됨 • 노승 : 대봉을 칠 년간 보살피다 연이 다하자 경성으로 보냄 • 흉노의 장졸(장부, 묵특남, 동돌수) : 명나라를 침략하여 전투를 벌임 • 명나라 장졸(곽대의, 북해 태수, 이동식, 자사) : 흉노에게 패함	장면1 노승은 대봉에게 경성으로 올라가 공을 이루라 하고, 길을 떠난 대봉은 북흉노의 침략 사실을 알고 분노하여 달려감 장면2 흉노는 대병을 거느리고 명나라와 전투를 벌임

1. [A]는 과거의 일을 언급하며 상대방의 요청을 ~~긍정적으로 수용~~하고 있다.   ⊗

[A]에서 '대봉'은 '대사의 두터운 은혜를 입사와 칠 년을 의지하였다'고 하여 과거의 일을 언급하고 있으나, 경성으로 가라는 '노승'의 말을 긍정적으로 수용하고 있지는 않다.

✅ **짚고 가기** 특정 인물의 발화를 꺾쇠로 묶고 말하기 방식을 묻는 문제야. [A]에서 '대봉'은 '노승'의 도움을 받은 지난 '칠 년'의 시간을 언급하긴 했지만, '어디로 가라 하시니잇고?'라고 한 것은 '빨리 경성에 올라가'라는 '노승'의 요청을 받아들일 수 없다는 의미이니 적절하지 않은 선지야.

2. [B]는 과거와 현재의 상황을 언급하며 미래에 해결해야 할 과제를 상대방에게 당부하고 있다.   ◉

[B]에서 '노승'은 '공자가 이 절에서 노승과 칠 년을 동거하였다'는 과거의 상황과, '금일은 인연이 다하였다'는 현재의 상황을 언급했다. 그리고 '장차 공자의 부모를 만나고 국난을 평정하여 공을 이루'라고 하여 미래에 해결해야 할 과제를 당부하고 있다.

3. [C]는 미래 상황을 예측하며 ~~상대방의 태도 변화를 요구~~하고 있다.   ⊗

[C]에서 흉노의 '장부'는 '지나는 길은 반드시 우리 천지될 것'이라고 하여 미래 상황을 예측하고 있으나 이를 통해 명나라 땅을 정복할 야심을 드러낼 뿐 상대방의 태도 변화를 요구하지는 않았다.

관찰사는 아들을 불러 말했다.

"남녀의 사랑에 대해서는 아비도 아들에게 가르칠 수 없는 법이니, 나 역시 네 마음을 막을 도리가 없다. 내가 보니 자란과 네가 사랑하는 정이 깊어 헤어지기 어려울 듯하구나. 헌데 너는 아직 혼인하지 않은 터라, 지금 만일 자란을 데리고 간다면 앞으로 혼인하는 데 방해가 되지 않을까 싶다. 다만 남자가 첩 하나 두는 거야 세상에 흔한 일이니, 네가 자란을 사랑해서 도저히 잊을 수 없다면 비록 약간의 문제가 있더라도 감당해야겠지. 네 뜻에 따라 결정하는 게 좋겠으니, 숨기지 말고 네 속마음을 말해 보거라." 관찰사는 자란에 대한 아들의 솔직한 심정을 듣고자 해.

도령이 서슴없이 이렇게 대답했다.

[A] ┌ "아버지께선 제가 그깟 기녀 하나와 떨어진다고 해서 상사병이라도 들 거라 생각하십니까? 한때 제가 변화한 데
     │ 눈을 주긴 했지만, 지금 그 아이를 버리고 서울로 가면 헌신짝 여기듯이 할 겁니다. 그러니 제가 그 아이에게 연연
     └ 하여 잊지 못하는 마음을 가질 리 있겠습니까? 아버지께서는 이 일로 더 이상 염려하지 마십시오." 도령은 서울로 간 뒤에는 자란을 잊게 될 것이라며 아버지를 안심시켜.

관찰사 부부가 매우 기뻐하며 말했다.

"우리 아이가 진정 대장부로구나." 관찰사 부부는 아들의 대답을 듣고 기뻐해.

이별의 날이 왔다. 자란은 눈물을 쏟고 목메어 울며 도령의 얼굴을 차마 보지 못했다. 하지만 도령은 조금도 연연해 하는 기색이 없었다. 관아의 모든 사람들이 그 광경을 보며 도령의 의연한 모습에 감탄했다. 이별을 슬퍼하는 자란과 달리 도령은 이별에 연연하지 않고 의연한 모습이야. 도령의 의연함에 사람들은 감탄하지.

그러나 실은 도령이 자란과 오륙 년을 함께 지내며 한시도 떨어져 본 적이 없었던 까닭에 이별이라는 게 도대체 어떤 것인지 알지 못했고, 그래서 호쾌한 말을 내뱉으며 이별을 가볍게 여겼던 것이다. 장면 1 이후에는 도령이 서울로 돌아온 뒤의 사건이 전개되니 장면을 끊어야 해.

관찰사는 임무를 마치고 대사헌에 임명되어 조정으로 돌아왔다. 도령은 부모를 따라 서울로 돌아온 뒤 차츰 자신이 자란을 그리워하고 있음을 깨닫게 되었다. 그렇지만 감히 내색할 수는 없는 일이었다.

감시가 다가왔다. 도령은 부친의 명을 받아 친구 몇 사람과 함께 산속에 있는 절에 들어가 시험 준비를 했다. 그러던 어느 날 밤이었다. 벗들은 모두 잠들었는데, 도령 혼자 잠 못 이루고 뒤척이다 나와 뜰 앞을 서성였다. 때는 바야흐로 한겨울이라 쌓인 눈 위로 달빛이 환했고, 깊은 산 적막한 밤에 아무런 소리도 들리지 않았다. 도령은 달을 바라보다가 문득 자란 생각이 들며 마음이 서글퍼졌다. 한 번만이라도 자란의 얼굴을 보고 싶은 욕망을 억누를 수 없어 마치 실성한 사람처럼 되었다. 이별할 때의 의연함은 사라지고 도령은 자란을 간절히 그리워하게 되었네. 장면 2 이어서 [중략 부분의 줄거리]가 나오는데, 일반적으로 이 앞에서는 장면을 끊어 읽으면 돼.

[중략 부분의 줄거리] 도령은 절을 떠나 자란을 찾아가고자 한다. 고생 끝에 평양에 도착한 도령은 자란을 만나기를 원하지만, 기녀인 자란은 이미 새로 부임한 관찰사 아들의 총애를 받고 있다. 도령은 자란을 만나기 위해 그녀가 기거하는 곳에서 눈을 쓰는 인부로 일을 하게 되고, 둘은 극적으로 재회하여 시골로 도망가게 된다.

자란은 도령과 자리를 잡고 살아가던 어느 날 도령에게 이렇게 말했다.

[B] ┌ "당신은 재상 가문의 외아들이건만 한낱 기생에게 빠져 부모를 버리고 달아나 외진 산골에 숨어 살며 집에서는
     │ 살았는지 죽었는지조차 알지 못하니, 이보다 더 큰 불효는 없을 것이며 이보다 나쁜 행실은 없을 거예요. 이제 우
     │ 리가 여기서 늙어 죽을 수는 없는 일이요, 그렇다고 지금 얼굴을 들고 집으로 돌아갈 수도 없는 일이어요. 당신은
     └ 앞으로 어쩌실 작정인가요?" 자란은 산골에 숨어 사는 것을 걱정하며, 도령에게 앞으로 어떻게 할 건지 묻고 있어.

도령이 눈물을 줄줄 흘리며 말했다.

"나도 그게 걱정이지만, 어떡해야 좋을지 모르겠소." 도령은 앞으로 어떻게 해야 할지 몰라 당황하고 있어.

자란이 말했다.

"오직 한 가지 방법이 있긴 해요. 그런대로 과거의 허물을 덮는 동시에 새로운 공을 이룰 수 있어, 위로는 부모님을 다시 모실 수 있고 아래로는 세상에 홀로 나설 수 있는 길인데, 당신이 할 수 있을지 모르겠어요."

도령이 물었다.

"대체 어떤 방법이오?"

자란이 말했다.

"오직 과거에 급제해서 이름을 떨치는 길 한 가지뿐이어요. 더 말씀 안 드려도 무슨 말인지 아시겠지요?" 자란은 도령에게 과거에 급제하여 공명을 이루어야 함을 강조해.

도령이 몹시 기뻐하며 이렇게 말했다.

"참으로 좋은 계책이오." 도령은 자란의 제안을 긍정적으로 수용하고 있어.　**장면 3**　마지막 장면은 도령과 자란이 도망간 시골을 공간적 배경으로 하고 있어.

– 임방, 「옥소선」 –

인물의 주장과 그 근거를 파악해 보자 '정답'　**1** 자란, 염려　**2** 불효

✎ **1분컷 작품 정리**

주요 인물	주요 사건
• **관찰사**: 서울로 돌아와 도령을 산속의 **절**로 보내 시험 준비를 하게 함	**장면 1** 관찰사가 임무를 마치고 서울로 돌아갈 때, 자란은 울며 슬퍼했지만 **도령**은 의연하게 이별함
• **도령**: 자란과의 **이별**을 대수롭지 않게 생각했다가 자란이 그리워져 절을 뛰쳐나옴	**장면 2** 서울로 돌아온 도령은 자란을 그리워했으나, 말하지 못하고 시험 준비를 위해 절에 들어감
• **자란**: **기생**의 신분이나 도령과 사랑에 빠짐. 자신을 찾아온 도령과 도망침	**장면 3** **시골**로 도망친 도령과 자란은 앞으로의 계획에 대해 논의함

4. [A]에서는 자신의 생각을 확신하며 청자를 안심시키고 있고, [B]에서는 자신들이 처한 상황을 환기하며 청자의 생각을 묻고 있다.　ⓞ

문제 p.58 환기

[A]에서 '도령'은 자신이 '자란'과 헤어지더라도 '연연하여 잊지 못하는 마음을 가질 리' 없다고 하며 아버지를 안심시키고 있다. [B]에서 '자란'은 '도령'과 자신이 '여기서 늙어 죽을 수는 없는 일이요, 그렇다고 지금 얼굴을 들고 집으로 돌아갈 수도 없는' 상황에 처했음을 환기하며 '앞으로 어쩌실 작정인'지 '도령'의 생각을 묻고 있다.

⊘ **질고 가기** 꺾쇠로 묶인 부분이 [A], [B] 둘 이상 나온다면 각각에서 화자와 청자가 서로 다를 수 있어. 따라서 꺾쇠로 묶인 부분의 화자와 청자가 각각 누구인지 확인하고, 어떤 메시지를 전달하는지를 꼼꼼하게 파악해야 해. [A]의 화자는 도령, 청자는 도령의 아버지이고, [B]의 화자는 자란, 청자는 도령이야.

5. [A]에서는 ~~청자의 장점을 언급하며~~ ~~청자의 성품을 칭송하고~~ 있고, [B]에서는 청자의 잘못을 지적하며 청자의 언행을 질책하고 있다.　✕

[A]에서 '도령'은 청자인 아버지의 장점을 언급하거나 성품을 칭송하지 않았다. [B]에서 '자란'은 '재상 가문의 외아들이건만 한낱 기생에게 빠져 부모를 버리고 달아나 외진 산골에 숨어 살며 집에서는 살았는지 죽었는지조차 알지 못하'게 된 일에 대해 청자의 잘못을 지적하고 있다.

6. [A]에서는 청자의 의견에 반박하며 ~~자신의 무고함을 주장하고~~ 있고, [B]에서는 ~~청자의 의견에 동의하며~~ ~~청자의 삶의 방식을 칭찬~~하고 있다.　✕

[A]에서 '도령'은 '자란'과의 이별을 걱정하는 아버지에게 '그깟 기녀 하나와 떨어진다고 해서 상사병'에 들지는 않을 것이라 하며 청자의 의견에 반박했다고 볼 수 있지만, 자신의 무고함을 주장하고 있지는 않다. 또한 [B]에서 '자란'은 '도령'의 의견에 동의한 것이 아니라 '앞으로 어쩌실 작정인'지를 묻고 있다.

[앞부분의 줄거리] 작은 초가에서 살고 있는 <u>진사</u>는 부인 심씨와 함께 노모를 지극정성으로 봉양하였으나, 노모가 우연히 병을 얻어 세상을 떠나자 노모의 장례를 치를 돈이 없어 좌절한다.

불과 삼일에 이르러 힘이 다하여 곡성도 내지 못하고 힘이 다하여 부부 엎어졌는데, 비몽사몽간에 <u>부친</u>이 이르되,

"너희들이 이러하다가 노모의 초상을 잘 치르지 못하면 불효를 면치 못하리라. 그리 말고 집안을 뒤져 보면 두 홉 양식이 있을 것이니, 죽이나 끓여 먹고 자학동 <u>오흥 대감</u> 댁을 찾아가면 자연히 구할 사람이 있을 것이라."

하시거늘,

진사 놀라 깨어 부인을 깨워 몽사(夢事)를 이야기하니, 부부의 꿈이 똑 같았다.

일어나 부엌에 가서 뒤져 보니 과연 두 홉이 있거늘, 갱죽을 끓여 먹고 진사가 부인에게 하는 말씀이,

"부인은 어머님 신체를 모시고 몸을 보전하소서. 몽사가 비록 허사이기는 하나, 이 죄인은 자학동으로 가 보리다. 만일 일가친척을 만나면 다행이겠지만, 그렇지 아니하면 죄인의 일신을 팔아서라도 초종례는 마쳐야 아니 하겠소." <mark>진사는 꿈에서 나온 부친이 이른 대로 오흥 대감 댁을 찾아가기로 해. 그리고 스스로를 팔아서라도 노모의 초종례를 지낼 돈을 마련하겠다고 하지.</mark>

심씨 대답하기를,

"첩도 함께 가겠습니다."

<u>진사 크게 놀라서 말하기를,</u>

"부인은 그렇게 해서는 안 됩니다. 구대 심 상서의 옛 따님이요 현재의 전라 감사의 귀한 여식으로서, 어찌 남의 집 방비(房婢)가 되려 하십니까. 죄인이 혼자 가겠습니다." <mark>진사는 함께 가겠다는 심씨의 말에 놀라며, 이를 만류해.</mark>

심씨가 대답하기를,

"해 가는 데 달이 가고 부창부수(夫唱婦隨)는 삼종(三從)의 떳떳한 바입니다. 임금이 욕되면 신하가 죽고 가장이 곤욕을 당하면 그 아내인들 곤욕을 면하리오. 부부는 한 몸이니 첩도 기어코 한가지로 하겠나이다."

심씨가 가겠다고 하며 따라나섰다. <u>진사가 마지못하여 밖에 나와 방문을 잠그고 부부 손을 이끌고 자학동을 찾아가니,</u> 문밖에 수문(守門) 군사 많이 있었다. <mark>진사의 반대에도 불구하고 심씨가 함께 가겠다고 하자 진사는 마지못해서 이를 받아들여.</mark>

장면 1 <mark>꿈속에 나타난 부친의 말대로 진사 내외는 오흥 대감 댁으로 향해. 이후 공간적 배경이 바뀌어 오흥 대감 댁에 가서 대감과 이야기를 나누는 내용이 전개되므로 여기서 장면을 끊자.</mark>

군사를 대하여 말하기를,

"이 댁이 오흥 대감 댁입니까?"

군사가

"그렇다."

고 하니,

"잠깐 대감을 뵈옵고 신원(伸冤)할 말씀이 있사오니 통지하옵소서."

한 군사 통지하여 들라 하거늘, 진사 들어가 뜰아래 두 번 절하고 땅에 엎드렸다. 대감이 보시더니,

"너는 어느 뉘 댁 비복이냐?"

진사가 땅에 엎드려 아뢰기를,

[A] "소인은 전라도 남원에 거주하는 구대 진사 댁 비복이온대, 진사님 금년 같은 별연 궁춘에 팔십 노모님 초상을 당하시어, 미처 염습제구(殮襲諸具)를 준비하지 못하시어 소인 내외를 팔려고 하여 저희들이 왔나이다." <mark>진사는 자신의 신분을 진사 댁 비복(종)이라고 속이고 자신을 팔려고 해.</mark>

대감이 본래 적선하기를 좋아하는지라.

"너희 둘을 팔려고 한다면 얼마나 달라고 하던가?"

진사가 말하기를,

"오십 냥이면 넉넉히 된다고 합니다."

대감이 말하기를,

"너희들은 충노충비(忠奴忠婢)로구나."

하시고,

"다시 이것을 가지고 가서 네 상전의 초종(初終) 양례(兩禮)까지 치른 후에 와서 드난하라." 평소 착한 일 하기를 즐기던 대감은 진사에게 돈을 주고 장사를 지낸 뒤 돌아오라며 너그러운 모습을 보여.

하시었다. 장면2 오흥 대감을 찾아간 진사는 신분을 속이고, 진사 댁의 장례를 위해 자신들을 팔려고 왔다고 말하지. [중략 부분의 줄거리] 이후에는 이들의 본래 신분이 밝혀진 다음의 이야기가 전개되니 여기서 장면을 끊자.

[중략 부분의 줄거리] 진사는 대감이 준 돈을 가지고 어머니의 상을 치르러 떠나고 부인은 대감의 집에 남아 노비로 지내며 고초를 겪다가 두 사람의 본래 신분이 밝혀진다.

대감은 그 길로 탑전에 들어가 땅에 엎드려 아뢰기를,

"소신이 천한 나이를 먹어서 조정에도 응당 추잡한 일만 할 것이니, 신은 집으로 물러가오리다."

전하께서 이 말을 들으시고 옥루(玉淚)를 흘리시고 가라사대,

"경이 무슨 추잡한 일이 있어서 거짓 칭탈(稱頉)을 하는고?"

하시니 대감이 다시 아뢰어 가로되,

"신이 어두워 전라도 남원에 거한 구대 진사 이태경을 몰라보고 천사(賤事)의 노복으로 몇 달 부렸사오니, <u>신의 죄를 조정에 전하시어 국법을 바르게 하옵소서</u>." 대감은 진사 이태경을 몰라보고 노복으로 부린 일을 죄라고 생각해서 임금에게 죄를 솔직하게 고백하고 있어.

전하가 말씀하시기를,

"경의 말을 짐이 전혀 모르겠구나."

하시매 대감이 다시 아뢰기를,

[B] ┌ "다름이 아니오라 태경이 금년의 별연 궁춘에 팔십 노모에 초상을 당하여 염습제구를 미처 준비하지 못하여 저의
    │ 내외에게 팔려온 것을, 신이 아득히 몰라보고 몇 달 부렸사옵니다. 신의 죄가 이만저만 아니오니, 이에 상달하나
    └ 이다."

전하 들으시고 옥루를 흘리시고 말씀하시기를,

"태경의 효성은 짐도 몰랐거든 경이 어찌 알리오. <u>짐이 구중궁궐에 깊이 처하여 민간의 적자와 백성이 이같이 빈곤에 빠져 있어도 아득히 몰랐으니, 이는 경의 죄도 아니요 태경의 죄도 아니요, 이는 짐의 죄로다.</u> 수원수구(誰怨誰咎) 하리오." 임금은 죄를 고하는 대감에게 그 죄는 자신에게 있다며 민간과 백성의 어려움을 살피지 못했음을 반성해.

하시었다. 장면3 태경이 진사임이 밝혀진 뒤, 대감은 양반인 태경을 노비로 부렸음을 임금께 고하지. 이에 사건의 전모를 알게 된 임금이 백성의 빈곤을 몰랐던 자신을 반성하면서 한 장면이 마무리되고 있어.

– 작자 미상, 「이태경전」 –

인물의 주장과 그 근거를 파악해 보자 '정답'   **1** 부부   **2** 비복   **3** 죄

📝 1분컷 작품 정리

주요 인물	주요 사건
•진사(태경): 노모(모친)의 장례를 치르기 위해 스스로 비복이 되기를 자처함 •심씨: 진사의 부인. 남편을 따라 함께 비복을 자처함 •부친: 진사와 심씨의 꿈에 나타나 오흥 대감을 찾아가라고 함 •대감: 진사의 말에 속아 진사 내외를 노비로 부림. 진사의 본래 신분이 밝혀진 뒤 임금에게 자신의 죄를 고함 •전하: 대감의 말을 듣고 백성의 빈곤을 몰랐던 자신을 반성함	장면 1 진사는 꿈에서 부친의 말을 듣고 스스로를 팔아 모친의 초종례를 마치려 하고, 심씨 또한 그 뜻에 따르려 함 장면 2 진사와 심씨는 오흥 대감을 찾아가 스스로를 노비로 팔겠다고 함 장면 3 진사와 심씨의 본래 신분을 알게 된 대감이 임금(전하)에게 자신의 죄를 고하고, 임금은 백성의 상황을 살피지 못했음을 반성함

7. [A]는 ~~상대의 호감을 얻기 위해 상대를 격려~~하고 있고, [B]는 ~~사건을 해결하기 위해 상대에게 용기를 북돋워 주고~~ 있다. ✗

[A]에서 '진사'는 자신을 '진사 댁 비복'이라고 속여 자신을 팔려고 할 뿐, 상대인 '대감'에게 호감을 얻기 위해 '대감'을 격려하는 모습은 나타나지 않는다. [B]에서 '대감'은 사건을 해결하려 하는 것이 아니라, 사건의 전말을 '임금'에게 고하고 있는 것이며 '임금'의 용기를 북돋워 주고 있지는 않다.

8. [A]는 ~~자신의 손해를 줄이기 위해 상대의 요청을 거절~~하고 있고, [B]는 ~~상대의 손해를 줄이기 위해 상대를 설득~~하고 있다. ✗

[A]에서 '진사'는 노모의 장례를 치르기 위해 자신을 노비로 팔려고 왔다고 했을 뿐, 손해를 줄이기 위해 '대감'의 요청을 거절하고 있는 것은 아니다. [B]에서 '대감'은 '임금'의 손해를 줄이기 위해 설득하는 것이 아니라, 사건의 전말을 밝히고 자신의 죄를 고하고 있다.

9. [A]는 자신의 목적을 달성하기 위해 거짓을 말하고 있고, [B]는 상대의 의문을 해소하기 위해 사건의 내용을 밝히고 있다. ◉

[A]에서 '진사'는 장례 비용을 마련하기 위해 자신의 신분을 '진사 댁 비복'이라 하며 거짓을 말하고 있다. 한편 '대감'은 앞서 '신이 어두워~국법을 바르게 하옵소서.'에서 자신의 죄를 고했지만, 이를 이해하지 못하는 '임금'의 의문을 해소하기 위해 [B]에서 '태경'을 노비로 부리게 된 사건의 내용을 밝히고 있다.

　　차설, 성주 땅에 심현이란 재상이 있어 다만 일자(一子)를 두었으되 이름은 의량이라. 방년 십오에 등과 입신하여 명망이 조야에 가득하매, 심상서 지극히 사랑하여 아름다운 규수를 구할 새 추상서 집 처녀의 용모 재질이 매우 뛰어남을 듣고 매파를 보내어 통혼하니, 추상서 또한 이왕 심의량의 문장 조화가 출중함을 아는고로 허락하여 보내고 즉시 소저를 불러 심상서 집 사연을 이른대, 소저 듣기를 마치고 얼굴빛을 달리하며 대왈, <u>추상서의 말을 듣고 추소저의 얼굴빛이 달라졌네.</u>

　　"소녀 일찍 아뢰지 못함은 여자의 도리에 당돌하온고로 자연 미루어 지체하였더니, 이제 대인 말씀을 듣사오매 어찌 숨기리이까? 소녀 운향사에 갔을 때에 남양 땅에 있는 양상서의 아들 산백을 만나 삼년 함께 고생하였는데, 정의 상합하여 천지께 맹서하여 사생간(死生間) 서로 저버리지 말자 하오되 다만 종적을 속였삽더니, 양생은 본래 총명이 과인한고로 소녀의 본적을 살피옵고 춘정(春精)을 금치 못하매, 소녀 급히 도망하여 집으로 오면서 벽상에 이별시를 기록하여 언약을 잊지 말자 하옵고 왔사온즉, <u>추소저와 양생은 운향사에서 만나 서로 사랑에 빠졌어. 추소저는 집으로 오면서 서로 저버리지 말자고 했던 언약을 잊지 말자는 말을 남기고 왔네.</u> 비록 예를 이루지 아니하였사오나 맹약은 이미 하였으매, 부모 아직 양생을 못 보신지라, 조만간에 양생이 찾아오리니, 바라옵건대 부모는 소녀의 깊은 정회를 살피소서."

하거늘, 상서 대로 왈,

　　"내 집이 비록 패망하나, 너 같은 불효녀를 두어 문호에 욕되게 할 줄 어찌 생각하여 헤아렸으리요. 다시 이런 말을 내지 말라." <u>추상서는 추소저에게 문호를 욕되게 했다며 크게 화를 내고 있어.</u>

하니, 소저 황급 왈,

[A]
┌　"소녀의 맹세를 위하여 규중 처자로 올바른 도리를 다함에 응하고자 함이오니, 이제 소녀 하온 말씀은 정절에 마땅
│　하온 바이어늘 어찌 문호에 욕된다 하시나니이까. 비록 맹약이라도 중도에 약속을 저버리건대 이 또한 절개를
└　지키지 아니하옵니이다, 부모는 다시금 생각하소서." <u>추소저는 양생과 이미 맹세를 했기 때문에 아버지의 뜻에 따르지 않는 것이 오히려 정절을 지키는 것이라고 말하며 아버지를 설득하려 하고 있어.</u>

하고, 침소에 돌아와 심중에 헤오되,

　　㉠'부명(父命)을 좇은즉 절개를 잃음이요, 좇지 아니한즉 불효되리니, 차라리 내 몸이 죽어 혼백이라도 양생을 의지하리라.' <u>추소저는 죽음을 각오하면서까지 양생에 대한 의리와 절개를 지키려 해.</u>

하고 베개를 의지하여 누웠더니, 문득 시비 들어와 양생의 말을 일일이 고하거늘, 소저 부모 알까 생각하여 시비로 하여금 후원 앵춘당으로 양생을 인도하라 하고, 내당에 들어가 부친께 고왈,

　　"운향사의 지주 고한대 양생이 왔다 하오니, 엎드려 원하옵건대 부친은 한번 봄을 허락하소서."

　　상서 노왈,

　　"네 끝내 아비를 가벼이 여겨 이런 말을 하는데, 누구 빨리 양생을 쫓아 보내라."

하니, 소저 슬피 울며 왈,

　　"이제 그가 불원 천리하고 왔삽거늘, 어찌 박절히 쫓아 보내리이까."

한대, 상서 듣기를 마치고 헤오되,

　　'일이 이렇게 되었으니 잠깐 보게 하리라.'

하고 비로소 허락하니, <u>추소저의 말대로 양생이 직접 찾아왔어. 양생을 보게 해달라는 추소저의 말에 화를 내던 추상서는 울며 설득하는 추소저의 간절함에 둘이 잠시 만날 수 있게 해 줬어.</u> 소저 침소에 돌아와 기쁨을 이기지 못하여 단장을 고치고 후당에 나아가 양생을 맞아 예절을 갖추어 마주 대하니 양생이 눈물을 머금으며 왈,

　　"내 낭자를 이별한 후 무성한 근심으로 세월을 허비하다가 만 가지 즐거움이 소용이 없고 헛되이 근심하여 가오니, 낭자는 이 사정을 어여삐 여기소서." <u>양생 역시 추소저와 헤어진 뒤 추소저를 그리워했구나.</u>

하더라. [장면 ①] <u>심의량과 혼례를 올리게 될 상황에서 기다리던 양생과 재회한 추소저의 상황이 그려진 장면이야. [중략 부분의 줄거리]에서는 끝내 맺어지지 못한 두 사람이 죽음을 맞이하게 되면서 현실에서 비현실적 공간으로의 변화가 나타나니, 여기서 장면을 끊을 수 있어.</u>

[중략 부분의 줄거리] 아버지의 반대로 추소저가 양생의 구애를 거절하자 양생은 추소저가 왕래하는 길가에 자신을 묻어줄 것과 자신의 편지를 추소저에게 전해 달라는 것을 유언으로 남기고 죽는다. 추소저는 심의량과의 혼례 후 양생의 죽음을 알게 되어 신행을 핑계로 양생의 무덤에 가서 제문을 올린다. 그때 갑자기 무덤이 갈라지고 추소저가 무덤 안으로 뛰어들자 신행을 따라가던 일행은 당황해 한다. 한편 추소저는 죽어 양생을 만나게 되고 둘은 함께 지장왕 앞에 이르게 된다. <u>추소저와 양생은 저승이라는 비현실적 공간에서 재회한 거네.</u>

지장왕이 황건역사를 명하여 이르되,

"이 두 사람을 데리고 인간에 내려가 혼백을 육신에 붙이고 오라."

한대, 역사 수명하고 양인을 거느려 운남산으로 향할새, 한곳에 다다르니 산수는 수려하고 화초는 난만한데 단청을 곱게 하여 아름답게 꾸민 집이 아득하며 수놓은 문과 담장이 영롱하거늘, 양생이 문왈,

"이곳은 어디며, 이 집은 뉘 집이뇨?"

역사 왈,

"그대 인생살이에 시력이 상하여 고향을 모르는도다. 이 산은 봉래산이요, 이 집은 수정궁이라. 전일 그대 삼신산 신선과 더불어 풍경을 완상하여 세월을 보내더니, 이월 그믐은 영보도군(靈寶道君)의 탄일이라. 상제 잔치를 열어 즐기실새, 이때 낭자 참례하였다가 일시 춘정을 이기지 못하여 그대와 더불어 외통함을 상제 아시고 그대 양인을 적강(謫降)하시니라." 황건역사는 추소저와 양생이 천상계에서 적강한 인물임을 알려 주고 있어.

하더라.

차시는 추구월(秋九月) 보름이라. 월출동령하여 청광이 조용한 곳에 한 줄 무지개 월궁으로부터 일어나 하나는 추씨의 무덤에 박히고 하나는 양생의 무덤에 박히더니, 문득 두 무덤이 일시에 갈라지며 무덤 속 오운(五雲)이 일어나는 곳에 두 사람의 시체가 움직여 일어나며 무지개 다리를 좇아 한곳에 모이매, 서로 반가움을 이기지 못하여 들입다 붙들고 왈,

"오늘날 우리 양인의 만남이 어찌 하늘이 정함이 아니리요." 지장왕의 명령에 따라 되살아난 추소저와 양생은 서로 반가워하네.

하고, 서로 이끌어 평강으로 향하여 가니라. 장면 2 죽었다가 다시 살아난 두 사람이 평강으로 향하는 장면 이후, '차설'이라는 표지를 경계로 추소저가 죽음을 맞이했던 시간과 공간으로 장면이 전환되니 여기서 장면을 나누고 가자.

차설, 앞서 추씨를 신행(神行)하여 가던 일행이 소저가 무덤 속으로 들어감을 보고 일변 신기히 여기며 일변 매우 급하여 어찌할 바를 몰라 서로 돌아보아 왈, 추소저의 신행을 따라가던 일행은 추소저가 무덤 안으로 뛰어들자 신기하고 당황스러웠겠지.

"돌아가 무슨 말씀으로 노야께 고하리요."

하며 망설이다가, 인하여 본부(本府)에 돌아가 소저의 전후 사연을 세세히 고하거늘, 상서 부부 이 말을 듣고 몹시 놀라 왈,

"우리 부부 늘그막에 일녀를 두었다가 양가 자식으로 말미암아 천고에 없는 변괴를 당하니 누구를 원망하리요."

하며, 주야 슬퍼하여 왈,

[B] "당초에 여아의 말을 좇아 심가를 거절하고 양산백을 찾아 결혼하였던들 저희 평생을 즐길 것이요, 우리 또한 의탁할 곳이 있을 것이어늘, 내 생각이 미욱하여 이 지경을 당하매 어찌 후회함을 면하리요." 추상서 부부는 무덤 속으로 들어간 추소저의 소식을 듣고 놀라고 슬퍼하며 소저의 말을 무시하고 양생과 헤어지게 만들었던 과거를 후회하고 있어.

하더니, 이럭저럭 수삭이 지난 후 일일은 문득 시비 기쁜 빛이 얼굴에 가득하여 엎드러지고 곱드러지며 급히 들어와 왈,

"우리 소저 살아 오시나이다."

하며 허둥지둥하거늘, 상서 부부 반신반의하며 급히 물어 왈,

"세상에 죽은 사람이 살아옴을 보지 못하였거든, 너희는 어떠한 사람을 보고 소저라 하여 우리 심사를 산란케 하느다."

하였더니, 이윽고 시비 등이 일제히 소저와 양생을 데리고 들어오며 매우 기뻐하거늘, 상서 부부 황망히 소저를 붙들고 울며 왈, 죽었다고 생각한 추소저가 살아 돌아오자 시비는 매우 기뻐하고, 처음에 반신반의했던 상서 부부는 정말로 딸이 살아있는 것을 보고는 감격해.

"네 진짜 살아 오느냐, 네 죽은 혼이 우리를 희롱함이냐. 네 우리를 버리고 어디를 갔다가 이제 돌아오느냐. 그 진짜와 가짜를 깨닫지 못하매 너는 실정을 베풀어라. 저 선비는 뉘뇨?"

소저 눈물을 거두고 가로되,

"소녀 부모께 불효를 끼침이 죄당만사(罪當萬死)오며, 차인은 운향사에서 함께 고생하던 양생이로소이다. 소녀 양생과 더불어 전생 인연이 있삽기로 이승에서 부부 되어 백년 동락하려 하옵다가, 조물(造物)이 시기하므로 양생이 함원치사(含怨致死)하고 소녀 또한 여차여차하여 죽었삽더니 명부에서 우리 양인을 불쌍히 여기사, 세상에 도로 나가 전생의 미진한 연분을 맺으라 하시고 소녀와 양생의 혼백을 보내어 육신에 붙이매, 이러므로 우리 양인이 환생하오니 이 어찌 인력으로 하올 바이리까." 과거 사건을 요약적으로 전달하고 있네.

하더라. 장면 3 현실 세계를 배경으로, 추상서 부부가 환생한 딸과 재회하면서 장면이 마무리되었어.

– 작자 미상, 「양산백전」 –

주요 인물	주요 사건
•**추소저**: 맹약을 한 양생의 죽음을 알고 양생의 **무덤** 안으로 뛰어듦 •**추상서**: 추소저와 양생의 만남을 반대하다가 딸을 잃은 뒤 **후회함** •**양생**: 추소저와 사랑에 빠졌지만 구애를 거절당하자 유언을 남기고 죽음. 저승에서 **추소저**를 만나 함께 이승으로 돌아옴	(장면 1) 추소저는 부모님께 과거 양생과 맹약을 했다고 고백했지만 추상서는 둘 사이를 **반대함** (장면 2) **저승**에서 만난 추소저와 양생은 지장왕의 명에 따라 이승으로 돌아감 (장면 3) 추소저의 죽음을 슬퍼하던 추상서 부부는 살아 돌아온 추소저와 양생을 만나 기뻐함

작품의 표현상 또는 서술상의 특징을 묻는 문제 정답률 68%

1. 윗글에 대한 설명으로 가장 적절한 것은?

정답풀이

① 인물의 말을 통해 사건을 요약적으로 제시하고 있다.
문제 p.157 요약적 제시
'추소저'는 '추상서'에게 '소녀 운향사에 갔을 때에~언약을 잊지 말자 하옵고 왔사온즉,'에서 양생과 인연을 맺었던 과거의 사건을 요약적으로 제시하였으며, '소녀 양생과 더불어 전생 인연이 있삽기로~이러므로 우리 양인이 환생하오니'에서 전생의 일과 죽은 뒤 저승에 갔다가 다시 살아 돌아온 사건을 요약적으로 제시하고 있다.

오답풀이

② ~~구체적인 시대~~를 언급하여 내용의 사실성을 높이고 있다.
윗글에 구체적인 시대는 언급되지 않았다.

③ ~~삽입시~~의 내용을 통해 앞으로 일어날 일을 예고하고 있다.
'추소저'가 '추상서'에게 양생과 헤어지며 '이별시를 기록하여 언약을 잊지 말자' 했다고 하기는 했으나, '추소저'가 적은 이별시가 삽입시로서 작품에 수록된 것은 아니므로 그 내용은 알 수 없다.

④ ~~언어유희~~를 활용하여 인물의 상황을 ~~해학적~~으로 드러내고 있다.
문제 p.110 언어유희   문제 p.106 해학
언어유희는 활용되지 않았으며, 인물의 상황을 해학적으로 드러낸 부분도 찾을 수 없다.

⑤ 장면에 따라 ~~서술자를 교체~~하여 ~~다양한 관점에서 사건을 해석~~하고 있다.
문제 p.28 서술자
윗글은 전지적 작가 시점에서 일관되게 서술되었으며, 서술자의 교체나 다양한 관점의 사건 해석은 나타나지 않는다.

작품의 내용에 대한 사실적·추론적 이해를 묻는 문제 정답률 62%

2. [A]와 [B]에 대한 이해로 가장 적절한 것은?

정답풀이

⑤ [A]는 자신의 주장이 정절에 어긋나지 않음을 내세우며 상대방이 생각을 바꾸기를 바라고 있고, [B]는 현재와는 다른 상황을 가정하여 자신의 행동을 뉘우치고 있다.
[A]에서 '추소저'는 자신이 하는 말이 '정절에 마땅'하다고 밝히며 '추상서'가 '다시금 생각하'여 생각을 바꾸기를 바라고 있고, [B]에서 '상서 부부'는 '추소저'의 말에 따라 '양산백을 찾아 결혼'시키는 상황을 가정하여, 그렇게 하지 못하게 한 과거의 행동에 대해 '후회'하고 있다.

오답풀이

① [A]는 자신의 본분에 충실할 것을 밝히며 상대방을 설득하고 있고, [B]는 자신에게 일어났던 일을 돌이켜 보며 ~~스스로에 대한 자긍심을 표출~~하고 있다.
[A]에서 '추소저'는 '양생'과의 약속을 지키는 것이 '규중 처자로 올바른 도리를 다'하는 것이라 하여 상대방을 설득하고 있다. 그러나 [B]에서 '상서 부부'는 과거를 돌이켜 보며 '추소저'와 '양생'의 만남을 반대했던 일을 후회할 뿐 스스로에 대한 자긍심을 드러내지는 않았다.

② [A]는 ~~미래에 일어날 일을 예측~~하며 상대방의 태도 변화를 유도하고 있고, [B]는 과거에 일어난 일을 ~~회상~~하며 상대방에 대한 ~~서운함을 토로~~하고 있다.
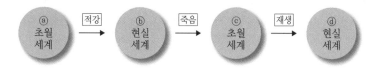문제 p.138 회상

[A]에서 '추소저'는 '추상서'의 태도 변화를 유도하고 있으나 미래에 일어날 일을 예측하지는 않았다. [B]에서 '상서 부부'는 과거 상황을 가정한 것이지 회상한 것은 아니며, 상대방에 대한 서운함이 아닌 자신들의 행동에 대한 후회를 드러내고 있다.

③ [A]는 ~~상대방의 부도덕한 행위를 언급~~하며 상대방에 대한 불신을 드러내고 있고, [B]는 ~~상대방 견해의 논리적 모순점을 제시하여 상대방을 비판~~하고 있다.

[A]에서 '추소저'는 '양생'과 한 약속을 지키는 것이 절개를 지키는 것임을 근거로 '추상서'를 설득하려 할 뿐, '추상서'의 부도덕한 행위를 언급하거나 불신을 드러내지는 않았다. [B]에서 '상서 부부'는 과거 상황을 가정하여 지난 일에 대한 후회를 드러낼 뿐 상대방 견해의 모순점을 제시하거나 상대를 비판하지는 않았다.

④ [A]는 자신의 신분과 처지를 근거로 하여 자신의 생각이 옳음을 드러내고 있고, [B]는 ~~자신의 지위와 상황을 근거로 하여 자신의 결정이 불가피함을 드러내~~고 있다.

[A]에서 '추소저'는 '양생'과의 약속을 지키는 것이 '규중 처자로 올바른 도리를 다'하는 것이라 하여 자신의 생각이 옳음을 드러내고 있다. 그러나 [B]에서 '상서 부부'는 자신들의 지위를 근거로 삼고 있지는 않으며, 과거 자신들의 선택이 틀렸음을 후회하고 있으므로 자신의 결정이 불가피함을 드러냈다고 볼 수 없다.

외적 준거를 참고한 작품의 감상을 요구하는 문제 정답률 47%

3. 〈보기〉를 참고하여 윗글을 이해한 내용으로 적절하지 **않은** 것은? [3점]

> 보기
>
> 「양산백전」에서 남녀 주인공인 양산백과 추소저는 초월 세계와 현실 세계를 넘나들며 사랑을 이어가고 있다. 주인공들이 이동하는 공간을 시간 순서에 따라 도식화하면 다음과 같다. 여기서 적강, 죽음, 재생의 모티프는 주인공들이 다른 세계로 이동하게 되는 요인으로 작용한다.
>
> ⓐ 초월 세계 → [적강] → ⓑ 현실 세계 → [죽음] → ⓒ 초월 세계 → [재생] → ⓓ 현실 세계

정답풀이

③ ⓑ에서 양산백은 추상서가 추소저와의 대면을 허락하지 않았기 때문에 ~~추소저를 보지 못한 채 죽어~~ ⓒ로 가게 되는군.

ⓑ에서 '양산백'이 '추소저'를 찾아왔을 때 '추상서'는 '일이 이렇게 되었으니 잠깐 보게 하리라.'라고 한 뒤 '양산백'과 '추소저'가 잠시 만날 수 있게 허락한다. 그 뒤 '추상서'의 반대로 '추소저'와 헤어지고 죽어 ⓒ로 가게 된 것이므로, '양산백'이 '추소저'를 보지 못한 채 죽었다고 볼 수 없다.

오답풀이

① ⓐ에서 ⓑ로 양산백과 추소저가 적강한 것은 상제에 의해 이루어진 사건이군.

'상제 잔치를 열어 즐기실새, 이때 낭자 참례하였다가 일시 춘정을 이기지 못하여 그대와 더불어 외통함을 상제 아시고 그대 양인을 적강하시니라.'라는 '황건역사'의 말을 통해 '양산백'과 '추소저'는 '상제'에 의해 적강하여 ⓐ에서 ⓑ로 보내진 것임을 알 수 있다.

✔ **짚고 가기** 〈보기〉만 보고, 윗글이 ⓐ부터 ⓓ까지 순차적으로 전개된 것이라고 성급하게 판단한 건 아니지? 윗글의 [중략 부분의 줄거리] 이전은 ⓑ에 해당하고,(장면 1) [중략 부분의 줄거리]에서 주인공들의 '죽음'과 ⓒ로의 이동을 다루며, 이어지는 내용에서 황건역사의 말을 통해 주인공들이 ⓐ에서 ⓑ로 '적강'한 인물임이 밝혀지고 있어.(장면 2) 이후 지장왕의 명에 따라 주인공들이 ⓒ에서 ⓓ로 이동하게 되었음이 드러나지.(장면 3)

이렇듯 윗글은 초월 세계와 현실 세계를 넘나들며 진행되니 장면의 전환에 당연히 유의해야 하는데, 두 세계관이 뒤섞여 나타나는 만큼 복잡하게 얽힌 인물 관계 또한 잘 살펴보고 넘어가야 할 필요가 있어. 그러니 이 다음에 보여줄 인물 관계도를 살펴보면서 지문을 잘 이해했는지 간단히 확인하고 넘어가자.

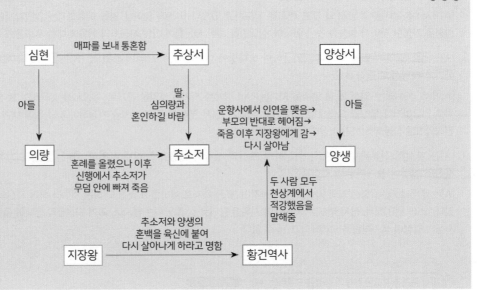

② ⓑ에서 추소저는 자신의 의사와 달리 심의량과의 혼례가 추진되기 때문에 시련을 겪고 있군.

　ⓑ에서 '추소저'는 서로 저버리지 말자는 '양산백'과의 약속을 지키고 싶어 했으나 '추상서'의 반대로 '심의량과의 혼례'를 올리게 된다.

④ ⓒ에서 양산백은 자신이 ⓐ에서 신선과 함께 생활했던 일을 황건역사를 통해 듣게 되었군.

　'황건역사'는 '양산백'에게 '전일 그대 삼신산 신선과 더불어 풍경을 완상하여 세월을' 보냈었다고 하여 ⓐ에서 신선과 함께 생활했던 일을 '양산백'에게 알려 준다.

⑤ ⓓ에서 추소저는 상서 부부에게 자신과 양산백이 재생하게 된 이유를 설명하며 자신들의 재생이 필연적임을 강조하고 있군.

　ⓓ에서 '추소저'는 '세상에 도로 나가 전생의 미진한 연분을 맺으라 하시고 소녀와 양생의 혼백을 보내어 육신에 붙이매, 이러므로 우리 양인이 환생하오니 이 어찌 인력으로 하올 바이리까.'라고 하여 자신과 '양산백'이 재생하게 된 이유를 설명하고 그것이 전생의 인연에서 비롯된 필연적인 일임을 강조하고 있다.

4~7　　　　　　　　　　　　　　　　　　　　　　　～～ 인물의 심리　　～～ 장면끊기

　[천자] 가만히 북문을 열고 도망하실새, 길은 없고 다만 산이 가리우니 어찌 행하리오. 적장 [강공 형제] 천자를 쫓아오며 무수히 무찌르니, [최두]와 [왕건] 두 사람이 천자를 호위하며 닫더니, 적병이 급함을 보고 칼을 들고 내달아 싸우더니, 일합이 못 하여 [강공]은 최두를 베고, [강녕]은 왕건을 베니, 송 진영에 남은 군사 싸울 마음 없는지라. 송나라 천자는 적을 피해 도망치고 있어. 그런데 천자를 호위하던 최두와 왕건마저 적장 강공 형제에 의해 죽자 남은 송나라의 군사들은 투지를 잃지. 강공이 칼을 춤추며 외쳐 왈,

　"송 천자는 죽기를 두려거든 빨리 나와 내 칼을 받으라."

하고 점점 가까와 오니, 천자가 황황망조하여 앙천통곡 왈,

　"송조 백여 년 기업이 짐에게 이르러 망할 줄 알리오."

하시고 어찌할 줄 모르시며, 찼던 인검을 **빼어서** 자결코자 하시더니, 천만의외에 한 [소년 장수]가 나는 듯이 내달아 천자를 구하고 적병을 엄살하니, **아지 못하겠어라. 이 어떤 사람인고.** 갑자기 나타난 장수가 자결하려던 천자를 구하고 적병을 무찔렀네. **장면 1** 장수가 적병을 물리치는 장면에 이어 '선설(앞의 이야기를 하자면)'부터는 과거의 이야기가 제시되고 있어.

　㉠선설, 과거 시점으로 돌아간 거야. 역행적 구성이 나타난다고 볼 수 있지. [유실부]가 모친 슬하를 떠나 말을 타고 연무대를 찾아 천자가 친히 출정하시는 군중에 참여코자 하였더니, 천자가 그 나이 어림을 꺼리사 무용지인(無用之人)으로 내치심을 보고 물러나매, 유실부는 천자와 함께 출정하고자 했지만 나이가 어려 거절당했어. 그 향할 바를 아지 못하고 말을 이끌고 초조히 다니며 부친 소식을 탐지하더니, 한 주점을 찾아 밥을 사 먹으며 쉬더니, 문득 [백발노인]이 갈건야복으로 청려장을 끌고 지나다가, [유생]을 보고 급히 들어와 문 왈,

　"그대 아니 유실부인다?"

유생이 그 노인의 늠름한 거동을 보고 일어 공경 대 왈,

"과연 그렇도소이다."

노인 왈,

"내 그대에게 가르칠 말이 있으니, 나와 한가지로 집에 감이 어떠하뇨?" 초초히 다니던 유실부를 본 한 백발노인이 가르칠 것이 있다며 유실부에게 자신의 집으로 가자고 해.

(중략)

수 권 서책을 내어 놓고 보라 하니, 유생이 일견에 신통한 술법임을 알고 인하여 배우니, **불과 수년지내(數年之內)에 능히 재주를 통**한지라. 노인이 기뻐 실부에게 일러 왈,

[A] ─ "그대 이제 천지조화지리를 알았으니, 세상에 나아가 천자의 위태함을 구하고, 꽃다운 이름을 후세에 전하라."

　　노인은 유실부가 술법을 터득한 것을 기뻐하며, 천자를 구하러 떠나라고 해.

　　유생이 이미 도적이 군사를 일으켜 천자가 출정하심을 짐작하였으나, 위태하심을 구하란 말을 듣고 크게 놀라 문 왈,

"대인 이런 산중에 은거하시며 어찌 세상일 알으시니이까?"

노인이 미소 왈,

"내 자연 알 일이 있기로 알거니와, 사람이 때를 잃음이 불관(不關)하니, 이별이 심히 서운하나 어찌 면하리오."

하고 행장을 차려 주며 떠남을 재촉하니, 생이 마지못하여 절하며 왈,

"대인의 은혜로 배운 일이 많사올 뿐 아니라 천륜(天倫) 같은 정의(情義)를 졸연히 이별하오니, 어느 날 다시 만남을 아지 못하리로소이다."

노인이 더욱 기특히 여겨 왈,

"일후 나를 찾고자 하거든, 백학산 백학도사를 찾으라."

하고, 한가지로 산에 내려 작별하고 문득 간 데 없는지라. 유생이 신기히 여겨 백학산을 바라보고 무수히 감사드려 절하며, 길을 찾아 말을 타고 황성(皇城)으로 향하더니 노인은 이별을 서운해하면서도 유실부를 재촉하고, 유실부는 감사의 절을 하고 황성으로 향하지. 날이 저물매 저녁을 사 먹고 밤이 깊도록 잠을 이루지 못하더니, 장면 2 홀연 일위 선관(仙官)이 앞에 나와 절하고 왈, 유실부가 잠을 이루지 못하는 장면에서 꿈속 장면으로 전환되고 있어.

[B] ┌ "소제(小弟)는 동해 용왕의 둘째 아들이옵더니, 부왕의 명을 받자와 형장께 당부할 말이 있기로 왔삽거니와, '지금 천하가 요란하여 명일 신시(申時)에 천자의 위태함을 구할 자는 당금(當今) 유실부라.' 하시기로 왔사오니, 부디 때를 잃지 말고 아름다운 이름을 후세에 전하소서."
　　　　└

하거늘, 유생이 이 말을 듣고 무슨 말을 묻고자 하다가 홀연 벽력(霹靂) 같은 말소리에 놀라 깨달으니 꿈이라. 유실부의 꿈속에 나타난 선관은 유실부가 천자를 구할 인물이라는 동해 용왕의 명을 전해. 장면 3 유생이 꿈에서 깨어 급히 일어나고 있네. 유생이 급히 일어나 마음을 진정치 못하고 날이 새기를 기다려, 다시 말을 타고 채를 치니 순식간에 오백여 리를 행한지라. 바로 황성으로 향하더니, 문득 공중에서 외쳐 왈,

"장군은 황성으로 가지 말고 남평관 북문 밖으로 가라."

하거늘, 유생이 비로소 신령이 지시함을 짐작하고 말을 달려 남평관을 찾아가니, 관중에 적병이 웅거하고 산하에 호통소리 진동하거늘, 생이 분기를 이기지 못하여 갑주를 떨치고 칼을 춤추며 십만 적병을 풀 베듯 하여 무인지경(無人之境) 같이 하여 들어가니, 적장 강공과 강녕이 천자를 에워싸고 무수히 꾸짖고 욕하며 항복하라 재촉하거늘, 유생이 분기 대발하여 쟁룡검을 두르고 짓쳐 들어가니, 장졸의 머리 무수히 떨어지는지라. 꿈에서 깬 유실부는 분기를 띠고 적들을 물리치지.

강공과 강녕이 비록 용맹하나 불의지변(不義之變)을 만나매 미처 손을 놀리지 못하여, 쟁룡검이 이르는 곳에 강공과 강녕의 머리 칼빛을 좇아 떨어지는지라. 호로왕이 몹시 놀라 남은 군사를 이끌고 십 리를 물러 제장을 불러 왈,

"아까 강공 형제 벤 장수는 천신(天神)이 아니면, 이는 반드시 신장(神將)이로다."

하고 양장의 죽음을 슬퍼하더라. 호로왕은 강공과 강녕을 잃고 놀라고 슬퍼하네.

유생이 적장의 머리를 칼끝에 꿰어 들고 바로 천자 앞에 나아가 복지(伏地) 주 왈,

"신은 당초 연무대에서 말 달리던 유실부옵더니, 황실의 위태하심을 듣삽고 혈기지분(血氣之忿)으로 **당돌히 전장에 참여**하여 다행히 적군을 물리치오나, 천명(天命)을 어기었사오니 군법으로 시행하소서." 장면 4 유실부가 적군을 물리치고 천자 앞에 선 장면 이후 '차시(이때)'라고 하며 다시 천자가 자결하려던 장면이 제시되고 있어.

차시, 천자가 적진에 싸여 거의 잡히기에 이르매, 하늘을 우러러 통곡하고 자결코자 하시더니, 난데없는 소년 장수가 나는 듯이 들어와 일합에 적장을 베고, 좌충우돌하여 화망을 벗겨 줌을 보시고 천심을 진정하사 좌우에게 물어 가라사대,

"저 어떤 장수인고? 필경 천신이 도우심이로다."

하시고 신기히 여기시더니, 오래지 아니하여 그 소년 장수가 적장의 머리를 가지고 엎드리며, 성명이 유실부라 하여 죄를 청함을 보시고, 천심이 기쁘사 친히 내려 그 손목을 잡으시고 타루(墮淚) 왈,

"저 즈음에 짐이 경의 용맹 있음을 짐작하였으나 그 소년을 아껴 감히 쓰지 못하였더니, 이제 경이 짐의 어리석음을 생각지 아니하고 짐의 급함을 구하여 송 왕실을 회복하고 사직(社稷)을 안보케 되니, 그 공을 갚을 바를 아지 못하거니와, <u>천자는 자신을 구해준 유실부에게 고마움을 표시하고 있네.</u> 경의 부친은 이름이 무엇이뇨?"

생이 머리를 조아리며 왈,

"신의 아비는 한림학사 유태사요, 조부는 호부상서 유방이로소이다." 장면 5 마지막 장면은 천자가 자신의 목숨을 구해 준 유실부와 대화를 나누는 장면이야.

– 작자 미상, 「월왕전」 –

✏️ 1분컷 작품 정리

주요 인물	주요 사건
•<u>천자</u>: 전장에서 위기에 처하지만 유실부의 활약으로 목숨을 구함	장면 1 적장 강공과 강녕에 의해 천자가 죽을 위기에 처함
•<u>유실부</u>: **나이가 어려서** 출정하지 못했으나 하늘의 계시를 듣고 천자를 구함	장면 2 출정을 거절당한 유실부는 **백발노인**을 만나 가르침을 받음
•<u>백발노인</u>: 유실부에게 가르침을 줌	장면 3 유실부의 꿈에 **선관**이 나타나 천자를 구하라고 함
•<u>선관</u>: 유실부의 **꿈**에 나타나 천자를 구하라고 함	장면 4 유실부가 전장으로 가 적병을 물리치고 **천자**를 구함
•<u>강공 형제</u>: 천자의 장수들을 베고 천자에게 **항복**을 재촉함	장면 5 유실부에 의해 목숨을 구한 천자는 고마움을 표함

▷ 작품의 내용에 대한 사실적·추론적 이해를 묻는 문제 정답률 65%

4. 윗글을 이해한 내용으로 가장 적절한 것은?

정답풀이

⑤ 유실부는 명을 어기고 출정한 점에 대해 천자께 죄를 청했다.

'당돌히 전장에 참여하여 다행히 적군을 물리치오나, 천명을 어기었사오니 군법으로 시행하소서.'에서 '유실부'는 허락 없이 전쟁에 출정한 점에 대해 죄를 청하고 있다.

오답풀이

① 천자는 북문을 나와 ~~유실부가 있는 곳으로 몸을 피했다.~~

'천자'는 '북문을 열고 도망하'다가 자신을 쫓아온 '강공'에 의해 죽을 위기에 처하며 어찌할 줄을 모르고 '인검을 빼어서 자결코자' 한다. 즉 '천자'는 '유실부'가 자신을 구하러 오고 있음을 알지 못했으므로 '유실부'가 있는 곳으로 몸을 피했다고 볼 수 없다.

② 최두와 왕건의 충성에 송나라 군사들은 ~~전의를 불태웠다.~~

'강공은 최두를 베고, 강녕은 왕건을 베니. 송 진영에 남은 군사 싸울 마음 없는지라.'라고 하여 '최두'와 '왕건'이 전투에서 패한 뒤 송나라 군사들은 전의를 상실했음을 드러내고 있다.

(✓ 짚고 가기) 고전소설은 현대소설보다 인물 관계 파악에 좀더 힘을 쏟아야 한다고 했지? 그 이유는 일반적으로 현대소설에 비해 등장 인물의 수가 많기 때문이기도 하지만, 이 문제에서처럼 크게 중요하지 않은 인물들에 대한 정보를 묻기 때문이기도 해. 윗글에서 '최두'와 '왕건'은 영화로 따지자면 비중이 크지 않은 엑스트라에 해당하는 인물이겠지만, 고전소설에서는 한 번 등장한 인물에 대해서 묻기도 하니 중요하지 않은 인물은 없다는 마음으로 지문을 읽어야 해.

특히 윗글처럼 인물들이 전쟁에 참여하여 활약하는 내용을 주된 소재로 한 군담소설인 경우에는 누가 적군이고, 아군인지를 파악하며 읽는 것도 잊지 마. 의외로 많은 학생들이 헷갈려하는 부분이거든! 복잡한 인물 관계가 나타나는 지문인 만큼 인물 관계도를 제시할 테니 참고해 봐.

③ 연무대를 나온 유실부는 주점에서 ~~무진을 관찰하려 거닐었다~~

'유실부가 모친 슬하를 떠나 말을 타고 연무대를 찾아'간 것은 '천자'가 출정하는 군중에 참여하기 위해서였다. 출정을 거절당한 '유실부'는 '부친 소식을 탐지'하다가 '밥을 사 먹으며 쉬'기 위해 '주점'을 찾은 것이다. '유실부'가 주점에서 부친을 기다렸다고 볼 수는 없다.

④ 유실부는 술법을 배우려고 ~~백발노인을 찾아~~ 산천을 헤맸다.

주점에서 쉬던 '유실부'는 '유생을 보고 급히 들어'온 '백발노인'을 만나게 되었을 뿐, '백발노인'을 찾아 산천을 헤매지는 않았다.

╭ 작품의 내용에 대한 사실적·추론적 이해를 묻는 문제 ┃ 정답률 56%

5. ⊙의 서사적 기능으로 가장 적절한 것은?

정답풀이

④ 유실부의 정체를 밝혀 영웅적 활약상을 펼친 배경을 제시한다.

⊙은 '앞의 이야기를 하자면'이라는 뜻으로 서술자는 이를 통해 과거의 시점으로 돌아가 '유실부'가 출정을 거부당한 후 '백학도사'를 만나 술법을 배우고 하늘의 계시로 '천자'를 구하게 되는 이야기를 전개하고 있다. 따라서 ⊙은 '천자'를 구한 '소년 장수'가 '유실부'임을 밝히고 그가 영웅적 활약상을 펼친 배경을 제시하는 기능을 하고 있다.

오답풀이

① 유실부의 활약을 소개해 ~~천자의 위태로운 상황을~~ 부각한다.

⊙을 통해 '유실부'가 '백학도사'를 만나 술법을 익히고 하늘의 계시로 '천자'를 구하러 가게 되는 과정을 부각하고 있으므로, '천자'의 위태로운 상황을 부각한다고 보기는 어렵다.

② 유실부의 행적을 서술해 ~~최두를 만나게 된 내막을~~ 부각한다.

⊙을 통해 '유실부'의 행적을 서술했다고 볼 수 있으나, '유실부'가 전장에 도착했을 때 '최두'는 '강공'에 의해 이미 죽은 뒤이므로 '유실부'가 '최두'를 만났다고 볼 수 없다.

③ ~~유실부의 고난을~~ 드러내 ~~천자가 조력자가 된 사연을~~ 부각한다.

⊙의 이후 '유실부'가 고난을 겪었다고 볼 수 없으며 '천자'는 '유실부'가 구해 준 대상이지 '유실부'의 조력자가 아니다.

⑤ ~~유실부의 가계를~~ 언급해 고귀한 혈통을 지닌 내력을 제시한다.

⊙을 통해 '유실부'의 가계를 언급하지는 않았다. '유실부'는 '천자'를 구한 뒤 '천자'의 물음에 답하기 위해 자신의 가계를 직접 밝힌 것이므로 ⊙을 통해 유실부의 가계를 언급했다고 볼 수 없다.

6. ⟨보기⟩를 바탕으로 윗글을 감상한 내용으로 적절하지 **않은** 것은? [3점]

> ┤ 보기 ├
>
> 「월왕전」은 유교적 충효 사상을 주제로 한 군담소설로서 19세기 무렵 민간에서 판각한 방각본 소설이다. 상업성을 추구했던 대개의 방각본 소설처럼 이 작품도 주로 오락적 목적의 독서를 즐겨 하는 독자층을 겨냥한 다양한 소설적 기법을 구사하고 있다. 전기적(傳奇的) 요소의 활용은 물론, 극단적 상황 설정, 이야기의 흐름을 끊는 단절 기법, 속도감 있는 사건 전개를 위한 압축적인 사건 서술이 잘 나타나 있다.

정답풀이

④ '유생이 적장의 머리를 칼끝에 꿰어 들고 바로 천자 앞에 나아가'는 데서 ~~전기적 요소~~가 드러나고 있군.
   문제 p.134 전기성

　'유생이 적장의 머리를 칼끝에 꿰어 들고 바로 천자 앞에 나아가'는 것은 '유실부'가 적장을 물리쳤음을 사실적으로 보여 주는 것일 뿐, 전기적 요소로 볼 수 없다.

오답풀이

① 천자가 쫓기다 '인검을 빼어서 자결코자 하'는 데서 극단적 상황을 통해 긴박감을 조성하고 있군.

　신하 장수들을 잃은 '천자'가 '강공'이 점점 가까이 오자 '인검을 빼어서 자결코자 하'는 모습은 ⟨보기⟩에서 언급한 '극단적 상황 설정'으로 볼 수 있으며, 이는 긴박감을 조성한다고 볼 수 있다.

② '아지 못하겠어라. 이 어떤 사람인고.'에서 단절 기법을 통해 소년 장수에 대한 독자의 궁금증을 유발하고 있군.

　서술자는 '소년 장수가 나는 듯이 내달아 천자를 구하고 적병을 엄살'했는데 누구인지 '아지 못하겠'다고 한 뒤 '선설'로 장면을 전환한다. 이는 ⟨보기⟩에서 언급한 '이야기의 흐름을 끊는 단절 기법'에 해당하며, 독자들은 '소년 장수'의 정체를 궁금해할 것이다.

③ '불과 수년지내에 능히 재주를 통'했다는 데서 유실부가 신통한 술법을 갖춘 과정을 압축적으로 제시하고 있군.
   문제 p.157 요약적 제시

　'유실부'는 '백발노인'을 만난 뒤 '수 권 서책을 내어 놓고 보라 하니, 유생이 일견에 신통한 술법임을 알고 인하여 배우니, 불과 수년지내에 능히 재주를 통'했다고 하였다. 이는 ⟨보기⟩에서 언급한 '압축적인 사건 서술'에 해당하며, 이를 통해 '유실부'가 신통한 술법을 갖추게 된 과정을 압축적으로 제시하고 있다.

⑤ 위태로운 황실의 상황을 듣고 '당돌히 전장에 참여하'여 적장을 물리치는 데서 유교적 충의 사상이 나타나 있군.

　'유실부'는 '황실의 위태하심을 듣삽고 혈기지분으로 당돌히 전장에 참여하여' 적군을 물리치는데, 이는 나라와 임금에 대한 충성심이 반영된 행동으로 볼 수 있다. 이는 ⟨보기⟩에서 언급한 것처럼 윗글이 '유교적 충효 사상을 주제로' 한다는 점에 부합한다.

7. [A], [B]에 대한 설명으로 적절하지 **않은** 것은?

정답풀이

④ [A]는 수행할 임무를, [B]는 임무 수행의 ~~구체적인 방법~~을 서술하고 있다.

　[A]에서 '노인'은 '유실부'에게 '세상에 나아가 천자의 위태함을 구'하라고 하며 '유실부'가 수행할 임무를 제시하고 있다. 한편 [B]에서 '선관'은 '유실부'에게 '천자의 위태함을 구'하라는 요청을 하고 있을 뿐, 임무를 수행하는 구체적인 방법을 언급하고 있지는 않다.

오답풀이

① [A]는 [B]와 달리 현실 상황에서 이루어지고 있다.

　[B]는 '유실부'의 꿈속에서 이루어지고 있는 대화인 반면, [A]는 현실 상황에서 이루어지고 있는 대화이다.

② [B]는 [A]와 달리 행동의 시의성을 강조하고 있다.

　[B]에서 '선관'은 '유실부'에게 '부디 때를 잃지 말'라고 하며 행동의 시의성을 강조하고 있으나, [A]에서는 이를 확인할 수 없다.

③ [A]는 상대의 능력을, [B]는 권위자의 명령을 근거로 한 발화이다.

　[A]에서 '노인'이 '유실부'에게 '그대는 이제 천지조화지리를 알았'다고 한 것은 상대의 능력을 근거로 한 발화라 할 수 있고, [B]에서 용왕의 둘째 아들이 '유실부'에게 '부왕의 명을 받'고 당부할 말이 있어 왔다고 한 것은 권위자의 명령을 근거로 한 발화라 할 수 있다.

⑤ [A]와 [B]는 모두 상대의 명망이 높아질 것에 대한 기대를 나타내고 있다.

  [A]에서 '노인'은 '유실부'에게 '천자의 위태함을 구하고, 꽃다운 이름을 후세에 전하라'고 했고, [B]에서 '선관'은 '유실부'에게 '부디 때를 잃지 말고 아름다운 이름을 후세에 전하'라고 했으므로, [A]와 [B]는 모두 상대의 명망이 높아질 것에 대한 기대를 나타낸다고 볼 수 있다.

[앞부분의 줄거리] 남윤은 전란으로 인해 포로가 되어 일본으로 끌려가게 된다. 왜왕이 남윤의 인물됨을 알아보고 공주와 결혼시키려 하나 남윤은 본국에 아내가 있음을 이유로 이를 거부해 위기에 빠진다. 하지만 공주의 간언으로 위기에서 벗어나고, 공주와 친밀한 사이가 된다. 그 후 어느 날 남윤은 꿈을 꾸게 된다.

　　푸른 옷을 입은 선녀가 남윤에게 말하기를,

　　"저 붉은 도포에 금관을 쓰신 분은 옥황상제요, 좌우에 시위하는 이는 여러 부처와 신선이요, 녹의홍상한 이는 모두 선녀입니다. 남윤이 꿈속에서 옥황상제가 있는 곳, 즉 비현실 세계인 천상계로 갔어. 오늘이 마침 칠월 칠석이매 견우와 직녀가 서로 만나는 고로 이렇게 모였습니다. 옥황상제께서 명하시어 인간에 적강한 선관과 선녀를 불러 배필을 정하려 하심이니 그대를 부르옵거든 대답하옵소서."

하고, 즉시 올라가 남윤을 패초하였다고 아뢰니, 옥황상제가 묻기를,

　　"추성(箒星)은 배필을 거느리고 왔느냐?"

하였다.

　　한 선녀가 대답하기를,

　　"다 불러왔나이다."

　　옥황상제가 전지하여 각각 차례로 부르라 하시니, 한 노승이 육환장(六環杖)을 짚고 장삼을 입고 염주를 목에 걸고 앞에 나와 명을 듣잡고 섬돌에 내려서며 푸른 옷을 입은 선녀에게 명하여 남윤을 부르라 하였다. 선녀가 명을 받들어 남윤을 인도하여 섬돌 아래에 세우고 옥황상제의 명을 전하기를,

　　"추성으로 말미암아 세 선녀가 투기하여 남방의 재변이 매우 심하기로 인간 세상에 적강시켰으니, 선녀는 남윤이 원래 천상계의 인물이었다는 것과 인간 세상에 적강하게 된 이유를 말해 주네. 인간에 거처한 연한이 지나거든 모두 모여 즐기다가 나이 칠십이 차거든 올라오되, 월중선은 그 중에 죄가 가벼우니 십 년 후에 먼저 불러 올리리라. 너희는 자세히 명령을 들으라." 선녀는 옥황상제의 명을 전하고 있어. 이를 통해 추성은 지상계에서 70년을 산 후에 천상계로 돌아오게 될 것이고, 월중선은 먼저 천상계로 돌아오게 될 것임이 예언되고 있지.

하시니, 남윤의 뒤에서 각각 승명하였다. 남윤이 놀라 돌아보니 하나는 일본국 공주요, 하나는 함흥부 옥경선이요, 하나는 잘 아는 얼굴이로되 옷고름에 혈서를 찼으니 반드시 이씨 석랑이었다. 남윤은 뒤에서 명을 받드는 이들을 돌아봐.

　　남윤이 창황 중에 노승에게 묻기를,

　　"네 사람 중에 월중선은 무슨 연고로 구태여 십 년 만에 올라오라 하시나이까?"

　　노승이 말하기를,

　　"석랑은 옥경선과 일심이 되어 월중선을 모해하는 까닭에 세 사람은 조선에 적강하며 고생하며 지내게 하고, 월중선은 그 중에 죄가 적으므로 일본국 공주가 되어 편안히 즐기게 함이라. 네 사람을 각각 적강시킬 때에 월중선은 일본으로 보내고 세 사람은 조선 안변 서화사에 부탁하여, 추성은 남두성의 독자가 되고, 석랑은 이경희의 여식이 되고, 옥경선은 그 중에 죄가 더 무거워서 함흥의 기녀가 되어 고생하게 하였나니, 나는 안변 서화사의 부처라. 그대들이 어찌 나를 모르느냐?" 노승은 천상계에서 선관, 선녀였던 네 사람이 적강하였고, 추성은 남윤, 월중선은 일본국 공주, 석랑은 이경희의 여식, 옥경선은 함흥의 기녀가 되게 하였음을 이야기해 주네.

하고, 이어서 소매에서 푸른 구슬 네 개를 내어 각각 하나씩 주며 말하기를,

　　"이로써 일후 표식을 삼아 천생배필인 줄 알라. 그리고 인간에 내려가 월중선을 만나 십 년 동안 함께 즐기다가 먼저 올려 보내고, 본국에 돌아가 석랑과 옥경선을 찾아 함께 즐기다가 나이 칠십이 차거든 올라오라."

하고 봉황으로 하여금 인도하여 나가게 하였다. 중문을 나오다가 실족하여 높은 섬돌에서 떨어져 놀라 깨달으니 일장

춘몽이었다. 장면 1 남윤은 꿈속에서 자신과 세 사람이 천상계에서 선관, 선녀였는데 죄를 지어 조선과 일본으로 적강하게 되었음을 알게 돼. 이후 꿈에서 깨어 현실 세계로 돌아오므로 전환되는 부분에서 장면을 끝자. 한 손에 구슬이 쥐여 있거늘 남윤이 탄식하기를, 꿈속에서 노승에게 받은 구슬이 현실 세계에도 있네. 남윤은 기이한 꿈에 대해 탄식해.

"몽사가 기이하도다."

하고 태자에게 전하여 왜왕께 아뢰었다. 왜왕이 기특히 여겨 즉시 공주와 왕비에게 이르니 공주의 몽조 또한 이러하고 구슬이 있었다. 즉시 ㉠구슬 두 개를 서로 비교하니 터럭만큼도 다름이 없으니, 왜왕이 더욱 기특히 여기시어 말하기를,

"이는 천정배필이니 누가 감히 말리리오?"

즉시 택일하여 화촉지례를 이루매, 교배석에 나가니 신랑의 아름다운 풍채와 신부의 선명한 태도는 하늘이 감동할 만하였다. 태자궁 서편에 공주궁을 짓고 많은 보배를 상으로 주며 궁녀 삼백을 주고 궁궐 이름을 청천궁(靑天宮)이라 하였다. 공주도 남윤과 같은 꿈을 꿨고 구슬 또한 받았어. 왜왕은 이를 기특히 여기며 추성과 공주를 혼인시켜. 장면 2 이어서 남윤과 공주가 혼인하고 십 년 뒤의 내용이 전개되므로, 시간적 배경의 변화에 따라 장면을 끊을 수 있어.

부부의 금슬이 비할 데 없으나 마침내 수태(受胎)함이 없으니 왕과 왕비 크게 근심하셨다. 남윤과 공주는 사이좋은 부부였으나 아이가 생기지 않았나 봐. 이러구러 십 년이 지나매 일일은 공주가 가장 비감하여 눈물을 흘리며 말하기를,

"우리 인연이 멀지 아니하였으니 연연한 정을 장차 어찌하리오?"

남윤이 놀라 묻기를,

"이 말씀이 어떤 말씀이오니까?"

공주가 대답하기를,

[A] "군자는 십 년 전 꿈속에 요지연에 갔던 일을 잊고 계시나이까? 첩의 사주를 보니 금년 팔월이면 반드시 죽을 것입니다. 첩이 죽으면 군자를 본국에 돌려보내지 아니하리니, 이때를 타서 도망함이 마땅하나 만경창파에 어찌 도달하리오? 첩이 죽더라도 다른 공주가 있으니, 알지 못하겠습니다. 군자는 재취하고저 하나이까?" 꿈속에서 만났던 선녀와 노승이 월중선은 죄가 가벼워 십 년 후에 먼저 올라올 거라고 했지? 그래서 공주는 인간 세계에서 곧 죽어 남윤과 이별할 것임을 생각하고 슬퍼하는 거지. 그러면서 공주는 남윤이 어떻게 본국으로 돌아갈 수 있을지를 걱정해.

남윤이 말하기를,

"공주와 더불어 하늘이 정한 인연이 있기로 마지못하여 부부가 되었습니다. 공주가 나를 이렇듯이 돌보아 생각하시니 감격거니와 본국에 있는 배필이야 어찌 일시나 잊으리오? 바라건대 공주는 이제 영결한다고 오열하시니 느꺼운 마음이 측량없습니다. 공주가 별세하시면 만리타국에서 외로운 나는 누구를 의지하여 살리오? 차라리 나도 공주와 같이 죽사와 천행으로 주인 없는 외로운 혼이나마 본국에 돌아감과 같지 못하도다." 남윤은 자신을 생각해주는 공주에게 감동하며, 공주가 죽으면 자신도 같이 죽겠다고 해.

하니, 공주가 또한 비감하여 말하기를,

[B] "첩이 이제 죽으면 군자는 넓고 넓은 푸른 바다에 돌아갈 길이 아득할 것이니, 평생의 계교를 발하여 군자가 무사히 돌아가게 하리이다."

하고 서로 손을 잡고 종일 통곡하였다. 남윤과 공주는 공주의 죽음을 앞두고 함께 슬퍼하고 있어. 장면 3 공주가 자신의 죽음으로 남윤과 이별할 것을 슬퍼하며, 남윤을 걱정하는 내용으로 한 장면이 마무리되었어.

– 작자 미상, 「남윤전」 –

주요 인물	주요 사건
• 남윤: 천상계의 선관 추성. 꿈에서 옥황상제의 명을 듣고 인간 세계에서 일본국 공주와 혼인함 • 공주: 천상계의 선녀 월중선. 인간 세계에서 구슬로 남윤과의 인연을 확인하여 혼인하고 십 년이 지나 죽음을 예감하며 슬퍼함 • 선녀: 남윤의 꿈에서 옥황상제의 명을 전함 • 옥황상제: 인간 세계에 적강한 선관, 선녀를 불러 배필을 정함 • 노승: 남윤에게 천상계에서의 일을 알려 주고 구슬을 줘서 인간 세계에서 인연을 찾을 수 있도록 함 • 왜왕: 남윤과 공주를 배필로 여겨 혼례를 올리게 함	장면 1 남윤은 꿈에서 자신이 천상계의 인물이며 인간 세계에 적강한 것임을 알게 됨 장면 2 꿈에서 깬 남윤은 구슬을 통해 공주와의 인연을 확인하고 혼례를 올림 장면 3 꿈의 내용에 따라 죽음을 예견한 공주는 슬퍼하고 남윤도 함께 슬퍼함

작품의 표현상 또는 서술상의 특징을 묻는 문제 정답률 89%

8. 윗글에 대한 설명으로 가장 적절한 것은?

정답풀이

⑤ 초월적 존재를 통해 과거의 사건을 요약하여 전달하고 있다.
문제 p.134 초월적 인물   문제 p.157 요약적 제시
'남윤'의 꿈속에 등장한 '선녀', '노승'은 '옥황상제'와 함께 천상계의 존재이므로 초월적 존재로 볼 수 있다. '선녀'는 '추성으로 말미암아 세 선녀가 투기하여~적강시켰으니'에서, '노승'은 '석랑은 옥경선과 일심이 되어~기녀가 되어 고생하게 하였나니'에서 천상계의 선관이었던 '남윤(추성)'이 인간 세계로 적강한 계기가 된 과거 사건을 요약적으로 전달하고 있다.

오답풀이

① 독백⁺을 통해 인물의 내면적 성찰을 드러내고 있다.
문제 p.44 성찰
꿈에서 깬 '남윤'이 '몽사가 기이하도다.'라고 하는 것을 혼잣말 즉 독백으로 볼 수 있으나 이를 반성 혹은 성찰로 볼 수는 없다. 따라서 윗글에서 독백을 통해 인물의 내면적 성찰을 드러낸 부분은 찾을 수 없다.

② 시간의 역전적 구성을 통해 갈등을 구체화하고 있다.
문제 p.138 역행적 구성   문제 p.130 갈등
윗글은 사건을 시간의 흐름에 따라 서술하고 있으므로 시간의 역전적 구성은 나타나지 않는다.

③ 서술자가 직접 개입하여 부정적인 인물을 비판하고 있다.
문제 p.33 서술자의 개입
윗글의 '신랑의 아름다운 풍채와 신부의 선명한 태도는 하늘이 감동할 만하였다.'에서 서술자가 직접 개입하고 있으나 인물을 비판하고 있지는 않다.

④ 배경을 구체적으로 묘사하여 인물의 심리를 드러내고 있다.
해설 p.5 묘사
윗글의 '남윤이 탄식하기를', '왜왕이 더욱 기특히 여기시어' 등에서 서술자가 인물의 심리를 서술하고 있으나, 배경을 묘사하여 인물의 심리를 드러낸 부분은 찾을 수 없다.

개념 더하기⁺

① **독백**: 화자(이야기를 하는 사람)뿐만 아니라 청자가 있어 화자와 청자가 서로 말을 주고받는 것을 대화라고 한다면, 화자 혼자 중얼거리는 말투가 나타나면 독백이라고 할 수 있어.

9. ⊙의 서사적 기능을 〈보기〉에서 골라 바르게 묶은 것은?

보기

ㄱ. 꿈과 현실을 연결해 주는 매개가 된다.

ㄴ. 남윤과 공주의 인연을 확인하는 증거가 된다.

ㄷ. 남윤이 영웅적 인물로 탈바꿈하는 계기가 된다.

ㄹ. 공주와 왜왕 사이에 갈등을 유발하는 원인이 된다.

정답풀이

① ㄱ, ㄴ

꿈속에서 '노승'은 '남윤'에게 천생배필임을 표시해주는 '푸른 구슬'을 주었으며, '남윤'은 꿈에서 깬 뒤에도 '한 손에 구슬이 쥐어 있'어 놀란다. 따라서 ⊙은 꿈과 현실을 연결해 주는 매개가 된다고 볼 수 있다. 또한 같은 꿈을 꾼 '공주' 역시 구슬을 가지고 있었으며, '남윤'이 가진 것과 다름이 없어 두 사람은 혼인하게 된다. 따라서 ⊙은 '남윤'과 '공주'의 인연을 확인하는 증거가 된다고 볼 수 있다.

오답풀이

ㄷ

윗글에서 '남윤'의 영웅적 면모가 명확히 드러난 부분은 찾을 수 없고, ⊙을 통해 '남윤'이 영웅적 인물로 변화한다고 볼 근거도 없다. 참고로 고전소설에서 '영웅적 인물'은 고귀한 혈통, 비정상적 출생, 시련, 투쟁으로 위업을 이룸 등의 영웅의 일생을 거친다.

ㄹ

'왜왕'은 '남윤'과 '공주'가 가진 ⊙을 '서로 비교'하고 '터럭만큼도 다름이 없'음을 기특히 여기며 두 사람이 하늘에서 정해준 배필이라고 생각한다. 따라서 ⊙으로 인해 '공주'와 '왜왕'이 갈등한다고 볼 수 없다.

10. 〈보기〉를 참고하여 윗글을 감상한 내용으로 적절하지 않은 것은?

보기

선생님: 「남윤전」은 남녀 주인공들이 같은 꿈을 꾸게 되며, 이들이 꿈속에서 들은 예언이 지상에서 그대로 실현된다는 특징을 가지고 있어요. 이러한 특징을 아래의 공간의 변화와 연결하여 읽어 봅시다.

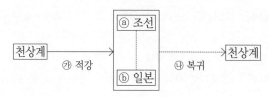

정답풀이

② 공주는 자기가 죽은 후 '남윤'이 곧바로 ⊕를 할 수 있도록 준비하고 있군.

윗글의 '옥황상제의 명'과 '노승'의 말에서 '공주'는 10년 후에 네 명 중에서 제일 먼저 천상계로 복귀할 것이며, '남윤'은 '월중선'을 먼저 올려 보낸 뒤 '본국'에 돌아가 '석랑', '옥경선'과 함께 살다가 70세가 되면 천상계로 복귀하리라는 것을 알 수 있다. '공주'가 '평생의 계교를 발휘하여 군자가 무사히 돌아가게 하리이다.'라고 한 것은 '남윤'이 조선으로 무사히 돌아갈 수 있도록 방법을 생각하겠다는 뜻이다. 따라서 '공주'는 자신이 죽은 뒤 '남윤'이 천상계로 복귀하도록 준비하지는 않을 것이라고 볼 수 있다.

① '남윤'과 '공주'는 꿈을 통해 자신들이 ㉮를 하게 된 사실을 알게 되는군.

'남윤'과 '공주'가 꿈에서 만난 '선녀'와 '노승'은 각각 '추성으로 말미암아 세 선녀가 투기하여~인간 세상에 적강시켰으니', '네 사람을 각각 적강시킬 때에~고생하게 하였나니'라고 말하여 '남윤'과 '공주'가 천상계에서 조선과 일본으로 ㉮를 하게 된 사실을 알려 준다.

☑ 짚고 가기 앞서 고전소설에 비현실적인 장면이나 공간이 등장하면 '현실'과 '비현실'을 구별하며 읽자고 했지. 〈보기〉는 비현실적 공간인 천상계와 현실적 공간인 조선, 일본의 관계를 설명하고 있어. 즉 윗글과 〈보기〉를 연결짓는다면, 천상계의 '추성'과 '월중선'은 죄를 지어 각각 조선과 일본으로 적강하여 '남윤'과 일본국 '공주'로 태어났고, 이후에는 죽어 천상계로 복귀하게 될 것임을 알 수 있지.

③ '공주'가 가장 먼저 ㉯를 하게 되는 이유는 ㉮ 이전의 죄가 상대적으로 가볍기 때문이군.

꿈에 나타난 '선녀'는 '월중선은 그 중에 죄가 가벼우니 십 년 후에 먼저 불러 올리리라.'라고 하는 '옥황상제'의 명을 '남윤'에게 전한다. 이를 통해 '공주'는 적강하기 이전에 천상계에서의 죄가 비교적 가벼워 가장 먼저 ㉯를 하게 되는 것임을 알 수 있다.

④ '남윤'은 공주가 ㉯를 하게 된 후에 ⓐ로 돌아가 '석랑'과 '옥경선'을 만나겠군.

꿈에서 '노승'은 '남윤'에게 '인간에 내려가 월중선을 만나 십 년 동안 함께 즐기다가 먼저 올려 보내고, 본국에 돌아가 석랑과 옥경선을 찾아 함께 즐기다가 나이 칠십이 차거든 올라오라.'라고 하였다. 따라서 '공주'가 ㉯를 하게 된 후 '남윤'은 ⓐ로 돌아가 '석랑'과 '옥경선'을 만나게 될 것임을 알 수 있다.

⑤ '남윤'은 ⓑ에서 '공주'와 결혼했지만, ⓐ에 있는 아내를 잊지 못하고 있군.

[앞부분의 줄거리]에서 '남윤'은 '왜왕'에 의해 '공주'와 결혼할 뻔 했으나 '본국에 아내가 있음을 이유로 이를 거부'했다고 하였다. 이후 꿈에서 받은 구슬을 증표로 하여 '공주'와 결혼하고 '부부의 금슬'이 좋았으나 '본국에 있는 배필이야 어찌 일시나 잊으리오?'라고 했다. 따라서 '남윤'은 ⓑ에서 '공주'와 결혼했지만 ⓐ에 있는 아내를 잊지 않았음을 알 수 있다.

┌ 작품의 내용에 대한 사실적·추론적 이해를 묻는 문제 **정답률 95%**

11. [A]와 [B]에 대한 이해로 가장 적절한 것은?

② [B]에는 상대방을 도우려는 의지가 드러나 있다.

[B]에서 '공주'는 자신이 죽은 뒤 '넓고 넓은 푸른 바다'를 통해 다시 조선으로 돌아갈 '남윤'이 '무사히 돌아'갈 수 있게 계교를 내겠다고 하며 '남윤'을 도우려는 의지를 드러내고 있다.

① [A]에는 자신의 ~~운명을 극복하려는 태도~~가 나타나 있다.

[A]에서 '공주'는 '금년 팔월이면 반드시 죽을' 자신의 운명을 슬퍼할 뿐, 그 운명을 극복하려는 태도를 드러내지는 않았다.

③ [A]와 [B]에는 모두 ~~상대방에 대한 불신감~~이 표출되어 있다.

[A], [B]에서 '공주'가 상대방에 대한 불신감을 드러내지는 않았다. [A]에서 '공주'가 자신이 죽은 뒤 '재취하고저 하'냐고 묻고 있으나 이를 '남윤'에 대한 불신감을 드러낸 것으로 보기는 어렵다.

④ [A]와 [B]는 모두 과거 일을 언급하며 ~~상대방을 원망~~하고 있다.

[A]에서 '공주'는 '십 년 전 꿈속에 요지연에 갔던' 과거의 일을 언급하고 있으나, 상대방을 원망하고 있지는 않다. [B]에서는 과거의 일을 언급하지도, 상대방을 원망하지도 않았다.

⑤ [A]에는 ~~이상향~~에 대한, [B]에는 ~~세속적 공간에 대한 지향~~이 암시되어 있다.

[A]에서 '공주'는 죽음과 이별에 대한 슬픔과 아쉬움을 드러낼 뿐 이상향에 대한 지향을 드러내지는 않았다. 또한 [B]에서 '공주'가 세속적 공간에 대한 지향을 암시했다고 볼 수 없다.

5 극·수필

(1) 희곡은 희곡답게, 시나리오는 시나리오답게 읽어야 한다.

STEP 2 문제로 확인하기

문제 P.321

1~3

~~ 인물의 심리   ~~ 장면끊기

[앞부분의 줄거리] 시은은 어릴 때부터 아끼던 말 '천둥'과 함께 큰 경마 대회 출전을 준비하고 있다. 그러던 중 시은을 돕던 윤 조교사는 수의사를 통해 천둥의 폐에 문제가 있어 당장 수술이 필요하다는 것을 알게 된다. 경마 대회 출전을 준비하던 시은은 천둥이에게 수술이 필요함을 알게 돼. 수술을 하려면 경마 대회 출전은 포기해야겠지.

S#104 관중석. 밤

텅 빈 관람석…… 황량한 주로를 내려다보며 나란히 앉아 있는 익두와 윤 조교사. 카메라, 서서히 원형 트랙을 따라 돌기 시작한다.

윤 조교사: 예전에 제가 데리고 있던 기수 중에 친동생 같은 놈이 하나 있었습니다. 실력도 있고, 노력도 많이 하는 놈이었는데…… 갑자기 몸 상태가 나빠져서 병원 신세를 지더니, 수술 날짜를 받아오더라구요…… 그러더니 절 찾아와서는…… 마지막으로 한 번만 경기를 뛰게 해 달라는 거예요. 한번 원 없이 달려보고 싶다고…… 그게 그놈의 마지막 말이었습니다.

익두: …….

윤 조교사: 기수나 경주마나…… 어차피 달리는 걸 운명으로 태어났다면…… 달릴 수 있을 때까지 달리는 게 가장 행복한 일이 아닐까 하는 생각이 들었습니다……. 윤 조교사는 친동생 같았던 기수의 마지막 바람이 원 없이 달리는 것이었던 것처럼 천둥이도 대회에 출전해서 마음껏 달릴 수 있게 해 주는 게 좋을 것 같다고 생각해.

윤 조교사를 지난 카메라는 어느덧 익두가 아닌 시은의 얼굴을 비추고 있다. 아무 말 없이 정면만을 응시하는 시은. 계속해서 원형을 따라 돌고 있는 카메라, 시은의 모습이 스쳐 지나간다.

익두: 내가 너에게 천둥이의 고삐를 넘겨줬던 건…… 니 엄마처럼 평생 후회하며 살게 하고 싶지 않아서였다. 그리고 니가 천둥이의 고삐를 받았을 때, 난 이미 모든 걸 너에게 맡기기로 했어. 운명을 받아들이는 것도 거부하는 것도 결국엔 다 네 몫이야……. 익두는 시은이가 천둥이를 위한 선택을 직접 하고 그 결과도 스스로 받아들일 수 있어야 한다고 말해. 익두는 시은이 시은의 엄마처럼 후회하지 않기를 바라면서 시은의 선택을 존중하는 태도를 보이고 있는 거지. **장면 1** 관중석을 배경으로 주로 익두와 윤 조교사에게 초점을 맞추고 있던 장면에서 이후 경주로에 있는 시은에게 초점을 맞춘 장면으로 이어지니, 여기서 장면을 나누자. 이때 공간뿐 아니라 시간도 밤에서 새벽으로 변화했어.

S#105 경주로. 새벽

계속해서 익두 대사 흘러나오고, 카메라 원형을 따라 돌면, 경주로에 우두커니 서 있는 시은의 모습에서 멈추는 카메라.

익두(off): 선택은 니가 하는 거다…… 천둥이가 뭘 원하는지…… 니가 천둥이를 위해 마지막으로 해 줄 수 있는 일이 뭔지, 잘 생각해 봐라……. 익두의 대사가 off 처리되었지? 화면에는 시은이의 모습이 나오고 동시에 음향으로만 익두의 대사가 효과음으로 들어간다는 거야. **장면 2** 이전 장면에서 자연스럽게 이어지면서, 경주로에 선 시은이 익두의 말을 곱씹는 장면으로 마무리되었어.

(하략)

– 이환경 외 각색, 「각설탕」 –

✏ **1분컷 작품 정리**

주요 인물	주요 사건
• **시은**: 경마 대회 출전을 앞두고 있었으나 천둥이 당장 **수술해야** 한다는 것을 알게 되고 고민함 • **윤 조교사**: 시은을 돕는 조교사로 경주마는 달릴 때 가장 **행복**할 것이라고 생각함 • **익두**: 시은이 천둥을 위한 선택을 할 수 있게 함	**장면 1** 윤 조교사는 익두에게 자신이 아끼던 기수의 마지막 말에 대해 이야기하고, 익두는 시은에게 천둥의 고삐를 준 것의 의미에 대해 이야기함 **장면 2** 시은이 익두의 말을 떠올리며 고민함

☑ 시나리오　□ 희곡

보기

디졸브는 영화에서 한 화면이 사라짐과 동시에 다른 화면이 점차로 나타나면서 장면을 전환시키는 편집 기법이다. 디졸브 기법을 활용하면 장면을 자연스럽게 연결하여 앞뒤 장면 간에 긴밀성을 높일 수 있다. 또한 장면이 전환됨에 따라 시간 또는 공간이 바뀌는 것을 자연스럽게 보여 줄 수도 있다.

1. S#104와 S#105를 〈보기〉의 기법을 활용하여 편집한다면 S#104에서 경마 경기장의 밤이었던 시간이 디졸브로 S#105의 새벽으로 연결되어, 시간의 흐름을 자연스럽게 보여 줄 수 있겠군. ◉

S#104의 공간적, 시간적 배경은 경마 경기장의 '관중석. 밤'이며, S#105의 공간적, 시간적 배경은 경마 경기장의 '경주로. 새벽'이다. 디졸브로 두 장면을 전환하면 밤에서 새벽으로 시간이 흘렀음을 자연스럽게 보여 줄 수 있다.

2. S#104와 S#105를 〈보기〉의 기법을 활용하여 편집한다면 S#104에서 익두가 하는 말이 디졸브로 S#105에까지 연결되어 들리게 함으로써, 시은의 고민이 지속되는 상황을 효과적으로 보여 줄 수 있겠군. ◉

S#104에서 '익두'는 '시은'에게 '천둥'을 위한 선택을 하는 것은 '시은'의 몫이라고 말하고, S#105로 장면이 전환된 뒤에도 '계속해서 익두 대사 흘러나'온다고 하였다. 따라서 디졸브 기법을 활용하면 '익두'의 말이 장면 전환 이후에도 계속 이어지게 함으로써 고민에 빠진 '시은'의 상황을 효과적으로 드러낼 수 있다.

3. S#104와 S#105를 〈보기〉의 기법을 활용하여 편집한다면 S#104에서 혼자 있는 시은의 모습이 ~~디졸브로 S#105의 익두의 모습과 연결~~되면서, S#105에서 자신이 당면한 상황을 ~~수용하는~~ 시은이의 모습을 보여 줄 수 있겠군. ✖

S#104에서 '시은'은 '익두', '윤 조교사'와 함께 경마 경기장에 있으며, S#105에서 '시은'이 혼자 있는 것이다. 또한 S#105에서 '익두'의 모습이 영상에 나타나지는 않으며 목소리만 효과음으로 처리되므로, S#104에서의 '시은'의 모습이 S#105의 '익두'의 모습으로 연결된다고 할 수 없다. 그리고 S#105의 '시은'은 '익두'의 말을 떠올리며 생각에 잠겨 있다고는 볼 수 있지만, 자신이 당면한 상황을 수용하고 있다고 볼 근거는 찾기 어렵다.

☑ **짚고 가기** 시나리오는 카메라로 영상물을 촬영한다는 점을 전제로 한다고 했던 것 기억하지? 그리고 그렇게 촬영된 영상들이 편집되어서 영화나 드라마로 만들어지는 거고. 그런 갈래적 특성을 잘 반영하고 있는 선지가 바로 이런 거야. 카메라가 뭘 찍고 있었을지 머릿속으로 상상하며 읽었다면 S#105의 화면에 '익두'는 등장하지 않는다는 걸 알 수 있었을 거야.

[앞부분의 줄거리] 위조지폐를 만드는 가족이 빌딩에 유령 회사를 차려 놓고, 누명을 써서 전과자가 된 청년을 사원으로 채용한다. 청년은 한 달 치 월급으로 받은 위조지폐로 양복을 구입하다 사복형사에게 잡혀 사무실로 끌려오게 된다.

청년: 오! 사장님!

사복: 선생이 간편무역 사장이십니까?

청년: 그렇습니다. 이분이 바로…… 청년은 자신의 무죄를 밝혀줄 사장을 보고 반가웠을 거야.

사장: 잘못 아시고 오신 모양이군.

사원 갑: 용산서에서 오셨어요.

사장: 나한테? 무슨 일로?

사복: 이 남자가 선생 회사에 취직했다는뎁쇼.

사장: 천만에! 대체 누구입니까? 이 남자는 난 생면부지올시다. [앞부분의 줄거리]에 따르면 청년을 사원으로 채용했다고 했는데 사장은 청년을 모르는 사람이라고 말하네. 위조지폐 건이 들킬까 봐 청년을 모르는 척하는 거지.

[A] ┌ **청년:** 아닙니다. 사장님, 그런 말씀이 어디 있습니까? 금방 제가 눈물을 흘리며 고마워하지 않았어요? 청년은 자신을
　　│　채용한 사장 앞에서 눈물을 흘리며 고마워했었군. 전 여기 사원이에요, 사장님.
　　└ **사복:** (뺨을 갈기며) 인마, 아직도 거짓말이야, 응?

[B] ┌ **청년:** 아녜요. 나으리는 몰라요, 나으린, 아씨, 아씨! 아씨가 아십니다. 회계과장이 한 달 월급을 선불해 주시고,
　　│　양복을 사 입으라고 달러 지폐를 주셨어요.
　　│ **사복:** 인마, 떠들지 마라. 글쎄 이 미련한 친구가 누굴 속여 보겠다고 백 불짜리 지폐를 위조해 가지고 백주에 서울
　　│　네거리를 횡행합니다그려. 헛헛…… 그래서 월급을 받았다? (머리를 갈기며) 인마, 뭐 양복을 짓겠다고? 가짜
　　└ 돈을 찍으려면 남이 봐도 그럴듯하게 만들어. 진짜 백 불짜린 구경도 못했을 자식이. 가자, 인마. 실례 많았습니다.
　　 사복형사는 사장의 말만 믿고 청년의 말은 믿어주지 않네.

사장: 원 천만에요.

청년: 사장님, 나으리! 제겐 아무 죄도 없어요. 제발, 미련은 하지만 나쁜 짓을 한 적은 한 번도 없어요. 하나님이 아십
니다, 하나님이! 청년은 꼼짝없이 죄를 뒤집어쓴 상황에 억울해하면서 결백을 호소해. 어이구 그 지긋지긋한 감옥살일 어떻게
하라고 이러십니까, 이러시길. 사장님! 구두도 사서 신구 양복도 새로 맞추고 추천서도 일없고 신원보증도 일없다고
그러시지 않았어요. 사장님! 아씨를 만나게 해주세요, 아씨를. 아씨는 거짓말을 안 하실 겁니다. 아씨! 아씨!

[C] ┌ **사복:** 인마, 떠들지 마라, 가자! (억지로 끌고 나간다.)
　　│ **청년:** (복도로 해서 오른쪽으로 끌려가며) 사장님! 왜 제게 취직자리를 줬어요? 취직만 안 했더라면 감옥에도 안
　　└ 가고…… 감옥엘, 감옥엘…… 저 사장님…… 너무합니다. 사장님! 사장은 순진하고 어리숙한 청년을 속여서 위조지폐를 사용
하도록 했구나. 청년은 취직을 후회하며 감옥으로 끌려가게 된 신세를 한탄하고 사장에 대한 원망을 드러내네. 장면 1 이야기의 초점이
자신도 모르게 위조지폐 사업에 말려들어 끌려가게 된 청년으로부터, 사장실로 이동하는 사장과 사원들로 옮겨가게 되니 이 부분에서 장면을
나눠볼 수 있어.

사장과 사원 갑은 사장실로, 사원 정은 복도로 가서 청년이 간 뒤를 물끄러미 바라본다.

사장: 결국 또 실패지. 이번엔 얼마나 찍었더냐?

사원 갑: 시험 삼아 3백 장만 찍었어요.

사장: 흥, 3만 불이로구나. (지갑에서 진짜를 꺼내 대조하며) 어디가 다른가 좀 자세히 보아라. 끌려간 청년은 신경도 쓰지 않고
위조지폐 인쇄에 실패한 원인부터 분석하려는 모습에서 사장의 매정하고 양심 없는 성격이 드러나네.

사원 갑: 도안이 좀 이상하다 했더니만.

사원 병: 도안이 아녜요, 형님. 인쇄 잉크가 달라요.

사원 을: 잉크가 어떻다고 그래, 종이가 틀리는걸 뭐.

사원 갑: 종이야 할 수 없지. 미국을 간다고 같은 종이를 사겠니.

사원 병: 아네요, 잉크예요.

사원 을: 종이야.

사원 갑: 도안이 틀렸어.

사원 병: 잉크가 아니라니깐.

사원 을: 잉크가 어쨌단 말야. 네가 도안을 잘못 그려놓곤.

사원 병: 도안이 어디가 틀렸어! ~~사원 병과 을은 위조지폐의 문제점이 무엇이었는지에 대해 대립하며 다투네.~~

사장: 애들아, 떠들지 마라. 그 미련한 녀석 때문에 단단히 손해 봤다.

사원 병: 참 그 자식 때문이야.

사원 갑: 첫눈에도 자식이 좀 모자라는 것 같더니만. ~~사장과 사원들은 청년에 대해 최책감을 갖기는커녕 미련함을 탓하는 태도를 보여.~~

⟨장면 2⟩ 사장실로 이동한 사장과 사원의 뻔뻔한 모습을 보여 주면서 장면이 마무리되고 있어.

— 오영진, 「정직한 사기한」 —

✏️ 1분컷 작품 정리

주요 인물	주요 사건
• 청년: 어리숙하여 사장의 말을 믿고 **위조지폐**를 사용하려다 경찰에게 잡힘 • 사복: **청년**을 붙잡아 사실 확인을 하기 위해 사무실을 찾아옴 • 사장: 유령 회사를 운영하며 위조지폐를 만들어 순진한 이들에게 일자리를 주는 척 이용함	⟨장면 1⟩ 사원으로 채용된 청년이 사복형사에게 붙잡혀 오고, 사장은 곤경에 빠진 청년을 **모르는 척**함 ⟨장면 2⟩ 사장과 사원들은 위조에 실패한 이유에 대해 이야기하며 **청년**을 탓함

□ 시나리오　☑ 희곡

보기

　　단막극인 이 작품은 무대 공간이 회사 안으로 제한된다. 무대 공간에서 이루어지는 인물들의 행동과 대화로 이야기가 형상화되기도 하지만, 무대 공간의 제약으로 인해 <u>무대 밖에서 일어난 사건이 오직 인물의 언어적 표현으로 전달</u>되기도 한다.

---

4. [A]에서 ~~사복이 청년의 뺨을 때리고~~ 의견을 묵살하는 일은 〈보기〉의 밑줄 친 부분에 해당한다. ⊗

　　[A]에서 '사복'이 자신이 간편무역의 사원이라는 '청년'의 말을 듣고 '청년'의 뺨을 때리는 장면은 무대 위에서 상연되므로 〈보기〉의 밑줄 친 부분에 해당한다고 볼 수 없다.

5. [B]에서 청년이 백 불짜리 위조지폐로 양복을 구매하려는 일은 〈보기〉의 밑줄 친 부분에 해당한다. ◎

　　[B]에서 '청년'이 백 불짜리 위조지폐로 양복을 지으려 한 일은 '사복'의 대사로 제시된 무대 밖에서 벌어졌던 사건으로, 무대 위에서 실제로 상연된 장면은 아니다. 따라서 무대 밖에서 일어난 사건이 인물의 언어적 표현으로 전달된 경우로 볼 수 있다.

　　⟨☑ 짚고 가기⟩ '무대 밖'이라는 개념 기억하지? 무대 위에 상연되지는 않았지만 극의 진행상 벌어졌다고 치는 일을 무대 밖 사건이라고 한다고 했잖아. 이렇게 무대 밖 사건은 주로 인물의 대사를 통해 '그런 일이 있었다'는 걸 관객들이 알게 함으로써 극의 진행에 영향을 줘. 어떤 개념인지 학습했다면 쉽게 풀 수 있는 문제였어.

6. [C]에서 ~~사복이 청년을 끌고 사무실 밖으로 나가는~~ 일은 〈보기〉의 밑줄 친 부분에 해당한다. ⊗

　　[C]에서 '사복'은 '청년'을 '복도로 해서 오른쪽으로 끌'고 간다. 즉 실제 무대 위에서 '청년'을 억지로 끌고 나가는 장면이 상연되므로 〈보기〉의 밑줄 친 부분에 해당한다고 볼 수 없다.

[앞부분의 줄거리] 궁에서 쫓겨난 평강 공주는 대사와 함께 절로 가던 길에 온달을 만나 결혼한다. 10년 후 온달과 함께 궁으로 돌아온 공주는 온달이 장군이 되도록 돕는다. 온달은 전쟁터에서 죽게 되는데 장례를 치르려고 하나 관이 움직이지 않는다.

공주: 장군, 비록 어제까지 장군이 치달던 벌판이라 하나, 이제 누구를 위해 여기 머물겠다고 이렇게 떼를 쓰십니까? 장군의 마음을 내가 알고 있으니 집으로 돌아가십시다. 고구려는 내 아버지의 나라. 당신의 원수를 용서치 않으리라. 평양성에 가서 반역자들을 모조리 도륙을 합시다. *관을 움직이기 위해 죽은 온달을 위로하던 공주는 온달을 대신하여 복수를 다짐해. 온달의 죽음에 반역자들이 개입되었다고 보는 것 같아.* 자, 돌아가십시다. (손짓을 한다.)

　　의병장들, 관 뚜껑을 닫고 관을 올려놓은 받침의 채를 감는다.

공주: 들어 올려라.

　　올라오는 관. 모두, 놀라는 소리. *움직이지 않던 관이 공주가 위로하는 말을 한 이후에 움직이자 모두가 놀라.*

공주: 가자, 평양성으로. 그곳에서 잔악한 반역자들을 샅샅이 가려내어 목을 베이리라. (공주, 움직인다.)

　　공주, 시녀, 관, 군사들, 서서히 퇴장. 부장과 장수 몇 사람만 무대에 남는다. 【장면 1】 *공주 일행은 관과 함께 무대에서 퇴장해. 이후 부장과 장수 몇 사람만 무대에 남아 대화를 나누므로 여기서 장면을 끊자.*

장수1: (부장에게) 공주의 노여워하심이 두렵습니다.
장수2: 필시 무슨 기미를 알아보셨음이 틀림없습니다. *장수들은 공주에게 자신들의 반역이 들켜 해를 입을까 봐 두려워하고 있어.*
부장: 어떻게 알 수 있단 말인가?
장수3: 투구를 벗으라고 하신 것이 증거가 아닙니까?
부장: 어떻게 알았을까? (둘러보고) 너희들 중에 배반하는 자가 있으면 행여 온전히 상금을 누릴 목숨이 있거니는 생각 말아라.
장수들: 무슨 말씀입니까. 억울합니다.
부장: 그렇겠지. 이것을 문제 삼는다 치더라도 (투구를 벗는다. 머리를 처맸다. 피가 배어 있다.) 이것이 어쨌단 말인가. 이토록 신라 놈들과 싸운 것이 군법에 어긋난단 말인가? (음험한 웃음) 두려워 말라. 공주보다 더 높은 분이 우리 편이야.
장수들: (비위 맞추는 너털웃음) *부장은 장수들에게 공주를 두려워하지 말라고 하고, 장수들은 부장의 비위를 맞춰.*
부장: 가자, 평양성으로. 그곳에서 과연 누구의 목이 먼저 떨어지는가를 보기로 하자. 【장면 2】 *(중략) 이후에는 공주가 왕명을 받고 온 이들에게 죽임을 당하는 내용이 전개되므로 (중략)을 기준으로 시간적, 공간적 배경이 변한다고 볼 수 있어.*

(중략)

　┌─　**장교:** (공주에게) 자, 걸으시오.
　│　**공주:** 네가 정녕 내 말을 듣지 못하겠느냐?
　│　**장교:** 내 말을? 왕명을 받들고 온 사람에게?
　│　**공주:** 이놈이 정녕 실성했구나. 내가 돌아가면 어찌 될 줄을 모르느냐? 나는 이곳에 머물기로 하고 이미 아버님께도
[A]│　　여쭙고 오는 길, 누가 또 나를 지시한단 말이냐? 정 그렇다면 근일 중에 내가 궁에 갈 것이니 오늘은 물러가라.
　│　**장교:** 정 안 가시겠소?
　│　**공주:** (분을 누르며) 내가? 말을 어느 귀로 듣느냐? (타이르듯) 네가 아마 잘못 알고 온 것이니, 그대로 돌아가면
　└─　　오늘의 허물을 내가 과히 묻지 않으리라.

장교: (들은 체를 않고) 정 소원이라면 평안하게 모셔오라는 명령이었다. 잡아라. ~~꼿꼿한 태도의 장교는 왕명에 따라 공주를 궁으로 데려가려고 하고 공주가 거부하자 무력을 사용하려 해.~~

병사들, 공주의 팔을 좌우에서 잡는다.

공주: 어머니.

장교: 편하게 해 드려라.

병사1, 칼을 뽑아 공주를 앞에서 찌른다. 공주, 앞으로 쓰러진다. 붙잡았던 병사들, 서서히 땅에 눕힌다.

장교, 손으로 지시한다.
병사2, 큰 비단 보자기로 공주의 시체를 싼다.
장교, 또 지시한다.
병사들, 공주를 들고 퇴장. 장교, 뒤따라 퇴장. 공주의 살해에서 퇴장까지의 동작은 마치 의전(儀典) 동작처럼. 기계적으로 마디 있게 처리.

대사: 공주. 좋은 세상에서 또다시 만납시다.

[온모], 사건이 진행되는 동안 전혀 움직이지 않고 서 있다가 ~~공주는 결국 살해 당했는데, 온모는 이를 지켜보고 있었어.~~ 모두 퇴장한 다음 무대 정면으로 조금씩 움직여 나온다. [장면 3] ~~온달을 죽음으로 몰고 간 반역자들에게 복수하지 못하고 공주 또한 살해당하는 내용이 전개되며 한 장면이 끝났어.~~

– 최인훈, 「어디서 무엇이 되어 만나랴」 –

✏️ **1분컷 작품 정리**

주요 인물	주요 사건
• [평강 공주]: 온달의 죽음에 반역자가 연루되어 있다고 의심하지만 결국 죽임을 당함	[장면 1] 공주가 죽은 온달을 위로하며 복수를 다짐하자 움직이지 않던 관이 움직임
• [부장, 장수들]: 반역을 꾸미다가 공주에게 의심을 받음	[장면 2] 반역을 모의하던 부장과 장수들은 공주의 의심에도 개의치 않음
• [장교]: 왕명에 따라 공주를 데리러 왔으나 공주가 저항하자 죽임	[장면 3] 공주는 살해당하고 온모는 이를 지켜봄
• [온모]: 사건을 지켜봄	

☐ 시나리오 ☑ 희곡

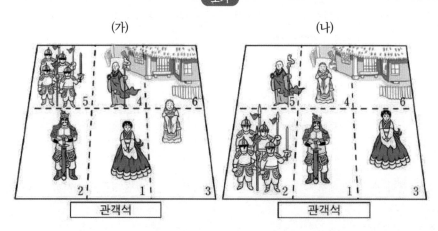

(가)   (나)

관객석   관객석

○ 무대 구성의 목적은 무대 위에 서게 될 배우들의 위치를 정하면서 무엇을 강조할 것인가를 보여 주는 것임.

○ 그림의 숫자는 등장인물이 서는 무대 지역의 중요도 순서임.

---

7. 연출가가 [A]의 첫 장면의 무대 구성을 〈보기〉의 (가)와 같이 짰다면, (가)에서는 장교를 2번 지역에 배치하여 ~~(나)에 비해~~ 장교가 극적 사건 진행의 주도권을 쥐고 있음을 ~~더 잘 보여 줄 수 있겠군~~.   ⊗

〈보기〉에 따르면 '그림의 숫자는 등장인물이 서는 무대 지역의 중요도 순서'이다. '장교'는 (가)에서는 2번 지역에, (나)에서는 1번 지역에 배치되어 있으므로 (나)에 비해 (가)에서 '장교'가 극적 사건 진행의 주도권을 쥐고 있음을 더 잘 보여 준다고 볼 수 없다. 오히려 (가)에 비해 (나)에서 '장교'를 중요도가 높은 1번 지역에 배치하여 극적 사건 진행의 주도권을 쥐고 있음을 더 잘 보여 준다고 볼 수 있다.

8. 연출가가 [A]의 첫 장면의 무대 구성을 〈보기〉의 (가)와 같이 짰다면, (가)에서는 이후 사건 진행 과정에서 온모를 다른 인물에 가리지 않게 함으로써, 움직이지 않고 사건을 지켜보는 온모의 역할을 (나)에 비해 더 잘 드러낼 수 있겠군.   ◎

관객의 입장에서 볼 때 (나)에서는 1번에 배치된 '장교'에 의해 4번에 위치한 '온모'가 가려지게 된다. 하지만 (가)에서는 3번에 배치된 '온모'를 가리는 인물이 없으므로 움직이지 않고 사건을 지켜보는 '온모'의 역할을 (나)에 비해 더 잘 드러낼 수 있다.

9. 연출가가 [A]의 첫 장면의 무대 구성을 〈보기〉의 (나)와 같이 짰다면, (나)에서는 병사들을 2번 지역에 배치하여 (가)에 비해 위압감을 더 잘 나타낼 수 있겠군.   ◎

(가)에서는 '병사들'이 무대 뒤쪽인 5번에 배치되어 있지만 (나)에서는 '병사들'을 무대의 앞쪽인 2번 지역에 배치하였기 때문에 관객들은 (가)에 비해 (나)에서 위압감을 더 잘 느낄 수 있다.

(2) 유사한 것들은 묶고, 대립 관계는 선명하게 파악해야 한다.

1~3

■■ 글쓴이   ■■ 대상   〜 대상의 속성   ■■ 정서·태도

나이가 들수록 격이 높아지는 것이 나무다. 경기도 용문사에는 천여 년 전에 심었다는 고령의 은행나무가 있어 45미터의 키에 아래 부분의 직경이 4미터가 된다니 산으로 치자면 백두요, 한라가 아닐 수 없다. 뜨락에 자질구레한 나무만 심어 놓고 바라보아도 한결 마음이 든든한데 그쯤 고령의 거목이고 보면, 내 하잘것없는 인생을 송두리째 맡기고 살아도 뉘우칠 게 없을 것 같다. 글쓴이는 '나무'에 주목하고 있어. 고령의 거목을 보면 마음이 든든하다 못해 자신의 인생을 맡기고 싶을 정도라고 하네.

홍야항야로 일삼는 세속적인 생각에 젖어 사는 것이 너무나 치사한 것만 같아 새삼 허탈을 느낄 때가 한두 번이 아니다. 글쓴이는 세속적인 생각으로 사는 것에 허탈감을 느끼고 있어. 창 앞에 대를 심어 소슬한 가을바람을 즐길 줄 모르는 바 아니요, 또한 눈부신 장미꽃이 싫은 바도 아니요, 오색영롱한 철쭉도 싫은 바 아니지만, 그런 관목보다는 아교목이 좋고 아교목보다는 교목이 믿음직해서 더 좋다. 욕심껏 꽂아 놓은 나무가 좁은 뜨락에 초만원이 되어 이제 어찌 할 도리가 없어 제일 먼저 장미를 담 옆으로 분산시키고 아교목의 호랑가시와 교목인 태산목, 은행나무, 낙우송을 알맞게 자리 잡아 세운 것도 호화찬란한 장미처럼 눈부신 여생이기보다는 담담하기를 바라는 탓도 있지만, 글쓴이는 앞으로의 삶이 호화찬란하기보다는 담담하기를 바란대. 차라리 그보다는 날로 거목의 몸매가 잡혀가는 아교목들에게 끌리는 정이 더욱 도탑고 믿음직한 탓이기도 하리라. 글쓴이는 관목, 아교목, 교목을 비교하며 거목에 대한 애정을 드러내고 있어.

낙우송 사이로 바라다보이는 유월 하늘에서는 가지가 흔들릴 때마다 그 짙푸른 쪽물이 금시 쏟아질 것만 같아 좋거니와, 오월부터 개화하기 비롯한 태산목은 겨우 십 년이 되었는데도 두세 송이씩 연이어 꽃이 피는가 하면 그 맑은 향기가 어찌도 그윽한지 문향(文香) 십 리를 자랑하는 난(蘭) 또한 감히 따를 바 못 되리라. 향기로운 꽃을 피운 태산목을 예찬하고 있어.

백련꽃 송이처럼 탐스러운 봉오리에 어쩌면 향기를 가득 저장하고 있는 것만 같다. 아침저녁 솔깃이 흘러드는 그 향기를 맡아 본 사람이면 알리라.

집 주변에 오류(五柳)를 가꾸어 '한정소언 불모영리(閑靜少言 不慕榮利)'의 도를 터득한 도연명(陶淵明)은 그대로 향기 높은 저 태산목 같은 거목이 아니었을까 생각될 때, 장미류의 관목처럼 눈부신 꽃이고 싶어 하는 데는 머리를 써도, 태산목처럼 격 높은 향기를 마음에 지니기란 쉬운 일이 아니기에, 내 스스로 향기 지닐 마음의 여유 없음을 슬퍼할 따름이다. 글쓴이는 태산목처럼 격 높은 향기를 지니고 살아가고 싶은 거야.

(중략)

문 밖에 심은 버드나무도 벌써 10년이 가깝게 자라고 보니, 이른 봄부터 찾아와서 옥을 굴리듯 울어 주는 밀화부리도 버드나무가 없었던들 엄두도 낼 수 없는 일이다. 그러기에 이 근방에서는 버드나무집으로 통할 뿐 아니라, 혹시 전화로라도 우리집 위칠 묻는 친구가 있으면 어느 지점에 와서 문 앞에 버드나무가 세 그루 서 있는 집이라면 무난히들 찾아오게 마련이다. 당초엔 다섯 그루를 심어 정성 들여 가꾸었는데 이웃집에서 가을 낙엽에 성화를 내고 자기 집 옆에 서 있는 놈만은 베어 주었으면 하기에, 그 집 주인에게 처분을 맡겼더니 베어다가 장작으로 패 땐 모양이고, 또 한 그루는 동네 애들이 매일 짓궂게 매달리는가 했더니 끝내는 껍질을 홀랑 벗겨대는 등쌀에 기어이 고사(枯死)하고 보니, 남은 세 그루가 옆채를 사이에 두고 태산목과 마주 보고 서 있게 되었다. 버드나무 다섯 그루 중 지금은 세 그루만이 글쓴이 집에 남아서 자라고 있군.

그대로 다섯 그루가 자랐더라면 집 주변에 오류를 가꾸어 '한정소언 불모영리'의 도를 터득한 저 도연명의 풍모를 배우고자 함이었더니, 세 그루가 남게 되어 짓궂은 친구가 찾아올라치면 숫제 삼류선생(三流先生)이라 부르는 데는 긍정도 부정도 하지 않는 까닭은 삼류 인생을 살아가는 나에게 오류(五柳)선생은 못 될지언정, 삼류선생의 칭호도 오히려 과분한 것만 같아 설마 삼류선생이라 부르는 것은 아니겠지 하고 스스로를 위로하기 때문인지도 모른다. 글쓴이는 자신에게 주어진 삼류선생이라는 칭호도 과분하게 느껴진다며 겸손을 드러내고 있어.

– 신석정, 「향기 있는 사람」 –

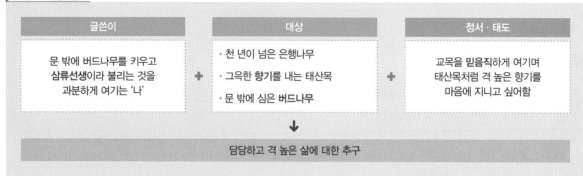

글쓴이		대상		정서·태도
문 밖에 버드나무를 키우고 **삼류선생**이라 불리는 것을 과분하게 여기는 '나'	➕	• 천 년이 넘은 은행나무 • 그윽한 **향기**를 내는 태산목 • 문 밖에 심은 **버드나무**	➕	교목을 믿음직하게 여기며 태산목처럼 격 높은 향기를 마음에 지니고 싶어함

↓

담담하고 격 높은 삶에 대한 추구

1. 자신의 삶이 눈부시기보다 담담한 인생이기를 바란다는 것에서 글쓴이의 삶에 대한 가치관을 엿볼 수 있다. ◎

글쓴이는 '호화찬란한 장미처럼 눈부신 여생이기보다는 담담하기를 바'란다며 화려함을 추구하기보다는 차분하고 평온한 태도로 삶을 대하려는 가치관을 드러내고 있다.

> ☑️ **짚고 가기** 수필에서 많이 다루는 소재 중 하나는 자연인데, 이 경우 주로 인생이나 삶에 대한 성찰과 깨달음이 주제로 나타난다고 했지? 윗글은 나무라는 자연을 소재로 해서 삶의 가치관과 태도에 대해 말하고 있어.

2. 세속적인 생각에 젖어 사는 것에 대해 허탈함을 느끼는 모습에서 글쓴이의 삶에 대한 태도를 엿볼 수 있다. ◎

글쓴이는 '홍야항야로 일삼는 세속적인 생각에 젖어 사는 것이 너무나 치사한 것만 같아 새삼 허탈을 느낄 때가 한두 번이 아니다.'라고 했다. 이를 통해 세속적인 생각으로 사는 것에 대해 허탈함을 느끼는 글쓴이의 삶에 대한 태도를 엿볼 수 있다.

3. 아끼던 버드나무를 베고 싶다는 ~~이웃에게 성화를 내는~~ 모습에서 글쓴이의 성격을 엿볼 수 있다. ✖

'이웃집에서 가을 낙엽에 성화를 내'자 글쓴이는 버드나무 처분을 이웃에게 맡겼을 뿐, 글쓴이가 이웃에게 성화를 내는 모습은 나타나지 않는다.

4~6

🟦 글쓴이　🟦 대상　〰️ 대상의 속성　🟦 정서·태도

　　예전 영남을 유람할 때 동래의 해운대(海雲臺)와 몰운대(沒雲臺)를 올라간 적이 있다. 몰운대는 땅이 바다 한가운데로 움푹 들어가서 대가 된 곳이다. 길이 넓은 바다를 끼고 있는데 겨우 몇 길도 떨어져 있지 않다. 파도 소리가 해안을 치니 그 때문에 말이 피하여 뒷걸음친다. 몇백 걸음 가면 땅이 비로소 끝이 나고 하늘과 바다가 끝없이 펼쳐진다. 조금 있으니 바다로 들어가고 남은 햇살이 사방에서 부서진 금처럼 쏘아댄다. 만경창파 넓은 바다에 사나운 바람이 일어 요란한 소리를 낸다. 큰 파도가 허공에 뒤집어져서 마치 비가 내리는 것 같기도 하고 천둥이 치는 것 같기도 하다. 그러다가 갑자기 물결이 동탕쳤다. 내 마음이 상쾌해져서 근심이 싹 사라졌다. 몰운대에 간 글쓴이는 하늘과 바다가 끝없이 펼쳐지고 큰 파도가 치는 모습을 보며 상쾌함을 느껴. 돌아와 대포진(大浦鎭)의 객사에서 휴식을 취하였다. 조금 있으니 달이 떠올랐다. 바다의 빛은 거울처럼 맑았다. 나지막이 대마도가 바라다 보이는데 마치 잘 차려놓은 잔칫상 같았다. 다 장관이었다.

　　나는 마음속으로 생각하곤 한다. 눈은 내 방 안에 있지만 오래도록 사방의 벽을 보고 있노라면 벽에서 파도 문양이 생겨나 마치 바다를 그려놓은 휘장을 붙여놓은 듯하다. 절로 마음이 탁 트이고 정신이 상쾌해져서 내 자신이 좁은 방 안에 있다는 사실을 잊게 된다. 방 안에 있음에도 글쓴이는 사방의 벽을 보며 바다를 떠올리지. 이 때문에 일어나 책을 마주하면 유창하고 쾌활하게 읽는다. 마치 내 가슴을 바닷물로 적시는 듯하다. 그러니 예전 몰운대가 어찌 바로 내 집이 되지 않겠는가? ⓐ이제 내가 사는 달팽이집이 바로 바다가 아닌 줄 어찌 알겠는가? 그러니 집을 바닷물로 적신다는 함해라 이름한 것은 엉터리가 아니다. 집에서도 바다를 떠올리며 유창하고 쾌활하게 책을 읽는 글쓴이는 자신의 집에 '함해'라는 이름을 붙였어.

　　또 생각해보았다. ⓑ저 동래의 바다는 내 시야에서는 거리가 매우 멀기는 하지만 천 리를 넘지 않는다. 금산(錦山)의 미라도(彌羅島)가 그 서쪽을 막고 있고 대마도가 그 동쪽을 가리고 있다. 남쪽 바다에는 섬들이 안개와 구름에 싸여 아스라이 보인다. 이는 바다 중에서 작은 것이다. 내 집의 책을 통해서는 동서남북, 하늘과 땅, 과거와 현재에까지 미루어

나갈 수 있고, 천지와 사방 안팎의 공간이나 아주 먼 고대의 시간까지 에워싸 차지할 수 있다. 그렇게 되면 추연(鄒衍)이 세상 밖에 훨씬 더 큰 세상이 있다는 구주(九州)조차 책에서부터 벗어날 수 없게 된다. 그러니 책이라는 것의 크기를 어찌 더할 수 있겠는가? ⓒ저 바람을 타고 구만 리를 날아오르는 큰 붕새나 몸집이 자그마한 메추라기나 소요(逍遙)를 즐기는 것은 한 가지다. 글쓴이는 동래의 바다와 책을 비교하며 책을 통해 인식을 넓혀갈 수 있음을 말해.

비록 그러하지만 가장 좋은 것은 덕을 확립하는 일이요, 다음은 저술을 이루는 일이다. 내가 물에 대한 관찰을 통하여 내 국량을 키워 나가 끝없는 바다에 이를 수 있다면, 또 어떠한 것이 이에 비견할 것이겠는가? 글쓴이는 물에 대한 관찰을 통해 국량을 키우고 배움을 넓히겠다는 다짐을 드러내고 있네.

– 이종휘, 「함해당기」 –

✏️ 1분컷 작품 정리

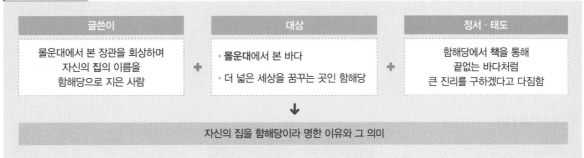

글쓴이	대상	정서·태도
몰운대에서 본 장관을 회상하며 자신의 **집**의 이름을 함해당으로 지은 사람	• **몰운대에서 본 바다** • 더 넓은 세상을 꿈꾸는 곳인 함해당	함해당에서 **책**을 통해 끝없는 바다처럼 큰 진리를 구하겠다고 다짐함

자신의 집을 함해당이라 명한 이유와 그 의미

4. ⓐ에서는 사고를 전환하여 공간적 한계를 벗어나고 있다. ◎

　ⓐ에서 글쓴이는 '내가 사는 달팽이집', 즉 좁은 방안에 있으면서도 '바다'에 있는 것과 같다는 인식을 드러내고 있으므로, 사고를 전환하여 공간적 한계를 벗어나고 있다고 볼 수 있다.

5. ⓑ에서는 세상에 대한 자신의 관점이 ~~편협함~~을 느끼고 있다. ✕

　ⓑ에서 '동래의 바다'를 언급한 것은 '책'을 통해서 폭넓게 인식을 확장할 수 있음을 밝히기 위한 것으로, ⓑ에서 글쓴이가 자신의 관점이 편협하다고 느끼는 것은 아니다.

6. ⓒ에서는 인생의 ~~역경을 극복하기 위한 방법~~을 깨닫고 있다. ✕

　ⓒ에서는 '큰 붕새'나 '자그마한 메추라기' 모두 '소요를 즐'긴다고 했을 뿐, 글쓴이가 역경을 극복하기 위한 방법을 깨닫는 내용은 나타나지 않는다.

7~9

🟩 글쓴이　🟩 대상　〜 대상의 속성　🟩 정서·태도

온갖 꽃들이 요란스럽게 일제히 터트려져 광채가 찬란하다. 이때에 바람이 살짝 불어오면 향기가 코를 스친다. 때마침 꼴 베는 자가 낫을 가지고 와서 손 가는 대로 베어 내는데, 아쉬워 돌아보거나 거리끼는 마음도 없다. 나는 이에 한숨을 쉬며 탄식하여 말하였다. 글쓴이는 향기로운 꽃이 아무렇게나 베어지는 것을 보며 안타까움을 드러내고 있어.

"땅이 낳고 하늘이 기르는바, 만물이 무성히 자라며 모두가 광대한 은택을 입는구나. 이에 따스한 바람이 불어 갖가지 형상을 아로새기고 단비를 내려 온 둘레를 물들이니, 천기(天機)를 함께 타고나 형체를 부여받음에 각기 그 자질에 따라 고운 자태를 드러낸다. 모란의 진귀하고 귀중함을 해당화의 곱고 아름다움에 견주어 보면, 비록 크고 작은 차이는 있겠으나, 어찌 공교함과 졸렬함에 다른 헤아림이 있었겠는가? 글쓴이는 만물이 각기 그 자질에 따라 고운 자태를 드러내므로 우위를 가릴 수 없다는 거야.

(중략)

그런데도 귀함이 저와 같고 천함이 이와 같아, 어떤 것은 부호가의 깊은 장막 안에서 눈앞의 봄바람을 지키고, 어떤 것은 짧은 낫을 든 어리석은 종의 손아귀에서 가을 서리처럼 변한다. 이 어찌 된 일인가? 뜨락은 사람 가까이에 있고 교외의 땅은 멀리 막혀 있어 가까운 것은 친하기 쉽고 멀리 있는 것은 저어하기 때문이 아니겠는가? 아니면 요황과 위자는 성씨가 존엄한데 범상한 화초는 이름이 없으며, 성씨가 존엄한 것은 곱게 빛나는데 이름 없는 것들은 먼 데서 이주해 온 백성 같은 존재이기 때문인가? 그도 아니면 뿌리가 깊은 것은 종족이 번성한데 빽빽이 늘어선 것들은 가늘고 작으며, 높고 큰 것은 높은 자리에 있고 가늘고 작은 것들은 들판에 있기 때문인가? 글쓴이는 과연 무엇이 귀하고 천한 것이냐며 의문을 제기해. 이때 '어떤 것(귀함)'과 '어떤 것(천함)', '뜨락'과 '교외' 등의 대조가 활용되었고.

아! 낳는 것은 <mark>하늘</mark>에 달려 있으나 **영화롭게** 하는 것은 **인간**에 달려 있다. <mark>하늘은 사사로움이 없기에 그 **조화(造化)**가 균일하지만, 인간은 널리 베풀지 못하므로 **소원함**도 있고 **친함**도 있는 것이다.</mark> 하늘은 모든 존재를 균일하게 대하지만 인간은 감정적으로 멀고 가까움을 느낀다는 거야. 만물을 대하는 인간의 태도에 문제가 있음을 지적하고 있어. 하늘이 이미 낳아 주었는데 또 어찌 사람이 영화롭게 하고 영화롭지 못하게 한다고 원망하겠는가? 나에게는 비록 감정이 있지만 <mark>풀</mark>에는 감정이 없으니, 그것이 소의 목구멍을 채우는 것과 나비로 하여금 다투어 찾도록 하는 것을 어찌 달리 보겠는가?" 글쓴이는 풀은 사람이 영화롭지 못하게 해도 원망하지 않는다고 해.

– 이옥, 「담초(談艸)」 –

✏️ 1분컷 작품 정리

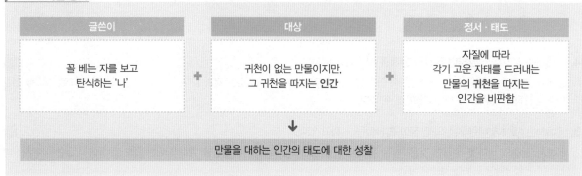

글쓴이		대상		정서·태도
꼴 베는 자를 보고 탄식하는 '나'	**+**	귀천이 없는 만물이지만, 그 귀천을 따지는 인간	**+**	자질에 따라 각기 고운 자태를 드러내는 만물의 귀천을 따지는 인간을 비판함

↓

만물을 대하는 인간의 태도에 대한 성찰

---

7. 풀을 '영화롭게' 만드는 주체는 ~~인간이 아니라 하늘이어야 한다는~~ 깨달음을 드러낸다. ❌

글쓴이는 '낳는 것은 하늘에 달려 있으나 영화롭게 하는 것은 인간에 달려 있'고, 이는 '하늘은 사사로움이 없기에 그 조화가 균일하지만, 인간은 널리 베풀지 못하므로 소원함도 있고 친함도 있'기 때문이라고 하였다. 즉 글쓴이는 인간과 달리 하늘은 풀이 지닌 가치의 우열을 따지지 않는다고 한 것일 뿐, 하늘이 풀을 영화롭게 만들어야 한다는 깨달음을 드러낸 것은 아니다.

8. 하늘의 입장에서 보면 모든 풀은 '조화가 균일'한 존재로서 가치의 우열을 가지지 않는다고 생각한다. ◎

글쓴이는 '하늘은 사사로움이 없기에 그 조화가 균일하지만, 인간은 널리 베풀지 못하므로 소원함도 있고 친함도 있는 것이다.'라고 하여 만물을 대하는 인간과 하늘의 태도에 차이가 있음을 말하고 있다. 이는 만물에 대해 가치의 우열을 따지는 인간과 달리, 하늘은 모든 풀을 '조화가 균일'한 존재로 여기고 가치의 우열을 따지지 않는다는 것으로 이해할 수 있다.

9. 인간의 감정에는 '소원함'과 '친함'이 모두 있으므로 ~~사사로움을 넘어 균형을 도모할 수 있다~~고 본다. ❌

글쓴이는 '하늘은 사사로움이 없기에 그 조화가 균일하지만, 인간은 널리 베풀지 못하므로 소원함도 있고 친함도 있는 것이다.'라고 하였다. 즉 인간의 감정에 '소원함'과 '친함'이 모두 있어서 사사로움이 없는 하늘과 달리 대상에 대한 균형을 도모하기 어렵다고 본 것이다.

S#49. 몽타주

○산채 정식처럼 각종 **산나물**과 된장찌개를 정갈하게 무치고 끓이고 소박한 상을 정사에게 올리는 장금.

○사신, 먹으며 가운데 미간이 찡그려진다.

○보는 장금과 장번 내시, 오겸호, 불안하고,

○다음날은 각종 해조류 반찬이 눈에 띄게 많은 밥상.

○보는 정사. 미역국에 고기 대신 **생선**이 들어가 있다.

○먹고는 역시 가운데 미간이 찡그려지는 정사.

○보는 장금과 장번 내시, 오겸호, 불안.

○흰 생선 살을 잘 발라내고 있는 장금.

○생선 살을 넣은 두부로 두부전골을 끓이는 장금.

○두부전골을 중심으로 올려지는 상.

○먹어 보고는 역시 미간이 심하게 찡그려지는 사신 정사.

○말린 나물과 버섯들을 걷어 가는 장금.

○대나무 밥을 하는 장금.

○사신에게 올려지는 상. 보면 물김치와 톳나물, 버섯나물과 산나물 그리고 대나무 밥이 올려져 있고.

○먹고는 미간을 찡그리는 사신의 모습. 장금은 사신 정사에게 나물이나 생선 등의 음식들을 올리고, 정사는 먹을 때마다 미간을 찡그려. 이처럼 장금이 준비한 음식이 마음에 들지 않는 듯한 정사의 태도에, 바라보는 장금과 장번 내시, 오겸호는 불안해하지.

○보는 장금의 모습. 장면 1 장금이 정사의 떨떠름한 반응에도 계속 소박한 밥상을 올리는 장면에서, 연회장에서 사신에게 호화로운 식사를 대접하는 장면으로 전환되니 여기서 장면을 나눌 수 있어.

S#55. 태평관 연회장

들어오는 장금, 보면, 화려하게 차려진 음식상이 있다. 이때, 오겸호와 장번 내시가 사신을 모시고 나오고, 상을 보는 정사, 놀라는데, 그를 바라보는 최 상궁과 금영의 표정에 자신감이 넘친다. 한 켠에는 불안한 표정으로 서 있는 장금. 장금이가 올리던 소박한 상과 달리 화려하게 차려진 음식상이 올라왔어. 이는 최 상궁과 금영이 준비한 음식인 듯해. 불안한 장금과 달리 최 상궁과 금영은 자신만만해 보이네.

오겸호: 그동안 (장금을 보며) 궁녀의 불경한 짓거리로 본의 아니게 무례를 저질렀습니다.

정사: ……

오겸호: 하여 오늘부터는 **만한전석**을 올릴 것입니다!

정사: 만한전석을? (장금을 본다.)

오겸호: 오늘은 저 불경한 것의 처결이 있는 날이니 원하시는 대로 벌을 내리고 마음껏 드십시오! 오겸호는 소박한 음식을 올려 왔던 장금을 불경하다고 하며 정사에게 원하는 대로 처벌을 내리라고 하네.

장금: ……

금영: (장금을 보는데)

정사, 역시 장금을 본다. 그러고는 자신의 앞에 놓인 음식을 보고, 다시 한 번 장금을 보고는 수저를 들어 음식을 먹기 시작한다. 보는 최 상궁과 금영. 희색이 가득하고. 정사는 계속 먹어 보는데, 미간이 찡푸려지지 않는다. 오겸호 정사의 미간을 보고는 입가에 미소를 띠며 최 상궁을 보면 최 상궁 목례를 하고, 불안한 장금, 계속 먹는 사신 정사. 최 상궁과 장번 내시의 표정, 이제는 끝이라는 듯 바라보는 금영의 표정. 절망에 휩싸이는 장금의 표정. 화려하게 차려진 만한전석을 먹으며 정사가 미간을 찡푸리지 않자, 최 상궁과 금영은 의기양양하고 장금은 절망하네. 장면 2 연회장에서 사신이 만한전석을 먹는 S#55에서 만한전석을 먹은 뒤 누구도 예상치 못한 결과가 제시되는 S#56으로 장면의 전환이 나타나고 있어.

S#56 태평관 연회장 안

　모두가 지켜보는 가운데 음식을 먹던 정사, 수저를 놓는다. 모두들 정사를 바라보는데,

오겸호: 대인! 대인을 능멸한 나인이옵니다.

정사: …….

오겸호: 어찌 하올까요?

정사: 앞으로 산해진미는 이것으로 끝이오!

모두: ……?

정사: (장금에게) 이 정도 먹은 것은 용서해 주겠느냐?

장금: …….

정사: 오늘의 만한전석은 참으로 훌륭하였소.

오겸호: 예, 앞으로 연회는 이틀 동안 계속될 것이옵니다.

정사: 정성은 고마우나, 사양해야 할 듯하오. <u>정사는 장금에 대해 친근한 태도를 보이며 만한전석을 사양하겠다고 하네.</u>

오겸호: 대인, 그게 무슨 말씀이온지, 그동안, 저 나인의 방자한 행동으로 입에 맞지 않는 음식을 드시느라 고생하셨던 것을 송구하게 생각하여 준비한 음식입니다. 어찌하여 마다시는지요.

정사: (웃으며) 저 방자한 나인 때문이오.

오겸호: 무슨 말씀이신지?

정사: 그동안 나는 맛있고 **기름진 음식**만을 탐해 왔소. 하여, 지병인 **소갈**을 얻었음에도, 사람이란 참으로 약한 존재인지라, 알면서도 그런 음식을 끊을 수가 없었소이다. <u>정사는 맛있고 기름진 음식을 탐했지만, 그 음식들은 정사의 건강에는 좋지 않았던 거야. 그것을 알면서도 정사는 그런 음식을 끊을 수 없었다고 해.</u>

모두: …….

정사: (장금에게) 나는 조선의 사람도 아니며, 오래 있을 사람도 아니다. 대충 내가 원하는 음식을 해 주어 보내면 될 것을, 어찌하여 고집을 피웠느냐? <u>장금은 정사의 입맛에 맞을 만한 기름진 음식을 해 올린 게 아니라, 건강한 음식을 올리기 위해 고집을 피웠던 거네.</u>

장금: …….

장번 내시: 어서 아뢰어라.

장금: 저는 다만 　마마님　의 뜻을 따랐을 뿐이옵니다.

정사: 그 뜻이 무엇이냐?

장금: 그 어떠한 경우에도, 먹는 사람에게 해가 되는 것을, 올려서는 안 된다는 것입니다. 그것이 **음식을 하는 자의 도리**라 하셨습니다. <u>장금은 정사에게 해가 되는 음식은 올리지 않으려고 소박하지만 건강한 음식만을 올렸던 거야. 먹는 사람의 건강을 우선하는 태도로 임했던 거지. 이 말에서는 마마님을 따르고 존경하는 태도도 함께 나타나.</u>

정사: 그로 인해 자신에게 크나큰 위험이 닥쳐도 말이냐?

장금: 이미, 한 상궁 마마님께서 끌려가시며 제게 몸소 보여 주시지 않으셨습니까?

정사: (웃으며) 참으로 고집불통인 스승과 제자로다.

모두: (보면)

정사: 그래, 하여, 알았다. 음식을 하는 자가 도리와 소신이 있듯이 음식을 먹는 자 또한 도리가 있어야 한다는 것을.

모두: …….

정사: 음식을 해 주는 자가 올곧은 마음으로 내 몸을 지켜 주려는데 정작 먹는 자인 내가 내 몸을 소홀히 하여, 나를 해치는 음식을 먹는다는 것이 말이 안 되지. 먹는 자에게도 도리가 있는 것이었어. <u>정사는 장금의 요리를 통해 먹는 자의 도리를 지켜야 함을 깨달은 거야.</u>

모두: …….

정사: 갖은 향신료에 절어 있던 차라 네가 올린 음식이 처음에는 풀 냄새만 나더니 먹으면 먹을수록, 그 **재료 고유의 맛**이 느껴지면서 참으로 맛있었다. 또 다른 맛의 공간이더구나. 비록 조선의 작은 땅덩어리에 사나, 네 배포와 심지는 대륙의 땅보다도 크구나. <u>정사는 장금의 배포와 심지에 감탄해.</u>

장금: ······.

정사: 가는 날까지 내 음식은 고집불통인 네 스승과 너에게 맡기겠노라! 정사는 앞으로의 음식도 장금과 장금의 스승인 한 상궁에게 맡기겠다고 해. 장금에 대한 완전한 신뢰를 드러낸 거지. 장면3 음식에 대한 장금의 진심에 감동을 받은 정사가 만한전석 대신 장금의 건강한 음식을 먹겠다고 선언하면서 장면이 마무리되고 있어.

– 김영현 각본, 「대장금(大長令)」 –

✏️ 1분컷 작품 정리

주요 인물	주요 사건
• 정사 : 사신. 기름진 음식을 좋아하였으나 **장금**의 음식을 먹고 생각을 달리함	장면1 장금은 소박하고 건강한 음식들을 정사에게 올리고, 정사는 이를 먹고 **미간을 찌푸림**
• 장금 : 먹는 사람에게 해가 되는 음식은 올리지 않겠다는 신념을 가진 나인	장면2 최 상궁과 금영은 **만한전석**을 준비하고 정사는 미간을 찌푸리지 않고 먹음
• 오겸호 : 사신을 대접하는 일을 맡은 사람	장면3 정사는 음식을 먹는 이의 건강을 생각하는 장금의 진심에 감동받고 앞으로의 음식도 장금과 장금의 스승에게 맡기기로 함
• 최 상궁, 금영 : **정사**의 입맛에 맞는 화려한 음식상을 준비함	

☑시나리오 □희곡

작품의 내용에 대한 사실적·추론적 이해를 묻는 문제 정답률 78%

1. 윗글을 통해 알 수 있는 내용으로 적절한 것은?

정답풀이

⑤ 정사는 떠나는 날까지 음식을 준비하라고 할 만큼 장금에 대한 신뢰를 보였다.

S#56에서 '정사'가 '장금'에게 '가는 날까지 내 음식은 고집불통인 네 스승과 너에게 맡기겠노라!'라고 말한 것에서 '장금'에 대한 '정사'의 신뢰가 드러나고 있다.

오답풀이

① 한 상궁은 ~~정사의 뜻을 알고 장금에게 음식을 준비하도록~~ 했다.

윗글에서 '한 상궁'이 '정사'의 뜻을 알고 '장금'에게 음식을 준비하도록 하는 장면은 확인할 수 없다.

② 장금과 금영은 정사가 먹을 음식을 기쁜 마음으로 ~~함께~~ 준비하였다.

S#49에서 '정사'가 먹을 음식은 '금영'과 함께 준비한 것이 아니라 '장금'이 혼자 준비한 것이다. 또한 S#55에서 '정사'가 먹을 음식은 '금영'과 '최 상궁'이 준비한 것으로, '금영'과 '장금'이 함께 준비한 것은 아니다.

③ 정사는 ~~오겸호의 조언에 따라~~ 장금이 만든 음식을 억지로 먹고 있었다.

S#55에서 '오겸호'는 '정사'에게 그동안 '장금'의 '불경한 짓거리로 본의 아니게 무례를 저질렀'다고 말하며, '오늘은 저 불경한 것의 처결이 있는 날이니 원하시는 대로 벌을 내리고 마음껏 드십시오!'라고 하였다. 따라서 '오겸호'가 '정사'에게 '장금'이 만든 음식을 먹으라는 조언을 했다고 볼 수 없다.

④ 오겸호는 ~~만한전석을 준비하라고 한 정사의 지시~~에 불만을 가지고 있었다.

S#55에서 '오겸호'가 '오늘부터는 만한전석을 올릴 것입니다'라고 말하자 정사가 '만한전석을?'이라고 놀라며 되물었으므로 '정사'가 '오겸호'에게 만한전석을 준비하라고 지시했다고 볼 수 없다.

2. 〈보기〉를 통해 윗글을 감상한 내용으로 적절하지 않은 것은? [3점]

> ─── 보기 ───
>
> 　음식은 먹는 사람의 건강을 지키는 수단이자 맛에 대한 욕망을 충족하는 수단이기도 하다. 이 둘은 상충되기도 하지만 조화를 이루기도 한다. 「대장금」은 다양한 음식을 소재로 한 일련의 사건과 음식에 대한 소신을 지키는 장금의 모습에서 전통 음식 문화에 대한 자부심을 느끼게 한다.

정답풀이

④ 장금은 정사가 '만한전석'과 같이 건강을 해치는 음식을 선호하는 것을 보고 ~~음식을 먹는 자의 도리를 지키지 않는다고 말하며 안타까워했군.~~

　S#56에서 '정사'는 '지병인 소갈을 얻었음에도' '맛있고 기름진 음식만을 탐해 왔'다고 말했으므로 원래는 자신의 건강을 해치는 '만한전석'과 같은 음식을 선호했음을 알 수 있다. 하지만 '장금'은 '먹는 사람에게 해가 되는' 음식을 올리지 않는 것이 '음식을 하는 자의 도리'라고 말할 뿐 '정사'가 음식을 먹는 자의 도리를 지키지 않았다고 말하지는 않았다. '음식을 먹는 자 또한 도리가 있어야 한다'는 것은 '장금'의 음식에 대한 태도를 알게 된 '정사'가 스스로 깨달은 것이다.

오답풀이

① 정사는 '소갈'에 걸리고도 맛있고 '기름진 음식'을 끊을 수 없었다는 점에서 맛에 대한 욕망을 제어하지 못하였음을 알 수 있군.

　〈보기〉에서 음식은 '맛에 대한 욕망을 충족하는 수단'이라고 했고, S#56에서 '정사'는 '지병인 소갈을 얻었음에도' '맛있고 기름진 음식만을 탐해 왔'다고 말했으므로 맛에 대한 욕망을 제어하지 못했다고 볼 수 있다.

② 장금이 정사가 싫어하는 것을 알면서도 '생선'과 '산나물'을 이용하여 만든 음식을 올리는 것은 정사의 건강을 우선시했기 때문이군.

　〈보기〉에서 '음식은 먹는 사람의 건강을 지키는 수단'이라고 했고, 윗글은 '음식에 대한 소신을 지키는 장금의 모습'을 보여 준다고 했다. S#49에서 '장금'은 '정사'가 음식을 먹고 '미간이 찡그려'지는 것을 보았으면서도 '생선'과 '산나물'을 이용한 음식을 올렸는데, S#56에서 '장금'이 '그 어떠한 경우에도, 먹는 사람에게 해가 되는 것을, 올려서는 안 된다'고 한 것을 보면 S#49에서 '장금'의 행동은 '정사'의 건강을 우선시했기 때문인 것으로 볼 수 있다.

③ 정사는 장금이 만든 음식에서 '재료 고유의 맛'을 느끼며 건강을 지키는 것과 맛에 대한 욕망이 조화를 이룰 수 있음을 깨닫게 되는군.

　〈보기〉에서 '건강을 지키는 수단이자 맛에 대한 욕망을 충족하는 수단'으로서의 음식이 조화를 이룰 수 있다고 했다. S#56에서 '정사'는 '장금'이 만든 음식이 '처음에는 풀 냄새만 나더니 먹으면 먹을수록, 그 재료 고유의 맛이 느껴지면서 참으로 맛있었다.'라고 했다. 따라서 '정사'는 재료 고유의 맛을 느끼며 건강을 지키는 것과 맛에 대한 욕망이 조화를 이룰 수 있음을 깨달았다고 볼 수 있다.

⑤ 장금이 위험을 무릅쓰고 먹는 사람의 건강에 도움이 되는 음식을 고집하는 것에서 '음식을 하는 자의 도리'를 지키고자 하는 소신을 확인할 수 있군.

　〈보기〉에서 윗글은 '음식에 대한 소신을 지키는 장금의 모습'을 보여 준다고 했다. S#56에서 '장금'은 '자신에게 크나큰 위험이 닥쳐도' '먹는 사람에게 해가 되는' 음식을 올리지 않는 것이 '음식을 하는 자의 도리'이기에 건강한 음식을 고집하고 있다. 이를 통해 위험을 무릅쓰고 음식을 하는 자의 도리를 지키고자 하는 '장금'의 소신을 확인할 수 있다.

3. S#49를 제작하기 위한 회의 내용으로 적절하지 않은 것은?

정답풀이

④ '음식 준비 – 사신의 시식 – ~~장금의 기대~~ – 사신의 평가'가 이어지고 있습니다. 이 순서대로 장면들을 편집하면 좋겠습니다.

　S#49에는 '장금'이 '사신(정사)'을 위한 음식을 준비하여 올리는 모습과 '장금'의 요리를 시식한 '사신'의 반응이 나타나지만, '장금'의 기대는 확인할 수 없다.

오답풀이

① 음식을 정성스럽게 만드는 장금의 솜씨를 강조할 필요가 있습니다. 음식을 만드는 손을 클로즈업하면 좋겠습니다.

　S#49에서 '장금'은 '사신'에게 올릴 음식을 정성스럽게 준비하고 있으므로, '장금'의 솜씨를 강조하기 위해 음식을 만드는 손을 클로즈업하는 것은 적절하다.

② 이틀에 걸친 사건을 짧은 장면으로 이어 붙인 장면입니다. 사건이 속도감 있게 전달될 수 있도록 편집하면 좋겠습니다.

S#49의 '다음날'을 통해, 이틀에 걸친 사건을 짧은 장면으로 이어 붙였음을 알 수 있다. 이때 이틀 동안의 사건을 속도감 있게 전달하기 위해 편집 기술을 활용할 수 있다.

③ 불안해하는 오겸호를 담은 장면이 반복됩니다. 배우의 표정 연기를 통해 긴장감이 고조되도록 연출을 하면 좋겠습니다.

S#49에서 '장금'이 '사신'에게 음식을 올린 후에, '오겸호, 불안'이 반복되므로 '오겸호' 역할을 맡은 배우의 표정 연기를 통해 긴장감이 고조되도록 연출할 수 있다.

⑤ 조선 시대를 배경으로 하고 있습니다. 사실성이 드러나도록 당시의 의복과 소품을 고증하여 준비하는 것이 좋겠습니다.

S#56에서 '정사'가 '장금'에게 '나는 조선의 사람도 아니'라고 말한 것을 통해, S#49의 배경이 '조선 시대'임을 알 수 있다. 따라서 시대적 배경을 사실적으로 보여 주기 위해 당시의 의복과 소품을 고증하여 준비할 수 있다.

4~6　　　　　　　　　　　　　　　～～ 인물의 심리　　～～ 장면끊기

숙주: 저 선생님! 제가 신숙주라는 인물과 비유되는 것마저 저로서는 불쾌합니다.

학자: 신숙주와는 같은 신씨이며 본가도 같은 자네로서는 혈통을 거슬러 올라가 자네의 먼 할아버지 입장이 한번 되어 보게. 지금 같은 말이 나오나.

숙주: 제가 그 사람의 입장에 서더라도 친구들을 배반하진 않을 겁니다. 숙주는 역사적으로 배반을 했던 인물인 신숙주에 대한 부정적 시각을 드러내고 있어.

학자: 좋아 그럼 자넨 자네의 의지로써 신숙주의 입장을 타개해 보게. 결국 자넨 자신보다는 그분을 존경하게 될 걸세. 학자는 숙주에게 신숙주의 입장이 되어 보면 그를 존경하게 될 거라고 하네.

숙주: 전 그렇잖을 자신이 있습니다.

학자: 그래? 그럼 한번 해보세.

세조: ㉠저…… 선생님.

학자: 응? 뭔가?

세조: 저 좀 다른 얘기입니다만 저희가 그 옛날 사람들의 입장으로 돌아가 본다는 건 이해하겠습니다만 저흰 옛날 의상 같은 것의 준비가 전혀 없잖습니까? ㉡그러구 저흰 궁중어 같은 건 서툴러놔서……. 세조는 의상이 없고 궁중어가 서툴다는 점을 걱정해.

학자: ㉢하하하…… 알겠네. 하지만, 여보게 의상에 대한 고증이나 궁중어 따위라면 저속한 야담잡지에도 아주 상세하게 나와 있네. 우리가 목적하는 바는 그따위 옷이나 말 같은 것이 아니잖나? 물론 지금과 그때는 제도나 풍습의 차이 같은 것이 있겠지만 그것도 우리가 연구해보려는 것에 부작용을 일으킬 정도로 대단한 게 아니잖을까? 그런 걱정은 말고, 자! 세조 역은 자네가 맡도록 하게. 때는 세조가 즉위한 지 일 년 후로 하지. 자넨 저 위로 올라가게. 옳지, 옛날에 산과 들을 뛰어 돌아다니며 주색을 즐기던 자네는 아니, 수양은 왕이 됐네. 표정이 좀 더 침울했으면 좋겠네.

세조: 잘 안 되는데요. (일동 웃음)

학자: 잘 해 보게. 옳지 정말 배우 같은데? 저, 정군 불이 좀 밝잖아?

정찬손: (손으로 스위치를 끄는 시늉을 한다.)

　　(조명 조금 어두워진다.)

학자: 됐어.

세조: 저, 자신이 없는데요. (일동 웃음) 학자는 세조가 걱정하는 부분은 역할극을 통해 연구하려는 것에서 크게 중요한 것이 아니라고 하지만, 세조는 계속해서 잘 하지 못하겠다고 해.

학자: 그렇지 감정을 돋우는 덴 음악이란 게 있지. 자네들은 날 따라오게. 옆에서, 그렇게 웃으면 방해가 될 테니.

　　(세조와 숙주를 제외한 사람들 퇴장한다.)

성삼문: 저 선생님 우리 어떤 정해진 얘기 줄거리 같은 것이 없잖아요?

학자: 허허 이거 봐요 성군. 뚜렷한 줄거리가 있다면 아예 토론을 계속할 필요도 없잖아? 우린 그저 성실하게 각 인물들의 입장을 더듬으면 되는 거야. 학자는 뚜렷한 줄거리 없이 그저 각 인물들의 입장이 되어 즉흥적으로 역할극을 해보자는 거지.

성삼문: ㉣그래두 어떤 질서 같은…….

학자: 허허 이것 보게. 자네의 발은 자네가 명령한 질서를 잃어버린 채로도 이렇게 길을 잘 가고 있잖아? 자넨 여기까지 오는 동안 나와 얘기하느라고 발에 신경을 쓸 틈이 없었을 테니 말야. 여하튼 굳이 그 질서라는 것이 거슬리면 교통순경한테 가서 물어보게.

(전원 퇴장한다. 성삼문 고개를 갸우뚱 한다. 성삼문은 학자의 말을 완전히 이해하지는 못한 거 같아.

시계 소리 한 시를 친다. 이어서 음악이 엷게 흐른다.) 장면 1 배경음악을 통해 극 중 극으로의 장면 전환을 알리고 있어.

[중략 부분의 줄거리] 그날 밤 조선의 왕 세조는 성삼문을 비롯한 사육신이 역모를 꾀한다는 것을 듣고 이들을 처형한다.

[A]

┌─ **윤씨:** 형장엔 무엇 때문에 가셨어요?

숙주: 그들과 함께 죽는 것보다는 그들의 죽음을 보는 것이 내게는 더 큰 시련이기 때문이야. 숙주는 사육신의 처형을 지켜보는 것이 그들과 함께 죽는 것보다 자신에게 더 힘든 일이라고 하네. 나는 나를 시험했어. 그들의 증오까지 받아들였어.

윤씨: 그것으로 당신의 자존심이 구원받을 수 있나요?

숙주: 자존심이라구? 당신은 아직도 사리를 그릇 깨닫고 있어.

윤씨: 그들은 폭군에 저항했어요. 그분들은 옳은 일을 위해 죽었어요. 윤씨는 사육신이 옳은 일을 위해 죽었다고 해.

숙주: 어리석은 죽음이야. 그들의 죽음이 백성과 자신에게 감상적인 동정을 불러일으켰을 따름이지. 그들은 자기 자신을 위해서 죽었어.

윤씨: 당신이 하신 일은 자기 자신을 위한 일이 아니었던가요?

숙주: 그들이 죽은 건 명예 때문이야. 그들은 단 한 가지 일밖에는 몰라. 충성이란 어리석은 이름을 지킨다는 것이 그들에게 명예심을 불러일으켰어. 그들은 죽었어. 그런데도 결국 올바른 일을 위해 죽은 게 아니라, 나이 어린 아이에 대한 충성을 바치기 위해서 죽은 거야. 숙주는 사육신이 충성과 명예를 위해 죽은 거라고 해. 사육신의 죽음에 대한 윤씨와 숙주의 시각 차이가 드러나네.

윤씨: 당신은 수양대군의 폭정을 정당하다고 주장하시는군요.

숙주: 어느 의미에서는 옳지. 그는 야심가지만 이 나라를 유지할 수 있는 유일한 인물이야. 지배자는 정에 의해 결정되지 않고 의에 의해서 결정되어야 해. 그래서 나는 정과 인연을 끊었어.

윤씨: 배반이죠. 비겁한 배반이야요. 모두들 당신이 생명을 유지하기 위해서 대군께 지조를 굽혔다고 떠들어요. 그러한 오명은 영원히 벗을 수 없어요.

숙주: 난 그들을 설복시키는 데 실패했을 따름이야. ㉤상왕을 복위시키는 것은 무사와 안녕만을 바라는 늙은이들의 고집에 지나지 않는다구…… 결국 그들은 전하의 악명과 함께 영원히 그 충성심으로 떠받쳐지겠지. 백성들이란 그런 죽음을 좋아하니까. 숙주는 수양대군이 나라를 유지할 수 있는 유일한 인물이었다며, 자신이 비겁한 배반을 했다는 윤씨의 지적을 인정하지 않아.

윤씨: 철면피예요. 당신이 그런 말씀을 하다니. 결국 당신은 그들과 인연을 끊음으로써 부귀와 영달을 얻었군요. 그것도 부정하실 생각이세요?

숙주: 부정할 수 없는 것은 마음의 불안이야. 아직 내 머릿속엔 형장에서 사지를 늘이고 피를 흘리는 친구들의 모습이 선하게 떠올라. 그 모습은 아마 영영 내 머릿속에서 지울 수 없을 거야. 숙주는 사육신의 죽음을 떠올리며 마음의 불안을 느끼고 있지.

└─ **윤씨:** 그리고 영원히 신씨 일가의 오명도 벗을 길이 없겠죠. 장면 2 극 안의 극에서는 사육신에 대한 윤씨와 숙주의 논쟁 장면이 제시되었어.

— 신명순, 「전하」 —

✏️ **1분컷 작품 정리**

주요 인물	주요 사건
• **숙주**: **신숙주**를 비난하였으나 극 중 극에서 신숙주 역할을 맡음 • **학자**: 학생들에게 역할극을 권함으로써 극 중 극으로의 전환을 유도함 • **세조**: 역할극에 몰입하는 것을 어려워함. 극 중 극에서 **역모**를 꾀하는 이들을 처형함 • **윤씨**: 극 중 극에서 처형당한 이들을 옹호하며 숙주와 논쟁함	장면1 학자는 뚜렷한 **줄거리** 없이 역사적 인물들의 입장이 되어 보는 역할극을 제안하고, 학생들은 어색해하면서도 각자의 역할을 맡음 장면2 사육신의 처형 장면을 보고 온 숙주와 숙주가 사육신이 **배반**했다고 생각하는 윤씨가 논쟁을 벌임

☐ 시나리오 ☑ 희곡

작품의 내용에 대한 사실적·추론적 이해를 묻는 문제 　정답률 **79%**

4. ㉠~㉤에 대한 연출가의 지시로 가장 적절한 것은?

정답풀이

③ ㉢: 걱정할 것이 없다는 듯이 웃어넘기는 어투로 연기해 주세요.

옛날 의상이 준비되지 않은 것과 궁중어가 서툰 것에 대한 '세조'의 걱정에 대해 '학자'는 '우리가 목적하는 바는 그따위 옷이나 말 같은 것이 아니'라고 하고 있다. 따라서 연출가가 ㉢에 대해 걱정할 것이 없다는 듯이 웃어넘기는 어투로 연기해 달라고 지시하는 것은 적절하다.

오답풀이

① ㉠: 학자를 설득할 수 있다는 ~~자신감이 넘치는 어투~~로 연기해 주세요.

㉠ 이후 '세조'는 '옛날 의상 같은 것의 준비가 전혀 없'고, '궁중어 같은 건 서툴'다며 걱정하고 있으므로, 연출가가 ㉠에 대해 자신감이 넘치는 어투로 연기해 달라고 지시하는 것은 적절하지 않다.

② ㉡: 연기를 할 만한 ~~무대 공간이 협소한 것~~을 걱정하는 어투로 연기해 주세요.

㉡에는 궁중어가 서툰 것에 대한 '세조'의 걱정이 드러나야 한다. 따라서 연출가가 ㉡에 대해 무대 공간이 협소한 것을 걱정하는 어투로 연기해 달라고 지시하는 것은 적절하지 않다.

④ ㉣: ~~다양한 연기 경험이 부족하다는 것~~을 걱정하는 어투로 연기해 주세요.

㉣에는 뚜렷한 줄거리 없이 연기하는 것에 대한 '성삼문'의 걱정과 불안이 드러나야 한다. 따라서 연출가가 ㉣에 대해 다양한 연기 경험이 부족하다는 것을 걱정하는 어투로 연기해 달라고 지시하는 것은 적절하지 않다.

⑤ ㉤: 상대방의 판단에 대해 ~~의구심을 가지고 불안해 하는 어투~~로 연기해 주세요.

㉤에는 상왕을 복위시키려는 인물들에 대한 '숙주'의 비판적 견해가 드러나야 한다. 따라서 연출가가 ㉤에 대해 상대방의 판단에 대해 의구심을 가지고 불안해하는 어투로 연기해 달라고 지시하는 것은 적절하지 않다.

작품의 내용에 대한 사실적·추론적 이해를 묻는 문제 　정답률 **62%**

5. [A]에서 '윤씨'와 '숙주' 간의 쟁점으로 적절하지 <u>않은</u> 것은?

정답풀이

⑤ ~~백정들은 사육신을 충신으로 평가할 것인가?~~

'윤씨'는 사육신에 대해 '그들은 폭군에 저항했어요. 그분들은 옳은 일을 위해 죽었어요.'라고 하며 '숙주'에게 '모두들 당신이 생명을 유지하기 위해서 대군께 지조를 굽혔다고 떠'든다고 했다. 이에 대해 '숙주'도 사육신에 대해 '결국 그들은 전하의 악명과 함께 영원히 그 충성심으로 떠받쳐'질 것이라고 했다. 따라서 '윤씨'와 '숙주'는 모두 백성들이 사육신을 충신으로 평가할 것이라고 생각하고 있으므로, '백성들은 사육신을 충신으로 평가할 것인가?'는 '윤씨'와 '숙주' 간의 쟁점에 해당하지 않는다.

① 사육신은 정의를 위해 죽었는가?

사육신에 대해 '윤씨'는 '그들은 폭군에 저항했어요. 그분들은 옳은 일을 위해 죽었어요.'라고 했고, '숙주'는 '그들이 죽은 건 명예 때문이야.~나이 어린 아이에 대한 충성을 바치기 위해서 죽은 거야.'라고 하며 논쟁하고 있다. 따라서 '사육신은 정의를 위해 죽었는가?'는 '윤씨'와 '숙주' 간의 쟁점에 해당한다고 볼 수 있다.

② 세조의 폭정은 정당화될 수 있는가?

'윤씨'가 '당신은 수양대군의 폭정을 정당하다고 주장하시는군요.'라고 하자 '숙주'는 '어느 의미에서는 옳지.'라고 하며 대립하고 있다. 따라서 '세조의 폭정은 정당화될 수 있는가?'는 '윤씨'와 '숙주' 간의 쟁점에 해당한다고 볼 수 있다.

③ 신숙주의 행동은 비겁한 배반이었는가?

'윤씨'는 '숙주'의 행동에 대해 '배반이죠. 비겁한 배반이야요.'라고 했고, '숙주'는 '난 그들을 설복시키는 데 실패했을 따름이야.'라고 하며 대립하고 있다. 따라서 '신숙주의 행동은 비겁한 배반이었는가?'는 '윤씨'와 '숙주' 간의 쟁점에 해당한다고 볼 수 있다.

④ 신숙주의 배반은 자신을 위한 일이었는가?

'숙주'는 수양대군이 '이 나라를 유지할 수 있는 유일한 인물'이기 때문에 '나는 정과 인연을 끊었다'고 했고, 이에 대해 '윤씨'는 '결국 당신은 그들과 인연을 끊음으로써 부귀와 영달을 얻었군요.'라고 하며 대립하고 있다. 따라서 '신숙주의 배반은 자신을 위한 일이었는가?'는 '윤씨'와 '숙주' 간의 쟁점(신숙주 자신의 부귀와 영달을 위한 것 vs. 나라를 위한 것)에 해당한다고 볼 수 있다.

外的 준거를 참고한 작품의 감상을 요구하는 문제 정답률 70%

6. 〈보기〉의 ⓐ, ⓑ를 중심으로 윗글을 감상한 내용으로 적절하지 <u>않은</u> 것은? [3점]

> 보기
>
> 「전하」는 아래의 도식과 같이 ⓐ틀극 속에 ⓑ내부극이 삽입되는 형태인 극중극의 구조를 보인다.
>
>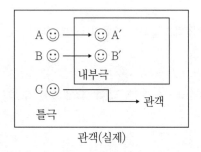
>
> 이 극에서 관객들은 관객과 배우 사이에 미리 정해 놓은 암묵적 약속인 컨벤션에 따라 극의 상황을 실제 상황인 것처럼 받아들이게 된다. 이러한 극중극의 구조에서는, 틀극의 배우들이 각각 역할을 분담하여 내부극의 배우나 관객이 되게 함으로써 과거의 역사적 사실이 현대적으로 재해석될 수 있음을 보여 주고 있다.

⑤ 한 명의 배우가 ⓐ에서 두 개의 배역을 담당함으로써 실제 관객들이 역사적 사실을 현대적 시각에서 재해석할 수 있겠군.

〈보기〉를 통해 극중극의 구조에서는, ⓐ의 배우들이 각각 역할을 분담하여 ⓑ의 배우나 관객이 되게 함을 알 수 있다. 따라서 한 명의 배우가 ⓐ에서 두 개의 배역을 담당한다는 내용은 적절하지 않다.

① 시계소리, 음악 등의 효과음을 기점으로 ⓐ에서 ⓑ로 전환되는군.

윗글에서는 '(전원 퇴장한다. 성삼문 고개를 가우뚱 한다. 시계 소리 한 시를 친다. 이어서 음악이 엷게 흐른다.)'를 기점으로 ⓐ에서 ⓑ로 전환되고 있다.

✅ 짚고 가기 시나리오 지문에는 씬 넘버가 있어서 장면이 전환되면 바로 알 수 있지만, 희곡 지문에는 씬 넘버가 없다고 했지? 그럼에도 장면 전환이 되면 소설 지문을 읽을 때처럼 장면을 나눠서 파악할 수 있어야 해. 윗글은 틀극과 내부극으로 나누어지니까 틀극에서 내부극으로 전환될 때나 그 반대의 상황일 때 장면이 전환됨을 알 수 있어야 하지. 윗글에서는 효과음을 통해 장면 전환을 암시하고 있어.

② ⓐ에서 '학자'가 ⓑ에서의 줄거리를 한정하지 않았기 때문에 ⓑ에서의 등장인물들이 자율적으로 연기할 수 있었겠군.

'학자'는 '숙주'에게 '자네의 의지로써 신숙주의 입장을 타개해 보'라고 했고, '성삼문'에게는 '뚜렷한 줄거리'가 없어도 '그저 성실하게 각 인물들의 입장을 더듬으면' 된다고 했다. 이를 통해 ⓐ에서 '학자'가 ⓑ에서의 줄거리를 한정하지 않았기 때문에 ⓑ에서의 등장인물들이 자율적으로 연기할 수 있었을 것이라 짐작할 수 있다.

③ 옛날 의상을 입지 않아도, 관객들은 컨벤션에 따라 ⓑ의 배경이 조선 시대임을 암묵적으로 동의할 수 있었겠군.

윗글의 '옛날 의상 같은 것의 준비가 전혀 없잖습니까?'라는 '세조'의 말을 통해 ⓑ에서 옛날 의상을 입지 않고 연극이 진행되었음을 알 수 있다. 한편 〈보기〉에서 '관객들은 관객과 배우 사이에 미리 정해 놓은 암묵적 약속인 컨벤션에 따라 극의 상황을 실제 상황인 것처럼 받아들이게 된다.'라고 했으므로, ⓑ에서 배우들이 옛날 의상을 입지 않아도 관객들은 그 배경이 조선 시대임을 암묵적으로 동의할 수 있었을 것이다.

④ ⓐ에서 '학자'가 신숙주에 비판적인 인물에게 ⓑ에서 '숙주' 역할을 맡긴 것은 인물의 인식 변화를 의도한 것이었겠군.

윗글에서 '숙주'가 '저 선생님! 제가 신숙주라는 인물과 비유되는 것마저 저로서는 불쾌합니다.'라고 말하자 '학자'는 한번 그의 입장이 되어 '지금 같은 말이 나오'는지 보라며 결국에는 '그분을 존경하게 될 걸세.'라고 했다. 이를 통해 ⓐ에서 '학자'가 '신숙주'에 대해 비판적인 인물에게 ⓑ에서 '숙주' 역할을 맡게 한 것은 인물의 인식 변화를 의도한 것임을 알 수 있다.

[앞부분의 줄거리] 공동 경비 구역에서 근무하는 국군 이수혁 병장. 남성식 일병(수정의 오빠)과 인민군 오경필 중사. 정우진 전사 사이에 총격 사건이 일어난다. 중립국 감독 위원회는 소피 소령을 파견하여 보타 소장 관할 아래 사건을 조사하게 한다.

ⓐS#79. 팔각정 (낮)

　　팔각정에서 본 판문각 근처 부감 전경 — 대질 심문을 받고 나온 수혁, 경필 일행이 회담장 앞에서 각각 차를 타고 현장을 떠난다. 카메라, 후진하면서 팔각정 내부로 초점 이동하면 보타의 손이 쑥 들어와 서류 봉투를 내민다. 시나리오는 카메라의 이동에 따라 화면에 어떤 장면이 촬영되는지 상상하면서 읽는 게 좋아. S#79의 첫 부분에서 팔각정에서 바라본 판문각 근처를 높은 곳에서 비추었다면, 카메라가 후진하면서 팔각정 내부로 초점이 이동하고 보타가 내미는 서류 봉투를 촬영하게 되는 것이지.

소피: (영어) (봉투를 받아 들고) 뭐죠?

　　보타, 대답 대신 관측경을 들여다본다.

보타: (영어) 한국이 처음이랬지?

　　㉠보타의 관측경으로, 판문각 앞에서 쌍안경을 들고 이쪽을 관찰하는 북한 군인이 보인다.

보타: (영어) (목소리) 그래 '아버지' 나라가 마음에 들던가? 소피는 한국에 처음 왔지만 아버지가 한국인이구나.

　　㉡판문각 쪽에서 북한 군인의 쌍안경 시점으로, 사진을 보고 있는 소피의 모습이 잡힌다.
　　보타의 설명 사이사이, 한국전 당시 거제도 포로수용소의 생활과 좌우 투쟁, 종전 후 공산 포로 북송, 반공 포로 석방 및 제3국행 포로의 출발과 도착 장면들이 사진과 기록 영화 화면으로 편집된다.

보타: (영어) (목소리) ㉢한국전 당시 거제도에는 인민군 포로수용소가 있었지. 그 속에서 공산주의자와 반공주의자, 두 무리 간엔 처참한 살육이 계속됐어. 종전되고 그들에게 선택권이 주어졌어. 남으로의 귀순이냐, 북으로의 귀환이냐… 그 17만 포로 중 76명은 둘 다를 거부했어. 그들 중 지금도 행방이 묘연한 사람이 있네. 바로… 자네 아버지 장연우 같은 사람이지. 소피의 아버지는 인민군 포로였는데 종전 후 남으로도, 북으로도 돌아가지 않았고 지금도 행방이 묘연한 상태야.

　　소피, 놀란 얼굴로 손에 든 다른 사진을 내려다보면 소피는 보타 소장의 얘기에 놀란 것으로 보여. 거제 포로수용소에서 포로들, 결박당한 채 쪼그리고 앉아 있다. ㉣그중 동그라미가 처진 사람 얼굴로 줌인.

보타: (영어) 표 장군이 매우 잽싸게 움직였더군. 국방부, 외무부, 인도, 아르헨티나, 스위스 대사관… 며칠 사이 정보란 정보는 다 모았어. 표 장군으로서 ⓑ전 인민군 장교의 딸인 자네에게 사건을 맡길 수 없었겠지.

소피: (영어) (흥분해서) 3일이면 돼요. 곧 이 병장의 자백을 받아낼 수 있다구요. 소피는 자신의 의지와 무관하게 전 인민군 장교의 딸이라는 이유로 사건 조사에서 물러날 상황에 처하자, 3일 안에 수혁의 자백을 받아내겠다고 해. `장면 1` 팔각정에서 소피와 보타가 대화를 나누는 장면에서 (중략) 이후에 공간적 배경이 소피의 숙소로 이동하므로 여기서 장면을 끝자.

(중략)

ⓓS#81. 소피의 숙소 (낮)

　침대에 가방을 올려놓고 짐을 싸는 소피. 사진 액자를 가방에 넣으려다 말고 들여다본다. 어린 시절의 소피와 스위스인 엄마 사진. 액자 뒤를 열어 가족사진을 꺼낸다. 접힌 부분을 펴자 숨겨진 아버지의 모습이 온전히 나타난다. 물끄러미 사진을 바라보는 소피. `장면 2` S#81은 소피가 숙소에서 가족사진을 보며 생각에 잠기는 장면이야. 다음 장면에서 공간적 배경이 수사본부로 바뀌고, 소피와 수혁의 대화가 전개되므로 여기서 장면을 끝자.

S#82. 수사본부 (낮)

　문이 열리고 들어오는 수혁, 목발을 짚었다. 사진을 바라보고 앉아 있는 소피.

소피: (수혁을 돌아보며) 오라고 해서 미안해요. 몸도 불편한데.

　영문을 모르고 불려 온 수혁이 가만히 지켜보는 가운데, 탁자에 놓인 서류 봉투를 집어 들고 출입구 앞으로 가는 소피, 과녁판에서 다트 화살을 뽑아 든 다음 서류 한 장을 꽂아 고정시킨다. 소피가 수혁을 수사본부로 불러. 수혁은 영문도 모른 채 오게 된 듯해.

소피: 내일 자정을 기해 나를 제이에스에이 근무에서 해제한다는 명령서예요.
수혁: 들었습니다, 아버지 얘기.
소피: 그래, 내가 인민군 장교의 딸이란 얘길 듣고 기분이 어떻던가요?
수혁: (주저 없이) 친근감이 들었습니다.

　ⓔ소피, 당황한 듯 잠시 침묵했다가 군복 안에 받쳐 입은 터틀넥 스웨터의 목을 젖혀 보인다. 목에 나 있는 피멍 자국.

소피: 난 아직 흔적이 남아 있는데 이 병장은 깨끗하네요. 이 병장이 오 중사보다 힘이 센가 보지요?

　당황하는 수혁, 대답 없다.

소피: 자, 진짜 재미난 쇼는 이제부터예요. 잘 봐요.

　수정의 얼굴이 프린트된 출력물을 과녁판에 꽂는 소피. 당황하는 수혁. 소피는 성식의 여동생인 수정의 얼굴이 프린트된 출력물을 보여 주며 수혁에게 진술을 받아내려 하고, 이에 수혁은 당황하고 있어.

소피: 수정 씨를 만나자마자 전에 본 적이 있는 얼굴이라고 생각했어요. 그런데 그 사람이 누군지 알아내는 건 그렇게 어려운 일이 아니었죠.

　이번에는 수정의 초상화를 과녁판에 꽂는 소피. 놀라는 수혁. 수정의 초상화도 등장하자 수혁은 놀랐어.

소피: 정우진이 그린 초상화예요. 그리고 이건 (찢겨져 너덜너덜한 얼굴 없는 사진을 과녁판에 꽂으며) 정우진의 시신에서 나온 사진이에요.

과녁판에 나란히 부착된 ⓒ석 장의 이미지. 세 이미지는 모두 수정과 관련된 것이겠지. 충격받은 표정의 수혁.

소피: '사라진 탄환'이 남 일병의 알리바이를 깨는 증거였다면… (얼굴이 찢겨 나간 사진을 가리키며) '사라진 얼굴'은 네 명의 병사가 오랫동안 친하게 지냈다는 걸 뜻하는 증거죠. 수정의 사진이 인민군 정우진에게서 나왔다는 것으로 보아, 네 명의 병사가 서로의 가족을 알 만큼 가깝게 지냈음을 추측할 수 있어.

수혁, 애써 외면하고 걸어간다.

수혁: 그래서요?

ⓓ노란색과 빨간색 디스켓 두 개를 꺼내 보이는 소피.

소피: 완전히 다른 두 개의 수사 보고서예요. 내가 뭘 제출하느냐는 이 병장한테 달렸어요. 진실을 말해 준다면 난 후임자한테 어떤 증거나 추리도 제공하지 않겠어요.
수혁: 협박입니까?
소피: 거래죠.
수혁: 영창을 가든 훈장을 받든 전 관심 없습니다. 그렇다면 ⓔ진실의 대가로 소령님이 저한테 해 줄 수 있는 게 뭡니까?
소피: 이 병장이 끝까지 보호하려고 하는 사람… 오경필의 안전이에요. 소피는 수혁에게 진실을 요구하면서 그 대가로 오경필의 안전을 지켜주겠다고 해. 장면 3 S#82는 소피가 수혁을 불러 자신이 발견한 증거와 추측한 내용을 얘기하며 진실을 알려달라고 하는 것으로 마무리되었어.

– 박상연 원작, 박찬욱 외 각색, 「공동 경비 구역 JSA」 –

✏️ 1분컷 **작품 정리**

주요 인물	주요 사건
•소피: 전 인민군 장교의 딸이자 중립국 감독 위원회의 소령. 공동 경비 구역 내의 총격 사건을 조사하고 있으며 **진실을** 알기 위해 수혁과 거래하려 함	장면 1 소피는 공동 경비 구역 내의 총격 사건을 조사하던 중 전 **인민군** 장교의 딸이라는 이유로 사건에서 배제될 상황에 처함
•보타: 중립국 감독 위원회의 소장. 공동 **경비 구역** 내의 총격 사건 조사를 관할함	장면 2 소피는 숙소에서 가족**사진**을 보며 생각에 잠김
•수혁: 국군 병장. 총격 사건에 연루되어 조사를 받고 있으며 인민군 병사인 **오경필**을 지키려 함	장면 3 소피는 수혁에게 네 명의 병사가 **친한** 사이였음을 알게 되었다고 밝히고, 수혁에게 진실을 말해 달라고 함

☑️시나리오　☐희곡

7. 윗글의 인물에 대한 설명으로 가장 적절한 것은?

정답풀이

⑤ '소피'는 '수혁'이 '오경필'의 안전을 염려한다고 생각한다.

S#82에서 '진실의 대가로 소령님(소피)이 저한테 해 줄 수 있는 게' 뭐냐고 묻는 '수혁'에게, '소피'는 '이 병장이 끝까지 보호하려고 하는 사람… 오경필의 안전이에요.'라고 대답했다. 이를 통해 '소피'는 '수혁'이 '오경필'의 안전을 염려한다고 생각하고 있음을 알 수 있다.

오답풀이

① '소피'의 아버지는 전쟁이 끝나자 ~~북으로 귀환한다.~~

S#79에서 '보타'는 '소피'에게 '종전되고~그들 중 지금도 행방이 묘연한 사람이 있네. 바로… 자네 아버지 장연우 같은 사람이지.'라고 말했다. 이를 통해 '소피'의 아버지는 전쟁이 끝나고 남과 북 어디도 택하지 않았으며 지금도 행방이 묘연하다는 것을 알 수 있다.

② '소피'는 사건의 진실에 대해 조사 의지가 ~~없다.~~

S#82에서 '소피'는 '수혁'에게 '진실을 말해 준다면 난 후임자한테 어떤 증거나 추리도 제공하지 않겠'다고 말했다. 이를 통해 '소피'는 사건의 진실을 알고자 하는 강한 의지를 가지고 있음을 알 수 있다.

③ '수혁'은 '소피'의 아버지의 전력을 듣고 '소피'를 ~~경계한다.~~

S#82에서 '수혁'은 '소피'가 인민군 장교의 딸이란 이야기를 듣고, '친근감이 들었다'고 말했다. 따라서 '소피'의 아버지의 전력을 듣고 '수혁'이 '소피'를 경계한다는 설명은 적절하지 않다.

④ '소피'는 '사라진 얼굴'이 누구인지 ~~짐작하지 못한다.~~

S#82에서 '소피'는 '수정의 얼굴이 프린트된 출력물'과 '수정의 초상화'와 '얼굴 없는 사진'을 차례대로 과녁판에 꽂으며 '수혁'을 추궁한다. 이를 통해 '소피'는 '얼굴 없는 사진' 속 '사라진 얼굴'은 '수정'일 것이라 짐작하고 있음을 알 수 있다.

8. ⓐ~ⓔ에 대한 설명으로 적절하지 <u>않은</u> 것은?

정답풀이

⑤ ⓔ는 ~~수사본부에 온 '소피'를 만나러 온 이유이다.~~

S#82에서 '소피'는 '영문을 모르고 (수사본부에) 불려온 수혁'을 맞이하고 있다. '수혁'은 어떤 상황이 벌어질지 예상하지 못한 채로 '소피'를 만나러 왔으므로, '진실의 대가'가 '수혁'이 '소피'를 만나러 온 이유라고 볼 수 없다.

오답풀이

① ⓐ의 공간 범위는 팔각정 내부뿐만 아니라 외부도 포함한다.

S#79에서 카메라의 시선은 '팔각정에서 본 판문각 근처 부감 전경'에서 '팔각정 내부로 초점 이동'을 한다고 했다. 이를 통해 S#79의 공간에는 팔각정 내부뿐만 아니라 판문각의 전경인 외부도 포함되어 있다는 것을 알 수 있다.

② ⓑ는 '소피'가 직무에서 해제되는 원인이 된다.

S#79에서 '보타'는 '소피'에게 '표 장군으로선 전 인민군 장교의 딸인 자네에게 사건을 맡길 수 없었겠지.'라고 말했다. 이를 통해 '전 인민군 장교의 딸'이라는 사실은 '소피'가 직무에서 해제되는 원인임을 알 수 있다.

③ ⓒ는 '소피'가 네 병사의 관계를 짐작하게 된 단서이다.

S#82에서 '소피'는 '수혁'에게 '수정의 얼굴이 프린트된 출력물', '수정의 초상화', '얼굴 없는 사진' 등 '석 장의 이미지'를 제시하여 '네 명의 병사가 오랫동안 친하게 지냈다는' 증거로 보여 주고 있다. 이를 통해 '석 장의 이미지'는 '소피'가 네 병사의 관계를 짐작하게 된 단서임을 알 수 있다.

④ ⓓ는 '수혁'이 진실을 밝히느냐에 따라 어느 것이 제출될지가 정해질 것이다.

S#82에서 '소피'는 '수혁'에게 두 개의 수사 보고서가 담긴 디스켓을 제시하며 '내가 뭘 제출하느냐는 이 병장한테 달렸어요. 진실을 말해 준다면 난 후임자한테 어떤 증거나 추리도 제공하지 않겠어요.'라고 말한다.

9. 윗글을 영상화한다고 가정할 때, ㉠~㉺에 해당하는 감독의 연출 계획으로 적절하지 않은 것은? [3점]

정답풀이

⑤ ㉺은 사건의 맥락이 관객에게 인지될 수 있도록 ~~실내 전체를 한 화면~~에 담아야겠어.

㉺은 '소피'의 '목에 나 있는 피멍 자국'에 초점을 두고 클로즈업해서 화면에 담아내야 한다. 실내 전체를 한 화면에 담아내면 해당 장면을 효과적으로 보여 줄 수 없다.

✅ 짚고 가기   ㉺은 '소피'의 '목에 나 있는 피멍 자국'에 초점을 두고 클로즈업해서 화면에 담아내야 사건의 맥락을 관객에게 전달할 수 있어. 앞서 시나리오 지문을 읽을 때에는 앞뒤 내용을 고려하여 카메라가 무엇을 촬영하여 어떻게 영상화할지 파악해야 한다고 했지? 실내 전체를 한 화면에 담아내면 '소피'의 목에 나 있는 피멍 자국은 카메라에 잘 담기지 않으므로 연출 계획으로 적절하지 않은 거야.

오답풀이

① ㉠과 ㉡은 각각 관측경과 쌍안경으로 상대측을 바라보는 장면을 설정하여 남북한 대치 국면에 있는 S#79 공간의 특수성을 그려야겠어.

㉠은 '보타'가 관측경으로 북측을 관찰하는 장면이고, ㉡은 북한군이 쌍안경으로 남측의 '소피'를 엿보고 있는 장면이다. 이와 같은 설정을 통해 남과 북이 대치하고 있는 상황 속의 팔각정과 판문각의 모습이 긴장감 있게 그려지고 있다.

② ㉢은 인물에 초점을 맞추는 촬영과 달리 사진이나 기록 영상물을 제시하여 당시 상황을 보여 주어야겠어.

S#79의 지시문에서 '보타의 설명 사이사이, 한국전 당시 거제도 포로수용소의 생활과~사진과 기록 영화 화면으로 편집된다.'라고 했다. 이를 통해 ㉢은 당시의 상황들을 사진이나 기록 영상물로 제시하고 있음을 알 수 있다.

③ ㉣은 동그라미 처진 얼굴을 확대 촬영하여 '소피'의 아버지가 포로 중 한 사람이었다는 사실을 환기해야겠어.

S#79에서 '보타'는 '그들 중 지금도 행방이 묘연한 사람이 있네. 바로… 자네 아버지 장연우 같은 사람이지.'라고 말하며 한 장의 사진을 제시하고, 해당 사진 속 한 인물이 거제도 포로수용소의 포로들 사이에서 '동그라미가 처진 사람 얼굴로 줌인'되어 나타난다. 따라서 ㉣은 포로 중 한 사람이었던 '소피'의 아버지를 보여 주는 것이라고 짐작할 수 있다.

④ ㉤은 대사 없이 인물의 행동과 소품으로 인물의 심리를 간접적으로 표현해야겠어.

S#81에는 접어두었던 가족사진을 펴고 아버지의 모습을 확인하며 애상감에 젖어 있는 '소피'의 모습이 나타난다. 즉 '가족사진'이라는 소품과 그 사진을 물끄러미 바라보는 '소피'의 행동을 통해 '소피'의 심리를 간접적으로 드러내는 것이다.

(가)

일조(一朝) 낭군(郎君) 이별 후에 소식조차 돈절(頓絕)하야

자네 일정 못 오던가 무삼 일로 아니 오더냐 　화자는 이별한 뒤 소식이 없는 임을 그리워하고 있어.

이 아해야 말 듣소

황혼 저문 날에 개가 짖어 못 오는가

이 아해야 말 듣소

춘수(春水)가 만사택(滿四澤)하니 물이 깊어 못 오던가

이 아해야 말 듣소

하운(夏雲)이 다기봉(多奇峰)하니 산이 높아 못 오던가 　화자는 임이 오지 못하는 이유에 대해 추측하고 있어.

이 아해야 말 듣소

한 곳을 들어가니 육관대사 성진(性眞)이는 석교상(石橋上)에서 팔선녀 다리고 희롱한다

지어자 좋을시고

병풍에 그린 황계(黃鷄) 수탉이 두 나래 둥덩 치고 짜른 목을 길게 빼어 긴 목을 에후리어

사경일점(四更一點)에 날 새라고 꼬꾀요 울거든 오라는가

자네 어이 그리하야 아니 오던고 　그림 속의 닭이 날개를 치고 울어야 오느냐고 묻네. 불가능한 상황을 가정해서 오지 않는 임에 대한 간절한

그리움을 드러내고 있어.

너란 죽어 황하수(黃河水) 되고 날란 죽어 도대선(都大船) 되야

밤이나 낮이나 낮이나 밤이나

바람 불고 물결치는 대로 어하 둥덩실 떠서 노자 　화자는 죽어서 다른 존재가 되어서라도 임을 만나고 싶어 하네.

저 ㉠달아 보느냐

임 계신 데 명휘(明暉)를 빌리려문 나도 보게 　화자는 달을 보며 밝은 달빛을 통해서라도 임을 보고 싶다는 간절한 소망을 드러내고 있어.

이 아해야 말 듣소

추월(秋月)이 양명휘(揚明暉)하니 달이 밝아 못 오던가

어데를 가고서 네 아니 오더냐

지어자 좋을시고

－ 작자 미상, 「황계사」 －

[현대어 풀이]
하루아침에 낭군과 이별한 후에 소식조차 끊어져서
자네 정녕 못 오던가 무슨 일로 아니 오는가
이 아이야 말 들어보소
황혼이 저문 날에 개가 짖어서 못 오는가
이 아이야 말 들어보소
봄철의 물이 사방의 못에 가득하니 물이 깊어 못 오는가
이 아이야 말 들어보소
여름 구름이 수많은 기이한 봉우리를 이루고 있으니 산이 높아서 못 오는가
이 아이야 말 들어보소
한 곳에 들어가니 육관대사의 제자 성진이는 석교상에서 팔선녀를 데리고 희롱한다
지화자 좋을시고
병풍에 그린 누른 수탉이 두 날개를 둥둥 치며 짧은 목을 길게 빼어 긴 목을 에후리어
새벽에 날 새라고 꼬끼오 울거든 오려는가
자네 어찌 그리도 아니 오는가
너는 죽어 황하수가 되고 나는 죽어 큰 나룻배가 되어
밤이나 낮이나 낮이나 밤이나
바람 불고 물결치는 대로 어화 두둥실 떠서 놀자

저 달아 보느냐
임 계신 곳에 밝은 빛을 비춰주렴 나도 (임 계신 곳) 보게
이 아이야 말 들어보소
가을 달이 하늘에 밝게 떠 있으니 달이 밝아 못 오는가
어디를 가고서 네가 아니 오느냐
지화자 좋을시고

(나)

　온갖 꽃들 피어나 고운 비단을 펼쳐 놓은 듯한데, 푸른 숲 사이로 다문다문 보이니 참으로 알록달록하다. 들판에는 푸른 풀이 무성이 돋아 소들이 흩어져 풀을 뜯는다. 여인들은 광주리 끼고 야들야들한 뽕잎을 따는데 부드러운 가지를 끌어당기는 손이 옥처럼 곱다. 그들이 서로 주고받는 민요는 무슨 가락의 무슨 노래일까.

　가는 사람과 앉은 사람, 떠나는 사람과 돌아오는 **사람들** 모두가 **봄을 즐기느라 온화한 표정**이니 **그 따뜻한 기운이 나에게도 전해지는 것 같다. 그런데 먼 사방을 바라보는 나의 마음은 왜 이토록 민망하고 답답하기만 할까.** 봄을 즐기는 사람들과 달리 글쓴이의 마음은 민망하고 답답하대.

　봄이 되어 붉게 장식한 궁궐에도 해가 길어지니, 온갖 일들로 바쁜 **천자(天子)**에게도 여유가 생긴다. 화창한 봄빛에 설레어 가끔 높은 대궐에 올라 먼 곳을 바라보노라면 장구 소리는 높이 울려 퍼지고, 발그레한 살구꽃이 일제히 꽃망울 터뜨린다. 너른 중국 땅의 아름다운 **경치**를 바라보니 기쁘고 흡족하여 옥잔에 술을 가득 부어 마신다. 부귀한 사람이 봄을 볼 때는 이러하리라. 천자와 같이 부귀한 사람들은 봄의 경치를 바라보며 기쁘고 흡족해 할 거래.

　왕족과 귀족의 자제들은 호탕한 벗들과 더불어 꽃을 찾아다니는데, 수레 뒤에는 붉은 옷 입은 기생들을 태웠다. 가는 곳마다 자리를 펼쳐 옥피리와 생황을 연주하게 하며, 곱게 짠 비단 같은 울긋불긋한 꽃을 바라보고, 취한 눈을 치켜뜨고 이리저리 거닌다. 화려하고 사치스러운 사람이 봄을 볼 때는 이러하리라. 글쓴이는 이번에는 화려하고 사치스러운 사람들이 보는 봄에 대해 말했어.

　한 어여쁜 **부인**이 빈 방을 지키고 있다. 천 리 멀리 떠도는 남편과 이별한 뒤 소식조차 아득해져 한스럽다. 마음은 물처럼 일렁거려, 쌍쌍이 나는 ⓒ제비를 보다가 난간에 기대어 눈물 흘린다. 슬프고 비탄에 찬 사람이 봄을 볼 때는 이러하리라. 반면 남편과 이별한 부인처럼 슬프고 비탄에 찬 사람은 봄 풍경에 더 큰 슬픔을 느낄 거래.

(중략)

　군인이 출정하여 멀리 고향을 떠나와 지내다가 변방에서 또 봄을 맞아 풀이 무성히 돋는 걸 볼 때나, 남쪽 지방으로 귀양 간 **나그네**가 어두워질 무렵 푸른 단풍나무를 보게 될 때면, 언제나 발길을 멈추고 고개를 들어 이윽히 보고 있지만 마음은 조급하고 한스러워진다. 집 떠난 **나그네**가 봄을 볼 때는 이러하리라. 군인이나 나그네는 봄이 되면 떠나온 고향을 그리워 하며 한스러워 할 거래.

　여름날에는 찌는 듯한 더위가 고생스럽고, 가을은 쓸쓸하기만 하며, 겨울에는 꽁꽁 얼어붙어 괴롭다는 걸 나는 잘 알고 있다. 이 세 계절은 너무 한 가지에만 치우쳐서 변화의 여지도 없이 꽉 막힌 것 같다. 그러나 봄날만은 **보이는 경치와 처한 상황**에 따라, 때로는 따스하고 즐거운 마음이 들게도 하고, 때로는 슬프고 서러워지게 하기도 하고, 때로는 절로 노래가 나오게 하기도 하고, 때로는 흐느껴 울고 싶게 만들기도 한다. 다른 계절과의 대조를 통해 봄은 그 경치와 봄을 대하는 사람이 처한 상황에 따라 다양한 감정을 불러일으킴을 언급했어. 사람들의 마음을 하나하나 건드려 움직이니 그 마음의 가닥은 천 갈래 만 갈래로 모두 다르다.

　그런데 나 같은 이는 어떠한가. 취해서 바라보면 즐겁고, 술이 깨어 바라보면 서럽다. 곤궁한 처지에서 바라보면 구름과 안개가 가려진 것 같고, 출세하고 나서 바라보면 햇빛이 환히 비치는 것 같다. 즐거워할 일이면 즐거워하고 슬퍼할 일이면 슬퍼할 일이다. **닥쳐오는 상황을 마주하고 변화하는 조짐을 순순히 따르며 나를 둘러싼 세상과 더불어 움직여 가리니, 한 가지 법칙만으로 헤아릴 수는 없는 것이다.** 글쓴이는 주어진 상황과 변화의 조짐에 맞춰 살아가려는 자세를 드러내네.

– 이규보, 「봄의 단상」 –

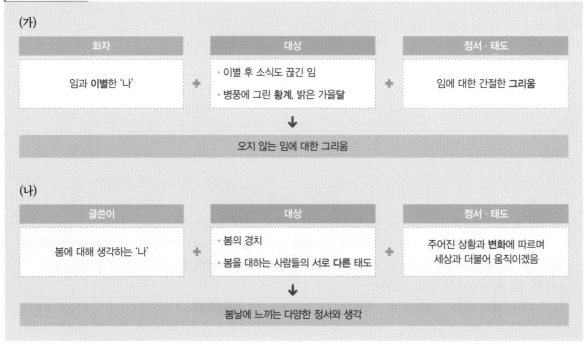

작품의 표현상 또는 서술상의 특징을 묻는 문제 정답률 60%

10. (가)와 (나)의 공통점으로 가장 적절한 것은?

정답풀이

③ 추측을 나타내는 표현을 통해 자신의 생각을 드러내고 있다.

(가)는 '개가 짖어 못 오는가', '물이 깊어 못 오던가', '산이 높아 못 오던가' 등에서 추측을 나타내는 표현을 통해 임과의 재회가 늦어지는 이유에 대한 화자의 생각을 드러내고 있다. 또한 (나)는 '화려하고 사치스러운 사람이 봄을 볼 때는 이러하리라.', '슬프고 비탄에 찬 사람이 봄을 볼 때는 이러하리라.' 등의 추측을 나타내는 표현을 통해 사람들이 각자 처한 상황에 따라 봄을 받아들이는 태도가 달라질 수 있다는 글쓴이의 생각을 드러내고 있다.

오답풀이

① ~~환상적 공간의 묘사~~를 통해 ~~긴장된 분위기~~를 드러내고 있다.
<small>해설 p.5 묘사</small>
(가)와 (나) 모두 환상적 공간의 묘사나 긴장된 분위기가 드러나지 않는다.

② ~~부르는 말의 반복~~을 통해 자신의 고조된 감정을 드러내고 있다.
<small>문제 p.77 반복</small>
(가)는 '아해야'라고 부르는 말을 반복하여 화자의 그리움을 드러낸다고 볼 수 있다. 하지만 (나)에서는 부르는 말의 반복이 나타나지 않는다.

④ ~~언어유희~~를 통해 현실에 대한 태도를 간접적으로 드러내고 있다.
<small>문제 p.110 언어유희</small>
(가)와 (나)에서 언어유희는 드러나지 않는다.

⑤ ~~명령형 어조~~를 통해 대상에 대한 생각을 강조하여 드러내고 있다.
<small>해설 p.24 어조</small>
(가)에서는 '말 듣소'라는 명령형 어조를 반복하여 대상에 대한 생각을 드러낸다고 볼 수 있으나 (나)에서는 명령형 어조가 드러나지 않는다.

11. 〈보기〉를 바탕으로 (가)를 감상한 내용으로 적절하지 않은 것은? [3점]

> 보기
>
> 「황계사」는 임과 이별한 상황에서 화자가 느끼는 답답함과 그리움을 형상화한 작품이다. 화자는 임과의 재회가 늦어지는 이유를 외부적 요인에서 찾으려 하거나, 불가능한 상황을 가정함으로써 임이 돌아오지 않는 것에 대한 원망을 드러내고 있다. 그런데 이런 원망에는 이별의 상황에서 벗어나 임과 재회하기를 간절하게 바라는 화자의 마음이 담겨 있다.

정답풀이

③ '물'이 깊고 '산'이 높다는 것에서, 화자가 ~~임과 이별하게 된 이유~~를 외부적 요인에서 찾고 있음을 알 수 있군.

〈보기〉에 따르면 (가)의 '화자는 임과의 재회가 늦어지는 이유를 외부적 요인에서 찾으려' 한다. (가)의 '물이 깊어 못 오던가', '산이 높아 못 오던가'는 화자가 '물'이 깊고 '산'이 높다는 '외부적 요인'에서 '임과의 재회가 늦어지는 이유'를 찾으려 함을 보여 줄 뿐, 화자가 임과 이별하게 된 이유를 찾고 있는지는 알 수 없다.

오답풀이

① '이별 후'에 '소식조차 돈절'한 것에서, 화자가 임과 이별한 상황임을 알 수 있군.

〈보기〉에서 (가)는 '임과 이별한 상황'을 형상화했다고 하였으므로 '일조 낭군 이별 후에 소식조차 돈절하야'에서는 화자가 하루아침에 임과 이별하여 소식이 갑자기 끊어진 상황임을 알 수 있다.

② '무삼 일로 아니 오더냐'라고 하는 것에서, 임과 이별한 상황에서 느끼는 화자의 답답한 심정을 알 수 있군.

〈보기〉에서 (가)는 '임과 이별한 상황에서 화자가 느끼는 답답함'을 형상화했다고 하였으므로, '자네 일정 못 오던가 무삼 일로 아니 오더냐'에서는 임이 오지 않는 이유를 알지 못하는 상황에서 화자가 느끼는 답답한 심정이 나타났다고 볼 수 있다.

④ '병풍에 그린 황계'가 '꼬꾀요 울거든 오라는가'라고 하는 것에서, 불가능한 상황을 가정하여 임이 돌아오지 않는 것에 대한 원망을 드러내고 있음을 알 수 있군.

〈보기〉에서 (가)의 화자는 '불가능한 상황을 가정함으로써 임이 돌아오지 않는 것에 대한 원망을 드러'냈다고 했다. 따라서 '병풍에 그린 황계 수탉이~울거든 오라는가'에서는 '병풍에 그린 황계'가 우는 불가능한 상황을 가정하고, 그런 상황이 되어야만 임이 올 것인지를 물으며 돌아오지 않는 임에 대한 원망을 드러낸다고 볼 수 있다.

⑤ '황하수'와 '도대선'이 되어 '떠서 노자'라고 한 것에서, 화자가 재회를 간절히 바라고 있음을 알 수 있군.

〈보기〉에서 (가)에는 '임과 재회하기를 간절하게 바라는 화자의 마음이 담겨 있다.'라고 했으므로 '너란 죽어 황하수 되고 날란 죽어 도대선 되야~떠서 노자'에서는 화자가 죽어 다른 존재가 되어서라도 다시 임과 재회하고 싶어함을 알 수 있다.

---

12. 〈보기〉는 (나)의 내용을 구조화한 것이다. 이에 대한 이해로 적절하지 않은 것은?

> 보기
>

>
> | A | | B | | C |
> |---|---|---|---|---|
> | '나'의 경험 | → | '나'의 생각 | → | '나'의 깨달음 |

정답풀이

⑤ A의 경험으로부터 이어진 C의 깨달음은 자신을 '둘러싼 세상'을 ~~변화시키고자 하는 의지~~로 확장되는군.

(나)의 C에서 '닥쳐오는 상황을 마주하고 변화하는 조짐을 순순히 따르며 나를 둘러싼 세상과 더불어 움직여 가리니, 한 가지 법칙만으로 헤아릴 수는 없는 것이다.'라고 한 것에서는 상황의 변화를 따르며 살겠다는 깨달음을 드러내고 있다. 그러나 이러한 깨달음이 자신을 둘러싼 세상을 변화시키고자 하는 의지로 확장되고 있지는 않다.

① A에서 자신과 달리 '봄을 즐기느라 온화한 표정'인 '사람들'을 바라본 경험은 B가 시작되는 계기가 된다고 볼 수 있군.

A에서 '나'가 '봄을 즐기느라 온화한 표정'인 사람들의 모습을 보면서도 '민망하고 답답하기'만 한 마음을 갖는 것은, B의 '나'의 생각이 시작되는 계기가 된다고 볼 수 있다.

② B에서 '천자'가 봄의 '경치'를 바라보는 모습을 통해 봄을 대하는 부귀한 사람의 태도를 생각하고 있군.

B에서 '천자'가 '너른 중국 땅의 아름다운 경치를 바라보니 기쁘고 흡족하여 옥잔에 술을 가득 부어 마신다. 부귀한 사람이 봄을 볼 때는 이러하리라.'라고 하였으므로, '나'는 봄의 경치를 바라보는 '천자'의 모습을 통해 봄을 대하는 부귀한 사람의 태도를 생각한다고 볼 수 있다.

③ B에서 '왕족과 귀족의 자제들'과 '나그네'가 봄을 대하는 입장은 서로 대비되는군.

B에서 '왕족과 귀족의 자제들은 호탕한 벗들'과 봄을 즐기고 있지만 '집 떠난 나그네'는 봄을 맞아 '푸른 단풍 나무를 보게 될 때면' 마음이 '조급하고 한스러워진다.'라고 하였으므로 봄을 대하는 입장이 서로 대비됨을 알 수 있다.

④ B의 생각들은, 봄을 '보이는 경치와 처한 상황'에 따라 다르게 받아들일 수 있다는 C의 깨달음으로 이어지는군.

B에 제시된 '천자', '왕족과 귀족의 자제들', '부인', '나그네'가 봄을 받아들이는 태도에 대한 '나'의 생각들은, '보이는 경치와 처한 상황'에 따라 사람마다 봄을 다르게 받아들일 수 있다는 C의 깨달음으로 이어진다고 볼 수 있다.

작품의 내용에 대한 사실적·추론적 이해를 묻는 문제 　정답률 73%

13. ㉠과 ㉡에 대한 설명으로 가장 적절한 것은?

① ㉠은 화자의 소망을 드러내는, ㉡은 인물의 처지를 부각하는 소재이다.

(가)의 화자는 ㉠에게 '임 계신 데 명휘를 빌리려문 나도 보게'라고 하며 밝은 빛을 비춰 달라고 요청하고 있으므로 ㉠은 화자의 소망을 드러내는 소재이다. 한편 (나)에서 둘씩 나는 ㉡은 '남편과 이별'한 '어여쁜 부인'의 슬픈 처지를 부각한다고 볼 수 있다.

② ㉠은 ~~화자의 처지와 동일시~~되는, ㉡은 인물의 상황과 대비되는 소재이다.

쌍쌍이 나는 ㉡은 '남편과 이별'한 '부인'의 상황과 대비되는 소재로 볼 수 있지만, ㉠은 화자의 처지와 동일시되는 소재가 아니다.

③ ㉠은 ~~화자의 행동을 유도~~하는, ㉡은 ~~인물의 외적 갈등을 해소~~하는 소재이다.

㉠은 임과의 재회를 바라는 화자의 소망을 보여 줄 뿐 화자의 행동을 유도하지 않으며, ㉡도 '남편과 이별'한 '부인'의 슬픈 처지를 부각할 뿐 인물의 외적 갈등을 해소하는 소재가 아니다.

④ ㉠은 ~~화자와 대상을 연결해 주는~~, ㉡은 ~~인물과 대상을 단절~~시키는 소재이다.

㉠은 임과의 재회를 바라는 화자의 소망을 보여 줄 뿐 화자와 임을 연결하지 않으며, ㉡도 인물과 대상을 단절시키는 소재가 아니다.

⑤ ㉠은 ~~화자의 부정적 인식을 대표~~하는, ㉡은 ~~긍정적 인식을 투영~~하는 소재이다.

㉠은 화자의 부정적 인식을 내포하지 않으며, ㉡도 긍정적 인식을 투영하지 않는다.

비자는 연하고 탄력이 있어 두세 판국을 두고 나면 반면(盤面)이 얽어서 곰보같이 된다. 얼마 동안을 그냥 내버려 두면 반면은 다시 본디대로 평평해진다. 이것이 <u>비자반</u>의 특징이다. 비자반은 연하고 탄력이 있다는 특징을 가졌어.

비자를 반재(盤材)로 진중(珍重)하는 소이(所以)는, 오로지 이 <u>유연성(柔軟性)</u>을 취함이다. 반면에 돌이 닿을 때의 연한 감촉 ─, 비자반이면 여느 바둑판보다 어깨가 마치지 않는다는 것이다. 아무리 흑단(黑檀)이나 자단(紫檀)이 귀목(貴木)이라고 해도 이런 것으로 바둑판을 만들지는 않는다. 비자는 유연성을 가졌기 때문에 바둑판의 재료가 된대.

비자반 일등품 위에 또 한층 뛰어 <u>특급품</u>이란 것이 있다. 반재며, 치수며, 연륜이며 어느 점이 일급과 다르다는 것은 아니나, 반면에 머리카락 같은 가느다란 흉터가 보이면 이게 특급품이다. 비자반 중에서도 특급품 비자반으로 초점이 집중되었어. 반면에 흉터가 있으면 일등품보다 뛰어난 특급품으로 친대. 알기 쉽게 값으로 따지자면, 전전(戰前) 시세로 일급이 2천 원 전후인데, 특급은 2천 4, 5백 원 ─, 상처가 있어서 값이 내리는 게 아니라 되레 비싸진다는 데 진진(津津)한 묘미가 있다.

반면이 갈라진다는 것은 기약치 않은 불측(不測)의 사고이다. 사고란 어느 때 어느 경우에도 별로 환영할 것이 못 된다. 그 균열(龜裂)의 성질 여하에 따라서는 일급품 바둑판이 목침(木枕)감으로 전락해 버릴 수도 있다. 그러나 그렇게 큰 균열이 아니고 회생할 여지가 있을 정도라면 헝겊으로 싸고 뚜껑을 덮어서 조심스럽게 간수해 둔다. 갈라진 균열 사이로 먼지나 티가 들어가지 않도록 하는 단속이다.

1년, 이태, 때로는 3년까지 그냥 내버려 둔다. 계절이 바뀌고 추위, 더위가 여러 차례 순환한다. 그 동안에 상처 났던 바둑판은 제 힘으로 제 상처를 고쳐서 본디대로 유착(癒着)해 버리고, 균열진 자리에 머리카락 같은 희미한 흔적만이 남는다.

비자의 생명은 유연성이란 특질에 있다. 한번 균열이 생겼다가 제 힘으로 도로 유착 · 결합했다는 것은 그 유연성이란 특질을 실지로 증명해 보인, 이를테면 졸업 증서이다. 하마터면 목침감이 될 뻔했던 것이, 그 치명적인 시련을 이겨내면 되레 한 급(級)이 올라 특급품이 되어 버린다. 재미가 깨를 볶는 이야기다. 균열이 생긴 비자반이 특급품이 될 수 있는 것은 유연성을 증명했기 때문이네. 글쓴이는 이러한 비자반을 매우 흥미롭게 여겨.

더 부연할 필요도 없거니와, <u>나</u>는 이것을 <u>인생</u>의 과실(過失)과 결부시켜서 생각해 본다. 언제나, 어디서나 과실을 범할 수 있다는 가능성 ─, 그 가능성을 매양 꽁무니에 달고 다니는 것이, 그것이 인간이다. 대상에 대한 사색의 결과를 삶에 대한 성찰로 이끌어 내는 수필의 특성이 잘 드러나는 대목이야. 특급품 비자반을 통해 인생을 논하고 있잖아.

(중략)

과실은 예찬할 것이 아니요, 장려할 노릇도 못 된다. 그러나 그와 동시에 과실이 인생의 '올 마이너스'일 까닭도 없다. 과실로 해서 더 커가고 깊어가는 인격이 있다.

과실로 해서 더 정화(淨化)되고 향기로워지는 사랑이 있다. 생활이 있다. 과실이 있다고 해서 그 인생이 끝난 건 아냐. 과실로 인해 인격이 깊어지고 사랑이 향기로워질 수 있지. 즉 글쓴이는 과실을 유연하게 이겨내면 오히려 더 가치 있는 인생이 될 수 있다고 생각하는 거야.

누구나 할 수 있는 노릇은 아니다. 어느 과실에도 적용된다는 것은 아니다. 제 과실, 제 상처를 제 힘으로 다스릴 수 있는 비자반의 탄력 ─, 그 탄력만이 과실을 효용한다.

인생이 바둑판만도 못하다고 해서야 될 말인가.

― 김소운, 「특급품」 ―

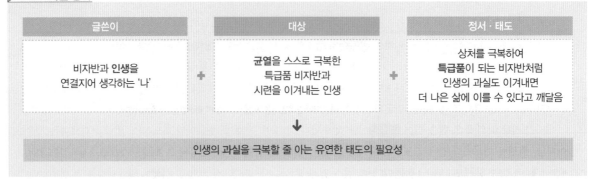

글쓴이	대상	정서·태도
비자반과 **인생**을 연결지어 생각하는 '나'	**균열**을 스스로 극복한 특급품 비자반과 시련을 이겨내는 인생	상처를 극복하여 **특급품**이 되는 비자반처럼 인생의 과실도 이겨내면 더 나은 삶에 이를 수 있다고 깨달음

↓

인생의 과실을 극복할 줄 아는 유연한 태도의 필요성

작품의 표현상 또는 서술상의 특징을 묻는 문제 　정답률 87%

14. 윗글에 대한 설명으로 가장 적절한 것은?

정답풀이

① 사물의 성질에서 인생의 교훈을 이끌어내고 있다.

상처를 스스로 치유하여 특급품으로 가치를 인정받는 비자반의 유연성에 대해 말하고, 이를 인생의 과실과 연결지어 과실을 슬기롭게 극복해서 인격적으로 성숙해야 한다는 교훈을 전달하고 있다.

오답풀이

② ~~현실의 세태에 대해 비판적 태도~~를 드러내고 있다.

현실의 세태에 대해 비판적 태도를 드러낸 부분을 찾을 수 없다.

③ ~~과거의 삶을 되돌아보며 삶의 의지~~를 다지고 있다.

글쓴이는 과실을 극복하는 삶의 가치에 대해 말하고 있을 뿐, 과거의 삶을 되돌아보며 삶의 의지를 다지고 있는 것은 아니다.

④ ~~다른 사람에게 들은 이야기를 객관적으로 전달~~하고 있다.

글쓴이는 자신이 알고 있는 비자반의 특성을 통해 깨달은 점을 말하고 있을 뿐, 글쓴이가 다른 사람에게 들은 이야기를 객관적으로 전달하고 있다고 볼 수 없다.

⑤ ~~대상을 다각적으로 관찰하여 다양한 의미를 이끌어내고~~ 있다.

대상을 다각적으로 관찰하고 있지 않고, 다양한 의미를 밝히기보다는 대상의 특징을 바탕으로 인생의 과실과 연결지어 삶의 교훈을 이끌어내고 있다.

외적 준거를 참고한 작품의 감상을 요구하는 문제 　정답률 60%

15. 윗글을 바탕으로 〈보기〉를 이해한 내용으로 적절하지 <u>않은</u> 것은?

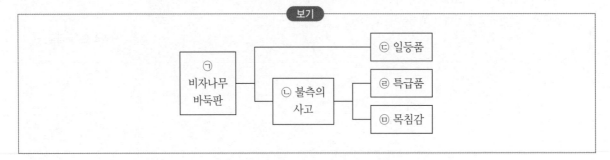

보기

ⓐ 비자나무 바둑판 — ⓑ 불측의 사고 — ⓒ 일등품 / ⓓ 특급품 / ⓔ 목침감

정답풀이

④ ⓓ은 비자반이 상처를 스스로 유착·결합하여 균열의 흔적이 ~~사라진~~ 상태이다.

윗글에서 '머리카락 같은 가느다란 흉터가 보이면 이게 특급품'이라고 하였다. 즉 ⓓ은 비자반이 상처를 스스로 유착·결합하여 균열의 흔적을 남긴 상태로 볼 수 있다.

① ⊙은 연하고 탄력이 있어 바둑판으로서의 가치가 높다.

윗글에서 '비자를 반재로 진중하는 소이는, 오로지 이 유연성을 취함이다.'라고 하였다. 즉 ⊙은 연하고 탄력이 있는 특징으로 인해 바둑판으로서의 가치가 높은 것이라 할 수 있다.

② ⓒ은 반면이 갈라지는 것으로 환영할 것이 못 되는 사건이다.

윗글에서 '반면이 갈라진다는 것은 기약치 않은 불측의 사고이다. 사고란 어느 때 어느 경우에도 별로 환영할 것이 못 된다.'라고 하였다. 즉 ⓒ은 환영할 것이 못 되는 사건이라고 할 수 있다.

③ ⓒ은 균열이 없는 비자나무 바둑판으로 치수와 연륜 등은 특급품과 같다.

윗글에서 '비자반 일등품 위에 또 한층 뛰어 특급품이란 것이 있다. 반재며, 치수며, 연륜이며 어느 점이 일급과 다르다는 것은 아니나, 반면에 머리카락 같은 가느다란 흉터가 보이면 이게 특급품이다.'라고 하였다. 즉 특급품은 일등품과 같은데 가느다란 흉터가 있는 것이라고 하였으므로, ⓒ은 균열이 없는 것으로 치수와 연륜 등은 특급품과 같다고 볼 수 있다.

⑤ ⓜ은 비자반이 바둑판으로는 쓸모없게 되었음을 드러내는 것이다.

윗글에서 '그 균열의 성질 여하에 따라서는 일급품 바둑판이 목침감으로 전락해 버릴 수도 있다.'라고 하였다. 즉 ⓜ은 비자반이 바둑판으로는 쓸모없게 됨을 드러낸다고 볼 수 있다.

암소의 뿔은 수소의 그것보다도 한층 더 겸허하다. 이 애상적인 뿔이 **나**를 받을 리 없으니 나는 마음 놓고 그 곁 풀밭에 가 누워도 좋다. 나는 누워서 우선 **소**를 본다.

소는 잠시 반추(反芻)를 그치고 나를 응시한다.

'이 사람의 얼굴이 왜 이리 창백하냐. 아마 병인인가 보다. 내 생명에 위해를 가하려는 거나 아닌지 나는 조심해야 되지.'

이렇게 소는 속으로 나를 심리(審理)하였으리라. 그러나 오 분 후에는 소는 다시 반추를 계속하였다. 소보다도 내가 마음을 놓는다.

소는 식욕의 즐거움조차를 냉대할 수 있는 지상 최대의 권태자다. 얼마나 권태에 지질렸길래 이미 위에 들어간 식물을 다시 게워 그 시금털털한 반소화물(半消化物)의 미각을 역설적으로 향락하는 체해 보임이리오? 글쓴이는 소가 되새김질하는 모습을 보고 권태로움에 대해 생각해. 한번 삼킨 먹이를 게워 내서 씹는 소는 식욕의 즐거움마저 냉대하는 최고의 게으름뱅이라고 생각한 거지.

소의 체구가 크면 클수록 그의 권태도 크고 슬프다. 나는 소 앞에 누워 내 세균같이 사소한 고독을 겸손하면서 나도 사색의 반추는 가능한지 불가능한지 몰래 좀 생각해 본다. 글쓴이는 소의 반추를 보며 자신의 고독을 생각하고, 고독 속에서 사색을 되풀이하는 중이야.

(중략)

그렇건만 내일이라는 것이 있다. 다시는 날이 새지 않은 것 같기도 한 밤 저쪽에 또 내일이라는 놈이 한 개 버티고 서 있다. 마치 흉맹한 형리(刑吏)처럼—나는 그 형리를 피할 수 없다. 오늘이 되어 버린 내일 속에서 또 나는 질식할 만치 심심해 해야 되고 기막힐 만치 답답해 해야 된다. 글쓴이는 내일이 오는 게 싫은 듯해. 내일도 심심하고 답답한 일상이 반복될 거라고 생각하는 거지.

그럼 오늘 하루를 나는 어떻게 지냈던가. 이런 것은 생각할 필요가 없으리라. 그냥 자자! 자다가 불행히—아니 다행히 또 깨거든 최 서방의 조카와 장기나 또 한판 두지, 웅덩이에 가서 송사리를 볼 수도 있고—몇 가지 안 남은 기억을 소처럼—반추하면서 끝없는 나태를 즐기는 방법도 있지 않으냐. '나'는 하루를 잠이나 장기 등으로 보내는 나태한 생활을 하고 있어.

불나비가 달려들어 불을 끈다. 불나비는 죽었든지 화상을 입었으리라. 그러나 불나비라는 놈은 사는 방법을 아는 놈이다. 불을 보면 뛰어들 줄을 알고—평상에 불을 초조히 찾아다닐 줄도 아는 정열의 생물이니 말이다. '나'는 불을 보면 달려드는 불나비가 정열의 생물이라고 생각해.

그러나 여기 어디 불을 찾으려는 정열이 있으며 뛰어들 불이 있느냐. 없다. <mark>나에게는 아무것도 없고 아무것도 없는 내 눈에는 아무것도 보이지 않는다.</mark> '나'는 불나비에게서 발견할 수 있는 정열이 자기 자신에게는 없다고 해.

암흑은 암흑인 이상 이 좁은 방 것이나 우주에 꽉 찬 것이나 분량상 차이가 없으리라. 나는 이 대소 없는 암흑 가운데 누워서 숨 쉴 것도 어루만질 것도 또 욕심나는 것도 아무것도 없다. 다만 어디까지 가야 끝이 날지 모르는 <mark>내일 그것이 또 창밖에 등대(等待)하고 있는 것을 느끼면서 오들오들 떨고 있을 뿐이다.</mark> '나'는 정열도 없이 내일을 마주해야 함을 두려워하고 있어.

– 이상, 「권태」 –

✏️ 1분컷 **작품 정리**

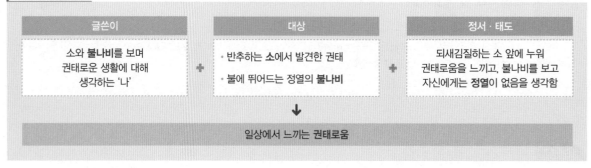

글쓴이		대상		정서 · 태도
소와 **불나비**를 보며 권태로운 생활에 대해 생각하는 '나'	**+**	· 반추하는 **소**에서 발견한 권태 · 불에 뛰어드는 정열의 **불나비**	**+**	되새김질하는 소 앞에 누워 권태로움을 느끼고, 불나비를 보고 자신에게는 **정열**이 없음을 생각함

↓

일상에서 느끼는 권태로움

⌐ 작품의 표현상 또는 서술상의 특징을 묻는 문제 ¬ **정답률 71%**

16. 윗글에 대한 설명으로 가장 적절한 것은?

정답풀이

① 비유를 활용하여 대상의 속성과 관련된 상념을 표현하고 있다.
문제 p.53 비유
글쓴이는 '내 세균같이 사소한 고독'이라는 비유적 표현을 통해 자신이 느끼는 고독감에 대한 생각을 표현하였고, '내일이라는 놈이 한 개 버티고 서 있다. 마치 흉맹한 형리처럼'에서도 비유적 표현을 통해 내일이 오는 것에 대한 부담감과 두려움을 드러내고 있다.

오답풀이

② ~~우화~~⁺를 제시하여 글쓴이가 처한 부정적인 상황을 강조하고 있다.

윗글의 글쓴이는 '소'와 '불나비'를 보고 그에 대한 상념을 서술하고 있으나, 이는 단지 동물을 서술 대상으로 한 것일 뿐 동물을 주인공으로 하여 비유적인 뜻을 나타내는 우화는 아니다.

③ 설의적 표현을 통해 ~~자연과 조화를 추구~~하고자 하는 태도를 나타내고 있다.
문제 p.73 설의
'얼마나 권태에 지질렸길래~향락하는 체해 보임이리오?'에서 설의적 표현을 활용하였고 '소'와 '불나비' 등의 자연물이 등장하지만, 이는 지루한 일상 속에서 권태로움을 느끼는 화자의 처지를 강조하는 것이다. 이를 통해 자연과의 조화를 추구하고 있지는 않다.

④ ~~과거의 삶과 현재의 삶을 대비~~하여 ~~현대 사회에 대한 비판적 인식~~을 드러내고 있다.
해설 p.4 대비
윗글에서 과거의 삶과 현재의 삶을 대비한 부분은 찾을 수 없다. 또한 권태로운 생활에 대한 글쓴이의 비관적 인식이 나타날 뿐, 현대 사회에 대한 비판적 인식은 나타나지 않는다.

⑤ 글쓴이의 생각을 ~~타인의 생각과 비교~~하며 글쓴이가 ~~삶에서 깨달은 진리~~를 전달하고 있다.

윗글에서 글쓴이가 자신의 생각을 타인의 생각과 비교하는 부분은 찾을 수 없다. 또한 글쓴이가 일상의 공간이나 자연물 등을 보며 늘어놓는 상념들은 삶에서 깨달은 진리라고 보기 어렵다.

개념 더하기⁺

> ② **우화:** 우화란 우의적 성격을 가지는 이야기를 말해. 즉 우화는 인격화된 동식물이나 다른 사물, 혹은 다른 부류의 사람을 주인공으로 하여 비유적인 뜻을 나타내거나 풍자하는 이야기이지. 「토끼전」 같은 이야기를 우화의 예로 들 수 있어.

17. 〈보기〉를 참고하여 윗글을 감상한 내용으로 가장 적절한 것은?

> **보기**
>
> 윗글은 글쓴이가 일상의 시·공간, 자연, 인간 등을 탐색하고 이를 통해 의미를 발견한 작품이다. 이를 도식화하면 다음과 같다.

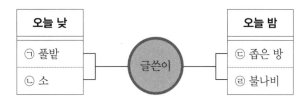

정답풀이

④ 글쓴이는 ⓛ을 통해 자신이 권태에 빠진 고독한 존재임을, ②을 통해서는 열정 없이 살아가는 존재임을 확인하고는 권태가 지속될 내일을 두려워하고 있군.

글쓴이는 '소'를 보며 '소'의 권태가 크고 슬프다 말하고, 자신이 가진 '사소한 고독'에 대해 말한다. 글쓴이가 '소'의 생물학적 습성(반추)을 보고 그것에서 권태를 연상하며 소의 권태가 크고 슬프다고 느끼는 것은 글쓴이 스스로가 권태를 느끼고 있음을 소에 투영한 것이라고 볼 수 있다. 즉 ⓛ을 통해 자신이 권태에 빠졌으며 고독을 느끼는 존재임을 확인하고 있는 것이다. 또한 글쓴이는 ②을 보며 '불을 보면 뛰어들 줄을 알고—평상에 불을 초조히 찾아다닐 줄도 아는 정열의 생물'이라고 말한다. ②과 달리 자신은 그러한 정열이 없다고 말하며, 권태가 지속될 '내일이라는 놈이 한 개 버티고 서 있'는 상황을 두려워하고 있는 것이다.

오답풀이

① ㉠이 권태에 빠진 글쓴이에게 ~~충족감을 주는 안식처~~라면, ⓛ은 나태한 삶을 피해 은신한 글쓴이에게 ~~도피처~~를 의미하겠군.

글쓴이는 ㉠에서 '소'를 보며 자신의 권태로움과 고독을 확인하고 있으므로 ㉠이 그에게 충족감을 주는 안식처라고 보기 어렵다. 또한 ⓛ은 글쓴이가 '불나비'와 다른 자신의 나태함과 무기력을 확인하는 장소이지, 그것으로부터 은신한 도피처로 볼 수 없다.

② 글쓴이는 ㉠에서 자신의 ~~무기력한 삶의 원인을 찾아 고뇌~~하다가 마침내 ~~그 원인을 ⓛ에서 찾고~~ 자신의 처지를 한탄하고 있군.

글쓴이는 ㉠에서 자신의 권태로움, 무기력함 등을 느끼고 있으나 그 원인을 ⓛ에서 찾고 있지는 않다.

③ 글쓴이는 ⓛ이라는 삶의 공간에서 ②에 주목하여 아무런 목표 없이 살아가는 ~~자신의 현실 대응 방식을 반성~~하고 이를 ~~개선~~

문제 p.44 반성

~~하겠다고 다짐~~하고 있군.

글쓴이는 ⓛ에서 ②을 보며 정열 없이 살아가는 자신의 생활에 대해 생각하지만, 자신의 현실 대응 방식을 반성하고 이를 개선하겠다는 다짐을 나타내지는 않았다.

⑤ 글쓴이는 의미 없는 일상을 반복하고 있는 자신이 ⓛ, ~~②와~~ 다를 바 없다고 규정하고 권태에서 벗어나려는 ~~의욕마저 갖지 못하게 하는 현실에 대해 안타까워~~하고 있군.

글쓴이는 반추를 하는 ⓛ을 보며 권태를 느끼고, 자신의 사소한 고독에 대해 말하며 스스로도 권태를 느끼고 있음을 밝힌다. 즉 글쓴이와 ⓛ은 권태로움을 느낀다는 점에서 공통적이라고 할 수 있다. 그러나 ②은 자신과 달리 정열을 가진 생물이라고 하며 자신의 무기력함을 드러낸다. 또한 윗글에서 글쓴이가 권태에서 벗어나려는 의욕을 갖지 못하게 하는 원인을 현실에 돌리고 있다고 볼 근거는 없고 그런 현실에 대한 안타까움을 드러낸다고 볼 수도 없다.